首都經濟貿易大學

CAPITAL UNIVERSITY OF ECONOMICS AND BUSINESS

年鑑

2016

首都经济贸易大学出版社

Capital University of Economics and Business Press

·北 京·

图书在版编目(CIP)数据

首都经济贸易大学年鉴. 2016/《首都经济贸易大学年鉴》编委会编. —北京:首都经济贸易大学出版社,2017. 1

ISBN 978 - 7 - 5638 - 2680 - 3

Ⅰ. ①首… Ⅱ. ①首… Ⅲ. ①首都经济贸易大学—2016—年鉴
Ⅳ. ①G649. 281 - 54

中国版本图书馆 CIP 数据核字(2017)第 179723 号

首都经济贸易大学年鉴(2016)
《首都经济贸易大学年鉴》编委会 编

责任编辑 群 力
封面设计 砚祥志远·激光照排 TEL: 010-65976003
出版发行 首都经济贸易大学出版社
地　　址 北京市朝阳区红庙(邮编 100026)
电　　话 (010)65976483 65065761 65071505(传真)
网　　址 http://www. sjmcb. com
E - mail publish@ cueb. edu. cn
经　　销 全国新华书店
照　　排 首都经济贸易大学出版社激光照排服务部
印　　刷 北京玺诚印务有限公司
开　　本 787 毫米 × 1092 毫米 1/16
字　　数 1508 千字
印　　张 41. 5
版　　次 2017 年 1 月第 1 版 2017 年 1 月第 1 次印刷
书　　号 ISBN 978 - 7 - 5638 - 2680 - 3/G · 402
定　　价 158. 00 元

上图　5月27日，校党委书记柯文进主讲“三严三实”专题教育主题党课

下图　11月18日，学校召开全校宣传思想工作会议

上图　4月1日，党委理论中心组学习“两会”精神，全国人大常委、全国人大财经委副主任委员、学校教授郝如玉做专题报告

下图　7月1日，副校长王传生主讲“三严三实”专题党课

上图 3 月 31 日，中国资产评估协会秘书长张国春受聘为学校客座教授并做学术报告

下图 10 月 14 日，中国人民大学教授杨瑞龙受聘为学校特聘教授并做学术报告

上图　1月2—5日，学校组团赴美国招聘海外人才

下图　学校教授、博士（后）导师、校长助理戚聿东入选“国家百千万人才工程”

上图　学校马克思主义学院院长刘冠军入选“高创计划”领军人才，并入选北京市宣传文化系统第二批“四个一批”人才

下图　学校出版社编审杨玲入选北京市宣传文化系统第二批“四个一批”人才

上图 学校经济学院教授郎丽华获第十一届北京市高等学校教学名师奖并入选北京市宣传文化系统第二批“四个一批”人才

下图 学校统计学院教授刘娟获第十一届北京市高等学校教学名师奖

上图 6 月 25 日，校党委书记柯文进代表学校与美国北伊利诺伊大学签署两校合作协议书

下图 11 月 2 日，校长王稼琼代表学校与美国新墨西哥大学签订校际合作谅解备忘录

上图 11 月 8—15 日，校党委副书记孙善学率团出访韩国、日本高校，图为在韩国东首尔大学会谈合影

下图 6 月 25 日，校纪委书记杨世忠代表学校与林肯大学、新西兰商学院签署三方合作协议

上图 9 月 20—27 日，校党委副书记朱玉华率团访问比利时、西班牙高校，图为在比利时荷语布鲁塞尔自由大学会谈

中图 4 月 12—19 日，副校长王文举率团访问波兰、匈牙利高校，图为与中欧大学代表交换礼品

下图 9 月 17 日，校长王稼琼、副校长徐芳会见坦桑尼亚高校代表团

上图　12 月 6—12 日，副校长王传生率团出访英国高校，图为与格鲁斯特大学签署校际合作框架协议

中图　9 月 15 日，副校长徐芳会见新西兰坎特伯雷大学副校长索尼娅·梅齐一行

下图　11 月 11 日，副校长孙昊哲代表学校与上合组织实业家委员会秘书处签署合作谅解备忘录

本页图　11 月 28 日，学校首届国际文化节开幕

上图　5—6 月，学校与美国克利夫兰州立大学孔子学院共同举办“留学中国”项目

中图　3 月 12 日，学校与芝加哥大学合作联合培养研究生，图为首批学生抵达芝加哥大学进行为期一学期的联合培养

下图　10 月 14 日，学校“外培计划”学生在加州大学圣地亚哥分校与老师合影

上图　4月16日，学校发布《京津冀发展报告（2015）——协同创新研究》并宣布成立京津冀大数据研究中心

下图　7月4日，学校召开第九届中国经济增长与周期论坛暨第五届中国城市生活质量指数发布会

上图　7 月 20 日，学校特大城市研究院与上海总工程师协会签订协同合作协议

下图　9 月 16 日，学校作为核心协同单位加盟北京大学“京津冀协同发展联合创新中心”

上图　11 月 21 日，学校举办 2015 中国特大城市发展高层论坛

下图　11 月 22 日，学校举办 2015 首都圈发展高层论坛

上图 11 月 28 日，北京市副市长王宁到学校参加北京新经济组织发展研究院成立大会

中图 11 月 28 日，学校主办“东方与西方：文化的交流与影响”国际学术研讨会

下图 12 月 4 日，学校召开 2015 城市国际化论坛

上图　4月10日，学校与经济日报社共建经济新闻人才培养基地

中图　12月2日，学校召开2015年本科教学工作大会

下图　12月27日，学校主办第六届哈博·高校（经管）博士学术论坛

上图 9月9日，学校举行2015级本专科生开学典礼

下图 6月19日，学校举行2015届研究生毕业典礼暨学位授予仪式

上图　3月16日，学校召开“十三五”规划编制工作启动会

中图　5月8日，校党委书记柯文进在北京市首批市属高校章程核准发布暨章程建设工作推进会上发言

下图　4月22日，北京市教育委员会核准《首都经济贸易大学章程》；5月8日，《首都经济贸易大学章程》正式发布

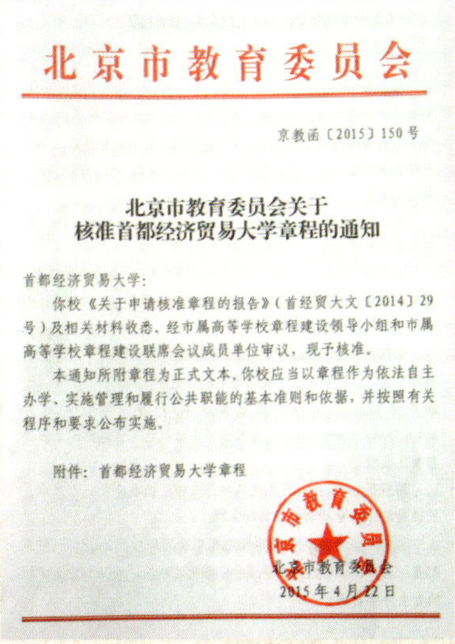

北京市教育委员会

京教函〔2015〕150号

北京市教育委员会关于
核准首都经济贸易大学章程的通知

首都经济贸易大学：

你校《关于申请核准章程的报告》（首经贸大文〔2014〕29号）及相关材料收悉。经市属高等学校章程建设领导小组和市属高等学校章程建设联席会议成员单位审议，现予核准。

本通知所附章程为正式文本。你校应当以章程作为依法自主办学、实施管理和履行公共职能的基本准则和依据，并按照有关程序和要求公布实施。

附件：首都经济贸易大学章程

北京市教育委员会
2015年4月22日

上图　4 月 22 日，学校召开第三届教职工代表大会暨工会会员代表大会五次会议

下图　6 月 5 日，学校召开第一次研究生代表大会

上图　6月18日，学校召开党风廉政建设大会

下图　6月，学校申报的《培育绿色文化深化生态育人》获教育部第八届高校校园文化建设优秀成果二等奖

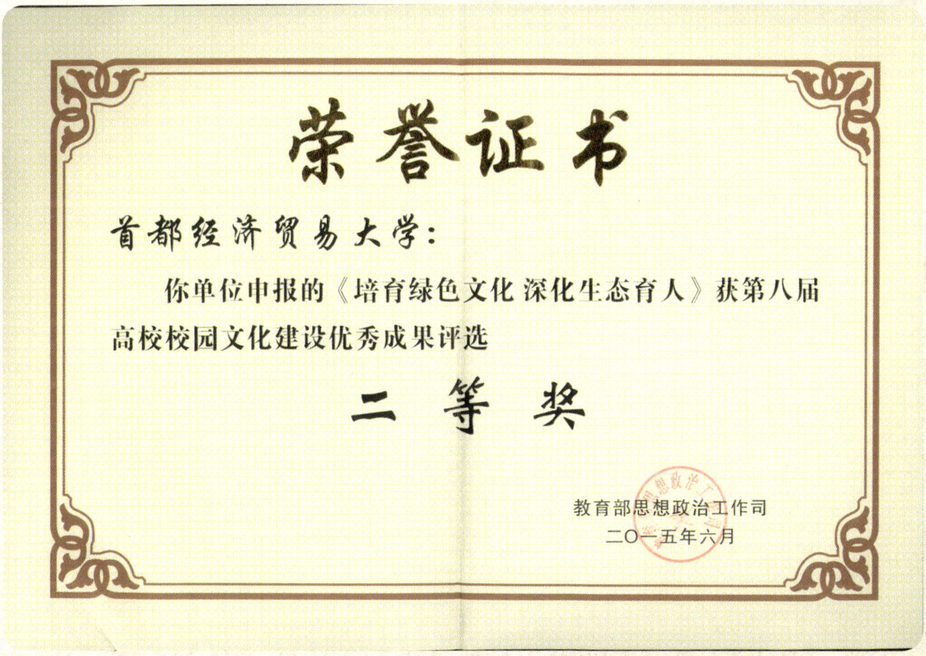

上图 12 月 28 日，学校校歌《远航》正式发布

下图 校歌曲谱

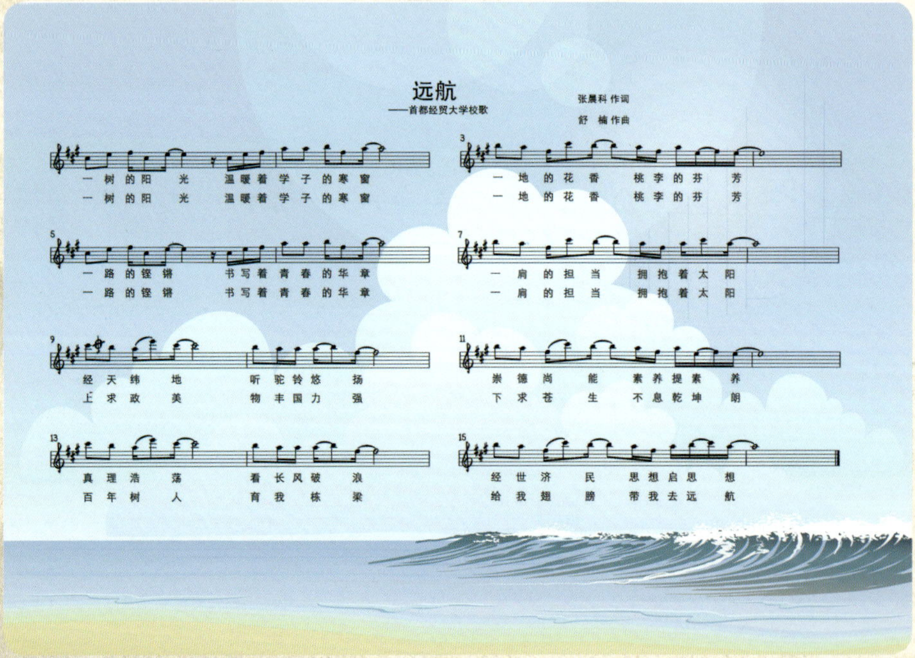

本页图　原国务院副总理李岚清为学校篆刻的校训印章：崇德尚能 经世济民

上图 10 月 31 日，学校举办 2015 高校生态文明教育论坛

下图 10 月 31 日，学校教授程虹在 2015 高校生态文明教育论坛上做学术演讲

上图 12月8日，学校首个学生独立运营管理创业实践项目——卡摩创业咖啡厅开幕

中图 6月28日，学校举行创业园区申请入驻团队一期选拔，6支队伍获得入驻资格

下图 7月9日，学校举办2015年卓越人才班德勤星期俱乐部活动

上图 2015 年，学校游泳队包揽首都高校游泳冠军赛 3 项团体第一名

下图 5 月 4 日，学校启动大学生系列群体健身“三走”晨跑活动

上图　7月，学校大学生艺术团获美国爱达荷国际音乐舞蹈艺术节金奖

下图　7月19日，学校大学生合唱团获中国校园合唱节二等奖

上图 11 月 17 日，学校获第十四届“挑战杯”中航工业全国大学生课外学术科技作品竞赛二等奖

下图 11 月 19 日，学校舞蹈团参赛剧目《妙音反弹》获北京大学生舞蹈节二等奖

上图 5月17日，学校校歌《远航》作曲人、著名音乐家舒楠受聘为学校艺术教育工作专家团顾问

下图 12月28日，李菁、张华敏、陈军、刘珂4位著名演员、表演艺术家受聘为学校艺术教育工作专家团顾问

上图 5月29日，学校举办第十三届拉拉操比赛

下图 12月9日，学校举办纪念“一二·九”运动八十周年歌咏大会

上图　8 月，学校学生参加国际田联世界田径锦标赛志愿服务

下图　9 月 20 日，学校学生参加北京国际铁人三项赛志愿服务

上图 4月8日，学校举办多对一面试工作坊

下图 7月1日，学校学生骨干在井冈山接受党史教育

上图　10 月 18 日，学校举行 2015 年度校友值年返校大会暨“校友导师计划”班级结对仪式

下图　10 月 24 日，上海校友会成立

《首都经济贸易大学年鉴(2016)》编纂委员会

编 辑 说 明

一、《首都经济贸易大学年鉴》是一部综合性资料工具书，是学校教育全面发展的史料文献；在学校党委领导下，由首都经济贸易大学年鉴编纂委员会主持编写。

二、本年鉴以学校各单位、各部门的基本面貌、状况和工作概况，以及大事、要事、新事、特事为主要内容。年鉴的编写采用文章和条目相结合，以条目为主体的编纂体例；坚持实事求是的原则，力求科学地反映学校发展的客观情况；用规范的语体文、记述体直陈其事，文字表达力求简明扼要。

三、本年鉴从2011年开始，逐年编辑出版。当年编写的年鉴，汇集上一年内学校发生的重大事件、重要活动、所取得的经验和成果等重要信息；为学校领导科学决策提供参考依据，为学校保存有价值的文献资料和历史记录，为各方面人士了解首都经济贸易大学最新情况提供服务。

四、本年鉴以教育教学、学科建设与科学研究、人才队伍建设、对外交流与合作、学校管理、党建与群团工作等为主要框架，采取分类编纂的方法，设篇目（分目）、类目、条目层次及附录。重大活动的图片集中编排，篇目正文前穿插相关图片。

五、本年鉴选入的文章、条目、图表均由学校各单位、各部门特约编辑组织编写和提供，并经本单位主管领导审核确认。统计数据由学校各职能部门提供。学校重要事件、重要活动的主题图片由党委宣传部等提供。

六、《首都经济贸易大学年鉴（2016）》是学校的第六部年鉴，反映了2015年1月1日至12月31日期间的情况。本年鉴由学校档案馆、校史馆策划整体方案并组织实施，学校档案馆、校史馆承担稿件收集、组织编辑、统稿以及出版、印刷等具体工作。

在学校各级领导的高度重视和各单位的大力协助下，2016卷年鉴的编写和出版工作得以顺利进行，在此表示衷心感谢。受编者经验、水平所限，年鉴(2016)仍有一些不尽如人意之处，敬请广大师生和读者批评指正。我们将在今后的年鉴编纂中不断改进和提高，力争使每年一卷的《首都经济贸易大学年鉴》成为学校最重要的历史文献。

《首都经济贸易大学年鉴》编辑部

2016年12月

目　录

第一篇

首都经济贸易大学概况

首都经济贸易大学地址：
北京市丰台区花乡张家路口 121 号(校本部)
北京市朝阳区金台里 2 号(红庙校区)

首都经济贸易大学(简称“首经贸”)创建于1956 年,是由原北京经济学院和原北京财贸学院于1995 年3 月合并组建的北京市属重点大学。建校60年来,学校已发展成为拥有经济学、管理学、法学、文学、理学和工学六大学科,以经济学、管理学为重要特色和突出优势,各学科相互支撑、协调发展的现代化、多科性财经类大学。

首经贸校本部位于丰台区花乡,以全日制本科和研究生教育为主,红庙校区位于朝阳区红庙,以留学生和成人教育为主。

学校拥有应用经济学、管理科学与工程、工商管理、统计学 4 个博士学位授权一级学科,应用经济学、统计学、工商管理、管理科学与工程 4 个博士后科研流动站,10 个硕士学位授权一级学科,17 个专业硕士学位授权点,本科教育设 43 个专业。学校共设城市经济与公共管理学院、工商管理学院、经济学院、会计学院、劳动经济学院、文化与传播学院、信息学院、安全与环境工程学院、财政税务学院、法学院、金融学院、统计学院、外语系、华侨学院、马克思主义学院、国际经济管理学院、体育部、国际学院、继续教育学院 19 个教学单位。

学校劳动经济学获批国家级重点学科,并入选教育部“特色重点学科项目”。应用经济学、统计学获批一级学科北京市重点学科,在教育部第三轮学科评估中分列88 所参评高校的第12 位、第15 位,均列财经类高校第 5 位。企业管理、会计学获批二级学科北京市重点学科,管理科学与工程获批一级学科北京市重点建设学科,政治经济学等 7 个学科获批二级学科北京市重点建设学科。经济学、劳动与社会保障、统计学、人力资源管理等专业获批国家级特色专业,经济学、统计学、劳动与社会保障获批国家级专业综合改革试点,政治经济学、劳动经济学、社会保障学获批国家级精品课程,政治经济学、社会保障学获批国家级精品资源共享课,财务会计、国际经济学、国际商务获批国家级双语教学示范课程,人力资源管理课程教学团队、经济学核心课程教学团队被评为国家级教学团队。经济与管理实验教学中心被评为国家高等学校实验教学示范中心,经济学国际化人才培养实验区被评为国家级人才培养模式创新实验区,会计学院德勤华永会计师事务所获批国家级大学生校外实践教育基地,《走进管理的世界》被评为国家级精品视频公开课,学校获评“国家生态文明教育基地”。

截至 2015 年年底,学校在籍学生 17 316 人,其中,本科生 9 805 人,专科生 334 人,硕士研究生2 656人,博士研究生 318 人,留学生 573 人,成人教育学生4 203 人。近年来,学校本科招生录取分数始终在市属市管高校中名列前茅;毕业生考研和出国比例不断提高,就业率保持在 95% 以上,受到社会广泛认可。

学校教职工 1 468 人,其中,各类专职教师 803人,教师中具有博士学位的比例达到 65%,其中,教授等正高职专业技术人员 161 人,副教授等副高职专业技术人员 303 人。博士生导师 61 人,硕士生导师 401 人。学校在职教师中,入选全国优秀教师 1人,国家级教学名师 1 人,中国“千人计划”学者 1人,教育部新世纪人才支持计划 2 人,国务院政府特殊津贴 10 人,北京市教学名师 14 人,北京市海聚项目 7 人。学校从 2006 年起开展教师职业生涯规划工作,并在国内高校中率先成立了 OTA(教师促进中心),这是北京市最早开展教师职业生涯规划与教师职业促进的教师自治组织,学校“非行政化运行模式的教师促进中心(OTA)建设与发展”项目获国家级教学成果奖二等奖。

首都经济贸易大学特大城市研究院为北京市协同创新中心。学校拥有北京市哲学社会科学 CBD 发展研究基地、北京市经济社会发展政策研究基地等市级研究机构,以及人口经济研究所、首都经济研究所等 30 个校级研究机构。学校主办的《经济与管理研究》是 CSSCI 来源期刊、全国中文核心期刊、中国人文社会科学核心期刊、RCCSE 核心期刊。《人口与经济》是我国最早创刊的人口学类期刊之一,是 CSSCI 来源期刊、全国中文核心期刊、中国人文社会科学核心期刊、国家社会科学基金资助的 200 个重要期刊之一。

学校与 20 多个国家和地区的近百所大学、研究机构、社会团体等有学术交流与合作往来。学校自1986 年开始招收留学生,现已发展形成多层次、多科性的国际人才培养体系,学生类别包含博士研究生、硕士研究生、本科生、高级进修生、普通进修生、语言生和各类短期生等。学校于 2007 年开办全英文授课的硕士班,2011 年开办全英文授课的博士班。2015年,有来自 70 多个国家的 500 多名留学生在校就读。

学校将继续坚持“立足北京、服务首都、面向全国、走向世界”,秉承“崇德尚能,经世济民”的校训,以培养适应当代经济和社会发展需要、德智体全面发展、理论基础扎实、知识面较宽、富有创新精神和实践能力的高素质应用型人才为目标,朝着建设“现代化、国际化、多科性、有特色的国内一流、国际知名财经大学”的目标开拓奋进。

第二篇

特　载

首都经济贸易大学本科教学工作大会

深化改革　创新机制
切实提高人才培养质量
——校长王稼琼在2015年本科教学工作大会上的讲话

各位领导、老师、同学：

大家好！

今天，我校在此隆重召开2015年本科教学工作大会，对2012年以来取得各类教学成果的单位和个人进行表彰；对我校本科教育进行认真总结、充分研讨，制定今后本科教学工作思路、重点与措施，群策群力，共谋发展。首先，我代表学校对获得表彰的单位和个人表示热烈的祝贺，对多年来在教学岗位勤勤恳恳、无私奉献的广大教师、管理工作者和督导专家表示衷心的感谢和诚挚的问候！

今年是承上启下之年，既是“十二五”的收官之年，也是我校全面深化综合改革的第一年，本次大会的主题“创新机制、深化改革、扎实提高人才培养质量”，是认真贯彻教育部全面提高高等教育质量工作会议精神和教育规划纲要要求，落实国家和北京市深化教育领域综合改革的精神而提出的，既关乎学校的现实任务和政策措施，也影响着学校的办学水平与未来发展，对实现学校中长期事业发展规划目标具有重要意义。

在第一期“质量工程”后，教育部与财政部决定在“十二五”期间继续实施“高等学校本科教学质量与教学改革工程”（简称“本科教学工程”）。2012年以来，在教育部、北京市教委的正确领导下，我校立足首都社会经济发展需求，以建设国内一流、国际知名财经大学为目标，以“本科教学工程”为抓手，尊重教育教学规律，持续推进教学改革，人才培养质量取得了明显提升。下面，我就过去三年我校本科教育教学工作取得的主要成绩、存在的主要问题、当前的形势以及今后工作的主要思路四个方面向大会进行报告。

一、本科教育教学工作取得的主要成绩

三年来，我校的本科教育教学工作，在学校整体发展思路的指导下，遵循建设国内一流财经大学的总体要求，在人才培养模式、教育教学改革和建设等方面取得了可喜的成绩。

（一）多样化人才培养格局基本形成

遵循“育人为本、面向国际、综合改革、突破创新”的原则，不断推进人才培养模式创新。2012年，学校明确了“1235”的人才培养模式改革思路，提出系列特色人才培养计划，开始全面推动我校卓越人才、拔尖创新人才、国际化人才的培养，鼓励专业（国际）认证、校企合作、跨院系合作。截至目前，学校已建成国际班、实验班、卓越班共25个，其他类特色人才培养点9个，覆盖专业数约58%，初步构建了将专业统一性要求与特色培养有机结合的多样化人才培养格局。

（二）“四位一体”实践教学平台作用突显

坚持以“大实践”观为指导，以调动学生自主性为重点，按照“平台化、项目化、学分化”的工作思路，重视学生实践基础平台建设，着力提升学生实践与创新能力培养。三年来，新建了城市应急管理实验教学中心，构建了以国家级经济与管理实验教学中心为引领的九大实验教学中心；新建1个国家级、3个北京市级校内外创新实践基地；大学生科研创新项目参与率覆盖学生达30%；学科竞赛市级及以上获奖达150余项，基本建成以“实验中心、培养基地、大科创、学科竞赛”为主体的“四位一体”的实践创新平台，学生实践创新能力不断提升。

（三）学生学业选择权机制初步建立

坚持育人为本，以学分制改革为方向，推出系列“选择权”改革措施。自2011年以来，学校陆续推出“大类招生、大类培养”“专业招生、特色培养”“优秀新生转专业”“辅修双学位”制度，为学生选专业、选方向、转专业、选辅修搭建了平台；继续推行数学、英语类课程选教师制度，推行选修课程全面选课制度。截至目前，已有776名学生成功转入新专业学习；有10个辅修专业（双学位）组班开课，近2 500名学生参加辅修专业（双学位）学习；大类招生专业数占专业总数的22%，初步构建起融“选专业、选方向、选辅修、选课程、选教师、转专业”为一体的“五选一转”学业选择权机制。

(四)教学质量保障体系日益完善

以提高人才培养质量为中心,遵循“以评促建,以评促改”原则,以课堂教学效果提升为重点,强化制度和机制建设,完善教学质量保障体系。2012 年以来,进一步强化教学督导“专家指导、智囊团”的作用,加大专业和课堂的检查;建立了本科教学质量报告制度;学校开展了全口径的专业评估,每年组织专业建设成果汇报;2014 年,为配合课堂教学效果提升,出台了听课制度和教学准入制度,不断完善我校教学质量保障体系。

(五)本科教育教学成果取得重大突破

遵循“培育、引领、示范”的原则,在专业、课程、教材、教师等多方面加大本科教学建设。近三年来,我校以“本科教学工程”为抓手,以四年一次的教育教学成果评选为契机,完善院级、校级、市级、国家级项目逐级培育机制,强化项目建设规律性研究,加强过程指导服务,通过重点突破带动整体推进,确保优质成果产出。截至目前,我校共获批国家级教育教学项目和成果 12 项,北京市级教育教学项目和成果 51 项,其中,2014 年获国家级教育教学成果奖二等奖 1 项,北京市教育教学成果奖 6 项,获批 3 个教育部专业综合改革项目、1 门国家级视频公开课、2 门精品资源共享课、4 部“十二五”规划教材等。

二、本科教育教学工作中存在的主要问题

在总结成绩的同时,我们也应清楚地认识到,我校本科人才培养工作与国内一流财经大学的目标相比还有一定的距离,相对于高等教育改革的新要求和社会需求的新变化,仍然面临着一些亟须解决的问题。

(一)人才培养机制有待进一步完善

人才培养质量是高等教育质量的首要体现,也是学校的核心竞争力之一。随着高等教育改革的全面深化,单一教学改革的效果趋于弱化;新的教学改革在遵循高等教育规律和高校办学规律的基础上,势必以整体性综合改革的形式出现,原有的人才培养机制已不能适应改革的需要。面对新形势,学校如何加强顶层设计和统筹力度,改革现有的工作机制,形成以人才培养质量为核心的多样、交叉、协同创新机制,将是我们重点思考的问题。

(二)人才培养特色有待进一步突显

人才培养是学校的根本任务和中心工作,而专业建设水平则是人才培养质量的重要保障。近年来,我校在继续加大专业建设投入、提高专业建设水平的同时,出台各种政策,鼓励院系开展特色培养,逐步形成了多样化、特色化的人才培养布局。但由于开展经验不足,我校部分专业仍然存在定位不清、特色不明显的现象;培养特色需要进一步调整或优化,专业建设整体改革的紧迫感和忧患意识需要增强,专业质量意识和品牌意识亦需要不断强化。

(三)课堂教学质量有待进一步提升

课堂教学是人才培养的主阵地;在课堂教学中,教师和学生都是主角,在课堂上各司其职,只有教、学互动,教、学相长,才会实现教学目标。由于观念、机制以及社会环境的影响,课堂教学工作还存在很多问题。在教师方面,部分教师思想上对课堂教学重视不够,课堂教学准备不充分,教学内容陈旧,教学方法单一,对课堂秩序疏于管理。在学生方面,部分学生思想上主要表现为学习目的不明确、学习动力不足,在课堂教学中具体表现为上课随意性强、不认真听课。这些问题都需要我们采取切实可行的政策、措施,进一步加强教风、学风建设,不断提升课堂教学质量。

三、本科教育教学工作的主要思路

当前,高等教育的发展挑战与机遇并存。从国际来看,从全球高等教育发展趋势来看,世界各国都愈发重视人才培养质量。近几年,国际高等教育的重要变革(如美国的倡导学生国际拓展、欧洲的博洛尼亚进程、澳大利亚的“墨尔本模式”等)都是围绕人才培养展开的,许多国家都把高等教育质量的竞争力作为国家未来竞争力的核心要素。

从国内来看,我国经济已经进入新常态,社会对高等教育质量的要求越来越高,迫切要求高校改革人才培养机制和模式,着力提高人才培养质量,满足学生自身成长、成才的需要,满足社会发展对高素质、创新型人才的需求。党的十八届五中全会通过的《中共中央关于制定国民经济和社会第十三个五年规划的建议》明确要求“提高高校教学水平和创新能力”,第一次把提高高校教学水平写在五年规划中。

从我校建设国内一流、国际知名财经大学的需求来看,学校发展面临巨大挑战,国内高校生源危机已经显现,毕业生的就业形势也很严峻,形势逼人,如逆水行舟,不进则退。我们必须增强危机意识、机遇意识和改革创新意识,通过全面深化综合改革,突显办学特色,提升办学水平。

当然,教育教学改革和发展是系统工程,需要协同推进,学校已经制定了《首都经济贸易大学关于全面深化综合改革的意见》,明确了在深化人才培养机制改革、推进学科建设与协同创新机制改革、人事制度改革、推进国际化办学体制机制改革、内部治理改革及资源配置与管理机制、信息化、软实力建设等方面的主要任务，其中首要任务是人才培养。人才培养是一个系统过程，涉及招生、学风建设、第二课堂建设、创业创新教育、实践能力培养、国际化等诸多方面，学校将有序推进各方面工作。本次大会的主旨是通过改革及机制制度建设，围绕课堂质量提升，提高人才培养质量。过去学校主要是通过专业建设——课程建设——课堂建设这种“顺推机制”促进人才培养质量的提升，只有课堂建设是不够的。现在要增加一个机制，就是“倒逼机制”，即通过课堂建设促进课程建设和专业建设，我今天主要围绕我校当前亟须解决的问题，提出改进和建设思路。

（一）完善学分制管理机制，进一步扩大学生的自主权和选择权

人才培养是高校的根本任务，是高校一切工作的出发点和落脚点。我校作为北京市学分制改革试点学校，将以完善学分制管理机制作为综合改革的切入点，采取多种措施，扩大学生的自主权和选择权，增强学生参与度和学习积极性，提高人才培养质量，具体举措包括：首先，改革招生制度，试行按学院招生，扩大按学科大类招生试点。其次，实行低年级通识教育、高年级专业分流培养机制。再次，全面修订人才培养方案，实行模块化课程设置，强化通识教育，增加课程数量。最后，引进和开发一批优质选修课、基础课，扩大学业选择范围，在“五选一转”的基础上增加“选学习方式、选学习进程、选考试时间”等选择权机制。

（二）创新专业、课程建设评估机制，突出人才培养特色

学校将充分发挥评估及认证机制在促进专业、课程建设方面的重要作用。首先，在充分调研的基础上，制定我校专业、课程建设标准，开展专业、课程的校内评估，五年内完成80%以上的专业及课程的评估。其次，为获得国内同行和社会的广泛认可，保证评估结果的信誉度，学校将引入第三方评估，开展跟踪评价。再次，为实现国际知名的学校发展战略，在优势专业中确定1～2个专业开展国际认证工作，条件成熟的专业开展课程认证工作。通过评估和认证工作，切实完善多样化人才培养方案，以内涵建设为特征，以“专业＋”思路促进特色、优势专业发展，建设一批“优势示范性专业”和“示范性课程”，全面提升专业建设和课程建设水平。

（三）创新教学激励与评价机制，调动教师教学积极性

人才培养质量的提高，关键在教师。学校将创新教学激励与评价机制，采取多项措施，调动教师的积极性，引导教师投身教学。第一，创新教学奖励机制。重奖教学表现卓越的教师和课堂教学效果优秀的教师，激励广大教师爱岗敬业，倾心教学一线。第二，创新人才培养型教授、副教授的晋升机制。构建人才培养型教师的上升空间与通道，扩大职务晋升标准中教学及人才培养所占的比重，激励教师开展教学研究与改革，将教师职业生涯发展与教学活动密切结合。第三，创新教学质量评价机制。改变单一的“学评教”模式，在以学生评价为主的框架下，建立“学生网上全面评价＋专家定向听课评价＋领导随机听课评价”的主体多元、方式多样的评价体系，综合评价结果作为教师评优、评奖及晋级、晋升的依据和参考。第四，创新教学工作从严管理机制。规范教学要求，树立遵规守则的理念，采取多种措施，加大检查力度，对违反制度的行为，严格按有关规定处理。

（四）深化教学模式改革，提升课堂教学质量

课程是人才培养的基础，课堂教学是课程实施的主要形式，课堂教学质量直接影响到人才培养质量。为提升课堂教学质量，针对不同课程类型，学校将启动新一轮以学生发展为中心、以教师为主导的教学模式改革。对于公共英语，学校提出以多元需求为导向，从“应试教育”向“应用能力培养”转变的改革思路，建立“分段、分级、分类”教学体系，重构测评体系，完善教学方法与手段，丰富教学资源，切实提高学生的应用能力；对于数学类课程，学校提出按需设课、分类教学的改革思路，同时打造自主学习平台，构建线上线下课程学习体系，学生通过网上学习即可补充课堂学习的不足，又为实现多次考试打下基础；在专业课方面，将严格实行小班课教学，提倡开展案例教学、项目驱动教学、探究式教学、服务学习、小组学习等教学模式；在课程考核方面，加大过程考核比例，改变应试教育模式，鼓励考核形式多样化，变知识点考核为能力考核；在教学内容上，要具有新颖性、丰富性和匹配性，尽快完成教务管理系统的升级换代，为提高教学管理水平打好基础，同时探索慕课、微课等课程的开发，引入外部信息资源，丰富教学资源和载体。

老师们，同志们，本科教学工作是我校的基础工作，也是核心的工作。经过全校师生多年的努力，我校教学质量有了明显提高，但也面临着不少新问题和新挑战。这次教学工作大会既是总结经验、探讨问题的研讨会，也是解放思想、形成共识的宣传会，更是开拓进取、布置工作的动员会。我们要充分利用这一机会，统一思想，凝聚智慧，共同努力，力争在人才培养机制上有所创新，使人才培养质量有大的

提高,为实现学校建设国内一流、国际知名财经大学的奋斗目标奠定坚实的基础。

落实立德树人根本任务
深化人才培养机制改革
——党委书记柯文进在2015年本科教学工作大会上的讲话

各位老师、同志们:

今天,我们召开学校2015年本科教学工作大会。在大会召开之前,学校历时两个多月,就本科人才培养的有关问题分别召开了院长、书记、青年教师、学生代表等不同层面的座谈会,发放了调查问卷,并组织全校师生广泛参与讨论,形成了初步共识。在讨论过程中,学校出台了《关于全面深化综合改革的意见》,启动了以人才培养机制改革为切入点的综合改革工作。可以说,这次大会的召开对进一步聚焦问题、推动改革具有重要的意义。

刚才,稼琼校长做了主题报告,总结和回顾了我校近年来本科教学工作取得的成绩,分析了存在的问题和不足,明确了今后几年学校本科教学工作的思路和举措。会议还表彰了长期工作在教学一线并取得突出成绩的集体和个人,三位教师做了精彩的发言,我完全赞同。下面,我就如何加强人才培养工作谈几点意见。

一、牢牢把握立德树人根本任务,切实树立"以学生为本"的办学理念

党的十八大报告明确指出,把立德树人作为教育的根本任务。落实立德树人,最根本的是强化"以学生为本"的理念,坚持一切从培养高素质人才出发,实现学生的成长成才和全面发展。

立德树人作为大学的根本任务,以学生为本作为大学的基本理念本来是个老生常谈的问题,为什么需要不断强化和强调?我认为,归根结底是在理念、观念上还没有真正认识清、把握透这个问题。我校在人才培养方面存在的许多不足,根子出在观念上,必须要以理念、观念的转变带动人才培养质量的提升。

一是要强化以人才培养为中心的理念。我们通常讲,大学肩负着人才培养、科学研究、服务社会与文化传承创新的使命,但这四个功能并不是相互独立和并列的,而是以人才培养为核心的一个有机的整体。科学研究、社会服务与文化传承创新都要服从、服务于人才培养这个根本。近些年,学校一直处在爬坡甚至爬陡坡的发展阶段,申报博士点、硕士点,参加第三轮学科评估,争取国家级教学、科研和人才项目等,发展任务一直很重。从学校当前的发展形势来看,这些工作是非常重要也非常必要的,机遇必须抓住。同时,我们也要认识到,无论处在什么样的发展阶段,人才培养质量是衡量大学办学水平的最主要标准,也是构成大学核心竞争力的最重要因素,是大学的安身立命之本。如果我们不能把学科、科研和师资队伍方面取得的成绩或形成的优势,自觉、主动地汇聚到人才培养这一根本任务上来,落实到人才培养质量提升上来,我们所有的工作成绩都将成为"失去灵魂的卓越"。

二是要落实以学生为本的理念。以学生为本,这个口号我们十几年前就在提。但是,我们要深刻反思的是,这一理念是否真正落实到了每一位教师、管理者和工勤服务人员的行动中,是否真正落实到了学校的各项工作和决策中。换句话说,在学校层面,我们出台的各项制度、政策是以便于管理为出发点制定的,还是以服务学生成长成才为出发点制定的?我们的资源配置是以教师为核心还是以学生为核心来配备和保障的?在学院层面,无论是人才培养方案的修订、课程的设置,还是对学生的思想政治教育,学生有多少选择权和发言权?在教师层面,心中是不是有学生,是不是把培养和关爱学生作为教师的本能?这些问题,需要我们深刻反思。

在下一步的深化综合改革中,如何将学生在教学活动中的自主权和选择权交还给学生,是我们工作的重点。实际上,我们现在的教学活动中也实行学分制、选课制,但基本上是以刚性规定的选课为基础的,并没有真正实现完全学分制,没有把学习的时间弹性和选择弹性真正交给学生。未来,学校要继续深化学分制改革,允许学生根据自己的兴趣和能力选择各种课程计划;允许学生根据所选课程调整专业、辅修专业;加强对学生的通识教育和个性化培养;建立多样化的考核和学业预警、辅导和追踪机制,真正把学习自主权交给学生,真正将学生的全面发展、健康发展、自主发展作为教育的根本目标。总之,我们必须牢固树立以学生为本的办学理念,在办学过程中始终把学生放在最重要的位置,凸显学生在教学中的主体地位,强化学生的主体意识,真正激发学生的学习积极性。

二、尊重教育规律和人才成长规律,不断提高人才培养质量

高等教育是具有一定规律性的教育实践活动,其有效存在和科学发展必须遵循客观规律。同样,大学生的成长成才也有其自身的规律。只有从人才成长规律、学生成长需求出发组织开展教育教学活动，才能确保教育教学取得实效。

这几年，我们学校提出了卓越人才、拔尖创新人才、国际化人才等特色人才培养计划，收到了一定效果，学校初步形成了多样化的人才培养格局。但实事求是地说，我们还不够充分尊重教育教学规律和学生成长成才规律，我们的人才培养基本还是在一个目标、一个培养方案、一套课程体系、一种评价机制下进行的。不同的人才培养计划之间的差异性还不够明显，“多样化”的内涵还需要进一步丰富，人才培养的质量还需不断提高。

在下一步的深化综合改革中，要继续加强和完善多样化人才培养模式内涵建设，优化分类人才培养方案，要根据学生的需要提出分类分层次的培养目标和个性化的培养方案，要形成选择性的课程体系、多样化的教学模式、多元化的评价机制。首先是制订好人才培养计划。一名大学生需要在学校里进行四年的学习生活，同时伴随着经济社会的快速发展，所以大学生的培养计划和教学计划就要有前瞻性，要能够着眼于未来八年或是十年中社会对人才的需求来制订培养计划。其次是人才培养模式和教学计划要统筹考虑学校的办学定位、人才培养方向、社会和企业需求等，体现学校的办学特色和专业特点。每个专业的培养目标都要清晰且有特色，定位要准确，要围绕培养目标建立一个适合的课程体系，并在教材选择与建设、课程改革与设置等方面结合社会变化和需要，不断改善教育教学方法。此外，还要加强实践环节的培养，特别是推进协同育人、合作育人，完善与有关部门、行业企业、科研院所联合培养人才机制。

三、坚守教书育人神圣职责，做“四有”好老师

提高人才培养质量，关键在教师。学校党委一直把高水平师资队伍作为学校核心竞争力的关键，把师德建设作为教师队伍建设的重中之重。几年来，通过制定实施高层次人才引进、教师成长发展、多元化用人等一系列政策和措施，教师队伍数量与质量显著提升。通过健全体制机制、强化宣传教育，教师的师德师风建设成效明显。但我们也要看到，我们的教师在教学工作的精力投入上，在学生身上用的心思上，在教书育人的方式方法上，还不同程度地存在不足。

习近平总书记指出，要做有理想信念、有道德情操、有扎实知识、有仁爱之心的好老师。做“四有”好老师，应该是每一位教师的重要遵循。记得在今年学校教师节的表彰大会上，我曾经说过，教师要有爱心，要敬业。今天，我仍然要强调，教师的心中要有学生，要把教书育人当作毕生事业去追求。在这里，我提三点希望。

一是希望每一位教师珍惜教师的身份，珍视教育的价值，树立高尚的职业理想。要坚持把上好每一堂课作为第一要务，真正将培养学生视为最重要和最宝贵的成果；要充分尊重学生的个性发展，最大限度地释放和激发每一位学生的创新潜能；要心系学生，努力成为学生严慈相济的良师益友。

二是希望每一位教师崇德修身，不断提高师德修养，做学生健康成长的指导者和引路人。要自觉恪守学校《教师职业道德规范》的要求，严守政治底线、法律底线和道德底线，坚持“学术无禁区、课堂有纪律”，用三尺讲台传递正能量；不断增强自身的法治观念和道德修养，做学生成长成才的引领者。

三是希望每一位教师都注重知识积累，时刻保持“充电”状态，不断更新教学理念、创新教学方法、提高教学艺术，用扎实的知识功底、过硬的教学能力、科学的教学方法赢得学生的喜爱与尊重。

老师们、同志们，人才培养质量事关学生的前途命运，事关学校的长远发展。全校党员干部、广大教师要进一步提高认识，统一思想，牢牢把握立德树人根本任务，牢固树立以学生为本的理念，不断提高人才培养质量，为实现学校国内一流、国际知名财经大学的目标贡献力量。

谢谢大家！

首都经济贸易大学第一次研究生代表大会

校长王稼琼在首都经济贸易大学第一次研究生代表大会开幕式上的讲话

(2015年6月5日)

各位来宾、各位代表,老师们、同学们:

大家好!

今天,研究生代表大会的召开是一个新的起点,标志着我们首经贸的研究生教育和研究生会管理在规模、在制度、在水平方面上升了一个新的台阶。经过紧张有序的筹备,我们学校第一次研究生代表大会今天开幕了,这既是全校研究生同学的一件喜事,也是我们学校改革发展的一件大事。在此,我代表学校党委和行政祝贺大会的召开,向莅临我们这次大会的市学联执行主席王晓楠同学和其他兄弟院校研究生会代表们表示热烈的欢迎!同时,也向我们研代会的代表并通过你们向全校研究生同学们致以亲切的问候!

长期以来,我们学校研究生会在上级党团组织的关心帮助下、在校党委的正确领导和校团委的指导下,创造了一批富有特色、影响广泛、成效显著的工作亮点和活动载体,为团结带领全校研究生成长成才、推进学校事业发展做出了重要的贡献。

前不久,我们《首都经济贸易大学章程》经市教委首批核准批准并且正式发布。学校的章程中明确规定,学校通过学生代表大会、研究生代表大会依法保障学生参与学校民主管理,维护学生的合法权益。

今天我们召开这个大会,就是要进一步凝聚全校研究生的智慧和力量,依法保障同学们参与到学校的民主管理中来,在创建"国内一流、国际知名"财经大学的进程中汇聚正能量,谱写新篇章。

同学们,教育部等三部委联合发布的《关于深化研究生教育改革的意见》中明确提出了我国研究生教育的总体发展目标:即到2020年,研究生教育在发展方式上要从注重规模发展向注重质量提升转变,培养类型结构从以学术学位为主向学术学位与专业学位协调发展转变,培养模式从以注重知识学习为主向知识学习和能力培养并重转变,人才质量评价方式从注重在学培养质量向与职业发展质量并重转变。同时,研究生教育要更加突出服务经济社会发展,更加突出创新精神和实践能力的培养,更加突出科教结合和产学结合,更加突出对外开放。这几个"转变"和几个"更加突出",描绘了我们下一步研究生教育发展的基本路径。

我校研究生教育近几年发展非常快,但是在培养模式和培养质量方面与国家关于深化研究生教育改革的要求,特别是和广大同学们的期待相比,还存在许多不足和需要改进的空间。在即将推进的学校综合改革的整体方案中,我们明确把提升人才培养质量作为改革的切入点和落脚点。在今后一段时间,学校要依据创新能力和职业发展的不同培养目标,完善学术学位研究生和专业学位研究生的不同培养体系和培养模式,优化各种不同类型的研究生的培养方案和目标,特别是深化学分制和弹性学制改革,建立研究生协同培养机制。同时,要进一步拓宽与境外高水平大学的合作渠道,优化研究生中外联合培养机制,进一步扩大联合培养的规模。同时,要强化研究生的过程管理,推动建立研究生的中期淘汰和分离机制,着力提升研究生的学位论文质量。要加强建设研究生的课程平台,优化课程体系,推进课程改革,逐步扩大研究生专业选课的跨学院、跨学科的各种选课程序。同时,要进一步加强研究生的学术道德培养,加强和改进研究生的思想政治工作,切实提高研究生的培养质量。

各位代表、同志们,同学们,老师们,创新永无止境,发展永不止步。今年是我校"十二五"规划的收官之年,也是学校"十三五"规划的制定之年,明年我校还将迎来建校六十周年。在这承前启后、继往开来的重要年份,希望学校各级党团组织和职能部门能以此次研究生代表大会的召开为契机,进一步加强对研究生工作的重视和指导,大力支持研究生会组织依照章程开展工作,切实为研究生群体的成长发展做好服务保障,努力使我校研究生的各项工作再上一个新的台阶。

祝同学们身心健康、学业有成,祝大会圆满成功!

谢谢大家!

党委副书记孙善学在首都经济贸易大学第一次研究生代表大会闭幕式上的讲话

（2015 年 6 月 5 日）

各位代表、同学们、同志们：

在大家的共同努力下，首都经济贸易大学第一次研究生代表大会圆满地完成了预定的各项议程，即将闭幕。在筹备第一次研究生代表大会的过程当中，在座的各位代表、研究生会的各位同学以及校团委的老师们，都做出了非常多的工作，为了建立健全我校研究生代表大会制度，大家做出了历史性的贡献。在此，我代表学校党委向全体代表、向参加筹备工作的老师们和同学们表示衷心的感谢！

我们这次研究生代表大会产生了第一批研究生代表，大家受全体研究生的嘱托来完成这次大会的所有议程和任务，同时在这次代表大会上，还选举产生了第一届研究生委员会。在此，我要对各位代表和新当选的各位委员表示衷心的祝贺！

研究生代表大会在我们首都经济贸易大学的历史上是第一次，但研究生会的工作不是第一次。在北京的高校当中，我校研究生培养工作开始得比较早，在过去这么多年中，研究生同学们自发组织起来建立研究生会，为同学们做了多方面的服务工作，发挥了非常重要的作用。但随着我们学校研究生规模的扩大，研究生群体在学习、工作、生活以及生涯发展等方面出现了各种各样的需求。为了更好地满足大家的需要，我们建立研究生代表大会制度，并对研究生会工作提出新的布局和新的要求都是非常必要的。所以，学校党委决定，支持研究生会尽快建立我校的研究生代表大会制度。实践证明，经过今天一天的会议和会议之前方方面面的准备，在这个过程中，应该说所有研究生同学都参与了这样一个代表大会制度的建立，当然，我们的代表同学们做了更多的工作。就像今天上午王稼琼校长和大家讲的，我们是站在了新的起点，这是一个什么样的起点呢？这个起点就是我们学校更加重视研究生工作并促使研究生教育朝着更加科学化方向发展的新起点。这就要求，在我们研究生教育和培养过程中，要更多地听取同学们的意见，更多地尊重同学们的权利，使学校的教育和同学们的发展更加紧密地结合在一起。

今天我们召开的是第一次研究生代表大会，可能对有些同学来讲今天来参加这样一个民主决策、民主管理的代表大会也是第一次。大概 30 年前，在我读研究生的时候，我也有幸地参加了研究生会的工作。现在回忆起来，应该说印象非常深刻，那段时间的工作也给我留下了非常美好的回忆，同时也为我现在的工作奠定了非常好的基础。所以我想，当在座的各位日后回忆起参加学校第一次研究生代表大会时的情景时一定也是非常幸福的。

借今天这个机会，我想跟各位代表再分享三点意见。

第一，就是我们要共同建设好研究生代表大会这样一个新制度。今天下午，我和张彤书记、明春副书记听了两个代表团的讨论，大家讨论得都非常积极、热烈。当时，我就有一种感觉，我想每一个参与其中的代表也都会有这种感觉，那就是大家的发言和意见得到了倾听和尊重。我们终于有了一个供大家平等、公开地发表意见和看法的正规渠道，经过集中之后，这些看法实际上就代表了我校广大研究生的共同心声，所以研究生代表大会就是我们全校研究生同学们利益的最高代表机构，这个机构也是我们研究生同学和学校各职能部门进行沟通的一个很好的渠道。众所周知，大学办学就是为了学生，如果一所大学在发展中忽视了大家的实际情况和大家的意见、想法，那么这个大学的办学在方向上就会有偏离的可能。所以，我们要共同建设好研究生代表大会制度，我们研究生代表大会代表、研究生委员会委员和全体研究生同学们，都要投身到这个制度的建设中来。尽管我们在起步阶段还有很多不完善的地方，这都没关系，我们可以慢慢来，一步一步进行完善。

第二，就是我们要共同落实好大学生创新创业这样一个新要求。最近国务院办公厅专门印发了《关于进一步深化高等学校创新创业教育改革的实施意见》。6 月 2 日，教育部召开了全国高校创新创业教育改革的电视电话会议。现在，教育部和北京市都非常重视、高度关注和大力推动高校大学生的创新创业工作。大学生创新创业工作被上升到国家发展战略，我想主要原因是随着我国高等教育毛入学率的提高，大部分知识青年都进入到高校来学习了。如果我们的高校还是沿袭传统的教育模式，按照传统的知识体系来开展教育，那么我们培养的大学生将来走向社会又怎么能成为有创新能力的群体？所以，要想让我们的民族更具活力、我们的经济发展不断迈向新的台阶，就必须强调对我们的大学生和研究生进行创新精神和创新能力的培养、打造。创新创业虽然不是今天提出来的，但是在今天的环境下，创新创业已经成为高等教育改革的一个重要的指导思想，它必将对高校的人才培养模式、课程设置体系以及教学方式等产生深远影响。在创新、创业方面,我们还有非常大的空间,还有非常多的工作要做。研究生同学作为全体首经贸学生中最重要、最具有创新创业活力的群体,要从自身做起,不断进行创新创业。我想,只要同学们一起努力,学校给大家创造更好的条件,我们一样会做得更优秀、更卓越,大家也一定会在研究生阶段的学习中更出彩!

第三,就是希望大家能够共同扮演好研究生代表大会代表和研究生委员会委员的新角色。自从大家被选举担任代表的那一天起,大家就被赋予了新的角色。大家一定要有新角色的意识,其中有一部分同学还要担任研究生委员会的委员,这个责任就更大了。因为接下来,我们研究生群体能否组织好、发展好,很大程度上就取决于我们的代表团队和委员团队。这个责任虽然重大,但使命也很光荣。大家在研究生学习期间,能够有机会为我们的同辈、为我们的伙伴多做些工作,这是我们一生难得的一种荣誉和历练。大家在做好自己的学习和科研工作之余,要多拿出一些时间来关心我们周边的同学们,关心我们学校的发展。要多开动脑筋,思考我们学校在教育过程中还有哪些不足和问题;要多倾听研究生同学们的呼声,看看他们在学习、生活过程中还有什么困难。只有这样,我们的研究生代表大会和研究生会工作才能真正发挥它的作用。大学育人活动是一项非常复杂的系统工程,这个工程不可能完全由老师们组成的一个团队完成,它还必须依靠同学们自己,依靠像研究生会这样的学生组织来团结和引导大家来“自我服务、自我管理、自我教育”。

我们大家唯有共同努力,才能有一个好的教育,才能有一个好的学校,才能有我们每一位同学好的未来!

最后,祝贺我们第一次研究生代表大会工作即将胜利闭幕!预祝我们第一届研究生委员会的工作圆满顺利!也希望各位代表和委员在今后的履职过程中,要做到胸怀全体同学、胸怀学校、胸怀未来,尽职尽责,争取不辜负学校和同学们殷切的期待!

谢谢大家!

第三届教职工代表大会暨工会会员代表大会五次会议

深化综合改革　促进内涵发展
不断提高办学质量和水平——
校长王稼琼在首都经济贸易大学
第三届教职工代表大会暨工会会员
代表大会五次会议上的报告

(2015年4月22日)

各位代表、同志们:

我代表学校向大会做工作报告,请予审议。

一、关于2014年的工作回顾

2014年,全校深入贯彻落实党的十八大,十八届三中、四中全会和习近平总书记系列重要讲话精神,全面落实学校“十二五”时期发展规划,扎实开展各项工作,基本完成了年度工作要点中提出的任务,学校各项事业取得了新的进步。

(一)坚持立德树人,人才培养质量进一步提升

本科教育教学改革不断深化。继续推进和完善多样化人才培养模式改革,完成2014年本科人才培养方案修订工作,新增4个特色人才培养试验点,学校特色人才培养试验点达到25个。推动大学英语等课堂教学模式改革,出台《本科课堂教学听课实施办法》和《新聘教师本科课堂教学准入制度实施办法》。强化大学生实践创新能力培养,加强校外人才培养基地建设,新签建30余个校外人才培养基地,新评选3个校级示范性校外人才培养基地。本科教学工程建设取得新成绩,共获得国家级成果5项,北京市级成果6项:1项成果获批国家级高等教育教学成果奖,3部教材获批国家级“十二五”规划教材,1门课程获批国家级精品视频公开课,3个项目获批北京市级教改项目,1名教师荣获北京市首批高创计划教学名师,2名教师荣获北京市第十届教学名师。

研究生教育质量不断提高。全面修订研究生培养方案,召开研究生教育工作大会,出台了学术学位硕士研究生、专业硕士学位研究生、博士学位研究生培养方案总则等一系列文件,健全和完善了研究生培养制度。继续加强研究生科研创新和实践能力培养,研究生科研成果质量不断提升。2014年,共发表权威A期刊论文3篇,权威B期刊14篇,CSSCI期刊

54篇。进一步加强研究生导师队伍建设，继续实施“导师提升计划”，修订导师工作条例，新遴选出硕士研究生指导教师24人。

留学生教育和继续教育稳步发展。积极开拓留学生生源渠道，2014年，到我校学习的长短期外国留学生共计745人，较2013年增长30%，其中，学历生264人，占留学生总人数的35.4%。完善学历继续教育质量监控体系，提高继续教育教学质量和管理水平。

招生与就业工作扎实开展。进一步加强各类考生的招生宣传，稳定生源规模，提高生源质量，共招收本科生2 473人，京内外生源比例为7∶3；招收硕士研究生1 016人，招收博士研究生68人。目前，在校硕士生共有2 559人，在校博士生共有282人。进一步规范高水平运动队等特殊类型招生工作。全力提高学生的就业创业能力，本专科生就业率为98.72%，研究生就业率为96.47%，与2013年基本持平。

2014年，我校学生在国内外各项比赛中屡获佳绩。在各级各类大学生学科竞赛中，我校本科生、研究生获得国家级奖项40项，省部级及以上奖项122项，较2013年增长25%。在第八届“挑战杯”首都大学生创业竞赛中，我校学生获得1项金奖和2项铜奖。大学生艺术团民乐、舞蹈等节目获美国国际舞蹈音乐艺术节银奖，合唱团在第十二届中国国际合唱节获铜奖，合唱团、民乐团在第四届北京“青春艺术奖”声乐专场和民族器乐专场决赛中分获银奖和铜奖。高水平游泳队在全国和北京市各项游泳比赛中获得27项冠军、31项亚军、33项季军，打破两项全国大学生游泳纪录。男子篮球队获得CUBA中国大学生篮球联赛北京赛区第四名，并代表北京赛区参加东北赛区的分区赛。

（二）加强内涵建设，学科建设和科研实力进一步增强

学科建设取得新进展。新增“管理科学与工程”博士后科研流动站，新增自主设置目录外二级学科博士学位授权点1个、硕士学位授权点2个、交叉学科硕士学位授权点1个。目前，我校共有4个博士后科研流动站，4个一级学科博士学位授权点，18个二级学科博士学位授权点，10个一级学科硕士学位授权点、42个二级学科硕士学位授权点、17个专业硕士学位授权点，学科布局更加优化，学科特色更加明显。

科学研究质量显著提升。全年共获批各类纵向项目170项，其中，国家级项目48项，省部级项目52项。国家级项目中获批国家社科基金项目29项，国家自然科学基金项目18项，国家软科学项目1项。2014年获批的国家级项目相当于“十五”和“十一五”时期获批的国家级项目总和，在全国财经类高校和北京市属高校中均位居前列。我校科研人员出版专著、编著、译著、教材共计120部，其中，专著58部。发表论文615篇，其中，国际A刊1篇，国际B刊11篇，国际C刊12篇，权威A论文33篇，权威B论文67篇，CSSCI期刊论文137篇，高水平论文发表数量较2013年增长22%。省部级以上科研获奖13项，其中，在北京市第十三届哲学社会科学优秀成果奖评选中，获得一等奖2项，二等奖3项。获批专利7项，含实用新型专利2项、软件著作权登记5项。

协同创新和服务社会能力进一步增强。认真落实“2011计划”，加强智库建设，推进协同创新，推动特大城市经济社会发展研究院等科研基地和科研创新平台建设，形成了一批标志性科研成果，出版了京津冀蓝皮书、《中国金融风险报告》蓝皮书，发布了北京市大学生发展信心指数、两岸四地消费者信心指数，举办了中国经济增长与周期国际高峰论坛、中美经贸发展论坛等多场高水平学术活动。积极开展成果转化，多项研究成果得到中央领导、北京市领导、中央机关及国家部委相关负责同志的批示，相应成果分别被国家社科基金《成果要报》、教育部《专家建议》、《人民日报内参》、北京市哲学社会科学规划办公室的《成果要报》采用。

（三）坚持引育并举，师资队伍水平进一步提升

人才引进工作扎实开展。召开人才工作大会，提出了学校中长期人才工作目标和主要思路。根据学科建设需要，科学补充专任教师队伍，多种方式聘用兼职教师，科学合理地配置教师队伍。2014年，聘用各类人才共计121人，其中，学科带头人1人，专任教师60人，全职引进海外高层次人才10人，接收博士后进站16人，聘请特聘教授3人，兼职教授31人。

教师队伍素质进一步提升。完成后备学科带头人和中青年骨干教师选拔、培养和考核工作，新遴选9名后备学科带头人和11名中青年骨干教师。2014年，我校获批全国优秀教师1人，全国优秀科技工作者1人，首都劳动奖章1人。入选第十批“海聚工程”人选2人，北京市特聘教授2人、北京市长城学者1人、北京市青年拔尖人才7人。

（四）拓展合作交流空间，对外合作交流进一步扩大和深化

国内交流与合作深入开展。积极推进校政、校企和校际之间开展深层次合作。2014年，学校与北京市财政局、大兴区政府、中建一局、中国农业银行北京市分行、西南政法大学、普洱学院、邯郸学院等10余家单位签署了战略合作协议，在学生交换、教师

互访、合作研究、干部交流等方面开展了广泛深入的合作。充分发挥学校资源优势,与丰台区教委合作建立首经贸附中和附小。推进地方校友会建设,成立了深港澳、广东、天津、辽宁校友会。成立学校教育基金会,首批接受协议捐赠人民币453万元。

国际合作与交流日益扩大。积极开展与世界名校的合作交流,全年与国外高校新签署校院两级合作协议18项。共接待来自美国、法国、韩国、日本、爱尔兰以及非洲等国家和地区的30余批次代表团来访。继续支持教师和学生赴境外开展交流学习,全年出境访问、研修、参加培训和会议的教职工总计136人次,赴境外学习的学生总计182人。

(五)加强依法治校,内部治理改革进一步深化

现代大学制度建设有力推进。制定完成《首都经济贸易大学章程(核准稿)》,报送市教委,我校成为首批待核准的市属高校。启动《学术委员会章程》修订工作,进一步理顺了学校各类学术组织的运行机制。制定学校《关于系(教研室)工作的指导性意见》,完善和深化了校院两级管理。

民主管理水平不断提高。进一步推进学校民主管理,完善工会教代会体制机制,切实落实师生主体地位,依法落实和保障师生的知情权、参与权、表达权和监督权,探索实施有关职能部门负责人在教代会述职和答询制度。制定《学生代表大会代表任期制办法(试行)》,完善学生参与学校民主管理和民主监督机制。

内部管理更加规范。开展"十二五"规划完成情况中期评估,推动各项分规划的工作落实。加大督查督办工作力度,围绕学校年初工作要点完成情况开展专项督办工作。进一步精简学校会议和文件,规范公务接待、公务用车和公务出访。加大校院两级党务公开、校务公开工作力度,增强学校各项工作的透明度。完善学校专项资金管理和使用制度,加强预算绩效管理,加大审计力度,防范财务风险。加强对教学和科研单位的资源保障,华侨学院资产权益购置工作顺利推进。征地工作取得较大进展。办理完成学术研究中心楼的各项前期手续和第二学生食堂竣工验收等各项工作。推进信息化基础设施的升级改造。加强"数字图书馆"、"网络图书馆"、专项数据库和学科服务平台建设。成立档案馆(校史馆),启动了校志编修和史料征集工作。出版了《首都经济贸易大学年鉴(2013)》。

(六)全面加强党的建设,党建工作科学化水平不断提高

深入学习贯彻党的十八大,十八届三中、四中全会精神和习近平总书记系列讲话精神,深入开展社会主义核心价值观教育学习教育活动。制定《2013—2017年党的建设工作规划》,召开党建和思想政治工作会议。领导班子和干部队伍思想政治建设进一步加强,班子和干部配备不断优化。党的群众路线教育实践活动成果进一步巩固,机关工作作风持续改进。认真落实党风廉政建设主体责任,廉政风险防控管理不断深化。安全稳定工作机制进一步完善,扎实做好重点敏感时期维稳工作。深入开展大学生思想政治教育工作,引领学生思想成长。统战、离退休、群团工作扎实推进。

2014年,师生关心的一些热点难点问题得到有效解决。完成我校教职工岗位津贴标准调整工作,人均提高岗位津贴20%。为全校教职工提供每月2次全年20次的体育馆免费健身项目,进一步了满足广大教职工的健身需求。推进健康工程,为教职工提供个性化健康服务。开展教职工休养活动,学校组织190余名教职工赴北戴河进行休养。加强与花城幼儿园的共建合作,着力解决教职工子女入园问题。完成博学楼改造工程,新增11间教室和3间教师休息室。完成对宿舍、食堂、体育场馆、图书馆、浴室等公共设施的修缮、更新和改造,改善了师生的学习、工作和生活环境,目前第二食堂已交付使用。

各位代表。回顾过去的五年,我们团结一心,不懈努力,基本完成了"十二五"规划确定的主要目标与任务。经初步统计:"十二五"期间,学校本科生规模平缓增长,本科一批次投放比例由2010年的44.1%提高至90%,生源质量显著提升。研究生规模稳步扩大,在校研究生人数比2010年增加28%。人才培养质量不断提高,在大学生就业压力逐年增大的情况下,本专科毕业生平均就业率为99.17%,研究生平均就业率为96.49%。在国家级项目和奖项上有重大突破,获评国家级教学名师1人,获批国家级教学成果二等奖1项,国家级"十二五"规划教材4部,国家级精品资源共享课2门,国家级精品视频公开课1门,教育部专业综合改革项目2个,国家级大学生校外实践教育基地1个,获得全国百篇优秀博士论文提名奖1篇。学科建设质量进一步提高,在2012年国家第三轮学科评估中,应用经济学在88所参评高校中排名第12位,统计学在87所参评高校中排名第15位,两个学科排名在财经类高校中均列第5位。科学研究成果丰硕,2011年至2014年,学校共承接国家级课题95项(其中3项国家社科重大项目),国家级课题数量比预期目标翻了一番,比"十一五"时期增长了228%;发表论文4 700篇,其中,国际高水平论文41篇,权威论文351篇,核心以上期刊论文约占发表论文总量的43.94%;科

研成果获省部级及以上奖项42项,获批专利23项。师资队伍建设成效显著,2015年,全校专任教师总数为782人,比2010年增加29%。加大高层次海外优秀人才的引进和中青年学术骨干教师的培养力度,获评全国优秀教师1人,引进"千人计划"获得者1人,入选教育部新世纪优秀人才支持计划2人,新增享受国务院政府特殊津贴3人。入围北京市新世纪百千万人才工程市级人选3人,入选北京市"海聚工程"5人,北京市"人才强教计划"特聘教授12人,高层次人才2人,长城学者6人,学术创新团队7个,骨干人才及青年拔尖人才75人。办学条件明显改善,征地工作稳步推进,基本完成校园总体规划,启动了学术研究中心建设,完成了工科实验楼、后勤服务楼和第二食堂等建设项目。可以说,通过全校师生"十二五"期间的努力工作,为学校实现建设"国内一流,国际知名"财经类大学的战略目标奠定了坚实的基础。

各位代表。五年来,我校各项工作有序推进,取得了可喜的成绩。同时,我们也要看到前进中的困难和挑战,科学地把握学校所面临的新形势新任务,积极破解学校发展中的难点问题。

从新形势新任务上看,十八大以来,党和国家始终强调,高校要创新人才培养机制,办出特色,争创一流。这对高等教育发展提出了新要求,指明了新方向。坚持走内涵式发展道路,全面提高教育质量,这既是当前学校发展的根本,也是高校改革发展的第一要求。因此,我们依然面临着进一步提高人才培养质量,优化调整学科结构,建设高水平师资队伍,推进协同创新,完善中国特色现代大学制度,凝练学校办学特色等发展建设任务。

从发展难点问题上看,学校在拓展办学空间、改善办学条件,完善国际化办学体制机制、加快推进学校国际化进程,加强学校信息化建设、全面实现系统互联互通、信息交换共享等方面存在短板,难以满足学校事业发展的需要,与一流财经大学的建设目标仍有差距,需要下大力气加以破解。

面对上述新任务和难点问题,我们一是必须坚持育人为本的教育理念。要进一步深化对"育人为本、德育为先、能力为重、全面发展"育人观的认识和实践,坚持始终以"促进学生成长成才"作为学校一切工作的出发点和落脚点,确保人才培养在学校工作中的突出重要地位。

二是必须坚持改革创新精神和内涵发展理念。改革是推动学校前进的重要动力,创新是学校发展的内在灵魂。要更新教育观念,改革人才培养模式,创新内部治理体制机制,破解发展瓶颈和难题,以学校发展的实际成绩赢得广大师生的信任。而改革则必须始终围绕内涵发展理念,聚焦于提高学校核心竞争力和可持续发展能力。正在谋划的学校综合改革和已经启动的"十三五"规划编制,都应促进学校的内涵发展。

三是必须坚持依法治校和民主办学。依法治校和民主办学是现代大学制度的重要组成部分。只有坚持依法治校,才能确保学校各项工作依法依规、有序运行,从而保障学校平稳发展,维护师生权益。只有坚定不移地贯彻民主办学,充分保护、调动师生参与民主管理的积极性,才能充分发挥党政工团、师生群众各方面力量在推进学校各项事业发展中的作用,更好地凝心聚力、群策群力,促进学校科学发展。

二、关于2015年的重点工作

2015年是全面完成"十二五"规划的收官之年,也是全面落实学校中长期规划,科学谋划"十三五"发展的关键之年。今年工作的总体要求是:深入贯彻落实党的十八大、十八届三中、四中全会精神,深入学习贯彻习近平总书记系列重要讲话精神,全面落实学校"十二五"规划,推进学校综合改革,坚持依法治校,进一步加强党的建设,着力提升学校的核心竞争力和可持续发展能力,为建设"国内一流、国际知名"财经大学奠定坚实基础。

学校2015年工作要点已下发给各单位,在此强调八个方面工作。

一是加强战略管理,提升学校可持续发展能力。一方面要全面深化学校综合改革,制定实施学校综合改革方案。2014年,学校正式启动全面深化改革工作,开展了广泛深入的调研,为学校改革方案的制定奠定了基础。2015年,学校将以人才培养机制改革为切入点,稳步推进人才培养、学科建设、人才队伍建设、国际化办学、内部治理等改革。目前,综合改革方案的初稿已经形成,将进一步征求师生的意见。另一方面要全面梳理和总结"十二五"规划完成情况,科学编制学校"十三五"规划。通过开展广泛调研和重点问题研究,研究起草学校"十三五"时期事业发展规划文本。

二是深化教育教学改革,提升人才培养质量。本科教学工作的重点是继续推进和完善多样化人才培养模式改革,推动教学模式改革,提升课堂教学质量。完善教学质量与监控体系,建立学校专业建设和课程建设标准。研究生教育工作的重点是加强研究生课程建设和导师队伍建设,提升研究生学位论文质量。进一步优化留学生结构,将学历留学生教育纳入学校人才培养体系。稳步发展继续教育,提高继续教育培养质量。进一步加强和改进大学生思想政治教育工作,提高毕业生就业质量,确保2015年本专科生就业率达到95%、研究生就业率达到90%。

三是加强学科建设，提升科研实力和服务社会水平。学科建设的重点是建立一级学科建设指导委员会，统筹规划学科建设目标。依据教育部学科评估标准，研究制定学校一级学科和二级学科自评估标准体系，开展二级学科自评估工作。科研工作的重点是做好各级各类科研项目的申报工作，努力提高高水平科研项目获批率。进一步落实“2011计划”，加强“智库”建设，增强协同创新和服务社会能力。加强柔性学术组织管理，制定柔性学术组织建设标准和考核管理办法。

四是加强人才引进和培养，建设高水平教师队伍。认真做好国家级、北京市级各类人才项目的申报组织工作，力争在各类高层次人才项目上有所突破。根据学科建设需要，科学补充专任教师队伍，采用多种方式聘用兼职教师，合理配置教师队伍。拓宽渠道引进学科带头人和“双轨制”海外优秀人才。制定学校《2015—2020年人员定编方案》，完成非教学人员岗位聘任工作。根据北京市相关工作安排，稳步推进养老保险制度改革。

五是深化对外交流与合作，提升开放办学水平。进一步推进校政、校企和校际之间开展深层次合作，提升学校社会影响力和服务首都经济社会发展的能力。巩固和深化校院两级国际合作项目，进一步拓展与境外高水平大学和科研机构的交流合作。进一步优化国际交流与合作工作流程，完善工作制度。完善外籍教师服务和管理机制，逐步增加外籍教师聘用数量。继续组建地方校友会，筹备行业校友会，逐步完善校友组织网络。积极开拓筹资渠道，规范教育基金会管理。

六是推进内部管理改革创新，提升学校治理能力。加强依法治校，实施《首都经济贸易大学章程》，进一步完善学校内部治理结构。修订学校《学术委员会章程》，完成校院两级学术委员会调整工作。完善财务管理制度，提高经费保障和管理水平。做好校园基本建设和征地工作。做好华侨学院资产权益确权和资源利用工作。成立校庆筹备工作组，加快推进校志编修和史料、实物征集工作，筹建校史馆。

七是全面加强党的建设，为学校事业发展提供坚强保证。深入学习党的十八届三中、四中全会精神和习近平总书记系列重要讲话精神，切实加强意识形态领域工作，积极培育和践行社会主义核心价值观。做好新一轮处级干部换届聘任工作。筹备召开第四次党代会。进一落实党风廉政建设党委主体责任和纪委监督责任。巩固群众路线教育实践活动成果，健全作风建设长效机制。认真做好统战、离退休、群团和民族宗教工作。

八是切实为师生员工办实事。继续做好教职工健康工程，增加教职工体检项目，做好教职工体检和检后综合服务。开展教职工法律咨询、心理咨询和健康咨询工作，维护教职工合法权益，促进教职工身心健康。进一步改善学生学习生活环境，为校本部学生宿舍安装空调。

各位代表、同志们，2015年学校的各项工作任务已经明确，全校上下要切实把思想和行动统一到学校的部署和要求上来，进一步坚定深化改革的信心，增强攻坚克难的勇气，开拓创新，锐意进取，积极作为，不断开创学校改革发展的新局面！

党风廉政建设大会

坚持全面从严治党　强化落实主体责任营造风清气正的校园政治生态——党委书记柯文进在全校党风廉政建设大会上的讲话

（2015年6月18日）

同志们：

下面，受学校党委委托，我主要谈三点意见。

一、抓住一个关键——落实主体责任

在刚才的签字仪式上，有8个单位的党政负责同志签订了《落实党风廉政建设主体责任承诺书》。我们这次组织签订承诺书，就是要进一步明确责任，传导压力，推动主体责任落实到位。去年，教育部党组出台了《关于落实党风廉政建设主体责任的实施意见》，北京市委制定了《关于落实党风廉政建设责任制党委主体责任和纪委监督责任的意见》。作为市属高校，学校党委的主体责任是非常明确的，我在今年4月初召开的北京教育系统党风廉政建设工作会议上也代表学校党委和上级签订了落实主体责任

承诺书。承诺书相当于是一份“责任清单”，签了字就是立下了“军令状”。因此，大家回去之后，要开会研究如何落实好所承担的主体责任，研究如何履行好、兑现好承诺书中的承诺事项。

什么是主体责任？主体责任，顾名思义，就是主要责任人是谁或者谁应当承担主要责任。具体讲就是校院两级党委直接抓党风廉政建设和反腐败工作，党委书记是第一责任人，党委成员对职责范围内的党风廉政建设负领导责任。主体责任从横向来看，包括党委领导班子的集体责任、党委主要负责人的第一责任和领导班子成员的领导责任。从纵向来看，就是下级党委向上级党委负责，一级抓一级。党委的主体责任是由党委的领导地位和党委统一领导党风廉政建设工作的主体定位所决定的，在党风廉政建设和反腐败斗争中，党委既是领导者和组织者，也是执行者和推动者。

为什么要一再强调狠抓主体责任？主体责任是政治责任，是深入推进党风廉政建设的“牛鼻子”。当前及今后一段时间，开展党风廉政建设和反腐败斗争的一个重要抓手就是狠抓“两个责任”落实。十八届中央纪委五次全会上，习近平总书记就今年党风廉政建设和反腐败工作提出了4个重点要求，排在第一的就是“严肃责任追究，强化党风廉政建设主体责任”。王岐山同志在中央直属机关工委、中央国家机关工委调研时强调，落实党风廉政建设主体责任是党章赋予的重要职责，是深入推进党风廉政建设和反腐败斗争的“牛鼻子”。落实党风廉政建设主体责任是硬任务，不是软指标。

怎样抓好主体责任落实？各级党组织要以高度的政治自觉，以更加坚定的态度、更加有力的举措，把主体责任层层落实，种好“责任田”，积极有为地坚守“主阵地”。

一是增强责任担当。落实主体责任是党的重托，不能当甩手掌柜。各单位党政负责人要牢固树立“抓党风廉政建设是本职、不抓党风廉政建设是失职、抓不好党风廉政建设是渎职”的理念，把党风廉政建设作为应尽之责、分内之事，切实担负起全面领导责任，发挥好牵头总抓、统筹协调、组织推动、监督检查和示范带动的作用，做到“四个亲自”，带领领导班子共同抓好党风廉政建设。要坚持党风廉政建设与教学、科研、管理、服务保障等业务工作同部署、同落实、同检查、同考核，协调推进党风廉政建设与学校发展建设的各项工作，及时解决党风廉政建设和反腐败工作中的重要问题，坚持从严要求自己、从严管理干部，当好党风廉政建设的领导者、执行者、推动者。班子成员要根据工作分工，对职责范围内的党风廉政建设负主要领导责任。

二是抓好责任落实。主体责任是否到位，主要看行动。学校的中心工作是育人工作，围绕育人工作开展教学、科研、服务管理活动。廉洁性要求和规范性要求一样，应该是学校工作的内在需求。要把党风廉政建设的要求与本单位各项业务工作紧密结合起来，把党风廉政建设工作纳入学校的整体治理体系和教育综合改革过程中，体现在领导班子建设、“三重一大”集体决策等各项制度中，切实做到业务工作开展到哪里，党风廉政建设工作就跟进到哪里。

三是严肃责任追究。王岐山同志强调，动员千遍，不如问责一次。中央纪委五次全会提出，今年一定要强化问责，通过问责来促使党委和纪委种好自己的“责任田”。要严格实行“一案双查”，对出现重大腐败案件和严重违纪行为的单位，既要追究当事人的责任，又要追究相关领导的责任；既要倒查党组织的主体责任，又要倒查纪检监察部门的监督责任，维护和强化“两个责任”的权威性和严肃性。在全国两会上，王岐山划定了今年要坚决问责的三种情形，包括对党的领导核心作用弱化、抓党风廉政建设不敢担当造成严重后果的，对违反中央八项规定精神、“四风”禁而不绝的，对中央巡视组反馈和移交的问题不整改、不查处的。今年，北京市将对全市各单位贯彻落实市委制定的《关于落实党风廉政建设责任制党委主体责任和纪委监督责任的意见》的情况进行检查，并根据《北京市党风廉政建设责任制检查考核办法(试行)》对各单位进行考核并问责。根据我们的了解，有的兄弟高校已经被问责了。各位领导同志一定要本着对个人、单位、学校高度负责的态度，不仅要管好自己，抵制各种不良诱惑，还要自觉承担好党风廉政建设的主体责任，确保本部门的团结合作，千万别出现问题。总而言之一句话，“看好自己的门，管好自己的人”。

二、念好两字“真经”

这两个字就是“严”和“实”。

“全面从严治党”关键在于一个“严”字。总书记讲“从严管理干部、从严治吏”，也是一个“严字”。王岐山同志讲“越往后执纪越严”，也是一个“严”字。现在全党正在开展“三严三实”专题教育。践行“三严三实”，就要“严”字当头。我们认为，“严”的出发点和立足点就是以严的标准要求干部，以严的措施管理干部，以严的纪律约束干部，加强日常监管，严肃党内政治生活，使党员干部做到心有所信、言有所戒、行有所止。

仅仅做到“严”就够了吗？远远不够。不出事只是底线。关键还是要干事，并且干成事。这就需要从“实”处着力。在其位，谋其政，为政就要担当。做工作、干事业，要“实”字当头，脚踏实地，不然就会徒做虚功、贻误事业。

现在，一些领导干部存在消极态度，为了不出事，宁肯不干事或者少干事，不敢担当、不愿担当。这个问题同样要重视并解决。刘云山同志曾指出，遵守规矩不是无所作为，“为官不易”不能“为官不为”。既要整治为官乱为，又要避免为官不为，不能因为怕出事就不干事。习近平总书记曾告诫党员干部，不能安于现状、盲目乐观，不能囿于眼前、轻视长远，不能掩盖矛盾、回避问题，不能贪图享受、攀比阔气。当前，学校正处在改革发展的关键时期，未来五年“上水平”的工作任务更加繁重，面临的内外部形势更加复杂，要解决的深层矛盾和瓶颈问题更加困难。在当前形势下，每个领导干部都要准备两份“清单”：一份是责任清单：干事创业，什么事必须得做；一份是禁令清单：什么事不能干。两份清单要时刻牢记在心，做到心中有数。一句话：大道至简，有权不可任性，做官必须有为。各级领导干部要有直面问题的胆识和迎难而上的勇气，增强深化改革的思想自觉，增强攻坚克难的责任担当，保持干事创业的精气神，不断攻克改革中的堡垒，突破发展中的瓶颈。

同志们要认真学习习近平总书记系列重要讲话精神，认识把握“三严三实”本质内涵，要紧扣“严”和“实”两个字，适应“严”的新常态，把严的思想要求全面立起来，拿出“实”的新状态，把实的行为准则切实落下去。

三、做好四项重点工作

今年，学校党风廉政建设和反腐败工作要重点开展以下四项工作。

（一）严明政治纪律和政治规矩

守纪律、讲规矩是对党员、干部党性的基本考验，也是党的优良传统和独特优势。我们广大教师、干部绝大多数都是守纪律讲规矩的，学校也一直有这样的传统，保持了严谨务实的学风校风，我们的教师、干部牢记立德树人使命、敬畏职业、严于律已，这些都是集中的体现。但个别党员、干部身上的确存在爱当评论员、爱传小道消息的情况，客观上离间了同志关系和干群关系，涣散了人心。个别干部缺乏组织观念，该请示的不请示，该报告的不报告。有的中层单位民主集中制执行得不好，“三重一大”决策制度、党政联席会议制度落实不到位。个别领导干部总想摆脱集体决策，习惯于个人说了算。这些问题值得我们警醒。

在党的纪律和规矩中，总书记尤其强调政治纪律和政治规矩。民主集中制就是党内最重要的政治纪律，也是最根本的政治规矩。党员干部要贯彻好民主集中制这一基本组织原则，自觉把个人意志与整体利益、个人分工与全局工作结合起来，相互提醒监督，严格按照程序和规则做决策、办事情。严格执行民主集中制、党内组织生活制度和请示报告制度，严格执行领导干部个人有关事项报告制度，在思想上、政治上、行动上同以习近平同志为总书记的党中央保持高度一致。各级党组织要把守纪律、讲规矩摆在更加突出的位置，加强对党员干部遵守党的纪律情况的日常教育、监督和管理，推动党员干部形成遵规守纪的思想自觉和行动自觉。要严格执纪问责，坚持有纪必执、有违必查，确保党规党纪的刚性约束。各级党员领导干部要率先垂范，自觉做政治纪律的明白人、纪律建设的责任人和遵规守纪的带头人。

（二）深化干部作风和师德师风建设

学校要结合“三严三实”专题教育活动，继续深化作风建设，持以之恒落实中央八项规定精神和市委实施意见和学校实施意见。我们学校总体情况是好的，但也存在个别干部对执行八项规定不够坚决的现象，个别干部对中央八项规定的认识不够到位。今年，中纪委五次全会明确将违反八项规定精神的行为列为纪律审查重点，对顶风违纪者所在单位和单位党委、纪委进行问责。希望在座的同志高度重视，在重要环节、重要节点提醒防范。

同时，要把师德师风建设作为教育领域作风建设的一个重点。去年下半年，教育部颁布《关于建立健全高校师德建设长效机制的意见》(被称作“红七条”)，要进一步加大宣传力度，加大执行力度，让这些禁令真正成为教师不可逾越的红线，从根本上遏制和杜绝师德失范的现象。

（三）全面推进廉政风险防控“三个体系”建设

加强对权力运行的制约和监督，让权力在阳光下规范运行，是有效预防的关键。今年我们要以完善权力运行制约和监督体系作为重点，深化廉政风险防控“三个体系”建设，紧紧抓住选人、花钱、管事等关键环节，列出权力清单和责任清单，规范权力运行流程，完善每个节点上的制约机制，推进监督体系建设，促进权力公开透明运行。今年，教育部将对教育领域的重点问题进行专项治理，一是深化高校招生问题治理，二是加强科研经费管理问题治理，三是加强高校国有资产管理问题治理，四是加强教育乱收费问题治理。我们要配合专项治理，做好相关工作。接下来，各单位要根据党委和纪委的安排，积极主动做好“三个体系”的推进工作。

（四）强化监督

前面我们一再强调党委的主体责任，现在谈谈纪委的监督责任。加强学校党风廉政建设和反腐败工作，纪检监察部门肩负着重要职责。一些领导干部出现这样那样的问题，很大程度上源于管理上的失之于宽、失之于软，尤其是经常性的监督缺位。要解决这些问题，就要按照"三严三实"的要求，从严管理、从严约束领导干部，加大对领导干部的监督力度。纪委是党内专司监督职责的机构，既是监督主体，也是执纪主体、问责主体，落实党风廉政建设，监督责任是纪委必须担负的重大政治责任。过去的一年，学校纪检监察部门以及全体专兼职干部围绕中心、服务大局，认真履行监督责任，取得了不少成绩。当前，新形势、新任务对纪检监察工作提出了新的更高要求。纪检监察部门要进一步转变职能，切实履行监督责任，认真履行协助党委加强党风廉政建设和组织协调反腐败工作的职责，及时跟进学校重要工作和重点任务，执好纪、问好责、把好关。一方面要抓紧厘清纪委的监督责任，列出监督的责任清单，另一方面要强化执纪，严肃查处违反政治纪律、组织纪律、财经纪律、师德师风规定的行为和各类腐败案件、失职渎职案件，保持对腐败和不正之风的高压态势。打铁还需自身硬，希望纪检监察干部坚持高标准、严要求，按照忠诚、干净、担当的要求，聚焦主业，更好地肩负起组织交付的重任，全面落实"监督的再监督"，既不能缺位、错位，也不能越位。各级领导干部也要把监督看作关心和爱护，习惯在监督下用权、在监督下工作和生活。从我和校长开始，我们也愿意带头接受大家的监督。

同志们，在学校落实全面从严治党要求、深化综合改革的新阶段，党风廉政建设事关改革发展大局，是全校师生员工共同的政治任务。在座的各位都是学校的"关键少数"，一定要从关系学校发展的高度，不断强化责任、勇于担当，以"党要管党、从严治党"的政治责任，以"踏石留印、抓铁有痕"的务实作风，以坚定不移的态度和坚强有力的措施，扎实推进学校党风廉政建设和反腐败工作，不断营造风清气正的校园政治生态，为学校的改革、发展、稳定提供更加坚实有力的保障！

2015 年教师节表彰大会

党委书记柯文进在 2015 年教师节表彰大会上的讲话

（2015 年 9 月 10 日）

老师们，同志们：

大家好！

金秋九月是我们学校最热闹、最美好的时节，我们刚刚迎来了 3 000 多名胸怀理想、朝气蓬勃的新同学，为校园注入了勃勃生机。今天，我们隆重庆祝属于我们自己的节日，同时表彰一批优秀教师、优秀教育工作者。在此，我谨代表学校党委、行政向今天受到表彰的同志致以热烈的祝贺！向辛勤工作在教学科研、管理服务一线的全体教职工致以节日的问候和良好的祝愿！

老师们，首都经济贸易大学已整整走过 59 个春秋。明年，学校将迎来建校 60 周年华诞。经过一个甲子、几代首经贸人的艰苦奋斗，学校的面貌有了翻天覆地的变化：学校的人才培养质量稳步提高，学科体系不断完善，科研和服务社会能力明显提升，基础设施、校园环境、服务体系全面改善，办学规模、社会声誉、国际化水平稳步提升，教师学历和年龄结构进一步优化，学生生源和就业水平进一步提高。今天的首经贸，综合办学实力、核心竞争能力、可持续发展能力、社会服务能力显著增强，师生面貌、校园环境焕然一新。这些成绩的取得，是全校师生员工共同奋斗的结果，是广大教师辛勤汗水的结晶。在此，我向所有对教育事业无限忠诚、对首经贸有着深厚感情，孜孜以求、忘我工作的老师们，表示衷心的感谢和崇高的敬意！

老师们，今年是学校全面完成"十二五"规划的收官之年，也是学校深化综合改革落地实施的起步之年。未来的五年极为关键，它对实现学校第三次党代会提出的"建设国内一流、国际知名财经大学"的目标，将具有决定性的意义。当前，高等教育领域的深刻变革，给学校改革事业发展带来诸多机遇和挑战，我们应当继续以改革创新的精神，顺势而为，把握机遇，迎难而上，不断提升学校综合实力和办学水平。

就目前的主要任务来说，一个是全面总结和认真评估学校"十二五"时期各项任务目标的完成情况,并根据高等教育改革发展面临的新形势新任务,在广泛深入调查研究、听取意见的基础上,科学谋划、系统设计好学校“十三五”时期的发展,制定出一个好的五年规划。另一个就是大力推动学校深化综合改革的落地实施。学校党委从去年开始谋划了深化综合改革工作,经过广泛学习调研、征求意见和反复研讨,学校《关于全面深化综合改革的意见》(以下简称《意见》)的文本已比较成熟,下一步要加强对《意见》的学习宣传贯彻,进一步统一全校师生的思想认识,凝聚共识,形成合力。同时,为了确保深化综合改革各项措施的落地,还要做好各项改革任务的分解落实,研究制定相关工作台账,启动深化综合改革相关配套制度建设,选取条件较为成熟的学院开展改革试点等工作。

面对复杂、繁重的改革任务,一方面,要靠全校上下进一步解放思想、改革创新,善于学习借鉴国内外一流大学先进的办学理念、办学经验,敢于改革那些制约发展的观念思维、规章制度、文化环境,把各方面活力、资源充分调动释放出来。另一方面,也要靠广大教职员工扎根教学科研、管理服务一线,艰苦奋斗、自强不息、敬业尽职、甘于奉献,做一名“好老师”,为学校的发展贡献力量。什么是“好老师”?习总书记指出,好老师要有理想信念、有道德情操、有扎实知识、有仁爱之心。如何做一名好老师?我认为应该从以下三个方面来努力:

一是要把“育人”作为第一要务。李克强总理9月8日对教育提出了“3点希望”,其中一条就是教师要坚守教书育人的神圣职责。在我们的学生身上,寄托着个人的理想、家庭的希望、国家的未来,把他们培养成才,是我们这些做教师的义不容辞的责任和义务。我们要时刻铭记教书育人的使命、价值、追求,立足三尺讲台,做精、做细传道授业解惑的本职,甘当人梯,甘当铺路石,以人格魅力引导学生心灵,以学术造诣开启学生的智慧之门。希望广大教师特别是年轻教师扎扎实实地练好教学基本功,把握教育规律,不断改进教育教学方法,更新教学内容,提高教学业务水平,培养学生的创新创业精神和实践能力。

二是要把“师德”作为第一标准。古人云:经师易得,人师难求。大学老师既要做传授知识的“经师”,更要做善于育人的“人师”。老师是学生道德修养的镜子。一方面,我们要把正确的道德观、德育的知识传授给学生,将爱国精神、事业心、责任感、团队意识、认真刻苦等品格,融入课堂、融入课题、融入文章。另一方面,我们教师还应当取法乎上、见贤思齐,不断提高道德修养,提升人格品质,以高尚师德、人格魅力、学识风范教育感染学生,在学生心里深深地种下社会主义核心价值观的种子,让富强、民主、文明、和谐、自由、平等、公正、法治,爱国、敬业、诚信、友善扎根学生的心灵,积淀为成长的力量。

三是要把“治学”作为第一追求。教师是“学问之师”,不仅需要渊博而高超的专业知识和精湛的业务,还需要广博的文化修养。缺乏独立见解,不善思考,学术功底浅薄,是无法引导学生心灵的。此外,教师要有严谨的治学态度,成为一名严师,并用严谨的学风熏陶学生,真正起到教书又育人的作用,开启学生的智慧,培养学生的创新意识、创新思维、创新能力。老师们,做学问是一项严谨而艰苦的工作,来不得半点虚假和浮躁。“板凳甘坐十年冷,文章不写一句空。”希望广大教师能够将崇尚学术作为人生的第一追求,自觉克服浮躁功利、贪图享受等不良风气,树立终身学习的理念,如饥似渴地学习新知识,拓宽知识视野,更新知识结构,不断加强学术修养,提升学术境界和水平。

老师们、同志们,实现国内一流、国际知名财经大学的发展目标,是每一个首经贸人的梦想,也是每一名教师义不容辞的责任,让我们大家共同携起手来,团结一致、锐意进取,共同谱写学校发展的美好明天!

最后,再次祝全体教职工节日快乐、身体健康、阖家幸福!谢谢大家!

2015年学校十大新闻

1. 首经贸全面深化综合改革意见出台

2015年5月8日,《首都经济贸易大学章程》经北京市教委核准发布,对推进依法治校具有重要意义。10月29日,首经贸《关于全面深化综合改革的意见》经学校党委全委扩大会审议通过。《意见》确定了深化人才培养机制改革、推进学科建设与协同创新机制改革、深入推进人事制度改革、切实推进国际化办学体制机制改革、深化内部治理改革、优化资源配置与管理机制和加快信息化建设7个方面30条主要任务，将成为学校今后几年改革发展的重要指导性文件。

2. 首经贸启动“十三五”时期发展规划编制工作

2015年，首经贸全面启动“十三五”规划编制工作，科学编制和实施学校“十三五”规划是涉及全校全局战略发展的基础性工作。此次学校规划编制工作坚持“统筹兼顾、突出重点”“科学严谨、求真务实”“民主参与、凝聚人心”的原则，规划体系涵盖了学校总体规划、专项规划、学院（系）规划和专题规划。

3. 首经贸本科教学工作大会开启提高人才培养质量多项改革

2015年12月2日，首经贸召开本科教学工作大会，会议对下一阶段本科教育教学工作进行部署，出台了《学校公共英语改革方案（草案）》《本科课堂教学评价办法（试行）》《本科教学质量奖评选与奖励办法（试行）》《关于提升本科课堂教学质量的若干意见》《教师教学工作规范》等征求意见稿。

4. 首经贸教师获批国家百千万人才工程、市教学名师、“高创计划”、“四个一批”人才、市“海聚工程”特聘教授等

2015年，学校戚聿东入选国家百千万人才工程，郎丽华、刘娟荣获北京市第十一届教学名师称号，刘冠军入选北京市“高创计划”领军人才，郎丽华、刘冠军、杨玲入选北京市宣传文化系统第二批“四个一批”人才，张文扬、黄建华入选北京市“海聚工程”特聘教授。

5. 首经贸发挥智库作用，京津冀研究取得新进展，举办多场高层次论坛

学校多个研究基地积极发挥智库作用，为首都经济和京津冀发展做出了重要贡献。发布2015京津冀蓝皮书并成立京津冀大数据研究中心，《京津冀蓝皮书（2014版）》获全国优秀皮书一等奖，与京津冀高校联合成立“京津冀协同发展联合创新中心”。与市委社会工委等机构共建北京新经济组织发展研究院。举办高校生态文明教育、特大城市、城市国际化、首都圈发展等多场高层次论坛。

6. 首经贸2015年科研成果继续保持较高水平，获批国家级项目46项，省部级项目80项，发表国际高水平论文21篇

2015年，学校获批46项国家级项目，80项省部级项目，发表国际高水平论文21篇和权威论文90篇，其中，国际A刊11篇、国际B刊5篇、国际C刊5篇，9项研究报告获省部级以上领导批示。学校2015年获批的国家社科基金项目数在全国位列第12名，在全国财经类大学中排名第二，居北京市属高校第一位。

7. 首经贸积极推动“大学生科研创新项目”、创新创业教育、各类学科竞赛等，提升学生素质能力

学校积极支持大学生科研创新项目，2015年新立项312个，并推荐40个项目入选国家级大学生创新创业训练计划。12月8日，学校学生自主经营的首个创业团体卡摩创业咖啡厅营业。学校全国大学生数学建模代表队获得全国一等奖、北京市一等奖、北京市二等奖等18个奖项，获奖人数54人。大学生艺术团获美国爱达荷国际音乐舞蹈艺术节唯一金奖。学校在第15届全国大学生游泳锦标赛上，获女子乙A组100米仰泳项目冠军并打破赛会纪录、男子乙A组100米自由泳冠军。

8. 首经贸全面推进国际化办学，国际合作与交流进一步深化

2015年，学校与美国、法国、俄罗斯、澳大利亚、新西兰、波兰、非洲等境外高校新签署25项校院两级国际合作协议。积极实施“留学首经贸计划”，推动“留学生教育吸引力提升工程”。培育具有经贸特

色的孔子学院。举办第一届留学生国际文化节,600多名留学生参与世界风情展及会演。学校英文网站全新改版上线。

9. 首经贸校歌《远航》正式发布

2015年12月28日,学校校歌《远航》发布会举行。校歌创作历时一年半,经过广泛调研、歌词征集、创作、试听试唱、宣传推广、发布等环节,全校师生积极参与。《远航》歌词从学校风貌入手,将学校的使命和学校对学生的殷殷期盼蕴含其中,歌曲优美动听,蕴含学校特色和时代感。

10. 首经贸2015年新建7家地方校友会,目前已拥有11家地方校友会

2015年,学校在江苏、浙江、安徽、上海、四川、重庆、山西新建7家地方校友会,学校目前已拥有11家地方校友会。地方校友会的成立使首经贸各地的校友们汇聚起来,成为校友寄托母校情怀的精神家园,成为帮助在校学子成长成才、服务当地经济社会发展的平台。

第三篇

人　物

学校党政领导

柯文进　党委常委、党委书记

1958年2月出生，江苏海安人，汉族，中共党员，教育学博士，教授，博士生导师，享受国务院政府特殊津贴专家。

1982年毕业于中国矿业大学力学专业，2004年获北京师范大学教育学博士学位；

1987年6月至1994年4月历任中国矿业大学团委副书记、团委书记、党委宣传部部长、党办主任；

1994年4月至2002年12月历任中国矿业大学副校长，中国矿业大学（北京）党委副书记、副校长、纪委书记；

2002年12月任北京建筑工程学院党委书记；

2008年6月至今任首都经济贸易大学党委书记。

主要社会兼职：

中国建设教育协会副会长；中国建设教育高等教育学会会长；教育部公共管理类专业教学指导委员会委员。

分管工作：负责学校党委全面工作，党政办公室工作。

联系院系：工商管理学院。

王稼琼　党委常委、校长

1964年5月出生，山西大同人，汉族，中共党员，经济学博士，教授，博士生导师。

1981年9月考入南开大学，先后获得理学学士和经济学硕士学位，1995年获北方交通大学经济学博士学位；

1996年至2004年10月先后担任北京交通大学经济系副主任、经济管理学院副院长、校长办公室主任、经济管理学院院长；

2004年10月任北京交通大学副校长；

2008年3月任北京物资学院院长；

2010年3月至今任首都经济贸易大学校长。

主要社会兼职：

中国市场学会副会长、中国物流与采购联合会副会长、教育部经济学类专业教学指导委员会副主任委员、北京市高校管理研究会理事长、中国高等教育学会高等财经教育分会副理事长。

分管工作：负责学校行政全面工作，分管财务工作、审计工作。

联系院系：劳动经济学院。

孙善学　党委常委、党委副书记

1966年8月出生，河北滦南人，汉族，中共党员，理学博士，研究员。

1987年本科毕业于北京大学地质系，1990年获中国地质大学理学硕士，2006年获中国科学院理学博士；

1993年7月至2001年2月历任中国地质大学办公室副主任，“211工程”办公室主任；

2001年2月至2003年6月历任北京市教委科学技术与研究生工作处处长，北京市学位委员会办公室主任；

2003年6月至2012年2月任北京市教委委员（副局级），其中2004年9月至2005年11月任北京市教委人事处处长；

2012年2月至今任首都经济贸易大学党委副书记。

主要社会兼职：

中华职业教育社常务理事、学术委员；北京奥运城市发展促进会会员；北京市青年联合会常委、教育界别主任；中国成人教育协会副会长；中国职业教育学会信息化工作委员会副主任；首都学习型社会研究院院长。

分管工作：分管学生工作，就业工作，安全稳定与保卫工作，马克思主义理论课和思想政治教育课建设工作，基建工作，校园规划工作。

联系院系：马克思主义学院。

杨世忠　党委常委、纪委书记、工会主席

1957年5月出生，云南思茅人，汉族，中共党员，管理学博士，教授，博士生导师。

1982年7月本科毕业于河北地质学院地质经济管理系，1988年获北京经济学院经济学硕士学位，2007年获华中科技大学管理学博士学位；

1991年6月至2004年1月历任北京经济学院财政会计系副主任，首都经济贸易大学会计学院院长；

2004年1月至2010年12月历任首都经济贸易大学党委副书记、副校长；

2010 年 12 月至 2011 年 4 月任首都经济贸易大学纪律检查委员会书记、副校长;

2011 年 4 月至 2011 年 11 月任首都经济贸易大学纪律检查委员会书记;

2011 年 11 月至今任首都经济贸易大学纪律检查委员会书记、校工会主席。

主要社会兼职:

中国会计学会理事,中国总会计师协会理事,财政部企业内部控制标准委员会咨询专家,北京会计学会副会长,北京总会计师协会副会长,亚太地区管理会计协会 APMAA 指导委员会委员,《经济与管理研究(理财版)》副主编。

分管工作:分管纪检、监察工作,工会、教代会工作,协助校长分管审计工作。

联系院系:会计学院。

王文举　党委常委、副校长

1965 年 8 月出生,吉林东丰人,汉族,中共党员,理学博士,教授,博士生导师,享受国务院政府特殊津贴专家。

1986 年学士毕业于吉林师范大学数学系,1989 年获东北师范大学理学硕士学位,1993 年获吉林大学理学博士学位,1996 年大连理工大学博士后出站;

2000 年 12 月至 2004 年 1 月历任首都经济贸易大学科研处处长,校长助理兼任科研处处长,校长助理兼任科研处处长、图书馆馆长;

2004 年 1 月至今任首都经济贸易大学副校长。

主要社会兼职:

教育部高等学校经济与贸易类专业教学指导委员会副主任委员,中国数量经济学会副理事长兼学术委员会委员,全国数理经济学会理事长,全国博弈论与实验经济学研究会副理事长,北京市经济学会常务理事。

分管工作:分管科研、学科建设工作,研究生教育工作。

联系院系:经济学院。

丁立宏　党委常委、副校长

1962 年 6 月出生,江苏苏州人,汉族,中共党员,经济学硕士,教授,硕士生导师,享受国务院政府特殊津贴专家。

1984 年 8 月毕业于北京经济学院统计专业,1997 年获首都经济贸易大学经济学硕士学位;

1994 年 6 月至 2004 年 5 月历任首都经济贸易大学统计系副主任、主任,学校办公室主任;

2004 年 5 月至 2006 年 11 月历任首都经济贸易大学校长助理兼任党政办公室主任、发展规划处处长;

2006 年 11 月至今任首都经济贸易大学副校长。

主要社会兼职:中国统计学会副会长;中国投资学会理事;中国投资咨询委员会常务理事;国家统计局全国统计教材编审委员会委员;北京市统计学会顾问等。

分管工作:分管人事工作,发展规划工作,对外联络合作与校友会工作。

联系院系:统计学院、财政税务学院。

王传生　党委常委、副校长

1961 年 11 月出生,辽宁北票人,汉族,中共党员,工学博士,教授,硕士生导师。

1989 年 7 月,获阜新矿业学院工学硕士学位,2003 年 4 月,毕业于辽宁工程技术大学采矿工程专业(矿业系统工程研究方向),获工学博士学位;

1999 年 3 月至 2004 年 12 月历任山东工商管理学院管理系副主任、教务处处长;

2004 年 12 月任首都经济贸易大学教务处处长;

2010 年 7 月至今任首都经济贸易大学副校长。

主要社会兼职:教育部管理科学与工程类专业教学指导委员会委员。

分管工作:分管本专科教学、招生工作,体育工作,图书馆、信息化建设工作。分管首都经济贸易大学附属小学和附属中学工作。

联系院系:城市经济与公共管理学院、体育部、国际经济管理学院。

朱玉华　党委常委、党委副书记

1956 年 8 月出生,北京人,汉族,中共党员,经济学学士,研究员。

1983 年 7 月毕业于北京经济学院贸易经济专业;

1992 年 1 月至 2010 年 11 月历任北京经济学院经济系党总支副书记兼副主任、首都经济贸易大学经济学院党总支书记、党委常委组织统战部部长;

2010 年 11 月至今任首都经济贸易大学党委副书记。

分管工作:分管组织、干部、统战工作,党校工作,离退休工作。

联系院系:信息学院、法学院。

徐芳　党委常委、副校长

1970 年 10 月出生,辽宁大连人,汉族,中共党员,经济学博士,教授。

1992 年本科毕业于哈尔滨工程大学,获法学学士学位,1995 年和 2001 年分别获得中国人民大学经济学硕士、博士学位;

2003 年 7 月起历任中国人民大学劳动人事学院副教授、硕士生导师、书报资料中心副主任,其间,

2005 年 8 月至 2006 年 8 月为美国康奈尔大学人力资源研究系访问学者；

2007 年 10 月至 2009 年 2 月挂职任北京市密云县人民政府副县长；

2009 年 2 月至 2011 年 12 月任北京市密云县人民政府副县长；

2011 年 12 月至 2013 年 1 月任中共密云县委常委、县委宣传部部长（副局级）；

2013 年 1 月至 2014 年 1 月参加北京市第五期区县局级领导干部研修班学习；

2014 年 1 月至今任首都经济贸易大学党委常委、副校长。

主要社会兼职：北京市青年联合会常委。

分管工作：分管宣传思想工作，国际合作与交流工作，分管档案馆（校史馆）工作。

联系院系：文化与传播学院、外语系、国际学院。

孙昊哲 党委常委、副校长

1972 年 1 月出生，天津蓟县人，汉族，中共党员，经济学博士，研究员。

1996 年 7 月本科毕业于首都经济贸易大学，获法学学士学位，2004 年 7 月硕士毕业于首都经济贸易大学，获法学硕士学位，2011 年博士毕业于首都经济贸易大学，获经济学博士学位；

2001 年 3 月至 2013 年 9 月，历任首都经济贸易大学校团委常务副书记、书记、学生工作处（部）处长、资产管理处处长、校长助理、党委常委；

2013 年 9 月至今任首都经济贸易大学党委常委、副校长。

主要社会兼职：

中国教育后勤协会常务理事；北京高校后勤研究会理事长；北京高校校办产业协会常务理事；首都经济贸易大学资产管理公司董事长。

分管工作：资产管理及经营工作，后勤工作，红庙校区管理工作，医疗卫生与计划生育工作。

联系院系：安全与环境工程学院、华侨学院。

享受国务院政府特殊津贴专家

截至 2015 年 12 月 31 日，学校在职教师共有 9 人享受国务院政府特殊津贴，名单如下：

序号	姓名	所在学院	获得时间
1	张 强	城市经济与公共管理学院	2002 年
2	柯文进	工商管理学院	1993 年
3	高 闯	工商管理学院	1998 年
4	戚聿东	工商管理学院	2008 年
5	王文举	经济学院	2006 年
6	张连城	经济学院	2010 年
7	付 磊	会计学院	2014 年
8	杨河清	劳动经济学院	2012 年
9	丁立宏	统计学院	2000 年

2015年"北京市高等学校教学名师奖"获得者

序号	姓名	所在学院
1	郎丽华	经济学院
2	刘娟	统计学院

2015年遴选博士研究生导师名单

序号	所在院系	专业	姓名
1	经济学院	增长经济学	徐则荣
2	经济学院	产业经济学	张弘
3	经济学院	产业经济学	沈宏亮
4	劳动经济学院	劳动经济学	张琪
5	劳动经济学院	劳动关系	冯喜良
6	城市经济与公共管理学院	区域经济学	彭文英
7	金融学院	金融学	朱超
8	法学院	法律经济学	李晓安
9	统计学院	数理统计学	刘强
10	信息学院	管理科学与工程	王传生
11	信息学院	管理科学与工程	姚翠友
12	工商管理学院	企业管理	柳学信
13	会计学院	会计学	王海林

2015年遴选学术硕士研究生导师名单

序号	所在院系	专业	姓名
1	文化与传播学院	媒介经营与管理	司新丽
2	文化与传播学院	媒介经营与管理	王昕
3	文化与传播学院	媒介经营与管理	李毅
4	文化与传播学院	媒介经营与管理	吴伟凡
5	工商管理学院	企业管理	黄苏萍
6	工商管理学院	企业管理	高中华

续表

序号	所在院系	专业	姓名
7	工商管理学院	技术经济及管理	彭广茜
8	会计学院	会计学	阎竣
9	信息学院	管理科学与工程	范烺
10	信息学院	管理科学与工程	卢山
11	信息学院	管理科学与工程	胡磊
12	城市经济与公共管理学院	行政管理	王蕾
13	城市经济与公共管理学院	土地资源管理	李强
14	城市经济与公共管理学院	行政管理	潘娜
15	劳动经济学院	人口学	张航空
16	经济学院	国际贸易学	王明荣
17	财政学院财政系	财政学	何晴
18	外语系	英语语言文学	石海毓
19	外语系	英语语言文学	朱利华
20	外语系	英语语言文学	张宏峰
21	统计学院	统计学	裴艳波
22	统计学院	统计学	于威威
23	统计学院	统计学	窦昌胜
24	统计学院	统计学	宋捷
25	马克思主义学院	马克思主义基本原理	刘隽
26	法学院	民商法学	高雁
27	法学院	国际法学	李璐玲

2015年遴选专业硕士研究生导师名单

序号	所在院系(中心)	专业	姓名
1	城市经济与公共管理学院	公共管理硕士	李强
2	城市经济与公共管理学院	公共管理硕士	潘娜
3	经济学院	国际商务硕士	王明荣
4	统计学院	应用统计硕士	聂力
5	统计学院	应用统计硕士	陶桂平
6	会计学院	会计硕士	尹世芬
7	会计学院	会计硕士	杨鹃
8	金融学院	保险专业硕士	徐昕
9	财政税务学院	资产评估硕士	陈汉明
10	工商管理学院	工商管理硕士	黄苏萍

教学岗位正高职聘任人员

序号	姓名	部门	岗位级别
1	王文举	校领导	二级
2	祝合良	科研处	二级
3	戚聿东	工商管理学院	二级
4	高闯	工商管理学院	二级
5	张连城	经济学院	二级
6	付磊	会计学院	二级
7	杨河清	劳动经济学院	二级
8	童玉芬	劳动经济学院	二级
9	杨一平	信息学院	二级
10	郝如玉	财政税务学院	二级
11	纪宏	统计学院	二级
12	柯文进	校领导	三级
13	王稼琼	校领导	三级
14	杨世忠	校领导	三级
15	丁立宏	校领导	三级
16	王传生	校领导	三级
17	张军	研究生部、研究生工作部	三级
18	段霞	城市经济与公共管理学院	三级
19	张强	城市经济与公共管理学院	三级
20	王德起	城市经济与公共管理学院	三级
21	祝尔娟	城市经济与公共管理学院	三级
22	安树伟	城市经济与公共管理学院	三级
23	宋克勤	工商管理学院	三级
24	吴冬梅	工商管理学院	三级
25	赵慧军	工商管理学院	三级
26	郎丽华	经济学院	三级
27	廖明球	经济学院	三级
28	刘宏	经济学院	三级
29	汪平	会计学院	三级
30	崔也光	会计学院	三级
31	吕学静	劳动经济学院	三级

续表

序号	姓名	部门	岗位级别
32	王静	劳动经济学院	三级
33	纪韶	劳动经济学院	三级
34	马慧	信息学院	三级
35	吕淑然	安全与环境工程学院	三级
36	蔡秀云	财政税务学院	三级
37	丁芸	财政税务学院	三级
38	赵仑	财政税务学院	三级
39	喻中	法学院	三级
40	李晓安	法学院	三级
41	蒋三庚	金融学院	三级
42	谢太峰	金融学院	三级
43	王曼怡	金融学院	三级
44	李树生	金融学院	三级
45	尹志超	金融学院	三级
46	马立平	统计学院	三级
47	刘黎明	统计学院	三级
48	张宝学	统计学院	三级
49	程虹	外语系	三级
50	刘冠军	马克思主义学院	三级
51	张琪	继续教育学院	三级
52	田新民	继续教育学院	三级
53	徐芳	校领导	四级
54	周明生	发展规划处(高等教育研究所)	四级
55	张学平	教务处	四级
56	许江波	审计处	四级
57	杨全社	国际合作交流处(港澳台办公室)	四级
58	王文	城市经济与公共管理学院	四级
59	彭文英	城市经济与公共管理学院	四级
60	张贵祥	城市经济与公共管理学院	四级
61	徐君	城市经济与公共管理学院	四级
62	陈及	城市经济与公共管理学院	四级
63	刘欣葵	城市经济与公共管理学院	四级
64	张国山	城市经济与公共管理学院	四级
65	赵韵玲	城市经济与公共管理学院	四级

续表

序号	姓名	部门	岗位级别
66	赵秀池	城市经济与公共管理学院	四级
67	张映红	工商管理学院	四级
68	赵艳	工商管理学院	四级
69	蔡红	工商管理学院	四级
70	徐炜	工商管理学院	四级
71	柳学信	工商管理学院	四级
72	郭卫东	工商管理学院	四级
73	陈立平	工商管理学院	四级
74	徐雪	经济学院	四级
75	李雪	经济学院	四级
76	马方方	经济学院	四级
77	张弘	经济学院	四级
78	李婧	经济学院	四级
79	王军	经济学院	四级
80	徐则荣	经济学院	四级
81	沈宏亮	经济学院	四级
82	康增奎	经济学院	四级
83	董烨然	经济学院	四级
84	王海林	会计学院	四级
85	李百兴	会计学院	四级
86	闫华红	会计学院	四级
87	马元驹	会计学院	四级
88	顾奋玲	会计学院	四级
89	王凡林	会计学院	四级
90	栾甫贵	会计学院	四级
91	刘文辉	会计学院	四级
92	亓昕	劳动经济学院	四级
93	赵耀	劳动经济学院	四级
94	朱勇国	劳动经济学院	四级
95	吕新萍	劳动经济学院	四级
96	齐明珠	劳动经济学院	四级
97	王桂胜	劳动经济学院	四级
98	徐斌	劳动经济学院	四级
99	冯喜良	劳动经济学院	四级

续表

序号	姓名	部门	岗位级别
100	朱俊生	劳动经济学院	四级
101	王昕	文化与传播学院	四级
102	张小乐	文化与传播学院	四级
103	郭媛媛	文化与传播学院	四级
104	石刚	文化与传播学院	四级
105	朱琳	文化与传播学院	四级
106	杨同庆	文化与传播学院	四级
107	傅星	信息学院	四级
108	牛东来	信息学院	四级
109	陈炜	信息学院	四级
110	姚翠友	信息学院	四级
111	刘克强	信息学院	四级
112	钮英建	安全与环境工程学院	四级
113	王勇毅	安全与环境工程学院	四级
114	郭晓宏	安全与环境工程学院	四级
115	李洪枚	安全与环境工程学院	四级
116	何向军	安全与环境工程学院	四级
117	马峻	安全与环境工程学院	四级
118	姚东旭	财政税务学院	四级
119	梁美健	财政税务学院	四级
120	王竞达	财政税务学院	四级
121	赵书博	财政税务学院	四级
122	李红霞	财政税务学院	四级
123	焦志勇	法学院	四级
124	金晓晨	法学院	四级
125	米新丽	法学院	四级
126	谢海霞	法学院	四级
127	沈敏荣	法学院	四级
128	高桂林	法学院	四级
129	朱超	金融学院	四级
130	巩云华	金融学院	四级
131	祁敬宇	金融学院	四级
132	李新	金融学院	四级
133	方兴	金融学院	四级

续表

序号	姓名	部门	岗位级别
134	龙菊	金融学院	四级
135	刘娟	统计学院	四级
136	郭文英	统计学院	四级
137	刘强	统计学院	四级
138	高秋萍	外语系	四级
139	郝钦海	外语系	四级
140	刘重霄	外语系	四级
141	朱安博	外语系	四级
142	王小莹	马克思主义学院	四级
143	李丽娜	马克思主义学院	四级
144	王文鸾	马克思主义学院	四级
145	王瑞昌	马克思主义学院	四级
146	李久林	马克思主义学院	四级
147	周宇宏	马克思主义学院	四级
148	刘宁元	马克思主义学院	四级
149	刘文川	国际经济管理学院	四级
150	蒋薇	体育部	四级
151	贺慨	体育部	四级
152	王少国	国际学院	四级
153	吴启富	图书馆	四级

教学岗位副高职聘任人员

序号	姓名	部门	岗位级别
1	阮敬	研究生部、研究生工作部	一级
2	刘颖	工会	一级
3	张杰	城市经济与公共管理学院	一级
4	武永春	城市经济与公共管理学院	一级
5	叶堂林	城市经济与公共管理学院	一级
6	刘智勇	城市经济与公共管理学院	一级
7	吴庆玲	城市经济与公共管理学院	一级
8	谭善勇	城市经济与公共管理学院	一级

续表

序号	姓名	部门	岗位级别
9	肖霞	工商管理学院	一级
10	陶峻	工商管理学院	一级
11	赵冰	工商管理学院	一级
12	张祖群	工商管理学院	一级
13	范合君	工商管理学院	一级
14	燕秋梅	经济学院	一级
15	田彦	经济学院	一级
16	张锦冬	经济学院	一级
17	胡晖	经济学院	一级
18	杜军	经济学院	一级
19	兰英	经济学院	一级
20	赵涛	经济学院	一级
21	袁小勇	会计学院	一级
22	李刚	会计学院	一级
23	段新生	会计学院	一级
24	杨鹃	会计学院	一级
25	曹健	会计学院	一级
26	蔡立新	会计学院	一级
27	吴江	劳动经济学院	一级
28	陈红	劳动经济学院	一级
29	唐军	劳动经济学院	一级
30	刘丽玲	劳动经济学院	一级
31	宋湛	劳动经济学院	一级
32	边文霞	劳动经济学院	一级
33	吴伟凡	文化与传播学院	一级
34	郑文明	文化与传播学院	一级
35	李毅	文化与传播学院	一级
36	邵丽	信息学院	一级
37	郑小玲	信息学院	一级
38	娄不夜	信息学院	一级
39	徐天晟	信息学院	一级
40	金继东	信息学院	一级
41	孟超	安全与环境工程学院	一级
42	王庆	安全与环境工程学院	一级

续表

序号	姓名	部门	岗位级别
43	王德山	法学院	一级
44	张世君	法学院	一级
45	尚琤	法学院	一级
46	李长城	法学院	一级
47	梁万泉	金融学院	一级
48	周晔	金融学院	一级
49	高杰英	金融学院	一级
50	王苹	金融学院	一级
51	李宇	统计学院	一级
52	张慧欣	统计学院	一级
53	任韬	统计学院	一级
54	董寒青	统计学院	一级
55	朱梅红	统计学院	一级
56	赵海燕	外语系	一级
57	梁玉秋	马克思主义学院	一级
58	匡长福	马克思主义学院	一级
59	王伟	体育部	一级
60	黎臣	体育部	一级
61	周伟	城市经济与公共管理学院	二级
62	王晖	城市经济与公共管理学院	二级
63	单吉堃	城市经济与公共管理学院	二级
64	刘正恩	城市经济与公共管理学院	二级
65	刘业进	城市经济与公共管理学院	二级
66	张智新	城市经济与公共管理学院	二级
67	赵文	城市经济与公共管理学院	二级
68	冯浩	城市经济与公共管理学院	二级
69	刘水杏	城市经济与公共管理学院	二级
70	马洪波	城市经济与公共管理学院	二级
71	陈超	工商管理学院	二级
72	宋云	工商管理学院	二级
73	赵越	工商管理学院	二级
74	罗鹏	工商管理学院	二级
75	卢志明	工商管理学院	二级
76	尹丽萍	工商管理学院	二级

续表

序号	姓名	部门	岗位级别
77	解永秋	工商管理学院	二级
78	周永强	工商管理学院	二级
79	李云鹏	工商管理学院	二级
80	余镜怀	工商管理学院	二级
81	翟春娟	工商管理学院	二级
82	林力	工商管理学院	二级
83	杨震	工商管理学院	二级
84	周华	经济学院	二级
85	朱京曼	经济学院	二级
86	封岩	经济学院	二级
87	陈江	经济学院	二级
88	汪新波	经济学院	二级
89	王佃凯	经济学院	二级
90	赵家章	经济学院	二级
91	武晋军	经济学院	二级
92	陈郡	会计学院	二级
93	叶青	会计学院	二级
94	王海洪	会计学院	二级
95	贺宏	会计学院	二级
96	于鹏	会计学院	二级
97	王淑梅	会计学院	二级
98	赵天燕	会计学院	二级
99	尤小雁	会计学院	二级
100	刘瑛	会计学院	二级
101	王国生	会计学院	二级
102	梁淑美	会计学院	二级
103	王晶	劳动经济学院	二级
104	周施恩	劳动经济学院	二级
105	黎煦	劳动经济学院	二级
106	张杉杉	劳动经济学院	二级
107	肖周燕	劳动经济学院	二级
108	范围	劳动经济学院	二级
109	李景强	文化与传播学院	二级
110	彭利芝	文化与传播学院	二级

续表

序号	姓名	部门	岗位级别
111	赵建梅	文化与传播学院	二级
112	陆彦明	文化与传播学院	二级
113	杜文娟	文化与传播学院	二级
114	杨景越	文化与传播学院	二级
115	高迎	信息学院	二级
116	高静	信息学院	二级
117	张丽玮	信息学院	二级
118	申蔚	信息学院	二级
119	田瑾	信息学院	二级
120	岳忠	安全与环境工程学院	二级
121	李宗圣	安全与环境工程学院	二级
122	许联锋	安全与环境工程学院	二级
123	陈大伟	安全与环境工程学院	二级
124	刘辉	财政税务学院	二级
125	包健	财政税务学院	二级
126	张晓慧	财政税务学院	二级
127	郎大鹏	财政税务学院	二级
128	赵琼	财政税务学院	二级
129	张立彦	财政税务学院	二级
130	徐丽雯	法学院	二级
131	刘润仙	法学院	二级
132	周平	法学院	二级
133	王显勇	法学院	二级
134	王剑波	法学院	二级
135	郑文科	法学院	二级
136	周序中	法学院	二级
137	翟业虎	法学院	二级
138	冯瑞河	金融学院	二级
139	刘妍芳	金融学院	二级
140	王德河	金融学院	二级
141	施慧洪	金融学院	二级
142	王雅婷	金融学院	二级
143	张小红	金融学院	二级
144	张传保	统计学院	二级

续表

序号	姓名	部门	岗位级别
145	姚丽芳	统计学院	二级
146	梅超群	统计学院	二级
147	张玉春	统计学院	二级
148	王春花	外语系	二级
149	蒋立珠	外语系	二级
150	曲文洁	外语系	二级
151	王宏玉	外语系	二级
152	张春玲	外语系	二级
153	王峻	马克思主义学院	二级
154	王玉	马克思主义学院	二级
155	谷军	马克思主义学院	二级
156	成林萍	马克思主义学院	二级
157	王颖	马克思主义学院	二级
158	何绍铭	马克思主义学院	二级
159	杨春风	马克思主义学院	二级
160	吴春霞	体育部	二级
161	李林立	国际学院	二级
162	张昕	城市经济与公共管理学院	三级
163	徐虹	城市经济与公共管理学院	三级
164	王霖琳	城市经济与公共管理学院	三级
165	邬晓霞	城市经济与公共管理学院	三级
166	王蕾	城市经济与公共管理学院	三级
167	潘娜	城市经济与公共管理学院	三级
168	李强	城市经济与公共管理学院	三级
169	孙月婷	工商管理学院	三级
170	田正育	工商管理学院	三级
171	韩光军	工商管理学院	三级
172	陈庆	工商管理学院	三级
173	崔佳颖	工商管理学院	三级
174	程丽霞	工商管理学院	三级
175	张晗	工商管理学院	三级
176	陈蔚珠	工商管理学院	三级
177	李佳	工商管理学院	三级
178	卢宇	工商管理学院	三级

续表

序号	姓名	部门	岗位级别
179	黄苏萍	工商管理学院	三级
180	高中华	工商管理学院	三级
181	涂建民	工商管理学院	三级
182	曹兰	工商管理学院	三级
183	刘建梅	工商管理学院	三级
184	苏威	经济学院	三级
185	赵娟	经济学院	三级
186	汪洋	经济学院	三级
187	王明荣	经济学院	三级
188	王钰	经济学院	三级
189	于晓云	经济学院	三级
190	辛宪	经济学院	三级
191	李智	经济学院	三级
192	张凤环	会计学院	三级
193	尹世芬	会计学院	三级
194	李慧丽	会计学院	三级
195	汤炳亮	会计学院	三级
196	邹颖	会计学院	三级
197	袁光华	会计学院	三级
198	申慧慧	会计学院	三级
199	阎竣	会计学院	三级
200	唐丽春	会计学院	三级
201	石彦文	会计学院	三级
202	蒋燕辉	会计学院	三级
203	黄琦	劳动经济学院	三级
204	曾宪新	劳动经济学院	三级
205	杨旭华	劳动经济学院	三级
206	陶文忠	劳动经济学院	三级
207	詹婧	劳动经济学院	三级
208	牟俊霖	劳动经济学院	三级
209	陈小平	劳动经济学院	三级
210	杨波	劳动经济学院	三级
211	张航空	劳动经济学院	三级
212	贺心颖	文化与传播学院	三级

续表

序号	姓名	部门	岗位级别
213	吴三军	文化与传播学院	三级
214	许敏玉	文化与传播学院	三级
215	司新丽	文化与传播学院	三级
216	毛琦	文化与传播学院	三级
217	宫双华	文化与传播学院	三级
218	杨伶	文化与传播学院	三级
219	张蕾	文化与传播学院	三级
220	母晓文	文化与传播学院	三级
221	杨艳红	信息学院	三级
222	卢山	信息学院	三级
223	康跃	信息学院	三级
224	白晓明	信息学院	三级
225	邱月	信息学院	三级
226	武装	信息学院	三级
227	尚华艳	信息学院	三级
228	范烺	信息学院	三级
229	胡磊	信息学院	三级
230	冀付军	信息学院	三级
231	李茂龄	安全与环境工程学院	三级
232	陈文瑛	安全与环境工程学院	三级
233	杨静	安全与环境工程学院	三级
234	杨玲	安全与环境工程学院	三级
235	郝鹏鹏	安全与环境工程学院	三级
236	李伟	安全与环境工程学院	三级
237	黄芳娜	财政税务学院	三级
238	陈汉明	财政税务学院	三级
239	史兴旺	财政税务学院	三级
240	曹静韬	财政税务学院	三级
241	陈蕾	财政税务学院	三级
242	何晴	财政税务学院	三级
243	何辉	财政税务学院	三级
244	李璐玲	法学院	三级
245	高雁	法学院	三级
246	唐伟霞	金融学院	三级

续表

序号	姓名	部门	岗位级别
247	雒庆举	金融学院	三级
248	徐昕	金融学院	三级
249	张欲晓	金融学院	三级
250	李文中	金融学院	三级
251	常虹	统计学院	三级
252	郭洪伟	统计学院	三级
253	李锋	统计学院	三级
254	陶桂平	统计学院	三级
255	聂力	统计学院	三级
256	聂高琴	统计学院	三级
257	于威威	统计学院	三级
258	裴艳波	统计学院	三级
259	宋捷	统计学院	三级
260	窦昌胜	统计学院	三级
261	陈红梅	统计学院	三级
262	孙激流	统计学院	三级
263	李峰	统计学院	三级
264	高建平	外语系	三级
265	张慧宇	外语系	三级
266	干阳阳	外语系	三级
267	朱利华	外语系	三级
268	刘润楠	外语系	三级
269	张宏峰	外语系	三级
270	刘燕梅	外语系	三级
271	白云红	外语系	三级
272	石海毓	外语系	三级
273	高悦伶	外语系	三级
274	苏世兰	马克思主义学院	三级
275	白习凤	马克思主义学院	三级
276	宋恩平	马克思主义学院	三级
277	周迈	马克思主义学院	三级
278	王晓红	马克思主义学院	三级
279	崔玲	马克思主义学院	三级
280	王靖华	马克思主义学院	三级

续表

序号	姓名	部门	岗位级别
281	刘隽	马克思主义学院	三级
282	张晓萍	马克思主义学院	三级
283	徐辉	马克思主义学院	三级
284	马明非	体育部	三级
285	牟春蕾	体育部	三级
286	杨华	体育部	三级
287	张小航	体育部	三级
288	廖彦罡	体育部	三级
289	袁荣凯	体育部	三级
290	万凯艳	国际学院	三级
291	周磊	国际学院	三级
292	郭凌云	国际学院	三级

其他专业技术岗位正高职聘任人员

序号	部门	姓名	性别	职称名称
1	图书馆	杨燕玲	女	研究馆员(图书)
2	首经贸大(北京)资产管理有限公司	杨玲	女	编审

其他专业技术岗位副高职聘任人员

序号	部门	姓名	性别	职称名称
1	发展规划处(高等教育研究所)	朱宁洁	女	副研究员
2	财务处	夏颖	女	高级审计师
3	财务处	王晓婷	女	高级会计师
4	财务处	于玉环	女	高级会计师
5	财务处	王京芳	女	高级会计师
6	审计处	刘红梅	女	高级审计师
7	信息处	沈毅直	男	高级工程师
8	信息处	陈康	男	高级工程师

续表

序号	部门	姓名	性别	职称名称
9	资产管理处	韩芳	女	高级会计师
10	基建处	梁耀	男	高级工程师
11	后勤管理处	王娟娟	女	高级工程师
12	安全与环境工程学院	丘波澜	女	副研究员
13	安全与环境工程学院	张玉春	女	副教授
14	图书馆	毕振德	男	副研究馆员(图书)
15	图书馆	杨阳	男	副研究馆员(图书)
16	图书馆	陈梅	女	副研究馆员(图书)
17	图书馆	颜丽虹	女	副研究馆员(图书)
18	图书馆	刘海翼	男	副研究馆员(图书)
19	图书馆	张艳	女	副研究馆员(图书)
20	图书馆	王春晖	女	副研究馆员(图书)
21	图书馆	刘卓	女	副研究馆员(图书)
22	图书馆	张桂岩	女	副研究馆员(图书)
23	图书馆	赵铁琴	女	副研究馆员(图书)
24	图书馆	张蕾	女	副研究馆员(图书)
25	图书馆	宋永香	女	副研究馆员(图书)
26	杂志总社	周斌	男	副编审
27	杂志总社	魏小奋	女	副编审
28	教育技术中心	李宇	女	高级工程师
29	教育技术中心	于建云	女	高级工程师
30	教育技术中心	赵宇	男	高级工程师
31	经济与管理实验教学中心	韩泽民	男	副研究员
32	校医院	阎博	男	副主任医师
33	校医院	王晓红	女	副主任医师
34	校医院	杨丽蓉	女	副教授
35	首经贸大(北京)资产管理有限公司	陈蔷	女	副编审
36	首经贸大(北京)资产管理有限公司	薛捷	男	副编审
37	首经贸大(北京)资产管理有限公司	周义军	男	副编审
38	首经贸大(北京)资产管理有限公司	乔剑	女	副编审
39	首经贸大(北京)资产管理有限公司	孟岩岭	男	副编审

首都经济贸易大学组织机构及负责人名单

序号	单位	职 务	姓名
1		校长助理	戚聿东
2		校长助理	崔也光
		校长助理(挂职)	柴兴泉(2015.07免)
3	党政办公室	主 任	商筱辉
4		副主任	高菲
5		副主任	马晓宁(2015.05任)
6	党委组织部、统战部、党校	部长兼党校常务副校长	刘宇
		副部长	冯华威(2015.09免)
7		副部长	刘威
8		党校副校长兼副部长	韩静
9		副处级组织员	宋晓颖(2015.04任)
10	党委宣传部(新闻中心挂靠)	部长兼新闻中心主任	邸燕茹
11		副部长	冯博
12		副部长兼新闻中心常务副主任(副处级)	付蓓
13	纪委办公室、监察处	主任、处长	林卫(2015.03任)
14		正处级纪检员	吴烨(2015.06任)
15		副主任、副处长	王泽羽
		副处级纪检员	吴烨(2015.06免)
		副处级纪检员	田宏(2015.06免)
16	学生处(学生工作部)	处(部)长兼武装部部长	马力
		副处(部)长	崔颖(2015.04免)
17		副处(部)长	李晓鸥
18		副处(部)长	姜蓓蓓(2015.04任)
19		副处(部)长兼武装部副部长	冯俊鹏(2015.05任)
	保卫处(部)	处(部)长	王金宝(2015.03免)
20		处(部)长	赵广(2015.04任)
		副处(部)长	赵广(2015.04免)
21		副处(部)长	卢萌
22		副处(部)长	贾学森(2015.05任)
23	离退休工作处	处 长	翟连琦
24		副处长	沈铟

续表

序号	单位	职　务	姓名
25	发展规划处（高等教育研究所挂靠）	处长兼高等教育研究所主任	周明生(2015.06任)
26		副处长	朱宁洁(2015.05任)
	教务处（经济与管理教学实验中心挂靠）	处　长	张琪(2015.03免)
27		处　长	张学平(2015.04任)
28		副处长	范延英
29		副处长	曾庆梅
		副处长	王学江(2015.04免)
30		副处长兼招生办公室主任	崔颖(2015.04任)
31		经济与管理教学实验中心主任(副处级)	郝海波
32	科研处	处　长	祝合良
33		副处长	姜红
34	研究生部(研究生工作部)	主　任	张军
		研究生工作部副部长兼研究生部副主任	牛志伟(2015.04免)
		副主任	王少国(2015.04免)
35		副主任	刘玉梅
		副主任(兼)	赵慧军(2015.04免)
36		副主任	阮敬(2015.05任)
37		研究生工作部副部长兼研究生部副主任	孟毅芳(2015.05任)
38	人事处	处　长	邢琪
		副处长	李凤磊(2015.04免)
39		副处长	李玫玉
40		副处长	麻艳如(2015.05任)
		副处长(兼)(不占职数)	刘文川
41	财务处	处　长	夏颖
42		副处长	王晓婷
43		副处长	陈学森
		副处长(挂职)	赵凤旗(2015.12任)
44	审计处	处　长	许江波
45		副处长	刘红梅(2015.05任)
46	国际合作交流处	处长兼港澳台办公室主任	杨全社(2015.04任)
		副处长(主持工作)	杨全社(2015.04免)
47		副处长兼港澳台办公室主任	黄立伟(2015.04任)
		副处长	朱红(2015.04免)
48	对外联络合作处	处　长	赵喜玲
49	信息处(教育技术中心挂靠)	处　长	赵慧军(2015.03任)
50		副处长兼教育技术中心主任(副处级)	沈毅直(2015.04任)
51		副处长	陈康(2015.06任)

续表

序号	单位	职 务	姓名
52	资产管理处	处 长	王金宝(2015.03任)
		副处长	云喆(2015.04免)
53		副处长兼红庙管委办公室主任	王鑫(2015.04任)
		副处长	王鑫(2015.04免)
54	基建处	处 长	房永明
55		副处长	李华(2015.01任)
		副处长	许纯(2015.04免)
56	后勤管理处	处 长	刘学伟
		党委书记兼后勤管理处副处长	张建军(2015.04免)
57		党委书记兼后勤管理处副处长	王春生(2015.04任)
58		副处长	许纯(2015.04任)
59		副处长	魏有亮
		副处长	李浩(2015.04免)
60	工会	常务副主席	李民
61		正处级组织员	田宏(2015.06任)
		副主席	周利民(2015.04免)
62		副主席(副处级)	刘颖
63		副主席(副处级)	韩邦利(2015.05任)
64	校团委	团委书记	张彤
65	校部机关党委	党委书记	刘俊虹
66		党委副书记(正处级)	王引(2015.09任)
67	城市经济与公共管理学院	院 长	张国山(2015.03任)
		院 长	段霞(2015.03免)
		党委书记兼副院长	林卫(2015.03免)
68		党委书记兼副院长	王德起(2015.04任)
69		副院长	张杰
70		副院长	彭文英
		党委副书记	宋晓颖(2015.04免)
71		党委副书记	杨曦(2015.05任)
	工商管理学院	院 长	高闯(2015.03免)
72		院 长	柳学信(2015.04任)
73		党委书记兼副院长	金京虎
		副院长	柳学信(2015.04免)
		副院长	张学平(2015.04免)
74		副院长	范合君(2015.05任)
75		副院长	徐炜(2015.05任)
76		副院长	崔佳颖(2015.05任)
77		党委副书记	李娟婷

续表

序号	单位	职　务	姓名
78	经济学院	院　长	郎丽华
79		党委书记兼副院长	徐雪
80		副院长	王军
		副院长	王少国(2015.04免)
81		副院长	赵家章(2015.05任)
82		党委副书记	蔡斌
	会计学院	校长助理、院长	崔也光
83		党委书记兼副院长	解小娟
84		副院长	李百兴
85		副院长	顾奋玲
86		党委副书记	孙庆福
87	劳动经济学院	院　长	冯喜良
88		党委书记兼副院长	王明会
		副院长	朱俊生(2015.04免)
89		副院长	童玉芬
90		副院长	范围(2015.05任)
		党委副书记	姜蓓蓓(2015.04免)
91		党委副书记	丁志艳(2015.04任)
92	文化与传播学院	院　长	石刚
93		党总支书记兼副院长	付琳
94		副院长	郭媛媛
95		副院长	陆彦明(2015.05任)
		党总支副书记	任伯杰(2015.07免)
	信息学院	院　长	杨一平(2015.03免)
96		院　长	马慧(2015.03任)
		党委书记兼副院长	马慧(2015.03免)
97		党委书记兼副院长	周广军(2015.03任)
		副院长	姚翠友(2015.04免)
		副院长	牛东来(2015.04免)
98		副院长	陈炜(2015.05任)
99		副院长	高迎(2015.05任)
		副院长(挂职)	林天华(2015.09任)
		党委副书记	丁志艳(2015.04免)
100		党委副书记	季岩砚(2015.05任)

续表

序号	单位	职　务	姓名
	安全与环境工程学院	院　长	郭晓宏(2015.03 免)
101		院　长	王勇毅(2015.04 任)
102		党委书记兼副院长	陈润源
		副院长	王勇毅(2015.04 免)
		副院长	王庆(2015.04 免)
103		副院长	李伟(2015.05 任)
104		副院长	陈文瑛(2015.05 任)
105		党委副书记	蔡丹
106	财政税务学院	院　长	姚东旭
		学术院长(聘)	贾康
107		党委书记兼副院长	李红霞
		副院长	蔡秀云(2015.04 免)
108		副院长	王竞达
109		副院长	何晴(2015.05 任)
110		党委副书记	王珂
111	法学院	院　长	喻中
112		党委书记兼副院长	谢海霞
113		副院长	米新丽
114		副院长	张世君
115		党委副书记	张益铭
	金融学院	院　长	谢太峰(2015.03 免)
116		院　长	尹志超(2015.09 任)
117		党委书记兼副院长	王红玲
118		副院长	高杰英
119		副院长	朱超
120		党委副书记	刘辉
	统计学院	院　长	纪宏(2015.03 免)
121		院　长	张宝学(2015.04 任)
		党委书记兼副院长	周广军(2015.03 免)
122		党委书记兼副院长	马立平(2015.04 任)
		副院长	马立平(2015.04 免)
		副院长	吴启富(2015.05 免)
123		副院长	刘强(2015.06 任)
124		副院长	任韬(2015.06 任)
125		党委副书记	田瑜

续表

序号	单位	职　务	姓名
126	外语系	主　任	朱安博
127		党总支书记兼副主任	刘文东
128		副主任	刘重霄
129		副主任	张宏峰
130		党总支副书记	王海鹏
	华侨学院	院　长	孙昊哲(2015.03 免)
131		院　长	焦勇(2015.03 任)
		党总支书记兼常务副院长	焦勇(2015.03 免)
132		党总支书记兼副院长	何丽(2015.03 任)
		副院长(聘)	孙英
		副院长(聘)	陈洪海
		副院长(聘)	徐连春(2015.09 聘)
133	马克思主义学院	院　长	刘冠军
		党总支书记兼副院长	李丽娜(2015.03 免)
134		党总支书记兼副院长	王银江(2015.03 任)
135		副院长	李久林
	国际经济管理学院	院　长(聘)	李奇
136		常务副院长兼直属党支部书记(正处级)	刘文川(2015.04 任)
		常务副院长兼直属支部书记(副处级)	刘文川(2015.04 免)
		副院长(聘)	李鲲鹏(2015.09 聘)
		副院长(聘)	高静(2015.09 聘)
137	体育部	主　任	蒋薇
		党总支书记兼副主任	王银江(2015.03 免)
138		党总支书记兼副主任	贺慨(2015.04 任)
		副主任	贺慨(2015.04 免)
139		副主任	王长友(2015.05 任)
140	国际学院	院　长	王少国(2015.04 任)
		副院长(主持工作)	杨全社(2015.04 免)
141		直属支部书记兼副院长(副处级)	李凤磊(2015.04 任)
		副院长	黄立伟(2015.04 免)
142		副院长	朱红
143	继续教育学院	院　长	田新民
		直属党支部书记兼副院长(正处级)	张国山(2015.03 免)
144		直属党支部书记兼副院长(正处级)	张琪(2015.03 任)
145		副院长	刘伟
	专业硕士教育中心(2015.03 撤销)	主　任	赵慧军(2015.03 免)
		直属党支部书记兼副主任(正处级)	何丽(2015.03 免)

续表

序号	单位	职　务	姓名
	图书馆	馆　长	汪平(2015.04免)
146		馆　长	吴启富(2015.05任)
147		党总支书记兼副馆长	程显秋
148		副馆长	张桂岩
149	杂志总社	社　长	牛志伟(2015.04任)
		副社长(主持工作)	王春生(2015.04免)
150		副社长兼副总编辑	周斌
151	档案馆、校史馆	馆　长(副处级)	徐彦红
	教育技术中心	主　任	傅星(2015.04免)
		副主任	沈毅直(2015.04免)
152	校医院	院　长(副处级)	王晓红
153		直属党支部书记(副处级)	张艳华
154	首经贸大(北京)资产管理有限责任公司	党委书记	庞志平
155		总经理(正处级)	云喆(2015.04任)
156		副总经理(享受副处级待遇)	刘获
157		副总经理(享受副处级待遇)	李浩
158		北京首都经济贸易大学出版社有限责任公司总经理(享受正处级待遇)	周义军
159		北京首都经济贸易大学出版社有限责任公司副总经理(享受副处级待遇)	朱志平
160		北京首都经济贸易大学出版社有限责任公司总编辑兼副总经理(享受副处级待遇)	杨玲
161		北京首都经济贸易大学出版社有限责任公司副总经理(享受副处级待遇)	王学江
		正处级组织员	高建平(2015.07免)
162	美国克里夫兰州立大学孔子学院	中方院长(副处级)	张旭红

2015年从事教育工作满30年教职工

单位	姓名
城市经济与公共管理学院	赵韵玲　刘正恩
工商管理学院	曹兰　罗鹏　赵越　卢志明　蔡芸
经济学院	马方方　朱京曼　封岩　胡晖

续表

单位	姓名
会计学院	吕亚洁　尹世芬　尤小雁　石彦文　王健琪　梁淑美
劳动经济学院	赵耀　徐斌　何波
文化与传播学院	宫双华　杨景越
安全与环境工程学院	毛海峰
财政税务学院	秦宝宏
法学院	高桂林　王德山
金融学院	王曼怡　王苹
统计学院	马立平　董寒青　郑熙春
体育部	刘英
继续教育学院	万毅
图书馆	程显秋
校部机关	王严　刘颖　于玉环
后勤管理处	韩晓林　徐红霞　刘俊苹　徐洪鹏　石明歧　王建军　李祝　张秀贤　史文军

2015 年首都经济贸易大学优秀教学人员

名次	教师姓名	所在院系
1	姚东旭	财政税务学院
2	唐丽春	会计学院
3	李红霞	财政税务学院
4	李慧丽	会计学院
5	宋云	工商管理学院
6	刘颖	财政税务学院
7	刘迎泽	法学院
8	郑小玲	信息学院
9	张春平	财政税务学院
10	李青淼	城市经济与公共管理学院
11	盖良子	体育部
12	杨鹏	会计学院
13	张松波	工商管理学院
14	高迎	信息学院
15	范围	劳动经济学院
16	杨静	安全与环境工程学院
17	孔海宁	工商管理学院

续表

名次	教师姓名	所在院系
18	刘小溪	外语系
19	叶堂林	城市经济与公共管理学院
20	陈飞	城市经济与公共管理学院
21	贺慨	体育部
22	詹婧	劳动经济学院
23	李百兴	会计学院
24	赵书博	财政税务学院
25	付晏	工商管理学院
26	王竞达	财政税务学院
27	何辉	财政税务学院
28	周琳	城市经济与公共管理学院
29	邵丽	信息学院
30	王长友	体育部

2015年首都经济贸易大学外聘高级专家

聘任单位	姓名	聘任类别
经济学院	Graciela Chichilnisky	兼职
工商管理学院	杨海俊	兼职
工商管理学院	王专	兼职
工商管理学院	信宏业	兼职
工商管理学院	刘震	兼职
工商管理学院	饶及人	兼职
工商管理学院	刘艳	兼职
工商管理学院	鲁众	兼职
工商管理学院	周晓平	兼职
工商管理学院	涂卫东	兼职
工商管理学院	Deniel Fesenmaier	兼职
工商管理学院	Fang Lee Cooke	兼职
信息学院	高大勇	兼职
信息学院	刘明	兼职
文化与传播学院	张小影	兼职
文化与传播学院	徐如俊	兼职
国际经济管理学院	张文扬	讲座
国际经济管理学院	黄建华	讲座

2015 年后备学科带头人

序号	部门	姓名
1	城市经济与公共管理学院	叶堂林
2	工商管理学院	佘镜怀
3	经济学院	李智
4	劳动经济学院	范围
5	文化与传播学院	司新丽
6	文化与传播学院	彭利芝
7	财政税务学院	何晴
8	法学院	王剑波
9	金融学院	周晔

2015 年中青年骨干教师

序号	部门	姓名
1	城市经济与公共管理学院	吴康
2	工商管理学院	孙喜
3	工商管理学院	陆文婷
4	工商管理学院	孔海宁
5	经济学院	申萌
6	经济学院	方明月
7	经济学院	任光宇
8	经济学院	闫云凤
9	经济学院	董香书
10	会计学院	卿小权
11	劳动经济学院	魏华颖
12	劳动经济学院	张航空
13	信息学院	闫志强
14	安全与环境工程学院	王洁
15	金融学院	陈奉先
16	金融学院	徐昕
17	统计学院	聂力
18	统计学院	刘智聪

2015 年退休人员

序号	单位	姓名	办理退休时间
1	基建处	王华东	2015 年 1 月
2	后勤管理处	袁凯明	2015 年 1 月
3	工商管理学院	吴少平	2015 年 1 月
4	图书馆	刘芳	2015 年 1 月
5	后勤管理处	寇学杰	2015 年 1 月
6	首经贸大(北京)资产管理有限公司	甘连富	2015 年 1 月
7	体育部	崔大伟	2015 年 1 月
8	后勤管理处	金立军	2015 年 2 月
9	信息学院	彭春年	2015 年 2 月
10	金融学院	吴世亮	2015 年 2 月
11	专业硕士教育中心	高二起	2015 年 2 月
12	首经贸大(北京)资产管理有限公司	薛喜	2015 年 2 月
13	首经贸大(北京)资产管理有限公司	李建荣	2015 年 2 月
14	后勤管理处	赵瑞华	2015 年 2 月
15	城市经济与公共管理学院	洪亚敏	2015 年 3 月
16	工商管理学院	邹昭晞	2015 年 3 月
17	保卫处(部)	林士云	2015 年 3 月
18	基建处	李庆堃	2015 年 3 月
19	后勤管理处	王正春	2015 年 3 月
20	工商管理学院	温宏建	2015 年 3 月
21	首经贸大(北京)资产管理有限公司	薛兵役	2015 年 3 月
22	图书馆	姜英	2015 年 3 月
23	文化与传播学院	葛树立	2015 年 4 月
24	安全与环境工程学院	郭建中	2015 年 4 月
25	首经贸大(北京)资产管理有限公司	高春生	2015 年 4 月
26	首经贸大(北京)资产管理有限公司	白荟民	2015 年 4 月
27	后勤管理处	李燕新	2015 年 5 月
28	会计学院	黄毅勤	2015 年 5 月
29	信息学院	赵丹亚	2015 年 5 月
30	继续教育学院	高铭	2015 年 5 月
31	后勤管理处	张建军	2015 年 5 月

续表

序号	单位	姓名	办理退休时间
32	后勤管理处	付俊	2015 年 6 月
33	后勤管理处	蔡宝菊	2015 年 6 月
34	财务处	张瑞莲	2015 年 6 月
35	会计学院	王荣	2015 年 7 月
36	保卫处(部)	李庆水	2015 年 7 月
37	后勤管理处	居维华	2015 年 7 月
38	经济学院	蒋东生	2015 年 7 月
39	劳动经济学院	马寿海	2015 年 7 月
40	文化与传播学院	蔡建新	2015 年 7 月
41	安全与环境工程学院	毛海峰	2015 年 7 月
42	会计学院	韩文连	2015 年 8 月
43	工商管理学院	刘英骥	2015 年 8 月
44	后勤管理处	金士成	2015 年 8 月
45	首经贸大(北京)资产管理有限公司	王继民	2015 年 8 月
46	首经贸大(北京)资产管理有限公司	胡传民	2015 年 8 月
47	首经贸大(北京)资产管理有限公司	张德才	2015 年 8 月
48	体育部	康秀文	2015 年 8 月
49	党政办公室	刘红	2015 年 8 月
50	统计学院	高建平	2015 年 8 月
51	马克思主义学院	杨眉	2015 年 9 月
52	后勤管理处	蒋上清	2015 年 9 月
53	工商管理学院	于启武	2015 年 9 月
54	法学院	王雨本	2015 年 9 月
55	首经贸大(北京)资产管理有限公司	刘建军	2015 年 9 月
56	首经贸大(北京)资产管理有限公司	申文怀	2015 年 9 月
57	信息学院	霍桂勤	2015 年 9 月
58	安全与环境工程学院	怡枫	2015 年 9 月
59	图书馆	潘艺霞	2015 年 9 月
60	安全与环境工程学院	陈蔷	2015 年 9 月
61	后勤管理处	索耀宗	2015 年 10 月
62	首经贸大(北京)资产管理有限公司	范京力	2015 年 10 月
63	法学院	王燕	2015 年 10 月
64	保卫处(部)	白亚林	2015 年 11 月
65	财务处	周姝梅	2015 年 11 月

续表

序号	单位	姓名	办理退休时间
66	劳动经济学院	李琪	2015 年 9 月
67	图书馆	张九华	2015 年 12 月
68	城市经济与公共管理学院	陈又名	2015 年 12 月
69	金融学院	梁军	2015 年 12 月
70	后勤管理处	赵献华	2015 年 12 月
71	继续教育学院	杜凤玲	2015 年 12 月
72	后勤管理处	王本志	2015 年 12 月

2015 年去世人员

离休	方纯之　栾泊一　肖朝庆　蔡毓平
退休	翁光宙　秦景华　刘陆妹　谢宗祜　信能立　倪荣　李翠梅　杨时旺　李建英　陈永植　任继亮　李永馨　吴珠华　劳允琦　高二起　韩守艳　姚丽林　赵竹溪　薛德贤　任小苏　王秀云　刘凤华　樊贵霞　刘满意
在职	王跃江

第四篇

教育教学

上图　1月15日，学校召开2014年本专科招生工作总结会暨2015年启动会

中图　9月6日，学校喜迎3 000余名2015级新生

下图　9月16日，学校召开本科课堂教学质量调查专题会

上图　1月13日，学校召开学科建设与研究生教育改革研讨会

中图　1月27日，学校启动学位授权点合格评估工作

下图　4月23日，学校第十届研究生学术文化节开幕

上图 4 月 17 日，学校留学生参加校春季运动会

中图 9 月 5 日，学校留学生参观山西云冈石窟

下图 11 月 22 日，学校留学生参加“福达—来华杯”留学生唱歌比赛

本页图　4 月 17 日，学校第十二届春季运动会开幕

本页图　运动会精彩瞬间

本页图　运动会精彩瞬间

上图　5 月 24 日，学校垒球队获 MLB 首都高等学校第二十届棒垒球锦标赛第三名

下图　11 月 2 日，学校游泳队获第十五届全国大学生游泳锦标赛两项冠军并破赛会纪录

本(专)科教育

概　况

2015年,学校进一步深化本科人才培养模式改革。推动“外培”“实培”计划,加强本科人才交叉培养;新增2个特色人才培养试验点,强化特色人才培养内涵建设;积极拓展“暑期国际学校”,校内外搭建平台,加强本土国际化;大力推进课程综合改革,网络通识课程增至上百门,并首次引进10门创业创新网络通识课;改革选课、考试模式,积极推进学分制建设;着力推动实践教学资源建设;强化全校本科毕业论文(设计)检测,确保毕业论文(设计)含金量;加强学业过程管理,形成对学困生学习过程追踪帮扶机制;组织课堂教学质量状况调研,完善教学评价机制和教学奖励体系。举办2015年本科教学工作大会,创新人才培养机制。

郎丽华教授、刘娟教授荣获北京市第十一届教学名师奖;获批北京市级教改项目3项;获首届全国高校数学微课程设计竞赛华北赛区二等奖;首次完成54名新聘教师的审批备案,为师资队伍建设提供了有力保障;完成多项教学质量报告,进一步完善了教学质量标准体系。

目前,学校教务处下设教务科、考务科、教学研究与质量科、信息科、实践教学办公室、学籍办公室和招生办公室7个科室,主要承担学校全日制本专科生的教学管理、教学建设与改革工作。现有职工22人,其中,高级职称3人,中级职称13人,中级以下6人。

(曾庆梅)

教学质量建设

【召开2015年本科教学工作大会】 12月2日,学校召开2015年本科教学大会。校党委书记柯文进,校长王稼琼,校党委副书记孙善学,纪委书记杨世忠,副校长王文举、丁立宏、王传生、徐芳、孙昊哲,校长助理戚聿东、崔也光出席会议。王传生主持会议。王稼琼做《深化改革　创新机制　切实提高人才培养质量》的主题发言,全面总结了学校2012年以来的本科教育教学工作,交流了工作经验,并对下一阶段的本科教育教学工作进行了部署。会议对2012年至2015年间学校教师所获得的国家级、北京市级以及校级奖励及2014—2015学年优秀课堂教学效果奖进行通报,并为获奖教师颁奖。会议发布了《首都经济贸易大学公共英语改革方案》(草案)、《首都经济贸易大学本科课堂教学评价办法(试行)》(征求意见稿)、《首都经济贸易大学本科教学质量奖评选与奖励办法(试行)》(征求意见稿)、《首都经济贸易大学关于提升本科课堂教学质量的若干意见》(征求意见稿)、《首都经济贸易大学教师教学工作规范》(征求意见稿),进一步征求全校教师的意见。柯文进以《落实立德树人根本任务　深化人才培养机制改革》为题做总结发言。此次本科教学工作大会的召开对进一步聚焦问题、推动改革具有重要意义。

(曾庆梅)

【3项目获批2015年度北京高等学校教育教学改革立项项目】 根据北京市教育委员会关于批准2015年度北京高等学校教育教学改革立项项目的通知(京教函〔2015〕584号),学校3项目获批2015年度北京高等学校教育教学改革立项项目。

首都经济贸易大学2015年北京市级教育教学改革立项项目名单

序号	单位	项目名称	项目类型	项目负责人
1	会计学院	本科卓越人才校企联合培养模式的实现路径和培养机制研究——以注册会计师专业为例	面上项目	顾奋玲

续表

序号	单位	项目名称	项目类型	项目负责人
2	财政税务学院	“内外双驱、校企联动、个性与专业发展相结合”国际化资产评估人才培养研究与实践	面上项目	王竞达
3	金融学院	面向“走出去”战略的北京高校金融国际化人才培养改革研究	面上项目	高杰英

(崔峰)

【获2015年(首届)全国高校数学微课程设计竞赛华北赛区二等奖】 在2015年高校数学微课程设计竞赛中,统计学院陈江荣获得全国高校数学微课程设计竞赛华北赛区二等奖、北京高校数学微课程设计竞赛二等奖。

(崔峰)

【特色和多样化人才培养取得进步】 以教育部、北京市相关文件精神为指导,积极落实人才培养方案修订原则性意见、人才培养模式改革系列计划等文件,修订2015年本科人才培养方案,在原有9个国际化人才培养、6个拔尖人才培养(原实验班)以及10个卓越人才培养试验点的基础上,新增卓越人才培养试验点2个,学校重点支持建设的特色人才培养试验点累计达到27个。

(崔峰)

【制定“双培”“外培”人才培养方案】 为配合“双培计划”和“外培计划”,学校专门为“双培”学生和“外培”学生制定了人才培养方案,共涉及6个专业的“双培”和7个专业的“外培”人才培养方案。

(崔峰)

【11名“外培学生”前往美国高校学习】 按照北京市教委的要求,学校完成了“外培项目”在校生的选拔,并于2015年9月派出11名学生前往美国德州农工大学、美国加州大学圣地亚哥分校进行为期一年的学习生活。

(崔峰)

【加强专业及公共基础课建设】 2015年,学校以专业建设为平台,以教学理念、方法、模式创新以及课程建设为基本内容,深化全校性公共基础课教学改革,促进国际化人才培养模式试点工作的开展,进一步提高本科教育教学质量,经院(系)申报,校教学指导委员会审议,最终确定行政管理等42个专业、大学英语等6类公共基础课等建设项目,资助金额共1 199.6万元。

(崔峰)

【60个项目被评为校级教改立项项目】 经过教务处初审,校外专家评审,校内专家复核,共有60个项目获批2015年校级教育教学改革立项项目。

首都经济贸易大学2015年教育教学改革立项项目名单

重大项目

序号	单位	项目名称	负责人
1	城市经济与公共管理学院	首都经济贸易大学公共管理大类数学课(PM)教学改革研究	叶堂林
2	会计学院	本科卓越人才校企联合培养模式的实现路径和培养机制研究——以注册会计师专业为例	顾奋玲
3	财政税务学院	“内外双驱、校企联动、个性与专业发展相结合”国际化资产评估人才培养研究与实践	王竞达
4	金融学院	面向“走出去”战略的北京高校金融国际化人才培养改革研究	高杰英

重点项目

序号	单位	项目名称	负责人
1	城市经济与公共管理学院	学校土地资源管理专业人才培养特色与问题研究	刘水杏

续表

重点项目			
序号	单位	项目名称	负责人
2	工商管理学院	基于大脑学习机制的教法重构与流程再造研究——以工商管理类专业课程教学设计为例	王振江
3	工商管理学院	学校学科建设绩效评价体系研究——基于工商管理专业(实验班)特色人才培养视角	余镜怀
4	工商管理学院	本科生课堂教学效果提升研究	崔佳颖
5	经济学院	经济学专业高等数学问题导入型教学研究	周华
6	劳动经济学院	创新创业融入专业教育的研究与实践	苗仁涛
7	法学院	大学生实践创新能力培养效果提升实证研究	李英
8	金融学院	投资系开展金融 MATLAB 教学的问题研究	施慧洪
9	统计学院	统计学专业本科生创新素质培养模式研究	马立平
10	统计学院	《统计学》的微课知识群建设与课堂效果的提升	郭洪伟
11	外语系	“泛英语课堂”环境下学生书面提问的立体化模式构建研究	刘重霄
12	教务处	审核评估背景下学校本科教学质量现状与改进策略研究	李萍
13	教务处	学分制背景下的学分转换工作管理效果提升研究	陈海沐
14	图书馆	高校人才培养与构建文献信息资源保障体系的研究	程显秋

一般项目			
序号	单位	项目名称	负责人
1	城市经济与公共管理学院	学校人才培养的过度教育与教育不足问题研究	杨曦
2	城市经济与公共管理学院	翻转课堂在不动产双语教学中的运用研究	张昕
3	工商管理学院	学校管理类学生教育服务质量评价及提升路径研究——基于学生感知视角	翟春娟
4	工商管理学院	国际化背景下营销专业双语教学模式研究	邱琪
5	经济学院	经济理论类课程“反转课堂”的教学改革与实践研究	王钰
6	经济学院	完全学分制条件下提升教学效果进行教学管理改革的研究	冯汐
7	劳动经济学院	提升高校专业课双语课堂教学效果的研究	黎煦
8	劳动经济学院	教师如何在课堂教学中培养学生正确的价值观	赵耀
9	劳动经济学院	从学生需求角度探析国际人力资源管理专业人才培养方案提升路径	魏华颖
10	劳动经济学院	批判性思维教学法运用策略与效果评价研究——以劳动经济学课程为例	李晓曼
11	劳动经济学院	PBL 教学模式在“劳动政策”课程中的设计、应用与效果评估问题研究	雷晓天
12	劳动经济学院	100 分钟本科课堂教学效果与高校教师教材应用水平的关系研究	边文霞

续表

一般项目			
序号	单位	项目名称	负责人
13	文化与传播学院	MOOC对首经贸教学质量提升与改革的影响研究	郭锦鹏
14	文化与传播学院	广告策划项目训练法与广告竞赛实践相结合在广告卓越人才培养中的应用与效果研究	谭宇菲
15	文化与传播学院	毕业论文写作与大学生实践能力提升	张小乐
16	安全与环境工程学院	多层级渐进CDIO工程教育模式的探索与实践——以《安全人机工程学》为例	王洁
17	安全与环境工程学院	运用"翻转课堂"教学模式的求职类课程对提升学校理工科学生就业质量的作用	陈蒲晶
18	财政税务学院	《国际税收》课程双语教学改革	曹静韬
19	法学院	中美法学院本科课堂教学比较	刘胜江
20	法学院	法律教学如何为司法技巧服务	翟叶虎
21	金融学院	双语教学效果分析与改进对策——以国际金融课程为例	刘妍芳
22	金融学院	高校学业辅导的育人效果研究	常彪
23	外语系	基于语言实验室的英语自主学习能力提升的研究:现状、问题及策略	侯燕玫
24	马克思主义学院	构建以学生为主体的思政课教学新模式——以《毛泽东思想和中国特色社会主义理论体系概论》课为例	张晓萍
25	体育部	"HIIT"引入体育课对大学生体质健康状况提升的对比研究	孙杨
26	国际学院	跨学科视野下的留学生本科教学创新——兼论经济专业课与汉语语言课的衔接	李红
27	图书馆	提升大学生综合素质的培养——基于拓展图书馆的导读功能	魏福芹

青年项目			
序号	单位	项目名称	负责人
1	城市经济与公共管理学院	基于拼拆课堂理论的本科生读书指导程序研究——以《行政组织学》课程为例	崔高鹏
2	会计学院	卓越会计人才《成本管理会计》双语课程建设研究	王伟
3	会计学院	学校会计专业本科人才培养现状分析与政策建议——基于教师、学生与用人单位的三维调研	谭静
4	经济学院	Seminar对学生科研能力的促进效果研究	申萌
5	经济学院	国际经济与贸易专业应用型人才培养效果提升路径研究	闫云凤
6	经济学院	"翻转学习"教学模式在经济学说史课程中的应用研究	赵娟
7	劳动经济学院	基于学生学涯发展视角的学校本科生导师制实施效果评价——以劳动经济学院为例	姜蓓蓓
8	劳动经济学院	以专业型学生社团为载体扩展复合型专业人才培育路径	孙乐

续表

青年项目			
序号	单位	项目名称	负责人
9	安全与环境工程学院	计算机仿真技术在工业工程类实验课程教学中的应用研究	赵灿灿
10	法学院	以法律实训课程促进卓越法律人才培养	王剑波
11	统计学院	实变函数与泛函分析中的实践教学方法探索	范林元
12	外语系	网络环境下大学英语自主写作教学模式改革研究	任菊秀
13	马克思主义学院	本科生思想政治理论课“专题式翻转”教学的理论与实践研究	李厚羿
14	体育部	学校教师信息化课堂教学有效性研究	牟春蕾
15	国际学院	交际任务在留学生口语课词汇教学中的应用研究	周磊

（崔峰）

【郎丽华、刘娟获第十一届北京市高等学校教学名师奖】 7月28日，根据北京市教育委员会《关于公布第十一届北京市高等学校教学名师奖获奖名单的通知》（京教函〔2015〕382号），学校经济学院郎丽华教授、统计学院刘娟教授荣获第十一届北京市高等学校教学名师奖。本届高等学校教学名师奖是经学校推荐、现场教学观摩课评价、评审专家组评议、评审委员会投票、市教委审核并公示产生，截至第十一届，学校已有17名教授获北京市高等学校教学名师奖。

（李萍）

【30名教师荣获2014—2015学年优秀课堂教学效果奖】 2015年9月，为鼓励广大教师爱岗敬业，不断提高教学质量，根据《首都经济贸易大学优秀教学人员奖励办法》（首经贸政发〔2011〕28号）的有关规定，学校决定对2014—2015学年两个学期本科生网上评教得分名列前茅的30名教师授予首都经济贸易大学2014—2015学年优秀课堂教学效果奖，并颁发荣誉证书予以奖励。

首都经济贸易大学2014—2015学年优秀课堂教学效果奖获奖名单

名次	教师姓名	所在院系
1	姚东旭	财政税务学院
2	唐丽春	会计学院
3	李红霞	财政税务学院
4	李慧丽	会计学院
5	宋云	工商管理学院
6	刘颖	财政税务学院
7	刘迎泽	法学院
8	郑小玲	信息学院
9	张春平	财政税务学院
10	李青淼	城市经济与公共管理学院
11	盖良子	体育部
12	杨鹃	会计学院
13	张松波	工商管理学院

续表

名次	教师姓名	所在院系
14	高迎	信息学院
15	范围	劳动经济学院
16	杨静	安全与环境工程学院
17	孔海宁	工商管理学院
18	刘小溪	外语系
19	叶堂林	城市经济与公共管理学院
20	陈飞	城市经济与公共管理学院
21	贺慨	体育部
22	詹婧	劳动经济学院
23	李百兴	会计学院
24	赵书博	财政税务学院
25	付晏	工商管理学院
26	王竞达	财政税务学院
27	何辉	财政税务学院
28	周琳	城市经济与公共管理学院
29	邵丽	信息学院
30	王长友	体育部

（李萍）

教学改革与创新

【组织课堂教学质量调研】 9月，为进一步了解学校课堂教学的现状，改善教风和学风，教务处、学生处共同对学校本科课堂教学质量状况进行了全面调研。通过座谈会，深入了解本科课堂教学质量存在的各种问题，征求了各方对提高本科课堂教学质量的意见和建议；组织教学单位进行网上问卷调查，回收有效问卷3 529份（其中，学生样本数为3 127，教师样本数为382），完成调研报告。

（李萍）

【完成新一届教学督导专家的换届工作】 9月，教务处根据《首都经济贸易大学教学督导工作规定》，完成了新一届教学督导专家的换届工作，新一届督导专家为：艾春岐、胡茂桐、吴念时、孟芳娥、刘仲文、沈大庆、孙丽、姜亢、陈春燕，调整了督导联系院系，实现了督导全覆盖。

（李萍）

【编辑印制《2012—2015年度教学督导工作纪实》】 11月，教务处编辑印制了《2012—2015年度教学督导工作纪实》（以下简称《纪实》），《纪实》收录了自2012年9月至2015年7月期间学校教学督导专家们的探索和实践，包括历年工作计划和总结、专题调研报告、个人观察体会和建议等内容。

（李萍）

【完成首次新聘教师的任课资格审批工作】 2015年，教务处根据《新聘教师本科课堂教学准入制度实施办法》（首经贸政发〔2014〕4号）的规定，教务处组织了对2014年新聘教师的任课资格审批备案工作，经各院系审查合格并报教务处审批备案后，全校共有54名2014年新聘教师取得任课资格。

新聘教师获批任课资格情况一览表

序号	院系	教师姓名
1	城市经济与公共管理学院	宋心然　王建强　王烨　毛琦梁　周芳
2	工商管理学院	程丽娟　张勃　王夏　李研
3	经济学院	陈建先　杜雯翠　郝宇彪　贺小丹　黄灿
4	会计学院	林乐　王元芳　李盈旋
5	劳动经济学院	傅春晖　侯俊丹　孟泉　苗仁涛　王晓霞
6	文化与传播学院	高亢
7	信息学院	付东普　曹娜　刘经纬　王汀　杨艳妮
8	安全与环境工程学院	王佩　丁爽　陈源　周洁琼
9	财政税务学院	李林君　刘翔　陈远燕
10	法学院	朱路　张鹏　兰燕卓　陈韩非　陶盈
11	金融学院	赵大萍　刘威仪
12	统计学院	陈珩　李显君　简思綦　王琳　袁晶　吴慧珊
13	外语系	李冰　张潮　卢青亮　张东芹　苏明鸣
14	马克思主义学院	李厚羿

（李萍）

【引入课表调整反馈机制】 在现有调课制度的基础上，教务科于2015年开始推行课表调整反馈机制，将第一轮调课结果全部整理汇总后反馈至各院系。

（熊骞）

【扩大“暑期国际学校”项目影响】 为推动国际化人才培养模式创新，在全校范围内启动了第三期“暑期国际学校”项目，拟订“暑期国际学校”修读要求，与学校团委、宣传部展开密切协作，通过校报、学校门户网站和学校APP等多种渠道宣传扩大“暑期国际学校”项目影响，邀请到Patrick Flood等12位境外知名学者为本科生开设12门全英文课程，共有455名学生报名学习。

（熊骞）

【重新制版学期课程表】 为了方便广大师生，教务科对多年沿用的学期课程表的制版样式进行了重新设计编排，制作了全新的学期课程表，提升了纸质课表排版的科学性和内容的易读性。

（熊骞）

【进一步完善辅修管理】 为推进教学模式改革，进一步修订完善了《辅修专业（双学位）管理办法》，为转专业学生增设改选辅修专业的机会，保障转专业的学生选到适合自己的辅修专业；增加了跨年级选课，延长选课时间，为更多的学生提供参与辅修的机会。2015年，根据选课人数，学校共开设8个辅修专业，共有935人报名。

（付博）

【优化学校公选课课程资源】 为了进一步践行教学体制改革，引入更优质的课程教学资源，促进课程建设与时俱进，构建本科学生全面的知识结构，完善网络课程评估机制，教务处于11月联合超星尔雅公司对学校网络通识课进行了优化，经过筛选，教务处共更新了12门网络通识课程，并细化了考核要求。

（付博）

【探索课程新模式】 为推进学生听课模式的改革，丰富学生假期生活，超星尔雅公司联合教务处在全校本科生寒、暑假期间启动了“超星Online成长冬令营”和“超星Online成长夏令营”，共开设7门网络课程供学生线上选择，寒、暑假报名均超过100人次，有超过20人次的学生获得了不同课程的奖项。

（付博）

【引进创业创新网络课程】 为培养创新型人才、加强学生素质教育,教务处经过调研,于11月引进了10门创业创新网络课程。

(孙亮)

【开展慕课建设】 经过一年时间的调研,于2015年年底在统计学院建设慕课试点单位,推动慕课建设。

(孙亮)

【开展教务系统建设】 为保障教学模式改革的进行、推动教学管理信息化、提高教务处办公效率,教务处开展了教务系统建设项目,于2015年上半年进行了教务系统调研工作,10月,采用公开招标形式引进湖南强智一体化综合教务系统,于12月完成了教务系统一期建设的内容。

(孙亮)

【首次施行全国大学英语六级考试新政策】 12月,为确保学生能够于考试当天平稳、顺利参加英语六级考试,该场考试进入考场时可不再检查考生英语四级合格证书或四级成绩单,而将考试资格审查工作调整到考试报名阶段,与考试相应的考前动员、培训工作及考试文档都进行了相应的调整。

(张明芳)

实践教学与创新

【1市级校外人才培养基地通过验收】 根据北京市教育委员会《关于公布北京高等学校市级校外人才培养基地项目验收结果的通知》(京教函〔2015〕91号),学校2010年立项建设的市级校外人才培养基地“北京兰格信息咨询有限责任公司”,经过基地自评、学校总结、专家审核、市教委备案等环节,通过验收。

(吕铮)

【1基地被评为2015年北京高等学校市级校外人才培养基地】 根据北京市教育委员会《关于公布2015年北京高等学校市级校外人才培养基地立项单位名单的通知》(京教函〔2015〕381号),学校“首都经济贸易大学——中企华校外人才培养实践创新基地”,经学校申报、专家评审、答辩考察、市教委审核,被评定为2015年北京高等学校市级校外人才培养基地建设单位。

(吕铮)

【4基地被评为2015年校级校外人才培养基地】 4月,学校新增4个校级校外人才培养基地。

首都经济贸易大学2015年校级校外人才培养基地一览表

序号	学院名称	基地名称	项目负责人
1	经济学院	经济学院——FESCO 1+1+1平台卓越人才校外培养基地	王军
2	信息学院	信息安全实训基地	徐天晟
3	财政税务学院	中企华资产评估校外人才培养基地	王竞达
4	金融学院	首都经济贸易大学——中国人寿北分公司人才培养基地	张小红

(吕铮)

【13项毕业论文(设计)入选2015年北京市大学生毕业论文(设计)项目】 根据北京市教育委员会《关于公布2015年入选北京高等学校高水平人才交叉培养“实培计划”项目的通知》(京教高〔2015〕12号),学校选拔优秀的大四学生进入北京市大学生毕业设计(论文)入选项目,经过学校申报、市教委遴选等环节,共有13项毕业论文(设计)入选。

首都经济贸易大学2015年北京市大学生毕业论文(设计)入选项目一览表

序号	学院名称	毕业设计(论文)研究方向(题目)	校外导师姓名	校内导师姓名
1	工商管理学院	政府行为对第三产业生产率的影响研究	李勇坚	张晗
2	工商管理学院	国有企业高管腐败治理研究	郑世林	范合君
3	经济学院	国际文化距离对我国进出口贸易的影响	张自然	赵家章
4	经济学院	公共服务与人口城市化发展关系研究	张自然	王文举

续表

序号	学院名称	毕业设计(论文)研究方向(题目)	校外导师姓名	校内导师姓名
5	经济学院	人民币汇率变动对出口商品价格的传递效应	陈昌兵	胡晖
6	文化与传播学院	我国农村地区宗教传播的主要动因:经济因素抑或非经济因素	唐晓峰	陆彦明
7	安全与工程学院	臭氧微气泡氧化三价砷形成臭葱石沉淀除砷方法的研究	张广积	李洪枚
8	财政税务学院	财政性教育经费运行机制研究	杨志勇	姚东旭
9	财政税务学院	财政中期规划框架下的地方税收收入预测研究	张斌	李红霞
10	财政税务学院	市场法在并购重组中的应用研究	程凤朝	王竞达
11	金融学院	基于随机规划的家庭金融资产配置优化研究	汪寿阳	赵大萍
12	金融学院	亚洲基础设施银行国际金融治理功能实现路径研究	曾刚	高杰英
13	金融学院	中国大型银行国际化布局研究	曾刚	高杰英

(吕铮)

【28 项项目入选 2015 年北京市大学生科研训练计划深化项目】 根据北京市教育委员会《关于公布 2015 年入选北京高等学校高水平人才交叉培养"实培计划"项目的通知》(京教高〔2015〕12 号),学校选拔优秀的大四学生进入北京市大学生科研训练计划深化项目,经过学校申报、市教委遴选等环节,共有 28 项大学生科研训练计划深化项目入选。

首都经济贸易大学 2015 年北京市大学生科研训练计划深化项目一览表

序号	学院名称	项目名称	学生负责人姓名	校内导师
1	工商管理学院	物流企业向供应链主体转型的基本战略研究——以北京祥龙物流(集团)有限公司为例	陶瑶	赵艳
2	工商管理学院	北京当代商城经营模式转型及创新研究	王晨	陈立平
3	工商管理学院	兰格钢铁电子商务交易平台供应链金融研究	张茹茹	佘镜怀
4	会计学院	增强会计师事务所独立性研究	李芳	袁小勇
5	会计学院	注册会计师职业道德对会计师事务所核心竞争力的影响	杨梦凡	陈珺
6	会计学院	企业内部控制质量的影响因素研究	施文佳	孙静
7	劳动经济学院	集体谈判中利益争议的处理机制研究	朱雨婷	雷晓天
8	劳动经济学院	延迟退休政策对就业市场的影响	王玺	毛艾琳
9	劳动经济学院	北京市劳动争议调解制度运行的实证研究	张钰堃	范围
10	劳动经济学院	是什么让我们输在起跑线上? ——招聘广告中就业歧视现象实证研究	胡雪	张航空
11	文化与传播学院	新媒体环境下博物馆传播效果与传播策略研究——以北京市为例	石涵颖	王冲

续表

序号	学院名称	项目名称	学生负责人姓名	校内导师
12	信息学院	ECC校验算法的探究与应用	蒋乾凯	徐天晟
13	信息学院	跨平台低成本室内交互式引导系统研究	陈迎港	刘经纬
14	信息学院	基于BIM的现场安全设施及仿真软件的研究与开发	王梦洁	邱月
15	信息学院	基于BIM的建筑工程成本系统的设计与开发	肖若梨	邱月
16	安全与环境工程学院	再生水补给河湖水生态环境安全研究	马啸飞	李洪枚
17	财政税务学院	文化创意企业的知识产权价值评估研究	刘恋殷	梁美健
18	财政税务学院	上市公司并购重组价值评估和交易定价关系研究	路桐	王竞达
19	财政税务学院	网络电商纳税问题研究	薄文	丁芸
20	法学院	大学生开微店的法律风险与对策研究	郭嘉豪	陈韩非
21	法学院	国家监护权对侵权的制约——从未成年保护的角度	刘晶	刘润仙
22	法学院	大数据时代个人信息安全问题的新论	赵文超	陶盈
23	法学院	中国律师的法制地位和职能变迁	苗紫祎	张兴
24	金融学院	互联网金融消费需求调查研究	王珊	高杰英
25	金融学院	北京寿险行业认知度调查研究	周经纬	徐昕
26	统计学院	对埃博拉病毒传染研发防治的数学建模研究	田世元	任韬
27	统计学院	3D打印技术对传统制造业的影响研究	李若宇	吴启富
28	统计学院	微商对传统商业的冲击研究	刘普烈	范林元

(吕铮)

【评选2015届校级优秀学士学位论文(设计)】 根据《首都经济贸易大学优秀学士学位论文(设计)评选及奖励办法》(首经贸政发〔2007〕5号),全校共推荐76篇优秀毕业论文(设计)参加评选,最终评选出《海淀区主导产业选择的战略分析及对策研究》等33篇论文(设计)为首都经济贸易大学2015届优秀学士学位论文(设计)。

首都经济贸易大学2015届校级优秀学士学位论文(设计)名单

序号	学院名称	论文(设计)题目	作者姓名	指导教师姓名
1	城市经济与公共管理学院	海淀区主导产业选择的战略分析及对策研究	孟庆欣	叶堂林
2	工商管理学院	创业板公司股权激励与公司绩效的实证分析	李俊英	张学平
3	工商管理学院	C2C网店服务补救质量对顾客忠诚的影响	李然	翟春娟
4	工商管理学院	北京传统小吃传承与发展探析	郭逸雄	李佳
5	经济学院	贸易条件变化对中国经济的影响——基于小型开放DSGE模型	陈斯	黄灿
6	经济学院	中国退休消费之谜实证研究	王喆	贺小丹

续表

序号	学院名称	论文(设计)题目	作者姓名	指导教师姓名
7	经济学院	我国城镇职工养老保险水平地区差异影响因素的研究	胡沁悠	徐则荣
8	经济学院	交通基础设施对经济增长影响的实证研究	仵文捷	方明月
9	会计学院	企业社会责任报告鉴证体系评析——结合沪市A股上市公司社会责任鉴证情况分析	彭漪琳	王健琪
10	会计学院	2014年准则下企业合并财务报表初探	徐晓媛	刘瑛
11	会计学院	上市公司会计信息披露真实性问题分析	袁小叶	段新生
12	劳动经济学院	美国为什么没有成为福利国家——战后美国社会保障改革初探	李江兵	江华
13	劳动经济学院	大学生就业歧视影响因素研究	王艺	张航空
14	劳动经济学院	互联网公司内部培训员工满意度影响因素分析——以北京R公司为例	付佳	魏华颖
15	文化与传播学院	网络视频中转基因的形象建构研究	俎燚楠	李先知
16	文化与传播学院	新媒体信息革命对个人信息保护的影响与对策	刘丹	郑文明
17	信息学院	移动平台下公交卡充值系统的设计与实现	董莎	邵丽
18	信息学院	O2O模式下租房系统WEB端的设计与实现	李兆松	石新玲
19	信息学院	基于中文二阶索引技术的全文搜索引擎的研究	张一鸣	覃爱明
20	安全与环境工程学院	北京市区域协同发展系统动力学建模与仿真	李晟晗	马峻
21	财政税务学院	论我国个人所得税纳税单位的选择	张晶	姜明耀
22	财政税务学院	基于EVA模型对我国企业并购协同效应的研究	李婧	张晓慧
23	法学院	药品不良反应救济制度探究	李倩楠	刘润仙
24	法学院	3D打印的著作权问题研究	王骞璇	沈敏荣
25	金融学院	资本调整、央行政策与中国经济周期研究	夏金娇	余颖丰
26	金融学院	广义线性模型在车险理赔强度中的应用与研究	钟璐	徐昕
27	金融学院	存差视角的西部地区经济增长研究	赵冰	高杰英
28	统计学院	创业板财务风险预警实证分析	高寒	于威威
29	统计学院	京津冀经济发展水平评价与协调发展的外部影响因素探究	曲歌	马立平
30	统计学院	经济周期与保险增长的互动关系实证研究	赵明岳	张玉春
31	外语系	A Study on English Dictionary Use Strategies Among Non – English Majors	张枭然	高秋萍
32	华侨学院	虚拟集群中的SOA架构实验	王明珅	刘丽
33	华侨学院	小米公司市场战略及市场战略有效性分析	邓昀瑶	王妍

（吕铮）

【完成 2015 年中央财政支持地方高校发展专项资金中教学实验平台建设类的申报】 2015 年,教务处支持数字化金融实验室建设项目、数字化调查研究实验室建设项目、管理科学与工程实验教学中心建设项目和语言实验教学中心建设项目 4 个子项目,共计 130 万元,采购外研社 iTEST 大学英语测试与训练系统、信息化综合运行管理平台、金融理财规划系统、SAS JMP Clinical、JMP 学院版等软件,进一步加强实验室的育人环境建设。

(欧锦林)

【开展大学生创新创业训练计划项目】 2015 年,教务处开展了大学生创新创业训练计划项目立项工作,并首次将大四学生也纳入项目申报中来。全校本科生对此项活动积极响应,踊跃申报,通过各院系评选和学校复核,本年度共立项 312 项,参与学生数 1 161 人。同年,完成对 2014 年立项项目的结题工作,打印大学生科研创新证书 1 000 余份。

(欧锦林)

【40 个项目入选国家级大学生创新创业训练计划项目名单】 4 月,学校组织开展 2015 年国家级大学生创新创业训练计划立项项目推荐工作,本着优中选优的原则,从 2015 年校级大学生创新创业训练计划项目名单中选取重点项目 125 项进行分组回避评审,根据学科特点和各学科的项目数量,共分为理工文法组、经济组、管理组,最终学校教学指导委员会评审出 40 项推荐至教育部。10 月,教育部高等教育司公布 2015 年国家级大学生创新创业训练计划项目名单,学校 40 个项目全部入选。

2015 年首都经济贸易大学国家级大学生创新创业训练计划项目名单

项目编号	项目名称	项目类型	项目负责人	项目其他成员信息	指导教师	项目所属院系
201510038001	新型厌氧氨氧化烟气脱硝技术的研究	创新训练项目	毕竑	孙胜钊 李梓枭 李笑涵	丁爽	安全与环境工程学院
201510038002	疆河特产创业实践	创业实践项目	赵祖国	迪力夏提·莫尼亚孜 屈梓珊 邓昊林 刘鸿儒	王珂	财政税务学院
201510038003	新兴真人互动娱乐项目的活动设计及开展	创业训练项目	陈晓融	顾龄娜 张亚男 徐敏	张晓慧	财政税务学院
201510038004	大学生对本专业认知度和满意度调查研究	创新训练项目	金永超	李悦 热依莱·热合曼 乌优如	王竞达	财政税务学院
201510038005	智慧万年花城社区建设投融资方案	创业训练项目	王婧超	刘爽 王天月 金泽佳 李进进	谭善勇	城市经济与公共管理学院
201510038006	北京市公租房土地供应现状与问题研究	创新训练项目	王妍	路昊 马小东	刘水杏	城市经济与公共管理学院
201510038007	大学生开微店的法律风险与对策研究	创新训练项目	郭嘉豪	吴钰承	陈寒非	法学院
201510038008	大学生体育事故责任研究	创新训练项目	张丹宇	刘正之 侯爽婧	陶盈	法学院
201510038009	上市公司员工持股方案设计研究——以国际化企业和国内中小型企业对比分析	创新训练项目	盛涵	邱玉凤 朱梦怡 闫莉	张学平	工商管理学院

续表

项目编号	项目名称	项目类型	项目负责人	项目其他成员信息	指导教师	项目所属院系
201510038010	篮球周边产品创业项目计划书	创业训练项目	何佳婧	张俊怡　韩笑　乐洋	张松波	工商管理学院
201510038011	历史文化名城的遗产旅游对比	创新训练项目	李文颖	褚冰冰　王玉娇　林峥琪　尹可心	张祖群	工商管理学院
201510038012	基于供应链的质量管理对格子铺品牌提升的影响研究	创新训练项目	吴英	范佳慧　赵冰璐　黄文雅　王昆	张晗	工商管理学院
201510038013	“阳光花坊”创意众筹咖啡厅	创业训练项目	张喆	尚曦　闫学超　刘香玲　杨瑞晨	高中华	工商管理学院
201510038014	新三板公司的价值定位和投资指引	创新训练项目	张可	王赫获　高茹潇　林妍　刘昊程	苏志	国际经济管理学院
201510038015	团购网站运营模式和定价机制研究	创新训练项目	王浩宇	马晨阳　董潇锋	章婕	华侨学院
201510038016	“复兴集团收购法国地中海俱乐部——中国动力如何嫁接全球资源”——公司财务绩效的分析与评价	创新训练项目	龙懿立	白竹梅　陈燕翔　金洪　盛天钰	戴汝婴	华侨学院
201510038017	“中欧创业与投资创新聚光灯案例——新东方转型新考验”——论商业模式在竞争环境中的可持续性发展	创新训练项目	徐心怡	杜沐霞光　陈茜羽　王睿淼	王素芳	华侨学院
201510038018	“光线传媒——内容平台为王，发行营销至上”——论竞争战略与商业模式	创新训练项目	张竑琳	崔鑫　殷道　王宇菲	党铁超	华侨学院
201510038019	注册会计师职业道德对会计师事务所核心竞争力的影响	创新训练项目	杨梦凡	杨万新　李一冉　贺佳　周月禅	陈郡	会计学院
201510038020	会计专业学生辅修经济类双学位对就业影响的实证调研——以北京市大学为研究对象	创新训练项目	邓阳诗艺	张兰心　郑伟楠　周静泊　董梦凡	林乐	会计学院

续表

项目编号	项目名称	项目类型	项目负责人	项目其他成员信息	指导教师	项目所属院系
201510038021	互联网金融背景下大学生理财观的变化及应对研究	创新训练项目	严昱宁	郑俐敏　袁杰 李怡薇　周沅璟	蔡立新	会计学院
201510038022	对于大学生良好习惯养成APP以及返现返券方案可能性的研究	创新训练项目	王瑞禹	赖奇煌　高岩	王元芳	会计学院
201510038023	从“微信红包”看网络融资新模式	创新训练项目	范海	耿梓瑜　李雨鑫 史佳桐　刘芳	赵大萍	金融学院
201510038024	对大学生兼职现状的调查和研究	创新训练项目	王蓓	李甜甜　王少贞 杨琨　董禹辰	王苹	金融学院
201510038025	大学生理性网络购物情况的调查	创新训练项目	张震	王旭　陈嘉庚	李晓鸥	金融学院
201510038026	Go・书——大学生订购教材网络平台	创业训练项目	田驰	吴若山　袁泽 齐钰	李智	经济学院
201510038027	电子红包现状分析及其前景预测	创新训练项目	田旭	吴昊　彭建武 李兴	马方方	经济学院
201510038028	“转角”校园二手交易平台	创业训练项目	陈思嘉	曹杨　林晨　兰青 陈敏	董烨然	经济学院
201510038029	十字路口左转待转区对交通压力的缓解	创新训练项目	郑衮	梅思蓉　商佳	马方方	经济学院
201510038030	基于学生学涯视角对学校本科生导师制度的实施效果评价	创新训练项目	李辰	王俊涵　李天琦 贝雪松　时瑛镁	姜蓓蓓	劳动经济学院
201510038031	首经贸本科生手机依赖状况调查	创新训练项目	肖覃	王可滢	毛畅果	劳动经济学院
201510038032	探究3D打印技术对传统制造业的影响	创新训练项目	李若宇	周冬雅　刘珊珊	吴启富	统计学院
201510038033	微商对传统商业的冲击	创新训练项目	刘普烈	历涛　吴文涛	范林元	统计学院
201510038034	关于生态农场的创新发展	创业训练项目	刘志颖	覃敬雏　席聪 卫冰清	窦昌盛	统计学院
201510038035	研究公共交通英文用语的重要性与规范性——以北京地铁站名翻译为例	创新训练项目	景佳雯	李晴　徐平 钱樵风	刘丽	外语系

续表

项目编号	项目名称	项目类型	项目负责人	项目其他成员信息	指导教师	项目所属院系
201510038036	从某些单词的一词多义现象探讨语言的奇妙	创新训练项目	朱思奕	李爽　叶延明	刘重霄	外语系
201510038037	中英茶道——英国下午茶与中国茶的对比	创新训练项目	如扎	郑建峡　陈隆骁　梁璐	贾冬梅	外语系
201510038038	古装微电视剧的文化传播作用和发展趋势	创新训练项目	徐彤	黄亦竹　李正剑　崔晨	郭媛媛	文化与传播学院
201510038039	沸点传媒集团・朝(zhao)阳影视公司	创业训练项目	刘畅	沙娅古丽　骆梦依	徐铁瑛	文化与传播学院
201510038040	支撑新丝绸之路研究的数据库建模	创新训练项目	李丹	孙彤　闫欣雨　关程梅	高迎	信息学院

（欧锦林）

【制定《首都经济贸易大学深化创新创业教育改革实施方案（2015—2020年）》】 2015年，教务处制定《首都经济贸易大学深化创新创业教育改革实施方案（2015—2020年）》（以下简称《方案》），《方案》分为总体要求、建设内容和组织实施3大部分，重点强调深化创新创业教育教学改革，强化实践创新能力，以便培养“大众创业、万众创新”生力军，提高学校对北京乃至全国经济社会发展的服务能力。10月，学校作为北京市属高校唯一代表完成全国创新创业教育成果展板设计和制作，以供高校创新创业教育成果展期间高校相互交流学习。

（欧锦林）

【开展学科竞赛项目建设申报】 4月，学校组织教学指导委员会对各院系申报的竞赛项目进行审核认定，在考虑竞赛的主办单位、举办届数、参赛高校数、竞赛层次性、社会影响力等因素的基础上，对各院系申报的20项学科竞赛进行定级，最终定级竞赛项目16项，其中，A级竞赛项目3项，B级竞赛项目5项，C级竞赛项目2项，D级竞赛项目4项，E级竞赛项目2项。

首都经济贸易大学大学生学科竞赛项目级别名单（2015年新增）

序号	竞赛项目名称	竞赛主办单位	级别
1	红十字国际人道法模拟法庭竞赛	红十字国际委员会	A级
2	香港会计师公会专业资格课程（QP）个案分析比赛	香港会计师公会	A级
3	模拟商务谈判大赛	英国学联、爱丁堡华人社团、中国驻曼彻斯特总领、中国沟通与谈判委员会、首都经济贸易大学五家联合举办/学校工商管理学院与美国Scranton大学管理学院共同举办	A级
4	全国/北京市大学生交通科技大赛	教育部高等学校交通运输与工程学科教学指导委员会/北京市教育委员会	B级
5	“尖峰时刻”商业模拟大赛	中教国际教育交流中心（教育部中国教育国际交流协会直属机构）	B级

续表

序号	竞赛项目名称	竞赛主办单位	级别
6	全国应用统计专业学位研究生案例大赛	国务院学位办全国应用统计专业学位研究生教育指导委员会	B级
7	“大智慧杯”全国大学生金融精英挑战赛	共青团中央学校部、全国学联秘书处主办,上海大智慧承办	B级
8	全国高校企业竞争模拟比赛	高等学校国家级实验教学示范中心联席会、中国管理现代化研究会决策模拟专业委员会	B级
9	北京市大学生创业设计竞赛	北京市教育委员会	C级
10	首都高校思想政治理论课学生社会实践优秀论文评选	中共北京市委教育工作委员会	C级
11	全国高校商业精英挑战赛物流管理竞赛	中国国际商会商业行业商会、中国仓储协会	D级
12	“中金所杯”高校大学生金融及衍生品知识竞赛	中国金融期货交易所、中国期货业协会	D级
13	全国高校资产评估知识竞赛	由中国资产评估协会、北京资产评估协会、国际企业价值评估分析师协会等单位支持,首都经济贸易大学、中央财经大学、中南财经政法大学、厦门大学联合主办	D级
14	首都高校英文电影配音大赛	北京外国语大学	D级
15	大学生学术论坛	工商管理学院工商管理学会(商学会)、院研究生会	E级
16	华北地区财经院校财税知识竞赛	财政税务学院	E级

(欧锦林)

首都经济贸易大学2015年北京市大学生学科竞赛获奖名单

竞赛名称及级别	承办单位/负责人	学生获奖奖项	获奖学生姓名	指导教师
美国大学生数学建模竞赛(A级)	统计学院/任韬	二等奖	王润　崔思瑶　姜炫澈	任韬　田瑜 陈江荣 阮敬　叶飞 刘艳　龚宇
		二等奖	柯星雨　薛蒋光宇　李增志	
		二等奖	毛天怡　杨跃晨　宋奕蓬	
		二等奖	耿高惠　高寒　李重勋	
		二等奖	温馨　王子玉　李佳希	
		二等奖	田园　王楚馨　刘映桦	
		二等奖	薛新辰　张世平　张曾玮	
		二等奖	李一冉　杨万新　张汉杰	
		二等奖	丘泊宁　张玮婧　尚可宜	
		二等奖	陈国伟　王明远　李莹宇	
		二等奖	石森　朴勇林　阳鑫	

续表

竞赛名称及级别	承办单位/负责人	学生获奖奖项	获奖学生姓名	指导教师
美国大学生数学建模竞赛（A 级）	华侨学院/李梦	一等奖	邵雯雯　李郁　陆璐	李梦
		二等奖	周子钰　林曼诗　魏鑫原	
		二等奖	张家增　黄沿中　王子路	
	经济学院/陈江	一等奖	鲍宗禹　刘心悦　程丹骅	陈江　李雪 胡晖　任光宇 贺小丹
		一等奖	李融鑫　张潇逸　王唯名	
		二等奖	商佳　张春子　温倚晴	
		二等奖	赵梦华　李阳　朱慧颖	
		二等奖	张雅丽　汪娟　徐思凝	
		二等奖	张鑫　徐平　张泽芳	
		二等奖	张汉驰　张琼月　何芸杉	
		二等奖	丁天阳　李宽宇　赵凯	
	金融学院/徐昕	二等奖	张瀚潮　傅洋　邓先泽	谢飞
		二等奖	张肇耕　郝语林　刑伊轩	余颖丰
		二等奖	盖永康　王炎杰　邓韬	余颖丰
		二等奖	王慈　姜雷　温佳旺	余颖丰
		二等奖	曹洳宜　贺玮石　杨鑫	余颖丰
		二等奖	李栋　张洪涛　王忆加	徐昕
		二等奖	李世成　赵烜　谭天放	徐昕
杰赛普（Jessup）国际法模拟法庭全国选拔赛（A 级）	法学院/谢海霞	全国二等奖	丁悦　彭柯　冯格 邹青睿　邵钰蛟	谢海霞
国际刑事法院审判竞赛（A 级）	法学院/王剑波	国际级三等奖	付杨　苏一　邓欣月 宁泓萱	朱路
IMA 管理会计案例大赛（A 级）	会计学院/孙庆福	华北区二等奖	段耶　范晶晶　侯红超 刘晶潇　慕亚垒	杨世忠 孙庆福
		华北区三等奖	陶宇　王馨甜　付豪 刘桂良　季羡妮	王伟
		华北区三等奖	张海玲　姜凤　李凌倩 史杨超	杨世忠
红十字国际人道法模拟法庭竞赛（A 级）	法学院/朱路	国际级二等奖	徐雅玲　范晓双	朱路
香港会计师公会专业资格课程（QP）个案分析比赛（A 级）	会计学院/孙庆福	华北区一等奖 全国赛优秀奖	张佳欣　张梦媛　张圆 朗凡宇	赵懿清 谭静

续表

竞赛名称及级别	承办单位/负责人	学生获奖奖项	获奖学生姓名	指导教师
模拟商务谈判大赛（A级）	工商管理学院/杨震	“中英未来商务精英峰会”（伦敦站）团体一等奖	王硕 董世佳 王晨 张琳晞 张晓蕊	杨震
		“中英未来商务精英峰会”（北京站）团体一等奖	窦兆晗 许子剑 王森 王路遥 应宇梦	杨震
		“全国高校英语商务谈判大赛”二等奖1队	高岩 王梦瑶 钟佩佩 徐静美 王森	解永秋
		“全国高校英语商务谈判大赛”二等奖2队	王鹏 魏瑾 钟思然 闫春雪 王潇	杨震
		“全国高校中文商务谈判大赛”三等奖1队	王鹏 许子剑 孙琦 王璐瑶 应宇梦	林力
		“全国高校中文商务谈判大赛”三等奖1队	窦兆晗 王鹏 林峥琪 杨烨青 刘灿	赵钢
全国大学生数学建模竞赛（B级）	经济学院/陈江	北京市一等奖	王欣蕊 宋炳妮 张思聪	陈江
		北京市一等奖	刘沂蒙 董美馨 赵嘉文	李雪
		北京市二等奖	于洪岗 陈露 巴云明	胡晖
		北京市二等奖	马小然 张潇逸 李融鑫	任光宇
		北京市二等奖	余璐 张翼先 林天鹤	贺小丹
		北京市二等奖	李阳 张鑫 党文琪	
		北京市二等奖	张泽芳 王哲 姜雪晴	
		北京市二等奖	高孚嘉 陈瑀琮 李妙晨	
	统计学院/任韬	全国一等奖	张肇耕 傅洋 梁雅慧	
		北京市二等奖	李雨鑫 田英汉 马雪聪	
		北京市二等奖	李杨 吴华丹 刘佳新	
		北京市二等奖	丛翘楚 郭蕊 刘意纯	
		北京市二等奖	温婷 于鹏程 闫宏鑫	任韬
		北京市二等奖	张天婵 董宇佳 王旭	陈江荣
		北京市二等奖	虞飞花 黄天宇 关添渊	
		北京市二等奖	黄倍雷 景钰 李美涵	
		北京市二等奖	安家宽 高枫 李泽恺	
		北京市二等奖	徐舒扬 陈翰墨 李利	

续表

竞赛名称及级别	承办单位/负责人	学生 获奖奖项	获奖学生姓名	指导教师
全国大学生英语竞赛(B级)	外语系/白云红	北京市一等奖	李宗谕	李冰
		北京市一等奖	何芸杉	罗晓萌
		北京市一等奖	欧阳捷	张东芹
		北京市一等奖	毛天怡	卢青亮
		北京市一等奖	吴桐	李冰
		北京市二等奖	刘玥章	李冰
		北京市二等奖	李忠锴	李冰
		北京市二等奖	王维澜	李冰
		北京市二等奖	张明楚	李冰
		北京市二等奖	李高杨	张东芹
		北京市二等奖	秦晗	李冰
		北京市二等奖	陈斯洋	张东芹
		北京市二等奖	杨棋	赵海燕
		北京市二等奖	李肇晗	罗晓萌
		北京市二等奖	姚晨菲	卢青亮
		北京市二等奖	王美璇	卢青亮
		北京市二等奖	范玉	李冰
		北京市三等奖	陶莹	蒋立珠
		北京市三等奖	刘英爱	吴琨
		北京市三等奖	张璇	李冰
		北京市三等奖	张森雨	张东芹
		北京市三等奖	刘文倩	宫照丽
		北京市三等奖	王思懿	卢青亮
		北京市三等奖	钱宇	李冰
		北京市三等奖	韩映雪	罗晓萌
		北京市三等奖	龚甜彬	罗晓萌
		北京市三等奖	刘欣	张东芹
		北京市三等奖	胡梦瑶	李冰
		北京市三等奖	蔡雨竹	李冰
		北京市三等奖	张续	张潮
		北京市三等奖	鲁子玥	卢青亮
		北京市三等奖	毛鹿鸣	卢青亮
		北京市三等奖	黄朝仪	杨静
		北京市三等奖	詹妮	罗晓萌
		北京市三等奖	魏璇	张东芹
		北京市三等奖	张鑫媛	张东芹
		北京市三等奖	杨一然	张慧宇
		北京市三等奖	郝思涵	卢青亮
		北京市三等奖	宋炳妮	张潮
		北京市三等奖	张雯天	罗晓萌

续表

竞赛名称及级别	承办单位/负责人	学生获奖奖项	获奖学生姓名	指导教师
"挑战杯"全国大学生系列科技学术竞赛(B级)	团委/张彤	全国二等奖	李阳　罗云丰　许婧雯	陆彦明
		全国三等奖	荀梦宁　吕坤	张航空
		北京市二等奖	王珊娜	纪韶
		北京市二等奖	付红雪　李昊男　赵夏蕾 彭松　王雨涵　何高威	詹婧
		北京市二等奖	金太阳　胡佩	马立平 陶桂平
		北京市二等奖	刘心悦	王军
		北京市二等奖	鲍宗禹	赵家章
		北京市二等奖	王静怡　春雨童　于路远 史欣鑫　杨小涵	李京宁
		北京市二等奖	张辰宇　朱陶然　刘祝辰 王宏伟　李正祎	李京宁
		北京市二等奖	徐聪	陈奉先
		北京市二等奖	陈成	顾奋玲
		北京市三等奖	庞恩泽　李晟晗　王俊文 阳一坤	何向军
		北京市三等奖	邬金浩　陈超　郜少英 隗玮	徐静
		北京市三等奖	易祯	朱超
		北京市三等奖	王雪晴	范合君 张晗
全国大学生广告艺术大赛(B级)	文化与传播学院/杨同庆	北京三等奖	冷静　关尔嘉　冯彧 霍炎　王蓉	张艳君
全国/北京市大学生物流设计大赛(B级)	工商管理学院/赵艳	北京市二等奖	李炳燊　果磊　康欣然 张春昫　董泽华	赵艳 彭广茜
全国大学生计算机应用能力信息素养大赛(B级)	信息学院/卢山	全国三等奖	纪凌波	卢山
		全国三等奖	林夏菁	杨艳红
		全国三等奖	张佳俊	凌丰
		全国三等奖	吴婧钰	陈炜
		全国三等奖	姜鳗芮	高迎

续表

竞赛名称及级别	承办单位/负责人	学生获奖奖项	获奖学生姓名	指导教师
国际企业管理挑战赛（GMC）（B级）	工商管理学院/林力	全国二等奖	刘宏达　陈田运子　罗颖达　杜莹琦　闫学超	林力
		全国二等奖	吕佩桦　张肇耕　傅洋　董艺　詹妮	徐礼德
		全国二等奖	邢成思　武文韬　梁李季江　周倩　肖尧	
		全国二等奖	陈书立　段光豪　赵晓旭　高岩　许月娇	
		全国三等奖	王鹏　璐瑶　窦兆晗　海日罕　郝欣宇	
		全国三等奖	赵凯　王唯名　李宽宇　丁天阳　张泽芳	
		全国三等奖	毛荣坚　柯星雨　刘斌　沈稚乐　张琦	
		全国三等奖	张鑫　赵婷婷　刘瑾　李晓奕　王琨钰	林力　徐礼德
		全国三等奖	朱亚楠　何明俊　周化羽　李文颖　马骕	赵迎秋
		全国三等奖	张文丽　孙园　郝钱红　周婷婷	
		全国三等奖	刘彦超　党博　张凡　赵炜烨　程静怡	
		全国三等奖	李佳星　兰宇　张艺璇　胡莞玥　李昊天	
		全国三等奖	吕伟伟　张林贺　牛博　余孝贵　吕金格	
		全国三等奖	袁紫葳　张圆　周章亚　张思聪　范心缘	
		全国三等奖	陈力明　黄文雅　黄文静　邱晓光　王可艺	林力
		全国三等奖	刘欣　王子铭　张天翔　董梦凡　张楚珩	徐礼德
		全国三等奖	武亦文　蔡祎萌　赵思暄　张碧涵　邢莉莉	

续表

竞赛名称及级别	承办单位/负责人	学生获奖奖项	获奖学生姓名	指导教师
国际企业管理挑战赛(GMC)(B级)	工商管理学院/林力	全国三等奖	张明楚 吴桐 王子丰 刘心宇 李伟	
		全国三等奖	李晓燕 刘欢 曹祥玉 张伊影 李洪运	
		全国三等奖	敖琪 陈可心 白思雅 常欣 马小越	
		全国三等奖	徐维伦 段悦斌 陶梓锋 曹玥 梁慧宇	
		全国三等奖	薛蒋光宇 陈日晴 李东君 关大利 杜嘉宁	
		全国三等奖	刘晔 何静华 张尧 刘艺洁 陈萱	
		全国三等奖	史佳宁 张唯一 张艺 贾晨昊 李建霖	
		全国三等奖	何泽田 葛宁 陈行简 王悦 熊雯	
		全国三等奖	王乃千 丁晓丹 王欣淼 邱阳 王涵	
全国MBA培养院校企业竞争模拟大赛(B级)	工商管理学院/涂建民	全国一等奖	毕圣传 陈立明 刘杰	涂建民 王振江
全国大学生统计建模大赛(B级)	统计学院/田瑜	全国二等奖	金太阳 赵紫蔷 杜艳艳	马立平
		全国三等奖	崔江龙 张帅 高仙立	刘黎明
		全国三等奖	刘映桦 居盈 尚紫宇	窦昌胜
		全国优秀奖	王禹 万鹏博 曲烨	张赛茵
		全国优秀奖	张鹏 胡佩 丁琳	马立平
12335全国商务知识竞赛(B级)	经济学院/蔡斌	全国三等奖	鲍宗禹 张泽芳 文宇辉 曹梦	黄灿
中国WTO模拟法庭竞赛(B级)	法学院/金晓晨	全国三等奖	余晓睿 周敏柠 范翟	金晓晨
		全国三等奖	邵笛 乔娇娇 袁嘉阳	李璐玲

续表

竞赛名称及级别	承办单位/负责人	学生获奖奖项	获奖学生姓名	指导教师
全国大学生电子商务“创新、创意及创业”挑战赛（B级）	工商管理学院/郭卫东	全国一等奖	杨凡　张宇彬　刘玲芳　郭溢华　张玉琪	郭卫东　徐礼德
		全国二等奖	艾比拜·艾麦提　郭晶晶　武文韬　倪文颖　龚靖	何向军
		北京市二等奖	车一鸣　刘霞婷　凌志群　储诚才　韩建君　吴沁园	何向军
		北京市二等奖	殷笑语　张冉　张璇　王雪晴	徐天晟　郭卫东
		北京市三等奖	樊福萍　宋海光　王楠　冯文文　岑治彤	张祖群　何向军
		北京市三等奖	王方　陈梦娟　马姗子　许佩雯　胡雅婷	徐礼德　郭卫东
		北京市三等奖	王子铮　王立豪　刘碧曦　丁祎　赵梦萦	翟春娟　徐礼德
全国大学生数学竞赛（B级）	统计学院/聂力	全国一等奖	王涵	聂力
		全国三等奖	姜炫澈	刘强
		全国三等奖	张家增	李宇
		北京一等奖	李书丽	
		北京一等奖	陈子宸	
		北京一等奖	张鑫	
		北京二等奖	孟鹏宇	
		北京二等奖	陈娜	
		北京二等奖	王宇青	
		北京二等奖	范玉	
		北京二等奖	江媛媛	
		北京二等奖	王建光	
		北京二等奖	刘芳芳	陶桂平
		北京二等奖	王璐	梅超群
		北京三等奖	杨胤豪	范林元
		北京三等奖	许晓凡	窦昌胜
		北京三等奖	邓韬	

续表

竞赛名称及级别	承办单位/负责人	学生获奖奖项	获奖学生姓名	指导教师
全国大学生数学竞赛(B级)	统计学院/聂力	北京三等奖	刘东畅	
		北京三等奖	王润	
		北京三等奖	文贝贝	
		北京三等奖	宋慧云	
		北京三等奖	王琬平	
		北京三等奖	祖玉涛	
		北京三等奖	关添渊	
		北京三等奖	汪芹	
		北京三等奖	何佳婧	
		北京三等奖	陈翰墨	
		北京三等奖	张鑫媛	
		北京三等奖	于大航	
		北京三等奖	郑伟楠	
		北京三等奖	梁雅慧	
		北京三等奖	米敬雯	
		北京三等奖	陈君丽	
		北京三等奖	张汉杰	
		北京三等奖	李利	
		北京三等奖	齐思雨	
全国/北京市大学生交通科技大赛(B级)	工商管理学院/汪雯娟	北京市优秀奖	陶瑶　邢瀚琳　丁一　杜世杰　冯佳旭	赵艳　王丽颖
		北京市优秀奖	赵嘉文　董美馨　刘沂蒙	李春梅
		北京市优秀奖	齐伟　王宏伟　刘梓溪　邹坤鹏	何向军
“尖峰时刻”商业模拟大赛(B级)	经济学院/蔡斌	全国一等奖	王唯名　李宽宇　赵凯　丁天阳	李智
		全国二等奖	周炳恒　于国栋　李霞　白翔宇	苏威
“大智慧杯”全国大学生金融精英挑战赛(B级)	金融学院/施慧洪	全国三等奖	仇振航　马学刚　李冠华　王运	施慧洪
全国高等院校企业竞争模拟比赛(B级)	工商管理学院/王振江	全国三等奖	杜世杰　张茹茹　白凌子	王振江　涂建民
		北京市二等奖	黄文静　白凌子　黄文雅	付晏
		北京市二等奖	毕圣传　刘杰　刘碧曦	赵刚

续表

竞赛名称及级别	承办单位/负责人	学生获奖奖项	获奖学生姓名	指导教师
北京市大学生英语演讲比赛(C级)	外语系/王宏玉	北京市三等奖	欧阳捷	王宏玉 卢青亮
		北京市优秀奖	鲁子玥	指导团队
		北京市优秀奖	陈洁	
		北京市优秀奖	石一晨	
		北京市优秀奖	詹泽玉	
北京市大学生书法大赛(C级)	文化与传播学院/陆彦明	北京市一等奖	张瀚潮	宫双华
		北京市二等奖	卓然	宫双华
		北京市二等奖	李佳雨	宫双华
		北京市三等奖	杜文久	宫双华
		北京市三等奖	蒋忠磊	宫双华
北京市模拟法庭竞赛(C级)	法学院/李长城	北京市二等奖	王曼卿　勾颖　黄婷婷 张晓娜　薛汉彬　李宇琦	李长城
				刘迎泽
				张兴
				尹少成
北京市大学生创业设计竞赛(C级)	工商管理学院/曹燚	北京市三等奖	何佳婧　张俊怡　王鹏 林青　乐洋	孙喜
全国大学生市场调查分析大赛暨海峡两岸市场调查与分析大赛竞赛(D级)	统计学院/刘艳	全国二等奖	刘映桦　居盈　尚紫宇 孙伟娜　张钰	窦昌胜
		全国三等奖	石淼　史一凡　陈鑫淼 吴博阳	刘娟
		全国三等奖	李佳希　胡燕燕　温馨 焦静　周屿萌	陈江荣
德勤税务精英挑战赛(D级)	财政税务学院/张春平	全国二等奖	陈彪　钟子陶　陈艳芳 胡峰阁	张春平
全国高校集体谈判模拟大赛(D级)	劳动经济学院/盛龙飞	全国一等奖	李济泽　鲍心宇　李青 黄中意　张岩	盛龙飞
		全国二等奖	张钰堃　李伟　杨梦宇 郭一　严愉	宋湛
全国大学生"用友新道杯"沙盘模拟经营大赛(D级)	工商管理学院/佘镜怀	北京总决赛一等奖	杜娟　邱玉凤　张晓蕊 桂睿　闫微	佘镜怀
		北京总决赛一等奖	王雪晴　张茹茹　范佳慧 黄文雅　赵爽	佘镜怀

续表

竞赛名称及级别	承办单位/负责人	学生获奖奖项	获奖学生姓名	指导教师
全国大学生创业综合模拟大赛(D级)	工商管理学院/程丽娟	北京市二等奖	武亦文　祖玉涛　张碧涵	程丽娟
校园精英管理会计案例大赛(D级)	会计学院/孙庆福	全国一等奖	舒雅婷　袁小叶　房文东　张倩	刘瑛 孙庆福
		全国三等奖	熊沐银　张珂　张奕　武思陈	王伟
"德勤之道"审计案例大赛(D级)	会计学院/孙庆福	全国一等奖	王小琛　刘昆　黄烨华　杨春雪	顾奋玲 孙庆福
		全国三等奖	程丹骅　张彦婕　张慧珊　李航昱	王霞
全国商业精英挑战赛物流管理竞赛(D级)	工商管理学院/赵艳	全国一等奖	张雅丽　石清梅　王芷琪　高春怡	周永强 张弘
		全国二等奖	陶瑶　邢瀚林　朱梦怡　王雪晴　张茹如	赵艳 王丽颖
		全国二等奖	蓝天意　李国实　郑吏球　蔡亲浪　鲍宗禹	赵艳 何向军
		全国三等奖	田驰　吴若山　曹杨	赵艳 何向军
		全国二等奖	齐钰　袁泽　王佳齐　安馨禹　陈实	赵艳
"中金所杯"高校大学生金融及衍生品知识竞赛(D级)	经济学院/蔡斌	全国三等奖	崔龙海　邓韬　王瑾　徐聪	汪洋
中国"互联网+"大学生创新创业大赛(B级)	信息学院/高迎	北京市二等奖	李婉露　张颖　董静怡　申紫涵	卢山 陈炜
		北京市二等奖	刘心月　范延丽　马嘉玮　童安琪	徐天晟
		北京市二等奖	殷笑语　明竞　于圣泽　张冉	刘经纬
		北京市三等奖	李牵　谭春果　韩文腾　张晓厚　张鑫鑫	马慧
		北京市三等奖	李润　张雨晴　吴美宇　陈迎港　李嘉欣	刘经纬

续表

竞赛名称及级别	承办单位/负责人	学生获奖奖项	获奖学生姓名	指导教师
全国高等学校安全科学与工程类专业大学生实践与创新作品大赛竞赛（B级）	安全与环境工程学院/李伟	全国一等奖	刘雨霏　马丽静　许诺　余惠东	谢中朋
		全国二等奖	张葭伊　王祎　刘汀　郝语林	吕淑然
		全国三等奖	程钰丹　郭小满　赵琳　戴星皓	谢中朋
		全国优秀奖	尹琦辉　许诺　刘雨霏　马丽静	谢中朋
全国高校“斯维尔杯”BIM 建模大赛（D级）	信息学院/高迎	第六届 BIM 施工管理沙盘及软件应用大赛全国三等奖	徐文　赵锐　杨彤鑫　李哲贤	尚华艳 邱月
		第八届 BIM 算量大赛总决赛全国三等奖	王梦洁　潘芳芳	杨艳妮

（欧锦林）

首都经济贸易大学 2014—2015 年度大学生科研与创新训练计划优秀项目

项目编号	院(系)	项目名称	项目类型	项目负责人	指导教师
2014007	安全与环境工程学院	地铁换乘时间模拟及拥堵地点预测	创新训练	姚一帆	陈文瑛
2014008	安全与环境工程学院	改良 Hummers 法制备氧化石墨烯的研究	创新训练	李柯	任冬梅
2014018	财政税务学院	手机游戏软件著作权的价值评估研究	创新训练	郑之琪	陈蕾
2014020	财政税务学院	心蜗邮递	创业实践	王静文	王珂
2014022	财政税务学院	促进北京文化创意产业财税政策改革与创新对策研究	创新训练	邓安迪	姚东旭
2014024	财政税务学院	微博营销税收政策及其完善措施	创新训练	李喆	黄芳娜
2014026	财政税务学院	我国注册税务师与注册会计师行业发展前景分析	创新训练	李雨乔	丁芸
2014035	城市经济与公共管理学院	城乡接合部规划建设模式优化研究——以北京市通州区高楼金村为例	创新训练	钟玉	李强

续表

项目编号	院(系)	项目名称	项目类型	项目负责人	指导教师
2014036	城市经济与公共管理学院	城乡接合部集体产业用地效益评价	创新训练	胡思颖	李强
2014038	城市经济与公共管理学院	北京市地区二手房市场价格空间分布与变动趋势分析	创新训练	钟姗	刘水杏
2014040	城市经济与公共管理学院	怎样管理好城市的宠物:社区的责任义务及管理创新	创新训练	赵阳一	潘娜
2014042	城市经济与公共管理学院	北京市大型农产品批发市场食品安全监管调查	创新训练	刘畅	刘智勇
2014054	城市经济与公共管理学院	北京医疗资源疏解的现状、问题及对策	创新训练	路璐	叶堂林
2014060	法学院	迁徙自由与户籍制度改革	创新训练	高琪	张兴
2014065	法学院	论赠予合同的撤销	创新训练	徐雅玲	米新丽
2014069	法学院	大学电影院	创业训练	张婷婷	刘迎泽
2014081	法学院	走着——大学生"以梦为马"自助行	创业实践	李曦媛	徐丽雯
2014084	工商管理学院	炼爱亲子游有限责任公司	创业训练	张茹茹	张学平
2014085	工商管理学院	"花缘艺坊"花店创业计划	创业训练	孙迪	宋克勤
2014087	工商管理学院	首都经济贸易大学微播录微电影公司	创业训练	张丽红	宋克勤
2014089	工商管理学院	首都高校二手书市场现状及其对策研究	创新训练	谭歆	孔海宁
2014093	工商管理学院	医患紧张关系的成因及改善措施研究	创新训练	邱玉凤	范合君
2014095	工商管理学院	学校大学生学术数据库利用率低的调研分析	创新训练	范恺	周永强
2014096	工商管理学院	She&He浪漫策划有限责任公司	创业训练	南芳芳	庄首建
2014122	华侨学院	几大数据库的分析与比较	创新训练	春雨童	刘丽
2014125	华侨学院	北京市大学校内垃圾分类现状调查和实践对策	创新训练	刘宇晴	王妍
2014129	华侨学院	校园APP:Learning Center预约软件	创新训练	张辰宇	陈思
2014138	华侨学院	校园闲置物品交换平台	创业实践	李云清	王烁
2014143	华侨学院	手机应用投放市场调查	创新训练	白力赫	李京宁
2014147	会计学院	浅析打车软件营销方式的利弊和发展前景	创新训练	王祎祎	解小娟
2014150	会计学院	目前我国财经院校会计专业大学生就业状况分析	创新训练	王桐	王健琪

续表

项目编号	院(系)	项目名称	项目类型	项目负责人	指导教师
2014156	会计学院	星空助学	创业实践	陈怡濛	杨鹏
2014157	会计学院	DDUClub(大学生补习俱乐部)	创业训练	曹彤悦	杨澜
2014159	会计学院	映日彤辉玩具租赁	创业训练	陈映彤	王淑梅
2014167	会计学院	制定韩流艺人周边商品营销规划	创新训练	董玥	张晗
2014172	会计学院	大学生婚恋观——关于提前法定结婚年龄的讨论	创新训练	李一冉	徐辉
2014176	会计学院	新绿迷你绿植公司	创业训练	左钧漫	王淑梅
2014178	会计学院	视觉工作室筹办	创业训练	高姗	石军
2014183	金融学院	“余额宝”前景及发展分析	创新训练	孙蕴泽	吴世亮
2014185	金融学院	投资组合与高频交易	创新训练	贺炜石	余颖丰
2014186	金融学院	股指波动影响因素研究	创新训练	李健平	张萍
2014187	金融学院	我国上市银行竞争度与稳定性研究	创新训练	赵思玥	周晔
2014196	金融学院	大学生理财渠道与风险方法研究	创新训练	胡嘉南	吴世亮
2014197	金融学院	非流通性售股解禁对中国股市的影响	创新训练	李倩倩	吴世亮
2014198	金融学院	校内图书订购平台	创业训练	宋越	龙菊
2014202	金融学院	回收环保与可持续——Rehouse 水吧创业计划书	创业实践	李安琪	周晔
2014206	金融学院	“NQ”高校点餐平台(no queue)——北京地区发展项目	创业训练	乔舒	余颖丰
2014209	金融学院	日本动漫的产业链经济价值对中国经济的作用	创新训练	霍宇	祁敬宇
2014232	金融学院	房产短期租赁的现状和发展前景	创新训练	黄恩培	杨阳
2014236	经济学院	北京市环境质量对人们来京旅游意愿的影响	创新训练	张雅丽	申萌
2014237	经济学院	大学生创业工坊	创业训练	田驰	宋丕丞
2014238	经济学院	暖心亲子服务有限公司	创业训练	张春子	汪洋
2014239	经济学院	短期新型生活体验平台——四海为家短租网	创业实践	蓝天意	苏威
2014240	经济学院	北京市 2015 年收取拥堵费效果的分析	创新训练	杜尚	宋丕丞

续表

项目编号	院(系)	项目名称	项目类型	项目负责人	指导教师
2014242	经济学院	新能源汽车行业的问题与对策	创新训练	秦臻	郎丽华
2014243	经济学院	“NQ”高校点餐平台(no queue)	创业训练	丁天阳	董烨然
2014251	经济学院	大学校园周边服务站	创业训练	袁泽	赵家章
2014261	经济学院	网络购物中心的经济学原理	创新训练	张雯天	赵涛
2014264	经济学院	互联网金融高收益现象研究及合理理财方式分析	创新训练	王唯名	马方方
2014275	劳动经济学院	对劳动经济学院2013级人实班阅读现状的调查	创新训练	郭丽敏	朱俊生
2014276	劳动经济学院	关于首经贸学生创业意愿及原因调查	创新训练	丁颖	毛畅果
2014280	劳动经济学院	大学生与微信理财通	创业训练	胡荇玲	魏文一
2014281	劳动经济学院	劳务派遣人员劳动关系状况研究——以学校图书管理人员及保洁人员为例	创新训练	苗瑞凤	詹婧
2014286	劳动经济学院	“逆向选择”对新农保制度推进的影响研究	创新训练	陶政宇	孙博
2014287	劳动经济学院	基于劳动关系视角的大学生兼职及其权益受损情况调查	创新训练	付红雪	冯喜良
2014295	统计学院	论韩流对中国大学生消费行为影响	创新训练	阳鑫	范林元
2014296	统计学院	代购的现状及其发展前景	创新训练	刘亚菲	董寒青
2014300	统计学院	大学生网络信息平台	创新训练	丁傲	陶桂平
2014310	统计学院	打车软件应用现状的调查与拓展	创新训练	于泽琦	常虹
2014313	外语系	简·爱与苔丝女性形象的对比研究	创新训练	何熹	张宏峰
2014322	外语系	父母英语使用状况对子女的英语学习影响研究	创新训练	张壤心	刘小溪
2014336	外语系	研究公共交通英文用语的重要性与规范性——以北京地铁站名翻译为例	创新训练	徐平	刘欣
2014339	文化与传播学院	新媒体时代大学生新闻关注现状调研	创新训练	李晓彤	王冲
2014340	文化与传播学院	移动互联网时代下大学生新闻杂志纸质阅读方式与手机阅读方式的研究	创新训练	蔡梦雨	王冲
2014341	文化与传播学院	关于大学生“手机依赖症”的分析与预防	创新训练	穆炘	杜文娟
2014349	信息学院	由探究雾霾对人们消费途径的影响来推测网购行业的发展前景	创新训练	申紫涵	卢山
2014353	信息学院	互联网食堂	创新训练	刘树涛	徐天晟

续表

项目编号	院(系)	项目名称	项目类型	项目负责人	指导教师
2014357	信息学院	语音识别系统调研及应用研究	创新训练	陈婕	范娘
2014359	信息学院	基于视觉的人像识别技术的探索	创新训练	于圣泽	赵丹亚
2014363	信息学院	微博舆情传播的案例分析	创新训练	梅洪月	姚翠友
2014368	信息学院	二手书交易平台	创新训练	陈璐	邱月
2014370	信息学院	网页设计与网络优化	创新训练	李润	白晓明

（欧锦林）

【支持公共艺术课程的发展】　11 月，学校组织文化与传播学院推荐杨伶老师主讲的《音乐故事》参加北京市教育委员会主办的普通高等学校公共艺术课展评活动，以此加强和改进学校的美育工作，促进公共艺术课程和教师队伍建设，提高学生的审美修养与人文素养，塑造学生健全的人格。

（欧锦林）

招生与学籍管理

【开展优秀新生转专业工作】　3 月，学校正式启动优秀新生转专业工作，经过公布计划、学生申请、院系推荐、转专业考试、院系审核、转专业复核等环节，2014 级本科生共有 212 名同学成功转入自己喜欢的专业学习，转专业人数比往年有所增加。

（陈泓）

【开展推优保研工作】　2015 年，根据《关于印发〈全国普通高等学校推荐优秀应届本科毕业生免试攻读硕士学位研究生工作管理办法（试行）〉的通知》（教学〔2006〕14 号）、《教育部办公厅关于进一步加强推荐优秀应届本科毕业生免试攻读研究生工作的通知》（教学厅〔2013〕8 号）以及《教育部办公厅关于进一步完善推荐优秀应届本科毕业生免试攻读研究生工作的通知》（教学厅〔2014〕5 号）的要求，经学生个人申请、资格审查、面试答辩、院系推荐、教务处审核，学校推荐免试硕士研究生工作领导小组认真研究决定，批准 120 名优秀应届本科毕业生的推荐免试资格，较去年增加了 15 个推免名额。

（陈泓）

【创新学籍管理模式】　为适应 2015 年新生“双培计划”“外培计划”等人才培养模式改革，根据《首都经济贸易大学全日制本科学生学籍管理规定》，教务处协调相关央属高校、学校相关部门及院系，在学籍注册和异动、证明开具等方面对“双培生”“外培生”实行规范管理，并加强与“双培计划”学生的沟通联系，及时解决其在外校学习、生活等方面遇到的问题和困难。从 2015 级新生开始，密云分校的学籍管理划归总校，教务处及时明确与分校的责任权限，规范从新生注册直至毕业的学籍管理内容，为密云分校 522 名 2015 级学生进行新生注册。

（陈泓）

【完成 2015 年迎新工作】　按照《北京市教委关于调整 2015—2016 学年度秋季开学时间的通知》和学校整体工作安排，教务处将 2015 年新生报到时间缩短为一天。为利于学生“自主管理、自主选择”，保障迎新工作安全、有序开展，教务处协同各相关部门合理规划功能区，做好突发事件应急预案，新生报到全程秩序井然。本届新生共报到注册 2 588 人，其中，本科生 2 475 人，高职生 113 人。

（陈泓）

【完成 2015 年学生毕业和学位授予工作】　根据《首都经济贸易大学全日制本科学生学籍管理规定》，经学校院系审核，教务处终审，6 月共有 2 258 名本科生、117 名高职生毕业；根据《首都经济贸易大学学位授予工作细则》，经学生申请，学院学位评定分委员会审核，校学位评定委员会通过，授予2 178 名毕业生学士学位，209 名毕业生同时获得辅修学士学位。

根据 7 月修订的《首都经济贸易大学学位授予工作细则》（以下简称《细则》），学士学位授予标准取消外语等级成绩，修订《细则》实施后的学士学位补授工作中共有 145 名毕业生获得学士学位。

（陈泓）

首都经济贸易大学2015年本科录取分数一览表

省份	批次	分省控制线		文史类			理工类		
		文史类	理工类	最高分	最低分	平均分	最高分	最低分	平均分
北京	提前批 B 段	579	548	635	579	607.3	649	573	613.8
	提前批 C 段			623	597	608.1	634	593	607
	一批			646	609	620.4	658	605	620.8
	二批	527	495	632	581	585.7	658	550	563.9
	高职	150	150	380	295	323.6	342	289	305.9
云南	一批	540	500	612	597	604.4	605	575	589.0
	贫困批			609	596	602.0	590	576	581.0
四川	一批	543	528	595	586	590.1	593	581	585.8
	贫困批			589	580	582.6	577	568	574.5
甘肃	一批	517	475	573	559	563.7	570	543	550.7
宁夏	一批	507	445	571	560	564.2	577	527	539.6
广西	一批	530	480	602	572	580.7	591	543	558.0
吉林	一批	543	525	602	586	592.1	613	567	582.7
内蒙古	一批	487	464	561	510	550.0	570	554	560.5
新疆	一批	486	446	579	560	565.0	571	536	543.7
湖南	一批	535	526	586	577	579.3	602	595	597.5
	贫困批			592	575	580.0	602	581	586.0
天津	一批	547	538	596	585	590.7	624	596	605.7
重庆	一批	572	573	628	620	623.7	642	621	629.0
江西	一批	528	540	573	566	569.7	602	588	594.5
青海	一批	466	400	552	513	525.3	527	495	511.3
海南	一批	662	608	769	730	740.0	712	690	698.4
辽宁	一批	530	500	598	588	592.4	595	584	588.4
安徽	一批	597	555	641	637	638.7	637	615	621.2
福建	一批	549	525	599	586	591.5	619	595	605.8
黑龙江	一批	495	483	588	572	578.5	603	587	593.9
贵州	一批	543	453	608	593	597.4	572	545	555.5
湖北	一批	521	510	561	554	557.0	592	572	577.6
	贫困批			554	548	550.6	578	561	566.1
河北	一批	548	544	611	604	606.7	650	625	631.4
河南	一批	513	529	559	551	553.7	615	591	595.7
	贫困批			543	523	530.8	590	559	572.8
山东	一批	568	562	630	614	618.0	657	636	642.6

续表

省份	批次	分省控制线		文史类			理工类		
		文史类	理工类	最高分	最低分	平均分	最高分	最低分	平均分
陕西	一批	510	480	584	573	579.3	594	582	586.5
	贫困批			574	565	570.0	600	561	570.5
广东	二批	573	577	591	578	585.7	616	598	604.3
江苏	一批	342	344	363	360	361.8	371	363	366.8
上海	二批	434	414	431	420	425.0	409	405	407.2
山西	一批	513	515	558	543	546.6	570	556	560.8
浙江	二批	626	605	590	583	586.5	571	566	569.0
港澳台	一批	400	400	449	400	424.5	471	471	471.0

（段莹莹）

首都经济贸易大学2015届夏季本、专科毕业生统计表

院系	专业名称	学历	结论	人数
总计			毕业	2 375
本科			毕业	2 258
专科			毕业	117
安全与环境工程学院	安全与环境工程学院合计			73
	安全工程（注册安全工程师）	本科	毕业	28
	工业工程	本科	毕业	23
	环境工程	本科	毕业	22
财政税务学院	财政税务学院合计			171
	财政学	本科	毕业	40
	税务	本科	毕业	1
	税务（注册税务师）	本科	毕业	62
	资产评估（注册资产评估师）	本科	毕业	68
城市经济与公共管理学院	城市经济与公共管理学院合计			158
	城市管理	本科	毕业	22
	城市管理（区域经济管理）	本科	毕业	26
	公共事业管理	本科	毕业	17
	行政管理	本科	毕业	27
	行政管理（电子政务）	本科	毕业	17
	土地资源管理（房地产开发经营与管理）	本科	毕业	49
法学院	法学院合计			103
	法律文秘	专科	毕业	1
	法学	本科	毕业	102

续表

院系	专业名称	学历	结论	人数
工商管理学院	工商管理学院合计			192
	电子商务	本科	毕业	27
	工商管理	本科	毕业	63
	工商管理(实验班)	本科	毕业	36
	旅游管理	本科	毕业	11
	市场营销	本科	毕业	38
	物流管理	本科	毕业	17
华侨学院	华侨学院合计			263
	工商管理(管理会计)	本科	毕业	75
	信息管理与信息系统(IT 项目管理)	本科	毕业	72
	财务管理	专科	毕业	38
	国际经济与贸易	专科	毕业	39
	计算机应用技术	专科	毕业	0
	旅游管理	专科	毕业	39
外语系	外语系合计			85
	英语(经贸英语)	本科	毕业	1
	商务英语	本科	毕业	58
	英语(经贸翻译)	本科	毕业	26
会计学院	会计学院合计			210
	财务管理	本科	毕业	35
	会计学	本科	毕业	51
	会计学(国际会计)	本科	毕业	31
	会计学(注册会计师专门化)	本科	毕业	93
金融学院	金融学院合计			234
	保险	本科	毕业	22
	金融工程	本科	毕业	39
	金融学	本科	毕业	110
	金融学(国际金融)	本科	毕业	63
经济学院	经济学院合计			300
	国际经济与贸易	本科	毕业	82
	国际经济与贸易(实验班)	本科	毕业	29
	经济学	本科	毕业	76
	经济学(实验班)	本科	毕业	32
	贸易经济	本科	毕业	81
	贸易经济(期货贸易)	本科	毕业	0

续表

院系	专业名称	学历	结论	人数
劳动经济学院	劳动经济学院合计			194
	劳动关系	本科	毕业	24
	劳动与社会保障	本科	毕业	35
	人力资源管理	本科	毕业	43
	人力资源管理（国际人力资源管理）	本科	毕业	44
	人力资源管理（实验班）	本科	毕业	48
	社会工作	本科	毕业	0
文化与传播学院	文化与传播学院合计			145
	传播学	本科	毕业	23
	传播学（媒体经营与管理）	本科	毕业	52
	广告学	本科	毕业	48
	对外汉语	本科	毕业	22
统计学院	统计学院合计			123
	数学与应用数学（金融数学）	本科	毕业	29
	统计学	本科	毕业	33
	统计学（经济分析）	本科	毕业	40
	统计学（国际统计）	本科	毕业	21
信息学院	信息学院合计			124
	工程管理	本科	毕业	17
	计算机科学与技术	本科	毕业	46
	信息管理与信息系统	本科	毕业	61

（刘娜）

首都经济贸易大学2015届夏季本科结业生统计表

院系	专业名称	学历	结论	人数
总计			结业	65
安全与环境工程学院	安全工程（注册安全工程师）	本科	结业	0
	工业工程	本科	结业	2
	环境工程	本科	结业	3
城市经济与公共管理学院	城市管理	本科	结业	4
	公共事业管理	本科	结业	6
	行政管理（电子政务）	本科	结业	4
	土地资源管理（房地产开发经营与管理）	本科	结业	3
	城市管理（区域经济管理）	本科	结业	1
	行政管理	本科	结业	2

续表

院系	专业名称	学历	结论	人数
工商管理学院	电子商务	本科	结业	3
	工商管理	本科	结业	2
	旅游管理	本科	结业	2
	市场营销	本科	结业	0
	物流管理	本科	结业	1
经济学院	国际经济与贸易	本科	结业	2
	国际经济与贸易(实验班)	本科	结业	1
	经济学	本科	结业	4
	经济学(实验班)	本科	结业	1
	贸易经济	本科	结业	4
劳动经济学院	劳动关系	本科	结业	1
	劳动与社会保障	本科	结业	2
	人力资源管理(实验班)	本科	结业	1
信息学院	信息管理与信息系统	本科	结业	3
	信息管理与信息系统(IT 项目管理)	本科	结业	2
	工程管理	本科	结业	3
	计算机科学与技术	本科	结业	1
统计学院	数学与应用数学(金融数学)	本科	结业	1
	统计学(经济分析)	本科	结业	1
文化与传播学院	传播学(媒体经营与管理)	本科	结业	0
	广告学	本科	结业	2
法学院	法学	本科	结业	2
华侨学院	工商管理(管理会计)	本科	结业	1
金融学院	保险	本科	结业	0
	金融学	本科	结业	0

(刘娜)

【新增外国语言文学类大类招生】 为了优化专业设置,吸引优秀生源,2015 年,学校新增外国语言文学类大类招生,涵盖英语(经贸翻译)、英语(英法双语)、商务英语,文理兼收。生源情况较好,录取分数高,在京为二批次招生,文史类最高 632 分,最低 583 分,平均 588 分;理工类最高 577 分,最低 558 分,平均 565 分,均高于市一本分数控制线,一专业满足率高,文史类、理工类分别达到 84.2% 和 72%,京外各省该专业录取情况良好。

(段莹莹)

【“双培计划”“外培计划”首次招生】 为了落实“北京高等学校高水平人才交叉培养计划”,2015 年,学校在京招生新增“双培计划”和“外培计划”,即市属高校输送学生到在京中央高校和海外境外知名大学访学培养,在本科提前批 b 段招生,实行招生计划分列到各区县招生,生源情况良好。上述计划加强了学校与在京中央高校、海外境外知名高校的交流合作,实现优质高等教育资源的共享,建立健全高校之间联合开展人才培养的新机制,共同培养出符合社会和时代需求的高素质创新人才。

（段莹莹）

【优化普通本科优秀新生奖学金制度】　为了适应北京高考志愿填报方式改革，2015 年，学校在继续设立普通新生奖学金的基础上，充分调研，调整北京生源获奖条件，由原来的按照入学名次设立奖学金，改为按照北京市排名设立奖学金，奖励金额不变。吸引优秀学生报考，生源质量不断提升。2015 年，获得新生奖学金人数较往年有大幅提升。2015 级新生中，有 86 人获得一等奖学金，其中，京内 31 人，京外 55 人；226 人获得二等奖学金，其中，京内 88 人，京外 138 人，奖学金总额为 110.8 万元。

（段莹莹）

【新增定向新疆南疆招收预科生】　为贯彻落实第二次中央新疆工作座谈会精神，提高南疆四地州学生录取比例，按照《教育部关于下达 2015 年全国普通高等学校招收少数民族预科班、民族班、非西藏生源定向西藏就业、内地西藏班和内地新疆高中班毕业生招生计划的通知》（教民〔2015〕2 号）和《关于落实好定向新疆南疆招收预科生工作的函》（教民司函〔2015〕51 号）的要求，学校增设定向新疆南疆招收预科生计划，涉及汉语言和双语预科计划，共招生新疆南疆四地州预科生 13 人。

（段莹莹）

【继续开展招生宣传活动】　2015 年，继续举办“校园开放日”和“校园开放周”活动，邀请 30 余所兄弟高校参与，3 000 多名考生及家长到校现场咨询，中国教育电视台、北京电视台、《北京晚报》等多家媒体进行报道。深入优质生源丰富的重点中学、北京地区高校，参与教育考试院等部门组织的招生宣传活动进行招生咨询，共参与 17 个省市 29 场招生宣传咨询活动。注重网络和媒体宣传，实时更新本专科招生网和微信平台，在教育部阳光高考信息平台、人民网等 14 家网络、电台、报纸等进行宣传。

（段莹莹）

2015 年首都经济贸易大学“双培计划”录取情况统计表（分区县）

区县	文史类				理工类			
	录取数	最高分	最低分	平均分	录取数	最高分	最低分	平均分
西城区	2	628	623	626	1	634	634	634
东城区	2	624	606	615	4	631	623	628
海淀区	1	617	617	617	1	629	629	629
丰台区	4	618	603	613	8	647	595	613
朝阳区	—	—	—	—	7	634	599	615
石景山区	2	599	588	594	1	624	624	624
房山区	1	614	614	614	8	623	597	613
顺义区	1	609	609	609	7	629	606	615
通州区	3	614	600	607	4	645	584	609
昌平区	3	609	594	600	4	610	595	603
大兴区	2	599	593	596	4	616	575	591
平谷区	1	595	595	595	4	615	602	607
怀柔区	2	588	587	588	1	585	585	585
门头沟区	1	579	579	579	—	—	—	—
延庆区	2	613	592	603	1	607	607	607
密云区	3	612	593	600	4	637	608	623
总计	30	628	579	604	59	647	575	613

（段莹莹）

2015 年首都经济贸易大学“双培计划”录取情况统计表(分专业)

培养院校	专业	文史类				理工类			
		录取数	最高分	最低分	平均分	录取数	最高分	最低分	平均分
清华大学	法学	4	607	595	600	—	—	—	—
清华大学	经济学	—	—	—	—	5	647	610	629
中央财经大学	金融学(互联网金融)	6	628	587	611	10	637	587	621
中央财经大学	保险学(保险与风险管理)	—	—	—	—	16	634	575	609
对外经济贸易大学	投资学	4	623	594	611	12	631	585	613
对外经济贸易大学	工商管理(商业企业管理)	6	624	599	610	10	629	600	610
中国政法大学	法学(知识产权)	10	617	579	595	6	606	595	599
总计		30	628	579	604	59	647	575	613

(段莹莹)

2015 年首都经济贸易大学“外培计划”录取情况统计表(分区县)

区县	文史类				理工类			
	录取数	最高分	最低分	平均分	录取数	最高分	最低分	平均分
西城区	2	628	628	628	1	637	637	637
东城区	—	—	—	—	3	649	635	641
海淀区	1	635	635	635	2	643	636	640
丰台区	—	—	—	—	4	638	606	617
朝阳区	3	626	621	623	5	640	610	630
石景山区	—	—	—	—	2	632	627	630
房山区	1	601	601	601	4	638	590	617
顺义区	—	—	—	—	7	630	600	614
通州区	1	627	627	627	4	620	601	611
昌平区	1	591	591	591	3	632	592	612
大兴区	2	626	596	611	4	623	573	594
平谷区	—	—	—	—	5	614	581	595
怀柔区	1	589	589	589	—	—	—	—
门头沟区	1	580	580	580	—	—	—	—
延庆区	2	620	611	616	—	—	—	—
密云区	—	—	—	—	3	610	587	601
总计	15	635	580	614	47	649	573	615

(段莹莹)

2015 年首都经济贸易大学“外培计划”录取情况统计表（分专业）

培养院校	专业	文史类				理工类			
		录取数	最高分	最低分	平均分	录取数	最高分	最低分	平均分
美国罗格斯新泽西州立大学	公共管理类	3	626	620	623	5	612	581	601
美国马里兰大学	工商管理类	1	628	628	628	2	606	595	601
美国加州大学圣地亚哥分校	经济学	6	627	589	605	10	640	590	618
美国加州大学圣地亚哥分校	国际经济与贸易	4	635	611	624	11	649	585	621
美国马里兰大学	会计学	1	580	580	580	3	638	610	628
美国德州农工大学	金融学（金融经济）	—	—	—	—	8	638	589	618
英国曼彻斯特大学	保险学（保险精算）	—	—	—	—	8	639	573	609
总计		15	635	580	614	47	649	573	615

（段莹莹）

2015 年首都经济贸易大学普通本科优秀新生奖学金情况统计表

获奖等级	省市	获奖人数	获奖条件
一等奖	北京	31	高考原始成绩北京市排名文史类前 950 名（636 分）理工类前 4 000 名（646 分）
	京外	55	高考原始成绩高于生源所在省区重点本科控制分数线 100 分
小计		86	
二等奖	北京	88	高考原始成绩北京市排名文史类前 1 200 名（629 分）理工类前 4 800 名（639 分）
	京外	138	高考原始成绩高于生源所在省区重点本科控制分数线 80 分
小计		226	
总计		312	

（段莹莹）

经济与管理实验教学中心

【经管实验中心《基于云端的跨专业综合实验实训平台建设及实验实训组织与实施》项目建设完成】 为了做好学校本科生跨专业综合实验实训的组织与实施，2015 年，经济与管理实验教学中心开展了基于云端的跨专业综合实验实训平台建设。4 月，经管实验教学中心组织会计学院部分教师及研究生先后三次到用友新道科技有限公司、金蝶软件（中国）有限公司、中国铁建集团进行实地调研。5 月，经管实验教学中心与会计学院共同组织召开了“基于云端的跨专业综合实验实训平台建设研讨会”。6—7 月，会计学院通过校企协同创新，把企业的优质实践教学资源搬进校园，组织了会计学院 2015 年度小学期跨专业综合实践训练营。它是经管实验教学中心、会计学院和用友新道科技有限公司三方共同搭建的创新实践平台。会计学院 2013 级学生 252 人全员参加，实训以开办模拟公司的形式组织，使用了“新道 VBSE 财务实践教学平台”软件。12 月，经管实验中心《基于云端的跨专业综合实验实训平台建设及实验实训组织与实施》项目建设完成，并通过了专家组的验收。

（刘伟华　纪长青）

【经管实验中心实验室基础环境升级改造项目完成】 根据学校信息化建设批复的专项,经管实验教学中心对数学建模实验室、会计财务综合实验室、会计信息化实验室进行了全面改造升级。主要内容包括实验计算机、空调等设备更新、电源及网络布线等的更新升级。此次实验室的升级改造着重解决了师生反映的机器设备、空调老化,系统以及网络速度缓慢等问题。改造后的三个实验室共更新微机 205 台,服务器 3 台,千兆交换机 6 台,可接纳学生 197 人进行实验教学,同时可以满足不同专业师生的需求,提高了实验资源利用率。

(刘伟华　纪长青)

【2015 学年小学期实习实训工作圆满完成】 6—7 月,根据学校本科人才培养方案,经管实验教学中心依据各个学院的实习计划安排,全力协助各学院开展 2015 学年校内小学期实习等各项实验实训工作。此项工作历时三周,经管实验教学中心承接了包括会计学院、财政税务学院、华侨学院、统计学院在内的多项实习实训项目。此次实习实训工作共接纳各学院学生 575 人,重点培养学生的实践创新能力,提高学生的综合素质。

(刘伟华　纪长青)

【构建经管实验中心信息化管理平台】 为了更好地整合及共享实验教学资源,进一步提高实验教学管理水平,2015 年,经管实验中心开发建设了实验中心信息化管理平台。实验中心信息化管理平台主要是以上机开放预约、值班考勤管理、机房值班日志、设备查询和上机记录统计等为主要功能,还具有技术文档保存、新闻公告发布、实验室课表查询预约、设备资产管理查询和实验数据统计分析的功能。

(刘伟华　纪长青)

【构建经管实验中心实验信息发布及金融数据显示平台】 为了进一步提高经管实验教学中心的信息化管理水平,5 月,经管实验教学中心进行了《实验信息发布及金融数据显示平台》项目建设。该项目是在经管实验教学中心的楼道里搭建统一的信息发布系统平台,可以分别显示不同的实验教学信息内容,对学校实验教学的建设和成果起到宣传推广的作用,吸引学生积极参加各种实践活动。同时,新建的金融数据显示平台丰富了教师的实验教学手段和方法,提高了实验课堂的教学效果。10 月,该项目建设完成并最终通过学校组织的专家组验收。

(刘伟华　纪长青)

【经管实验中心配合各学院顺利完成 2015 级入学新生心理测评工作】 为了进一步了解大学生心理健康的整体状况,提高心理健康教育的针对性和实效性,10 月,学生处对学校 2015 级新生开展了心理健康普查工作。经管实验中心充分利用中心的实验室资源,配合各学院开展新生心理测评工作。2015 级新生共有 1 974 人在实验中心进行了心理健康普查。

(刘伟华　纪长青)

【"旅游互联网 + 研究院"落户经管实验教学中心】 9 月 23 日,由国家旅游局信息中心与首都经济贸易大学工商管理学院共建的"旅游互联网 + 研究院"正式落户经管实验教学中心。"旅游互联网 + 研究院"成立后,收到来自国内外十几个机构提出的合作申请。依托经管实验教学中心平台,"旅游互联网 + 研究院"可以广泛调动学校经济与管理两大学科的资源优势,推动校企合作空间向深度和广度发展。植根于工商管理学院、落户于经管实验教学中心,旨在使"旅游互联网 + 研究院"更好地服务社会、整合校内外资源、发挥行业纽带作用。

(刘伟华　纪长青)

【北京高考考生家长团参观经管实验教学中心】 12 月 26 日,在北京人民广播电台城市广播"教育面对面"栏目组的组织下,学校招生办公室的教师带领约 60 位 2016 年高考考生家长来到学校经管实验教学中心参观。家长团依次参观了会计、工商、统计、金融等实验室,并对经管实验教学中心的数字化金融实验室给予了高度评价。

(刘伟华　纪长青)

【经管实验中心实验室分布式智能供电管控系统平台建设完成】 为了保证实验室的用电安全和供电电源的智能管理,6—12 月,经管实验中心进行了实验室分布式智能供电管控系统平台建设。实验室分布式智能供电管控系统平台建设的主要内容是:对实验室供电电源进行改造建设,通过使用物联网技术,利用网络远程、智能、信息化的管理方式来管理实验室供电电源,可以对实验室供电电源进行远程设置管控,定时自动关闭、开启等。该系统平台建设完成后,实验中心的实验环境更加智能化、信息化,实验室用电管理更加科学、安全、可靠、节能。

(纪长青　刘伟华)

研究生教育

概　况

学校研究生教育工作由研究生部、研究生工作部负责。下设6个办公室，即行政办公室、招生与考试办公室、培养办公室、学科与学位办公室、创新与实践办公室和研究生工作办公室。行政办公室负责行政工作和高研班管理工作；招生与考试办公室负责研究生招生、同等学力人员申硕学位课考试、四六级考试等工作；培养办公室负责研究生培养、学籍管理等工作；学科与学位办公室负责学校学科建设、学位授予以及研究生指导教师的管理等工作；创新与实践办公室负责研究生科研项目与科研成果管理等工作；研究生工作办公室负责研究生思想政治教育、研究生党建和奖助管理等工作。研究生部、研究生工作部“十一五”期间编制为16个，其中，正处1个，副处3个，正科及主任科员4个，副科及副主任科员3个，科员5个。研究生部、研究生工作部现有在职职工16人，其中，高级职称3人，中级职称7人，硕士及以上学历14人。

学校研究生教育自1979年招收第一批研究生开始，至今已有36年的历史。现拥有应用经济学、管理科学与工程、工商管理、统计学4个博士学位授权一级学科，应用经济学、工商管理、统计学、管理科学与工程4个博士后科研流动站，10个硕士学位授权一级学科，17个专业硕士学位授权点。

学校教学科研队伍水平不断提升。2015年共有博士生导师66人，硕士生导师401人。另有校外研究生指导教师403人。

2015年，学校研究生招生规模稳步提高，共录取博士研究生70人、硕士研究生1 093人、在职攻读硕士学位研究生（春班）30人。2015年招生专业新增5个，分别为：媒介经营与管理硕士、翻译硕士、公共卫生硕士、软件工程硕士和旅游管理硕士。此外，产业经济学（信息经济）、管理科学与工程（工学）两个专业停招。2015年共1 081名研究生毕业，其中，博士研究生46名，硕士研究生1 035名。授予博士学位37人，硕士学位1 124人（其中，授予学术硕士554人，专业硕士434人，同等学力硕士学位136人）。

（张玉放）

研究生招生与录取工作

【开展2015级统考硕士研究生招生录取工作】 2014年12月27—28日，2015级全国硕士研究生统一入学考试如期举行，考试时间比往年提前一周。首都经济贸易大学考点共设38个考场，1 140人参加考试。2015年1月23—25日，统一组织自命题考试科目阅卷工作，78位教师参加，全程录音录像。3月21—4月2日，在学校招生领导小组的领导下，研究生招生与考试办公室组织安排各学院实施完成了2015级硕士研究生入学复试工作，校医院组织完成了1 010人次的复试体检工作。2015年，首都经济贸易大学硕士研究生报名3 054人，考试人数2 728人，上国家分数线1 057人，实际录取1 093人（含推免生194人、单考生10人），其中，学术型硕士508人，专业型硕士585人。其中，来自985、211高校考生113人。

首都经济贸易大学2015级统考硕士研究生各专业复试分数线及录取人数一览表

学院	专业代码	专业名称	复试分数线（总分）	单科线（满分＝100分）	单科线（满分＞100分）	报名人数	上国家线人数	接收推免生人数	录取总人数
城市经济与公共管理学院001	020202	区域经济学	330	45	68	19	2	3	11
	120401	行政管理★	335	46	69	53	15		17
	120403	教育经济与管理★	335	46	69	4	2		6

续表

学院	专业代码	专业名称	复试分数线（总分）	单科线（满分=100分）	单科线（满分>100分）	报名人数	上国家线人数	接收推免生人数	录取总人数
城市经济与公共管理学院001	1201J1	城市经济与战略管理	335	46	69	2	0		9
	120405	土地资源管理★	335	46	69	21	7		8
	125200	公共管理硕士（管理类联考）★	160	40	80	72	10		16
工商管理学院002	120202	企业管理	335	46	69	113	9	13	43
	120203	旅游管理	335	46	69	1	0		1
	120204	技术经济及管理	335	46	69	5	2		4
	125400	旅游管理硕士（管理类联考）	160	40	80	6	1		0
经济学院003	020101	政治经济学	330	45	68	8	0		4
	020104	西方经济学	330	45	68	25	5	4	9
	020105	世界经济	330	45	68	6	0		3
	020201	国民经济学	330	45	68	30	8	5	14
	020205	产业经济学	330	45	68	133	25	7	26
	020206	国际贸易学	330	45	68	48	6	9	15
	020209	数量经济学	330	45	68	11	3	2	8
	020102	经济思想史	330	45	68	0	0		0
	025400	国际商务硕士	330	45	68	38	15	6	45
会计学院004	120201	会计学	378	46	69	324	62	27	42
	025700	审计硕士★	200	40	80	117	81	7	21
	025700	审计硕士（非全日制定向）★	160	40	80	23	10		10
	125300	会计硕士★	213	40	80	568	395	20	56
	125300	会计硕士（非全日制定向）★	160	40	80	61	25		21
劳动经济学院005	020106	人口、资源与环境经济学	330	45	68	1	0		2
	020207	劳动经济学	330	45	68	44	7	10	17
	0202Z1	人力资源开发与人才发展	330	45	68	18	2	1	4
	030302	人口学★	300	42	63	6	2		6
	120404	社会保障★	335	46	69	97	34	2	35
	1202J1	劳动关系★	335	46	69	3	1		3
	035200	社会工作硕士★	300	42	63	74	44		44
文化传播学院006	1202J2	媒介经营与管理	335	46	69	1	0		5
信息学院007	120100	管理科学与工程	335	46	69	20	1	2	26
	085212	软件工程硕士	280	38	57	6	1		22

续表

学院	专业代码	专业名称	复试分数线（总分）	单科线（满分 = 100 分）	单科线（满分 > 100 分）	报名人数	上国家线人数	接收推免生人数	录取总人数
安全与环境工程学院 008	083700	安全科学与工程	280	38	57	27	9		15
	077902	劳动卫生与环境卫生学	275	36	54	2	0		3
	105300	公共卫生硕士	285	39	117	23	7		9
	085224	安全工程硕士	275	36	54	31	13		18
财政税务学院 009	020203	财政学	330	45	68	28	4	2	15
	025300	税务硕士	330	45	68	28	5	4	30
	025600	资产评估硕士	330	45	68	27	8	6	34
法学院 010	030105	民商法学★	300	42	63	39	17	3	18
	030107	经济法学★	300	42	63	26	10		16
	030101	法学理论★	300	42	63	2	0		4
	030103	宪法学与行政法学★	300	42	63	8	4		4
	030109	国际法学★	300	42	63	7	1		4
	035102	法律（法学）★	300	42	63	32	1	1	35
金融学院 011	020204	金融学	359	45	68	247	57	25	48
	025100	金融硕士	343	45	68	172	50	18	57
	025500	保险硕士	330	45	68	8	3		15
统计学院 012	027000	统计学（经济学）	330	45	68	19	4	3	6
	071400	统计学（理学）	316	36	54	19	11		6
	025200	应用统计硕士	330	45	68	36	18	8	36
外语系 013	050201	英语语言文学★	345	52	78	1	0	1	1
	050211	外国语言学及应用语言学★	345	52	78	11	2	2	9
	055100	翻译硕士★	345	52	78	19	9	2	32
专业硕士教育中心 018	125100	工商管理硕士★	160	40	80	238	29		84
马克思主义学院 019	030501	马克思主义基本原理★	300	42	63	5	1		5
	030505	思想政治教育★	300	42	63	12	4		6
	030503	马克思主义中国化研究★	300	42	63	9	3		5
国际经济管理学院 020	020209	数量经济学（金融计量方向）	330	45	68	7	2	1	15
研究生部		单考单招★	310	不限	不限	13	10		10
合计						3 054	1 057	194	1 093

注：打★为不考数学专业。

（石文鹏）

【开展2015级单独考试硕士研究生招生录取工作】 2015级单独考试硕士研究生入学考试共有20人报名,16人参加考试,实际录取10人。复试的具体实施由研究生部招生与考试办公室负责。初试单科成绩不设最低分数线,总分不低于310的考生可以进入复试环节,复试成绩不满60分者不予录取,录取原则为按总成绩排序,由高分到低分择优录取。

(石文鹏)

【开展2015级在职人员攻读硕士学位研究生招生录取工作】 在职攻读硕士学位研究生是指以在职人员的身份,部分时间在校学习,部分时间在职工作的研究生学历教育的一种类型,只授予研究生学位,不颁发研究生毕业证。每年10月份进行全国联考,次年春季入学,俗称"春班"或"单证班"。2014年6月18日,为统一管理各类研究生招生工作,国务院学位办出台《关于2014年招收在职人员攻读硕士专业学位工作的通知》,规定从2016年起,每年10月份的"在职人员攻读硕士专业学位全国联考"不再举办,将与普通硕士研究生统一考试合并进行,招生名额统一纳入普通硕士研究生招生指标管理,考生可转移人事档案和户口,研究生培养可以按照非全日制硕士研究生统一管理。

10月25日,全国2016级春季入学的在职攻读硕士学位研究生招生考试在各指定考点举行。首都经济贸易大学不设报名点和考点,招收专业为工程硕士专业和工商管理专业,复试与录取工作将于2016年上半年进行。

首都经济贸易大学自2005年开始招收在职攻读工商管理硕士研究生;2006年,获得高校教师经济学在职研究生招生资格,共招收4届,于2010年停招;2010年,开始招收工程硕士(GCT)专业的考生。截至2015年3月,首都经济贸易大学一共招收了231名在职研究生。

首都经济贸易大学2005—2015级在职攻读硕士学位研究生招生数按专业统计表 (单位:人)

专业名称	2005	2006	2007	2008	2009	2010	2011	2012	2013	2014	2015	合计
工商管理硕士	4	7	12	7	6	10	15	13	7	8	9	98
国民经济学(高校教师)	—	7	*	3	—	—	—	—	—	—		10
产业经济学(高校教师)	—	—	*	9	—	—	—	—	—	—		9
国际贸易学(高校教师)	—	—	*	4	—	—	—	—	—	—		4
数量经济学(高校教师)	—	—	*	1	—	—	—	—	—	—		1
企业管理(高校教师)	—	—	*	1	—	—	—	—	—	—		1
思想政治教育(高校辅导员)	—	—	—	—	20	—	—	—	—	—		20
工程硕士(安全工程)	—	—	—	—	—	4	14	16	12	21	21	88
合计	4	14	12	25	26	14	29	29	19	29	30	231

(石文鹏)

【开展2015级博士研究生招生录取工作】 2015级博士研究生招生工作采用申请审核制、硕博连读、普通招考相结合的方式。申请审核制和硕博连读制的招生与录取已于2014年10—12月完成。

3月28—29日组织了2015级博士研究生入学考试工作,247人报名参加考试,实际考试人数166人。集中阅卷并全程录音录像,5月5—8日,由各学院组织完成了博士研究生入学复试工作。

2015级博士研究生实际录取70人,其中,硕博连读8人,申请审核9人,普通招考53人,全日制(非定向)学习比例为55.7%。

首都经济贸易大学2015级博士研究生各专业最低分数线及录取人数统计表

专业代码	专业名称	复试最低分数线			实际录取人数			
		外语	专业课	总分	硕博连读	申请审核制	普通招考	合计
020201	国民经济学	50	60	170		2	3	5
020202	区域经济学	50	60	170			5	5

续表

专业代码	专业名称	复试最低分数线			实际录取人数			
		外语	专业课	总分	硕博连读	申请审核制	普通招考	合计
020203	财政学	50	60	214	1	1	2	4
020204	金融学	50	60	201			4	4
020205	产业经济学	50	60	170			4	4
020207	劳动经济学	50	60	209	2	2	3	7
02700	统计学	50	60	170			6	6
020209	数量经济学	50	60	170			5	5
120202	企业管理	50	60	170			6	6
020206	国际贸易学	50	60	170	1	1	1	3
020220	人力资源开发与人才发展	50	60	170		1		1
120100	管理科学与工程	50	60	170	1	1	3	5
120201	会计学	50	60	170	1	1	4	6
120204	技术经济及管理	50	60	170	1			1
0202Z2	增长经济学	50	60	170	1		1	2
1201J1	城市经济与战略管理	50	60	170			3	3
1202J1	劳动关系	50	60	170			1	1
0202J1	法律经济学	50	60	216			2	2
合计					8	9	53	70

首都经济贸易大学2015级“申请审核制”“硕博连读”博士研究生名单

序号	报考学院	拟录取专业	姓名	报考类型
1	工商管理学院	技术经济与管理	李颖	硕博连读
2	经济学院	国民经济学	陈文翔	申请审核制
3	经济学院	国民经济学	潘恩阳	申请审核制
4	经济学院	国际贸易学	刘妍	申请审核制
5	经济学院	增长经济学	张一飞	硕博连读
6	经济学院	国际贸易学	刘东丽	硕博连读
7	会计学院	会计学	李博	申请审核制
8	会计学院	会计学	潘迪	硕博连读
9	劳动经济学院	劳动经济学	陈林	申请审核制
10	劳动经济学院	人力资源开发与人才发展	郭鑫鑫	申请审核制
11	劳动经济学院	劳动经济学	袁铎珍	申请审核制
12	劳动经济学院	劳动经济学	王静文	硕博连读
13	劳动经济学院	劳动经济学	康蕊	硕博连读
14	信息学院	管理科学与工程	张戈	申请审核制

续表

序号	报考学院	拟录取专业	姓名	报考类型
15	信息学院	管理科学与工程	王春雪	硕博连读
16	财政税务学院	财政学	王佳赫	申请审核制
17	财政税务学院	财政学	程曦	硕博连读

(石文鹏)

【开展2016级硕士研究生推免生接收工作】 6月,首都经济贸易大学开始接收2016级本科推荐免试攻读硕士研究生的预申请,并开通了网上预申请系统,方便考生填写相关信息。首都经济贸易大学研究生部公布了2016级推免生的接收政策,凡招生专业目录中公布的各专业[工商管理硕士、公共管理硕士、旅游管理硕士、审计硕士(非全日制定向)、会计硕士(非全日制定向)除外],均可招收推荐免试生,接收推免生的总人数不超过全校招生指标的50%。9月20日,教育部网上报名系统正式开通。截至10月底,推免生网上报名、复试及录取工作全部完成。共接收推免生191人,其中,校内推免生89人,校外102人,接收推免生人数前三的学院为会计学院(43人)、金融学院(43人)、经济学院(48人),来自985、211院校15人,从性别上看,女生人数165人,占总人数的86.4%。

首都经济贸易大学2016级推免生人数统计表 (单位:人)

学院	人数	学院	人数
经济学院	48	会计学院	43
金融学院	43	劳动经济学院	11
财政税务学院	10	城市经济与公共管理学院	7
法学院	6	工商管理学院	6
统计学院	5	外语系	5
文化传播学院	4	信息学院	3

(石文鹏)

【组织2016级统考硕士研究生入学考试】 9月,学校启动2016级硕士研究生招生报名与考试工作。10月10—31日为网上报名时间,11月10—14日为现场确认资格审查,3 333人报考首都经济贸易大学。2015年11月19日前,完成了34门自命题科目的命题工作。2016级研究生入学考试试题印刷工作首次交由国家指定的保密印厂印制并分发到各考点,考试期间考场情况和北京市教育考试院实现同步监控录像。12月26—27日,"2016年全国硕士研究生统一入学考试"举行,首都经济贸易大学考点共有52个考场,1 450人参加考试。

首都经济贸易大学2016级统考硕士研究生报名情况统计表

学院	专业代码	类别	专业名称	报名总人数	京内报名人数	其中:本校报名人数	京外报名人数
城市经济与公共管理学院	020202	学术	区域经济学	27	8	4	19
	120401	学术	行政管理★	57	13	6	44
	120403	学术	教育经济与管理★	10	2	2	8
	1201J1	学术	城市经济与战略管理	7	4	3	3
	120405	学术	土地资源管理★	15	11	10	4
	125200	专硕	公共管理硕士(MPA)★	68	68	8	0

续表

学院	专业代码	类别	专业名称	报名总人数	京内报名人数	其中:本校报名人数	京外报名人数
工商管理学院	120202	学术	企业管理	136	29	8	107
	120203	学术	旅游管理	2	2	1	0
	120204	学术	技术经济及管理	3	2	0	1
	125100	专硕	工商管理硕士(MBA)★	279	264	16	15
	125100	专硕	金融工商管理硕士(FMBA)★	20	18	1	2
	125400	专硕	旅游管理硕士★				
经济学院	020101	学术	政治经济学	12	4	1	8
	020104	学术	西方经济学	21	7	1	14
	020105	学术	世界经济	12	2	1	10
	020201	学术	国民经济学	46	13	5	33
	020205	学术	产业经济学	145	28	8	117
	020206	学术	国际贸易学	65	16	1	49
	020209	学术	数量经济学	16	7	1	9
	020102	学术	经济思想史	5	0	0	5
	025400	专硕	国际商务硕士	47	29	14	18
会计学院	120201	学术	会计学	169	31	3	138
	025700	专硕	审计硕士★	181	70	28	111
	025700	专硕	审计硕士(非全日制定向)★	24	24	0	0
	125300	专硕	会计硕士★	514	206	74	308
	125300	专硕	会计硕士(非全日制定向)★	145	145	12	0
劳动经济学院	020106	学术	人口、资源与环境经济学	5	1	1	4
	020207	学术	劳动经济学	49	23	16	26
	0202Z1	学术	人力资源开发与人才发展	14	6	3	8
	030302	学术	人口学★	6	4	2	2
	120404	学术	社会保障★	76	30	10	46
	1202J1	学术	劳动关系	9	8	3	1
	035200	专硕	社会工作硕士★	77	34	3	43
文化传播学院	1202J2	学术	媒介经营与管理	3	2	0	1
信息学院	120100	学术	管理科学与工程	27	15	8	12
	085212	专硕	软件工程硕士	14	12	8	2
安全与环境工程学院	083700	学术	安全科学与工程	16	5	2	11
	077902	学术	劳动卫生与环境卫生学	0	0	0	0
	105300	专硕	公共卫生硕士★	37	29	0	8
	085224	专硕	安全工程硕士	49	16	8	33

续表

学院	专业代码	类别	专业名称	报名总人数	京内报名人数	其中:本校报名人数	京外报名人数
财政税务学院	020203	学术	财政学	39	8	2	31
	025300	专硕	税务硕士	45	20	16	25
	025600	专硕	资产评估硕士	39	17	10	22
法学院	030105	学术	民商法学★	57	30	24	27
	030107	学术	经济法学★	29	11	4	18
	030101	学术	法学理论★	9	5	2	4
	030103	学术	宪法学与行政法学★	2	1	1	1
	030109	学术	国际法学★	7	2	2	5
	035102	专硕	法律(法学)★	43	20	0	23
	035101	专硕	法律(非法学)★	32	15	3	17
金融学院	020204	学术	金融学	132	36	13	96
	025100	专硕	金融硕士	221	83	24	138
	025500	专硕	保险硕士	16	4	2	12
统计学院	027000	学术	统计学	14	4	2	10
	071400	学术	统计学	28	10	3	18
	025200	专硕	应用统计硕士	82	28	13	54
外语系	050201	学术	英语语言文学★	6	5	3	1
	050211	学术	外国语言学及应用语言学★	11	4	2	7
	055100	专硕	翻译硕士★	52	10	2	42
马克思主义学院	030501	学术	马克思主义基本原理★	5	0	0	5
	030505	学术	思想政治教育★	12	4	0	8
	030503	学术	马克思主义中国化研究★	6	1	1	5
	030506	学术	中国近现代史基本问题研究★	1	0	0	1
国际经济管理学院	020209	学术	数量经济学(金融计量方向)	20	6	4	14
研究生部	120202	学术	企业管理单考★	12	12	2	0
	120201	学术	会计学单考★	5	5	0	0
合计				3 333	1 529	407	1 804

(石文鹏)

【组织2016级单独考试硕士研究生入学考试】 10月10—31日,研究生部完成了2016级单独考试硕士研究生报名工作,报名人数为17人,实际考试人数为15人。

(石文鹏)

【开展2016级申请审核制博士研究生招生工作】 2016级博士研究生招生全面实行“申请审核制”招生,10月19日—11月30日实行网上报名,提交材料,12月1—4日研究生部对材料进行审核。12月11—13日各学院对提交申请的学生进行综合考核,12月18日公布拟录取名单。经公示，2016 年博士研究生申请审核制方式拟录取 38 人。

（石文鹏）

【开展 2016 级硕博连读博士研究生招生工作】 11 月 1—20 日接收硕博连读考生材料，11 月 21—24 日对材料进行初步审核，11 月 25—27 日各学院组织审核合格的考生进行笔试，11 月 29 日—12 月 3 日，各院系组织考生进行综合考核，12 月 8 日，公布拟录取名单，经公示，2016 年拟录取硕博连读研究生 14 人。

（石文鹏）

【召开研究生招生宣传工作会】 5 月 27 日，研究生部召开了“2016 年研究生招生宣传工作会议”，各院系主管研究生工作副院长和研究生秘书参加了会议。会议提出研究生招生宣传的 3 项新举措：制作 2016 年度研究生招生简章，并要求院系制作学院层面的招生宣传材料，方便考生及时了解相关信息；通过微信、手机网站等新媒体，宣传研究生招生的相关信息；与中国研招网、中国报考在线、中国研究生招生信息网、中国研究生教育网等影响较大的网站合作，推出首都经济贸易大学研究生招生专题，扩大招生影响力。

（石文鹏）

【参加全国硕士研究生招生咨询会】 6—9 月，参加了由教育部科技发展中心，中国教育和科研计算机网、中国教育在线承办的“2016 年全国硕士研究生招生咨询会”，共参加了哈尔滨、济南、青岛、蚌埠、长沙、武昌等场次的咨询会，免费发放招生宣传册 1 400 余份。

（石文鹏）

【举办“研究生招生宣传日”活动】 9 月 18 日上午，“首都经济贸易大学研究生招生宣传日”活动在校本部博学楼前举办，主要面向北京周边地区和校内的考生展示首都经济贸易大学研究生培养实力、学科优势及特色，公布招生政策、历年报名、复试、录取情况等，使社会和考生进一步了解首都经济贸易大学研究生教育改革发展情况，以达到不断提高优质生源比例、培养更多拔尖创新型人才的目标。当天，研究生部、各院系、团委、教务处、学生处等部门均派出咨询人员，共计接待考生和家长咨询达 2 000 多人次。同时，保卫处、校医院、后勤管理处也给予了大力支持和保障。

（石文鹏）

研究生培养工作

【开展硕士研究生中期考核】 2015 年，根据《首都经济贸易大学关于 2014 级硕士研究生中期考核工作的通知》要求，各学院认真组织，本着全面、客观、公正的原则，对 2014 级硕士研究生进行中期考核。在各学院考核基础上，学校坚持标准，严格审核，评选出 85 名中期考核优秀的研究生。

（王少华）

【继续实行硕博连读制度】 根据教育部及国务院学位委员会有关文件的精神，为进一步提高研究生的培养质量，学校从 2008 级硕士研究生开始，实行硕博连读制度。对在学校已完成规定课程学习、成绩优秀、创新精神和科研能力突出的在学硕士，可以在不通过硕士学位申请过程和博士生入学考试的基础上实行硕博连读的培养模式，体现了硕士研究生和博士研究生培养过程的连续性、系统性和完整性。10 月，学校开展 2016 级硕博连读研究生选拔工作，经本人申请、所报学院初审、研究生部审核等环节，共 14 人获得 2016 级硕博连读资格。

首都经济贸易大学 2016 级硕博连读人员名单

序号	姓名	拟录取专业	拟录取导师	考生类别
1	谭振华	会计学	杨世忠	硕博连读
2	高仙立	统计学（理学）	刘强	硕博连读
3	崔江龙	统计学（经济学）	刘黎明	硕博连读
4	李牵	管理科学与工程	张军	硕博连读
5	张鑫鑫	管理科学与工程	张军	硕博连读
6	于国栋	国民经济学	周明生	硕博连读
7	宋秀娜	增长经济学	王军	硕博连读

续表

序号	姓名	拟录取专业	拟录取导师	考生类别
8	赵恒园	国际贸易学	刘宏	硕博连读
9	陆亚晨	数量经济学	田新民	硕博连读
10	昝杨杨	产业经济学	张弘	硕博连读
11	易祯	金融学	朱超	硕博连读
12	岳鹏鹏	金融学	尹志超	硕博连读
13	甄晗蕾	金融学	王曼怡	硕博连读
14	潘北啸	金融学	尹志超	硕博连读

(王少华)

【开展研究生教育教学改革立项工作】 3月,学校组织开展2015年校级教学改革立项评审工作,经认真评审,共有17项研究生教育教学改革课题项目立项,其中,重点项目8项,一般项目9项。

首都经济贸易大学教育教学改革(研究生)立项项目汇总表(2015年)

序号	项目名称	申报类型	项目负责人	单位
1	城市经济与公共管理学院研究生课程教学中的问题调查及管理改进研究	重点项目	彭文英	城市经济与公共管理学院
2	土地资源管理专业第二课堂课程建设	重点项目	李强	城市经济与公共管理学院
3	研究生翻转课堂教学模式研究——以"不动产估价"课程为例	重点项目	吴庆玲	城市经济与公共管理学院
4	学校研究生课程建设中的问题调查及改进研究	重点项目	杨晓蕾	研究生部
5	学校研究生教学效果实证研究	重点项目	封岩	经济学院
6	研究生课程教学评价监督体系建设研究	重点项目	赵天燕	会计学院
7	工商管理学科开设研究生基础理论课程的机制设计研究	重点项目	孙喜	工商管理学院
8	研究生联合培养存在的问题及优化对策	重点项目	黄苏萍	工商管理学院
9	研究生公共英语教学校本模式实施研究	一般项目	赵海燕	外语系
10	探析学校研究生培养模式与就业关系分析	一般项目	任慧英	安全与环境工程学院
11	法律硕士(法学)和法律硕士(非法学)的培养方式比较研究	一般项目	刘影	法学院
12	研究生课程教学中的问题调查及管理改进——以首都经济贸易大学马克思主义学院为例	一般项目	刘娟	马克思主义学院
13	隐性知识管理与研究生课程建设	一般项目	孟毅芳	研究生部
14	学校研究生教育质量自我评价与保障机制研究	一般项目	燕秋梅	经济学院
15	研究生二外日语教改探析	一般项目	杜娟	外语系
16	专业硕士案例教学研究——以培养应用型高级人才MPAcc为例	一般项目	刘瑛	会计学院
17	研究生课程考核制度比较及改进研究——以工商管理学院为例	一般项目	程丽娟	工商管理学院

(王少华)

【举办同等学力申请硕士学位考试】　6月27—28日，完成了同等学力申请硕士学位课考试工作，工商管理学院、会计学院、劳动经济学院、经济学院、信息学院、法学院、金融学院考生合计3 375人次参加考试。

（石文鹏）

【研究生提前毕业工作】　10月，学校开展2014级研究生提前毕业审核工作，经过审核程序，共有17名同学获得提前毕业的资格。

2015年首都经济贸易大学提前毕业硕士研究生人员名单

序号	所在院系	姓名
1	财政税务学院	宋傲雪
2	城市经济与公共管理学院	邓平凡
3	法学院	周燕娇
4	法学院	丁悦
5	法学院	叶呈嫣
6	法学院	彭珂
7	国际经济管理学院	袁从伦
8	会计学院	张丽敏
9	会计学院	侯晶
10	经济学院	孟丽君
11	经济学院	刘杰
12	经济学院	高航
13	劳动经济学院	吕粱
14	劳动经济学院	石郑
15	信息学院	赵丹丹
16	信息学院	陈晨
17	信息学院	谭春果

（王少华）

研究生学位工作

【导师遴选工作】　2015年，学校新增博士研究生导师13名，新增学术硕士研究生导师27名，专业硕士研究生导师10名，形成了一支与学校研究生教育规模发展相匹配、整体学术实力较强的研究生导师队伍。对在岗的368名导师进行了年度考核，46人获得研究生导师考核优秀荣誉称号。为促进学校新任研究生指导教师尽快适应新的工作环境，熟悉学校研究生培养的教育教学要求，成为合格的研究生指导教师，对2015年新遴选的硕士研究生指导教师进行了岗前培训，逐步完善了学校专家导师信息库的建设。

首都经济贸易大学2014年度研究生导师考核优秀人员名单

序号	姓名	院系	工作单位
1	戚聿东	工商管理学院	首都经济贸易大学
2	张学平	工商管理学院	首都经济贸易大学
3	吴冬梅	工商管理学院	首都经济贸易大学
4	巩云华	工商管理学院	首都经济贸易大学
5	赵冰	工商管理学院	首都经济贸易大学
6	邹昭晞	工商管理学院	首都经济贸易大学
7	付磊	会计学院	首都经济贸易大学
8	刘文辉	会计学院	首都经济贸易大学
9	王海林	会计学院	首都经济贸易大学
10	顾克荣	会计学院	中国石油化工股份有限公司
11	李春节	会计学院	公安部审计局
12	李建新	会计学院	审计署
13	刘力云	会计学院	审计署
14	刘长翠	会计学院	北京市发展与改革委员会
15	孙宝珩	会计学院	北京城乡建设集团
16	王文章	会计学院	中煤建设集团有限公司
17	尹维劼	会计学院	北京汽车集团有限公司
18	张家伦	会计学院	北京亦庄国际投资发展有限公司
19	张文丽	会计学院	北京注册会计师协会
20	谢太峰	金融学院	首都经济贸易大学
21	王曼怡	金融学院	首都经济贸易大学
22	廖明球	经济学院	首都经济贸易大学
23	王文举	经济学院	首都经济贸易大学
24	张连城	经济学院	首都经济贸易大学
25	祝合良	经济学院	首都经济贸易大学
26	纪韶	劳动经济学院	首都经济贸易大学
27	亓昕	劳动经济学院	首都经济贸易大学
28	童玉芬	劳动经济学院	首都经济贸易大学
29	张琪	劳动经济学院	首都经济贸易大学

续表

序号	姓名	院系	工作单位
30	冯培	马克思主义学院	北京市第二外国语大学
31	吕淑然	安全与环境工程学院	首都经济贸易大学
32	钮英建	安全与环境工程学院	首都经济贸易大学
33	程虹	外语系	首都经济贸易大学
34	谭善勇	城市经济与公共管理学院	首都经济贸易大学
35	赵韵玲	城市经济与公共管理学院	首都经济贸易大学
36	张智新	城市经济与公共管理学院	首都经济贸易大学
37	杨一平	信息学院	首都经济贸易大学
38	王传生	信息学院	首都经济贸易大学
39	谢海霞	法学院	首都经济贸易大学
40	米新丽	法学院	首都经济贸易大学
41	焦志勇	法学院	首都经济贸易大学
42	蔡秀云	财政税务学院	首都经济贸易大学
43	刘颖	财政税务学院	首都经济贸易大学
44	王竞达	财政税务学院	首都经济贸易大学
45	马立平	统计学院	首都经济贸易大学
46	苏志	国际经济管理学院	首都经济贸易大学

（杨晓蕾）

【学位论文工作】 加强研究生学位论文质量监控，严格执行学位论文的重复率筛查、双盲评阅制度和答辩材料的形式审核制度，强化关键环节的质量控制，保障了学位授予质量。开展优秀学位论文评选与推荐工作，产生了良好品牌效用和样板效用。评选表彰校级优秀硕士学位论文55篇。

首都经济贸易大学2015届优秀硕士学位论文获奖名单

序号	专业	姓名	论文题目	导师
1	企业管理	丁旭辰	房地产估价师胜任力模型研究	吴冬梅
2		何璐	创始股东与机构投资者争夺企业控制权的案例研究	高闯
3		何依蒙	企业价值观对环境战略的影响研究	张映红
4	思想政治教育	杨转珍	高校突发事件网络舆情的引导研究	王颖
5	产业经济学（信息经济）	王婉青	社交网络下信任传播模型的个性化推荐研究	高迎
6	管理科学与工程	王鹏	政务微博评估指标体系构建与实证研究	姚翠友

续表

序号	专业	姓名	论文题目	导师
7	安全技术及工程	吴昊	寿王坟铜矿通风系统优化设计研究	吕淑然
8	安全工程	林枫	地铁行车调度班组人因失误机理分析及应用	许联锋　李卫军
9	劳动经济学	陈秀秀	制造业一线员工“过劳”研究:企业微观层面的阐释	刘丽玲
10		高光熙	人才创新环境对创新能力发挥影响的实证研究	杨河清
11	人口、资源与环境经济学	王庆娟	城市人口规模对环境污染的门槛效应研究	肖周燕
12	社会保障	袁铎珍	宋代自治性福利观念和制度研究	朱俊生
13	社会工作	王雯娟	社区建设对于农村社区工作的影响	吕新萍
14	政治经济学	王宇	中国零售商买方势力的福利效应研究	沈宏亮
15	国民经济学	梅如笛	京津冀协同发展的产业布局研究	周明生
16	国际贸易学	苏杰芹	中国对美国直接投资逆向技术溢出效应研究	刘宏
17	数量经济学	徐律	Pair - Copula 方法在基金风险测度中的应用研究	李雪
18	西方经济学	柴志宏	健康人力资本对于经济增长的贡献研究	封岩
19	产业经济学	杨蕊西	纵向约束下上下游企业的广告策略分析	董烨然
20	国际贸易学	拉和曼	Roads and Trade: An Empirical Study Based on China's Provincial Data	赵家章
21	会计学	易笑天	金融资产分类倾向对高管薪酬的影响研究	崔也光
22		刘栋	基于顾客价值的审计市场创新研究	顾奋玲
23	会计	郎佳丽	我国钢铁行业上市公司环境会计信息披露研究	赵天燕
24		陈泽文	计算机税收审计技术与方法研究	王海洪
25		李润宁	上市公司归核化财务效应研究	闫华红
26	审计	明致萱	内部审计质量内部评估研究	袁小勇
27		赵祎文	我国标准审计报告的改进研究	顾奋玲
28	金融	付敬翔	利率市场化背景下我国商业银行管理会计方案设计	吴世亮
29	保险	张婷	住房反向抵押养老保险需求的实证分析	李文中
30	金融学	张晨	影响保险消费者行为的文化因素研究	张小红
31		王光远	人口年龄结构能否推动金融资产价格变化?	朱超
32		高文	我国商业银行贷款损失准备顺周期性研究	周晔
33		王宇庚	北京市金融生态与经济增长的关系研究	王曼怡
34	区域经济学	李晶	北京市产业调整疏解研究	叶堂林

续表

序号	专业	姓名	论文题目	导师
35	行政管理	马雨菡	政策网络视阈下我国不动产税收政策变迁分析	赵韵玲
36	法学理论	贾紫轩	司法裁判公信力研究	李晓安
37	国际法学	吕美昂	“或引渡或起诉”原则研究	谢海霞
38	宪法学与行政法学	孔祥稳	风险社会视角下合规疫苗接种致害的国家责任研究	赵鹏
39	民商法学	张君	论对未出生者利益的民法保护	张世君
40		郭嘉婕	论信用卡伪卡交易中发卡行民事责任	米新丽
41	法律(法学)	张慧	我国资本制度改革下的公司债权人保护	李长城
42	统计学	景然	区域经济发展水平与能源消费差异的统计分析	马立平
43	应用统计	孟宪辰	学校研究生培养认知调查分析	张玉春　于威威
44	财政学	孙哲	中国上市公司资产减值测试评估的应用及其国际借鉴	赵琼
45	税务	刘畅	我国融资租赁业税收问题研究	蔡秀云
46	资产评估	陈兴烨	我国证券业上市公司价值评估研究	王竞达
47	工商管理	李然	价值评估在新能源客车企业市值管理中的应用研究	巩云华
48		张建	高端水品牌的生活方式营销	赵冰
49		李国强	DT 公司项目经理绩效管理改进方案设计	张琪
50		张林泉	江苏劲驰公司竞争战略研究	徐炜
51		姚剑萍	企业高管薪酬管理问题的研究	安鸿章
52		高欣	跨国公司关联企业转移定价方法研究	王传生
53		解超	德国 M 碎纸机中国分公司发展战略研究	邹昭晞
54		刘伟升	ERP 质量追溯功能在 W 汽车制造企业的应用研究	戚聿东
55		蔡宏亮	利率市场化条件下财务公司的风险管理	戚聿东

（杨晓蕾）

【学位授予工作】 完成了博士、硕士学位申请和评定工作,2015 年共授予博士学位 41 人,硕士学位 1 178人(其中,授予学术硕士 559 人,专业硕士 458 人,同等学力硕士学位 161 人),学士学位 2 889 人(其中,普通本科 2 547 人,继续教育 292 人,来华留学生 50 人)。

（杨晓蕾）

研究生科技创新与社会实践工作

【开展研究生科技创新项目】 2015 年,为加强研究生科研创新意识、创新思维和创新能力的培养,鼓励研究生选择创新性强及富有挑战性的基础研究或应用研究课题,造就拔尖创新人才,形成具有前瞻性、创新性、学术水平高的原创性成果,依据《首都经济贸易大学研究生科技创新资助项目管理办法》,经研究生自主报名、导师确认、院系审核、专家组评审等环节,304 个一般项目、71 个重点项目分别于 7 月开展结项考核工作,并给予了项目经费资助。

2015年首都经济贸易大学研究生科技创新重点项目

序号	学院	项目负责人	研究生类别	学号	专业	项目名称
1	安全与环境工程学院	李哲	硕士	22012080448	安全技术及工程	政府建筑安全监管激励机制创新研究
2		张涛	硕士	22013080530	安全科学与工程	城市排水涵道中有害气体的检测与分布规律研究
3		朱慧	硕士	22013080529	安全科学与工程	重大突发事件应急演练评估方法研究
4		张远	硕士	22013080525	安全科学与工程	基于ventsim的城市排水涵道内沼气运移规律的研究
5	财政税务学院	刘天琦	博士	12014090057	财政学	我国社会保障支出中的政府财政责任研究
6	城市经济与公共管理学院	辛静静	博士	12013010001	区域经济学	新型城镇化战略下土地优化配置机制研究
7		高少敏	硕士	22013010014	城市经济与战略管理	外来车辆对北京交通的影响研究——基于疏解首都非核心功能分析
8		周圳祥	硕士	22013010019	城市经济与战略管理	基于首都核心功能的文化创意产业研究
9		叶敏	硕士	22013010024	行政管理	新一轮行政审批制度改革的特点与效应分析
10		田晓泽	硕士	22012010014	区域经济学	北京市房地产业发展对宏观经济影响程度的阶段划分与比较研究
11		王雪莹	硕士	22013010004	区域经济学	京津冀协同发展中的体制机制保障研究
12		张丽亚	硕士	22013010047	土地资源管理	基于碳平衡的土地利用结构优化研究——以北京市为例
13	法学院	陈云俊	硕士	22013100621	经济法学	大气污染的治理与城市规划法律制度研究
14		于燕燕	硕士	22013100606	民商法学	我国医学人体试验侵权责任研究
15		程婉秋	硕士	22013100598	民商法学	借名买房的法律问题研究
16	工商管理学院	席燕平	博士	12014020013	企业管理	服务业新生代员工的情绪劳动对服务绩效的影响
17		段玉婷	硕士	22013020142	技术经济及管理	大数据背景下城市蔬菜物流运作模式的研究
18		罗琼	硕士	22013020138	旅游管理	遗产旅游“原真性”的中、西差异——基于北京故宫的案例探索

续表

序号	学院	项目负责人	研究生类别	学号	专业	项目名称
19	工商管理学院	王俐	硕士	22013020108	企业管理	大型零售商通道费的理论分析及政策建议
20		叶胜然	硕士	22013020109	企业管理	高薪能否养廉——市场化改革进程中,在职消费影响因素实证研究
21		杜博	硕士	22013020086	企业管理	上市公司董事会群体断裂带激活机制及其作用机理研究
22		任媛	硕士	22013020130	企业管理	民营上市企业创始人的控制权保护研究——基于职业经理人的引进与组织绩效的实证分析
23		马润强	硕士	22013020126	企业管理	跨组织视角下中国远程医疗持续采纳影响因素研究
24		汪强强	硕士	22013020128	企业管理	奢侈品的口碑效应与消费者购买意愿的实证研究
25		康丹丹	硕士	22013020107	企业管理	京津冀一体化背景下零售业供应链整合研究
26	会计学院	唐玮	博士	12014040034	会计学	产权性质与研发投入——基于企业生命周期视角的研究
27		魏刚	博士	12014040037	会计学	资本成本在国有企业市场化改革中的作用研究
28		田丽媛	博士	12014040033	会计学	国有商业银行内部控制实质性漏洞披露问题研究
29		兰京	硕士	22013040312	会计学	股权结构、政府补助与股权资本成本:基于中国公共事业企业的研究
30		段彩艳	硕士	22013040331	会计学	上市公司经济关系网络与公司绩效关系研究
31		李彪	硕士	22013040318	会计学	中国上市企业管理会计信息化现状问题及对策研究
32		马仙	硕士	22013040327	会计学	碳信息披露质量与公司绩效的相关性分析
33		李瑞敬	硕士	22013040301	会计学	内部控制缺陷披露与财务报告质量
34		郑红丽	硕士	22013040302	会计学	影响北京高新企业信息化管理的风险因素及对策研究

续表

序号	学院	项目负责人	研究生类别	学号	专业	项目名称
35	金融学院	许青	硕士	22013110670	金融学	我国商业银行流动性影响因素分析及模拟压力测试
36		谷瑞	硕士	22013110658	金融学	金融助推京津冀协同发展研究
37		王一博	硕士	22013110665	金融学	农村民间融资问题研究
38		尹江宁	硕士	22013110668	金融学	文化创意产业的众筹融资问题研究
39		薛路遥	硕士	22013110662	金融学	我国银行同业业务发展及其风险研究
40		孙颖	硕士	22013110689	金融学	动态 beta、波动率与行业内生市场风险相关性研究
41		侯熠	硕士	22013110655	金融学	人口年龄结构与国际资本流动研究
42	经济学院	关冠军	博士	12012030017	产业经济学	中国商贸流通业品牌建设研究
43		焦晓松	博士	12014030026	国际贸易学	北京高新技术产品出口效率评价研究
44		陶双桅	博士	12014030016	国民经济学	中等收入陷阱的经验事实、理论与防范措施
45		罗克	硕士	22012030149	产业经济学	中国黄金产业效率研究——以中国黄金上市公司为例
46		刘东丽	硕士	22013030213	国际贸易学	中国技术获取型对外直接投资影响因素研究
47		郝晓波	硕士	22013030215	国际贸易学	金砖五国服务贸易竞争力比较研究
48		赵淑苹	硕士	22013030218	国际贸易学	全球价值链视角下中国出口商品结构优化研究
49		夏呈姿	硕士	22013030227	国际贸易学	经济发展方式转变与外贸发展方式转变关系的实证研究——以北上广为例
50		孟猛	硕士	22013030171	国民经济学	我国上市公司职工董事制度研究
51		诸子博	硕士	22013030174	国民经济学	首都经济圈与长三角城市群经济发展差异的比较分析
52		董博	硕士	22013030180	国民经济学	人民币汇率制度演变与货币错配问题研究
53		谷建伟	硕士	22013030167	国民经济学	我国定向调控货币政策效应研究
54		张一飞	硕士	22013030154	经济思想史	菲利普斯曲线述评及其在中国的适用性
55	劳动经济学院	赵海珠	博士	12014050045	劳动经济学	20 世纪下半叶自由主义的社会福利观
56		刘贝妮	博士	12014050048	劳动经济学	北京地区高校教师过度劳动问题研究
57		李莉	博士	12013050037	劳动经济学	农民工技能人才增量对缓解劳动力市场结构性失衡的影响研究
58		胡勇	硕士	22013050405	劳动经济学	产业结构变动与劳动力流动相互影响研究
59		刘德建	硕士	22013050398	劳动经济学	外来农村劳动力对北京市本地劳动力市场的影响

续表

序号	学院	项目负责人	研究生类别	学号	专业	项目名称
60	劳动经济学院	沈亚男	硕士	22013050422	人口学	京津冀一体化视角下的城镇化发展质量空间研究
61		贾曼丽	硕士	22013050423	人口学	返乡农民工再次外出务工意愿的影响因素分析
62		张书尹	硕士	22013050474	社会保障	国际卫生系统绩效评价的比较分析及对“新医改”的启示
63	马克思主义学院	袁博	硕士	22013190954	马克思主义基本原理	社会主义市场经济条件下非公有经济“健康发展”的路径选择——以山西省大同市为例
64		李正阳	硕士	22013190962	思想政治教育	亚里士多德政治伦理思想的当代意义研究
65	统计学院	岳树岭	博士	12014120066	统计学	碳排放强度约束条件下的经济增长研究
66		王永凯	硕士	22012120685	统计学	我国统计数据协调性评估方法及实证研究
67	外语系	徐云云	硕士	22013130787	外国语言学及应用语言学	朱译莎剧《仲夏夜之梦》《无事烦恼》的前世今生
68	信息学院	张晓芳	博士	12014070053	管理科学与工程	基于智能化推荐技术实现在线教育模式创新的探索研究
69		何贵敏	硕士	22013070504	管理科学与工程	基于社交网络对突发事件微博舆情的传播特征研究
70		李飞飞	硕士	22013070514	管理科学与工程	云服务模式下信息资源配置的碳排放管理研究
71		尹志东	硕士	22013070511	管理科学与工程	基于生命周期的煤炭产品碳足迹评价及实证研究

（熊玮）

【研究生产学研联合培养】 为落实北京市研究生教育创新工程，提升研究生实践能力和创新水平，7 月，经学院审核、研究生部验收，19 个产学研联合培养基地和 130 余名学生通过考核，其中，贾搏、张楠、石乐和刘欢表现突出，最终考核获得优秀。

2015 年首都经济贸易大学产学研联合培养研究生基地项目学生名单

序号	学院	基地负责人	基地名称	合作单位	学生姓名
1	城市经济与公共管理学院	吴庆玲	中国新型城镇化与土地、房地产市场研究基地	北京中指实证数据信息技术有限公司	隋星桐 王梦沙 吴芳芳 王阿燕 彭璇
2		张贵祥	首都圈水资源与生态安全研究基地	水利部发展研究中心	贾搏 任静 邱坦 孙丽君 肖留阳
3		段霞	平安北京建设与综合治理创新研究基地	北京市丰台区社会管理综合治理委员会办公室	王思思 孙夏 赵扬 武照人 李秀景
4		张国山	行政管理政产学研联合培养研究生基地	北京市工商业联合会	刘景娜 李珊颖 臧留芳 彭闪闪 薛洁

续表

序号	学院	基地负责人	基地名称	合作单位	学生姓名
5	金融学院	张小红	中国人寿保险股份有限公司北京市分公司产学研联合培养研究生基地	中国人寿保险股份有限公司北京市分公司	胡燕敏　吴亚东　赵荣　汪莹　袁雨　靳雅植　张楠　张晓辉
6		王苹	首都经济贸易大学——渤海银行北京市分行产学研联合培养研究生基地	渤海银行北京市分行	孙颖　顾书铭　张明　李雷　赵科乐　骈志坤　吴佳洋　肖腾腾　李芳
7	经济学院	张连城	研究生联合培养中国社会科学院经济研究生科研实践基地	中国社会科学院经济研究所	顾燃　石冰竹　逄璇　孟猛　诸建乐　崔龙海
8		王少国	北京市经济信息中心政治经济学研究基地	北京市经济信息中心	程蕾　胡丽萍　焦新娱　李佳　王娟　吴四海
9		祝合良	盛铭铜业实践基地	盛铭铜业(北京有限公司)	张畅　曹雪然　李欣亚　钱程　栗清欣　郭莹莹　姜旭辉　闫成玉　孔明　赵冬　马雪华　冯大同　侯彦全　卢谋华　罗焕然　牛旭艳　孙安妮　张爱萍
10	统计学院	纪宏	史丹索特(北京)信息技术有限公司统计学研究生培养基地	史丹索特(北京)信息技术有限公司	刘璇　孟宪辰　田晶晶　王尊城　刘雪媚　王亚妮　张磊　刘秀娟　杨晨晨
11		纪宏	北京华通人商用信息有限公司统计学研究生培养基地	北京华通人商用信息有限公司	魏丽郦　陈玉新　申明明　杜飞　沈込　张宇凡　冯颖　曹孟洁　张晗
12	外语系	刘文东	首都经济贸易大学国际化窗口建设研究服务基地	首都经济贸易大学党委宣传部	许博祥　张司邈　徐云云　姚佩　李玉竹　胡新月　孙征　石乐
13	工商管理学院	陈立平	产学研联合培养市场营销研究生基地	北京当代商城有限责任公司	周宁波　宁方良　程碧如　刘洁
14		郭卫东	首都技术创新产学研研究中心	北京兰格信息咨询有限责任公司	段玉婷　张辰　陈静
15	安全与环境工程学院	王勇毅	首都经济贸易大学与北京城市系统工程研究中心共建产学研基地	北京城市系统工程研究中心	刘欢　张艺凡　史建业　何璐
16		许联锋	首都经济贸易大学与北京劳动保护科学研究所共建产学研基地	北京劳动保护科学研究所	张振超　刘如月　刘秋平　夏宇　张鹏

续表

序号	学院	基地负责人	基地名称	合作单位	学生姓名
17	劳动经济学院	吕新萍	社会工作实务能力提升产学研基地	北京市丰台区瑞丰社会服务中心	白洋 周滢滢 王倩楠 郭琳 冯雅欣 龚月妍
18	会计学院	崔也光 顾奋玲	首都经济贸易大学会计学院德勤华永人才培养基地	德勤华永	马仙 侯红超 郭玲 周德康 王晓娅 唐秉朝 张萌 杨波 李彪 王爱娜 刘婕
19	财政税务学院	王竞达	资产评估专业产学研联合培养研究生基地	中企华资产评估有限公司	胡月 唐京 陈兴烨 吴敏华

（熊玮）

【开展国内外联合培养项目】 为拓宽学校研究生的国际视野，推进研究生培养的国际化进程，提升研究生教育竞争力和国际影响力，学校开展国内外联合培养研究生项目，主要以联合培养的方式选派研究生到国外学习，进行学术交流，以及从事科学研究等活动。2015 年共派出 42 名学生，并给予相应经费资助。

2015 年首都经济贸易大学国内外联合培养人员名单

序号	合作单位	姓名	学号	研究生类别	学院	专业
1	美国芝加哥大学	陈丽娜	12013070050	博士	信息学院	管理科学与工程
2		孙江媛	22013040345	硕士	会计学院	会计
3		马学颖	22012090469	硕士	财政税务学院	财政学
4		申宁	22013040320	硕士	会计学院	会计学
5		李芳	22013050395	硕士	劳动经济学院	劳动经济学
6		阮琳然	22013050393	硕士	劳动经济学院	劳动经济学
7		王盛辉	22013110698	硕士	金融学院	金融学
8		张畅	22013030183	硕士	经济学院	产业经济学
9		孙征	22013130782	硕士	外语系	英语语言文学
10		陶思宇	22013030185	硕士	经济学院	产业经济学
11		黄颖斐	22013030224	硕士	经济学院	国际贸易学
12		杨烨	22013030206	硕士	经济学院	产业经济学
13	日本国立法人爱媛大学	张书尹	22013050474	硕士	劳动经济学院	社会保障
14		邵盼	22013050480	硕士	劳动经济学院	社会保障
15	法国克莱蒙费朗高等学院	唐梦	22013030239	硕士	经济学院	数量经济学
16		张亚琼	22013050486	硕士	劳动经济学院	社会保障
17	加拿大蒙特利尔大学	石丹阳	22014050455	硕士	劳动经济学院	劳动经济学
18		李公政	22014050481	硕士	劳动经济学院	社会工作
19		刘贝妮	12014050048	博士	劳动经济学院	人力资源开发与人才发展
20		李付俊	12013050043	博士	劳动经济学院	劳动经济学

续表

序号	合作单位	姓名	学号	研究生类别	学院	专业
21	加拿大蒙特利尔大学	杨甜甜	22013050487	硕士	劳动经济学院	社会保障
22		王珊娜	12013050041	博士	劳动经济学院	劳动经济
23		祝如生	22013050461	硕士	劳动经济学院	劳动关系
24	美国纽约州立大学沃森工学院	卓舜鹏	22014080599	硕士	安全与环境工程学院	管理科学与工程(工学)
25	台湾高雄第一科技大学	马伟伟	22014080578	硕士	安全与环境工程学院	安全科学与工程
26		赵亚敏	22014080569	硕士	安全与环境工程学院	劳动卫生与环境卫生学
27	台湾政治大学	杨琳	12014040038	博士	会计学院	会计学
28		田丽媛	12014040033	博士	会计学院	会计学
29	美国加州大学圣地亚哥分校	钱程	22013030188	硕士	经济学院	产业经济学
30		向丹枫	22014030262	硕士	经济学院	国际商务
31		熊子钦	22014030249	硕士	经济学院	数量经济学
32		刘鹤瑶	22014110784	硕士	金融学院	金融
33		张煊	22014110787	硕士	金融学院	金融
34		宫妍	22014050465	硕士	劳动经济学院	劳动经济学
35		穆岚泚	22014120857	硕士	统计学院	应用统计
36	美国乔治城大学	李杨超	12013030020	博士	经济学院	产业经济学
37		徐小点	22014030280	硕士	经济学院	国际商务
38		袁旭菲	22014030281	硕士	经济学院	国际商务
39		张祎珣	22014030261	硕士	经济学院	国际商务
40		石欣儿	22014030267	硕士	经济学院	国际商务
41		宋傲雪	22014090607	硕士	财政税务学院	财政学
42		潘玲	22014110775	硕士	金融学院	金融学

(熊玮)

【开展霍普金斯项目】 霍普金斯项目自1986年以来已经连续招收29届学生,来自中国、美国和其他国家的2 000多名学生以优秀的成绩从本项目毕业。2015年,该项目继续面向学校研究生招生,3月份研究生部举办了初试,11位学生从众多报名学生中脱颖而出,顺利进入5月份举办的复试环节;最终3名同学获得学习机会,研究生部将给予每人4 000元资助。

2015年首都经济贸易大学霍普金斯项目人员名单

序号	姓名	学号	类别	院系	专业
1	郭星楠	22014010014	学硕	城市经济与公共管理学院	城市经济与战略管理
2	李敏	22014070559	学硕	信息学院	管理科学与工程
3	邵钰蛟	22014100710	学硕	法学院	国际法学

(熊玮)

【开展学术新人计划】 为提高学校博士生培养质量,加强拔尖创新人才的培养,鼓励科学探索,培育学术新人,依据《首都经济贸易大学校级学术新人计划管理办法》,9月开展了2015—2017年项目申报和2014—2016年项目中期考核工作,通过专家组评审答辩,共有4人获批立项,并有4人通过考核。

首都经济贸易大学2015—2017年学术新人计划获批项目名单

序号	姓名	学号	学院	专业	指导老师
1	张任之	12015010010	工商管理学院	企业管理	戚聿东
2	赵海珠	12014050045	劳动经济学院	劳动经济学	朱俊生
3	刘贝妮	12014050048	劳动经济学院	人力资源开发与人才发展	杨河清
4	徐齐利	12015010030	经济学院	数量经济学	王文举

首都经济贸易大学2014—2016年学术新人计划中期考核通过名单

序号	姓名	学号	学院	专业	指导老师
1	张晓丽	12013090052	财政税务学院	财政学	蔡秀云
2	朱志胜	12014050044	劳动经济学院	劳动经济学	纪韶
3	王莹莹	12014050046	劳动经济学院	劳动经济学	童玉芬
4	王欣	12014050043	劳动经济学院	劳动经济学	杨河清

(熊玮)

【组织研究生参加数学建模竞赛】 全国研究生数学建模竞赛已成功举办9届,并逐步成为广大研究生探索实际问题、开展学术交流、提高创新能力和培养团队意识的有效平台,进一步推动了研究生教学改革,增进了各高校之间的交流与合作。本届大赛由教育部学位与研究生教育发展中心主办,北京交通大学承办,包括全国390所高校和研究院所共6 355队研究生报名并参加竞赛,竞争非常激烈。学校有31支队伍参赛,21支队伍获奖,其中3支队伍获得二等奖。

2015年首都经济贸易大学研究生数学建模获奖名单

序号	题目	获奖等级	队长	所在学院	队员1	队员2
1	F	二等奖	俞佳伟	经济学院	於玲菲	鲁婷婷
2	F	二等奖	崔时雨	经济学院	王喆	徐盼
3	F	二等奖	石夫磊	信息学院	张晓厚	柴小媚
4	F	三等奖	赵啟麟	经济学院	徐天炯	于洋
5	D	三等奖	李凤竹	经济学院	谢妍妍	曹境鸽
6	F	三等奖	胡龙	信息学院	滕宇帆	万子玮
7	F	三等奖	郑炫圻	经济学院	刘鑫颖	盘珊珊
8	F	三等奖	刘文哲	信息学院	李圆圆	黄颖
9	B	成功参赛奖	赵爱君	经济学院	刘紫雄	宋秀娜
10	B	成功参赛奖	陈斯	经济学院	刘异之	耿司旭
11	D	成功参赛奖	黄倩	经济学院	李雪亚	王金艳
12	D	成功参赛奖	张林贺	国际经济管理学院	张泽皓	甄超

续表

序号	题目	获奖等级	队长	所在学院	队员 1	队员 2
13	F	成功参赛奖	付钰童	统计学院	同庆	张雪
14	F	成功参赛奖	卓舜鹏	安全与环境工程学院	马伟伟	赵亚敏
15	D	成功参赛奖	夏晓佳	国际经济管理学院	于秋洪	李鹏程
16	F	成功参赛奖	左慧敏	统计学院	张亚楠	张茜
17	F	成功参赛奖	冯梦娜	会计学院	史雨晴	魏然
18	F	成功参赛奖	杨明迪	统计学院	韩宙江	丁艺
19	F	成功参赛奖	吕伟伟	会计学院	裴佩	牛博
20	D	成功参赛奖	吴晓泊	统计学院	张冉	崔杨雪
21	F	成功参赛奖	王腾	统计学院	刘雪裴	尹丹蕾

（熊玮）

【开展研究生助教、助研、助管实践】 为鼓励研究生在学期间全面发展,拓宽研究生培养途径,加强研究生综合能力培养,根据学校教学、科研、管理工作的实际需要,依据《首都经济贸易大学研究生助教、助研、助管工作管理办法》的要求,开展研究生“三助”实践活动。2015 年全年组织两次聘任,共聘任助教 156 人,助研 230 人,助管 206 人。

（刘秋丽）

【开展综合素质提升系列活动】 为践行社会主义核心价值观,弘扬中华传统文化,培养学校研究生爱国主义热情,增进师生感情,研究生工作部开展了研究生思想政治实践活动。5 月 9 日至 10 日,组织 2014 级博士生赴北京市房山区开展春季拓展活动。10—11 月,组织 11 个院系的 208 名师生分别赴延安、南京、遵义、兰考等 22 个目的地接受爱国主义教育。

（高晨）

【开展学位证书设计活动】 根据国务院学位委员会和教育部关于印发《学位证书和学位授予信息管理办法》的要求,自 2016 年起,学位证书由各学位授予单位自主设计、印制。为继续传承和发扬学校学位文化,充分激发学校师生校友的学术精神、艺术创意和爱校荣校情怀,由研究生(工作)部发起,研究生(工作)部、学生(工作)处、团委联合举办了“首都经济贸易大学学位证书设计比赛”。通过线上投票与专家评审,共评选出一等奖 1 名、二等奖 3 名、三等奖 6 名。

（高晨）

【举办形势政策讲座】 10 月 28 日、11 月 25 日、12 月 2 日,为增强学生对当前形势政策的理解,弘扬爱国主义热情,研究生工作部针对当时热点问题分别组织了欧罗巴合众国梦难圆——欧洲一体化建设的历史与现状、乌克兰危机及俄罗斯走向、中国外交与大国关系 3 场形势与政策讲座。

（高晨）

【举办第六届哈博·高校(经管)博士学术论坛】 12 月 17—18 日,第六届哈博·高校(经管)博士学术论坛在学校举行。来自国内高校和科研机构的 40 多位专家学者、160 多名博士研究生参加了论坛。校长王稼琼,党委常委、工会主席杨世忠,副校长王文举、王传生,校长助理戚聿东、崔也光,全国政协委员、政协经济委员会委员、中国财政学会顾问贾康,学校研究生部、各学院相关负责人及浙江工商大学、河北工业大学等兄弟院校的研究生院负责人共同参加了开幕式。主论坛上,贾康、戚聿东先后为参会博士生做了《改善供给侧环境与机制,激发经济主体活力,创构发展新动力》与《深化国有企业改革的目标与路径》的主题报告。来自全国 55 所高校的 100 余名博士生分别在区域经济学、劳动经济、国际经济、会计、金融、企业管理等 11 个分论坛宣讲了自己的论文成果。

（高晨）

第六届哈博论坛优秀论文成果名单

序号	姓名	学校	分论坛	论文名称
1	朱志胜	首都经济贸易大学	劳动经济	高管薪酬存在租金攫取么？——给予民营上市企业高管薪酬微观数据的实证检验
2	徐齐利	首都经济贸易大学	统计与数量	搜索引擎营销广告主的市场集中度测算
3	李哲	中国人民大学	会计学	创新创意类企业收入确认方法、高管核心业务背景和会计盈余质量
4	张琳	南开大学	金融学	我国商业银行资本缓冲周期性研究——基于银行资本补充能力的视角
5	马洪坤	山东大学	产业经济	Passive Cross Holding as a Strategic Entry Deterrence
6	夏晓兰	西南财经大学	企业管理	媒体报道促进了公司创新吗？
7	李永海	中南财经政法大学	财政与税务学	中国式财政分权降低隐性经济规模了吗？——基于省际面板数据的实证分析
8	刘玉飞	上海财经大学	区域经济学	劳动人口年龄结构与中国劳动生产率的动态演化
9	周记顺	中南财经政法大学	国际经济	出口的质是否影响了出口的“量”
10	党力	中国人民大学	国民经济	宗教与健康
11	王亮	福州大学	信息与安全工程	A Prospect Theory—Based Interval Dynamic Reference Point Method for Emergency Decision Making

开展研究生评优评奖工作

【评选学业奖学金】 为支持和鼓励研究生更好地完成学业，根据《首都经济贸易大学研究生学业奖学金管理办法》，开展2014级、2015级研究生学业奖学金的评选工作。2014级共评选出一等奖学金博士4名、硕士157名，二等奖学金博士26名、硕士243名，三等奖学金硕士283名。2015级新生共评选出一等奖学金博士15名、硕士263名，二等奖学金博士21名、硕士422名，三等奖学金硕士258名。

（刘秋丽）

【评选北京市2015届研究生优秀毕业生】 根据市教委、团市委制定的《关于进一步做好北京市普通高等学校优秀毕业生评选工作的意见》（京教学〔2012〕1号文件）的精神，结合学校2015届毕业生工作的整体安排，研究生工作部于5月15日组织评选北京市及学校2015届研究生优秀毕业生。共评选出2015届研究生优秀毕业生50名。

首都经济贸易大学2015届研究生优秀毕业生名单

序号	姓名	性别	民族	学历	学位	专业
1	吕美昂	女	汉族	硕士研究生	硕士	国际法学
2	宋宇翔	男	汉族	硕士研究生	硕士	民商法学
3	罗晨煜	男	汉族	硕士研究生	硕士	经济法学
4	王源	女	汉族	硕士研究生	硕士	法律（法学）
5	刘晓惠	女	汉族	硕士研究生	硕士	统计学
6	孙赫	男	汉族	硕士研究生	硕士	应用统计
7	拜静雅	女	汉族	硕士研究生	硕士	区域经济学
8	刘念北	男	蒙古族	硕士研究生	硕士	土地资源管理
9	任旭锴	男	汉族	硕士研究生	硕士	公共管理
10	高立志	男	汉族	硕士研究生	硕士	金融

续表

序号	姓名	性别	民族	学历	学位	专业
11	马萍	女	汉族	硕士研究生	硕士	金融
12	王光远	男	汉族	硕士研究生	硕士	金融学
13	王金金	女	汉族	硕士研究生	硕士	金融学
14	赵树佼	男	汉族	硕士研究生	硕士	金融学
15	王伟	男	汉族	硕士研究生	硕士	管理科学与工程(工学)
16	徐鹏	男	汉族	硕士研究生	硕士	工商管理
17	闫学彬	男	汉族	硕士研究生	硕士	工商管理
18	付博	女	汉族	硕士研究生	硕士	工商管理
19	常征	女	汉族	硕士研究生	硕士	工商管理
20	胡立娜	女	汉族	硕士研究生	硕士	工商管理
21	赵亮	男	汉族	硕士研究生	硕士	工商管理
22	李然	男	汉族	硕士研究生	硕士	工商管理
23	雷志超	男	汉族	硕士研究生	硕士	企业管理
24	李想	男	汉族	硕士研究生	硕士	企业管理
25	丁旭辰	女	蒙古族	硕士研究生	硕士	企业管理
26	张天华	男	汉族	硕士研究生	硕士	财政学
27	赵春生	男	汉族	硕士研究生	硕士	财政学
28	郭省钰	男	汉族	硕士研究生	硕士	税务
29	李博	男	汉族	硕士研究生	硕士	会计
30	咸康希	女	汉族	硕士研究生	硕士	会计
31	陈泽文	男	汉族	硕士研究生	硕士	会计
32	刘栋	男	汉族	硕士研究生	硕士	会计学
33	李振宇	男	汉族	硕士研究生	硕士	会计学
34	董旭	男	汉族	硕士研究生	硕士	会计学
35	张栋	男	汉族	硕士研究生	硕士	社会保障
36	文利芳	女	汉族	硕士研究生	硕士	社会保障
37	赵燕	女	汉族	硕士研究生	硕士	劳动经济学
38	黄诗雯	女	汉族	硕士研究生	硕士	社会工作
39	白书学	男	汉族	硕士研究生	硕士	社会工作
40	杜怡琼	女	汉族	硕士研究生	硕士	马克思主义基本原理
41	刘婷	女	汉族	硕士研究生	硕士	外国语言学及应用语言学
42	苏杰芹	女	汉族	硕士研究生	硕士	国际贸易学
43	王冬	女	回族	硕士研究生	硕士	数量经济学
44	徐律	男	汉族	硕士研究生	硕士	数量经济学
45	罗克	男	汉族	硕士研究生	硕士	产业经济学(商业经济)
46	赵红洁	女	汉族	硕士研究生	硕士	国际贸易学
47	刘小畅	女	汉族	硕士研究生	硕士	西方经济学
48	杨子健	男	汉族	硕士研究生	硕士	管理科学与工程(管理学)
49	李峰	男	汉族	博士研究生	博士	数量经济学
50	宋毅成	男	汉族	博士研究生	博士	金融学

(刘秋丽)

【评选2015年度国家奖学金】 学校根据《首都经济贸易大学关于开展2015年度研究生国家奖学金评选工作的通知》，开展2015年度国家奖学金的评选工作。经过学生申请、初评、复评、审定及公示等环节，共评选出博士10名，硕士60名。

首都经济贸易大学2015年度博士研究生国家奖学金获奖名单

序号	学生姓名	学院	序号	学生姓名	学院
1	李杰	安全与环境工程学院	6	王珊娜	劳动经济学院
2	李付俊	劳动经济学院	7	王欣	劳动经济学院
3	陈波	会计学	8	张晓丽	财政税务学院
4	刘贝妮	劳动经济学院	9	李春生	经济学院
5	王莹莹	劳动经济学院	10	霍忻	经济学院

首都经济贸易大学2015年度硕士研究生国家奖学金获奖名单

序号	学生姓名	学院	序号	学生姓名	学院
1	郭晋花	工商管理学院	31	景霄霄	统计学院
2	邓阳	经济学院	32	葛梦瑶	信息学院
3	冯大同	经济学院	33	于亭亭	信息学院
4	刘杰	经济学院	34	徐聪	金融学院
5	罗焕然	经济学院	35	田晴	金融学院
6	孟泽	经济学院	36	甄晗蕾	金融学院
7	赵欣冉	经济学院	37	赵荣	金融学院
8	郭晓允	经济学院	38	游蕊	金融学院
9	陶思宇	经济学院	39	石嘉琳	金融学院
10	袁博	马克思主义学院	40	张司邈	外语系
11	石郑	劳动经济学院	41	杜博	工商管理学院
12	张琳	劳动经济学院	42	叶胜然	工商管理学院
13	邱杨	劳动经济学院	43	苏娟	工商管理学院
14	徐晓昱	劳动经济学院	44	张婧	工商管理学院
15	吕梁	劳动经济学院	45	侯红超	会计学院
16	柴静	劳动经济学院	46	兰京	会计学院
17	彭璇	城市经济与公共管理学院	47	段彩艳	会计学院
18	任静	城市经济与公共管理学院	48	王银	会计学院
19	贾搏	城市经济与公共管理学院	49	孙晓晴	会计学院
20	武照人	城市经济与公共管理学院	50	侯晶	会计学院
21	张涛	安全与环境工程学院	51	毕洁	会计学院
22	黄有波	安全与环境工程学院	52	王玲莉	国际经济管理学院
23	田菁芳	财政税务学院	53	张艺凡	安全与环境工程学院
24	雷昊	财政税务学院	54	高爽	会计学院
25	马超	财政税务学院	55	贾曼丽	劳动经济学院
26	叶呈嫣	法学院	56	刘德建	劳动经济学院
27	丁悦	法学院	57	易祯	金融学院
28	王燕燕	法学院	58	刘果果	金融学院
29	赵林	法学院	59	高航	经济学院
30	胡佩	统计学院	60	王婧婧	法学院

（刘秋丽）

【评选科研奖学金】 为加强研究生创新精神培养，提高研究生科研水平，11 月份启动了 2014—2015 年度研究生科研奖学金的评选工作。通过学生自由申报，研究生部评审，36 名同学科研成果突出，获得 2015 年科研奖学金。

首都经济贸易大学 2015 年度科研奖学金获奖名单

序号	姓名	类别	所属院系	等级	序号	姓名	类别	所属院系	等级
1	霍忻	博士	经济学院	一等	19	石郑	硕士	劳动经济学院	一等
2	李杰	博士	安全与环境工程学院	一等	20	葛梦瑶	硕士	信息学院	一等
3	刘贝妮	博士	劳动经济学院	一等	21	叶呈嫣	硕士	法学院	一等
4	李春生	博士	经济学院	一等	22	陈云俊	硕士	法学院	一等
5	鲁继通	博士	城市经济与公共管理学院	二等	23	郭丹彤	硕士	安全与环境工程学院	二等
6	王欣	博士	劳动经济学院	二等	24	王燕燕	硕士	法学院	二等
7	陈波	博士	会计学院	二等	25	徐聪	硕士	金融学院	二等
8	韩岚岚	博士	会计学院	二等	26	罗焕然	硕士	经济学院	二等
9	王春雪	博士	安全与环境工程学院	二等	27	郭晓允	硕士	经济学院	二等
10	李玉梅	博士	劳动经济学院	三等	28	马仙	硕士	会计学院	二等
11	王莹莹	博士	劳动经济学院	三等	29	张艺凡	硕士	安全与环境工程学院	二等
12	朱志胜	博士	劳动经济学院	三等	30	石嘉琳	硕士	金融学院	二等
13	杨凯	博士	安全与环境工程学院	三等	31	侯红超	硕士	会计学院	三等
14	张然	硕士	经济学院	一等	32	黄彦领	硕士	工商管理学院	三等
15	黄有波	硕士	安全与环境工程学院	一等	33	贾曼丽	硕士	劳动经济学院	三等
16	张涛	硕士	安全与环境工程学院	一等	34	吕牧	硕士	会计学院	三等
17	张琳	硕士	劳动经济学院	一等	35	王荣明	硕士	劳动经济学院	三等
18	杜博	硕士	工商管理学院	一等	36	张一鸣	硕士	信息学院	三等

（熊玮）

【评选优秀学生干部】 为了更好地调动和激发学生干部的工作积极性，发挥学生骨干的优秀示范作用，根据《2015 年优秀学生干部评选工作的通知》，开展 2015 年度优秀学生干部的评选工作，经过个人申请、相关单位评选等环节，最后评选出 134 名研究生获“优秀学生干部”称号。

（熊玮）

研究生事务管理

【举行 2015 届研究生毕业典礼暨学位授予仪式】 6 月 19 日下午，学校 2015 届研究生毕业典礼暨学位授予仪式在校本部体育馆举行。柯文进、王稼琼、孙善学、王文举、丁立宏、王传生、朱玉华、徐芳等校领导，校长助理戚聿东、崔也光、柴兴泉，各院系负责人、毕业班班主任及 37 名博士研究生毕业生、1 114 名硕士研究生毕业生参加了典礼。毕业典礼由校党委副书记孙善学主持。校党委书记柯文进宣读了首都经济贸易大学学位评定委员会授予毕业研究生博士学位、硕士学位的决议，副校长王文举宣读了 2015 届“北京市优秀毕业生”的表彰决定，副校长丁立宏为 2015 届校友联络员代表颁发了聘书，金融学院马萍同学作为 2015 届研究生毕业生代表发言，付磊教授作为导师代表为 2015 届研究生毕业生送上了祝福，校长王稼琼向 2015 届毕业研究生致毕业贺词。最后，校长王稼琼为获得博士学位的研究生进行学位授予仪式，各学院分别为硕士毕业生举行了学位授予仪式。

（高晨）

【举行 2015 级研究生新生开学典礼】 9 月 9 日上午 10 点，2015 级研究生开学典礼在学校体育馆内举行。校党委书记柯文进，校长王稼琼，党委副书记孙善学，副校长王文举、丁立宏、王传生，党委副书记朱玉华，副校长徐芳、孙昊哲，校长助理戚聿东、崔也光及各院系院长、系主任、党总支书记、部分研究生导师和全体2015级研究生参加开学典礼。典礼由孙善学主持，校长王稼琼致辞欢迎2015级研究生，导师代表经济学院院长郎丽华教授发言，经济学院2013级研究生张莹同学代表在校研究生发言，金融学院2015级研究生高艺同学代表新生发言。

（高晨）

【开展研究生入学教育系列活动】 9月，开学第一周，为引导新生尽快适应研究生期间的学习和生活，尽早规划自己的职业生涯，更好地开启新的学习生活和科研工作，更有效地利用学校提供的各类资源，营造积极向上、和谐温馨、学风浓郁的校园氛围，根据《首都经济贸易大学2015级研究生新生入学教育实施方案》，从开学典礼上开始，研究生工作部协同各院系，从“校史校情教育”“理想信念教育”“政策制度解读”“学术道德及学风教育”“心理健康教育”“新生入学适应”6个模块，组织开展了内容丰富、务实的研究生新生入学第一课活动。研究生工作部邀请研究生部领导、老师为全体2015级新生进行了研究生系统使用培训、科研项目介绍、奖助体系介绍等。除此之外，还特别邀请金融学院院长王曼怡教授，劳动经济学院纪韶教授、朱俊生教授，图书馆副馆长张桂岩老师，对全体2015级研究生新生进行了“学术道德”“学术生涯规划”“科研规划”等方面的讲解与指导。

（高晨）

【制定助学金管理办法】 为进一步推进学校研究生教育综合改革，完善研究生奖助政策体系，提高研究生待遇水平，根据《研究生国家助学金管理暂行办法》（财教〔2013〕220号）、《关于做好研究生奖助工作的通知》（财教〔2013〕221号）和《首都经济贸易大学学籍管理规定》（2014年12月24日校学位评定委员会通过）等文件精神，结合学校实际情况，于12月制定了《研究生国家助学金管理暂行办法》。

（刘秋丽）

留学生教育

概　况

首都经济贸易大学自1986年开始招收留学生，在留学生教育方面已具有了博士研究生、硕士研究生、本科生、高级进修生、普通进修生等多种层次。2007年，为留学生专门设立了全英文授课的硕士生班（应用经济学专业）；2011年，为留学生专门设立了全英文授课的博士生班，使留学生学历生数量和层次得到了提升。学校将留学生工作作为推动国际化战略的重要举措之一，提出了“扩大规模、提高质量、突出特色、优化结构”的留学生发展十六字方针。国际学院负责留学生教育的相关工作，下设留学生办公室和对外汉语教学中心，分别负责留学生的招生、管理和教学工作。学校正在加大投入，进一步完善和改进留学生的学习环境和生活条件，加强留学生的教学管理，为学校留学生教育的跨越发展打好基础。

（于佳）

留学生招生与培养

【完成招生工作】 2015年，学校在校各类留学生总人数736人，其中，汉语进修生142人、本科生108人、硕士研究生74人、博士研究生20人、校际交流院校学生34人，短期进修生358人。学校有152人获得中国政府奖学金，其中，本科生62人、硕士研究生61人、博士研究生16人、普通进修生13人，占留学生总人数的20.7%。学校有6人获得孔子学院奖学金。学校有178人获得北京市外国留学生奖学金，其中，本科生84人、硕士研究生8人、博士研究生4人、汉语进修生82人，占留学生总人数的24.2%。2015年招生人数502人，其中，汉语进修生90人、本科生14人、硕士研究生13人、博士研究生5人、校际交流院校学生22人，短期进修生358人。

（于佳）

2015 年首都经济贸易大学在校留学生情况一览表 （单位：人）

类别	在校生	新生	获得中国政府奖学金人数	获得孔子学院奖学金人数	获得北京市外国留学生奖学金人数
汉语进修生	142	90	13	6	82
本科生	108	14	62	—	84
硕士研究生	74	13	61	—	8
博士研究生	20	5	16	—	4
校际交流生	34	22	—	—	—
短期留学生	358	358	—	—	—
合计	736	502	152	6	178

注："新生"中所列"汉语进修生""校际交流生""短期留学生"分别包含春、秋两季招生。

（于佳）

2015—2016 学年首都经济贸易大学留学生国别及人数一览表 （单位：人）

序号	国籍	人数	序号	国籍	人数
1	韩国	432	18	喀麦隆	5
2	蒙古	27	19	马里	5
3	日本	27	20	白俄罗斯	4
4	哈萨克斯坦	18	21	波兰	4
5	塔吉克斯坦	15	22	朝鲜	4
6	俄罗斯	10	23	刚果(金)	4
7	老挝	10	24	吉尔吉斯斯坦	4
8	法国	8	25	美国	4
9	美国	8	26	塞拉利昂	4
10	罗马尼亚	7	27	汤加	4
11	爱尔兰	6	28	布隆迪	3
12	乌兹别克斯坦	6	29	厄瓜多尔	3
13	越南	6	30	捷克	3
14	加拿大	5	31	立陶宛	3
15	巴基斯坦	5	32	纳米比亚	3
16	多哥	5	33	泰国	3
17	柬埔寨	5	34	阿塞拜疆	2

续表

序号	国籍	人数	序号	国籍	人数
35	安哥拉	2	63	几内亚	1
36	巴拿马	2	64	加纳	1
37	巴西	2	65	加蓬	1
38	玻利维亚	2	66	津巴布韦	1
39	赤道几内亚	2	67	科摩罗	1
40	刚果(布)	2	68	克罗地亚	1
41	哥伦比亚	2	69	利比里亚	1
42	古巴	2	70	马达加斯加	1
43	肯尼亚	2	71	毛里求斯	1
44	拉脱维亚	2	72	毛里塔尼亚	1
45	马拉维	2	73	秘鲁	1
46	南非	2	74	密克罗尼西亚联邦	1
47	塞尔维亚	2	75	摩尔多瓦	1
48	坦桑尼亚	2	76	墨西哥	1
49	乌拉圭	2	77	尼日利亚	1
50	西班牙	2	78	萨摩亚	1
51	伊朗	2	79	塞内加尔	1
52	印度尼西亚	2	80	土耳其	1
53	赞比亚	2	81	土库曼斯坦	1
54	阿富汗	1	82	乌干达	1
55	阿根廷	1	83	乌克兰	1
56	埃塞俄比亚	1	84	亚美尼亚	1
57	保加利亚	1	85	意大利	1
58	贝宁	1	86	英国	1
59	多米尼加	1	87	约旦	1
60	斐济	1	88	乍得	1
61	佛得角	1	89	中非	1
62	吉布提	1			

（于佳）

【加强留学生培养】 2015—2016学年，学校组织留学生赴蒙牛乳业集团、北京燕京啤酒有限公司、北京现代汽车有限公司等地参观实习，并为留学生开设书法和烹饪等选修课。每学期组织留学生参观长城、故宫、颐和园，观看杂技。喀麦隆籍留学生福达（Mvogo Fouda Joseph Bienvenue）进入北京市"汉语之星"比赛复赛。11月28日，在红庙校区会展中心成功举办首都经济贸易大学第一届国际文化节。

（于佳）

【评选留学生奖学金】 2015—2016年度，应参加奖学金年度实际参评学生66人。按照国家留学基金委员会"留金来〔2003〕4003号文件"和《首都经济贸易大学外国留学生奖学金年度评审标准和实施细则》,学校于4月10日召开留学生所在学院和参评学生会议。经过国际学院、各专业学院任课教师对留学生在学习成绩、学习态度、考勤情况、行为表现、奖惩情况等方面的认真考评,同意66名留学生通过评审,建议2015—2016年度继续给予奖学金。评审情况上报国家留学基金委员会,并接到同意批复。

首都经济贸易大学2015年中国政府奖学金年度评审合格名单

序号	登记号	国籍	护照用名
1	2011024T05	安哥拉	PINTO,EVANDRO N DASILVA GUEDES
2	2011068002	玻利维亚	MUNROE MIRANDA,DANIEL LEE
3	2011108T05	布隆迪	KANEZA,EMMA CARINE
4	2011112T05	白俄罗斯	ZAROVKIN,YEGOR
5	2011116T01	柬埔寨	SOK,VICHEA
6	2011218T06	厄瓜多尔	NAVAS,GABRIEL
7	2011466T19	马里	BARRY,MAHAMADOU
8	2011480T15	毛里求斯	TANG YUN SING,YIN LEUNG
9	2011496T24	蒙古	BATAA,BATJAVKHAA
10	2011583T07	密克罗尼西亚	EHMES,SOHSES KALVIN
11	2011894T06	赞比亚	MABENGA,ELIZABERTH NYAMBE
12	2012032003	阿根廷	SANDOVAL,VERóNICA ISABEL
13	2012068T03	玻利维亚	ZEBALLOS TERAN,ERWIN SILVESTRE
14	2012178T11	刚果(布)	MOUAYA MOUNGALLA,EARVYK AMBROISE KIT
15	2012191T02	克罗地亚	JAKOVAC,ANDREJ
16	2012204T10	贝宁	LOUMEDJINON,FIFONSI ELODIE NINA
17	2012226004	赤道几内亚	MBANA,SILVIA BENITA ONGONGONO
18	2012226T25	赤道几内亚	MONSUY SIMA,MIGUEL
19	2012398T06	哈萨克斯坦	KABDESHEV,TAMERLAN
20	2012496T23	蒙古	MUNKHBAT,BOLOR
21	2012496T41	蒙古	ENKHBOLD,ENKHZAYA
22	2012496T45	蒙古	NARAN,AYANGA
23	2012704018	越南	TO,TRONG HUNG
24	2012768005	多哥	GNOUNFOUGOU,YENDOUTIE
25	2012800T04	乌干达	MOSES,TURYABANAWE
26	2012894T24	赞比亚	MTONGA,DUNCAN
27	2012AUN018	印度尼西亚	WIDIYANTI,ANGELIA
28	2012DFH689	老挝	CHANTHALYVONG,SOMXAY
29	2012DFH690	老挝	DAOVIENE,PHOUMEUANG
30	2012SC0049	吉尔吉斯斯坦	DURUSALIEV,ALMAZ
31	2013116021	柬埔寨	CHEA,BUNLENG
32	2013132T08	佛得角	GILSON,GI

续表

序号	登记号	国籍	护照用名
33	2013170004	哥伦比亚	CARVAJAL, MICHAEL
34	2013398037	哈萨克斯坦	KINCHINBAYEVA, ALINA
35	2013418038	老挝	CHANTALAKEO, DUANGCHAI
36	2013478T03	毛里塔尼亚	JAIREB, MOHAMED VALL
37	2013496043	蒙古	TSERENVANCHIG, MUNKHSARNAI
38	2013496T08	蒙古	NARAN, MUNKHBAYASGALAN
39	2013496T17	蒙古	GANBAATAR, UYANGA
40	2013496T23	蒙古	NARANKHUU, ENEREL
41	2013496T37	蒙古	TUMURBAATAR, OYUN – ERDENE
42	2013643T24	俄罗斯	KUDINOVA, EKATERINA
43	2013DFH474	柬埔寨	MUTH, LINDETH
44	2013DFH475	老挝	SOMPHAVATH, VISANOU
45	2013DFH476	老挝	PHALAYOK, THETNIVONG
46	2014180T22	刚果(金)	BOSELEKA BERLONDE, BERLONDE
47	2014230T01	埃塞俄比亚	BADEBO, MELAT SIMA
48	2014404T18	肯尼亚	KIPTUM, GEORGE KOSGEI
49	2014410076	韩国	HWANG, JISU
50	2014450T20	马达加斯加	RAKOTOSAMIMANANA, HENINTSOA
51	2014466015	马里	TOGOLA, TIEMOKO
52	2014496023	蒙古	DUGERSUREN, PUREVSUREN
53	2014498003	摩尔多瓦	CAMENSCHI, DORINA
54	2014516T04	纳米比亚	NANKELA, MONIKA NDINELAGO
55	2014516T11	纳米比亚	NEKWAYA, JOHANNA JEPEKANO
56	2014566008	尼日利亚	ADI, AGYA ATABANI
57	2014586082	巴基斯坦	KAMAL, RABBIYA
58	2014591T07	巴拿马	ALVAREZ, JORGE
59	2014591T09	巴拿马	MORALES, JAVIER
60	2014643T30	俄罗斯	VISHNEVSKIY, ALEXANDER
61	2014694T15	塞拉利昂	SESAY, YAYAH
62	2014762002	塔吉克斯坦	ALIEVA, TAVHIDA
63	2014762010	塔吉克斯坦	NURALIEV, LUTFULLO
64	2014762T13	塔吉克斯坦	IBRAGIMOV, BAKHODURKHODZHA
65	2014834006	坦桑尼亚	HAMISI, ABDALLAH
66	2014DFH971	老挝	MONGKHONVILAY, NETPASEUTH

（于佳）

【留学生学历生毕业情况】 2015 年,留学生学历生预毕业人数为 97 人,其中,本科生 58 人,硕士研究生 32 人,博士研究生 7 人。实际毕业人数为 81 人,其中,本科生 50 人,占毕业总人数的 61.73%,硕士研究生 25 人,博士研究生 6 人,占毕业总人数的 38.27%。

2015 年首都经济贸易大学外国留学生毕业预报及实际毕业情况

序号	姓名(护照用名)	性别	国籍	专业	层次	奖学金生 自费生
1*	NGUYEN HAI HA	女	越南	国际经济与贸易	本科生	自费
2	NYAMDORJ BUYANJARGAL	女	蒙古	国际经济与贸易	本科生	自费
3*	ILIE ELENA MIRUNA	女	罗马尼亚	国际经济与贸易	本科生	自费
4*	PANAIT ANDREI CALIN	男	罗马尼亚	国际经济与贸易	本科生	自费
5	GOMBOSUREN ARIUNBOLD	男	蒙古	国际经济与贸易	本科生	自费
6	SHIN HARIM	男	韩国	国际经济与贸易	本科生	自费
7	SUK HWANG	男	韩国	国际经济与贸易	本科生	自费
8*	DO BA MANH	男	越南	国际经济与贸易	本科生	自费
9*	KUNDA CLARISSE MUMBA	女	刚果(金)	国际经济与贸易	本科生	自费
10*	TOMIZUKA RIKO	女	日本	国际经济与贸易	本科生	自费
11*	ISMAIL MAHAMAT MOUSSA	男	乍得	国际经济与贸易	本科生	公费
12*	SANZHAR TALAIBEK UULU	男	吉尔吉斯斯坦	国际经济与贸易	本科生	公费
13*	ELNUR ALISHANZADE	男	阿塞拜疆	国际经济与贸易	本科生	公费
14	ENITILINA FETU'U	女	汤加	国际经济与贸易	本科生	公费
15*	CADRIANA MATAELE	女	汤加	国际经济与贸易	本科生	公费
16	LANGI FINEFEUIAKI	女	汤加	国际经济与贸易	本科生	公费
17	FLEURY MUGENZI	男	布隆迪	国际经济与贸易	本科生	公费
18*	LI – NANCY INGWIZA	女	布隆迪	国际经济与贸易	本科生	公费
19*	NERIE BAYODI	女	加蓬	国际经济与贸易	本科生	公费
20*	UGUUMUR ULZIISAIKHAN	女	蒙古	国际经济与贸易	本科生	公费
21*	YUSSUPOVA AKERKE	女	哈萨克斯坦	国际经济与贸易	本科生	公费
22*	WALSH OLIVER TIMOTHY	男	南非	国际经济与贸易	本科生	公费
23*	BADAMSEREEJID BAYARMAA	女	蒙古	国际经济与贸易	本科生	公费
24*	BATKHUYAG MELMUUN	女	蒙古	国际经济与贸易	本科生	公费
25*	GANBAATAR BATTUMUR	男	蒙古	国际经济与贸易	本科生	公费
26*	POBEZIMOVA ANA	女	立陶宛	国际经济与贸易	本科生	自费
27*	MOSKALETS ANDREY	男	哈萨克斯坦	国际经济与贸易	本科生	自费
28*	KOLBAYEVA RYSKUL	女	哈萨克斯坦	国际经济与贸易	本科生	自费
29*	KOBEYEV DANIYAR	男	哈萨克斯坦	国际经济与贸易	本科生	自费
30*	RUSTAM AKHMETGALIYEV	男	哈萨克斯坦	国际经济与贸易	本科生	自费
31*	CHOE HYOK	男	朝鲜	金融学	本科生	自费

续表

序号	姓名(护照用名)	性别	国籍	专业	层次	奖学金生 自费生
32 *	HARRY SHERMANIE	女	多米尼克	国际经济与贸易	本科生	自费
33 *	LE NGOC DAT	男	越南	国际经济与贸易	本科生	自费
34 *	PHAM THUY LIEN	女	越南	国际经济与贸易	本科生	自费
35 *	OROZOBEKOV TAIR	男	吉尔吉斯斯坦	国际经济与贸易	本科生	自费
36 *	BAISHEVA IRINA	女	俄罗斯	国际经济与贸易	本科生	自费
37 *	ZANBEK KALMENOV	男	哈萨克斯坦	国际经济与贸易	本科生	自费
38 *	ANASTASIIA KHODULOVA	女	俄罗斯	国际经济与贸易	本科生	自费
39 *	TURAR MAKULBAY	男	哈萨克斯坦	国际经济与贸易	本科生	自费
40 *	MADIYAR TUYEBAYEV	男	哈萨克斯坦	国际经济与贸易	本科生	自费
41 *	BREKHER SERGEY	男	俄罗斯	国际经济与贸易	本科生	自费
42 *	ERDENEE TUVSHINJARGAL	女	蒙古	国际经济与贸易	本科生	自费
43 *	TOROVA YELENA	女	哈萨克斯坦	国际经济与贸易	本科生	自费
44 *	BALJINNYAM BATNASAN	男	蒙古	国际经济与贸易	本科生	自费
45 *	DOVLET YALKAPOV	男	土库曼斯坦	国际经济与贸易	本科生	自费
46 *	KUANYSHBAYEVA ZHAZIRA	女	哈萨克斯坦	国际经济与贸易	本科生	自费
47 *	ALEXANDER MISHKITBLIT	男	俄罗斯	国际经济与贸易	本科生	自费
48 *	GAN KARINA	女	哈萨克斯坦	国际经济与贸易	本科生	自费
49 *	NZUE JEAN THEODORE	男	喀麦隆	国际经济与贸易	本科生	自费
50 *	GUEUGNOT ALEXANDRE	男	法国	国际经济与贸易	本科生	校际交流
51 *	BELOT AUDREY	女	法国	国际经济与贸易	本科生	校际交流
52	JUILLARD BERTRAND	男	法国	国际经济与贸易	本科生	校际交流
53 *	PERRIN CLEMENT	男	法国	国际经济与贸易	本科生	校际交流
54 *	MAUL HORTENSE	女	法国	国际经济与贸易	本科生	校际交流
55 *	MEROUANI MEHDI	男	法国	国际经济与贸易	本科生	校际交流
56 *	MONNEYRON NICOLAS	男	法国	国际经济与贸易	本科生	校际交流
57 *	GUYON VICTOR	男	法国	国际经济与贸易	本科生	校际交流
58 *	JANVIER WALTER	男	法国	国际经济与贸易	本科生	校际交流
59	ARIUNBOLD AZJARGAL	女	蒙古	企业管理	硕研	公费
60 *	LKHAGVAA MUNKHTSOLMON	女	蒙古	劳动经济学	硕研	公费
61 *	MAHAMOUD ISSOUF	男	马里	产业经济学	硕研	公费
62 *	DEMBELE AMADOU	男	马里	人口资源与环境经济学	硕研	公费
63 *	KHOUNPASITH VANIDA	女	老挝	国际贸易学	硕研	公费
64 *	BAATARCHULUUN TUVSHINTUGS	女	蒙古	劳动经济学	硕研	公费
65 *	TRAORE ISMAILA	男	塞内加尔	企业管理	硕研	公费

续表

序号	姓名(护照用名)	性别	国籍	专业	层次	奖学金生 自费生
66 *	NIRAT TONGKAW	男	泰国	国际贸易学	硕研	公费
67 *	SATHIENPONG WANYUAN	男	泰国	企业管理	硕研	公费
68 *	RI HYOK	男	朝鲜	国际贸易学	硕研	自费
69 *	RI MYONG	男	朝鲜	国际贸易学	硕研	自费
70 *	ONANGA MOUETOUA	女	刚果(布)	金融学	硕研	自费
71 *	SUMANEE KULKOBKIAT	女	泰国	数量经济学	博研	公费
72	MADOUKA KOUMOU ROQUIA FANE	男	刚果(布)	金融学	博研	公费
73 *	IMRAN UR RAHMAN	男	巴基斯坦	国际贸易学	英研	公费
74 *	CHIGARU FARAI ANTHONY MUGA	男	马拉维	数量经济学	英研	公费
75 *	KAMAL JUNAID	男	巴基斯坦	国际贸易学	英研	公费
76 *	MOUAYADI SAID ALI MADI	男	科摩罗	国民经济学	英研	公费
77 *	TOZO KOKOU WOTODJO	男	多哥	国际贸易学	英研	公费
78 *	DUMITRU ALEXANDRA ALINA	女	罗马尼亚	国民经济学	英研	自费
79	MOISE MIHAI	男	罗马尼亚	国民经济学	英研	自费
80	MOISE ALEXANDRU	男	罗马尼亚	国际贸易学	英研	自费
81	MODYRKA VALENTYNA	女	乌克兰	国际贸易学	英研	公费
82 *	ZURITA GALARZA MARIA BELEN	女	厄瓜多尔	产业经济学	英研	公费
83	MYRZYGAZYNOV NURTUGAN	男	哈萨克斯坦	国际贸易学	英研	公费
84 *	ZABALA RODRIGUEZ CINTHIA CRISMERLYN	女	多米尼加	国际贸易学	英研	公费
85 *	AFOLABI TUNDE AHMED	男	多哥	产业经济学	英研	公费
86 *	GBLA SAMUEL AMADU	男	塞拉利昂	国民经济学	英研	公费
87 *	FAROH ALIE	男	塞拉利昂	产业经济学	英研	公费
88 *	DORZHIEVA AYUNA	女	俄罗斯	产业经济学	英研	公费
89	AURIMAS ZALECKAS	男	立陶宛	国际贸易学	英研	自费
90	SAADEH SHAKER OTHMAN SAADEH	男	约旦	发展经济学	英博	公费
91 *	ROSALES ARAGON KARIN SARITA	女	秘鲁	国民经济学	英博	公费
92 *	KHAN MUBASHIR ALI	男	巴基斯坦	国际贸易学	英博	公费
93 *	JAKOVAC ANDREJ	男	克罗地亚	数量经济学	英博	公费
94 *	JOHN EUSEBY CHALLE	男	坦桑尼亚	数量经济学	英博	公费
95 *	WENGAWENGA MAX JOHN	男	马拉维	国际贸易学	英博	公费
96 *	LKHAGVASUREN DULGUUN	女	蒙古	劳动经济学	硕研	自费
97 *	ERDENEBILEG OYUN	女	蒙古	劳动经济学	硕研	自费

注:序号加“ * ”的留学生表示 2015 年毕业学生。未加“ * ”表示 2015 年结业学生。

(于佳)

【留学生非学历生结业情况】 2015 年春季学期,留学生汉语进修生 88 人,结业 48 人,未结业 40 人,其中,继续学习 31 人。秋季学期留学生汉语进修生 106 人,结业 57 人,未结业 59 人,其中,继续学习 49 人。

(于佳)

【加强对外汉语教学师资队伍建设】 2015 年,国际学院共有对外汉语教师 20 人,其中,副教授 4 人,讲师 16 人。从学历结构来看,博士学位教师 10 人,硕士学位教师 8 人,学士学位教师 2 人。在具有硕士学位的 8 人中,有 2 人正在在职攻读博士学位。从教师所学专业来看,涵盖汉语语言、中国文化、汉语教学与测试、经济管理等多学科。从年龄结构来看,40 岁以下的教师有 12 人。全年共发表论文 14 篇,承担科研项目 7 项。

首都经济贸易大学国际学院师资队伍情况一览表

序号	姓名	学历	专业	职称
1	李林立	本　　科	中文	副教授
2	牛杰	硕士研究生	语言学	讲师
3	刘文政	本　　科	对外汉语	讲师
4	栾育青	硕士研究生	课程与教学论	讲师
5	许晓华	博士研究生	汉语言文字学	讲师
6	赵睿	硕士研究生	汉语言文字学	讲师
7	常晓宇	硕士研究生	课程与教学论	讲师
8	辛玉彤	博士研究生	思想史	讲师
9	杨颖	博士研究生	汉语言文字学	讲师
10	魏鹏程	硕士研究生	语言学与应用语言学	讲师
11	万凯艳	博士研究生	语言学与应用语言学	副教授
12	崔淑燕	硕士研究生	课程与教学论	讲师
13	覃俏丽	硕士研究生	中国古代文学	讲师
14	周磊	硕士研究生	课程与教学论	副教授
15	郭凌云	博士研究生	中国古代文学	副教授
16	姚京晶	博士研究生	语言学与应用语言学	讲师
17	王默凡	博士研究生	企业管理	讲师
18	刘一杉	博士研究生	汉语言文字学	讲师
19	张娟	博士研究生	语言学与应用语言学	讲师
20	李红	博士研究生	中国古典文献学	讲师

(周磊)

【合理设置汉语进修生课程】 国际学院按照训练听、说、读、写四项技能的基本要求,科学设置留学生课程。必修课由口语课(会话课)、听力课、阅读课、写作课和综合课组成,其中,综合课是听、说、读、写四项技能的综合训练课。从课程安排来看,综合课、口语课和听力课,从初级水平、中级水平到高级水平,连贯设置。其中,高级阶段的听力课是实况听力课,有效保证了教学和学习的连续性,有利于提高学生的汉语水平。学院还开设了选修课,一类是汉语类选修课,教学目的是对必修课的内容进行补充、扩展、提高;另一类是非汉语类选修课,教学目的是让学生了解中国文化、培养他们对中国文化的兴趣,进而加深对中国的了解。

首都经济贸易大学汉语进修生课程设置一览表

	课程一	课程二	课程三	课程四	课程五	课程六	课程七	课程八
初级一	汉语综合1	汉语口语1	汉语听力1	写汉字				
初级二	汉语综合2	汉语口语2	汉语听力2					
初级三	汉语综合3	汉语口语3	汉语听力3	初级汉语阅读				
中级一	汉语综合4	中级汉语听说1		报刊阅读1				
中级二	汉语综合5	中级汉语听说2		报刊阅读2	汉语写作1			
高级一	汉语综合6	高级口语1	实况听力1	报刊阅读3	汉语写作2			
高级二	汉语综合7	高级口语2	实况听力2	报刊阅读4	汉语写作3			
一对一	汉语综合	汉语会话						
短期班	汉语综合	汉语会话						
选修课（汉语类）	初中级视听说	初中级经贸汉语	唱歌学汉语	听故事学汉语	汉语正音	汉字	HSK4级辅导	HSK5级辅导
选修课（非汉语）	书法	中国菜	太极拳	京剧	瑜伽	古代诗歌	中国文化	网上购物
其他								

（周磊）

体 育 教 育

概 况

首都经济贸易大学体育教学任务由体育部承担。体育部成立于2009年，其前身为体育教学部，下设教学教研室、群体与训练教研室、体质测试中心、场馆中心、行政办公室。负责全校体育教学，体育科研，运动队训练、竞赛，群众体育活动及体育场馆管理工作。

2015年，体育部全体教师本着健康第一、终身体育的理念，坚持科学发展观，以人为本，尽职尽责，紧紧围绕学校“培养高素质应用型人才”的目标；继续把工作重点放在加强师资队伍建设、提高教学质量、深化教学改革、培养教师教学科研能力上，不断提高体育部的整体教学水平。

2015年，有在岗教职员工38名，其中，教师30名，行政、教辅人员8名。专职教师中有2名教授、10名副教授，4人具有博士学位、18人具有硕士学位。

（贺慨　黎臣）

体育教学

【师资队伍建设】 2015年，体育部袁荣凯被评选为校级爱岗敬业先进个人；王长友获评为先进工会工作者；刘振华、刘劲、史娟、赵庆辉获评为工会积极分子；蒋薇获评为处级领导干部考核优秀；贺慨、王长友、盖良子“学评教”排名位居学校前列；孙杨、黎臣、王伟、舒心、袁荣凯荣获"百名优秀教师党员"称号；王云荣获"优秀党员服务标兵"称号；廖彦罡荣获校级"中青年骨干教师"称号；高寒荣获2014—2015年宣传思想工作"先进个人"称号；刘振华荣获青年教师基本功大赛三等奖；陈思、刘振华、刘劲、廖彦罡、张伟毅、栾丽美、高寒、李媛媛荣获2015年考核优秀；舒心荣获第十五届全国大学生游泳锦标赛"优秀教练员"称号。

（贺慨　黎臣）

【师资队伍培训】　2015年，体育部根据教师的专项特点及教师职业生涯规划，继续支持教师业务进修与培训，支持吴春霞老师到台湾进修学习，支持教师参加各种全国、地区性学术会议，同时外请专家来学校讲学，不断完善、提高师资队伍的整体水平。这些培训和考察使教师在教学理念、教学能力、教学水平等多方面得到锻炼与培养。

（贺慨　黎臣）

【课程建设】　2015年，羽毛球课程的教学建设进一步加强，计划在进一步成熟的基础上开展大二专项，目前，具备羽毛球专项教学能力的老师有3名，重点对乒羽馆进行设置，希望能够尽快推出此课程，不断丰富大二学生的选修课内容，提高教学质量。

（贺慨　黎臣）

【教学科研】　2015年，王长友老师申报的"TRX对学生核心力量训练教学效果的研究"和黎臣老师申报的"财经类高校社交体育课程资源的选择与设计"的教改立项课题顺利结题。2015年，由教学教研室牵头的《大学体育》教材出版，确保了大一新生的订购与教学使用。

（贺慨　黎臣）

【日常教学管理】　认真做好每学期初的教师排课、调课，学期中的学生补（缓）考、重修、体育课调班及学期末的体育课理论课学习、考试等工作，本学年共完成7 000多学时。坚持完善备课制度，实施专题备课模式，打破教研室界限，充分发挥教师专业特长，在场地障碍与拓展、教师体能训练、体质健康与急救、专业技能提高等方面都进行了系统学习。加强建设体育课安全保障措施，进一步完善各项安全预案，强化教师安全意识及安全事故的处理能力，2015年，在教学过程中学生没有发生任何重大运动损伤或意外事件。注重与各学院的沟通交流，及时解决体育课教学过程中学生遇到的各种问题，圆满完成了本年度的教学期中检查工作。

（贺慨　黎臣）

【科研成果】　2015年，体育部教师独立完成并发表学术论文12篇，其中包含核心B期刊论文3篇；教师独立完成专著1部；举办1次体质健康学术会议。体育部教师积极参加国内外各类不同级别学术会议。3位教师的成果获奖。

2015年首都经济贸易大学体育部教师科研成果情况一览表

论文题目	论文类型	第一作者	发表刊物/论文集	发表/出版时间	刊物类型
基于精细化管理视角的普通高校体育课程教学管理研究	期刊论文	李媛媛	运动	2015-11-11	一般期刊
高校游泳运动员核心力量训练效果初探	期刊论文	王长友	文体用品与科技	2015-08-01	一般期刊
长距离跑体能特征及其耐力素质研究进展	期刊论文	张小航	文体用品与科技	2015-08-01	一般期刊
对首经贸高水平篮球运动员比赛中投篮命中率的研究	期刊论文	袁荣凯	文体用品与科技	2015-08-01	一般期刊
射击运动员的反向眼跳研究	期刊论文	廖彦罡	天津体育学院学报	2015-07-01	核心A，核心B
财经类高校社交体育课程资源的选择与设计	期刊论文	黎臣	运动	2015-06-05	一般期刊
"跑步热"对于大学生参与体育锻炼的积极心理因素分析	期刊论文	蒋薇	当代体育科技	2015-05-25	一般期刊

续表

论文题目	论文类型	第一作者	发表刊物/论文集	发表/出版时间	刊物类型
从学生对待高校体育课的态度看高校体育课程的改善	期刊论文	黄今	青少年体育	2015-05-15	一般期刊
北汽排球模式分析	期刊论文	廖彦罡	体育文化导刊	2015-04-23	核心 B
对高校体育课堂上态度消极学生的研究	期刊论文	黄今	运动	2015-03-01	一般期刊
城市社区体育公共服务路径研究	期刊论文	张小航	体育文化导刊	2015-02-23	核心 B
财经类高校高水平运动队的教学管理与改革探究	期刊论文	廖彦罡	科技资讯	2015-01-03	一般期刊

2015 年首都经济贸易大学体育部教师获奖情况一览表

奖励名称	第一完成人	发证机关	获奖日期	获奖级别
第 25 届全国高校田径科研论文报告会二等奖	王长友	中国大学生体育协会田径分会	2015-08-08	其他
第 25 届全国高校田径科研论文报告会二等奖	袁荣凯	中国大学生体育协会田径分会	2015-08-05	其他
2015 年全国体育社会科学年会优秀论文二等奖	廖彦罡	中国体育科学学会体育社会科学分会	2015-07-23	部级奖

（贺慨　黎臣）

【召开高水平优秀运动员免试攻读硕士学位保研答辩会】 9 月 21 日,体育部召开高水平优秀运动员免试攻读硕士学位保研答辩会。2010 年教育部批准试办高水平运动队(男子篮球、游泳两个项目),学校从 2011 年开始招收第一批高水平运动员学生,他们在学校的大力支持下取得了较好的成绩。为了进一步提升学校高水平运动队在高校的宣传和窗口作用,特申请从 2012 级高水平运动员学生开始执行实施特殊人才(高水平运动员)推免政策,符合相关推免条件免试攻读硕士学位。

（赵巍）

体质健康教研室

【学生体质健康测试】 2015 年,体育部用 2 周时间完成了对学校近万名学生的体测工作,且到测率、完测率都创历史最高。体质健康教研室克服多重困难,首次将体测成绩按 20% 计入学生体育课成绩。

（孙杨）

【教职工体质健康测试】 2015 年,实验室装修完毕,按照设计将实验室划分为健康测试区、机能测试区、有氧运动区、力量训练区 4 大功能区域。软、硬件进行了深度整合,做好了 2016 年教职工体质健康测试的准备工作。

（孙杨）

【学习深造】 10 月,杨华老师从美国学习归来。11 月,吴春霞老师获得学校资助,赴加拿大进修一年。

（孙杨）

【科研交流】 多名教师获校级、市级课题,发表多篇科研论文。孙杨老师代表体质健康教研室受邀参加首都师范大学学生体质健康研讨会,并做主题发言。

（孙杨）

体育竞赛管理

【对外竞赛】 2015 年,学校代表队参加了全国、北京市各类比赛 20 余次,取得了良好成绩,为学校对外宣传扩大影响做出了一定的贡献。

2015 年首都经济贸易大学运动队参赛获奖情况一览表

运动队	比赛名称	获奖情况
游泳队	第十五届全国大学生运动会(浙江)	甲 A 组男子团体第二、女子团体第三、男女团体第三的优异成绩。程海花同学打破乙 A 组女子 100 米仰泳赛会纪录并获得冠军。刘兆尘获得男子乙 A 组 100 米自由泳冠军
	首都高校游泳冠军赛	黄天宇男子 50 米蝶泳、100 米蝶泳冠军。罗晓宇女子 50 米蛙泳第二名。男女团体第八名,男子团体第七名。罗安琪女子 200 米混合泳第四名。杨飞航男子 100 米蛙泳第六名。男子 4×100 米自由泳接力第六名。张瀚潮男子 50 米仰泳第七名
	首都高校游泳锦标赛	高水平甲组男团、女团、团体总分冠军;乙组团体总分冠军
田径队	首都高等学校第 53 届学生田径运动会	裘娜女子 200 米第一名,100 米第二名。刘硕男子跳高第二名。王琪女子 5000 米第三名。徐东男子标枪第四名。刘通男子 200 米第五名。男子 4×100 米接力第七名
	首都高校第七届秋季学生田径运动会	裘娜女子 200 米第一名,100 米第二名。刘硕男子跳高第一名。王琪女子 5000 米第二名。男子 4×100 米接力第七名
	全国大学生田径锦标赛	刘硕同学获男子跳高铜牌
篮球	第十八届中国大学生篮球联赛北京预赛	第五名
	Star 杯首都高校篮球联赛	第六名
棒垒球队	2015 年首都高校棒垒球锦标赛	垒球乙组第三名
	2015 年首都高校慢投垒球锦标赛	冠军
乒乓球队	2015 年北京市大学生乒乓球锦标赛	乙 B 组第六名;甲 B 组第五名
	2015 年首都高校乒乓球锦标赛	女子单打第二名;男子双打第五名
藤球队	北京市大学生藤球比赛	男子亚军、女子季军
轮滑队	北京市大学生第六届轮滑赛	女子大学组团体总分第八名
跳绳队	北京市高校跳绳比赛	集体长绳第七名

（贺慨）

【群体活动】 2015 年,学校体育部共组织学校群众性大型体育活动 12 次,参加学生人数达 8 407 人次,形成了“周周有比赛,天天要锻炼”的良好局面,极大地丰富了学校学生业余文化生活,提高了学生锻炼的积极性与主动性,为终身体育奠定了基础。

2015 年首都经济贸易大学群体活动统计表

项目	时间	场次/天数	参加人次
“五四”杯足球赛	3 月 12 日—5 月 30 日	32	1 116
体育运动大会	4 月 16 日—4 月 17 日	2 天	846
3V3 男子组篮球赛	5 月 10 日—6 月 8 日	68	1 632
学校男子排球联赛	6 月 1—19 日	20	744

续表

项目	时间	场次/天数	参加人次
学校乒乓球比赛	5月17日—6月1日	14	112
“院系杯”篮球赛	10月26日—11月6日	50	1 500
“五四杯”足球联赛小组赛	10月12日—11月28日	24	960
高校跳绳选拔赛	10月21日	半天	168
12·9长跑接力赛	12月2日	半天	165
院系杯羽毛球比赛	11月23—27日	5天	268
“同心鼓”比赛	11月25日	半天	280
拔河比赛	10月14—16日	3天	616

（贺慨）

【高水平运动队建设】 3月14日、15日，在学校体育馆分别进行了游泳、篮球高水平运动员体育成绩测试工作。在学校招生办公室等部门的共同参与下，圆满完成了本项工作。9月，共14名高水平运动员进入学校学习，其中，男子篮球运动员7名，游泳运动员7名。

（贺慨）

【召开体育运动大会】 4月16—17日，学校第十二届体育运动大会隆重召开。王稼琼、孙善学、杨世忠、朱玉华、徐芳、孙昊哲等校领导，校长助理柴兴泉以及部分学院党总支书记、副书记等有关部门领导参加了开闭幕式。体育运动大会由副校长王传生主持。经济学院获得团体总分第一名，获得团体总分二至八名的学院依次是华侨学院、统计学院、工商管理学院、会计学院、金融学院、劳动经济学院、城市经济与公共管理学院。劳动经济学院、金融学院、会计学院、经济学院和工商管理学院获精神文明奖。安全与环境工程学院、国际经管学院、信息学院获最佳组织奖。华侨学院和统计学院荣获最佳拼搏奖。

（贺慨）

党建工作

【概述】 2015年，深入贯彻学习党的十八大以及习主席系列讲话精神，紧紧围绕学校中心工作，继续深入学习贯彻党的十八大精神，加强党组织建设。组织开展党建与思想政治工作。贯彻落实学校党委提出的“六个一百计划”组织“三严三实”与“专题教育活动”深刻领会四中全会精神，结合贯彻十八大、十八届二中、三中全会和习近平总书记系列重要讲话精神，融会贯通，真正把思想和行动统一到全会的部署上来，进一步提高学校体育工作的整体水平，为学校体育教育教学工作提供了坚强的政治保障。

（贺慨）

【提高教职工政治理论素养】 继续深入学习贯彻党的十八大精神，加强党组织建设。以学习党的十八大报告、新党章、习近平总书记一系列重要讲话以及中国共产党纪律处分条例和“三严三实”教育活动等为主要内容，继续积极开展教职工思想政治教育工作，组织党员与教职工探讨新形势下如何实现高校体育工作的育人功能，如何在美丽中国建设过程中发挥高校体育工作作用的形式与途径，如何在中国梦实现的过程中构筑大学生体育事业的蓝图。体育部党总支在切实有力的组织团队保障下，将工作重点转移到凝聚全体教师共同奋斗上来，不断加强学习型党组织、服务型党组织建设，充分发挥党员干部工作的积极性、创造性。

（贺慨）

【选拔百名优秀党员服务标兵】 在学校庆祝表彰中，体育部体质健康党支部书记孙杨、教学教研室党支部书记黎臣、高水平运动队主教练舒心、王伟老师与袁荣凯老师荣获“百名优秀教师党员”称号；场馆与办公室党支部王云老师荣获“优秀党员服务标兵”称号。

（贺慨）

【开展党风廉政学习宣传教育活动】 根据学校党委下发的“三严三实”专题民主生活会通知精神，体育部党总支集中开展了党风廉政教育活动。对照学校《2015年党风廉政建设和反腐败工作主要任务》，围绕学校体育工作的中心任务，开展党员领导干部廉洁从政教育、招生与管理重点部位和关键岗位人员廉洁从业教育、教师廉洁执教教育，引导体育部全体党员、教职员工牢固树立廉洁意识，进一步改进党风、政风和教风。开展中国特色社会主义和“中国梦”的学习宣传，加强体育新闻宣传，体育运动成绩与教练、运动员的良好表现，特别是高水平运动队中游泳队在全国大学生游泳大赛中的抢眼表现，高水平篮球首次亮相东北赛区的表现，展现了首都经济贸易大学的形象，活跃了校园体育文化氛围。

（贺慨）

继续教育

概　况

首都经济贸易大学成人高等学历教育创办于20世纪80年代初，经过30余年的发展，已形成一套完整的全方位发展的成人高等教育和继续教育体系。目前，成人高等学历教育和继续教育总规模近5 000人。成人高等学历教育有函授和业余两种办学形式，层次有高中起点本科、专科起点本科及高中起点专科等，先后开设了会计学、工商管理、人力资源管理等13个专业。学生修业期满，成绩合格，由学校发给国家承认的毕业证书；本科毕业生符合国务院学位委员会成人高等教育学士学位条件者，可授予相应的学士学位。

为满足社会的不同需求，继续教育学院还举办了各类职业培训，以适应当今经济发展的需要。为确保教学质量，继续教育学院坚持不断深化改革、坚持依法办学和规范管理，重视加强教学基本建设，建立健全了一整套规章制度。经过多年的不懈努力，逐步办出了自己的特色，取得了丰硕的教学成果，赢得了良好的办学声誉，在教育部和北京市教委的教学质量评估中多次被评为“优秀”。

2015年，继续教育学院在学校党委的领导下，深入学习贯彻党的文件精神，认真开展“三严三实”专题教育活动，并贯彻落实教育部和市教委关于高等教育改革的最新精神，坚持内涵发展，不断提高学历教育人才培养质量，努力探索继续教育新模式。

截至2015年年底，继续教育学院成人高等学历教育在籍学生4 275人，各类继续教育共培训学员531余人次，就读学生人数共计4 806余人。其中，成人高等学历教育业余3 446人（高起本838人，专升本1 584人，高起专1 024人）；函授829人（专升本210人，高起专619人）。2015届春季毕业生人数为196人，其中，高起本129人，专升本31人，高起专36人。2015届夏季毕业生人数为1 538人，其中，业余1 056人（高起本13人，专升本776人，高起专267人）；函授482人（专升本103人，专科379人）。2015届共有291名学生获得学士学位，约占本科毕业生人数的27.66%。

（宋岩）

招生工作

【招生情况】　2015年，业余报考的学生共有900人，为计划招生数的125%。其中，高起本报名人数为162人，专升本为476人，高起专为262人。2015年，业余实际招生人数为737人（高起本134人，专升本392人，高起专211人）；函授实际招生人数为270人（专升本90人，专科180人）。

（刘薇　王树明）

【继续实行推优免试入学】　2014年，学校成为北京市成人高等教育专升本入学考试改革试点院校之一。根据《北京市教育委员会关于部分成人高校招生考试改革试点的通知》（京教函〔2014〕301号）的相关要求，学校制定《2015年首都经济贸易大学推优免试成人教育专升本招生方案》，并开展审核推优相关工作。2015年实际推优免试入学人数为52人。

（刘薇）

学历教育

【业余教育】　业余教育工作包括专业设置、考试工作、教学工作等。2015年，业余学习形式共开设13个专业，其中，高中起点本科设有会计学专业；专升本设有会计学、金融学、人力资源管理、工商管理、国际经济与贸易以及信息管理与信息系统6个专业；高中起点专科设有会计、工商企业管理、国际经济与贸易、金融管理与实务、市场营销、人力资源管理6个专业。2015年，业余学习共组织6次课程考试，累计设立考场约723个(含考查课);共组织成人本科学士学位英语统一考试两次,报名人数为1 912人。2015年,教学工作共安排46个班级两个学期的课程共360门次,完成教学任务17 505课时。其中,第一学期184门次,9 016课时;第二学期176门次,8 489课时。全年论文工作共组织安排了2015届(春季)2个高起本毕业班,共488课时;组织安排了2015届(夏季)26个毕业班,共3 560课时。其中,本科19个班,专科7个班。全年上、下两个学期分别针对46个教学班进行期中教学检查,共涉及课程360门次。其中,第一学期涉及授课教师114位,第二学期涉及授课教师108位。

(刘薇　薛咏梅　陈思)

【完成继续教育教学改革与发展调研】 继续教育学院于2015年先后走访了东北财经大学、中央财经大学和兰州大学,围绕继续教育人才培养模式改革、完善教育教学质量监控体系及如何建立远程教学平台等内容展开调研,了解兄弟院校继续教育的整体发展水平、教学运行与教学改革过程中的先进经验以及远程教育的运行机制、管理特点等内容,对学校不断深化继续教育教学改革、完成传统教学模式向远程教学模式的转变、实现继续教育的可持续发展具有十分重要的指导意义。

(宋岩)

【函授教育】 学院设有8个函授站点,分布在湖南、甘肃、广东、河北、海南、江苏6省及西藏自治区,函授在校生规模保持在1 000人左右。函授学习形式共开设9个专业,其中,专升本设有会计学、人力资源管理和工商管理3个专业;高中起点专科设有会计、工商企业管理、人力资源管理、市场营销、物流管理、法律事务6个专业。

(王树明)

【继续教育】 2015年,学院举办了成人高考补习班和导游证培训班,学员共计531人。其中,成人高考补习班145人;导游证培训班386人。

(王树明)

国际合作

2002年5月,英国爱德思国家职业学历与学术考试机构正式认证学校具备开办BTEC(HND)国际商务5个专业方向课程的资格,使学校成为国内首批承办BTEC(HND)经济类课程的院校。该项目由继续教育学院承办,开办十逾年来,BTEC中心凭借雄厚的师资力量,科学完善的管理,得到了英方专家的首肯,在课业评估质量、教学资源配置、内部质量审核3个方面得到了最高评价,成为国内首家"三A"中心。2015年,BTEC中心在读生人数为252人,2015届生源中有98%的学生取得了HND职业资格证书,雅思通过率为95%。

(李淑珍)

附录

2015年首都经济贸易大学继续教育学院专业设置一览表

学习形式	培养层次	专业
业余	高中起点本科	会计学
	专科起点本科	金融学
		会计学
		国际经济与贸易
		工商管理
		人力资源管理
		信息管理与信息系统
	高中起点专科	会计
		金融管理与实务
		市场营销
		人力资源管理
		工商企业管理
		国际经济与贸易

学习形式	培养层次	专业
函授	专科起点本科	工商管理
		会计学
	高中起点专科	人力资源管理
		工商企业管理
		会计
		人力资源管理
		市场营销
		物流管理
		法律事务

(宋岩)

2015 年首都经济贸易大学继续教育学院招生情况一览表

学习形式	培养层次	专业名称	计划数	实际招生人数
业余	高中起点本科	会计学	130	134
	专科起点本科	工商管理	60	64
		国际经济与贸易	25	26
		会计学	127	137
		金融学	47	52
		人力资源管理	112	113
		信息管理与信息系统	9	0
	高中起点专科	工商企业管理	32	39
		国际经济与贸易	16	0
		会计	62	74
		金融管理与实务	13	0
		人力资源管理	51	58
		市场营销	36	40
	合　　计		720	737
函授	专科起点本科	工商管理	20	20
		会计学	44	44
		人力资源管理	26	26
	高中起点专科	工商企业管理	36	36
		会计	86	86
		法律事务	27	27
		人力资源管理	20	20
		市场营销	11	11
	合　　计		270	270

（刘薇　王树明）

首都经济贸易大学 2015 届（春季）继续教育学院毕业情况一览表

学习形式	培养层次	专业	毕业生人数
业余	高中起点本科	会计学	129
	专科起点本科	金融学	4
		会计学	9
		国际经济与贸易	2
		工商管理	1
		人力资源管理	13
		信息管理与信息系统	2

续表

学习形式	培养层次	专业	毕业生人数
业余	高中起点专科	会计	19
		金融管理与实务	5
		市场营销	5
		经济管理	3
		物流管理	3
		计算机应用技术	1
	合　计		196

（高铭）

首都经济贸易大学2015届(夏季)继续教育学院毕业情况一览表

学习形式	培养层次	专业	毕业生人数
业余	高中起点本科	会计学	13
	专科起点本科	金融学	43
		会计学	222
		国际经济与贸易	82
		人力资源管理	277
		信息管理与信息系统	33
		工商管理	117
	高中起点专科	会计	116
		金融管理与实务	7
		市场营销	44
		经济管理	28
		物流管理	1
		工商企业管理	65
		计算机应用技术	8
	合　计		1 056
函授	专科起点本科	工商管理	10
		会计学	28
		人力资源管理	65
	高中起点专科	工商企业管理	19
		会计	184
		人力资源管理	49
		市场营销	18
		商务管理	26
		物流管理	58
		法律事务	25
	合　计		482

（高铭　王树明）

第五篇

学科建设与科学研究

上图　5 月 20 日，学校召开 2015 年度首都高校大学生发展信心指数发布会

中图　5 月 31 日，学校主办第四届全国中央商务区发展研究高峰论坛

下图　7 月 15 日，学校与对外经济贸易大学联合主办国际经济与金融学会（IEFS）中国第七届年会

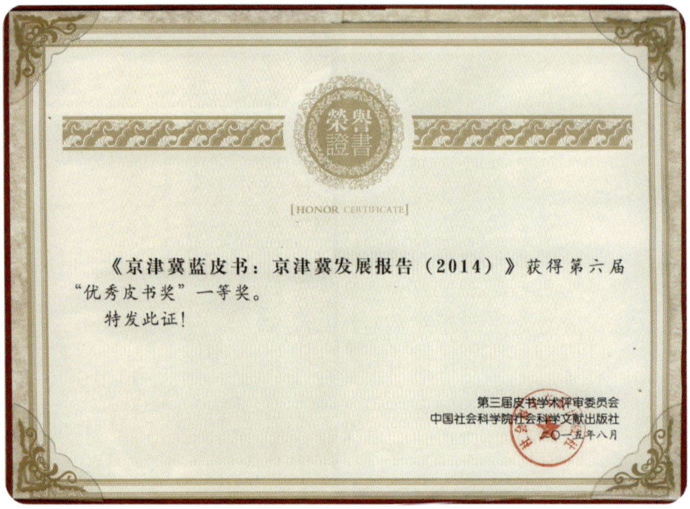

上图　8 月 7 日，京津冀蓝皮书（2014）获全国第六届“优秀皮书奖”一等奖

中图　9 月 22 日，学校召开校学术委员会委员聘任仪式暨第一次全体会议

下图　11 月 29 日，学校与中国社会科学院金融研究所联合主办第三届金融风险高层论坛暨《中国金融风险报告（2015）》蓝皮书发布会

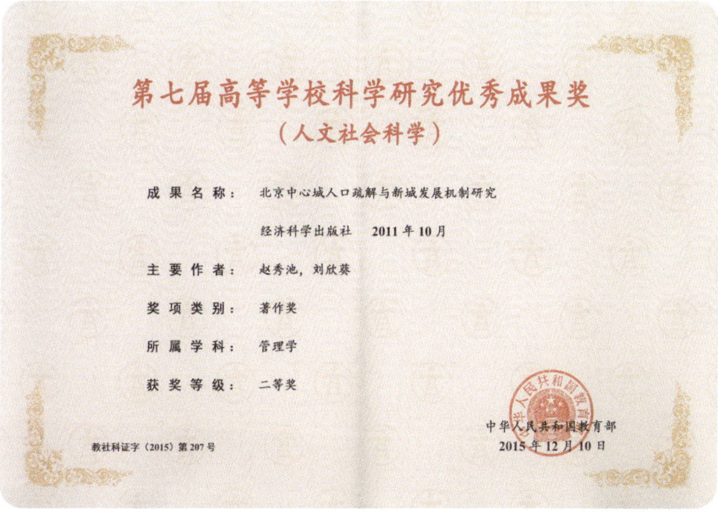
第七届高等学校科学研究优秀成果奖
（人文社会科学）

成果名称：北京中心城人口疏解与新城发展机制研究
经济科学出版社 2011年10月
主要作者：赵秀池，刘欣葵
奖项类别：著作奖
所属学科：管理学
获奖等级：二等奖

教社科证字（2015）第207号

中华人民共和国教育部
2015年12月10日

上图 12 月 4 日，学校与美国克利夫兰州立大学联合主办第二届“中美经贸发展论坛”

中图 12 月 10 日，学校城市经济与公共管理学院教授赵秀池、刘欣葵的著作《北京中心城人口疏解与新城发展机制研究》获第七届高等学校科学研究优秀成果二等奖

下图 12 月 19 日，学校工商管理学院承办首都企业改革与发展研究会 2015 年会暨产业升级与企业转型研讨会

学 科 建 设

概　况

2015年，学校进一步优化学科布局，健全学科体系，提升学科内涵建设水平。2015年完成的学科建设工作主要有：按照国务院学位办〔2014〕16号文件《关于开展学位授权点合格评估工作的通知》、17号文件《关于开展2014年学位授权点专项评估工作的通知》精神要求，组织校内外专家对国际商务等12个专业学位点和管理科学与工程及外国语言文学2个一级学科学位点的合格评估进行了校内评审及材料申报；完成1个目录外二级学科增补工作；完成2015年学科建设北京市财政专项和校内专项资金的年初下拨和年终绩效考核工作。

（杨晓蕾）

学科评估

【完成学校学位授权点合格评估工作】　按照国务院学位办〔2014〕16号文件《关于开展学位授权点合格评估工作的通知》、17号文件《关于开展2014年学位授权点专项评估工作的通知》精神要求，1月，研究生部召开了学位授权点合格评估工作会，启动学位授权点专项评估，并确定了校内评估工作方案。在相关院系自评估后，研究生部还邀请了相关专家针对每一参评学科进行了校内自评估。

本次参评的12个专业学位授权点为：金融、应用统计、税务、国际商务、保险、资产评估、法律、社会工作、公共管理、会计、审计；1个博士学位授权点为管理科学与工程；1个硕士学位授权点为外国语言文学。

（杨晓蕾）

【完成自设二级学科增补工作】　6—12月，研究生部组织相关学院完成了目录外二级学科——中国近代史基本问题研究学硕士学位授权点的增补工作。

（杨晓蕾）

科 学 研 究

概　况

2015年，秉承"顶天立地，研以致用"的科研理念，学校科学研究的质与量都稳步提升。获批的高层次项目数量再创新高：获批各类国家级项目47项，其中，国家社会科学基金项目34项，国家自然科学基金项目13项，各类省部级项目80项。国家社科基金项目立项数量再创历史新高，获批数量居全国申报单位并列第12名，北京市属高校第1名。学校教师出版专著47部，发表国际高水平期刊论文33篇，权威期刊论文107篇，核心期刊论文305篇，获批发明专利7项。学校有3项研究成果获得省部级以上奖励，其中1项获得教育部第七届高等学校科学研究优秀成果奖（人文社会科学）管理学类二等奖。以"2011协同创新中心"建设为抓手，积极探索中国特色新型高校智库建设的有效路径。学校教师的多项科研成果得到了相关领导的高度重视，产生了广泛的社会影响，有4项研究成果获中央领导批示，4项研究成果获得北京市领导批示，7项研究成果刊发在国家、北京市成果要报。学校整体学术氛围浓厚，围绕社会热点问题，联合社会各界力量，出版了《京津冀蓝皮书》《中国金融风险报告》蓝皮书等"皮书"

成果,发布了北京市大学生发展信心指数、两岸四地消费者信心指数、中国城市生活质量指数等具有参考意义的衡量指数体系,举办了2015年中国商品流通论坛、中国经济增长与周期国际高峰论坛、第三届金融风险高层论坛、第八届城市国际化论坛等学术研讨活动,以及第十届中国雇主品牌年度评选等社会评选活动。学校科研管理制度建设也取得显著进步。根据《首都经济贸易大学学术委员会章程》,学校第140次党委常委会研究确定了学校学术委员会委员人选,并成功召开了第一次全体会议和第二次学术委员会会议,选举产生了主任委员、常务副主任委员、副主任委员、秘书长和首批特邀委员人选,审议通过了修订后的《国际国内期刊的确定原则及目录》。

(李艳杰)

科研项目和科研经费

2015年,学校共获得各类科研项目342项,批准经费达3 603.908万元。其中纵向项目186项,批准经费2 055.75万元;横向项目156项,获得经费1 548.158万元。获批各类国家级项目47项,批准经费1 265.25万元。其中,国家社会科学基金项目34项(包括重大项目2项、年度项目32项),批准经费860万元;国家自然科学基金项目13项(包括年度项目12项、应急管理项目1项),批准经费405.25万元。获批各类省部级项目80项,批准经费496万元。其中,教育部人文社会科学研究一般项目各类研究项目7项(包括一般项目5项、留学归国人员科研启动项目2项);教育部人文社会科学研究特别委托项目1项,批准经费5万元;北京市社会科学基金项目39项(含北京市教育委员会社科重点项目4项),批准经费304万元;北京市自然科学基金项目6项,批准经费69万元;其他省部级项目27项,批准经费74.5万元。获批各类委办局级项目59项,批准经费294.5万元。其中,北京市教育委员会科研计划面上项目16项,批准经费94万元;北京市属高校创新能力提升计划项目1项,批准经费90万;首都经济贸易大学校级项目27项,批准经费39万元;其他委办局级项目15项,批准经费71.5万元。

2015年首都经济贸易大学纵向科研项目一览表

序号	项目名称	承担单位	负责人
国家社会科学基金重大项目			
1	基于自然资源资产负债表系统的环境责任审计研究	会计学院	杨世忠
2	拓展我国区域发展新空间研究	城市经济与公共管理学院	安树伟
国家社会科学基金重点项目			
3	移动社交网络舆情线上线下相互作用机理及引导机制研究	信息学院	姚翠友
4	20世纪80年代以来中国实际人口死亡水平及其变化研究	劳动经济学院	黄荣清
5	国土资源资产负债表编制及其运行机制研究	会计学院	杨世忠
6	两种工业化战略进程中比较优势动态升级与战略匹配研究	工商管理学院	邹昭晞
国家社会科学基金年度项目(一般项目)			
7	4G时代媒体立体监管体系与模式研究	文化与传播学院	郭媛媛
8	中国人口空间聚集对环境污染的影响及作用机制研究	劳动经济学院	肖周燕
9	金融资源依赖与我国特大城市产业结构调整的关联机制研究	金融学院	王曼怡
10	基于碳会计体系下的碳排放指数构建研究	会计学院	闫华红
11	公共体育服务购买中政社互动合作机制研究	体育部	张小航
12	我国过度劳动的动态特征、驱动机制及应对策略的跨层次研究	劳动经济学院	张杉杉
13	资本成本约束下混合所有制公司股权结构优化研究	会计学院	邹颖
14	我国《反就业歧视法》实施机制构建研究	法学院	王显勇
15	道德语言与道德推理研究	马克思主义学院	刘隽

续表

序号	项目名称	承担单位	负责人
16	空间特征下的上市公司监管格局与监管效率研究	会计学院	于鹏
17	金砖银行互利共赢合作模式及风险防范机制研究	金融学院	高杰英
18	新常态下我国商业银行流动性风险的防控及监管效果研究	金融学院	周晔
19	莎士比亚戏剧汉译批评史	外语系	朱安博
20	推进管办评分离的高校治理改革路径研究	工商管理学院	柯文进
国家社会科学基金年度项目(青年项目)			
21	混合所有制企业中国有资本与民营资本的合作机制研究	经济学院	方明月
22	公用事业价格规制的行政法研究	法学院	尹少成
23	新常态下经济增长对环境污染的“增速红利效应”与“增长压力效应”研究	经济学院	杜雯翠
24	对口支援政策的区域协调发展效应与机制优化研究	城市经济与公共管理学院	邬晓霞
25	公共债务风险的国际比较研究与约束机制框架构建研究	经济学院	郝宇彪
26	面向高新技术企业技术创新的技术威胁预警研究	信息学院	张丽玮
27	第四代战争时期国际法的变革与我国话语权实现路径研究	法学院	朱路
28	“乡治”传统与民国时期社会工作发展的关系研究	劳动经济学院	侯俊丹
29	负面清单管理模式下服务业开放路径与政府策略选择研究	金融学院	余颖丰
30	养老服务购买中政府与民间组织的互动关系研究	劳动经济学院	徐静
31	金砖国家应急储备安排的风险分担、收益分配与治理优化问题	金融学院	陈奉先
32	知识话语与拜厄特小说创作研究	外语系	姚成贺
33	混合所有制改革中周期性公司估值模型的理论修正与实践调整研究	财政税务学院	陈蕾
34	营改增后企业与居民之间税负分布及影响研究	财政税务学院	姜明耀
国家自然科学基金年度项目(面上项目)			
35	因子增广回归模型:理论、方法与应用	国际经济管理学院	李鲲鹏
36	资本成本约束下公用事业企业政府规制研究	会计学院	汪平
37	风险导向式企业经营绩效评价体系的构建与应用研究——基于企业经营安全程度的评价视角	会计学院	马元驹
38	全球价值链嵌入对中国增加值贸易隐含碳的影响与减排路径研究	经济学院	闫云凤
国家自然科学基金年度项目(青年科学基金项目)			
39	货币政策变化与金融危机对人民币与港币的影响及港币人民币化的可行性分析	国际经济管理学院	高逸尘
40	排序与半监督学习的误差分析	统计学院	陈珩
41	基于集聚力与扩散力博弈的我国产业转移响应机制研究	城市经济与公共管理学院	毛琦梁

续表

序号	项目名称	承担单位	负责人
42	基于人类教育学习模型及稀疏表示的半监督目标识别与分类研究	统计学院	古楠楠
43	基于函数型主成分分析的季节调整和混合频率时间序列模型:理论与应用	国际经济管理学院	林蔚
44	基于文本分析的管理层语调研究:信息含量及其经济后果	会计学院	林乐
45	中国个人所得税工薪所得综合费用扣除标准化设计——基于对区域、家庭规模及结构的细分	财政税务学院	李林君
国家自然科学基金年度项目(数学天元基金项目)			
46	多源基因表达数据横向整合的统计方法比较	统计学院	王琳
国家自然科学基金应急管理项目			
47	关于通用分布式多主体仿真器的研究	信息学院	张军
教育部人文社会科学研究一般项目(青年基金项目)			
48	政治伦理视域中的朱迪斯·巴特勒思想研究	文化与传播学院	何磊
49	混合所有制、投资者异质信念与股权再融资行为	会计学院	卿小权
50	乡村教师生活补助政策的落实情况及对乡村教师供给影响的实证研究	城市经济与公共管理学院	姜金秋
51	异质企业假定下政府研发资助效应研究——来自20万工业企业的证据	财政税务学院	陈远燕
52	海洋强国战略下邮轮业长效发展的法治保障研究	法学院	李璐玲
教育部留学归国人员科研启动项目			
53	人口老龄化背景下超龄就业人员权利保障立法研究	劳动经济学院	范围
54	信息技术变革时代的商标帮助侵权问题研究	国际经济管理学院	陶乾
教育部人文社会科学研究特别委托项目			
55	中央对香港特别行政区行政长官的免除权研究	法学院	张鹏
北京市社会科学基金重大项目			
56	金融普惠与京津冀协同发展研究	金融学院	尹志超
北京市社会科学基金年度项目(重点项目)			
57	基于当代西方元伦理论视角的道德推理研究	马克思主义学院	刘隽
58	资本成本测算及其应用领域研究	会计学院	汪平
59	涌现秩序视角下的网络舆情生成、传播和演化机制研究	城市经济与公共管理学院	刘业进
60	推进管办评分离的体制与机制研究	工商管理学院	柯文进
北京市社会科学基金年度项目(一般项目)			
61	分类别、多环节促进北京市文化产业发展的财税政策及其效应研究	财政税务学院	丁芸
62	区域协同下统筹法律与政策治理京津冀大气污染研究	文化与传播学院	郭锦鹏

续表

序号	项目名称	承担单位	负责人
63	3D 打印技术的知识产权风险与应对	法学院	翟业虎
64	产业结构调整视角下的北京对外直接投资研究	经济学院	赵家章
65	分税制以来北京财力的变化及重构地方政府收入体系研究	财政税务学院	史兴旺
66	北京市灵活就业及其政策执行效果研究	劳动经济学院	吴江
67	北京市城镇居民社会生活质量的追踪及提升策略研究	统计学院	郭洪伟
68	微媒体对北京大学生行为模式变化影响的研究	信息学院	徐天晟
69	首都全民阅读保障体系研究	文化与传播学院	司新丽
北京市社会科学基金年度项目(青年项目)			
70	协同发展视域下的京津冀地方政府间税收合作机制研究	财政税务学院	刘翔
71	京津冀医疗服务一体化研究	经济学院	董香书
72	我国政党制度背景下的国企高管行为与治理研究	会计学院	王元芳
73	绿色经济视角下我国可再生能源产业发展的就业效应与实现路径研究	劳动经济学院	李晓曼
74	北京市科技创新人才工作使命感对创新行为的影响研究	国际学院	王默凡
75	互联网领域高校思想政治教育的话语权研究	马克思主义学院	王颖
76	北京市养老机构公建(办)民营机构研究	劳动经济学院	江华
77	北京城市新移民的语言使用和文化认同——国际化多元语言文化体系的建构研究之一	国际学院	李红
78	马克思主义哲学体系中的社会心理范畴及其当代价值研究	马克思主义学院	李厚羿
79	朱迪斯・巴特勒思想研究	文化与传播学院	何磊
80	北京市突发性事件的网络舆论博弈与社会治理研究	文化与传播学院	李先知
81	新媒体环境下北京城市形象传播的路径选择研究	文化与传播学院	谭宇菲
北京市社会科学基金研究基地项目(重点项目)			
82	京津冀生态共建共享机制研究	城市经济与公共管理学院	彭文英
北京市社会科学基金研究基地项目(一般项目)			
83	北京 CBD 发展指数研究	金融学院	蒋三庚
84	京津冀综合发展指数研究	城市经济与公共管理学院	祝尔娟
85	北京 CBD 现代服务业扩大开放研究	城市经济与公共管理学院	张杰
86	大学“双创”人才培养模式研究	统计学院	丁立宏
87	北京 CBD 产业转型升级的财税政策研究	财政税务学院	赵书博
北京市社会科学基金研究基地项目(青年项目)			
88	非首都功能疏解过程中北京 CBD 土地空间集约利用开发研究	城市经济与公共管理学院	张杨
89	北京地方政府债券安全发行规模与风险控制研究	金融学院	陈奉先
90	新常态下京津冀经济增长对环境污染的作用机理与情景模拟研究	经济学院	杜雯翠

续表

序号	项目名称	承担单位	负责人
北京市自然科学基金年度项目(面上项目)			
91	北京市高科技企业主创业的动态局部均衡及模式分析	金融学院	施慧洪
92	北京市企业研发投入的政府支持政策研究	会计学院	崔也光
93	京津冀一体化背景下的城市功能分工与互补研究	劳动经济学院	肖周燕
北京市自然科学基金年度项目(青年项目)			
94	京津冀复杂城市网络演化的动力机制研究	城市经济与公共管理学院	吴康
95	带有退化粘性的可压缩 Navier - Stokes 方程解的适定性和小马赫数极限	统计学院	窦昌胜
96	首都文化创意产业创业团队特征对企业绩效的影响	经济学院	方明月
北京市教育委员会社科重点项目暨北京市社会科学基金一般项目			
97	北京高新企业实施信息化管理的风险度量和治理研究	会计学院	王凡林
98	基于人力资本的我国代际收入流动机制与公共政策研究	劳动经济学院	黎煦
99	京津冀多中心城市网络的发育与功能优化研究	城市经济与公共管理学院	吴康
100	基于生产者责任延伸制的北京汽车报废回收体系构建研究	工商管理学院	周永强
其他省部级项目			
101	国家重点龙头企业政策绩效研究	统计学院	吴启富
102	承包地经营权抵押试点若干问题研究	会计学院	阎竣
103	自然资源资产负债表编制与审计问题研究	会计学院	杨世忠
104	管理会计工具应用的瓶颈及其解决方案研究	会计学院	马元驹
105	生态价值核算的方法与应用研究——以北京地区碳排放会计体系的构建与应用为例	会计学院	崔也光
106	会计师事务所国际化品牌建设研究	会计学院	顾奋玲
107	受贿罪地区量刑差异问题研究	法学院	王剑波
108	京津冀协同发展法律合作机制研究	法学院	高桂林
109	UBI 保险业务的国际经验及在中国的应用	金融学院	徐昕
110	贫困村旅游精准扶贫机制研究	工商学院	李佳
111	企业社会责任的法律实现机制研究	法学院	张世君
112	PPP 模式下公用事业政府监管转型研究	法学院	尹少成
113	国有企业混合制改革的规制研究	法学院	金晓晨
114	反避税程序中的权力制约研究	法学院	贺燕
115	社会组织提供公共服务的财政激励机制研究——以文化公共服务供给为例	财政税务学院	蔡秀云
116	能源与碳排放约束条件下我国经济增长模式的统计研究	统计学院	马立平
117	居民消费结构变化对经济发展的影响研究	统计学院	廖明球
118	基于 2012 年各省区投入产出表的中国区域经济结构差异分析	统计学院	蒋雪梅

续表

序号	项目名称	承担单位	负责人
119	我国受贿罪量刑差异问题实证研究	法学院	王剑波
120	一带一路战略下中国海外权益法律保护研究	文化与传播学院	郭锦鹏
121	企业突发事件应急预案大数据支持系统研究	安全与环境工程学院	郭晓宏
122	室内纳米材料颗粒扩散动力学的数值模拟研究	安全与环境工程学院	李伟
123	丝网印刷作业毒物扩散规律与控制特性研究	安全与环境工程学院	王勇毅
124	城镇燃气企业职业健康安全管理体系运行脆弱性研究	安全与环境工程学院	陈蔷
125	中美粉尘采样方法对比研究	安全与环境工程学院	孟超
126	地铁站紧急疏散事故情景下引导员效应的研究	安全与环境工程学院	王洁
127	矿山企业职业危害现状研究	安全与环境工程学院	谢中朋
	北京市教育委员会社科计划一般项目		
128	京津冀协同发展中的首都功能定位与产业分工研究	城市经济与公共管理学院	周伟
129	延安时期中共推进马克思主义理论学习的历史经验研究	马克思主义学院	成林萍
130	新媒体条件下的政府传播与公信力提升策略研究	马克思主义学院	王靖华
131	基于北京市财政可持续性的政府投融资体系研究	财政税务学院	黄芳娜
132	我国文化创意企业估值问题研究——基于企业知识资产价值贡献视角	财政税务学院	赵琼
133	媒体对北京市城镇居民廉政感知影响的实验调查研究	统计学院	朱梅红
134	网络集体行动与首都网络环境治理研究	文化与传播学院	李先知
135	知识型员工天职取向对工作绩效的影响研究	国际学院	王默凡
136	基于大数据的管理会计信息化研究	会计学院	王海洪
137	基于移动互联网的北京零售业服务开发与创新模式研究	工商管理学院	邱琪
138	政府补贴对京津冀协同治霾绩效影响及有效性研究	工商管理学院	孔海宁
139	叙事文体学视角下中国现当代文学英译研究	外语系	郝莉
140	文化触变与中国英语教育变迁研究	外语系	赵海燕
141	职业教育视角下北京市劳动力层次优化问题研究	劳动经济学院	毛艾琳
	北京市教育委员会科技计划一般项目		
142	成网条件下城市轨道交通运营风险耦合及传导规律研究	安全与环境工程学院	陈文瑛
143	北京市农产品O2O流通模式与电子商务平台框架研究	信息学院	牛东来
	北京市属高校创新能力提升计划项目		
144	京津冀产业协同发展研究	经济学院	祝合良
	北京市教育科学“十二五”规划项目重点课题		
145	基于SERVPERF模型的北京市高校本科生教育服务质量评价及对比研究	工商管理学院	翟春娟
	北京市教育科学“十二五”规划项目青年专项课题		
146	项目教学模式在高校经管类本科教学中的导入研究	经济学院	宋丕丞

续表

序号	项目名称	承担单位	负责人
其他委办局级项目			
147	北京新阶段城乡一体化问题研究	城市经济与公共管理学院	张强
148	城市环境治理的社会企业途径研究	城市经济与公共管理学院	徐君
149	京津冀医疗服务一体化中的首都引领作用研究	经济学院	董香书
150	公用事业监管的法经济学研究	法学院	尹少成
151	中国特色社会主义法律实训课程的改革探索	法学院	王剑波
152	本科生思想政治理论课“专题式翻转”教学创新研究	马克思主义学院	李厚羿
153	运用萨提亚模式提升大学生自我价值感的应用性研究	马克思主义学院	王玉
154	京津冀地区双酚A大气源清单建立与排放特征分析	信息学院	胡磊
155	基于京津冀地区氮氧化物减排目标的新型生物法烟气脱硝技术研究	安全与环境工程学院	丁爽
156	多中心城市网络的经济绩效研究——基于京津冀协同和长三角一体化的比较研究	城市经济与公共管理学院	吴康
157	北京小微企业发展的财税支持政策优化研究——财税与金融协同视角	财政税务学院	王海南
158	北京市“村改居”社区居民就业与社会保障问题研究	劳动经济学院	刘潇
159	面向“十三五”的北京首善精神及其培育路径研究	马克思主义学院	李厚羿
首都经济贸易大学校级科研项目			
160	制造服务网络的生态特性及性能评价方法研究	安全与环境工程学院	苏薇
161	试论标准必要专利的法律规制	法学院	翟业虎
162	外国学生汉语学习策略研究	国际学院	栾育青
163	公允价值计量准则、所有权性质和会计信息质量	会计学院	刘瑛
164	技术创业三阶段动态局部均衡分析	金融学院	施慧洪
165	FDI溢出效应的机理分析	经济学院	赵涛
166	技术创新对京津冀经济增长研究的影响	经济学院	杜军
167	大陆台资代工转型升级的政治经济学分析——以富士康、捷安特、宝成集团为例	马克思主义学院	周丽群
168	大学生体育运动能力及功能性动作评价的实证研究	体育部	顾毅明
169	跨文化视角下中美习语对比研究	外语系	王宏玉
170	奥尼尔的悲剧情结与悲剧创作	外语系	杨述伊
171	低碳经济背景下IT项目风险评估与投资决策研究	信息学院	卢山
172	促进城市新区健康发展的科学基础与优化路径研究	城市经济与公共管理学院	邬晓霞
173	网络主权建构国际法研究	法学院	朱路
174	人民法庭参与首都基层社会治理创新研究	法学院	陈寒非
175	环境态度、过度自信与盈余管理	会计学院	孙静

续表

序号	项目名称	承担单位	负责人
176	高管过度自信与财务危机	会计学院	李盈璇
177	北京地区小微企业金融行为研究	金融学院	王婉婷
178	兼顾绩效与幸福感的高绩效工作系统作用机制的多层次研究：不同社会认知角度	劳动经济学院	苗仁涛
179	集体劳动争议的预防与处理机制研究	劳动经济学院	雷晓天
180	中国城镇基本养老保险制度的劳动供给效应研究	劳动经济学院	王晓霞
181	历史唯物主义“社会心理”范畴研究	马克思主义学院	李厚羿
182	基于稀疏表示的高维数据半监督特征提取研究	统计学院	古楠楠
183	日本战后民主主义研究	外语系	陈都伟
184	“兔子”系列中的中产阶级文化构建研究	外语系	任菊秀
185	C2C 电子购物环境中地域特性对商家的业绩影响	信息学院	付东普
186	基于大数据挖掘的电动汽车电池里程与充电站密度协同优化研究	信息学院	杨艳妮

（文玮）

【2015 年学校获批多项国家社科基金项目】 学校共获批 34 项国家社会科学基金项目，其中 2 项重大项目、4 项重点项目、14 项一般项目、14 项青年项目。获批数量居全国申报单位并列第 12 名，北京市属高校第 1 名。2015 年获批的项目学科覆盖面广，传统优势学科经济学和管理学领域的立项数量继续稳步增长，新兴学科、小学科领域迅速崛起。同时，青年项目比重大幅增加，超过总体立项数的 40%。

（文玮）

科研成果

2015 年，学校教师出版专著 47 部，编著或教材 24 部，工具书或参考书 5 部，译著 4 部，国家、行业标准 3 部，其他专业出版物 31 部；发表国际高水平论文 33 篇，权威 A 论文 26 篇，权威 B 论文 81 篇，核心期刊论文 305 篇；学校有 3 项研究成果获得省部级以上奖励。

首都经济贸易大学 2015 年出版专著一览表

序号	著作名称	第一作者	所属单位	出版单位	出版时间
1	复杂系统安全性评估研究——模糊因果图模型及其应用	陈文瑛	安全与环境工程学院	煤炭工业出版社	2015 - 12 - 09
2	马克思主义妇女观中国化研究	刘宁元	马克思主义学院	首都经济贸易大学出版社	2015 - 12 - 01
3	学科视域中的思想政治理论课教学研究——教学内容创新设计与实践教学模式建构	刘冠军	马克思主义学院	首都经济贸易大学出版社	2015 - 12 - 01
4	中国高额外汇储备——成因、影响与数量管理	陈奉先	金融学院	首都经济贸易大学出版社	2015 - 12 - 01

续表

序号	著作名称	第一作者	所属单位	出版单位	出版时间
5	洛伦兹空间中的伪圆纹曲面和弹性曲线方程	范林元	统计学院	首都经济贸易大学出版社	2015-11-30
6	社会资本嵌入与中国上市公司终极控制权问题研究	关鑫	工商管理学院	经济科学出版社	2015-11-17
7	美国州立大学董事会权力的变迁	崔高鹏	城市经济与公共管理学院	浙江教育出版社	2015-11-03
8	互联网时代的雇主品牌管理	朱勇国	劳动经济学院	中国劳动社会保障出版社	2015-10-30
9	项目驱动型建筑企业集团管理控制系统的研究	曹娜	信息学院	首都经济贸易大学出版社	2015-10-30
10	基于风险预警的企业内部控制缺陷信息披露研究	许江波	会计学院	经济科学出版社	2015-10-15
11	经济增长与成果分享——基于低收入群体收入分布视角的研究	阮敬	统计学院	中国统计出版社	2015-10-15
12	高校大学生运动损伤的防护与急救	孙杨	体育部	首都经济贸易大学出版社	2015-10-15
13	大教学观下的思想政治理论研究——基于马克思主义时代化和中国化视角	刘冠军	马克思主义学院	首都经济贸易大学出版社	2015-10-08
14	上市公司综合收益价值相关性研究——依循中国新会计准则	贺宏	会计学院	首都经济贸易大学出版社	2015-10-01
15	京津冀协同发展的基础与路径	叶堂林	城市经济与公共管理学院	首都经济贸易大学出版社	2015-10-01
16	新兴工业国资源约束与经济增长问题研究	杜军	经济学院	经济日报出版社	2015-09-30
17	家庭幸福与政策支持	童玉芬	劳动经济学院	中国工人出版社	2015-09-15
18	Statistical Inference Methods and Application for Correlated Paired Data	裴艳波	统计学院	中国统计出版社	2015-09-10
19	文化创意产业发展的法律调控	张世君	法学院	中国政法大学出版社	2015-09-01
20	Strategic Use of E-commerce in China	彭广茜	工商管理学院	云南科技出版社	2015-09-01
21	特大城市中央商务区发展研究:产业布局·管理路径·国际战略	张杰	城市经济与公共管理学院	经济科学出版社	2015-09-01
22	信息服务业对首都经济的带动作用	周伟	城市经济与公共管理学院	知识产权出版社	2015-09-01

续表

序号	著作名称	第一作者	所属单位	出版单位	出版时间
23	中国民营企业融资困境与出路:基于资本结构的视角	方明月	经济学院	首都经济贸易大学出版社	2015-08-20
24	经济演化:探索一般演化范式	刘业进	城市经济与公共管理学院	中国社会科学出版社	2015-08-07
25	抗战时期妇女运动研究	周蕾	马克思主义学院	首都经济贸易大学出版社	2015-08-01
26	英国社会文化研究	刘欣	外语系	首都经济贸易大学出版社	2015-08-01
27	NLP 原理与教练式领导力	徐斌	劳动经济学院	人民邮电出版社	2015-08-01
28	构建我国工业品流通新体系研究	周伟	城市经济与公共管理学院	知识产权出版社	2015-08-01
29	流形学习若干关键问题与算法研究	古楠楠	统计学院	首都经济贸易大学出版社	2015-07-01
30	从认知语言学角度解读中国传统哲学中的"天"	贾冬梅	外语系	南开大学出版社	2015-07-01
31	中国手语构词研究	刘润楠	外语系	首都经济贸易大学出版社	2015-06-30
32	中文链接数据构建实施路径研究	王汀	信息学院	科学出版社	2015-06-25
33	参照群体与社会认同对消费者品牌转换意向的影响	李研	工商管理学院	金琅学术出版社	2015-06-01
34	追寻幸福	张杉杉	劳动经济学院	经济管理出版社	2015-06-01
35	煤炭企业安全投入水平、效率与结构评价研究	梁美健	财政税务学院	经济管理出版社	2015-05-29
36	统筹与培育新的经济增长点问题研究	王晖	城市经济与公共管理学院	中国经济出版社	2015-05-08
37	北京中央商务区(CBD)产业布局与发展研究	张弘	经济学院	首都经济贸易大学出版社	2015-05-01
38	合同效力研究	王德山	法学院	中国政法大学出版社	2015-04-18
39	小城镇建设:规划与管理	叶堂林	城市经济与公共管理学院	中国时代经济出版社	2015-04-01
40	中国莎剧翻译群体性误译研究	刘云雁	外语系	世界图书出版公司	2015-03-18
41	中国上市公司股权再融资行为研究——投资者异质信念视角	卿小权	会计学院	经济科学出版社	2015-03-01

续表

序号	著作名称	第一作者	所属单位	出版单位	出版时间
42	提升天津滨海新区国际化水平研究	祝尔娟	城市经济与公共管理学院	社会科学文献出版社	2015－02－01
43	北京农村土地问题调查分析与研究	谷军	马克思主义学院	首都经济贸易大学出版社	2015－01－28
44	中国农村金融法制创新研究	高桂林	法学院	中国法制出版社	2015－01－25
45	仁者无敌:仁的力量——大变动社会的生存之道	沈敏荣	法学院	人民出版社	2015－01－15
46	农民工城市就业问题及路径研究	王静	劳动经济学院	首都经济贸易大学出版社	2015－01－05
47	TRIPS－plus 造法问题研究	张娜	法学院	中国政法大学出版社	2015－01－01

(李艳杰)

首都经济贸易大学 2015 年发表国内外高水平期刊论文一览表

序号	论文题目	作者	所属单位	发表期刊名称
1	Power Enhancement in High－dimensional Cross－sectional Tests	范剑青	国际经济管理学院	*Econometrica**, 2015, 83, 1497－1541
2	Binary Response Correlated Random Coefficient Panel Data Models	高逸尘	国际经济管理学院	*Journal of Econometrics**, 2015,188,421－434
3	A Data－driven Smooth Test of Symmetry	李奇	国际经济管理学院	*Journal of Econometrics**, 2015,188,490－501
4	Gradient－based Smoothing Parameter Selection for Nonparametric Regression Estimation	李奇	国际经济管理学院	*Journal of Econometrics**, 2015,233－241
5	Estimation of Panel Data Partly Specified Tobit Regression with Fixed Effects	李红军	国际经济管理学院	*Journal of Econometrics**, 2015,188,316－326
6	Estimation of Dynamic Discrete Models from Time Aggregated Data	李委明	国际经济管理学院	*Journal of Econometrics**, 2015,188,435－446
7	Optimal Smoothing in Nonparametric Conditional Quantile Derivative Function Estimation	林蔚 苏立	国际经济管理学院	*Journal of Econometrics**, 2015,188,502－513
8	A Validated Information Criterion to Determine the Structural Dimension in Dimension Reduction Models	张新雨	国际经济管理学院	*Biometrika*,2015,102,409－420
9	An Improved Transformation－based Kernel Estimator of Densities on the Unit Interval	文旷宇	国际经济管理学院	*Journal of American Statistical Association*, 2015, 100, 773－783

续表

序号	论文题目	作者	所属单位	发表期刊名称
10	Risks of Large Portfolios	范剑青	国际经济管理学院	*Journal of Econometrics* * , 2015,186,367 – 387
11	Smooth Coefficient Estimation of a Seemingly Unrelated Regression	李奇	国际经济管理学院	*Journal of Econometrics* * , 2015,189(1),148 – 162
12	Testing Error Serial Correlation in Fixed Effects Nonparametric Panel Data Models	Carl Green	国际经济管理学院	*Journal of Econometrics* * , 2015,188,466 – 473
13	Mandatory Universal Drug Plan, Access to Health Care and Health: Evidence from Canada	王超	国际经济管理学院	*Journal of Health Economics*,2015,44,80 – 96
14	On the Selection of Ordinary Differential Equation Models	张新雨	国际经济管理学院	*Biometrics*, 2015, 71, 131 – 138
15	Semiparametric Estimation of Default Probability: Evidence from the Prosper Online Credit Market	李晓 风尚英 苏志	国际经济管理学院	*Economics Letters* * , 2015, 127,54 – 57
16	Consistency of Model Averaging Estimators	张新雨	国际经济管理学院	*Economics Letters* * , 2015, 130,120 – 123
17	Estimating Average Treatment Effect by Model Averaging	高逸尘	国际经济管理学院	*Economics Letters* * , 2015, 135,42 – 45.
18	Factor – augmented Regression Models with Structural Change	李鲲鹏	国际经济管理学院	*Economics Letters* * , 2015, 130,124 – 127
19	Penalized Exponential Series Estimation of Copula Densities with an Application to Intergenerational Dependence of Body Mass Index	高逸尘	国际经济管理学院	*Empirical Economics*, 2015, 48,61 – 81
20	Time Variation in U. S. Monetary Policy and Credit Spreads	黄宇凡	国际经济管理学院	*Journal of Macroeconomics*, 2015,43,205 – 215
21	Unemployment Matters: Improved Measures of Labor Market Distress in Mortgage Default Analysis	牛毅	国际经济管理学院	*Regional Science and Urban Economics*,2015,52,27 – 38
22	Employment Centers and Agglomeration Economies: Foundations of a Spatial Economic Development Strategy	牛毅	国际经济管理学院	*Economic Development Quarterly*,2015,29(1),14 – 22
23	Exploring the Effects of International Tourism on China's Economic Growth, Energy Consumption and Environmental Pollution: Evidence from a Regional Panel Analysis	高静	国际经济管理学院	*Renewable & Sustainable Energy Reviews*, *Accepted in* 2015

续表

序号	论文题目	作者	所属单位	发表期刊名称
24	Exchange Rate Regime Classifications and Exchange Rate Variability	游宇 侯蕾	国际经济管理学院	*Applied Economics Letters*, *Accepted in* 2015
25	Floating Exchange Rates and Macroeconomic Independence	游宇	国际经济管理学院	*International Review of Economics and Finance*, *Accepted in* 2015
26	Exchange Rate Flexibility and Current Account Adjustment: A Threshold VAR Analysis	游宇 黄宗晔	国际经济管理学院	*Frontiers of Economics in China*, *Accepted in* 2015
27	Structural Transformation under Trade Imbalances: the Case of the Postwar	黄宗晔	国际经济管理学院	*Frontiers of Economics in China*, *Accepted in* 2015
28	Estimation Based on Order Statistics Exploring the Agriculture Marketing Service Data	林蔚	国际经济管理学院	*Computational Statistics and Data Analysis*, *Accepted in* 2015
29	Integrated Partner Selection and Production - distribution Planning for Manufacturing Chains	苏薇	安全与环境工程学院	*Computers & Industrial Engineering*
30	Efficient Sequential Feature Selection Based on Adaptive Eigenspace Model	古楠楠	统计学院	*Neurocomputing*
31	Artificial Bee Colony Algorithm for Constrained Possibilistic Portfolio Optimization Problem	陈炜	信息学院	*Physica A*
32	An Extended Mobile Lattice Gas Model Allowing Pedestrian Step Size Variable	尚华艳	信息学院	*Physica A*
33	基于仿射子空间稀疏表示的半监督分类	古楠楠	统计学院	中国科学:信息科学

(蔡万江)

首都经济贸易大学2015年获省部级科学研究优秀成果奖一览表

序号	奖励名称	成果名称	获奖完成人	获奖等级	获奖日期
1	第七届高等学校科学研究优秀成果奖二等奖	北京中心城人口疏解与新城发展机制研究	赵秀池　刘欣葵	二等奖	2015-12-25
2	民政部2015年"中国社会组织建设与管理"理论研究部级课题三等奖	社会组织提供公共服务的财政激励机制研究——以文化公共服务供给为例	蔡秀云	三等奖	2015-12-23
3	2014年度能源软科学研究优秀成果奖	我国能源资源开发管理研究	吴庆玲　王建强　曲仕杰(学)　王小莹　魏庭存(外)　王梦莎(学)　李佳蔚(学)　魏双(外)　柳鹏(外)	三等奖	2015-12-21

(李艳杰)

【《北京中心城人口疏解与新城发展机制研究》获第七届高等学校科学研究优秀成果二等奖】 12月8日，教育部印发《关于颁发第七届高等学校科学研究优秀成果奖（人文社会科学）的决定》，正式公布第七届高等学校科学研究优秀成果奖（人文社会科学）获奖名单。学校城市经济与公共管理学院赵秀池教授等的著作《北京中心城人口疏解与新城发展机制研究》（2011，经济科学出版社）荣获第七届高等学校科学研究优秀成果奖管理学类二等奖。

（李艳杰）

【9部著作获得2015年出版资助】 学校出版基金委员会于1月12日召开首都经济贸易大学学术著作出版资助评审会，就2015年度学术著作出版资助展开评审讨论。本次评审共收到参评著作12部，共有9部学术著作获得出版资助。

首都经济贸易大学2015年出版资助著作名单

序号	著作名称	作者	单位
1	汉语比喻造词中名词性喻指成分属性义研究	许晓华	国际学院
2	促进新能源产业发展的财税政策研究	丁芸	财政税务学院
3	宋明清自治性福利观念和制度及其现代意蕴	朱俊生	劳动经济学院
4	中国经济平稳增长与供给结构的关系研究	王钰	经济学院
5	大气污染联防控制法制研究	高桂林	法学院
6	义务教育均衡发展的财政转移支付问题研究	刘黎明	统计学院
7	中国社会规制权纵向配置模式与治理绩效研究	沈宏亮	经济学院
8	统计物理中流体力学的数学研究	窦昌胜	统计学院
9	我国基础教育教师工资体系研究	姜金秋	城市经济与公共管理学院

（王爱玲）

【4项研究成果获中央领导批示】 财政税务学院郝如玉教授、曹静韬副教授提交《我国房地产税立法的难点及对策》、《对海南离岛旅客免税购物政策的建议》两部研究报告，分别于4月18日、9月1日获得中央政治局常委、国务院总理、党组书记李克强的重要批示；首都圈研究团队叶堂林教授、祝尔娟教授发表在人民日报内参《完善治理机制，推动京津冀生态环境共建》、《从大数据看北京对津冀投资情况及相关建议（上、下）》的两部研究报告，分别于3月12日、12月2日获得中央政治局常委、国务院副总理、京津冀领导小组组长张高丽的重要批示，并指示有关部门研究。

（李艳杰）

【4项研究成果获北京市领导批示】 1月13日，由叶堂林教授、王文举教授、祝尔娟教授完成的《促进北京在京津冀协调发展中发挥核心引领带动作用的四点建议》获中央政治局委员、北京市委书记郭金龙批示；3月26日，由叶堂林教授、祝尔娟教授完成的《完善治理机制是京津冀生态环境共建的关键》获中央政治局委员、北京市委书记郭金龙批示；4月3日，由祝尔娟教授等完成的《京津冀协同发展研究的历史、现状与趋势》获北京市委常委、常务副市长李士祥批示；7月1日，由段霞教授完成的《应对首都“城市病”的几点建议》获中央政治局委员、北京市委书记郭金龙批示，北京市委副书记、市长王安顺批示转士祥、陈刚、克庆、延昆四位副市长，要求有关部门对建议进行专题研究。

（李艳杰）

【7项研究成果刊发在国家、北京市成果要报】 学校有2项研究成果刊发在全国哲学社会科学规划办公室的《国家社会科学基金项目成果要报》上，有5项研究成果刊发在北京市哲学社会科学规划办公室的《北京社科基金成果要报》上。

首都经济贸易大学2015年刊发在国家、北京市成果要报情况一览表

序号	成果名称	完成人	发表刊目	刊发日期
1	应当构建反就业歧视法律的行政实施机制	王显勇	《国家社科基金成果要报》2015年第87期(总第1129期)	2015-11-20
2	应对首都“城市病”的几点建议	段霞	《国家社科基金成果要报》2015年第36期(总第1077期)	2015-05-21
3	服务业扩大开放要与疏解首都非核心功能相结合	蒋三庚	《北京市社科规划项目成果要报》2015年第22期	2015-06-15
4	提升北京城市社会运行效率减少交通拥堵的建议	蒋三庚　倪东生	《北京市社科规划项目成果要报》2015年第19期	2015-05-22
5	加快推进北京金融后台服务区转型的建议	王曼怡	《北京市社科规划项目成果要报》2015年第17期	2015-05-07
6	完善治理机制是京津冀生态环境共建的关键	叶堂林　祝尔娟	《北京市社科规划项目成果要报》2015年第11期	2015-03-17
7	促进北京在京津冀协调发展中发挥核心引领带动作用的四点建议	叶堂林　王文举　祝尔娟	《北京市社科规划项目成果要报》2015年第1期	2015-01-15

(李艳杰)

【7项发明专利获国家授权】 学校有7项发明专利获得国家授权,其中实用新型专利3项,外观设计专利1项,其他知识产权专利3项。

(李艳杰)

首都经济贸易大学2015年获批专利情况一览表

序号	专利名称	完成人	专利类型	授权日期
1	一种高度可调式特技摄影机	索绪香　索绪江(外)	实用新型	2015-01-14
2	便携式空气质量监测设备	马慧	实用新型	2015-04-29
3	一种交通指示装置及锥桶	缪明月　陆辉	实用新型	2015-08-05
4	特效摄影机外罩	索绪香　索绪江(外)	外观设计	2015-04-22
5	计算机原理与汇编语言程序设计学习辅助软件V1.0	高静　马慧　于圣泽(学)　杨巽(学)	其他知识产权	2015-08-07
6	分布式新浪微博数据抓取软件V1.0	徐天晟	其他知识产权	2015-08-26
7	基于领域叙词表和网络开放百科的本体自动化构建软件	王汀　刘经纬	其他知识产权	2015-08-26

(李艳杰)

学术活动

2015年,学校科研处与各院系积极合作,举办了各种形式和规模的学术论坛、学术会议、学术讲座等共计284场次。其中,国际会议4次,全国性会议22次。其中,成功举办了第二次中美经贸发展论坛、2015首都圈发展高层论坛、2015特大城市发展高层论坛等有影响力的国际、全国性学术研讨会,跟踪学科前沿,扩大学术交流。各院、系、部继续组织学术讲座,吸引了众多的青年学者和研究生。此外,学校教研人员还积极参加了校内外各类学术活动。

首都经济贸易大学 2015 年举办国际会议一览表

序号	会议名称	主办单位	会议时间	参加人
1	亚太民法学术研讨会——面向世界的侵权法	中国人民大学民商事法律科学研究中心、悉尼大学亚太法研究中心、首都经济贸易大学联合主办	4 月 10 日	来自澳大利亚、日本、韩国等国家，以及中国台湾地区、澳门地区和中国内地近 20 所大学的专家学者、最高人民法院法官、律师、媒体记者等
2	“东方与西方：文化的交流与影响”国际学术研讨会	首都经济贸易大学	11 月 28 日	来自英国、美国、法国、德国等 8 个国家 60 余所高校和科研院所的 150 余名专家学者及外语系 50 余名研究生
3	第二届经贸发展论坛	首都经济贸易大学、美国克利夫兰州立大学联合主办	12 月 4 日	克利夫兰州立大学副校长辛迪·斯科卢贝、学校副校长王文举以及克利夫兰州立大学会计系副教授马克·霍兹布拉特和学校的专家学者
4	第八届城市国际化论坛	首都经济贸易大学、国家发改委宏观经济研究院、中国空间技术研究院联合主办	12 月 4—5 日	来自北京、上海、河北、湖南、美国等地区的 21 所高校和政府机构、科研机构、公共组织和企业，来自人民大学、北京大学、首都经济贸易大学等多所学校相关专业的 72 名博士、硕士研究生；《人民日报》、《光明日报》、《中国科学报》、《中国青年报》、《北京日报》、新浪网、搜狐网、腾讯微信等 10 家新闻媒体单位

首都经济贸易大学 2015 年举办全国性会议一览表

序号	会议名称	主办单位	会议时间	参加人
1	2015 一季度“两岸四地消费者信心指数”发布会	首都经济贸易大学	4 月 8 日	两岸四地消费者信心指数研究团队的成员，中国国际广播电台、福建海峡卫视、《光明日报》、《中国财经报》、《京华时报》等 30 余家媒体的记者和代表
2	2015 京津冀蓝皮书发布会	首都经济贸易大学和社会科学文献出版社联合主办	4 月 16 日	中央办公厅，北京市人大预算工作委员会，北京市人民政府研究室，市社科规划办，市社科联，中关村管委会，朝阳区工商局，朝阳区 CBD 管委会，社会科学文献出版社，京津冀蓝皮书主创成员，京津冀三地专家学者，《人民日报》、《光明日报》、《经济日报》等 20 多家媒体
3	第四届全国中央商务区发展研究高峰论坛	首都经济贸易大学	5 月 31 日	来自中国社会科学院、住建部、商务部、北京市哲学社会科学规划办公室、北京商务委员会等的专家，以及北京邮电大学、北京工商大学、中国劳动关系学院、北京国际城市发展研究院等高校科研机构的学者

续表

序号	会议名称	主办单位	会议时间	参加人
4	第九届中国经济增长与周期论坛暨中国城市生活质量指数发布会	中国经济增长与周期研究中心、中国社会科学院经济研究所、首都经济贸易大学、中国经济实验研究院、《经济研究》杂志社、《经济学动态》杂志社、香港《经济导报社》等单位联合主办	7月4日	来自国际货币基金组织、哥伦比亚大学、佛罗里达大学、中国社会科学院、国家统计局、国家发改委、国务院研究发展中心、北京大学、中国人民大学、北京师范大学、南京大学、厦门大学、上海财经大学以及其他国内高校、科研机构等单位共计200多位专家学者
5	国际经济与金融学会(IEFS)中国第七届年会	首都经济贸易大学、对外经济贸易大学联合主办	7月15日	WTO首席经济学家、美国国际贸易委员会经济学家罗伯特·库普曼(Robert Koopman),IEFS中国执行秘书长、对外经济贸易大学国际贸易系及首都经济贸易大学经济学院全体教师
6	人民币国际化与中国黄金战略研讨会	首都经济贸易大学中国黄金研究中心、北京黄金经济发展研究中心联合主办	9月18日	来自政府、银行、黄金矿业、黄金投资机构、珠宝公司及教育机构等单位的130余名代表
7	"青年论坛"讲座:微观数据库应用	首都经济贸易大学教师促进中心与北京高校经贸专业群联合主办	10月21日	来自北京大学、清华大学、中国社会科学院、中国人民大学、北京师范大学、对外经济贸易大学、中央财经大学、北京交通大学等17所院校共90余名师生
8	2015高校生态文明教育论坛	首都经济贸易大学	10月31日	来自教育部、国家林业局、共青团中央、北京市教育委员会、共青团北京市委员会等领导,及来自北京大学、复旦大学等京内外66所高校代表、全国15家基层乡镇负责人
9	首届"金融人才培养论坛"	首都经济贸易大学	11月13—14日	来自台湾大学、中央财经大学、对外经济贸易大学、上海财经大学、西南财经大学、中南财经政法大学、江西财经大学、北京工商大学、上海对外经贸大学、北京科技大学等高校主管教学的领导以及中国中化集团、东方汇理银行、中国光大银行、西城区金融办等业界实务部门的负责人
10	第八届旅游研究北京论坛暨"互联网+"时代下的旅游业融合创新发展论坛	北京旅游学会、首都经济贸易大学联合主办	11月15日	来自首都经济贸易大学的专家以及和君文化旅游产业研究中心、众信旅游以及携程网、去哪儿网、北京旅游网、高德地图、途家、全景客等数十家旅游企业代表;北京市旅游委公共服务处、政策法规处、机关党委等多位相关处室的负责人;新华网、人民网、中国网、光明网、新浪、搜狐、《中国旅游报》等10多家媒体的记者;来自天津、河北、河南、山东、四川、内蒙古等省市的旅游企业及研究机构、旅游媒体、旅游投资等单位300多人

续表

序号	会议名称	主办单位	会议时间	参加人
11	2015首都圈发展高层论坛	首都经济贸易大学	11月21日	北京市社科联党组书记韩凯、北京市社科规划办副主任张庆玺、首都经济贸易大学副校长王文举、孙昊哲，以及来自京津冀三地的政府领导、专家、各界特约嘉宾、学校部分师生、新闻媒体共计120余人
12	2015特大城市发展高层论坛——特大城市发展模式与规划控制会议	首都经济贸易大学	11月21日	来自国家发改委、中国社会科学院、国务院发展研究中心、中国城市经济学会、北京市哲学社会科学规划办，首都经济贸易大学及相关院校专家学者
13	"十三五"经济发展与企业社会责任——北京新经济组织发展研究院成立大会暨高峰论坛	首都经济贸易大学、北京市委社会工作委员会、北京新经济组织党建研究会、北京叶氏企业集团、瑞华会计师事务所、北京阳光溢华科贸有限公司、北京山水文旅品牌策划有限公司联合主办	11月28日	来自国务院发展研究中心、市委、市委社会工委、市委教育工委、市教委、市委统战部、市工商联、国家发改委、中国社会科学院、华东理工大学、市妇联、市友协，以及市社会办各处室，市级枢纽型社会组织，各市区社会工委、非公主管部门，部分非公企业负责人代表等
14	"地方财政与体制创新"研讨会	首都经济贸易大学	11月28—29日	来自财政部财政科学研究所、南开大学、天津财经大学、河北财经大学等18所财经高校和北京市人大预算工作委员会、市财政局、市发改委，以及市各区县财政局的32名专家学者、政府官员
15	第二届"首都土地利用与住房保障"论坛	首都经济贸易大学	11月29日	来自国土资源部土地整治中心、国务院发展研究中心、中国土地勘测规划院、中央财经大学、中国人民大学、北京师范大学、武汉大学、华中农业大学、内蒙古大学和河北经贸大学的专家学者
16	第三届金融风险高层论坛暨《中国金融风险报告(2015)》蓝皮书发布会	首都经济贸易大学、中国社会科学院金融研究所联合主办	11月29日	来自中国社科院金融研究所、北京市金融局、《管理世界》杂志、中国工商银行、中国城市金融学会、首都经济贸易大学等的30多名国内外知名学者和业界专家
17	第二届"科学监管与监管科学"论坛	首都经济贸易大学、中国市场监督管理学会、广东省工商行政管理局联合主办	12月4日	来自学术界及实务界的20余位代表
18	2015中国商品流通论坛	首都经济贸易大学	12月6日	来自中国国际电子商务中心、中国国际经济交流中心、国务院发展研究中心、商务部等专家以及流通业界各学会、研究机构、高校、企业等100余位代表

续表

序号	会议名称	主办单位	会议时间	参加人
19	2015 中国国际贸易便利化暨北京外贸发展研讨会	中国国际商会、中国口岸协会、首都经济贸易大学联合主办	12 月 11—12 日	来自商务部、海关总署、中国口岸协会、北京市商务委员会、中国日本商会、韩国对外经济政策研究院、杜邦(中国)集团、5100 公司、科慕化学公司、对外经贸大学、中央财经大学、首都经济贸易大学、北方工业大学、北京信息工业大学等的代表
20	纪念中国商业史学会成立 30 周年暨商业史论坛	中国商业史学会、首都经济贸易大学联合主办	12 月 12 日	来自相关学术团体、高等院校、企事业机构的专家学者,来自各地的中国商业史学会会员代表 100 余人
21	首都企业改革与发展研究会 2015 年年会	首都经济贸易大学	12 月 19 日	北京市社会科学界联合会学会领导、首都企业改革与发展研究会副会长、常务理事、理事、会员等 150 余人
22	第十届中国雇主品牌论坛	首都经济贸易大学和国际人力资源管理协会、中国雇主品牌网、《职业》杂志、中国企业公民委员会联合主办	12 月 19 日	来自中国人力资源和社会保障出版集团、《职业》杂志社、国际企业人类学委员会、国际人力资源管理协会的专家学者以及中国教育电视台、《人力资源》、CCTV2、《人民日报》、《人民政协报》、《新京报》、《环球时报》、《中华工商时报》、人民网、中国网、凤凰网、央视网、新华网、腾讯网等 50 多家媒体

(李琳)

科研管理

【召开新一届学术委员会会议】 根据《首都经济贸易大学学术委员会章程》,学校第 140 次党委常委会研究确定了学校学术委员会委员人选。9 月 22 日,学校学术委员会第一次全体会议召开,大会选举产生了主任委员、常务副主任委员、副主任委员、秘书长和首批特邀委员人选。主任委员为高闯,常务副主任委员为王文举,副主任委员为丁立宏、王传生、杨一平,秘书长为祝合良,首批特邀委员有郝如玉、杨河清、付磊、张连城、赵仑。11 月 24 日,学校召开 2015 年第 2 次学术委员会,会议就国际期刊目录调整方案及科研成果认定问题进行了研究,同时审议通过了修订后的《国际国内期刊的确定原则及目录》。

(李琳)

【编辑完成 2015 年第 1 期《科学研究》】 12 月 21 日,《科学研究》2015 年第 1 期(总第 12 期)完成编辑并在校内发行,本期以"为推动我国智库建设实现新的发展而努力奋斗"为内容,聚焦当前国家高等教育和科学研究政策。

(李琳)

【举办林汉川教授 2016 年国家自科、社科基金申报辅导会】 11 月 25 日、12 月 30 日下午,林汉川教授 2016 年国家自科、社科基金申报辅导会在首都经济贸易大学举办。各学院(系、部)分管科研工作副院长(副主任)、教师及科研团队成员等近 90 人参加了此次讲座活动。

(刘佳)

【与图书馆联合举办 Web of Science 培训讲座】 11 月 11 日,科研处与图书馆联合举办主题为"激励发现,推动创新——如何利用 Web of Science 助力科学研究"的专题培训讲座。讲座邀请汤森路透集团资深培训师段鑫龙主讲,围绕文献检索、文献综述、利用 JCR 查找期刊影响因子、论文撰写等内容展开。科研处、图书馆相关工作人员及师生代表共 40 余人参加了本次讲座。

(李琳)

【举办第二届中美经贸发展论坛】 12月4日，首都经济贸易大学和美国克利夫兰州立大学联合主办第二届“中美经贸发展论坛”。克利夫兰州立大学副校长辛迪·斯科卢贝、学校副校长王文举以及克利夫兰州立大学会计系副教授马克·霍兹布拉特和学校的专家学者参加了会议。

（李琳）

【连续4年获评北京社会科学基金项目优秀二级管理单位】 3月31日，在北京市哲学社会科学规划工作会上，学校科研处连续4年获评“北京社科基金项目优秀二级管理单位”荣誉称号，科研处文玮同志获评“2015年度北京市社会科学基金项目管理工作先进个人”。

（刘佳）

科研基地

概　况

2015年，首都经济贸易大学特大城市经济社会发展研究院进入快速发展期，研究院进一步夯实科学研究基础，积极开展协同创新并搭建国内外学术交流与合作平台，提升学术水平和社会影响力；关注理论前沿和现实热点，推动基础理论发展并充分发挥为社会服务的引领和参考咨询作用，探索中国特色新型高校智库建设的有效路径。同时，学校继续稳步推进两个北京市哲学社会科学研究基地——CBD发展研究基地和北京市经济社会发展政策研究基地的建设。CBD发展研究基地在促进学校协同创新方面发挥了重要作用；北京市经济社会发展政策研究基地发布的京津冀蓝皮书社会反响强烈。两个研究基地在充分利用研究资源、开展科研活动、促进成果应用转化、加强人才培养、服务首都经济发展等方面取得了显著成效。

（李艳杰）

特大城市经济社会发展研究院

【完善研究院协同创新研究能力】 5月，经校党委研究任命段霞教授为特大城市研究院常务副院长，研究院在原有CBD发展研究中心、现代产业研究中心、人口与民生等6个研究中心的基础上，新设立世界城市研究中心、区域发展研究中心；新增副院长2名，分别负责研究院成果转化和对外宣传工作，院长助理2名。

（段霞）

【公开招标课题】 特大城市研究院2011协同创新中心与科研处联合进行课题招标。5—7月，通过选题征集与制定、发布课题指南、公开招标、项目受理、专家评审等一系列程序，在近60个项目申报中，通过评审有13项课题获得立项，涉及城市公共设施应急决策研究、北京传统服务业转型升级战略研究、北京食品供应和食品安全监管及北京市人口调控等。

（段霞）

【支持提升研究生研究水平】 7月，协同创新中心联合学校研究生部和北京市哲学社会科学CBD发展研究基地面向在校广大硕士、博士研究生联合招标课题。经专家评审，获批了如“京津冀协同发展下金融支持对河北省优势产业优化影响研究”“借鉴东西德合并经验探索京津冀横向分税制度”“北京非首都功能疏解的配套政策研究”等课题63项。

（段霞）

【召开学术会议】 10月24日，特大城市经济社会发展研究院和科研处承办2015特大城市发展高层论坛。12月4—5日，首都经济贸易大学特大城市经济社会发展研究院、国家发改委宏观经济研究院、中国空间技术研究院联合主办“第八届城市国际化论坛”，论坛主题为“全球化、技术革命下的特大城市发展新动力”。

（段霞）

【与京津高校联合成立“京津冀协同发展联合创新中心”】 9月16日，由北京大学为发起单位，学校与南开大学、清华大学、河北经贸大学为核心协同单位联合成立的“京津冀协同发展联合创新中心”正式成立,五校的领导作为代表共同签署合作备忘录,王稼琼校长作为协同单位特邀代表和创新中心理事会理事出席会议并讲话。该中心支持单位包括国务院发展研究中心区域发展战略部、国家发展和改革委员会国土开发与地区经济研究所、中国科学院地理科学与资源研究所、中国社会科学院城市发展与环境研究所等。

(段霞)

【签订协同创新协议】 6 月,研究院与国家发改委国土开发与地区经济研究所签约,决定共建“特大城市发展规划与政策研究协同创新团队”;7 月,研究院与上海总工程师协会签约,决定共建“特大城市环境治理与应用技术研究协同创新团队”;7 月,研究院与航天部中国空间技术研究院签约,决定共建“智慧城市建设与复杂系统研究协同创新团队”。

(段霞)

【搭建多层次学术交流平台】 由特大城市协同创新中心资助正式出版的《京津冀蓝皮书》、《北京 CBD 发展研究报告》、《城市国际化进程研究报告》系列年度报告,以及《特大城市发展研究暨 CBD 资讯》、《城市发展评论》内部学术杂志等有效提升了协同创新中心智库的影响力。此外,协同创新中心还资助出版了《特大城市建设与治理》、《特大城市治理研究》、《世界巨(特)大城市发展——规律、挑战、增长控制及其评价》等专著,特别是《特大城市治理研究》获批为北京市社科理论著作出版基金重点资助项目(北京市共资助 2 本),发表多篇较高水平学术论文。

(段霞)

【开展国际学术交流合作】 研究人员参团赴阿根廷、巴西、新加坡进行学术交流考察。出访期间,研究人员考察和学习了国外特大城市治理、城市规划、管理与工业园区等建设经验,与多所大学进行了学术交流。研究院参加了在美国举办的中美国际经贸论坛,并在大会做了主题发言。研究院还与美国克里夫兰大学、马里兰大学、俄罗斯普列汉诺夫经济大学共同开展合作研究。

(段霞)

【完善数据库建设】 研究院正式启动特大城市研究基础数据库系统建设计划,建立了数据库建设项目团队,制定了建设方案。数据库系统将完成三方面的任务:①建立基于城市研究整合视角的城市分析数据库平台;②建立特大城市研究院公共信息发布网站群;③建立内部办公协作和知识分享平台。中心还研发了以城市为搜集对象,全面翔实反映城市经济社会等各方面发展状况的城市数据库系统。目前包含 8 个子数据库:中国城市数据库、国际城市比较数据库、北京发展数据要览、北京三经普数据空间可视化、京津冀产业发展数据库、三大城市群企业发展指数研究、香港统计数据库和美国都市圈数据库。最新数据更新至 2015 年。

(段霞)

北京市哲学社会科学 CBD 研究基地

【获批多项国家、省部级科研项目】 研究基地获批国家社科基金项目“金融资源依赖与我国特大城市产业结构调整的关联机制研究”“金砖银行互利共赢合作模式及风险防范机制研究”,获批北京社会科学基金研究基地项目“北京 CBD 产业转型升级的财税政策研究”“北京 CBD 现代服务业扩大开放研究”“非首都功能疏解过程中北京 CBD 土地空间集约利用开发研究”和“北京 CBD 发展指数研究”。

(蒋三庚)

【召开第四届全国中央商务区发展研究高峰论坛】 5 月 31 日,首都经济贸易大学科研处、特大城市经济社会发展研究院主办,北京市哲学社会科学 CBD 发展研究基地承办“第四届全国中央商务区发展研究高峰论坛”。与会人员就新常态下我国中央商务区(CBD)的产业发展、区域治理与国际化问题进行了交流探讨。

(蒋三庚)

【研究基地 2014 年度研究报告出版发行】 5 月,由张弘、蒋三庚教授等著的北京市哲学社会科学 CBD 发展研究基地 2014 年度报告《北京中央商务区(CBD)产业布局与发展研究》正式出版发行。该报告是 CBD 发展研究基地年度系列报告的第 10 本专著。

(蒋三庚)

【加强与国内外 CBD 的学术交流】 研究基地应邀赴石家庄、广州、南宁、郑州和北京等地进行考察调研、学术交流,参加第二届京津冀协同发展研讨会、中国城市经济学会论坛、中国特大城市论坛等高层研讨会,邀请各地 CBD 及相关研究机构访问研究基地,连续参加撰写中国 CBD 联盟主编的 CBD 蓝皮书工作等。

（蒋三庚）

【通过招标课题开展开放性研究】 9 月,研究基地公开招标课题“中央商务区基础设施投融资研究”“中央商务区项目建设投融资研究”“中央商务区(CBD)区域品牌提升研究”“中央商务区楼宇经济政策研究”“关于促进特大城市 CBD 金融发展政策的研究”及“大型综合建筑物火灾预防与人员疏散研究”等。

（蒋三庚）

【研究基地成果转化为社会服务取得成效】 基地研究人员承担“郑州市郑东新区中央商务区‘十三五’发展规划研究”,完成“‘十三五’期间昌平现代服务业发展和竞争力提升研究”“朝阳区‘十三五’时期国际交往中心功能发展规划”“2015 年 CLI 中地指数测算分析与研究”“北京高精尖产业评价指标体系研究”“北京制造业行业梳理研究及宏观经济运行专题分析”及“北京 CBD‘十三五’发展规划研究”等政府委托项目。其中,“北京高精尖产业评价指标体系研究”报告提出的北京市制造业发展指标体系和目标数据,经市政府办公会通过后被列入《〈中国制造 2025〉北京行动纲要》下发执行(京政发〔2015〕60 号文)。

（蒋三庚）

北京市经济社会发展政策研究基地

【举办 2015 京津冀蓝皮书信息发布会暨京津冀大数据研究中心成立仪式】 4 月 16 日,首都经济贸易大学和社会科学文献出版社共同举办京津冀蓝皮书发布会。发布会介绍了《京津冀发展报告(2015)——协同创新研究》的最新研究成果和重要观点,并宣布由首都经济贸易大学北京市经济社会发展政策研究基地和龙信数据有限公司联合组建的“京津冀大数据研究中心”正式成立。首都经济贸易大学校长王稼琼、社科文献出版社社长谢寿光为成立仪式致辞,蓝皮书主编、京津冀大数据研究中心主任祝尔娟教授介绍了总报告“京津冀协同创新研究”的主要内容。

（祝尔娟）

【召开 2016 京津冀蓝皮书启动会】 6 月 18 日,召开 2016 京津冀蓝皮书研究大纲讨论会。学校首都圈研究团队、京津冀大数据研究中心、龙信数据有限公司的数据支持团队以及京津冀三地专家学者参加了会议,会议由主编文魁教授主持。与会专家学者围绕指标体系进行了深入研讨,对如何完善指标体系提出了很多宝贵意见和具体建议,并就 2016 京津冀蓝皮书的研创任务进行了分工。

（祝尔娟）

【京津冀蓝皮书(2014)获全国第六届“优秀皮书奖”一等奖】 8 月 7 日,第十六次全国皮书年会召开。在全国 2014 年版各类皮书(全国共参评 300 余种)综合评价排名中,京津冀蓝皮书(2014)位列第 5 名,荣获“优秀皮书奖”一等奖,同时在中国社会科学院科研局颁发的“2016 年使用‘中国社会科学院创新工程学术出版项目’标识的院外皮书名单”中,首都经济贸易大学主编的《京津冀发展报告(2016)》位列其中。

（祝尔娟）

【召开 2015 首都圈发展高层论坛暨 2016 京津冀蓝皮书推进会】 11 月 22 日,召开首都圈论坛——京津冀论坛暨 2016 蓝皮书推进会。参加此次会议的主要有首都经济贸易大学原校长、教授文魁,首都经济贸易大学城市经济与公共管理学院教授、博导祝尔娟,北京师范大学教授吴殿廷,天津市委党校、天津行政学院经济发展战略研究所长、教授臧学英,中国人民大学社会与人口学院副教授、博导张耀军以及河北经贸大学、龙信数据公司等京津冀三地的专家、老师及学生代表。

（祝尔娟）

【研究团队赴河北省调研考察】 10 月 16—18 日,祝尔娟教授及其研究团队一行 11 人赴河北省沧州市、黄骅港、渤海新区进行实地调研考察。深入了解当地如何在京津冀协同发展的大背景下,利用自身区位优势及资源禀赋,积极承接京津产业转移和北京非首都功能疏解,打造河北经济新的增长极。

（祝尔娟）

科研机构

概况

2015年,学校各研究机构在本学科学术带头人的领导下,从事研究与开发活动。各研究机构立足北京、放眼全国,开展国内外合作研究、紧密联系中国的社会实际,以应用经济和管理学研究为基础,积极地开展各种学术研究和社会服务。首都经济贸易大学科研管理中心已经形成了集教学、科研为一体,拥有自身重点和特色的多学科领域研究机构,参与国家级研究中心领域重大课题的规划与设计,成为承担国家社科基金、教育部人文社科、国家软科学基金及国家自然科学基金的重大相关研究项目的学术中心。

(姜红)

重大事件

【首都经济贸易大学大数据与统计科学研究院成立】 10月24日,学校举办首都经济贸易大学大数据与统计科学研究院成立大会暨大数据高端论坛。来自全国统计界的领导、专家、学者和校内师生300多人参加了此次大会,首都经济贸易大学党委书记柯文进、副校长王文举出席大会。王文举代表学校宣布了首都经济贸易大学大数据与统计科学研究院成立的批复和研究院人员聘任名单。

(蔡万江)

【《中国金融风险报告(2015)》蓝皮书发布】 11月29日,举办由首都经济贸易大学、中国社会科学院金融研究所主办,首都经济贸易大学金融风险研究院、金融学院承办的第三届金融风险高层论坛暨《中国金融风险报告(2015)》蓝皮书发布会。本次大会发布了《中国金融风险报告》蓝皮书,该蓝皮书包括7个部分,内容涉及国际资本流动、全球资本市场、货币国际化、天使投资、量化投资、股权衍生品投资,以及大类金融资产配置等几个领域的重要问题。

(蔡万江)

学术刊物

概况

首都经济贸易大学学术刊物包括《首都经济贸易大学学报》、《经济与管理研究》、《当代经理人》、《人口与经济》4本。其中《首都经济贸易大学学报》、《经济与管理研究》、《当代经理人》由杂志总社编辑出版。办好这3本杂志的宗旨是发表高水平的学术文章,为学校的教学科研与学科建设提供服务,充分展示学校在经济学、管理学和其他学科领域的研究成果;提供校内外学术交流平台,为社会推介新的经济管理学术思想,为繁荣中国哲学社会科学文化事业服务。《人口与经济》由首都经济贸易大学人口经济研究所承办出版,主要发表人口学以及与人口学相关联的交叉学科相关文章,复旦大学、上海交通大学、武汉大学等70余所大学将其认定为权威期刊,在全国7 000余种学术期刊中排名338位,具有较高的学术影响力。

(周斌　方志)

《经济与管理研究》

【概述】 《经济与管理研究》创刊于1980年,是中文社会科学引文索引(CSSCI)来源期刊、全国中文核心期刊和中国人文社会科学核心期刊。《经济与管理研究》定位一个“专”字,即办成一本在全国经济管理专业领域具有重要影响力的学术期刊,为经济管理理论研究人员和经济管理部门工作人员提供最前沿的学术思想和政策研究。在宏观经济、公共经济与管理、金融、企业管理等传统重点栏目上着力刊发关注国计民生、阐述政策热点、跟踪发展前沿的文章,力争在保持较高学术品质的同时,使本刊在同类期刊中更具前沿性。

(魏小奋)

【出版与发行】 《经济与管理研究》2015 年共出版 12 期,刊载论文 216 篇,校内稿件占 11.0%。期刊全年稿件录取率为 3.75%。《经济与管理研究》期均发行量为 3 300 册。

(魏小奋)

【《经济与管理研究》影响因子】 11 月,中国科学文献计量评价研究中心与清华大学图书馆联合发布《中国学术期刊影响因子年报(人文社会科学)》(2015 年)。《经济与管理研究》综合指标如下:

综合总被引	1 010
综合影响因子	0.670
综合他引影响因子	0.628
综合即年指标	0.079

(宛恬伊)

【转载情况】 《经济与管理研究》被转/摘文章 33 篇,其中《新华文摘》1 篇,中国人民大学“复印报刊资料”转载 26 篇,《经济研究参考(经济学文摘)》转载 4 篇,《学术界 · 学术论点》1 篇,《社会科学报 · 学术看台》1 篇。

(宛恬伊)

【被评为“RCCSE 中国核心学术期刊(A)”】 3 月,在第四届《中国学术期刊评价研究报告(武大版)(2015—2016)》中,《经济与管理研究》被评为“RCCSE 中国核心学术期刊(A)”。

(宛恬伊)

【入选“复印报刊资料”重要转载来源期刊】 4 月,根据 2012—2013 年“复印报刊资料”转载论文综合评价数据和中国人民大学人文社会科学学术成果评价中心专家组评议,《经济与管理研究》入选 2014 年版“复印报刊资料”重要转载来源期刊。

(宛恬伊)

【在“复印报刊资料”转载学术论文指数排名中获佳绩】 4 月,根据中国人民大学“复印报刊资料”全文转载数据,《经济与管理研究》在“应用经济学学科期刊”全文转载排名中位列第 18 名,综合指数位列第 26 名;在“经济学学科期刊”全文转载排名中位列第 25 名,在“人文社科综合性期刊”全文转载排名中位列第 63 名,综合指数位列第 70 名。

(宛恬伊)

《首都经济贸易大学学报》

【概述】 《首都经济贸易大学学报》创刊于 1991 年,是由首都经济贸易大学主办的以经济管理类论文为主的学术期刊,是全国中文核心期刊和中国人文社会科学核心期刊。选题突出学术性和创新性,注重前瞻性与现实性相统一,强调规范分析与实证分析相结合。《首都经济贸易大学学报》定位一个“全”字,即办成一本全面反映中国财经类院校教学科研和学科建设成果的学术期刊。《首都经济贸易大学学报》选稿以关注国家经济转型及构建和谐社会的热点问题为侧重点,筛选具有创新性角度的学术论文,出版内容在政治上不出问题、学术上符合本刊办刊宗旨。此外,《首都经济贸易大学学报》紧密围绕为学校科研、教学服务,为学科建设、人才培养、科研立项与结题发挥特有作用,切实履行了全方位展示学校学术水平和研究能力这一重要职责。

(周斌)

【出版与发行】 《首都经济贸易大学学报》2015 年共出版 6 期,刊载论文 107 篇,校内稿件占 29.4%。期刊全年稿件录取率为 7.41%。期均发行量为 1 200册。

(姚望春)

【《首都经济贸易大学学报》影响因子】 11 月,中国科学文献计量评价研究中心与清华大学图书馆联合发布《中国学术期刊影响因子年报(人文社会科学)》(2015 年)。《首都经济贸易大学学报》综合指标如下:

综合总被引	377
综合影响因子	0.410
综合他引影响因子	0.383
综合即年指标	0.064

(宛恬伊)

【转载情况】 《首都经济贸易大学学报》被转/摘文章5篇,其中中国人民大学“复印报刊资料”4篇,《经济研究参考(经济学文摘)》1篇。

(宛恬伊)

【被评为“RCCSE中国核心学术期刊(A-)”】 3月,根据2012—2013年“复印报刊资料”转载论文综合评价数据和中国人民大学人文社会科学学术成果评价中心专家组评议,《首都经济贸易大学学报》入选2014年版“复印报刊资料”重要转载来源期刊。

(宛恬伊)

《人口与经济》

《人口与经济》由首都经济贸易大学劳动经济学院承办,具有很高的学术影响,复旦大学、上海交通大学、武汉大学等70余所大学将其认定为权威期刊。

《人口与经济》属于全国中文核心期刊、CSSCI来源期刊以及中国人文社会科学核心期刊,全年刊登人口学、人力资源管理与就业以及社会保障等栏目的优秀文章80余篇。2011年,在全国8 000余种学术期刊中排名338位。2012年,期刊通过全国哲学社会科学规划办公室审核,成为“国家社科基金资助期刊”;在2014年度“复印报刊资料”转载学术论文指数排名中,《人口与经济》喜获佳绩,在“社会学科期刊”全文转载排名中位列第19名,并入选为2014年版人大“复印报刊资料”重要转载来源期刊;2014年,《人口与经济》在第五届全国高校社科期刊评优活动中荣获“全国高校精品社科期刊”以及“北京市高校人文社会科学名刊”称号;2015年6月2日,《人口与经济》杂志入选中国人民大学“复印报刊资料”。12月25日,在教育部科技发展中心主持的“中国科技论文在线优秀期刊”评比中,《人口与经济》期刊喜获二等奖。此次获奖表明《人口与经济》期刊在提高期刊质量,推动科技期刊的数字化建设,促进论文免费共享,更好地为科研和科研工作者服务方面取得重要进展。

(冯喜良)

《当代经理人》

《当代经理人》前身系《北京财贸学院学报》《北京经济瞭望》。《北京财贸学院学报》创刊于1980年,后更名为《北京经济瞭望》,2003年更名为《当代经理人》。办刊宗旨是为首都经济贸易大学的管理学科建设服务,特别是为专业硕士教育服务。《当代经理人》定位一个“实”字,即办成一本反映中国经济管理实践中的热点问题,面向职业经理人阶层和MBA教育,为其提供管理实践经验交流和管理教育交流的学术期刊。办刊重点是及时反映国有企业、民营企业和外资企业职业经理人关注的热点问题以及MBA教育的前沿问题;办好“企业家”和“MBA教育”两个重点栏目。《当代经理人》2015年共出版4期,期均发行量为500册。

(范根祥)

第六篇

人才队伍建设

上图　5月14日，学校召开2015年处级以下人员聘任工作动员会

中图　5月27日，教师促进中心（OTA）举办“科研、工作与生活”主题午餐会

下图　6月11日，学校召开后备学科带头人和中青年骨干教师座谈会

上图　6 月 18 日，教师促进中心（OTA）举办“指导研究生的体会”主题午餐会

中图　7 月 6 日，学校召开 2015 年新教工入职培训会

下图　7 月 7 日，北京开放大学来校调研组织人事管理工作

上图　7 月 9 日，学校举行新教工职业化培训

下图　10 月 29 日，学校组织博士后入站面试

学校教职工基本情况

概　况

2015 年，学校积极实施人才强校战略，师资队伍水平持续提升。制定了学校《2015—2020 年人员定编方案》，科学配置人力资源，加大海外高层次人才引进力度，科学补充专任教师队伍。2015 年，聘用各类人才 92 人，其中，学科带头人 1 人，专任教师 48 人，全职引进海外高层次人才 7 人，接收博士后进站 11 人。聘请特聘教授 2 人，兼职教授 60 人。启动了 2016 年人才引进与补充工作。完成非教学人员岗位聘任工作。增设人才培养型教师职称评审。加强中青年教师培养，组织教职工 430 人次参加国内各类培训。完成后备学科带头人和中青年骨干教师选拔、培养和考核工作，新遴选 9 名后备学科带头人和 18 名中青年骨干教师。强化教师实践能力培养，积极组织中青年教师开展社会实践活动。发挥教师促进中心（OTA）、青年教师协会作用，开展教学研讨会、午餐会等活动，提升青年教师教学能力。2015 年，学校教师获批国家百千万人才工程 1 人，入选北京市“高创计划”1 人、“四个一批”人才 3 人、“海聚工程”2 人。

首都经济贸易大学 2015 年教师职务晋升情况一览表

序号	单位	姓名	晋升职称
1	城市经济与公共管理学院	张杰	教授
2	城市经济与公共管理学院	叶堂林	教授
3	城市经济与公共管理学院	吴康	副教授
4	工商管理学院	范合君	教授
5	工商管理学院	关鑫	副教授
6	工商管理学院	孙喜	副教授
7	工商管理学院	王振江	副教授
8	统计学院	阮敬	教授
9	统计学院	张娟	副教授
10	统计学院	陈江荣	副教授
11	统计学院	古楠楠	副教授
12	经济学院	闫云凤	副教授
13	经济学院	方明月	副教授
14	经济学院	杜雯翠	副教授
15	经济学院	申萌	副教授
16	劳动经济学院	肖周燕	教授
17	文化与传播学院	郑文明	教授
18	信息学院	徐天晟	教授
19	信息学院	金继东	教授

续表

序号	单位	姓名	晋升职称
20	信息学院	周晓磊	副教授
21	安全与环境工程学院	任冬梅	副教授
22	安全与环境工程学院	谢中朋	副教授
23	会计学院	段新生	教授
24	法学院	张世君	教授
25	法学院	朱路	副教授
26	体育部	孙杨	副教授
27	外语系	姚成贺	副教授
28	外语系	贾冬梅	副教授
29	外语系	刘欣	副教授
30	外语系	刘小溪	讲师

首都经济贸易大学 2015 年其他专业技术系列职务晋升情况一览表

序号	单位	姓名	晋升职称
1	出版社	乔剑	编审
2	教育技术中心	张俊祥	高级工程师
3	审计处	孙士霞	高级审计师
4	校医院	张玉玲	主治医师
5	校医院	高玮	主治医师

首都经济贸易大学 2015 年教育管理系列人员晋升情况一览表

序号	单位	姓名	晋升职称
1	劳动经济学院	李楠	副研究员
2	城市经济与公共管理学院	汪剑鲲	副研究员
3	教务处	张明芳	副研究员
4	经济学院	冯汐	助理研究员

首都经济贸易大学 2015 年思想政治系列职务晋升情况一览表

序号	单位	姓名	晋升职称
1	城市经济与公共管理学院	杨澜	讲师

（郑宇）

截至 12 月 31 日，全校在职教职工为 2 342 人，其中，教师 837 人，管理人员 428 人，其他专业技术人员 359 人，工勤技能人员 718 人。非在编人员为 830 人，在编教职工人数为 1 512 人。

在职教师 837 人，其中教授 154 人，副教授 303 人，讲师 361 人，助教 19 人。45 岁以下教授 27 人，占教授总数的 17.53%，45 岁以下的中青年教师 511 人，占教师总数的 61.05%；具有博士学位的教师 541 人，占教师总数的 64.64%；教师学缘构成中有 90.88% 来自外校。

（张馨予）

84 人。

增减员情况

【增员情况】 截至 12 月 31 日,学校新增教职工

首都经济贸易大学 2015 年教职工增员统计表

新增人员 84 人	类别
增员的系列分布	专任教师 61 人
	管理人员 18 人
	其他专业技术人员 5 人
增员的学历分布	获得博士学位 62 人
	获得硕士学位 18 人
	获得本科学历 4 人
	获得专科学历 0 人
增员的来源分布	选留毕业生 75 人
	其中:本校 7 人
	海外留学 14 人
	211 院校 42 人
	其他 12 人
	调入 3 人
	招收脱产博士后 6 人

首都经济贸易大学 2015 年教职工增员情况一览表

姓名	应聘部门	性别	岗位类型	学历	学位
闫觅	城市经济与公共管理学院	女	教学岗位	研究生毕业	博士
刘新传	城市经济与公共管理学院	男	教学岗位	研究生毕业	博士
张杨	城市经济与公共管理学院	男	教学岗位	研究生毕业	博士
王世强	城市经济与公共管理学院	男	教学岗位	研究生毕业	博士
边展	工商管理学院	女	教学岗位	研究生毕业	博士
汪雯娟	工商管理学院	女	教学岗位	研究生毕业	博士
孙忠娟	工商管理学院	女	教学岗位	研究生毕业	博士
林慧婷	会计学院	女	教学岗位	研究生毕业	博士
王茂林	会计学院	男	教学岗位	研究生毕业	博士
李英飞	劳动经济学院	男	教学岗位	研究生毕业	博士
江华	劳动经济学院	男	教学岗位	研究生毕业	博士
盛亦男	劳动经济学院	女	教学岗位	研究生毕业	博士
曹海青	信息学院	男	教学岗位	研究生毕业	博士

续表

姓名	应聘部门	性别	岗位类型	学历	学位
沈睿芳	信息学院	女	教学岗位	研究生毕业	博士
白鹏飞	安全与环境工程学院	男	教学岗位	研究生毕业	博士
李媛媛	安全与环境工程学院	女	教学岗位	研究生毕业	博士
乔剑锋	安全与环境工程学院	男	教学岗位	研究生毕业	博士
黄春元	财政税务学院	女	教学岗位	研究生毕业	博士
张娜	法学院	女	教学岗位	研究生毕业	博士
陈皓	法学院	女	教学岗位	研究生毕业	博士
王佳妮	金融学院	女	教学岗位	研究生毕业	博士
王洋天	金融学院	男	教学岗位	研究生毕业	博士
李雪	金融学院	女	教学岗位	研究生毕业	博士
张若希	金融学院	女	教学岗位	研究生毕业	博士
杨龙光	金融学院	男	教学岗位	研究生毕业	博士
李胜旗	金融学院	男	教学岗位	研究生毕业	博士
徐新扩	金融学院	男	教学岗位	研究生毕业	博士
房厦	统计学院	女	教学岗位	研究生毕业	博士
崔佳悦	外语系	女	教学岗位	研究生毕业	博士
姜金秋	城市经济与公共管理学院	女	教学岗位	研究生毕业	博士
王紫薇	工商管理学院	女	教学岗位	研究生毕业	博士
曹燚	工商管理学院	男	教学岗位	研究生毕业	博士
蒋雪梅	经济学院	女	教学岗位	研究生毕业	博士
王钰	经济学院	女	教学岗位	研究生毕业	博士
黄亮华	会计学院	男	教学岗位	研究生毕业	博士
刘骏晟	文化与传播学院	男	教学岗位	研究生毕业	硕士
张成刚	劳动经济学院	男	教学岗位	研究生毕业	博士
孙宝平	安全与环境工程学院	男	教学岗位	研究生毕业	博士
刘永涛	财政税务学院	男	教学岗位	研究生毕业	博士
高洁	法学院	女	教学岗位	研究生毕业	博士
王强宇	金融学院	男	教学岗位	研究生毕业	博士
陈媛媛	外语系	女	教学岗位	研究生毕业	博士
连欢	马克思主义学院	女	教学岗位	研究生毕业	博士
陈天庚	体育部	男	教学岗位	研究生毕业	硕士

续表

姓名	应聘部门	性别	岗位类型	学历	学位
王冬	发展规划处	女	管理岗位	研究生毕业	硕士
付博	教务处	女	管理岗位	研究生毕业	硕士
刘佳	科研处	女	管理岗位	研究生毕业	硕士
王越乙	研究生(工作)部	女	管理岗位	研究生毕业	博士
陈晓彤	国际合作交流处	女	管理岗位	研究生毕业	硕士
孙雪原	国际合作交流处	男	管理岗位	研究生毕业	硕士
李思然	财政税务学院	女	管理岗位	研究生毕业	硕士
王璐	工商管理学院	女	管理岗位	研究生毕业	硕士
张湘姝	外语系	女	管理岗位	研究生毕业	硕士
王美慧	学生工作部(处)武装部	女	管理岗位	研究生毕业	硕士
王颖	劳动经济学院	女	管理岗位	研究生毕业	硕士
张佳宁	党委宣传部	女	其他专业技术岗位	研究生毕业	硕士
张维	财务处	男	其他专业技术岗位	研究生毕业	硕士
耿硕	档案馆(校史馆)	女	其他专业技术岗位	研究生毕业	硕士
王欢欢	经济与管理实验教学中心	女	其他专业技术岗位	研究生毕业	硕士
刘爱华	劳动经济学院	女	教师岗位	研究生毕业	博士后进站
闫建科	资产管理处	男	管理岗位	大学毕业	学士
崔云侠	后勤管理处	女	管理岗位	大学毕业	学士
程璞	组织部	男	管理岗位	大学毕业	学士
李松峰	保卫处	男	管理岗位	研究生毕业	硕士
张泽奇	信息处	男	专技岗位	研究生毕业	硕士
王萍	资产管理处	女	管理岗位	大学毕业	学士
尹志超	金融学院	男	教学岗位	研究生毕业	博士
王引	机关党总支	女	管理岗位	研究生毕业	博士
沈牧龄	国际经济管理学院	女	教师岗位	研究生毕业	博士
周子彭	国际经济管理学院	男	教师岗位	研究生毕业	博士
文旷宇	国际经济管理学院	男	教师岗位	研究生毕业	博士
彭道菊	国际经济管理学院	女	教师岗位	研究生毕业	博士
张蕊	国际经济管理学院	女	教师岗位	研究生毕业	博士
宋信息	国际经济管理学院	男	教师岗位	研究生毕业	博士
陈烨	国际经济管理学院	女	教师岗位	研究生毕业	博士

（张馨予）

【减员情况】 截至12月31日,学校在编人员减少 90人。

首都经济贸易大学2015年教职工减员统计表

减少人员90人	类别
减员的系列分布	专任教师28人
	管理人员21人
	其他专业技术人员7人
	工勤人员30人
	博士后研究人员4人
减员的原因分布	退休72人
	调出校外17人
	其中:教师6人
	管理9人
	其他专业技术2人
	工勤0人
	辞职、辞退、自动离职0人
	在职死亡1人

(张馨予)

人才引进

【应届毕业生接收】 根据编制、空岗情况和接收大中专毕业生的相关规定,经校长办公会讨论通过,2015年学校接收新教工75人,其中:教师岗位53人,党政管理岗位17人,其他专业技术岗位5人。其中,具有博士后研究经历的15人,具有博士学位的54人,硕士学位17人;211或985类院校毕业生42人,海外留学归国人员14人。为21位应届毕业生办理进京指标审批手续。

(赵娟)

【军转干部接收】 为做好军转干部接收工作,学校申报招聘岗位6个,最终接收军转干部6名。

首都经济贸易大学2015年接收军转干部一览表

接收单位	拟补充岗位名称	专业研究方向	人数	接收人员
资产管理处	资产管理处物资采购	信息类或理工专业	1	闫建科
资产管理处	资产管理处资产管理	信息类或理工专业	1	王萍
组织部	组织部干部管理	相关专业	1	程璞
保卫处	保卫处科技创安办公室	计算机相关专业	1	李松峰
信息处	信息处应用系统工程师	计算机或信息管理相关专业;具有信息化应用工作的经验	1	张泽奇
后勤管理处	后勤管理处工程办公室管理员	工程管理相关专业	1	崔云侠

(张馨予)

【博士后管理】 进入博士后流动站工作10人。截至12月31日,学校博士后流动站博士后在站28人。在站博士后1人获得中国博士后科学基金面上资助,资助等级为二等;4人获北京市博士后科研活动经费资助,其中,A类资助3人,B类资助1人。

2015 年首都经济贸易大学中国博士后科学基金获批情况一览表

序号	类别	批次	资助编号	姓名	一级学科	资助等级
1	面上资助	57	2015M571066	尹少成	法学	二等

2015 年首都经济贸易大学北京市博士后科研活动经费资助情况一览表

序号	姓名	性别	从事专业	技术职称	申请资助项目名称	申请类别	资助金额（万元）
1	邓良	男	技术经济与管理	讲师	北京市先进制造业与物流业联动发展促进产业升级研究	A	2.5
2	霍晓萍	女	企业管理	副教授	机构投资者有限注意、公司治理与资本成本	A	2.5
3	姜莱	女	经济学	讲师	北京市新能源产业发展与能源市场化改革协同推进研究	A	2.5
4	李晓曼	女	劳动经济学	讲师	中国的雇主会从雇员参与制度中获益吗	B	1

（张馨予）

教师培养

人才项目

【享受国务院政府特殊津贴专家】　截至 12 月 31 日，学校在职人员中共有 9 人享受政府特殊津贴。

（张馨予）

【海聚工程】　经海外学人中心联席会批准，张文扬、黄建华两位教授入选第十一批海外高层次人才短期项目，分别获得北京市政府奖励资金 50 万元。

（张馨予）

【百千万人才工程国家级人选】　经首都经济贸易大学、北京市人力资源和社会保障局推荐，人力资源和社会保障部审批，戚聿东教授入选 2015 年国家百千万人才工程，并被授予国家“有突出贡献中青年专家”荣誉称号。

（张馨予）

【外聘高级专家】　截至 12 月 31 日，学校共聘任讲座教授 2 人，兼职教授 16 人。

（张馨予）

进修与培训

【在职攻读硕士、博士学位】　截至 12 月 31 日，学校资助在读博士学位 80 人，在读硕士或研究生同等学力 24 人。

（周彤）

【岗前培训及教师资格认定】　学校组织教职工 68 人参加了第 69 期和第 70 期北京市高等教师岗前培训。经过北京市统考，50 人成绩合格，取得结业证书。学校于 4 月 3—28 日、9 月 18 日—10 月 26 日进行教师资格认定工作，为 77 人申请了高等学校教师资格证。

2015 年首都经济贸易大学教师资格认定汇总名单

序号	所在院系	姓名
1	城市经济与公共管理学院	王烨　周芳
2	工商管理学院	程丽娟　李研　孙喜　王硕　王夏
3	经济学院	陈建先　杜雯翠　郝宇彪　贺小丹　黄灿　李智　赵灵翡　闫云凤
4	会计学院	林乐　李盈璇
5	劳动经济学院	陈书洁　王晓霞　侯俊丹　魏文一　常成　傅春晖
6	文化与传播学院	高亢
7	信息学院	付东普　刘经纬　王汀　杨艳妮
8	安全与环境工程学院	陈源　丁爽　王佩　周洁琼
9	财政税务学院	李林君　刘翔
10	法学院	陈寒非　陶盈　尹少成　张娜　张鹏
11	金融学院	刘威仪　杨意　赵大萍
12	统计学院	王琳　王娜娜　吴慧珊　袁晶　陈珩　龚宇　简思蓁　李显君
13	外语系	苏明鸣　张东芹
14	华侨学院	崔粉芝　高飞　黎洁　李京宁　李亚玲　李扬　律媛媛　罗常青　秦小舒　茹常君　沈晶　宋鲜丽　孙玥　王素芳　张丽娟　朱磊磊　卜丽雅　黄建明　张薇　韦漫秋　王银
15	马克思主义学院	李厚羿
16	体育部	朱睿
17	国际学院	李红
18	学生处	闫博

（周彤）

【学校海外研修项目】 经选拔，共 24 名教师获得　进修资格。

2015 年首都经济贸易大学海外研修项目进修人员汇总表

序号	姓名	所在院系	申请国家/地区	海外访学申请院校	进修时间
1	陈汉明	财政税务学院	美国	密歇根州立大学	12 个月
2	翟业虎	法学院	美国	密歇根州立大学	12 个月
3	陈飞	城市经济与公共管理学院	美国	密歇根州立大学	12 个月
4	王雅婷	金融学院	美国	密歇根州立大学	12 个月
5	梅超群	统计学院	美国	密歇根州立大学	12 个月
6	文华	安全与环境工程学院	美国	密歇根州立大学	12 个月
7	李新	金融学院	美国	密歇根州立大学	12 个月
8	杨玲	安全与环境工程学院	美国	密歇根州立大学	6 个月
9	毛琦	文化与传播学院	美国	密歇根州立大学	6 个月
10	周格	劳动经济学院	美国	密歇根州立大学	6 个月

续表

序号	姓名	所在院系	申请国家/地区	海外访学申请院校	进修时间
11	郭卫东	工商管理学院	美国	新泽西州立大学	12 个月
12	李强	城市经济与公共管理学院	美国	新泽西州立大学	12 个月
13	葛卫红	外语系	美国	新泽西州立大学	12 个月
14	邱月	信息学院	美国	新泽西州立大学	12 个月
15	王哲兵	会计学院	美国	德克萨斯农工大学	12 个月
16	贺宏	会计学院	美国	伊利诺伊大学	12 个月
17	张萍	金融学院	美国	伊利诺伊大学	12 个月
18	汪洋	经济学院	美国	伊利诺伊大学	6 个月
19	张馨艺	会计学院	美国	加州大学	12 个月
20	裴艳波	统计学院	美国	宾夕法尼亚州立大学	12 个月
21	赵耀	劳动经济学院	台湾	东吴大学	4 个月
22	徐丽雯	法学院	台湾	东吴大学	4 个月
23	赵艳	工商管理学院	台湾	东吴大学	4 个月
24	王晖	城市经济与公共管理学院	台湾	东吴大学	4 个月

（周彤）

【教师国内访问学者项目】 2015 年，在北京市教委的经费资助下，学校选派了青年骨干教师李云鹏参加国内访问学者项目。

（周彤）

【市属高校教师发展基地项目】 2015 年，学校选派 4 名青年骨干教师参加市属高校教师发展基地研修项目。

2015 年参加市属高校教师发展基地研修人员名单

序号	姓名	所在单位	录取院校	专业	导师
1	王剑波	法学院	清华大学	刑法学	黎宏
2	姚成贺	外语系	北京大学	英美文学	程朝翔
3	王冲	文化与传播学院	中国人民大学	传播学	陈力丹
4	郭凌云	国际学院	北京大学	现代汉语	袁毓林

（周彤）

【哲学、社会科学骨干研修班项目】 2015 年，学校选派教师参加中央级研修班 4 名，参加北京市级研修班 15 名。

2015 年参加哲学、社会科学教学科研骨干研修班人员名单

姓名	性别	民族	职称	所在单位	培训级别
金晓晨	女	汉	教授	法学院	央级
李晓安	女	汉	教授	法学院	央级
高桂林	男	汉	教授	法学院	央级

续表

姓名	性别	民族	职称	所在单位	培训级别
米新丽	女	汉	教授	法学院	央级
宿东泽	男	汉	讲师	文化与传播学院	市级
周宇宏	女	汉	教授	马克思主义学院	市级
程丽娟	女	汉	讲师	工商管理学院	市级
杨意	男	汉	助教	金融学院	市级
李厚羿	男	汉	讲师	马克思主义学院	市级
王晓霞	女	汉	讲师	劳动经济学院	市级
连欢	女	汉	讲师	马克思主义学院	市级
陶盈	女	汉	讲师	法学院	市级
高建平	男	汉	副教授	外语系	市级
杜晓	女	汉	讲师	马克思主义学院	市级
王昕	男	汉	教授	文化与传播学院	市级
蔡红	女	汉	教授	工商管理学院	市级
蔡秀云	女	汉	教授	财政税务学院	市级
李晓鸥	女	汉	讲师	学生处	市级
高晨	女	汉	初级	研究生(工作)部	市级

(周彤)

【后备学科带头人与中青年骨干教师评选】 2015年,学校遴选后备学科带头人9名,中青年骨干教师18名。

(周彤)

【新教工入职培训】 7月6—10日,学校全体新教工进行入职培训,培训分为校内、校外两个部分。7月6日至7日的校内培训中,新教工们系统学习了有关首都经济贸易大学校史、发展规划、人才培养、科学研究、学科建设、财务事项、职业生涯规划等方面的制度规定,初步建立起对学校发展及现状的认识框架。7月8日,在校外进行了户外拓展训练。7月9—10日,教师岗和非教师岗的老师分别进行了职业化培训和沟通技能培训。教师参加了"塑造教师心态,开创职业愿景"课程,非教师岗的老师学习了"4D行为风格与高效沟通"课程。

(周彤)

【新入职管理干部培训】 11月12—15日,北京市高等学校师资培训中心举办新入职管理干部培训班。学校共8名新入职管理干部按照规定参加了课程培训并达到要求取得由北京市高等学校师资培训中心签章的培训结业证书。

2015年学校新入职管理干部培训人员名单

序号	姓名	性别	所在单位	职务/职称
1	李松峰	男	保卫处	科员
2	付博	女	教务处	科员
3	刘佳	女	科研处	科员
4	王萍	女	资产管理处	科员
5	闫建科	男	资产管理处	科员
6	程璞	男	党委组织部	科员
7	崔云侠	女	后勤管理处	管理员
8	张佳宁	女	宣传部	科员

(周彤)

【硕士研究生导师高级研修班】 11月20—23日，北京市高等学校师资培训中心举办"第七期北京市属高等学校硕士研究生导师高级研修班"。学校共5名硕士研究生导师参加了课程培训并达到要求取得由北京市高等学校师资培训中心签章的培训结业证书。

2015年参加北京市属高等学校硕士研究生导师高级研修班名单

序号	姓名	性别	职称	指导专业
1	何晴	女	副教授	财政学
2	潘娜	女	副教授	行政管理
3	王蕾	女	副教授	行政管理
4	王明荣	女	副教授	国际贸易
5	王昕	男	教授	媒介经营与管理

（周彤）

【北京市属高校管理干部管理能力提升高级研修班】 11月5—8日，北京市高等学校师资培训中心举办市属高校中青年管理干部综合管理素养提升高级研修班。学校共9位教师按照规定参加了课程培训并达到要求取得由北京市高等学校师资培训中心签章的培训结业证书。

2015年参加北京市属高校管理干部管理能力提升高级研修班名单

序号	姓名	性别	所在单位	职务
1	王明会	男	劳动经济学院	党委书记
2	陈文瑛	女	安全与环境工程学院	副院长
3	李少辉	男	保卫处	消防安全科副科长
4	赵娟	女	保卫处	科技创安办公室主任
5	郭丽萍	女	保卫处	综合办公室副主任
6	金湜	女	国际经济管理学院	行政秘书
7	雷露	女	国际经济管理学院	教学秘书
8	柳艺	女	党委组织部	干部
9	张北公	男	党委组织部	干部

（周彤）

【骨干教师科研能力与师德素养提升高级研修班】 5月21—24日、11月8—11日，北京市高等学校师资培训中心举办"北京市属高等学校骨干教师科研能力与师德素养提升高级研修班"。学校共12位教师按照规定参加了课程培训并达到要求取得由北京市高等学校师资培训中心签章的培训结业证书。

2015年参加科研能力与师德素养提升高级研修班名单

序号	姓名	性别	所在单位	职称
1	丁爽	男	安全与环境工程学院	讲师
2	李媛媛	女	安全与环境工程学院	讲师
3	乔剑锋	男	安全与环境工程学院	讲师
4	孙忠娟	女	工商管理学院	讲师

续表

序号	姓名	性别	所在单位	职称
5	边展	女	工商管理学院	讲师
6	房厦	女	统计学院	讲师
7	刘经纬	男	信息学院	讲师
8	李先知	女	文化与传播学院	讲师
9	李红	女	国际学院	讲师
10	翟春娟	女	工商管理学院	副教授
11	闫云凤	女	经济学院	讲师
12	黄灿	女	经济学院	讲师

(周彤)

【现代教育技术培训】 5月20日、5月27日、11月25日、12月2日,人事处联合高等师资培训中心举办了2015年现代教育技术培训。此次培训主要为大家讲解教育技术理论、Word 2003、PowerPoint 2003、Photoshop CS3,90余名教职工参加了培训。

(周彤)

【教职工休养】 2月1日—11月5日(28个期次),学校组织安排20个单位共363位教职工赴北京市教工休养院的休养工作。

(周彤)

教师促进中心(OTA)

【概述】 2015年,教师促进中心OTA继续以"释放教师潜能、追求卓越教学、提升科研层次"为宗旨,以主题午餐会、学术沙龙等品牌活动为主要实践平台,履行"全面促进教师的教学、科研和身心健康"的使命,有计划地精心组织午餐会活动,举办首场"青年论坛"讲座,注重扩大校内外影响力,进一步加强对OTA学术交流室的管理,做好对外交流活动,提升OTA网站的宣传效果。

(王冬)

【举办7场OTA午餐会】 2015年,OTA共举办了7场午餐会。各午餐会的主讲人和主题分别为:体育部陈思和孔海宁主讲了《教学那些事:教学基本功比赛获奖者经验分享》;财政税务学院刘颖和张春平主讲了《实践教学创新的尝试》;国际经济管理学院林蔚、黎菁以及李委明主讲了《科研与创新的经验分享》;经济学院田新民主讲了《如何培养好研究生》;工商管理学院吴冬梅主讲了《案例教学模式》;对外联络处赵喜玲主讲了《高校教师职业心理减压》;经济学院李婧和翟春娟主讲了《理解美国大学的忙碌》。7场午餐会共有215人参加,平均每场30人,主要为各学院年轻教师。

(王冬)

【举办首场"青年论坛"讲座】 10月21日,OTA与北京高校经贸专业群联合举办了首场"青年论坛"讲座,讲座主题为"微观数据库应用"。来自17所院校的90余名师生参加了本次论坛,参加论坛的老师们就各类微观数据库的基本信息、使用现状和潜在问题进行了经验的分享和交流。举办此次论坛,OTA整合了校内外资源,有助于促进学校教师与首都经济学界青年教师的学术交流与合作,实现资源共享,提升学校与首都经济学界青年教师的研究水平。

(王冬)

【组织好OTA学术交流室的开放】 2015年,根据老师们的反馈意见,OTA进一步改善了学术交流室的环境,购买了最新的教育类、经管类和社会学类书籍,并购置一批新的读书工具和用品,进一步满足了老师们的读书需求,为确保学术交流室按时开放,值班人员增加至2人。同时,学术交流室也成为学校各学院和部门开展学术研讨活动的重要场所,2015年OTA协助学生处在学术交流室成功举办了"自我认知对大学生成长的意义""为走上职场而时刻准备着""传统文化中的管理智慧""简单的认真""自信对当代中国大学生的意义""人生的幸福和幸福的人生""如何为你的成长争取更多时间"等7场"成长加油吧"活动,共向马克思主义学院提供场所20余次,供其每星期举办一至两场读书会。

(王冬)

【改版教师促进中心网站】　在总结OTA原有网站运行和使用经验的基础上，组织人员对OTA原有网站进行了全新改版，经过半年的筹备，2015年9月，“首都经济贸易大学教师促进中心（OTA）”新版网站正式上线。此次改版，将网站分为“工作动态”“午餐会”“职业导航”“经验交流”“教学与研究”等7个板块，改版后的网站简洁明了、信息量增加、内容质量更高，并在借鉴了其他众多网站的版式风格后，结合OTA的设置特色优化了界面风格，不仅方便老师们浏览查询，也更有利于其他高校了解学校OTA的宗旨与理念，进行经验交流。

（王冬）

第七篇

对外交流与合作

上图 2月28日，美国克利夫兰州立大学孔子学院举办2015年春节文化庆典活动

中图 3月18日，副校长徐芳会见爱尔兰都柏林城市大学代表团一行

下图 3月21日，美国克利夫兰州立大学孔子学院举行2015年克利夫兰地区大学生“汉语桥”比赛

上图　3月23日，芬兰哈格－赫利尔应用科技大学副校长迪姆·玛蒂·科克一行来访

中图　6月19日，副校长徐芳会见乍得使馆官员一行

下图　7月2日，校长王稼琼代表学校与巴黎第七大学校长 Christine Clerici 签署两校合作协议

上图　9 月 15 日，副校长徐芳会见澳大利亚格里菲斯大学副校长麦克·鲍威尔一行

下图　10 月 21 日，校长王稼琼会见新西兰林肯大学代表团一行

上图　12 月 4 日，学校召开美国克利夫兰州立大学孔子学院 2015 年理事会

下图　中外学生在一起交流

概　况

2015年,学校共与全球24个国家和地区98所高校与机构签署合作协议。学校与美国纽约州立大学宾汉姆顿分校、法国巴黎第七大学、埃塞俄比亚的斯·亚贝巴大学、波兰华沙中央经济学院等全球13所高校新签署两校合作谅解备忘录;学院层面与英国南安普顿大学、瑞典乌普萨拉大学、法国图卢兹第二大学等全球12所高校新签或续签院级学生交流交换协议;共派遣217名学生赴国(境)外参加长短期的交流交换和暑期学习项目,派出学生人数和2014年相比,增加了16%。校院两级和国外高校的长短期交流项目,全年共派出174名学生到美国波士顿大学、克利夫兰州立大学、天普大学、加州大学圣地亚哥分校、河滨分校、加拿大蒙特利尔大学、日本爱媛大学和爱尔兰都柏林城市大学等友好院校进行学习交流。港澳台地区学生交流项目,全年共派出43名学生赴东吴大学、静宜大学、政治大学、台南大学等台湾高校学习交流。学校聘请长短期外籍专家和教师共计46人次,分别来自美国、英国、加拿大、法国、瑞典、澳大利亚、新西兰等国家。

（雷静）

友好合作院校

2015年首都经济贸易大学与境外高校新签署校级合作交流协议一览表

序号	国家和地区	境外高校中文名称	境外高校英文名称	签署日期
1	美国	北伊利诺伊大学	Northern Illinois University	6月25日
2	美国	纽约州立大学宾汉姆顿分校	State University of New York Binghamton	5月12日
3	美国	新墨西哥大学	University of New Mexico	11月2日
4	英国	格鲁斯特大学	University of Gloucestershire	12月9日
5	法国	巴黎第七大学	Université Paris Diderot - Paris 7	6月25日
6	波兰	华沙经济学院	Warsaw School of Economics	6月19日
7	波兰	波兹南经济大学	Poznan University of Economics	6月19日
8	匈牙利	匈牙利罗兰大学	Eötvös Lorǘnd University	6月19日
9	俄罗斯	普列汉诺夫经济大学	Plekhanov Russian University of Economics	11月11日
10	新西兰	林肯大学	Lincoln University	6月25日
		新西兰商学院	New Zealand College of Business	
11	新西兰	坎特伯雷大学	University of Canterbury	2015年
12	埃塞俄比亚	亚的斯·亚贝巴大学	Addis Ababa University	7月13日
13	台湾地区	彰化师范大学	Changhua University of Education	1月21日

（雷静）

2015 年与境外高校新签署院级合作交流协议一览表

序号	国家和地区	境外高校中英文名称	签署协议学院	协议内容
1	美国	密苏里州立大学 Missouri State University	工商管理学院 MBA 中心	硕士联合培养项目
2	美国	伊利诺伊大学芝加哥分校 University of Illinois at Chicago	经济学院	学生交流、教师学术合作项目
3	美国	纽约州立大学宾汉姆顿分校 State University of New York Binghamton	安全与环境工程学院	本硕联合培养项目
4	英国	南安普顿大学 University of Southampton	劳动经济学院	学生交流项目
5	爱尔兰	阿斯隆理工学院 Athlone Institute of Technology	劳动经济学院	学生交流项目
6	法国	第戎高等商学院 Dijon Business School	经济学院	研究生交流项目
7	法国	克莱蒙高等商学院 ESC Clermont	经济学院	本硕双学位、学生交流项目
8	法国	图卢兹第二大学 Université de Toulouse – Le Mirail: Toulouse 2	经济学院	本科攻读硕士项目
9	瑞典	乌普萨拉大学 Uppsala University	统计学院	学生交流项目
10	新西兰	坎特伯雷大学 University of Canterbury	财政税务学院	本科交流、本硕双学位项目
11	新西兰	林肯大学 Lincoln University、 新西兰商学院 New Zealand College of Business	华侨学院	本硕联合培养项目
12	日本	爱媛大学 Ehime University	劳动经济学院	学生交流项目

(雷静)

友 好 往 来

与北美洲的校际交流

【美国天普大学来访】 3 月 19 日,副校长徐芳会见美国天普大学国际交流合作事务主管助理副校长布鲁克·沃克(Brooke Walker)和天普大学中国办公室主任刘兴才,洽谈学院间学生交流、教师访学事宜。

(雷静)

【美国马里兰大学来访】 3 月 12 日,国际合作交流处副处长杨全社会见美国马里兰大学中国事务部主任安奈德先生和项目负责人陈铭京,深入洽谈两校院级合作项目。5 月 29 日,校长王稼琼会见美国马里兰大学公共政策学院院长、联合国秘书长气候变化特别顾问罗伯特·奥尔(Robert Orr)、公共政策学院院长助理劳拉·福梅尔(Lara Fuenmayor)一行。

(雷静)

【芬兰哈格-赫利尔应用科技大学来访】 3 月 23 日下午,副校长徐芳会见芬兰哈格-赫利尔应用科技大学迪姆·玛蒂·科克副校长,就两校在深化合作交流层次和内容、开拓创新合作模式等方面进行了交流探讨。

(雷静)

【美国伊利诺伊大学春田分校来访】 4 月 21 日,美国伊利诺伊大学春田分校工商管理学院院长罗恩·麦克尼尔(Ron McNeil)及院长助理加里·杨(Gary Yang)在北京市高等学校师资培训中心谢新水副主任的陪同下来学校访问。

(雷静)

【美国奥本大学来访】 5 月 19 日,校长助理、会计学院院长崔也光会见美国奥本大学负责国际合作交流事务的助理副校长库克博士夫妇,就两校在增进相互了解、拓展交流与合作项目等方面进行了深入沟通并达成合作交流意向。

(雷静)

【美国北伊利诺伊大学来访】 6 月 25 日,党委书记柯文进会见美国北伊利诺伊大学校长道格拉斯·贝克(Douglas Baker)、文理学院院长克里斯多·麦考德(Christopher McCord)及国际项目主管吴蓓女士一行。双方就深化两校合作交流进行了深入会谈并签署了校际合作谅解备忘录。

(雷静)

【加拿大约克大学来访】 10 月 23 日,副校长徐芳会见加拿大约克大学负责国际合作交流的助理副校长玛里琳·德拉切一行,就两校在学生联合培养、教师互派、科研合作等方面进行了友好交流并达成初步共识。

(雷静)

【美国新墨西哥大学来访】 11 月 2 日,校长王稼琼会见美国新墨西哥大学校长罗伯特·弗兰克(Robert Frank)、全球教育中心主任妮可·塔米、安德森管理学院院长克雷格·怀特(Craig Wright)、工程学院院长约瑟夫·切奇等一行。王稼琼和罗伯特·弗兰克分别代表首都经济贸易大学和新墨西哥大学签订了两校合作谅解备忘录。

(雷静)

与欧洲的校际交流

【爱尔兰都柏林城市大学来访】 3 月 18 日,副校长徐芳会见爱尔兰都柏林城市大学负责对外关系发展的副校长特雷福·福摩斯先生,就两校在已有合作交流项目基础上拓展新的项目和合作模式进行了交流探讨。

(雷静)

【英国南安普顿大学来访】 5 月 19 日,英国南安普顿大学社会与人文科学学院国际部主任柯岚晓访问学校。

(雷静)

【国际货币基金组织来访】 9 月 21 日,校长王稼琼会见国际货币基金组织财政事务部原主任、意大利财政部副部长维多·坦兹和夫人玛丽亚·坦兹,及北京大学海外名师陈立齐一行。副校长徐芳陪同会见。

(雷静)

【白俄罗斯教育部来访】 10 月 2 日,副校长徐芳会见白俄罗斯教育部国际合作司司长维拉迪米·沙普洛夫一行。双方就促进学校与白俄罗斯高校的合作与交流,切实推动学校与白俄罗斯财经类大学开展教学与学术科研合作进行了会谈。

(雷静)

【俄罗斯普列汉诺夫经济大学来访】 11 月 11 日,校长王稼琼会见俄罗斯普列汉诺夫经济大学第一副校长列昂尼德·布拉金和经济系主任阿萨利·阿萨利耶夫,上海合作组织实业家委员会秘书长谢尔盖·卡纳夫斯基一行,就两校间开展学生交换、教师交流、科研合作等内容进行了友好交流并达成初步共识。副校长徐芳代表学校与普列汉诺夫经济大学签署两校合作谅解备忘录。

(雷静)

与大洋洲的校际交流

【新西兰坎特伯雷大学来访】 9月15日,副校长徐芳会见新西兰坎特伯雷大学副校长索尼娅·梅齐和商法学院经济与金融系教授罗伯特·里德,就两校开展学生联合培养、教师科研合作等内容进行了深入交流并达成共识。

(雷静)

【澳大利亚格里菲斯大学来访】 9月15日,副校长徐芳会见澳大利亚格里菲斯大学副校长麦克·鲍威尔、旅游孔子学院副院长丁培毅、格里菲斯大学国际部大中华区主任谢尔曼·夏一行,双方就开展学生联合培养、教师交流访学、科研创新合作等内容进行了友好交流。

(雷静)

【新西兰林肯大学来访】 10月21日,校长王稼琼会见了新西兰林肯大学常务副校长杰瑞米·贝克一行,双方就如何在校际合作备忘录框架内开展合作项目进行了友好交流。会谈前,华侨学院与新西兰林肯大学签署院级学生交流交换协议。

(雷静)

与非洲的校际交流

【坦桑尼亚高校校长代表团来访】 9月17日,由8名坦桑尼亚高校校长组成的代表团访问学校。校长王稼琼会见代表团并与来访的高校校长就建立校际合作交流关系,推动教师和学生交流举行会谈。副校长徐芳主持会见和座谈。

(雷静)

学生交流交换

2015年,学校继续开展校院两级学生派出工作,共派出学生174名赴国外学习。在校级项目方面,与美国波士顿大学、克利夫兰州立大学、天普大学、加州大学河滨分校及爱尔兰都柏林城市大学合作,共派出学生19名,其中,波士顿大学6名、加州大学河滨分校5名、爱尔兰都柏林城市大学6名、克利夫兰州立大学和天普大学各1名。做好校级项目的同时,指导各学院的学生交流工作,院级项目派出学生155名。经济学院法国克莱蒙特项目派出学生12名,法国诺凡西亚项目派出学生4名,德国应用科技大学派出学生3名,美国加州大学圣地亚哥分校项目派出学生40名,美国乔治城大学项目派出学生28名。劳动经济学院日本爱媛大学项目派出学生3名,加拿大蒙特利尔大学项目派出学生8名,美国加州大学伯克利分校派出学生4名,美国密歇根大学项目派出学生1名,爱尔兰阿斯隆理公会学院项目派出学生6名。统计学院美国密歇根大学安娜堡分校项目派出学生23名。华侨学院美国南卫理公会大学项目派出学生1名,加拿大滑铁卢大学项目派出学生1名,美国佛罗里达州立大学项目派出学生1名,德国曼海姆大学项目派出学生1名,美国新墨西哥大学项目派出学生1名。法学院美国天普大学项目派出学生3名。金融学院加拿大圣西维尔大学项目派出学生1名。工商管理学院日本名城大学项目派出学生14名。安全与环境工程学院美国纽约州立大学宾汉姆顿分校项目派出学生2名。文化与传播学院美国马里兰大学项目派出学生3名。

(雷静)

外专外教

学校共聘请外教13人。其中博士学位2人、硕士学位7人、本科学位4人。分别来自美国、英国、加拿大、澳大利亚、新西兰及法国。主要工作为学校本科生和研究生英语、法语及专业课程教学。

2015年首都经济贸易大学在职外教名单

序号	姓名	国籍	学历	毕业院校	任职单位	授课专业
1	Andrewlee Crooks	美国	艺术专业硕士	美国新墨西哥大学	外语系	英语
2	David Burgess	英国	国际关系专业硕士	英国北安普顿大学	外语系	英语
3	Rose Golder - Novick	美国	教育学硕士	美国长岛大学	外语系	英语

续表

序号	姓名	国籍	学历	毕业院校	任职单位	授课专业
4	Enrico Mancarella	澳大利亚	文学、教育学学士	澳大利亚新南威尔士大学	外语系	英语
5	Shang Ying	加拿大	经济学博士学位	加拿大女皇大学	国际经济管理学院	专业课
6	Frederic Bonnet	法国	地质学博士学位	法国国立路桥学校	经济学院	专业课
7	Lynda Bensizerara	法国	语言学硕士	法国巴黎第七大学	经济学院	专业课
8	Sebastien Gaudin	法国	经济学硕士	法国巴黎第十三大学	经济学院	专业课
9	Diana Dang	新西兰	财务和金融硕士	曼彻斯特大学	华侨学院	专业课
10	John Ryan Eathorne	新西兰	社会学学士	惠灵顿维多利亚大学	华侨学院	英语
11	Lily Liu	澳大利亚	信息工程管理硕士	新南威尔士大学	华侨学院	专业课
12	Shane D. Henderson	美国	历史学学士	东俄勒冈州立大学	华侨学院	英语
13	Manship Smith Ⅲ	美国	科学及计算机学士	新奥尔良杜伦大学	华侨学院	专业课

（黄晶晶）

孔子学院

概　况

孔子学院理事会由 7 人组成。现任理事长为爱国华侨严云泰先生，副理事长由中方校长担任，理事会成员分别由美方学校校长、美方学校和中方学校分管国际合作交流工作的副校长以及中外方孔子学院院长担任，中方执行院长为首都经济贸易大学张旭红副研究员，外方院长为美国克利夫兰州立大学周海刚教授。2015 年，孔子学院在克利夫兰州立大学图书馆新建孔子学院中国文化中心，新增教学面积 203.5 平方米。全年孔子学院教师参加各类学术活动 8 人次，并有多位老师在相关研讨会上发言。

（朱红）

汉语教学与学术活动

【课程设置】 克利夫兰州立大学孔子学院教学情况增长明显，所开课程多元化、特色化。孔子课堂新增 4 个，增至 5 个课堂；教学点新增 6 个，增至 19 个。全部教师人数为 27 人；孔院本部教师 10 人；学区教师 16 人，新任教师 7 人，现有教学岗位 25 个。学员总人数 2 317 人，年度增长 12.5%。其中注册学分学生（注册学员）1 821 人，年度增长 15.3%。注册非学分学生（非注册学员）496 人，年度增长 3.3%。开课 41 门次，年度增长 36.7%。课程层次继续保持小学、初中、高中、大学高中低、硕士、社区层次。课程包括：少儿汉语、初级汉语、中级汉语、大学初级/中级/高级汉语、研究生层次综合汉语、中国文化、武术、太极、商务汉语等。使用教材包括《中文听说读写》《长城汉语》《汉语乐园》《新世纪商用汉语初级会话》《快乐汉语》及自编教材等。全年授课时数 287 小时，年度增长 27.6%。

（张旭红）

【汉语水平考试】 参与汉语水平模拟测试达到 4 000人次，是 2014 年的 2 倍；实际报名人数将近 150 人，是 2014 年的 1.5 倍；目前已经有 4 个中文学校定期参加汉语水平考试。

（张旭红）

【教师培训】 孔子学院每月定期举办教师培训和交流活动并举办汉办新任汉语教师到岗培训。聘请经验丰富的汉办教师和本土教师，针对教师们在课堂管理、文化适应方面的短板，有针对性地开展培训活动。培训活动吸引了周边的本土教师的参与，同时还建立了培训师数据库,以更方便中文教师进行交流。孔子学院举行8次教师培训并已成品牌,近300人参加,多位孔院教师在主办的教师培训研讨会上发言以分享教学和课堂管理经验。培训人数是去年的3倍。

(张旭红)

【协助美国克利夫兰州立大学申请中文辅修专业】 2015年,协助克利夫兰州立大学世界语言文学文化系申请中文辅修专业。两名汉办外派教师全面承担了中文辅修专业的设计和申报工作,并取得了阶段性成果,即在项目设计与实施中,汉语语言学(上、下)两门课程率先通过了院系审核。

(张旭红)

文化传播与推广工作

【汉语桥项目】 汉语桥——美国高中生汉语桥夏令营项目,由孔子学院与美国国会议员合作举办。在招募学员及项目推广的过程中,孔子学院与美国国会众议院非洲裔议员团主席、民主党联邦众议员玛西亚·富奇(Marcia L. Fudge)办公室,紧密合作、互相促进。议员和汉办分别向10位来自议员选区的贫困营员资助了国际旅费,共资助了20名营员。2015年参加项目的人数为48人,是过去3年参加人数的总和。截至2015年共有100余名高中生参与了该项目。在议员和项目的影响下,进一步让普通民众从正面了解和认识了孔子学院、认识了中国和中国文化,项目的开展还催生了潜在的中美合作项目。

(张旭红)

【"留学中国"项目】 在克利夫兰州立大学孔子学院主管校领导的支持和协调下,2015年,"留学中国"项目向学生提供学分。中方合作学校首都经济贸易大学派出2位资深教授授课。项目组织学生实地参观考察了国内20多家热门行业的领军企业(腾讯、京东、花旗、海尔、全聚德、晨星等)。数据表明50%的参团学生在面临学习和就业选择时选择了与中国相关的事务。

(张旭红)

【第八届教师感谢日暨第二届"全球孔子学院日"活动】 2015年,克利夫兰地区26所中小学校领导及950余名师生参加第八届教师感谢日暨第二届"全球孔子学院日"活动。活动日为新成立的4所孔子课堂举行了揭牌仪式。

(张旭红)

【俄亥俄州中小学生演讲暨作文比赛】 4月11日,孔院举办第三届俄亥俄州中小学生演讲暨作文比赛,参赛人数达500余人,是来自克利夫兰、哥伦布、阿克伦、辛辛那提、迈阿密等地区33所学校的中小学生。大赛由美国克利夫兰州立大学孔子学院、俄亥俄州中文教师协会、迈阿密大学孔子学院联合主办。俄亥俄州教育厅考试办副主任、美国华人全国委员会秘书长、美国俄亥俄州中国文化中心副理事长徐登科博士出席活动,并担任特邀专家评委。

(张旭红)

【积极开展夏令营活动服务社区】 6月,克利夫兰州立大学孔子学院和克利夫兰公共图书馆共同举办中文夏令营,共计60名本地市民子女参与其中,较去年增长了150%。7月,克利夫兰首次与克利夫兰公共图书馆西卡内基分馆联合举办汉语夏令营,共16名中小学生参加。

(张旭红)

【协办第二届美国精英国际钢琴比赛决赛】 10月3日,孔子学院协办第二届美国精英国际钢琴比赛决赛,并在此次赛事中特设中国作品组。报名选手84人次,较去年增长了168%。有40名选手进入决赛。

(张旭红)

【美国克利夫兰州立大学孔子学院教育代表团赴华访问】 11月29日至12月1日,由克利夫兰州立大学孔子学院院长周海刚带队的克利夫兰教育代表团赴中国5省市9所高校进行了为期两周的访问交流。克利夫兰州立大学副校长森迪·李、商学院副院长欧亚·图克尔等人参加了本次活动。

(张旭红)

【2015年CIS K-G3冬季音乐会】 12月,美国校园国际学校(Campus International School)年度冬季音乐会分为低年级和高年级两场举行。12月10日在克利夫兰州立大学成功举办了低年级音乐会,12月16日在同一地点举办了高年级音乐会。该活动有300多名学生参加。

(张旭红)

中外双方合作情况

【概述】 根据学校专业设置情况，两校共同协作，侧重于经贸类学科教师交流，力争将孔子学院建设成经贸特色孔院。2015 年，举办经贸类论坛 1 次，接收经贸类留学项目学生团 1 个，项目学生考察中国企业 20 余次，接待来访团组 2 个，接收孔子学院奖学金学生 6 名，举办研讨会 1 次，召开理事会 1 次，第一次外派学生，接收学分互认学生 1 名。

（朱红）

【联合召开 2015 年孔子学院理事会会议】 12 月，在首都经济贸易大学召开 2015 年孔子学院理事会会议，听取孔子学院工作汇报和财务情况，并就修订理事会议事规则、孔子学院发展方向以及中美院长考核制度等相关的工作达成共识。

（朱红）

【联合召开第二届（2015）国际学术论坛】 12 月，学校与克利夫兰州立大学共同在学校举办经贸论坛，两校校领导出席，专家学者分别就论坛主题做主旨演讲。

（朱红）

因公出国（境）

概　况

2015 年，学校教职员工因公出国境共计 73 人次，出访团组 33 个。其中，访问学者 7 人次，校际交流 51 人次，国际会议 9 人次，培训 3 人次，带学生实习 2 人次，随团演出 1 人次。其中校级代表团 10 个。出访国家和地区包括：美国、英国、德国、法国、意大利、波兰、瑞士、西班牙、比利时、匈牙利、加拿大、澳大利亚、新西兰、埃塞俄比亚、南非、新加坡、印尼、韩国、日本及中国台湾，共计 20 个国家和地区。

（董淑英）

重要出访活动

【副校长王文举率团访问东欧】 4 月 12—19 日，副校长王文举等 4 人访问波兰华沙经济学院、波兹南经济大学、匈牙利中欧大学、罗兰大学，与波兰华沙经济学院及波兹南经济大学签署了校际合作交流协议。

（董淑英）

【副校长孙昊哲赴意大利参加国际研讨会】 6 月 14—25 日，副校长孙昊哲应意大利威尼斯国际大学邀请，参加“清洁能源与气候变化”国际研讨会，推进学校环境工程学科和专业的国际合作，加强校园生态文明建设。

（董淑英）

【校长王稼琼率团访问欧洲】 6 月 21—26 日，校长王稼琼等 6 人访问德国柏林洪堡大学、法国巴黎诺凡西亚高等商学院、巴黎第七大学，与巴黎第七大学签署了校际合作交流协议。

（董淑英）

【副书记杨世忠率团访问澳大利亚、新西兰】 6 月 21—28 日，副书记杨世忠访问新西兰商学院、林肯大学、坎特伯雷大学及澳大利亚迪肯大学，与新西兰林肯大学签署了校际合作交流协议。

（董淑英）

【党委书记柯文进率团访问非洲】 7 月 12—20 日，党委书记柯文进等 5 人访问埃塞俄比亚的斯・亚贝巴大学、南非金山大学、约翰内斯堡大学、西开普敦大学，与亚的斯・亚贝巴大学签署了校际合作交流协议。

（董淑英）

【党委副书记朱玉华率团访问比利时、西班牙】 9 月 20—27 日，党委副书记朱玉华等 4 人访问西班牙马德里卡洛斯三世大学、巴塞罗那自治大学、比利时布鲁塞尔自由大学，商谈校际合作交流事宜。

（董淑英）

【副校长徐芳出访活动】 10月14—21日,副校长徐芳参加北京市局级领导“两岸关系与对台工作”研讨班,赴台湾参加交流活动。10月27日—11月5日,副校长徐芳参加北京市教委组团访问英国伦敦国王学院、德国洪堡大学、意大利罗马二大、意大利中国交流服务中心,洽谈“外培计划”。

(董淑英)

【党委副书记孙善学率团访问日本、韩国】 11月8—15日,党委副书记孙善学等5人赴日本出席流通经济大学50周年校庆,访问日本札幌大学、韩国成均馆大学及东首尔大学,宣传学校留学生招生政策。

(董淑英)

【副校长王传生率团访问英国】 12月6—12日,副校长王传生等6人访问英国威斯敏斯特大学、南安普顿大学、格鲁斯特大学,与英国南安普顿大学签署学生交换协议,与英国格鲁斯特大学签署校际合作交流协议。

(董淑英)

首都经济贸易大学2015年教师出国(境)情况统计表 单位:人次

国际会议	访问考察	访问学者	培训	带学生实习	随团演出	合计
9	51	7	3	2	1	73

(董淑英)

港澳台交流与合作

概　况

2015年,学校积极开展与港澳台地区和院校的学术交流和交换生项目。按照学校的规定,完成港澳台侨学生的招生工作。学校港澳台侨学生各项管理制度逐步完善。学校支持教师积极参加在港澳台地区举办的各类学术活动,学校与港澳台地区的学术和学生交流工作日益活跃。学校积极组织港澳台学生参加由北京市教委组织的各项文化体验活动。学校制定了各项行之有效的管理制度和措施,确保了港澳台侨学生管理工作开展。

(雷静)

港澳台侨学生

【招生情况】 9月,学校招收港澳台侨新生1人。港澳台侨学生在校生总计43人,其中,本科生37人,博士生6人。

(雷静)

【港澳台侨学生管理制度】 继续对《首都经济贸易大学关于招收和培养港澳台地区及华侨学生的管理规定》进行内容补充和修订。

(雷静)

【奖学金评审工作】 2015年,共有8名港澳台侨学生获得学生奖学金。

(雷静)

【交换生项目】 学校向东吴大学、静宜大学、岭东科技大学、台中科技大学、高雄第一科技大学、台南大学、政治大学等7所台湾高校派出9个学生团组进行交流学习,学生赴台湾交流时间从19天至144天不等,共43名学生赴台湾交流学习。特别是派遣2名博士生赴政治大学交流学习,进一步提高了学校与台湾高校交流的层次。

(雷静)

第八篇

学校管理

上图　7 月 7 日，学校召开“十三五”规划编制调研座谈会

中图　4 月 29 日，山东工商学院来学校调研

下图　10 月 29 日，学校召开党委全委（扩大）会

上图　11 月 5 日，学校召开保密工作会

中图　12 月 22 日，学校召开信息公开推进会

下图　12 月 23 日，学校党政办公室与工商管理学院举行党支部共建启动仪式

上图 1月19日，学校召开2014年财务工作总结暨2015年预算布置会

中图 6月17日，学校召开到届、离任处级领导干部经济责任审计动员会

下图 6月2日，学校召开2015年资产工作会

上图 4月10日，学校召开北京市属高校房专会2015年工作交流会

中图 5月中旬，博学楼新教室和教师休息室投入使用

下图 11月27日，2015京津冀高校后勤协同发展论坛在学校举办

上图　5 月 17 日,浙江校友会成立

中图　11 月 21 日,四川校友会成立

下图　12 月 12 日,山西校友会成立

上图　4 月 17 日，校友张树标做客首期校友导师沙龙

中图　5 月 13 日，学校召开第八期“鑫恒 · 泰泽励志奖学金”颁发座谈会

下图　10 月 18 日，学校召开校友会第二届理事会第三次全体理事大会

上图　10 月 16 日，学校召开信息化专题工作会暨“综合信息系统分析与方案设计”项目启动会

下图　12 月 18 日，学校召开“信息化建设一首都经济贸易大学科研管理系统升级改造”验收汇报会

发展规划

概　况

2015年是“十二五”规划收官之年，学校各处级单位对本部门“十二五”规划完成情况做了全面总结，发展规划处完成了学校“十二五”规划总结。学校正式启动“十三五”规划的编制工作，组织召开与“十三五”规划相关的各类座谈会，并起草完成了学校“十三五”规划（征求意见稿）。5月，学校实行机构调整和新一轮人员聘任。设高等教育研究所挂靠发展规划处并合署办公，所长由发展规划处处长兼任。开展2015年高等教育科研项目立项工作，组织编发月刊《高教信息》。

（林昱）

“十二五”规划完成情况

【概述】　4—5月，发展规划处在各部门“十二五”规划总结的基础上，以人才培养、学科建设、科学研究、社会服务、师资队伍、海外影响、制度建设、办学条件以及党的建设等方面为主要内容，从取得的成绩、有益经验和存在的主要问题等三方面完成了学校“十二五”时期成绩的工作总结，并报送学校领导审阅。

（朱宁洁　王冬）

【人才培养】　学校“十二五”时期人才培养：以学分制改革为方向，初步建立学生学业选择权机制，创新人才培养模式，基本构建多样化人才培养格局，本科教学取得重大突破。生源质量不断提升，招生计划生源省本科一批次投放比例由2010年的44.1%提高至2015年的90%。国家级教学名师实现零的突破，获得国家级教育教学成果奖二等奖1项，获批国家级“十二五”规划教材4部、国家级精品视频公开课1门、国家级精品资源共享课2门和教育部专业综合改革项目2个，新建1个国家级和4个北京市级校内外创新实践基地，国际及国家级大学生数学建模比赛奖项77项。深化研究生教育改革，研究生创新能力得到切实提高，专业学位研究生教育得到较快发展，获得全国百篇优秀博士论文提名奖1篇，北京市优秀博士论文1篇，全国研究生数学建模大赛奖项48项。毕业生就业率和用人单位满意度达到全国高校前列，2015年，本科毕业就业率达到99.18%，研究生毕业就业率达到97.79%，用人单位满意度达到88%。

（朱宁洁　王冬）

【学科建设】　学校“十二五”时期学科建设：学科布局趋于完整，逐渐形成了以特色谋优势、以优势促发展的学科建设良性循环机制。2011年获批统计学、管理科学与工程、工商管理学3个一级学科博士学位授权点，并于2012年和2014年获批相应的博士后流动站，截至2015年，学校共有4个一级学科博士学位授权点和博士后流动站；一级学科硕士学位授权点从3个增加到10个，专业硕士学位授权点达到17个。在教育部第三轮学科评估中，应用经济学在88所参评高校中排名第12位，统计学在87所参评高校中排名第15位，在财经类高校中均列第5位。

（朱宁洁　王冬）

【科学研究】　学校“十二五”时期科学研究：高层次项目取得重大突破，承接各类研究课题1 550项，其中，国家社会科学基金项目94项、国家自然科学基金项目47项，国家级项目立项数量是“十一五”时期4倍多，并且首次实现国家级项目全覆盖。科研经费快速增长，项目研究经费共计1.38亿元，增长率高达84%。优秀科研成果不断产出，出版专著、编著、教材及译著832部；发表论文5 469篇，其中国际高水平论文45篇、权威论文626篇，核心以上期刊论文约占48.75%；科研成果获省部级及以上奖项42项，获批专利32项。

（朱宁洁　王冬）

【社会服务】　“十二五”时期学校社会服务：科研协同创新不断加强，新设立了特大城市经济社会发展研究院等6个协同创新研究机构，“北京市哲学社会科学CBD基地”和“北京市经济社会发展政策研究基地”通过验收,并举办了“特大城市发展论坛”等一系列具有一定影响力的高层次学术论坛。学校研究成果得到有效转化和推广,其中获得了中央政治局常委、国务院副总理张高丽同志等中央领导的重要批示8份,省部级领导批示17份,《京津冀蓝皮书》连续两年获得全国优秀皮书一等奖。4篇社科基金研究成果在《国家社会科学基金项目成果要报》上刊发。

（朱宁洁　王冬）

【教师队伍建设】　“十二五”时期学校教师队伍建设:坚持实施人才强校战略,深化人事制度改革,师资队伍数量与质量稳步提升。5年来,补充专任教师282人,其中正高职人员7人,博士269人(拥有海外学位者63人)。专任教师中,具有博士学位的教师比例达到65.14%,较2010年提高了23.74个百分点;45岁以下教师占全体教师总数的61.18%;教师学缘构成中有83.65%来自外校,较2010年提升了9.05个百分点。聘用中组部“千人计划”获得者1人,入选国家百千万人才工程1人,教育部新世纪优秀人才支持计划3人,新增享受国务院政府特殊津贴3人,获得全国优秀教师称号1人,获得北京市优秀教师称号2人,获得北京市优秀教育工作者称号1人,入选北京市“海聚工程”人才项目7人,获评市级师德先进个人4人,入选北京市“高创计划”2人。关注教师职业发展,发挥教师促进中心(OTA)作用,通过主题午餐会、学术沙龙等品牌活动,有效地促进教师的教学相长、科研提升和身心健康。

（朱宁洁　王冬）

【国际化与校际交流】　“十二五”时期学校国际化与校际交流:秉承国际化办学理念,成立首都经济贸易大学国际经济管理学院,引进优秀海外人才,学院自成立以来发表(含已接受)国际A类论文27篇、国际B类论文17篇等国际高水平论文,2013年有5篇论文列入全球经济学科研究机构排名,这是学校首次跻身国际公认的经济类最高水平论文收录榜,2015年发表17篇,学校排名上升到国内高校的第4位。与美国芝加哥大学、英国南安普顿大学、埃塞俄比亚的斯·亚贝巴大学等37所境外高校签订了校际合作交流协议,国外合作院校层次和水平较“十一五”时期有显著提高。坚持开放办学,国际交往频繁,稳步提高留学生教育水平,扩大学生赴国外学习交流,开阔学生国际视野。

（朱宁洁　王冬）

【制度建设】　“十二五”时期学校制度建设:制定完成《首都经济贸易大学章程》,是首批获北京市教委核准的市属高校;完成《学术委员会章程》修订工作,理顺学校各类学术组织的运行机制;完善工会、教代会、学代会等民主管理和民主监督机制建设。深化内部管理体制改革,逐步实施校院两级管理体制,提高内部管理运行机制的科学化、透明化和民主化水平。

（朱宁洁　王冬）

【校园文化建设】　“十二五”时期学校校园文化建设:文化建设不断深化。重视大学文化的引领作用,通过校史校志编撰、校歌创作、艺术团和运动队建设、师德建设、楼宇景观新名称推广等系列工作丰富了校园文化体系,获评“国家生态文明教育基地”称号,获得国际与国家级艺术教育奖项13项,连续两年荣获教育部全国高校校园文化建设优秀成果一等奖和二等奖,高水平运动队在游泳和篮球项目上成绩喜人。

（朱宁洁　王冬）

【基础建设】　“十二五”时期学校基础建设:完成校本部(含新征地)总体规划工作,完成一批基建项目并投入使用,启动学术研究中心建设,改善了学校的办学空间和办学条件。筹资能力不断提高,各项经费收入较“十一五”期间有较大增长。通过信息化基础设施升级改造、数字图书馆建设、后勤一站式服务、医疗服务体系完善等工作,增强了公共服务体系的保障能力。

（朱宁洁　王冬）

【党建和思想政治工作】　“十二五”时期学校党建和思想政治工作:深入学习和宣传贯彻党的十八大、十八届三中、四中、五中全会精神和习近平总书记系列重要讲话精神,积极开展“中国梦”宣传教育和社会主义核心价值观教育活动,坚持校院两级理论中心组学习制度。制定并实施学校两轮党建工作规划,不断加强基层党组织建设。完善干部选拔任用、培训和考核制度,领导班子和干部队伍素质进一步提高。通过开展党的群众路线教育实践活动和“三严三实”教育活动,加强领导班子的思想和作风建设。通过全面落实党风廉政建设责任制、加强对重点领域的监督、推进惩治和预防腐败体系建设等工作,党风廉政建设不断深入。学校党建工作成效显著,获得第六次北京市党的建设和思想政治工作先进高校提名奖;2012年,顺利通过“北京普通高等学校党建和思想政治工作基本标准”集中检查,成绩优秀;2015年,学校被确定为市级建设学习型党组织工作示范点。

（朱宁洁　王冬）

“十三五”规划制定

【制定“十三五”规划编制前期准备】 3月13日,学校下发了《关于开展“十三五”时期发展规划编制工作的通知(首经贸政发〔2015〕6号)》。3月16日,召开“十三五”规划编制工作启动会,部署学校“十三五”规划编制工作。成立“十三五”规划领导小组、专项规划编制工作小组、学院(系)规划编制工作小组和专题规划工作小组。4月9日,举办“十三五”时期发展规划编制联络人培训会。6月9日—7月7日,共召开四次“十三五”规划编制调研座谈会。

（朱宁洁　王冬）

【校长办公会听取“十三五”规划编制情况汇报】 10月,发展规划处完成《首都经济贸易大学“十三五”时期发展规划(初稿)》,11月17日校长办公会听取了发展规划处处长周明生关于规划文本初稿情况的汇报。

（王冬）

【“十三五”规划征求党外代表人士意见座谈会】 10月23日,召开党外代表人士座谈会,征求对《首都经济贸易大学“十三五”时期发展规划(初稿)》的意见。校长王稼琼、校党委副书记朱玉华、组织统战部部长刘宇、发展规划处处长周明生出席座谈会,会议由朱玉华主持。

（王冬）

【“十三五”规划征求校内专家学者意见座谈会】 12月15日,就《首都经济贸易大学“十三五”时期发展规划(征求意见稿)》征求校内专家学者的意见。校长王稼琼出席了座谈会,会议由副校长丁立宏主持。

（王冬）

其他工作

【成立高等教育研究所】 5月,学校实行机构调整,新设高等教育研究所挂靠发展规划处并合署办公,所长由发展规划处处长周明生兼任。

（郭剑川）

【完成《高教信息》(2015年)月刊发行】 1—12月发展规划处编辑《高教信息》,每月1期,每期刊物的总字数11.5万,印制数量由2014年的每期90份增加到每期180份。

（郭剑川）

【组织2015年高等教育研究校内经费项目的申报】 围绕学校“十三五”战略规划启动和提升学校管理水平的主题,面向全校开展2015高等教育研究校内经费项目的申报工作。设立4个重点项目,16个一般项目。每个专项项目资金为2.5万,一般项目资金1.5万。

（郭剑川）

党政管理

概　况

党政办公室是学校党委、行政的综合办事机构,法律事务室挂靠。2015年,党政办公室紧紧围绕学校中心工作,充分履行办公室综合协调、参谋助手、管理服务等各项职能,认真做好学校大型活动的组织协调、重要决策会议服务及督察督办、公文处理、来信来访、法律事务管理等各项工作,工作质量和水平进一步提升。

（张嘉艳）

决策会议服务和督查督办工作

【做好决策会议服务工作】 党政办公室加强了对党委常委会、校长办公会会前材料的审核、协调力度,督促相关责任部门会前进行有效沟通,努力提高会议决策效率。全年共服务党委全委会4次,审议议题5个;服务党委常委会27次,研究议题110个;服务校长办公会21次,研究议题91个。撰写决策会议新闻稿件36篇。

(张嘉艳)

2015年校长办公会主要议题一览表

时 间	会 议	议 题
1月16日	第1次 校长办公会	研究人事人才工作;研究2015年学院因公出访计划;研究成立信息安全工作领导小组事宜;审议2014年校园十大新闻评选结果;审议第二餐厅整体定位和经营方案;审议校本部学生宿舍空调安装使用方案
3月12日	第2次 校长办公会	研究"十三五规划"编制工作;通报2015年预算政策;审议2015年会议和培训费申报计划;通报女教授退休年龄问题有关政策;通报人才培养型教师岗位聘任工作;审议《首都经济贸易大学附中、附小理事会建议名单》
3月26日	第3次 校长办公会	审议《经济日报社·首都经济贸易大学共建经济新闻传播人才培养基地实施协议》;审议学校《传染病预防和控制工作方案》;审议学校《招投标管理办法(试行)》;审议学校2014年优秀科研成果奖、2013—2014年度科研项目突出贡献奖和科研成果突出贡献奖评选结果;审议学校《人才培养质量、科研水平提高定额经费管理办法(试行)》
4月16日	第4次 校长办公会	审议学校第三届"双代会"五次会议校长报告;研究特大城市研究院常务副院长人选问题;研究成立北京大数据协会事宜;研究学生退学事宜;审议学校2015—2016学年教学日历;通报学校与普洱学院合作举办学术论坛情况;审议增补2015年会议计划事宜
4月30日	第5次 校长办公会	通报首都经济贸易大学附中、附小共建进展情况;研究2015年进人工作;审议学校《校庆60周年系列文化丛书工作方案》
5月7日	第6次 校长办公会	研究北京市教学名师推荐人选;审议学校《2015—2020年人员定编方案》、《2015年党政管理、其他专业技术及工勤技能岗位设置及聘任方案》;研究学校与邯郸学院共建事宜;会议还研究了其他事项
5月14日	第7次 校长办公会	研究招投标管理办法再次修订事宜;会议还研究了其他事项
5月26日	第8次 校长办公会	审议高级专家延长退休年龄人员名单和高级专家提高退休费比例人员名单;会议还研究了其他事项
6月4日	第9次 校长办公会	研究工商管理学院聘任学术院长事宜;审议2015年后备学科带头人和中青年骨干教师考核、遴选结果;研究国际合作交流处与国际学院独立运行方案;研究研究生导师考核、招生资格与遴选事宜;会议还研究了其他事项
6月9日	第10次 校长办公会	审议管理岗位(科级)、其他专业技术岗位(中级及以上)聘任结果;研究高水平运动队管理办法修订事宜;研究部分学院增补2015年会议计划事宜
6月17日	第11次 校长办公会	审议2015年市级优秀毕业生推荐人选
6月30日	第12次 校长办公会	审议管理科员岗位、其他专技初级岗位和工勤技能岗位聘任结果;审议学校《校名、校标管理办法》;研究学校新版宣传片和宣传画册策划方案;通报学校暑假开学时间;研究公积金跨年清册事宜

续表

时　间	会　议	议　题
7月8日	第13次 校长办公会	研究2015年“万人计划”教学名师遴选事宜；讨论图书馆改造方案；审议学校《部分教育事业收入资金分配管理办法》；研究菜园街1号楼棚户区改造事宜；研究聘任华侨学院副院长事宜
7月22日	第14次 校长办公会	通报国家工资调整及养老金保险缴费测算事宜；会议还研究了其他事项
9月18日	第15次 校长办公会	通报学校与北京大学等联合成立“京津冀协同发展联合创新中心”事宜；研究社会计算研究院更名事宜；研究成立首都经济贸易大学科协事宜；审议推荐2016届优秀本科毕业生免试攻读硕士学位研究生名额分配计划；讨论图书馆改造方案；会议还研究了其他事项
10月15日	第16次 校长办公会	审议2016年进人计划；研究新教师准聘长聘制度；审议2014—2015学年本科生国家奖学金评选结果
10月27日	第17次 校长办公会	通报研究生2014—2015学年国家奖学金评选结果；审议2014年一次性绩效工资核发方案；通报2016年财政预算政策；审议图书馆改造方案
11月17日	第18次 校长办公会	研究图书馆及教室开放时间；研究本科教学工作大会筹备及相关工作；讨论学校“十三五”规划（讨论稿）；审议2016年上半年延长退休人员名单；审议校史馆建设方案；审议学校《信息公开网站管理维护办法》
11月26日	第19次 校长办公会	研究北京市2015年“高创计划”教学名师推荐人选；研究成立北京新经济组织发展研究院事宜；研究物业费改革事宜；研究信访问题；研究教代会代表根据议题内容列席校长办公会事宜；审议学校60周年校庆活动实施方案；会议还研究了其他事项
12月17日	第20次 校长办公会	审议2014—2015学年校长奖学金获奖名单；听取2014、2015年度学校与境外高校签署校际、院际合作交流协议情况汇报；审议学校《国内公务接待管理暂行办法》；审议办公用房调整方案；会议还研究了其他事项
12月23日	第21次 校长办公会	研究2015年职称评聘有关事宜；研究接收密云分校专升本学生入校学习事宜；会议还研究了其他事项

2015年党委常委会主要议题一览表

时　间	会　议	议　题
1月8日	第126次 党委常委会	讨论校歌创作事宜；审议学校《2014年度工作总结》；审议学校《校级领导“三严三实”班子对照检查材料》；审议《2014年干部选拔任用工作报告》；研究干部问题；通报2015年校级领导班子寒假务虚会及中层干部培训工作安排
1月16日	第127次 党委常委会	研究干部问题
3月3日	第128次 党委常委会	审议部分处级干部经济责任审计结果；审议学校《2015年工作要点》；通报北京市劳动模范推荐人选；审议2014年处级单位和处级干部考核优秀名单；研究干部问题；讨论学校《深化综合改革方案（讨论稿）》；研究教职工用餐补助事宜

续表

时　间	会　议	议　题
3月12日	第129次 党委常委会	审议学校《2015年纪检监察工作要点》和《2015年党风廉政建设和反腐败工作主要任务分工》;审议学校《2015年宣传思想工作要点》和《2015年党委理论中心组学习计划》;审议学校《2015年组织统战工作要点》;审议《2015年学校重点工作台账》;研究2015年处级干部换届聘任工作;会议还研究了其他事项
3月20日	第130次 党委常委会	研究干部问题
3月26日	第131次 党委常委会	审议2015年校内预算;审议2015年校级因公出访团组计划;研究召开第三届"双代会"五次会议事宜;研究思想政治理论课建设工作
4月1日	第132次 党委常委会	审议图书馆党总支发展党员事宜;研究干部问题
4月16日	第133次 党委常委会	研究校医院污水处理及彩超维修费用事宜;研究干部问题;研究党风廉政建设工作
4月30日	第134次 党委常委会	研究召开研究生代表大会事宜;研究干部问题
5月14日	第135次 党委常委会	研究《首都经济贸易大学章程》学习宣传贯彻工作;审议学校《优秀教师、优秀教育工作者评选办法(试行)》;研究干部问题;学习传达《中共中央办公厅印发〈关于在县处级以上领导干部中开展"三严三实"专题教育的实施方案〉的通知》和《中共中央办公厅印发〈北京市关于在处级以上领导干部中开展"三严三实"专题教育的实施方案〉的通知》精神
5月26日	第136次 党委常委会	研究研究生代表大会筹备事宜;审议学校《深化综合改革方案(征求意见稿)》;审议学校《"三严三实"专题教育实施方案》;审议党委书记柯文进在"三严三实"专题教育中的党课讲稿;研究召开第四次党代会事宜;研究处级干部申请暑期因私出境问题;研究干部问题;会议还研究了其他事项
6月4日	第137次 党委常委会	研究校歌创作问题;研究财务问题;审议学校《学术委员会章程》;研究干部问题
6月12日	第138次 党委常委会	审议首都经济贸易大学第一次研究生代表大会和第一届研究生委员会第一次全体会议选举结果;研究党员发展和预备党员转正问题;研究干部问题;研究校庆筹备问题
6月30日	第139次 党委常委会	研究后勤预算调整问题;研究学校2014—2015年度优秀教师、优秀教育工作者评选问题;研究学位评定委员会调整问题;研究干部问题;审议学校《"党员意识提升行动"实施方案》;研究党员发展和预备党员转正问题;研究学校党务公开和校务公开目录修订工作;审议学校《发文字号管理办法》;讨论学校60周年校庆筹备工作方案;通报学校深化综合改革方案征求意见情况

续表

时　间	会　议	议　题
7月8日	第140次党委常委会	审议2015年度学校优秀教师、优秀教育工作者评选结果；审议学校学术委员会委员组成人员名单；研究学校各委员会、领导小组调整情况；研究干部问题；学习传达《京津冀协同发展规划纲要》
7月22日	第141次党委常委会	研究干部问题
9月5日	第142次党委常委会	审议学校2015年上半年主要工作情况和下半年重点工作安排；研究干部问题；通报“一报告两评议”测评结果和校领导班子成员抓党建工作测评情况
9月8日	第143次党委常委会	研究干部问题
9月10日	第144次党委常委会	研究学校新闻发言人人选；研究人才工作委员会、教师职务聘任委员会调整问题；研究干部问题
9月18日	第145次党委常委会	研究“2015高校生态文明教育论坛”筹办事宜；研究干部问题；传达市委统战工作会议精神
10月15日	第146次党委常委会	学习传达市委教育工委“三严三实”专题教育推进会等会议精神；审议学校“三严三实”专题教育第三专题活动方案；审议学校《关于开展向李小凡同志学习的通知》；研究干部问题；审议学校60周年校庆筹备工作方案；研究征地工作
10月29日	第147次党委常委会	研究推荐北京市离退休先进集体及先进个人问题；通报2015年工作要点督办情况；研究物业费改革问题；审议学校深化综合改革方案及任务分解方案；研究干部问题
11月13日	第148次党委常委会	研究学校宣传思想工作；审议学校《落实党风廉政建设党委主体责任和纪委监督责任实施办法》；研究干部问题；研究全国无党派人士重点人物库推荐人选问题；通报第八批“人才京郊行”工作；学习传达《北京市干部选拔任用工作纪实办法》等文件精神；会议还研究了其他事项
11月26日	第149次党委常委会	审议学校《关于进一步加强新生教育工作的实施意见》；研究2015年市级困难党员补助申报人选问题；研究处级干部因私出境问题；研究党风廉政建设工作；研究校院两级年终述党建工作；学习传达市委第十一届八次全会精神
12月1日	第150次党委常委会	研究北京市党风廉政建设责任制专项检查工作；研究2015年度处级单位、处级干部考核工作；研究2015年度处级单位“三严三实”专题民主生活会方案；研究干部问题；研究办公用房、公务用车整改问题
12月17日	第151次党委常委会	研究2015年预算调整问题；研究党员发展和预备党员转正问题；审议2015年学校领导班子“三严三实”民主生活会方案；研究干部历史遗留问题；研究处级干部人事档案专项审核情况
12月23日	第152次党委常委会	研究2015年预算调整补充问题；研究处级干部因私出境问题

2015 年党委全委会主要议题一览表

时　间	会　议	主要议题
3 月 3 日	第 18 次 党委全委会	审议学校 2015 年工作要点
6 月 2 日	第 19 次 党委全委会	审议学校《关于召开第四次党代会的请示》;通报 2015 年干部换届聘任工作情况
9 月 5 日	第 20 次 党委全委会	审议 2015 年上半年主要工作情况和下半年重点工作安排;通报“一报告两评议”情况
10 月 29 日	第 21 次 党委全委会	审议学校全面深化综合改革的意见及全面深化综合改革工作任务分解表

（张嘉艳）

【认真做好督办工作】 党政办公室继续落实学校督查督办工作相关制度要求,分别于 9 月和 12 月组织开展了对各单位 2015 年工作要点完成情况的督查督办,督促各单位贯彻落实学校年度工作任务。党政办公室继续做好党委常委会、校长办公会决策落实情况的督办工作,全年共制发批复 81 份,其中党委常委会批复 42 份,校长办公会批复 39 份。

（张嘉艳）

重要决策

【牵头制定完成学校《全面深化综合改革的意见》及任务分解方案】 在学校党委的统一部署下,党政办公室牵头起草制定学校《全面深化综合改革的意见》(以下简称《意见》)及全面深化综合改革工作任务分解表。在广泛征求师生意见建议的基础上,经过反复研讨,先后提交党委常委会和党委全委会审议通过后,《意见》于 10 月 29 日正式颁布实施,围绕人才培养、学科建设与科学研究、人才队伍建设、国际化办学、内部治理、资源配置、信息化建设等七个方面研究制定了学校全面深化改革的路线图。加强对《意见》的解读,组织召开学校深化综合改革动员部署会。深入开展综合改革试点学院调研,稳步推进试点学院综合改革工作。

（张嘉艳）

【开展《首都经济贸易大学章程》的学习宣传】 经市属高校章程建设领导小组和市属高校章程建设联席会议成员单位审议,北京市教委于 4 月 22 日正式核准《首都经济贸易大学章程》(以下简称《章程》),并于 5 月 8 日正式发布。《章程》发布后,党政办公室制定了《〈章程〉学习宣传贯彻工作方案》,利用校园网、校报、官方微信等媒介,通过编印和发放《章程》单行本、制作《图解〈首都经济贸易大学章程〉》等形式,借助二级单位党委理论中心组、二级教代会、学生党支部会、班团会等渠道,广泛宣传、学习《章程》,加强全校师生对《章程》的理解和认识。同时成立了《章程》监督执行委员会,健全《章程》的实施监督机制。

（张嘉艳）

【牵头做好 60 周年校庆筹备工作】 根据学校整体工作安排,党政办公室起草制定学校《60 周年校庆筹备工作方案》,成立 60 周年校庆工作筹备委员会及 10 个校庆工作组,明确了以学术文化活动和校友返校交流活动为主的校庆活动主线。党政办公室会同对外联络合作处组织相关部门和各院系开展调研,形成了“60 周年校庆活动实施方案”,进一步梳理和明确了校庆期间的活动安排。积极推进史料征集和校志编纂、统稿工作,党政办公室移交学校档案馆史料、实物共 50 件,完成校志稿件 4 章 3 节的编写工作,总计 2.7 万字,完成校志稿件 3 篇 3 章的统稿工作,总计 16.5 万字。

（张嘉艳）

信息和统计工作

【推进信息公开工作】 修订学校党务、校务公开目录,梳理信息公开责任部门公开目录。整合原有的党务、校务公开网站,设立信息公开网站,制定《信息公开网站管理维护办法》,明确各信息公开责任部门的工作职责和工作流程,进一步落实各单位信息公开责任。完成并向市教委报送了学校 2014—2015 学年度信息公开工作报告。

（张嘉艳）

【召开信息公开推进会】 12 月 22 日,学校召开信息公开推进会,党委书记柯文进出席会议并讲话。党政办公室主任商筱辉对学校信息公开工作进行了总结。财务处处长夏颖、法学院党委书记谢海霞分别就信息公开工作的经验和心得做了交流发言。会后,党政办公室还对相关单位信息员进行了关于信息公开网站内容管理系统操作的培训。学校各单位正职领导、相关单位信息员参加会议。纪委书记杨世忠主持会议。

(张嘉艳)

【信息工作质量不断提升】 紧密围绕高等教育改革的难点、热点问题,加强信息收集和编研工作,提高《信息周报》《信息参考》刊物质量,突出信息的实用性,全年共编发《信息周报》40 期,采集信息 192 条;围绕一流大学和一流学科建设等主题,编发《信息参考》2 期。

(张嘉艳)

【启动办公自动化系统(OA)升级工作】 加强信息化建设,启动办公自动化系统(OA)升级工作,完成了办公自动化系统的招标和流程调研工作,重新梳理、优化了 23 项工作流程,为 2016 年学校办公自动化项目的实施做好准备。

(张嘉艳)

【统计工作获表彰】 继续做好各项统计的统计指标解释、数据采集、数据录入、数据汇总和数据报送等环节的工作,按时完成了《高等教育基层统计报表(2015—2016 学年初)》年报、《固定资产投资项目(2015)》月报、《非工业能源消费情况》季报和《信息化情况》、《体育健身、文化娱乐场(馆)面积和经营情况》年报等报表的统计工作,学校获得 2014 年度北京市教育事业统计工作质量评估优秀集体二等奖,1 名同志荣获优秀个人二等奖。

(张嘉艳)

综合事务

【文稿撰写】 起草学校全面深化综合改革的意见及任务分解、教代会校长工作报告、教育实践活动学校整改落实情况自查报告、贯彻落实党风廉政建设主体责任自查报告、党委书记“三严三实”党课讲稿等重要材料以及领导讲话等 28 篇,总计 12.6 万字。

(张嘉艳)

【公文处理】 进一步规范公文处理,制定学校《发文字号管理办法》。进一步精简文件,提高公文质量,全年制发各类公文 194 份,其中,下发文件 99 份。充分运用 OA 系统,全年基本不再印发纸质公文。

(张嘉艳)

【加强对外联络和校内重要活动综合协调】 充分发挥对外沟通联络、对内综合协调的作用,共完成北京市政协委员入校考察、北京市党风廉政建设责任制入校检查等 24 个重要活动和大型活动的组织协调工作。共接待政府部门、兄弟高校、合作单位等来访 27 次,总计 286 人次。制定学校《国内公务接待管理暂行办法》,做到严格标准,务实节俭。全年统筹协调校内各类会议 241 次。

(张嘉艳)

【信访工作进一步加强】 进一步加强信访工作,规范来信来访的登记、批转、督办、答复、归档等各个工作环节,强化信访件的协调和督办力度。全年受理各类信访 41 件,其中重访 12 件,接待来访人员 22 人次。全年共答复或办结信访件 39 件,办结率为 95%。坚持信访信息定期通报制度,每月总结信访工作情况,共编印《信访工作月报》8 期。

(张嘉艳)

【召开保密工作会议】 11 月 5 日,学校召开保密工作会议。会议总结了近年来学校保密委员会及学校保密工作的基本情况,集体学习了《国家公务员保守国家秘密基本知识》专题教育片,发放了《高等学校保密知识手册》。29 位新任处级干部签订了保密承诺书。学校保密委员会成员、新任处级干部以及专兼职保密员参加此次会议。

(张嘉艳)

【加强机要文件管理】 进一步加强和规范机要文件的管理和流转,做好机要文件的登记、保存和清退销毁工作。全年接收上级来文 388 件,其中机要文件 107 件,组织集中销毁涉密文件和内部资料 2 次,未发生文件遗失或泄密事件。

(张嘉艳)

【法律事务工作深入开展】 法律事务室积极维护学校合法权益,制定学校《校名、校标管理办法》。积极参与学校重要决策的法律论证,全年协助处理诉讼、仲裁案件 4 件,提供法律咨询 18 次。加强对学校重要合同、协议的法律咨询,严格合同审核、备案流程,全年共审核学校各类合同1 786份。加强法制宣传教育,收集和整理师生关心的社会热点法制问题,在法律事务室网站和校报《校园看法》栏目转载、刊发文章和案例共计18篇。

(张嘉艳)

【加强党政办公室文化建设】 党政办公室凝练形成了党政办公室愿景、使命和价值观。愿景为:打造师生信赖、领导信任的一流办公室,成为服务全校师生员工的表率。使命为:在出谋划策、沟通协调、综合服务、督促落实等工作中力臻至善,助力学校发展。价值观为:以忠诚坚守信仰、以奉献诠释责任、以严谨铸就品质、以担当赢得公认、以创新促进发展。党政办公室文化建设项目获评学校"2014—2015年社会主义核心价值观教育品牌项目"。

(张嘉艳)

【与工商管理学院战略管理系开展党支部共建活动】 12月23日,党政办公室党支部与工商管理学院战略管理系党支部举办以"共育希望树、携手促发展"为主题的党支部结对共建活动。双方党支部书记签署了合作备忘录。校党委书记柯文进以党政办公室党支部党员和联系战略管理系校领导的双重身份参加了共建仪式。工商管理学院领导班子全体成员、共建党支部全体成员及工商管理实验班学生代表参加了此次活动。

(张嘉艳)

【加强党政办公室队伍建设】 6月,完成处级以下党政管理岗位聘任工作,设立综合科和文书科,进一步形成工作合力。加强党政办公室人员业务培训,先后组织10人次参加各级机构举办的关于保密工作、公文处理、统计工作等方面的专题培训班。积极开展理论研究,牵头完成的课题《现代大学制度下二级学院管理决策与运行机制研究》被评为2014年度北京高校党建研究课题优秀成果。党政办公室1名同志被评为学校首届优秀教育工作者,4名党员被推选为党员服务标兵。

(张嘉艳)

财务工作

概况

在北京市教委财务处和校党委的领导下,财务处2015年紧紧围绕学校中心工作,坚持"勤俭办校、注重绩效、保障重点、规范运行"的财务工作原则,保障学校日常运行经费,加强预算资金绩效管理,提高服务与管理水平。

(滑跃)

学校年度收支及各项经费投入与使用情况

【收入情况】 2015年学校收入总额123 596万元,与2014年149 889万元相比减少17.54%。其中,财政拨款101 250万元,占81.92%。减少原因是:2014年末学校收到一次性增拨征地经费40 000万元,此款于2015年年初核销。

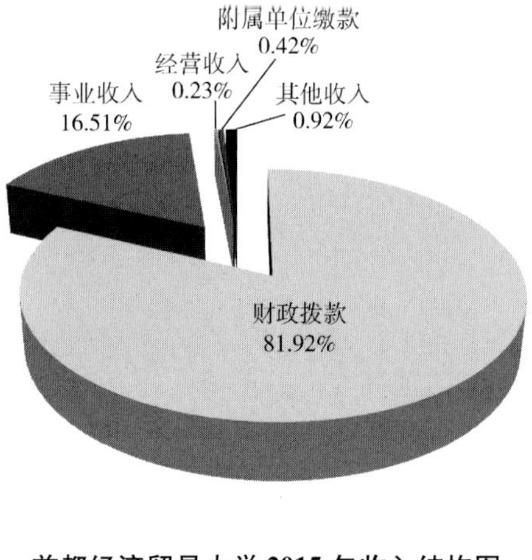

首都经济贸易大学2015年收入结构图

(滑跃)

【支出情况】 2015年学校支出总额126 530万元。其中,基本支出76 765万元,占60.67%;项目支出49 407万元,占39.05%;经营支出358万元,占0.28%。

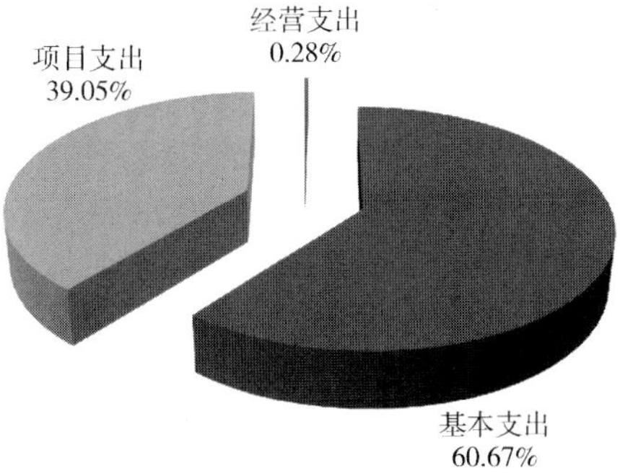

首都经济贸易大学 2015 年支出结构图

（滑跃）

【项目经费情况】 学校财政拨款项目经费投入 47 783万元(含上年结转 12 423 万元)。其中,教学类项目投入 3 030 万元,占 6. 34%;科研类项目投入 3 928 万元,占 8. 22%;教师队伍建设项目投入 780 万元,占 1. 63%;学校公共服务保障体系建设方面(包括信息化建设、设备购置等项目)投入2 841万元,占5. 94%;基础设施改造定额项目投入26 097 万元,占 54. 62%;学生资助项目投入 1 139 万元,占 2. 38%;国际合作与交流项目投入 240 万元,占 0. 50%;中央支持地方专项及中央支持地方专项(含地方配套)投入 879 万元,占 1. 84%;向基础教育倾斜项目投入 239 万元,占 0. 50%;其他不在上述类别之列的项目投入 8 610 万元,占 18. 02%。

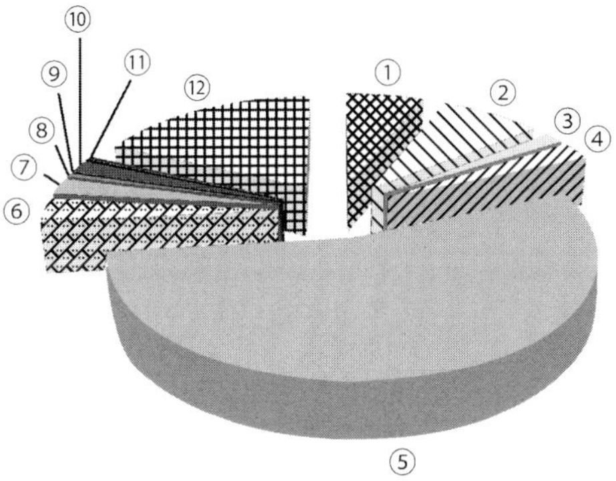

①教学类项目(6.34%); ②科研类项目(8.22%); ③教师队伍建设项目(1.63%); ④信息化建设类项目(2.52%); ⑤基础设施改造项目(54.62%); ⑥设备购置类项目(3.42%); ⑦学生资助项目(2.38%); ⑧国际合作与交流项目(0.50%); ⑨中央支持地方专项(1.74%); ⑩中央支持地方专项(地方配套)(0.10%); ⑪向基础教育倾斜项目0.50%); ⑫其他不在上述类别之列的项目(18.02%)

首都经济贸易大学 2015 年财政拨款项目经费投入构成图

（滑跃）

【教学经费投入与使用情况】 学校教学经费总计投入财政拨款 14 544 万元,预算外及其他资金 1 042 万元。财政拨款中,教学基本运行经费投入 11 514 万元,教学类项目经费投入3 030 万元。学校教学经费总计支出 13 876 万元,平均每个学生支出教学经费 7 827 元。

（滑跃）

【科研经费投入与使用情况】 学校科研经费总计投入财政拨款 6 125 万元,预算外及其他资金 29 万元。财政拨款中,科研基本运行经费投入 2 197 万元,科研类项目经费投入 3 928 万元。学校科研经费总计支出 4 823 万元,平均每个学生支出科研经费2 721元。

（滑跃）

【学生资助情况】 学校学生资助经费提取和拨款共计 4 673 万元,与 2014 年 2 935 万元相比,增加 1 738 万元;学生资助经费共使用 3 782 万元,与 2014 年 3 020万元相比,增加 762 万元。学校受助学生为 14 237人次(不含食堂平抑资金受益人数),其中,使用学费提取经费共发放奖学金 477 万元,获奖学生共 2 696 人;通过勤工助学资助学生 1 560 人,共计 188 万元;为 752 人提供特困补助,支出 54 万元;财政拨款资助共支出 3 305 万元,用于发放国家奖学金、国家励志奖学金、国家助学金和其他助学金。

（滑跃）

学校财务状况

【资产结构与增减变动情况】 学校 2015 年末资产总计金额为 215 164 万元,与 2014 年末 210 006 万元相比,增加 5 158 万元,其中流动资产减少 1 243 万元,固定资产增加 6 510 万元,财政应返还额度减少 9 157 万元,其他应收款增加 1 080 万元。

（滑跃）

【负债结构与增减变动情况】 学校 2015 年末负债总计金额为 9 568 万元,与 2014 年末相比减少 1 553 万元。

（滑跃）

【净资产结构与增减变动情况】 学校 2015 年事业基金为 17 343 万元,比 2014 年增加 713 万元。主要由 2015 年年初数调整及经营结余转入、非财政补助结转转入形成。

（滑跃）

财务管理工作

【完成校内预算编制工作】 3月,财务处紧紧围绕学校工作要点,完成校内预算的编制工作。本次预算分配兼顾了教职员工工资待遇、学校日常运行、学校建设发展的协调与平衡。对于8亿元的日常运行基本经费,在保障刚性支出的基础上,优先保证中心工作,同时严控三公经费、强化会议费等4项经费支出管理,努力建设节约型校园。北京市教委加大了2015年提高经费的拨款力度,从2014年的0.45亿提高到1.37亿,使学校对教学、科研、学生就业创业方面的支持得到了强有力的保证。

(滑跃)

【开展校内外绩效考评工作】 学校共计完成1个专项的教委考评、5个专项的校内考评工作。

(滑跃)

【完成2016年部门预算申报工作】 在北京市教委、财政局统一工作部署下,财务处组织完成学校2016年部门预算编制工作,申报财拨基本经费约6亿元、财政专项经费2.43亿元。2016年学校财拨经费预算8.43亿元,比2015年年初财拨预算总体减少0.26亿元。与年终决算相比,比2015年整体减少1.7亿,减少的原因是,在教委2016年整体预算资金总额与2015年基本持平的情况下,教委为了保证"京津冀协同发展""非首都核心功能区疏解""基建三年规划""高精尖"等重点项目,对各高校专项经费进行了大幅度削减,部分被削减的财政专项如信息化、设备购置项目由基本经费解决。

(滑跃)

【调整2015年校内预算】 根据学校2015年预算资金执行情况,因预估本年度财政拨款基本经费将形成较大结余,根据《北京市市级行政事业单位财政性结余资金管理办法》(京财预〔2013〕2024号)之规定,财拨基本经费结余将100%上缴财政。为减少本年度资金结余并缓解2016年度支出压力,根据各类资金实际支出情况及各部门自主申请,财务处于11月末收回各类项目净结余2 500万元,并根据实际需求,将收回经费全部安排了本年度可执行完毕的新增项目。

(滑跃)

【连续3年获得绩效拨款】 在财务综合管理方面,财务处以提升财政专项编制质量、推进支出进度、绩效考评、严把审核关为抓手,强化财务综合管理。在市教委综合绩效评价中,学校荣获四等奖,获得400万元绩效拨款,并纳入2016年财政拨款。这是继2013年后学校连续3年获此殊荣,3年共获得绩效拨款1 000万元。

(滑跃)

【进一步规范财务报销政策】 根据相关要求,特别是在年初接受审计局对学校2014年公务卡支出情况进行审计后,为了严肃财经纪律,财务处年内5次在校园网发布通知,对公务机票、政府采购、图书购置、印刷流程、劳务费性费用打卡等事项逐步进行了规范。

(滑跃)

【网上报销提高工作效率】 启动网上报账方式。4月系统上线试运行,9月对教委专项资金要求必须通过网上报账方式报销。针对网上报账方式,财务处特别制作了视频资料、操作手册等材料,5月21日在全校开展培训。通过使用网上报销、财务审核人员实行"专管员制"、更新叫号系统等管理手段,财务报销的工作效率明显提高。2015年共编制记账凭证4.04万笔、记账会计分录16.26万条,与2014年全年记账凭证3.58万笔、记账会计分录14.56万条相比,财务人员工作量增加了12%左右。

(滑跃)

【广泛宣传财经纪律】 财务处利用干部培训之机对全校副处级以上干部进行强化财经纪律培训,同时处领导班子成员分别深入各教学单位,对财政及校内各项政策做解读,并以其他高校案例为切入点,广泛宣传财经纪律,防患于未然。

(滑跃)

【加强党建工作】 财务处分别请市审计局教育处处长刘春然、在学校财务处挂职的教委审计处副处长赵凤旗,从审计案例入手,以鲜活的事例,对全体财务人员进行财务风险和廉政教育。强化服务意识,以"三严三实"的要求为标准,坚决杜绝门难进、脸难看、事难办的工作作风,要求党员率先垂范,在严把报销关的同时更要服务到位。

(滑跃)

审计监督

概　况

2015年,审计处按照审计工作计划和重点工作台账,在做好三个服务即"为防范学校经济风险服务、为提高教育资金使用效益服务、为解决学校发展中出现的突出矛盾服务"的基础上,努力处理好监督与服务的关系,为进一步促进学校财务管理,维护学校利益而充分发挥内部审计职能作用。在审计实施过程中,审计处着重把握了以下要点:①预决算审计和经济责任审计相结合。2015年的经济责任审计在2014年预算执行和决算的全面审计的基础上,贯彻财务与审计双轮驱动的管理要求,以全面审计中发现的主要风险为导向,在经济责任审计中进行重点关注,并从内部控制管理、财务管理、统筹管理等方面提出审计建议。②加强审计结果的利用。针对2015年预决算审计中发现的问题和经济责任审计中发现的相关问题,重点从外协费、出版合同的执行等方面进行跟踪,督促相关的单位进行完善落实。③基建和修缮工程审计:全覆盖+全过程。2015年基建和修缮工程审计涵盖学校所有5万元以上的基建和修缮工程;对于100万元以上的专项修缮工程审计,开展全过程审计,对工程的招投标文件中的相关内容、合同签订、变更洽商、工程结算等关键节点加强审计与监督。

（许江波）

学校预算执行与决算审计

【2014年决算审计】　3月27日至6月18日,对学校2014年度财务决算进行了审计,审计总金额为102 748万元。本次审计主要检查财务报表编制情况,重点抽查专项项目经费执行情况,检查内部控制的规范性,针对审计过程中发现的问题或风险进行提示,共提出审计建议8条。

（孙士霞）

【2015年预算执行审计】　9月8日—11月17日,学校对2015年1—9月份预算执行情况进行了审计,审计总金额为42 333万元。此次审计主要针对项目经费与质量提高经费的分配情况、支出结构、执行进度等进行了统计分析,并着重检查了风险较大的支出项目(如外协性咨询服务支出)的合规合法性,并结合财务处采取的新的报销方式检查了内部控制的有效性。

（孙士霞）

【完成修缮审计39项】　截至2015年年底,审计处完成39项修缮工程项目的竣工结算审计,送审金额为3 404万元,审减金额为270万元,审减率为7.92%。面对2015年财政专项时间紧、任务重的现状,审计处仍然对13项100万元以上的专项工程进行了全过程的审计。除对工程的合同签订、变更洽商、工程结算等关键节点审计与监督外,进一步将审计关口前移至对招标文件相关内容的审核,即对招标文件中的合同部分以及清单和控制价部分进行预审。

（许雅玲）

经济责任审计

【召开到届、离任处级领导干部经济责任审计动员会】　6月17日,审计处召开2015年到届、离任处级干部经济责任审计动员会。纪委书记杨世忠指出经济责任审计工作是例行的常规性审计工作,各位领导干部要重视并配合。处长许江波对此次经济责任审计的时间、审计目标、审计目的、审计方式等进行了说明,指出经济责任审计的目的一是为领导干部厘清责任,二是对领导干部的工作进行经济评价,三是防范风险、为学校管理提供相应的审计建议。学校领导和处级干部30余人参加会议。

（刘红梅）

【完成14位离任、转岗或提职的领导干部经济责任审计】　6月,根据学校党委组织部委托,审计处委托瑞华会计师事务所对15位离任、转岗或提职的领导干部进行了经济责任审计,此次审计金额达66 444万元,并结合预算执行与决算审计从内部控制管理、财务管理、统筹管理等方面提出5条审计建议。

(刘红梅)

【完成23位届满领导干部经济责任审计的现场工作】 10月,根据学校党委组织部委托,审计处委托瑞华会计师事务所对23位届满的领导干部进行了经济责任审计,至年底现场工作已经结束,审计程序尚未完结。

(刘红梅)

【审结1位离任处级干部经济责任审计】 12月,审计处完成组织部2014年委托的1位离任处级干部经济责任审计,审计资产总额1 066.45万元,负债总额1 448.2万元,所有者权益总额-381.75万元。审计报告从生产经营和会计核算两方面指出了存在的问题并提出了相应的建议。

(刘红梅)

基建项目全过程跟踪审计

【开展学术研究中心楼的全过程跟踪审计】 截至2015年年底,学术研究中心楼已完成审核工作32项,其中合同审核10项,工程预付款及有关项目预算审核22项,共审计金额6 218万元,审减金额73万元,提出审计意见及建议7条。

(陈卫清)

【完成10项基础设施改造工程】 截至2015年年底,审计处完成专项工程审计10项,送审金额为2 242万元,审减金额为260万元,审减率为11.62%,提出意见及建议23条。

(陈卫清)

审计理论与实践研究

1月,审计处根据北京市教委的要求,结合实际工作,提交论文《校园一卡通系统管理运行存在的风险和对策研究》;3月,参与北京市内部审计协会课题《基于审计监督全覆盖视角下的内部审计工作研究》;6月,根据北京市内部审计协会要求提供案例参赛论文《首都经济贸易大学校园一卡通系统运行管理审计》,获北京市优秀内部审计案例一等奖;6月,根据北京市内部审计协会的要求,与北京汽车集团公司合作撰写文章《我国制造业企业内部控制缺陷认定及应用问题研究》,获得北京市内审协会优秀论文特等奖,中国内审协会优秀论文二等奖。

(刘红梅)

资 产 管 理

概　况

2015年,资产管理处在上级部门和学校党委、行政的正确领导下,紧紧围绕学校中心工作,加强设备采购组织管理,提高资产管理使用效率,优化各类资源调配方式。同时积极落实党风廉政建设责任制和风险防范工作,严格落实党政领导班子和领导干部责任主体到位的有关要求,切实履行"四个亲自",做到"一岗双责"。处长作为党风廉政建设和行政管理一把手,与学校签订《党风廉政建设责任书》,党风廉政建设工作由处长亲自部署、重大问题亲自过问、重点环节亲自协调、重要情况亲自汇报。

(王桂芳)

综合事务管理

【召开资产工作研讨会】 6月2日,资产管理处组织召开"2015年资产工作会"。学校各单位资产主要负责人及设备员60余人参加了会议。会议由资产处处长王金宝主持,副校长孙昊哲出席会议并讲话。会议对2014年学校资产管理工作进行了全面梳理和总结,同时对资产管理工作中表现突出的院系及优秀设备管理员进行了表彰。

（王桂芳）

【岗位聘任工作】　根据首经贸政发〔2015〕14 号《关于印发 2015 年党政管理、其他专业技术及工勤技能岗位设置及聘任办法的通知》精神，资产管理处于 5 月 15 日成立了聘任领导小组并召开全处聘任动员大会，将岗位设置、聘任条件、聘任工作程序及时间安排做了统一部署，于 6 月 18 日完成 15 个各岗位聘任工作。

（王桂芳）

设备管理工作

【固定资产情况】　根据《北京市财政局关于做好 2015 年北京市事业单位及事业单位所办企业国有资产产权登记工作的通知》（京财资产〔2015〕718 号）有关制度、政策精神，学校总资产如下：①学校截至 12 月 31 日报表日资产总额为 250 547 万元。其中，固定资产总额 112 320 万元，年度新增固定资产总额为 10 793 万元，年度减少固定资产总额为 1 213 万元。②已确权土地占用面积，本单位申报土地的实际占用面积 271 915. 40 平方米，土地使用权证证载面积 271 915. 40 平方米，已确权土地占用面积 271 915. 40平方米，已确权土地占用面积占实际占用面积的 100%。③已确权房屋建筑面积，本单位申报房屋的实际建筑面积437 724. 92平方米，房产证证载建筑面积 173 256. 20 平方米，已确权房屋建筑面积 169 034. 92 平方米，已确权房屋建筑面积占实际建筑面积的 38. 6%。④汽车、专用仪器设备数量，本单位申报的汽车 60 辆，专用仪器设备 3 693 台/套（其中单价 200 万元及以上设备有 2 台/套）。⑤根据 2014 年资产清查，按财政要求补录学校两块土地名义价值 2 元，其中包括：金台里家属宿舍及宣武区（现西城区）红莲南里 22 号土地。

（王力安）

【完善固定资产入账管理】　截至 12 月 10 日，完成全年仪器设备入账 22 984 件，金额 8 405 万余元；其中包括：计算机 2 086 台，金额 1 081 万元，软件 41 件，金额 287 万元。2015 年资产总量比 2014 年多 8 405万余元，本年减少固定资产总额为 1 895 万余元，单位调拨涉及金额 624 余万元。低值易耗品入账 1 173 件，金额 83 万元，材料费 1 092 万元。

（王力安）

【完成部分资产报废工作】　共分 4 个批次完成了报废仪器设备统计及上报处理工作，共涉及减账金额 1 895万余元，6 468 台件。

（王力安）

【采购、专项执行情况】　组织完成 2015 年财政专项《设备购置——录播教室设备购置》等 22 个，执行项目资金 2 600 万元；完成《提高定额项目——开放交叉融合空间设备购置》等提高定额专项项目 9 个，项目资金 1 000 万元；执行《设备购置——打印机等办公设备购置》等 2015 年校追加专项 6 个，执行项目资金 1 000. 8 万元；完成 2016 年财政专项申报工作，申报财政项目 9 个，争取资金 1 386 万元；严格执行协议采购制度要求，全年执行协议采购金额达到 4 620多万元，设备 2. 3 万多件套。

（凌立刚）

【设备维修工作】　根据学校设备使用状况和实际情况，制定了《资产管理处设备维修管理办法》。资产处聘请 2 个厂家驻校人员为学校计算机及辅助设备进行及时维保服务，并进行每月至少 1 次的全面巡检工作。全校设备维修 1 275 人次，执行维修费用 205. 6 万元，完成了全校空调系统、电脑打印机等办公设备及饮水设备的维修保养工作。

（凌立刚）

房地产管理

【新职工入职手续办理】　为 66 名新入职职工办理入职手续，并为 66 名无房新职工申报备案了无房补贴，并已经批回开户。

（闫洁）

【菜户营拆迁工作】　学校位于菜户营桥西南角的职工宿舍因处于丽泽商务区建设拆迁范围，经与北京丽泽金都开发建设有限公司沟通确认，该处宿舍正式进入征地拆迁程序。菜户营宿舍是学校在 1981 年租用菜户营大队土地建设的平房作为职工宿舍，截至 2015 年年底，该宿舍拆迁工作已结束，所有职工的住房均得到安置。

（闫洁）

【物业费、供暖费改革】　按照京教函〔2015〕518 号、京教建〔2015〕14 号文件精神，学校印发了首经贸政发〔2015〕35 号文，制定了物业服务与供暖改革实施方案。并于年底前将物业费及供暖费发放到职工个人账户。彻底实现物业费、供暖费由暗补改明补。

(闫洁)

经营性资产

【事业单位所办企业产权登记会审工作】 6月至7月,市教委校产中心发布2015年度事业单位所办企业国有资产产权登记及年检资料,利用单机版填报数据软件,并将最终数据录入至财政系统,逐级审批并上报教委。12月,学校完成上报事业单位所办企业2015年《企业国有资产产权登记表(占有登记)》和《企业国有资产产权登记表(年度检查)》。

(周婷)

【关于深化国有企业改革的指导意见工作会】 10月15日,市教委校产中心组织召开2015年全市校办产业工作会,会议内容包括校办产业发展形势专题报告、专家解读国务院《关于深化国有企业改革的指导意见》、校办产业发展规划制定工作经验交流,促进校办产业创新发展。

(周婷)

资源调配

【加强办公用房资源调配】 12月28日,资产管理处根据学校党风廉政建设要求下发《关于加强办公用房整改工作的通知》文件,对各单位办公用房超标使用进一步整改,对调整范围、配置标准、调整方式、具体实施等提出了明确要求。通过合理调配资源,共计收回房屋19间,调配房屋21间。全年共为学校15个单位进行了搬家服务,调动搬运车辆230车次,出动搬运人员1 920人。

(许翔)

招投标管理

2015年,共批复招标项目102项,涉及金额13 509万元。

(韩芳)

校园建设

概　况

2015年,征地工作暂停;学术研究中心项目开工并有序推进;6号学生宿舍项目申报获北京市教育委员会批准;完成1项财政专项项目;完成3项校内专项项目。

(梁耀)

基本建设

【征地工作】 4月,受京津冀协同发展和疏解非首都功能政策影响,学校征地工作暂停;12月,完成征地工作总结和资料整理工作。

(梁耀)

【学术研究中心项目】 3月1日,学校学术研究中心项目开工;7月15日,地下结构施工完毕;8月19日,研究中心楼主体结构施工完成;10月20日,报告厅结构施工完成;10月24日,外墙砖粘贴完成;10月28日,研究中心楼二次结构砌筑完成;10月31日屋面保温及找平层建筑完毕;12月15日,报告厅二次结构砌筑完成。该项目批复概算总投资12 129万元,截至12月,已支付工程进度款6 980万元。

(梁耀)

【6号学生宿舍项目】 11月30日,市教委同意学校建设6号学生宿舍,并拟以全额固定资产投资的方式进行项目建设。该项目总建筑面积17 479.84平方米,其中地上建筑面积13 600平方米,地下建筑面积3 879.84平方米,项目主要建设内容包括学生宿舍和生活福利及附属用房。项目总投资估算为7 085.73万元。

(梁耀)

【财政专项项目】 学校完成1项财政专项，即大学生创业基地及就业指导中心改造工程。该项目建设投资275.09万元，9月开工，12月完工并交付使用。

（梁耀）

【3项校内专项】 12月12日，学校开始进行气膜馆建设，12月31日完成集装箱基础施工，膜结构正在加工制作过程中。该项目位于体育场东北角，建设规模2 000平方米，总投资515万元。前期为临时图书馆，待图书馆改造完毕回迁后为气膜体育馆。图书馆综合改造项目方案设计费为92.93万元。8—10月讨论修改设计方案；11月确定改造设计方案。学术研究中心楼报告厅及会议室装修二次项目方案设计费为97.75万元。5—11月讨论修改设计方案；12月确定设计方案。

（梁耀）

后勤服务

概　况

后勤管理处下设4个办公室，5个责任中心，即综合办公室、质量监督办公室、工程管理办公室、节能办公室和校本部物业管理中心、住宅管理中心、学生公寓管理中心、运输服务中心、餐饮服务中心，全面承担学校后勤服务保障任务。2015年，后勤管理处紧密围绕学校中心工作，以师生满意为工作目标，通过制度建设、文化建设和信息化建设，服务能力和服务水平不断得到提升。在保障后勤服务工作日常运行的基础上，积极探索新形势下学校后勤服务工作的特点和规律，进一步健全运行机制，截至2015年年底，后勤管理处在编在职职工140人，退休、内退职工266人，非在编职工330余人。

（张浩楠）

自身建设

【制度修订】 后勤管理处根据后勤工作实际，对现有制度进行梳理和完善，完成《后勤管理处印章管理办法》《关于加强后勤干部员工培训工作的意见》《后勤管理处宣传工作管理办法》《后勤管理处基础设施修缮工程变更洽商管理办法》《后勤管理处基础设施修缮项目验收管理办法》《后勤管理处绩效考核办法（2015年）》的梳理。

（张浩楠）

【召开第二届职工代表大会三次会议】 10月23日，后勤管理处召开第二届职工代表大会三次会议，57名职工代表参加。大会听取并审议了《后勤管理处工作报告》、《后勤管理处财务工作报告》、《后勤分工会工作报告》，审议通过了《后勤第二届职工代表大会三次会议决议》。10名特邀非在编职工代表列席大会。

（张浩楠）

【加强队伍建设】 4月，后勤管理处通过学校公开聘任组成新的领导班子。5月，启动后勤系统非处级人员聘任工作。后勤非处级管理干部及工勤岗位的整体聘任工作于6月完成。

（张浩楠）

【岗位练兵和技术能手评选活动】 12月，后勤管理处开展岗位练兵和技术能手评选活动。经评选，门俐芳、郤长海、李宝贵、景田、张保山、秦双玲、荆利兵、章荣艳、宫敬平、王国萍、崔云侠获得“技术能手”称号。

（张浩楠）

【开展安全质量服务月活动】 自2015年11月开始，开展以“强化红线意识，牢固安全生产，坚持以人为本，创新服务理念”为主题的安全质量服务月活动，各中心制定了安全质量服务月活动方案，并在服务月中开展不同形式活动，推出提升服务的新举措。

（张浩楠）

党建工作

【开展主题党日活动】 9月25日，后勤党委37名在职党员及入党积极分子到狼牙山举行“纪念中国人民抗日战争暨世界反法西斯战争胜利70周年”主题党日活动。

（张浩楠）

【党员发展工作】 后勤党委坚持发展党员保质保量、成熟一个发展一个的原则，严格遵守党员发展流程，2015年共发展党员3名。

（张浩楠）

【开展工会活动】 后勤管理处分工会组织16名职工参加5月18日广场舞比赛，获总分一等奖。11月18日，57名职工代表参加“歌声嘹亮　抗战歌曲唱响首经贸——首经贸工会举办纪念抗战胜利70周年合唱比赛”，荣获团体一等奖。5月、10月分别在北京门头沟区戒台寺及昌平区红叶岭风景区举办后勤管理处职工第十七届、十八届登山活动。

（张浩楠）

学习交流

【参加2014年北京高校后勤工作会年会】 1月21日，市教委在北京邮电大学科技大厦召开北京高校后勤工作会，总结2014年工作，对2015年工作进行部署。全市高校主管后勤工作校领导、处领导和部分后勤中心负责人237人参会。

（张浩楠）

【市教委委员王定东一行到学校调研】 9月10日，市教委委员王定东、市教委学校后勤处处长刘占军等一行6人到学校调研，并就学校后勤工作进行了座谈。副校长孙昊哲及相关部门负责人参加座谈。

（张浩楠）

【举办北京高校后勤管理创新高级培训班】 10月28日，举办北京高校后勤管理创新高级培训班，来自北京高校的40余名后勤干部参加培训，市教委委员王定东到会。学校后勤管理处处长刘学伟、副处长魏有亮及各中心主任9人参加。

（张浩楠）

【举办专题讲座】 11月4日，后勤管理处邀请法学院焦志勇教授做了“后勤工作法律风险防控”专题讲座。后勤管理处领导班子，各中心办正副主任、办事员共计26人参加。

（张浩楠）

【举办京津冀高校后勤协同发展论坛】 11月27日，举办京津冀高校后勤协同发展论坛，三地高校共同探讨高校后勤工作协同发展与深度融合。本次论坛由北京市高校后勤研究会、天津市高校后勤协会、河北省高校后勤分会联合主办。会议由首都经济贸易大学副校长孙昊哲主持，校长王稼琼致开幕词，市教委委员王定东、中国教育后勤协会常务副会长张柳华、教育部发展规划司副巡视员葛华发表重要讲话。国家发改委宏观经济研究院科研管理部主任高国力，教育部学校规划建设发展中心主任陈锋，河北高等教育学会后勤管理分会理事长、河北师范大学副校长陆军恒，天津财经大学后勤服务集团总经理郑利，北京交通大学校长助理郑广天进行了主题发言。

（张浩楠）

所获荣誉

餐饮服务中心第二餐厅食品安全量化分级被评为最高等级“A+★★★”。住宅管理中心荣获呼家楼街道2015年度“党建协调共建先进单位”称号。

（高荣华　张秀贤）

节能工作

【完成对学校的碳排放核查评价工作】 7月，建立碳排放核查体系，11月底完成由发改委指定专业机构对学校碳排放管理体系的评价工作。

（徐红霞）

【编制首都经济贸易大学能源和碳排放管理手册】 9月，启动建立学校碳排放体系评价和能源管理体系认证工作。编制完成《首都经济贸易大学能源和碳排放管理手册》。

（徐红霞）

专项工程

【完成财政专项】 后勤处归口管理教委专项共14项，项目共批复金额2 138.951万元；执行金额2 000.132万元，执行率96.27%。

2015 年财政专项完成的整体情况

序号	项目名称	执行情况
1	全校电梯维保、红庙校区 5 号楼电梯改造及图书馆电梯大修工程	已完成
2	学生公寓 5 号楼卫生间墙面更新工程	已完成
3	基础设施改造—定额管理项目 2—华侨学院自备井水及外线及卫生间上下水改造	已完成
4	基础设施改造—定额管理项目—彩钢板防火改造及博学楼、博纳楼屋面防水	已完成
5	基础设施改造—定额管理项目 2—华侨学院电力改造工程	已完成
6	基础设施改造—定额管理项目 2—华侨学院配套用房综合改造工程	已完成
7	定额管理项目 1—后勤处项目监理费	已完成
8	定额管理项目 2—后勤处项目监理费	已完成
9	红庙校区 5 号楼配电室高压柜改造工程	已完成
10	红庙校区图书馆外墙等排险整治工程	已完成
11	基础设施改造—博学楼公共区域维修工程	已完成
12	基础设施改造—第三餐厅排烟系统水净化器更新工程	已完成
13	基础设施改造—校本部语音实验室及敏行楼等配套用房改造工程	已完成
14	总配 4、5 号分配电力低压增容工程	已完成

（王娟娟）

【完成校内专项】 校内专项工程共完成 5 项，执行金额 27.33 万元，解决了宿舍空调用电计费和卫生间维修等问题。

2015 年校内专项完成的整体情况

序号	项目名称	执行情况
1	学生宿舍 1 号楼智能电表安装工程	已完成
2	1 号公寓墙面瓷砖修补	已完成
3	校本部北门移改通信线路工程	已完成
4	赛欧公寓南门修路工程	已完成
5	赛欧公寓 4 号楼上下水维修工程	已完成

（曹少艺）

餐饮服务

【出台学生食堂食谱】 3 月 5 日，餐饮服务中心出台第一本学生食堂食谱。

（黄蓉蓉）

【第二餐厅开业】 3 月 30 日，第二餐厅正式营业。第二餐厅一层为学生基本伙餐厅，就餐面积 809 平方米，可容纳 540 人同时就餐。结算方式：早餐为卡机刷卡结算；中、晚餐为自选智盘结算。二层为教工餐厅，就餐面积 809 平方米，设有 3 个包间，可容纳 334 人同时就餐。

（黄蓉蓉）

【举办丰台区食药局食品安全宣传日活动】 3月26日,丰台区食品药品监督管理局在学校开展“服务高校,食品安全宣传日”活动。丰台区食药局与各餐厅负责人签订了《餐饮企业诚信经营承诺书》以及《食品安全责任书》,颁发了《餐饮服务食品安全管理制度汇编文件》。

(黄蓉蓉)

【开展食品安全生产月活动】 4月9日,中心开展“安全生产月”活动。中心高度重视安全生产工作,排除隐患,对存在的问题落实整改,严格贯彻落实餐饮中心各项规章制度。

(黄蓉蓉)

【举办学生座谈会】 5月6日,餐饮中心、学生会生活权益部联合举办“走进食堂——学生座谈会”,向各学生代表介绍了食堂的基本情况,包括餐饮分类、原材料采购渠道、食品安全监管、价格形成机制以及对合作经营档口的管理问题。

(黄蓉蓉)

【“经贸饼”送中秋问候】 9月21日,中心制作传统中秋美食——“经贸饼”,为师生送去节日的问候。9月21—25日,共制作售卖月饼25 000余块,月饼礼盒300余盒。

(黄蓉蓉)

【举办“厨师技能培训”活动】 11月7日,举办“厨师基础技能”专题培训会。培训由北京伙专会专家、北京工业大学饮食中心副主任、烹饪大师李忠、北京工业大学总厨师长、烹饪大师滕乐亭主讲。

(黄蓉蓉)

【推出教职工“菜篮子”服务】 12月15日,餐饮服务中心推出教职工“菜篮子”服务项目。“菜篮子”经营范围为“北京市教委联合采购”、“农校对接”渠道提供的品牌米、面、油、肉、调味料和中心无防腐剂添加的自制食品及半成品。

(黄蓉蓉)

公寓管理

【完成学生宿舍空调安装工作】 2月17日,完成12栋楼宇学生宿舍空调线路敷设工程。5月29日,12栋楼宇分别安装了供学生查询缴费的大屏幕和圈存机。5月15日—6月8日,12栋宿舍楼的2 803台空调全部安装并调试完毕。6月19日,空调正式启用。

(盛君)

【宿舍管理】 6月17—19日,完成2011级毕业生的退宿工作,本次共退宿本专科生2 627名、研究生338名、博士生45名。9月6日,迎接2015级新生入住学生公寓。共安排新生3 650人,其中本专科生2 645人,硕士995人、博士50人。

(盛君)

【举办第十届“炫彩家缘”宿舍文化节活动】 11月26日,由学生公寓主办、校学生会承办了“十年有你,炫彩家缘”第十届宿舍文化节颁奖典礼。颁发了最喜爱的楼长、优秀值班员、优秀保洁员和优秀宿舍等奖项。

(盛君)

【学生公寓通过ISO9000质量管理体系认证工作的监督审核】 12月2日,学生公寓管理中心通过北京市兴原认证中心2015年度ISO9000质量管理体系认证工作的监督审核。

(盛君)

物业管理

【校园管理】 2015年,后勤管理处更换灯泡2 238只、节能灯1 829只、灯管1 185根、电子镇流器310个、面板开关230个、插座300个、装置各种电线1 862米、装置线槽板580米、换防水灯口150个、水龙头200个、维修地面1 333平方米。

(高荣华)

【文件收发工作】 2015年,收发室全面完成报刊、信件订阅和分拣工作,坚持周一至周五学生休息时间的收发工作,以及周日8:30—12:30半天为返校学生开放服务工作。针对机关院系不能按时取件,报箱满后用包装绳打捆,为他们提供方便。收发员及时将挂号信、包裹单等信息录入一站式服务平台,便于师生员工上网登录进行查找。全年为各部门邮寄大宗印刷品962件、为各部门接收并邮寄机要465件、快递136件、挂号信1 327封、汇款单519张、包裹单680张、报纸、杂志300多种。

(高荣华)

【文印工作】 2015年，文印室全年为学校各种会议制作条幅67条；印刷、装订华侨学院期中、期末考试卷；教务处补考试卷、清考试卷、期末考试卷99 119份；印刷、装订调查问卷、会议材料29 790份；印刷、装订教学材料、申报课题材料20 140份；印刷调查表、登记表、统计单、监考记录单25 640张；印刷、简装1 645本；印刷、精胶装管理手册、教学评估、华侨学院外教教材1 128本；电脑打印输出1 429张；复印A4纸37 160张；复印A3纸185张；复印B4纸8 890张；复印工程大图纸256张。

（高荣华）

【电话通讯】 2015年，后勤管理处配合施工队完成学校会议楼基建施工造成电话电缆意外损坏的抢修工作。两校区累计新装和迁移办公电话193部，维修电话线路故障286部次，为学校各院系20多个办公室电话办理了增加国内外长途、来电显示和转移呼叫等业务。

（高荣华）

【供暖工作】 3月17日，后勤管理处完成2014—2015年度冬季供暖工作。3月18日开始，对供暖锅炉进行维修、保养，保证2015—2016年度锅炉设施冬季正常运转供热。4月，完成了对华侨学院楼外地下供暖主管线的更换。11月，更换供暖补水泵4台及浴室循环泵2台。

（高荣华）

【积极推进控烟工作】 2015年，后勤管理处制定并完善《创建无烟校园实施方案》《控烟工作计划》《控烟管理办法》等控烟规章制度，推进控烟各项工作。11月18日，通过北京市爱卫会无烟校园创建工作检查。

（高荣华）

住宅管理

【住宅管理中心成立】 2015年，后勤管理处成立住宅管理中心，并于6月底交接完毕。中心重新修订和完善岗位职责、应急预案等，并完成制度上墙工作。

（张秀贤）

【维修、改造工程】 3月，学校进行校内生活水检测，经检测中心检测，学校红庙校区生活饮用水全部合格。4月15日，对图书馆外墙脱落进行工程整修。5月14日，进行高压预防性试验，朝阳供电局为红庙小区2、3、7、8号楼、红庙西里2号楼箱式变压器进行了高压预防性试验，排查安全隐患。5月27日，中心对生活水系统进行维修除碱。5月19—20日，对红庙校区及家属区12座化粪池、2座隔油池进行了清掏。6月、11月分别对10部电梯进行年检，所检电梯全部合格。8月7日，金台里家属区6部电梯由于北京特大暴雨被淹，中心与维保单位及时抢修恢复正常运行。9月，对金台里家属区各楼的一层公共区域进行粉刷。9月13日，对金台里13号楼北侧地下自来水主管线连夜抢修。11月，红莲南里22号楼整修藤萝架及对北院花园栅栏进行更换。

（张秀贤）

【学习交流】 11月25日，中心召开关于家属区服务管理问题的居民座谈会。12月2日，聘请呼家楼办事处安全科主任徐广平对中心职工进行家属区安全工作讲座。

（张秀贤）

运输服务

【全年安全行驶98万公里】 完成招生就业咨询(46趟次)、安全与环境工程学院实习(27趟次)、工商管理学院实习(8趟次)、工会北戴河休养等大型的用车任务，全年安全行驶约98万公里，出车万余次。

（张娜）

【中心完善规章制度】 中心完善了《填写派车单的补充规定》《加强安全管理的补充规定》《加强用车收费管理的补充规定》几项制度，对每月《车辆安全检查表》《车库安全检查表》做了详细的补充。

（张娜）

信息化工作

概　况

3月12日,经第129次校长办公会决议成立信息处。信息处是学校信息化建设领导小组和信息安全工作领导小组常设办公室。信息处下设综合管理办公室和数字校园办公室,主要职能包括:①负责全校信息化工作的统筹和协调;②负责信息化建设及软件类项目的归口管理;③负责数字化智慧校园建设方案的设计、规划与落实;④负责学校信息化建设与日常管理制度的制订及执行。

教育技术中心挂靠信息处,是学校校园网和信息化的技术支持与服务部门,负责学校信息化的管理运维与服务工作。包括网络与信息系统的建设与运维、网络安全的维护、电教设备的部署与维护、校园"一卡通"系统的管理等。下设办公室、网络运维管理部、用户服务部、信息化应用部、电化教育部、一卡通服务部6个部门。

(李巍伟)

信息化项目归口管理工作

【制度建设】 信息处颁布《首都经济贸易大学信息化专业人员管理办法》《首都经济贸易大学信息系统及服务器管理办法》《二级网站安全责任书》《校内二级网站申请表》等相关管理制度。

(陈熙)

【信息化项目评审】 信息处归口管理信息化项目15个,合计1 308.312 2万元。软件项目归口14个,合计482.74万元。组织验收2014年信息化项目3个,金额222万元。信息化项目13个,金额861.649 5万元。

(陈熙)

【数据中心建设】 信息处召开信息化专题工作会暨"综合信息系统分析与方案设计"项目启动会,对学校21个部门进行深入调研,摸清重要职能部门信息系统的使用情况,详细了解了各业务系统的表结构,掌握了数据供需关系,进行了设计方案的编制工作。

(陈熙)

信息化基础设施建设

【无线网交换机升级改造项目】 无线网交换机升级改造项目于7月启动。内容包括校内3号、4号学生宿舍楼、行知楼、明辨楼、运输中心、校医院的无线网络综合布线,无线接入点、POE交换机的安装,交换机和AP的配置和调试,无线控制器的安装和调试;行知楼、车队、第三食堂、电力中心、大学生活动中心交换机设备的升级,配置交换机、系统整体调试、无线网络信号覆盖情况的测试。

(赵宇)

【服务器升级改造】 学校启动服务器升级改造项目,项目采购9台服务器,其中1台用于替换校园计费网关的旧服务器,其余8台用于升级虚拟化平台硬件资源。所有服务器均已上线,提升了相关业务的整体性能并运行稳定。

(吕帆)

【UPS及出口链路升级改造项目】 学校启动UPS及出口链路升级改造项目,项目实施后新增UPS 6台,更换UPS 2台,更新电池320块,保证了网络设备的供电安全,同时购置了链路负载均衡设备及运维审计设备,大大提升了网络安全。

(赵宇)

扩大信息化应用成果

【微软校园正版化及平台升级改造项目】 学校启动微软校园正版化(Campus Agreement,以下简称CA)及平台升级改造项目。校园正版化是微软为高等教育机构用户设计的非永久性批量许可计划。购买CA合约之后，学校有权在合约期内，合法使用合约中所授权的软件，包括所有属于学校资产的电脑、全校教职工和学生电脑都可以免费使用，从操作系统到办公软件全部实现正版，还可以升级(upgrade)或降级(downgrade)使用不同版本软件。

（张笑琪）

【一卡通服务工作】　校园卡务中心以服务学生为中心，深化内部管理，出台《首都经济贸易大学一卡通业务操作标准化流程》。全年换卡7 338张，在全校各楼宇增加12个遗失卡招领箱，共退还遗失卡1 711张，为学生节省办卡成本3万余元。校园一卡通系统运行顺畅，新增加的现金充值机完全投入使用，方便了学生充值，学校保卫处增加了全校门禁系统，利用校园一卡通信息，增加了校园卡的使用范围。

（张俊祥）

【学术研究中心网络建设项目】　学术研究中心项目于10月启动，本项目是配合学术研究中心的建设而进行的配套工程。项目设计需要布线的房间有6层，会议室、房间共100间。内容包括网络综合布线、无线网整体规划和设计、楼内交换设备、无线接入设备的安装和调试等。截至2015年年底，已完成项目申报、财政批复、现场踏勘、公开招标、合同签署等环节。

（庞镭）

【计费系统】　10月，学校校园网统一认证计费系统对同时在线人数进行扩容；提高个人带宽，上行带宽4Mbps，下行带宽8Mbps。校园网统一认证计费系统提供了有线/无线的统一认证和管理，可以实现全校上网账号的统一维护和管理，并且提供了用户自服务功能，用户可以通过自服务功能查看本人用网情况。

（张笑琪）

【校园网出口带宽升级】　11月，校园网出口带宽从2G升级到6G，保障了学校的教学科研工作。

（张笑琪）

【主页系统管理】　学校购置网站集群管理软件1套，用以确保学校的所有院系随时纳入集群管理，进行集中的网站安全维护。

（李宇）

电教工作

【大学英语四、六级考试语音发射系统设备更新购置项目】　学校启动大学英语四、六级考试语音发射系统设备更新购置项目。该项目在对语音发射系统进行更新的同时还扩容了系统的功率并优化语音传输发射线缆，保障了AF功能接收机能够接受比较稳定的语音信号，此外，采用红外数字语音发射系统，使红外耳机能够接收清晰、稳定的数字语音信号。

（崔利）

【录播教室设备购置】　学校增购录播教室设备。录播教室是专业的教学实时录播系统，能够将优质教师的授课资源建设成优质课程资源库。

（崔利）

【校本部慎思楼、明辨楼多媒体教室设备更新购置】　学校对校本部慎思楼、明辨楼多媒体教室设备进行更新。主要是对慎思楼、明辨楼74间教室的计算机和功放进行更新。同时，采用蓝牙数字功放，该设备在提高音质的同时，扩大了教师授课过程中的活动范围，便利了授课时的师生互动。

（崔利）

【移动录播交互系统设备购置】　学校进行移动录播交互系统设备购置。移动录播交互系统设备由移动演播室和便携式录播系统组成，包含多通道高清录制系统、后期编辑制作系统、媒体资源系统、流媒体服务系统。实现符合教育部精品课程建设及数字化学习标准的资源快速采集、媒体后期快速编辑，并利用媒体资源系统进行统一管理与服务，同时为师生提供基于PC和移动应用的新型学习环境。

（崔利）

校友会工作、教育基金会工作

概　况

2015 年,校友会按照学校的统一部署和年度工作计划,重点围绕加强组织建设,搭建广大校友与母校联结的平台,广泛凝聚校友力量,服务学校发展、服务学生成才、服务校友成长、服务首都建设。召开校友会第二届常务理事会二次会议、全体理事第三次会议。新成立 7 个地方校友会,筹建 10 个地方校友会和校友企业发展促进会。全面启动“校友导师计划”。继续办好“传递母校问候,探寻校友足迹”大学生暑期社会实践校友寻访、毕业生校友联络员聘任、2015 年校友值年返校等特色活动,继续推进“首都经济贸易大学校友林文化主题公园(上泽公园)”建设工作。加强首都经济贸易大学校友会微信公众平台的建设,截至 2015 年年底,关注人数已达 7 600 余人。加强与地方校友会的日常沟通联系,建立或支持建立了 8 个行业校友群。出版第 16 期、17 期《校友通讯》。2015 年,校友会接受捐款 39.2 万元,设立 4 项奖助学金,共发放奖助学金 31.2 万元。

(邱晶)

校友会组织建设

2015 年首都经济贸易大学新成立地方校友会情况一览表

序号	地方校友会	成立时间	参会人员	主要负责人	地点
1	江苏校友会	5 月 16 日	校长、校友总会会长王稼琼,副校长、校友总会执行副会长丁立宏,对外联络合作处处长、校友总会秘书长赵喜玲,校友总会常务理事、研究生校友会副会长徐涛校友以及近 50 名在江苏工作的老中青校友代表	会长:陈国梁(1964 级材料学专业) 秘书长:薛立新(1986 级经济法专业)	南京
2	浙江校友会	5 月 17 日	副校长、校友总会执行副会长丁立宏,对外联络合作处处长、校友总会秘书长赵喜玲,校友总会常务理事、研究生校友会副会长徐涛校友以及 30 余名在浙江工作的校友代表	会长:沈伟(1987 级保险专业) 秘书长:吴庆念(1987 级会计专业)	杭州
3	安徽校友会	7 月 18 日	副校长、校友总会常务理事孙昊哲,对外联络合作处处长、校友总会秘书长赵喜玲,校友总会常务理事、研究生校友会副会长徐涛校友,校友总会常务理事、副秘书长张悠金校友以及 30 余名在安徽工作的校友代表	会长:李春霆(1984 级工商行政管理专业) 秘书长:张来根(1989 级保险专业)	合肥
4	上海校友会	10 月 24 日	副校长、校友总会执行副会长丁立宏,对外联络合作处处长、校友总会秘书长赵喜玲,校友总会常务理事、研究生校友会副会长徐涛校友,校友总会常务理事杨珊校友以及 40 余名在上海工作的校友代表	会长:张树标(1980 级工业经济专业) 常务副会长兼秘书长:陈玲(1988 级保险专业)	上海

续表

序号	地方校友会	成立时间	参会人员	主要负责人	地点
5	四川校友会	11 月 21 日	校党委书记、校友总会名誉会长柯文进，校党委副书记、校友总会常务副会长朱玉华，对外联络合作处处长、校友总会秘书长赵喜玲，校友总会常务理事、研究生校友会副会长徐涛校友，校友总会常务理事杨珊校友及23 名在四川工作的校友代表	会长：张东欣（1986 级财政专业） 常务副秘书长：庞佑军（2010 级经济法研究生）	成都
6	重庆校友会	11 月 22 日	校党委副书记、校友总会常务副会长朱玉华，对外联络合作处处长、校友总会秘书长赵喜玲，校友总会常务理事、研究生校友会副会长徐涛校友，校友总会常务理事杨珊校友及28 名在重庆工作的校友代表和 2 名荣誉校友	会长：余朝能（1984 级工商行政管理专业） 秘书长：张理（1990 级工商行政管理专业）	重庆
7	山西校友会	12 月 12 日	校长、校友总会会长王稼琼，副校长、校友总会执行副会长丁立宏，对外联络合作处处长、校友总会秘书长赵喜玲，校友总会常务理事、研究生校友会副会长徐涛校友，校友总会常务理事杨珊校友及 30 名在山西工作的校友代表	会长：赵禹忠（1982 级工商行政管理专业） 秘书长：刘志红（1986级会计学专业）	太原

（邱晶）

校友会工作

【召开校友会第二届常务理事会二次会议】　4 月 3 日，召开校友会第二届常务理事会二次会议。28 名校友会常务理事出席会议，校友会名誉会长朱开云、副校长徐芳、校长助理柴兴泉、校友会副秘书长翟平及 4 名监事列席会议，会议由副校长、校友会执行副会长丁立宏主持。校友会秘书长赵喜玲做 2014 年度校友会秘书处工作报告，全面盘点了主要工作成就、面临的困难以及 2015 年重点工作计划，常务理事和监事为校友工作建言献策。

（邱晶）

【召开校友会第二届理事会第三次全体理事大会】　10 月 18 日，召开校友会第二届理事会第三次全体理事大会，80 余名校友会理事参会，校党委书记、校友会名誉会长柯文进及校友会监事列席大会，会议由副校长、校友会执行副会长丁立宏主持。校友会会长王稼琼做校友会工作报告，会议增补徐芳、孙昊哲为第二届理事会常务理事，重点讨论了 60 周年校庆校友筹备工作、北京校友会建设等议题。

（邱晶）

【举行 2015 年校友值年返校活动】　10 月 18 日，举行了“牵手未来，助梦远航”2015 年校友值年返校活动暨“校友导师计划”班级结对仪式。会上，发布了校庆公告一号文件，部分教职工和校友向母校捐赠了珍贵史料和实物。各院系举行了丰富多彩的值年返校活动。

（邱晶）

【全面启动校友导师计划】　1 月，校友会推出“校友导师计划”，邀请各行业热心的优秀校友担任青年校友和全日制在读学生的导师，搭建校友和在校生的沟通平台，丰富人才培养模式，延伸教育服务长度，帮助更多的学生提升对行业实操的理解和职业的规划。3 月 29 日，召开“校友导师计划”第一期团队导师发展研讨会，研讨校友导师计划的项目定位、导师遴选、培养计划、活动形式、运作模式、评估体系等议题。5 月 31 日，举行校友导师计划首期师徒结对仪式，25 名导师与 94 名学生结成师徒关系，结对期一年。10 月 18 日，2015 校友值年返校大会上举行了班级结对仪式,19个返校班级与在读本科生班级结对。12月5日,召开第一期带团队校友导师中期交流会,并就《团队导师工作手册》进行研讨和交流。2015年,校友导师计划开展14次活动,举办7次校友导师课堂、3次校友导师沙龙、3次校友大讲堂和1次校友导师专业座谈会。

(邱晶)

【选聘200名毕业生校友联络员】 在2015届毕业生中选聘200名校友联络员,其中本科生145人,研究生55人,负责及时更新校友信息。首次在毕业典礼上为毕业生校友发放《致2015届毕业生校友的一封信》和《校友证书》。

(邱晶)

【首都经济贸易大学校友林文化主题公园(上泽公园)部分完成政府行政部门立项审批手续】 4月,大兴区召开"上泽公园——首经贸校友林建设综合协调会",区委常委、常务副区长邵恒,区委常委、副区长戴明超,副区长金卫东,区发改委、环保局、国土局、规划局等16个相关单位的主要负责人参会,支持公园的建设,基本确定建设方案并全面启动基础工作。

(邱晶)

【举行"贾丛民及陈静慈善捐助基金"座谈会暨颁发仪式】 3月20日,举行"贾丛民及陈静慈善捐助基金"座谈会暨颁发仪式,1980级会计学专业校友贾丛民及夫人陈静将10万元捐助基金捐赠给会计学院获该奖项的同学。

(邱晶)

【举行"诚信之星"奖学金颁发仪式】 5月7日,举行和信与首都经济贸易大学"诚信之星"奖学金颁发仪式。金融学院评选出3名获奖学生。和信公司本年度捐赠2万元,本次发放1.2万元奖学金。

(邱晶)

【举行第八期"鑫恒·泰泽励志奖学金"颁发座谈会】 5月13日,举办第八期"鑫恒·泰泽励志奖学金"颁发座谈会,奖励15名学生共3万元。

(邱晶)

【举行"奥力特励志奖学金"座谈会暨颁发仪式】 11月25日,举行"奥力特励志奖学金"座谈会暨颁发仪式,2005级行政管理专业韩志光校友将10万元捐助基金捐赠给城市经济与公共管理学院获该奖项的同学。

(邱晶)

教育基金会工作

【概述】 2015年,教育基金会共接收实际捐赠172.84万元,意向捐赠212万元。"校庆基金"接收捐赠157 717.8元,其中"我爱母校"年度捐款接收捐赠67 326.8元;"关爱基金"接收捐赠746 230元;"赠母校一棵树,蓝首都一片天"活动接收捐赠17 160元;"诚信之星"奖学金接收捐赠20 000元;"晓航基金"接收捐赠201 000元;"日新基金"接收捐赠1 000元;"首都经济贸易大学创业大赛基金"接收捐赠70 000元;学校图书馆"美国生态文学书库"接收捐赠100 000元,用于"首经贸校友林文化主题公园——上泽公园"建设费用的捐赠200 000元,其余未指定用途捐赠215 373元。2015年,教育基金会公益项目支出24.95万元,主要用于支持校友文化建设、奖优助困、人才培养等各项事业,其中发放奖学金1.2万元。

(邱晶)

【开通教育基金会微信服务号】 10月,开通"为首经贸点赞"教育基金会微信服务号,策划并展开"校庆一周年之际邀请校友回家"抢红包活动。截至2015年年底,关注人数2 600余人。完成教育基金会年检工作。

(邱晶)

【启动"校友惠"互助保障项目】 教育基金会组织金融、保险行业的校友多次召开研讨会,最终确定与商保通、神州智联公司共同合作开展"校友惠"互助保障项目,项目是基于互联网+众筹的新型保障模式。

(邱晶)

2015年教育基金会接收捐赠情况统计表(1万元以上)

捐赠单位(或个人)	捐赠项目(或捐赠用途)	捐赠金额
李涵	未指定用途	200 000.00
王晨	关爱基金	501 100.00

续表

捐赠单位(或个人)	捐赠项目(或捐赠用途)	捐赠金额
王磊	上泽公园建设	200 000.00
徐涛	世标研究中心建设	200 000.00
李华	关爱基金	99 000.00
李发明	晓航基金、校庆基金	160 000.00
程虹	图书馆“美国生态文学文库”建设	100 000.00
杨珊	晓航基金	100 000.00
和信公司	“诚信之星”奖学金	20 000.00
1992 级研究生部分代表	校庆基金	30 000.00

(邱晶)

第九篇

党建与群团工作

上图　6 月 9 日，学校党委理论学习中心组开展“三严三实”集中学习

中图　6 月 30 日，学校召开 2014 年度主题党日活动和党建工作创新项目评审答辩会

下图　7 月 3 日，学校召开新任处级干部专题培训会

上图　12 月 10 日，学校召开 2015 年党风廉政建设专题报告会

中图　1 月 21 日，学校举办首届辅导员职业能力大赛

下图　4 月 15 日，学校举办面试工作坊

上图　4 月 23 日，学校经济学院教师郭强做客“成长加油吧”

中图　4 月 28 日，学校举办第七届模拟面试大赛

下图　5—12 月，党员先锋工程——毕业生党员面向党旗重温入党誓词

上图　5 月，学校举办 2015 年大学生心理健康节

中图　9 月 8 日，学校组织学生党员参加“弘扬抗战精神 承担时代使命”主题升旗仪式

下图　11 月 19 日，学校成立生涯规划指导教师团队

上图　11 月 24 日，学校慰问 2015 年征兵入伍学生

中图　12 月 3 日，北京孔庙《中国礼乐文化展演》走进“成长课堂”

下图　12 月 24 日，《胜利大阅兵》交流放映活动走进“成长课堂”

上图　12 月 24 日，学校举行第四届“经贸榜样”学生颁奖典礼，图为校长助理戚聿东为单项奖获奖代表颁奖

中图　12 月，学校组织专职辅导员招聘活动

下图　2015 年，学校举办 13 场校园双选会

上图 1月5日，校领导寒假前进行安全检查

中图 5月12日，学校组织防灾减灾日联合消防演习

下图 5月21日，学校与公安部门举行防电信诈骗座谈会

上图　9 月 8 日，学校开展 2015 级新生安全教育

中图　10 月 30 日，学校开展《反间谍法》宣传活动

下图　10 月 31 日，学校反恐防暴应急分队开展训练

上图 4 月 12 日，学校老教协召开常务理事会

中图 5 月 6 日，学校组织离休教职工春游参观南海子公园

下图 8 月 26 日，校党委副书记朱玉华慰问走访抗战老战士、原北京财贸学院副院长董久昌

上图 9月16日，学校召开离休干部纪念抗日战争胜利70周年座谈会

中图 9月29日，离退休教职工参加老年民乐队表演

下图 9月29日，学校退休合唱团演出

上图　10 月 21 日，学校关工委召开工作会议

中图　11 月 19 日，学校召开 2015 年离休干部工作通报会

下图　6 月 16 日，学校召开党外代表人士征求意见座谈会

上图　10 月 23 日，学校召开“十三五”规划编制党外代表人士征求意见座谈会

中图　5 月 13 日，学校举办第十届青年教师教学基本功比赛

下图　5 月 28 日，校工会举办广场舞比赛

上图　6 月 6 日，校工会、教职工徒步协会组织教职工“重走抗战路，攀登狼牙山”徒步活动

中图　6 月 17 日，学校举行教职工游泳比赛

下图　6 月 18 日，学校召开退休教职工座谈会

上图　9月10日，学校召开教师节表彰大会

中图　11月9日，台湾总工会访问团一行访问校工会

下图　11月19—21日，校工会组织中青年教师赴西北农林科技大学参加社会实践

上图　12 月 30 日，学校举办 2016 年新年联欢暨先进表彰会

中图　5 月 6 日，学校举办第十二届“唯音乐”校园十佳歌手大赛

下图　7 月 15 日，大学生艺术团获美国爱达荷国际音乐舞蹈艺术节金奖

上图 7月19日，学校组织学生开展“弘扬抗战精神 肩负护旗使命”实践调研活动

中图 10月31日，2015高校生态文明教育论坛发布大学生生态文明行动倡议

下图 10月31日，校党委书记柯文进、国家林业局宣传办公室副主任樊喜斌为中国高校生态文明教育工作协作组揭牌

上图　12 月 6 日，学校国标舞社获第七届首都高校体育舞蹈比赛团体精神文明奖

中、下图　12 月 28 日，新年文艺演出

组 织 工 作

概　况

2015年,党委组织统战部在党委领导下,深入学习贯彻党的十八大、十八届三中、四中全会以及习近平总书记系列重要讲话精神,切实增强责任感和使命感,围绕中心,服务大局。认真组织开展“三严三实”教育,制定专题教育实施方案,加强基层组织负责人队伍建设,落实党建工作责任制,基层党组织建设不断加强。完成新一轮干部换届聘任,加大干部从严管理力度,加强干部教育培训,严格干部考核,领导班子和干部队伍建设不断完善。

(张北公)

基层党组织建设与党员队伍建设

【基本情况】 截至12月31日,学校共有二级单位党委14个、党总支7个,直属党支部4个,党支部175个,本科生党支部19个,研究生党支部31个,教工党支部91个,离退休党支部34个。共有党员3 078人,其中正式党员2 708人;少数民族党员189人,占党员总数的6.1%;女性党员1 848人,占党员总数的60.0%;在岗教职工党员917人,占全校教职工总数的49.2%;本科生党员426人,占本科生总数的4.3%;研究生党员987人,占研究生总数的38.9%。

(张北公)

【基层党组织建设】 2015年,学校落实《关于进一步加强基层党组织建设的意见》,围绕落实学校《2013—2017年党建规划》、增强支部组织生活政治性、教师党支部书记队伍建设、学生党员发展及培养考察等专题深入二级单位党组织开展专题调研,共调研单位13个,参与调研近200人,通过调研进一步掌握了基层工作现状,为党委深化基层组织建设提供了决策支持;启动学校党建难点项目支持计划,坚持问题导向,重在激励基层探索破解工作难点的有效做法并形成长效机制,2015年度重点支持项目为“加强教师(教工)党支部建设”,每个二级单位党组织都进行了申报,学校启用党建先进校获奖资金对立项单位进行支持;认真组织开展基层党支部年度“三严三实”专题组织生活会,指导干部撰写党性分析材料,做好批评和自我批评;做细做实“六个一百计划”,组织进行“六个一百计划”落实情况检查,深入部分二级单位进行实地走访调研,选拔表彰百名党员服务标兵、百名优秀教师党员和百名优秀学生党员,注重从基层一线、普通党员中选拔优秀标兵;继续开展“主题党日”活动和党建创新项目评选,共选出12个优秀“主题党日”活动和5个党建工作创新项目,1个二级单位党委获最佳组织奖;继续组织开展共产党员献爱心活动,全校总计1 237名党员和群众参与活动,共计捐款43 384.6元;开展困难党员帮扶工作,2人获得“北京市生活困难党员帮扶专项资金”补助,12人获得学校党委帮扶补助,补助金额共计30 000元。

(张北公)

【基层组织负责人队伍建设】 2015年换届聘任工作中,新选任二级单位党组织书记6人,其中4人为双肩挑干部,调整后,全校共有二级单位党组织负责人25人,其中双肩挑干部10人,均为教授。制定《2015年度基层党建工作述职评议考核工作方案》,首次实行二级单位党组织负责人向学校党委汇报年度抓党建工作情况,并开展评议考核。坚持基层党组织书记轮训制度,全年共选派6名教师和学生党支部书记参加北京高校基层党组织负责人示范培训班,选派6名二级单位党组织书记参加哲学社会科学培训班。

(张北公)

【大学生党建工作】 推进学生党员先锋工程,加强理论导师培训力度,对二级单位落实“成才表率”培育计划和“服务先锋”行动计划、学生党员理论学习和实践锻炼情况进行全面检查,进一步强化学生党员在服务同学、学风建设、班团建设等方面的作用,推动党建带团建、促班建。

(张北公)

【党员发展工作】 深化落实《党员发展工作细则》，接受市委组织部、市委教育工委发展党员专项工作入校检查，获得较高评价；组织开展发展党员专题工作交流会，由3个单位介绍交流党员发展工作经验；2015年全校总计发展党员370人，其中本科生党员301人，研究生党员67人，教工党员2人。

（张北公）

【党员教育管理工作】 2015年，组织部通过逐一查阅档案、与新生党员一对一谈话、召开座谈会、组织毕业生党课等多种教育管理形式，确保组织关系接转严格无误，同时积极妥善处理新生、毕业生党员组织关系遗留问题，帮助学生解决实际困难；认真落实中央关于高校毕业生党员组织关系管理工作的要求，对全校毕业生党员组织关系留存情况进行摸底，截至2015年年底，全校共有88名毕业生党员组织关系留存学校；从2015年起调整出国留学党员组织关系管理，统一留存学校；2015年总计转出毕业生党员组织关系636人，接收新入职教职员工党员组织关系54人，接收新生党员组织关系共计324人；做好本科新生党员资格审查工作，经过严格审查和谈话，未认定党员资格1人；继续做好党费收缴、使用和管理工作，按季度向工委上缴党费，对基层党组织使用党费进行认真审核，共收缴党费538 668.3元，支出党费208 469.955元，其中上缴工委134 667.075元，学校各级党组织开展党的活动使用73 802.88元，培训党员使用15 126.55元，订阅购买用于开展党员教育的报刊、资料和音像制品、设备17 654.25元，补助生活困难党员41 022.08元；认真完成各类党内统计和分析工作。

（张北公）

【基层党组织工作保障】 进一步做好组织员队伍建设，调整充实组织员队伍，强化组织员作用，通过审阅发展材料、参加发展会、与发展对象谈话等方式，充分发挥组织员队伍在党员发展工作中的重要作用。不断加强对党支部活动支持保障力度，按照人均250元的标准下拨教职工党员活动经费及党员教育经费共计425 250元；自2015年起新增学生党员活动经费，进一步支持学生党支部工作顺利开展，按照年人均50元的标准共计下拨学生党员活动经费84 050元。

（张北公）

领导班子和干部队伍建设

【基本情况】 截至12月31日，全校共有处级中层干部162名，平均年龄43.37岁。其中，正处级69人，平均年龄47.41岁，副处级93人，平均年龄40.38岁；党员干部152人，占处级干部总数的93.83%，非党员干部10人，占处级干部总数的6.17%。

干部基本情况统计表

	总人数	男		女		专职		兼职	
		人数	比例	人数	比例	人数	比例	人数	比例
总　计	162	92	56.79%	70	43.21%	97	59.88%	65	40.12%
正处级	69	43	62.32%	26	37.68%	35	50.72%	34	49.28%
副处级	93	49	52.69%	44	47.31%	62	66.67%	31	33.33%

干部学历情况统计表

	总人数	博士研究生		硕士研究生		大学		大专及以下	
		人数	比例	人数	比例	人数	比例	人数	比例
总　计	162	69	42.59%	47	29.01%	46	28.40%	0	0.00%
正处级	69	35	50.72%	16	23.19%	18	26.09%	0	0.00%
副处级	93	34	36.56%	31	33.33%	28	30.11%	0	0.00%

干部职称情况统计表

	总人数	正高级		副高级		中级及以下	
		人数	比例	人数	比例	人数	比例
总　计	162	52	32.10%	43	26.54%	67	41.36%
正处级	69	33	47.83%	19	48.72%	17	24.64%
副处级	93	19	20.43%	24	25.81%	50	53.76%

干部年龄情况统计表

	总人数	56 岁及以上		46～55 岁		36～45 岁		35 岁及以下	
		人数	比例	人数	比例	人数	比例	人数	比例
总　计	162	5	3.09%	62	38.27%	71	43.83%	24	14.81%
正处级	69	4	5.80%	40	57.97%	23	33.33%	2	2.90%
副处级	93	1	1.08%	22	23.66%	48	51.61%	22	23.66%

（柳艺）

【干部选拔任用】　认真贯彻执行《党政领导干部选拔任用工作条例》和《首都经济贸易大学处级干部选拔任用工作实施办法》，落实从严管理干部的要求，不断深化干部人事制度改革，进一步规范选人用人工作。2015 年，学校党委按照干部任免权限，先后任免处级干部 257 人次，其中，提拔任职干部 45 人，交流任职 17 人，免职及免职退休干部 16 人，其他原因涉及职务调整的干部 6 人。完成干部试用期满考核工作，全年共有 2 名处级干部通过试用期满考核正式任职。

（刘威）

【干部挂职锻炼】　2015 年，为进一步拓宽干部培养渠道，丰富干部工作经历，继续选派干部参加挂职锻炼。7 月，按照市委组织部、市委教育工委关于京冀互派干部挂职工作部署，接收河北经贸大学信息技术学院副教授林天华同志来校挂职，担任信息学院副院长职务，为期一年。9 月，按照全市处级干部挂职锻炼工作安排，经市委组织部与市委统战部共同研究决定，选派继续教育学院院长田新民同志挂任国家能源局规划司统计预测处副处长，为期一年。12 月，按照市委教育工委的工作要求，接收北京市教委审计处副处长赵凤旗同志来校挂职，担任财务处副处长职务，为期一年。认真落实《市委组织部关于选拔博士生（后）、高校青年教师、辅导员到北京市挂职锻炼的通知》精神，通过自愿报名、学校推荐、双向选择和岗位调剂等环节，1 名博士生陈波被选派北京海淀区水务局挂任局长助理，挂职时间为半年。按照市委教育工委的工作要求，接收北京市教委基建处黄莹莹同志来校挂职，担任劳动经济学院辅导员，为期一年。

（刘威）

【干部调训】　2015 年，积极选派干部参加校外的有关培训。其中，1 名校级领导到市委党校参加为期一个半月的脱产培训。

处级以上领导干部参加校外有关培训一览表

培训人员	职务	培训时间	培训内容	办学单位
柯文进	党委书记	4 月 13—17 日	北京市区县局级领导干部深入学习贯彻“四个全面”战略思想和战略布局专题研讨班	市委组织部 市委宣传部 市委党校
王稼琼	校长	5 月 18—22 日	北京市区县局级干部深入学习贯彻“四个全面”战略思想和战略布局专题研讨班	市委组织部 市委宣传部 市委党校

续表

培训人员	职务	培训时间	培训内容	办学单位
孙善学	党委副书记	5 月 18—22 日	北京市区县局级干部深入学习贯彻“四个全面”战略思想和战略布局专题研讨班	市委组织部 市委宣传部 市委党校
杨世忠	纪委书记	9 月 7 日— 10 月 30 日	北京市区县局级领导干部进修班(第 86 期)	市委组织部 市委宣传部 市委党校
王文举	副校长	5 月 18—22 日	北京市区县局级干部深入学习贯彻“四个全面”战略思想和战略布局专题研讨班	市委组织部 市委宣传部 市委党校
		2014 年 9 月 1 日— 2015 年 1 月 15 日	北京市区县局级领导干部研修班(第 7 期)	市委组织部 市委宣传部 市委党校
丁立宏	副校长	4 月 20—24 日	北京市区县局级干部深入学习贯彻“四个全面”战略思想和战略布局专题研讨班	市委组织部 市委宣传部 市委党校
王传生	副校长	5 月 18—22 日	北京市区县局级干部深入学习贯彻“四个全面”战略思想和战略布局专题研讨班	市委组织部 市委宣传部 市委党校
朱玉华	党委副书记	4 月 20—24 日	北京市区县局级干部深入学习贯彻“四个全面”战略思想和战略布局专题研讨班	市委组织部 市委宣传部 市委党校
		11 月 4—6 日	北京市组织人事工作专题培训班	市委组织部 市委党校
徐芳	副校长	4 月 20—24 日	北京市区县局级干部深入学习贯彻“四个全面”战略思想和战略布局专题研讨班	市委组织部 市委宣传部 市委党校
孙昊哲	副校长	5 月 18—22 日	北京市区县局级干部深入学习贯彻“四个全面”战略思想和战略布局专题研讨班	市委组织部 市委宣传部 市委党校
		9 月 11 日—11 月 6 日	中国传统文化与官德修养培训班	市委组织部 市委党校
谢海霞	法学院 党总支书记兼副院长	3 月 2 日—6 月 30 日	中青年干部培训班(第 46 期)	市委组织部 市委党校
张军	研究生部主任	7 月 15—17 日	北京市无党派人士培训班(第 8 期)	市委教育工委
田新民	继续教育学院院长	11 月 24—27 日	北京市党外正处级干部培训班	市委教育工委

(柳艺)

【干部考核】　2015年,完成了校级领导干部考核和处级单位、处级干部考核工作。其中,校级领导干部11人参加考核,2人获优秀嘉奖,9人考核结果为合格。42个处级单位和156名处级干部参加考核,10个处级单位和34名处级干部被评为优秀,其他处级单位和处级干部考核为合格。首都经济贸易大学2015年优秀奖处级单位有:党委组织部、统战部、图书馆、科研处、审计处、教务处(经济与管理实验教学中心挂靠),以及经济学院、法学院、会计学院、工商管理学院、劳动经济学院。

2015年首都经济贸易大学优秀处级干部名单

单　位	姓　名	单　位	姓　名
党政办公室	高菲	城市经济与公共管理学院	张国山
党委组织部、统战部	刘威	工商管理学院	金京虎
党委宣传部	冯博	经济学院	徐雪
学生处(学生工作部)	马力	会计学院	孙庆福
发展规划处	周明生	劳动经济学院	丁志艳
教务处(经济与管理实验教学中心挂靠)	曾庆梅	文化与传播学院	付琳
研究生部(研究生工作部)	张军	信息学院	马慧
人事处	邢琪	安全与环境工程学院	蔡丹
财务处	陈学森	财政税务学院	姚东旭
资产管理处	王金宝	法学院	米新丽
后勤管理处	魏有亮	金融学院	刘辉
校工会	刘颖	外语系	刘重霄
校团委	张彤	华侨学院	焦勇
校部机关党委	刘俊虹	马克思主义学院	王银江
图书馆	张桂岩	体育部	蒋薇
档案馆、校史馆	徐彦红	国际学院	朱红
资产公司	庞志平	继续教育学院	刘伟

(柳艺)

党校工作

【干部教育培训】　2015年,通过深入学习领会习近平总书记在全国党校工作会议上的重要讲话精神、认真学习中组部《干部教育培训工作条例》,以“践行三严三实、坚定理想信念、深化作风转变”为主题,组织部组织进行两期全体处级干部集中培训。落实校领导讲党课制度,党委书记柯文进,党委常委、副校长王传生分别讲授了专题党课。将纪律教育贯穿全年,举办党风廉政专题报告会。继续组织开展假期干部集中培训,组织完成二级单位党组织负责人、新任处级干部专题培训。选派1名干部到市委党校进行脱产培训,选派1名干部参加优秀正处级干部培训。加强“干部在线学习”管理,及时为新提任处级干部建立在线学习账号,加强督促指导,准时完成各项学习任务。

(韩静)

【党员教育培训】　2015年,通过落实学校《2013—2017年干部教育培训规划》,组织部组织全校党支部书记开展“三严三实”专题系列培训,举办三场专题报告会。选派6名教师和学生党支部书记参加北京高校基层党组织负责人示范培训班,选派6名二级单位党组织书记参加哲学社会科学培训班。

(韩静)

【入党积极分子培训】　2015年,通过进一步建立入党申请人、入党积极分子、发展对象三级培训体系,学校 1 712 人完成初级党课培训;启用北京市大学生入党积极分子在线学习考试系统,2 262 人通过该系统完成了学习及考试;充分发挥校院两级培训优势,进一步做好发展对象集中培训,共 380 人完成了发展对象培训。积极协助上级完成各项培训工作,选派 3 名入党积极分子参加北京高校大学生入党积极分子示范培训班,选派 1 名干部参加北京市高校党校协作组专题培训。

(韩静)

【党建研究】 2015 年,组织部完成 2014 年学校党建与管理课题结题和优秀课题评选工作,总计 33 项课题结项。组织开展 2015 年北京市和学校党建与管理课题申报工作,获市委教育工委委托课题一项。2014 年课题"现代大学制度下二级学院管理决策与运行机制研究"被评为北京高校党建研究课题优秀成果。

(韩静)

人才工作

2015 年,组织部认真组织做好 2015 年优秀人才培养资助项目申报工作,获批立项 6 项,资助金额 27 万元。

2015 年首都经济贸易大学优秀人才培养资助项目一览表

序号	项目名称	负责人	承担单位	批准经费(万元)	项目主要参加人员
1	京津冀地区双酚 A 大气源清单建立与排放特征分析	胡磊	信息学院	5	孙茂华　闫志强　季岩砚　王玲
2	基于京津冀地区氮氧化物减排目标的新型生物法烟气脱硝技术研究	丁爽	安全与环境工程学院	5	郝鹏鹏　董丽娟
3	多中心城市网络的经济绩效研究——基于京津冀协同和长三角一体化的比较研究	吴康	城市经济与公共管理学院	5	贾彤
4	北京小微企业发展的财税支持政策优化研究——财税与金融协同视角	王海南	财政税务学院	4	陈远燕　李林君　刘翔
5	北京市"村改居"社区居民就业与社会保障问题研究	刘潇	劳动经济学院	4	张航空　徐静　王晓霞　江华　周贻
6	面向"十三五"的北京首善精神及其培育路径研究	李厚羿	马克思主义学院	4	

(韩静)

宣传思想工作

概　况

党委宣传部下设综合管理办公室等科室,学校新闻中心挂靠,主要承担学校思想政治教育、新闻宣传和校园文化建设等工作。现有职工 14 人,其中中高级职称 6 人,中级以下职称 8 人。2015 年是全面贯彻落实党的十八届三中、四中、五中全会精神,全面落实学校"十二五"时期发展规划的收官之年,学校在思想政治工作方面以学习贯彻党的十八届三中、四中、五中全会精神和习近平总书记系列讲话精神为主线，深入开展中国特色社会主义理论教育，以召开宣传思想工作会议落实中央和市委关于进一步加强和改进高校宣传思想工作的意见精神，以学习型党组织建设为着力点推进教职工思想政治工作，以积极做好各类青年教师轮训培训，加强青年教师思想政治工作；在新闻宣传工作方面，积极拓展新闻宣传工作渠道，继续以为师生、家长、媒体等开展全方位新闻信息服务为主线，着力加强学校网站建设，着力推动校园各类媒体建设，加强学校和各单位的改革发展成果、亮点特色的宣传及师生典型的宣传，实现新闻选题有策划、新闻视角贴近师生、对外宣传更主动；在校园文化建设工作方面大力推进文化载体建设，完成校歌创作工作，积极开展迎接60周年校庆校园文化建设工作，整修校园导视系统，继续探索开展校园文化布置工作，做好学校形象宣传品的设计制作，巩固壮大积极向上的主流舆论氛围，为学校的改革发展提供强大的思想保障、精神动力和舆论支持。

（朱红霞）

理论教育

【召开宣传思想工作会议】　2015年，为了落实中央和市委关于进一步加强和改进高校宣传思想工作的意见精神，党委宣传部于11月组织召开了全校宣传思想工作会议。校党委书记柯文进对学校2014年以来的宣传思想工作进行总结，并对下一阶段的宣传思想工作进行了部署；市委教育工委常委副书记张雪出席会议并讲话；3个院系负责同志和辅导员交流了工作经验；会上还出台了学校《关于进一步加强和改进新形势下宣传思想工作的实施意见》《建立健全师德建设长效机制的实施意见》《首都经济贸易大学教师职业道德和行为规范（征求意见稿）》《新媒体运用管理办法》等相关配套文件。

（朱红霞）

【组织开展党的十八届三中、四中、五中全会精神和习近平总书记系列讲话精神学习活动】　按照市委、市委教育工委的要求，在全校范围内继续深入开展学习党的十八届三中、四中、五中全会精神和习近平总书记系列讲话精神活动，起草下发了学校《学习宣传贯彻党的十八届四中全会精神的通知》，制作“2015年全国两会精神”“四个全面”学习专题2个，转载发表权威媒体理论评论10余篇，同时配发十八届四中、五中全会相关学习材料2次，为基层单位开展学习提供支持。配合离休干部党总支开展专题学习全国两会精神活动，为离退休老干部提供了党课学习资料。

（朱红霞）

【抓好校院两级理论中心组学习】　2015年，党委宣传部组织党委理论中心组围绕时政热点和学校中心工作学习、研讨、参观16次；同时注重将学习扩大到全校处级干部，发挥了校院两级中心组在全校理论学习的示范引领作用。编发中心组学习材料4期，开展了学习习近平总书记重要讲话精神、“三严三实”专题学习、传达中央《加强和改进新时期高校宣传思想工作的意见》等学习活动，组织常熟理工学院校长朱士中信息化建设专题报告、校领导“三严三实”专题党课等学习活动并配发了学习材料。

（朱红霞）

【做好青年教师思想政治工作】　2015年，党委宣传部全面落实驼峰计划，进一步理顺青年教师骨干研修和社会实践工作组织领导体系。组织4名教授参加中宣部、教育部哲学社会科学教学骨干研修班；组织青年教师参加市委教育工委高校哲学社会科学骨干教师研修培训及青年教师短期培训，完成了6期骨干研修班共15名参训教师及思政干部的组织工作，完成了5期青年教师短期培训班共15名参训青年教师的组织工作，并在教工委组织的青年教师理论教育负责人培训班上进行了经验交流。协助工会完成青年教师社会实践优秀成果申报及2015年青年教师社会实践支持项目申报备案工作。

（朱红霞）

【做好各类典型评选报送工作】　2015年，党委宣传部先后完成了“丹柯杯”优秀研究成果、基层重点研究课题申报立项、高校意识形态工作调研、教育部校园文化建设优秀成果评选等各级各类的评选申报30余项，并对“百人工程”学校学者名录和资料进行了整理。

（朱红霞）

【加强舆情引导机制及队伍建设】　2015年，党委宣传部做好开学初及两会期间教职工思想动态调研，制作《教工信息》2期、《教工信息反馈》2期，与青年教师协会合作，积极拓展教工信息渠道。以学通社通识课为契机,通过新媒体实践课的课程设计、课时安排及备课等,加强新媒体协会舆情机制及队伍建设,开展网络舆情专业知识讲授及校内外时事热点讨论,完成网络舆情12期,并就斗地主视频、雾霾天户外体育课等师生关注热点及舆情及时引导,营造良好舆论氛围。以新媒体协会成立五周年为契机,开展系列线上线下活动,与受众互动反馈,进一步提升舆论引导能力。

(朱红霞)

【做好思想理论教育研究工作】 2015年,党委宣传部加强对思想理论教育的研究工作,参与市教工委《新时期高校宣传思想工作百问百答》撰写工作,撰写了关于高校深入开展培育和践行社会主义核心价值观及做好高校意识形态工作的相关章节。申报并获批2015年北京高校宣传思想工作专项课题2项。先后组织完成北京市宣传文化系统第二批“四个一批”人才评选及公示、北京市高创人才评选及公示以及北京市宣传文化系统高层次人才培养资助项目申报等,充分发挥学校的理论专家优势,凝聚了一批优秀的理论成果,进一步提升了学校的理论研究实力和层次。

(朱红霞)

【加强宣传环境建设】 2015年,党委宣传部进一步加强对学校宣传阵地的建设,研究起草学校《新媒体运用管理办法》,设计制作“首都经济贸易大学2014年十大新闻”“春华秋实——首都经济贸易大学2014年收获累累硕果”“首都经济贸易大学校歌试唱版师生见面”等各种主题的宣传橱窗36块,协助校工会、校团委、保卫部和财税学院展示橱窗22块,利用校内电子屏围绕全国“两会”、社会主义核心价值观、诚信考试等主题做好宣传。策划、设计、制作学术研究中心楼施工工地围挡“首经贸印象”200余米宣传展板。

(马荔)

新闻宣传

【全方位新闻信息服务】 2015年,向外聘教授专家制作发送中英文《首经贸电子报》13期,向上级领导、学生家长、媒体、离退休教工、校友寄送《首经贸校报》15期,向社会媒体130余名记者、编辑推送《首经贸媒体简报》145篇,加强了学校与外界的沟通联系,提升了学校知名度、美誉度和品牌形象。

(万陈芳)

【加强校报建设】 2015年,出版校报15期,专版、专刊报道40余个。其中,围绕学校中心工作,推出了全面深化综合改革、学校章程发布、京津冀蓝皮书发布、招生就业专题、校歌见面会等重点报道40余次。开设了一线教师访谈、如何做好老师、首经贸创客、口述校史、院系风采、学子驼韵、首经贸记忆等8个专栏。完成近200次摄影工作,共计拍摄照片约一万张。2015年,学校共有11件新闻作品获2014年度中国、北京高校校报好新闻奖通讯类、版面类、图片类一、二、三等奖。

(万陈芳)

【加强官方微信建设】 2015年,开设经贸资讯、经贸拍客、经贸创客等品牌栏目,推送官方微信共101期、300余条,粉丝量增至万名。其中,二食堂开放专题阅读量突破22 000,学生宿舍安装空调专题阅读量突破5 000。此外,每天安排值班编辑,登录后台与粉丝互动解答问题,为校内外师生家长搭建交流平台。

(万陈芳)

【加强电视台、广播台建设】 2015年,加强视频新闻宣传,全年拍摄制作视频新闻105条,播出《首经贸新闻》8期,完成专题策划播出10期。在对国内外85部高校宣传片进行调研的基础上,策划制作学校中文版宣传片、英文版宣传片及校庆宣传片。此外,整合了电视台与广播台学生记者力量,启动“微视频”项目,成立了“官微节目制作组”,制作及推送视频节目5条。2015年,学校电视台有10部作品获“中国高校电视奖”,其中一等奖1项,二等奖4项,三等奖5项,系首次获一等奖。加强广播台建设,整合推出校园新闻、麻辣采访、麻瓜音乐吧等10档节目,策划制作深夜电台18期,并与官微携手推出广播剧场、语音特别推送等新的节目形式。广播台与北京航空航天大学等高校广播台合作,成功举办“首届ivoice播音挑战赛”,承办北京人民广播电台故事广播主办的“大声赛”复赛活动,扩大了首经贸广播台的社会影响力,被喜马拉雅FM授予“新媒体合作示范基地”称号。

首都经济贸易大学2015年获第四届中国高校电视奖一览表

获奖类别	作品名称	作者	奖项
新闻类	《学校发布2015京津冀蓝皮书并成立京津冀大数据研究中心》	记者:陈琛 张佳宁 配音:闫彬	一等奖
综艺类	《远航》校歌试唱版MV	摄制:孙签 常识 陈琛 航拍:曹健	二等奖
新闻类	《学校大学生艺术团举办2015新年文艺演出》	记者:刘峰毅 聂宇嘉 配音:闫彬	二等奖
专题类	《淡定毕业季之创业篇——张依》	制作:赵琪堂 朱竹青	二等奖
微电影类	《谁动了我的香水》	策划:张戌辰 撰稿:杨鑫楠 编导:张戌辰 摄像:张戌辰 制作:金秋玉	二等奖
新闻类	《2014级本科新生军训结业》	记者:陈琛 赵琪堂 聂宇嘉 刘安琪 张戌辰 刘峰毅	三等奖
新闻类	《2015首场校园双选会举行》	刘峰毅 王锐	三等奖
新闻类	《学校文传学院与经济日报社共建经济新闻人才培养基地》	陈琛 张佳宁	三等奖
专题类	《淡定毕业季之出国篇——刘璐》	赵琪堂 朱竹青	三等奖
微电影类	《不要说话》	策划:孙之冰 撰稿:于新蕾 编导:孙之冰 摄像:马辉 制作:温玮 解说:孙宜祯	三等奖

（万陈芳）

【外宣报道质量稳步提升】 2015年,新闻中心按照"加强策划、集体采访、定期推送、时常联络"的工作思路,进一步发挥报纸、电视、电台、网络、新媒体、发布会、座谈会的复合型宣传网络优势,增强对外宣传的主动性,新闻发布的媒体层次、数量都有所增加。2015年,新闻中心加强与社会媒体的沟通联系,在原有媒体库基础上,更新、增补名单,定期向媒体库成员发送"首经贸媒体简报",共14期145条新闻线索。其中,招生专题、新生入学故事、消费者信心指数发布、校歌《远航》发布等多组文章被媒体采用,或对预告线索进行挖掘采访。2015年,新闻网"媒体经贸"栏目共收录社会媒体关于学校的报道230余篇,"专家视点"栏目收录社会媒体对学校学者的采访和署名文章200余篇。其中,《中国教育报》头版报道学校人才队伍建设,《北京考试报》专版介绍学校发展情况,中国教育电视台专题报道学校办学特色,《中国教育报》《中国绿色时报》专版报道首经贸2015高校生态文明教育论坛。《中国高等教育》《北京教育》杂志封面及彩页专版报道学校发展成就。《中国绿色时报》专版报道学校自然文学发展建设情况;人民网独家策划学校思政课建设情况。

（张佳宁）

【科研成果报道受到普遍关注】 2015年,新闻中心继续加强对外宣传首经贸智库建设、服务经济社会发展声音的报道力度。全年各类媒体重点报道了学校10余项重大科研活动。其中,经济日报社与首都经济贸易大学强强联手培养经济新闻人才被《人民日报》、新华社、《光明日报》、《北京日报》等近30家媒体刊发、转载;《北京养老产业发展报告》蓝皮书发布被中国政府网、新华网、中国社会科学网等近60家媒体刊发、转载;北京新经济组织发展研究院成立被中国政府网、人民网、《北京日报》、《法制晚报》等60多家媒体刊发、转载。作为首都经济贸易大学重点研究成果之一的京津冀蓝皮书发布之后,其研究成果也被广泛转载、引用。除此之外,新华网《京津冀5大高校成立京津冀协同发展联合创新中心》,《北京青年报》的《京津冀高校后勤发展论坛在京举办》等新闻也产生了良好的传播效果。

(张佳宁)

【组织媒体进行专题报道】 2015年,新闻中心主动邀请媒体深入学校,报道校园风采、学生活动,开展媒体"定制化"服务,向媒体积极推送新闻线索。北京电视台走入校园报道"首经贸图书馆中小学开放日　迎来首批小读者";央视网报道"首经贸'校友导师'计划启动　人才培养融入创新精神";《中国绿色时报》"走进首经贸　徜徉自然文学殿堂";学信网"首都经济贸易大学就业情况访谈";《北京考试报》"首经贸外培生:'累'并快乐着"、"首经贸心理健康宣传覆盖新生及家长"、"首经贸选拔25名新生　组建2015级行政管理(国际班)"、"怀揣梦想,从首经贸起航"和"讲述高考故事"系列征文;《新京报》重点报道学校大学生体能素质建设情况,"首经贸:大学生打太极24式锻炼体质";协助中国教育电视台联络师生,推出节目"首经贸师生热议高校学生管理规定修订"等报道展现了首经贸学子的风采。

(张佳宁)

【加强新闻宣传工作队伍建设】 3—5月,新闻中心邀请校内外专家,陆续为学校专兼职新闻工作者开展6场新闻业务培训,分别为:北京高校新闻与文化传播研究会理事长、北京林业大学党委宣传部部长铁铮主讲新闻选题策划、首都经济贸易大学文化与传播学院教师王冲主讲新闻采访和新闻深度报道、新浪微博全国高校渠道负责人朱晓明主讲新媒体趋势研究、首都经济贸易大学新闻中心电视台台长陈琛主讲高校视频新闻、中国传媒大学教授郭艳民主讲新闻摄影专题讲座。学校通讯员、分管新闻宣传工作负责人、学通社记者参加了系列培训。开通"新闻基础与实践"选修课,开展培训、表彰和社会实践活动。进一步完善学通社工作机制,通过定期召开骨干例会、沟通选题情况以及资源共享完成新闻策划、采访任务。学通社7个下属社团定期召开例会,研讨选题和媒体运营情况。推出为学通社学生记者量身打造的通选课受到同学欢迎,选课人数达150余人,期间完成了一系列较高质量的学生记者实践作品。新闻中心组织学通社记者参加第五届和第六届大学生记者基本功大赛,并获得优秀指导老师奖、优秀摄影记者奖。

(万陈芳)

校园文化工作

【获教育部高等学校校园文化建设优秀成果二等奖】 2015年,在教育部组织的第八届全国高校校园文化建设优秀成果评选表彰中,党委宣传部协助校团委申报的"培育绿色文化　深化生态育人"获得教育部全国高校校园文化建设优秀成果二等奖。

(朱红霞)

【完成校歌创作工作】 2015年,党委宣传部与校歌词曲作者合作,完成了校歌《远航》(试唱版)的创作工作。5月17日,黑鸭子和三兄弟组合与校合唱团的同学们一起进行了《远航》的正式录制。12月28日,举办校歌发布会,《远航》正式被确定为校歌,向全校发布。

(朱红霞)

【开展迎接60周年校庆校园文化建设工作】 2015年,学校为迎接60周年校庆开展系列校园文化建设工作,党委宣传部研究编写反映学校精神的《首经贸精神书画集》和反映学校发展的《首经贸记忆》。在前期调研工作的基础上,研究制定了书画作品和图片征集通知,全面梳理了学校20世纪80年代以来历期校报和校内各类回忆性文章,拟定故事集相关采访线索,开展了口述校史活动,组织校内相关师生召开专题座谈会,并开展了故事征集活动。党委宣传部还开展了校庆主题和标识征集活动。积极配合完成校志编写工作,完成了宣传思想工作相关史料梳理和校志的编写任务。

(朱红霞)

【整修校园导视系统】 2015年,党委宣传部结合校园建筑变化情况,会同资产管理处、保卫处、基建处等相关部门,对校园的导视系统进行了修缮。

(朱红霞)

首都经济贸易大学 2014—2015 年宣传工作先进单位名单

奖项名称	获奖单位
宣传思想工作先进单位	经济学院　文化与传播学院　外语系　劳动经济学院　会计学院　法学院
网站建设先进单位	经济学院　校工会　财政税务学院　城市经济与公共管理学院　图书馆
社会主义核心价值观教育品牌项目	马克思主义学院　金融学院　学生处　党政办公室

首都经济贸易大学 2014—2015 年宣传思想工作先进个人名单

所在单位	获奖个人	所在单位	获奖个人
城市经济与公共管理学院	张云雪	工商管理学院	王硕
经济学院	赵灵翡	会计学院	王文绪
劳动经济学院	孙乐	文化与传播学院	宿东泽
信息学院	张文君	安全与环境工程学院	陈蒲晶
财政税务学院	高敏丽	法学院	张益铭
金融学院	徐兰杰	统计学院	龚宇
外语系	侯燕玫	华侨学院	陈思
马克思主义学院	张颖	国际经济管理学院	林蔚
体育部	高寒	国际学院	朱燕红
继续教育学院	刘薇	杂志总社	宛恬伊
离退休工作处	王楠	后勤管理处	王建超
图书馆	张桂岩	校医院	张玉玲
校办产业	孟岩岭	学生处	李俊
教务处	钱程	校工会	苏静

（朱红霞）

纪委监察工作

概　况

2015 年，纪委办公室、监察处坚持以落实监督责任为统领、以作风建设和纪律建设为主线，强化监督执纪问责，从严开展监督，协助党委深入扎实推进党风廉政建设各项工作，为学校建设风清气正的政治生态、推动各项事业健康发展保驾护航。本届纪委由 2010 年学校第三次党代会选举产生。截至 12 月 31 日，校纪委由马慧、刘学伟、李民、杨世忠、邸燕茹、林卫、夏颖、解小娟 8 名委员组成，杨世忠任纪委书记。校纪委下设纪委办公室，纪委办公室与监察处合署办公，现有编制 6 个，在职在岗 5 人。

（王泽羽）

党风廉政建设责任制

【开展党风廉政建设责任制任务分解等工作】 2015 年，纪委办公室、监察处加强制度建设，协助党委制定《落实党风廉政建设党委主体责任和纪委监督责任实施办法》，厘清了党委 12 项、纪委 7 项任务两份责任清单。协助党委制定《首都经济贸易大学 2015

年党风廉政建设和反腐败工作主要任务分工》。组织全校47个二级单位的党政负责同志68人签订落实主体责任承诺书。年终对党政领导班子及主要负责人执行责任制的情况进行检查,通过要求自评自查、述职述廉、重点抽查等方式,督促校领导班子成员和47个二级单位进行自查自评并提交报告。

(王泽羽)

【召开党风廉政建设大会】 6月18日,学校召开2015年党风廉政建设大会。会议以"坚持全面从严治党,强化落实主体责任"为主题,传达了上级会议精神,对全年反腐倡廉工作进行了部署。党委书记柯文进发表题为"坚持全面从严治党,强化落实主体责任,营造风清气正的校园政治生态"的讲话。纪委书记杨世忠主持会议并传达上级党风廉政建设工作会议精神。中国石油大学(北京)纪委副书记、监察审计处处长孙为就高校开展廉政风险防控"三个体系"建设工作进行了经验介绍。党政办公室、教务处、人事处、资产管理处、后勤管理处、城市经济与公共管理学院、劳动经济学院、图书馆8个单位的党政负责同志代表各二级单位签订了《落实党风廉政建设主体责任承诺书》。校领导、校长助理,全校副处级以上领导干部,各二级单位党委、党总支、直属党支部纪检委员,以及特邀监察员等约150人参加大会。

(王泽羽)

【北京市党风廉政建设责任制检查组检查指导工作】 12月4日,以市纪委副书记、监察局局长王海平为组长的北京市党风廉政建设责任制检查考核第四检查组一行8人莅临学校,检查党风廉政建设责任制落实情况。党委书记柯文进做题为"坚持全面从严治党,切实履行主体责任,营造风清气正的校园政治生态"的工作报告,从7个方面汇报党委主体责任落实情况,纪委书记杨世忠以"强化纪律狠抓作风,全面履行监督责任,为学校全面深化综合改革保驾护航"为题从6个方面汇报学校纪委落实党风廉政监督责任情况。部分领导班子成员汇报了"一岗双责"履行情况。王海平对学校落实党风廉政建设责任制情况进行了点评,充分肯定了学校领导班子结合业务落实"一岗双责",研究分管领域风险点,制定相应预防措施的做法,并对学校进一步加强党风廉政建设工作提出了指导意见。检查组召开了相关职能部门和院系负责人延伸座谈会,并进行了财政审计专项检查,按照《北京市2015年度党风廉政建设责任制检查考核评估指标体系》的评估要点,详细查阅了相关支撑材料。

(王泽羽)

宣传教育

【组织开展党风廉政宣传教育月活动】 6月,校纪委、党委宣传部组织25个二级单位党委、党总支、直属党支部以"守纪律,讲规矩,做廉洁自律表率"为主题开展党风廉政宣传教育月活动,各单位以廉政专题党课、专题组织生活会、参观廉政文化教育基地、毕业生"最后一课"等方式分群体、分类别、有针对性地开展特色活动,营造廉洁从政、遵纪守法的舆论氛围。购买《习近平关于党风廉政建设和反腐败斗争论述摘编》、新版《中国共产党廉洁自律准则》和《中国共产党纪律处分条例》以及辅导读本等图书资料800余册发放给各二级单位组织学习。深入开展纪律教育,在学校举办的处级干部培训会上,纪委分别进行2场廉政纪律专题培训。参加市纪委、市委宣传部联合举办"廉洁颂——我身边的好规矩"征集宣传教育活动,从全校征集4件作品,经筛选后报送1件至北京市教育纪工委。

(王泽羽)

【举行党风廉政建设专题报告会】 12月10日,学校举行党风廉政建设专题报告会,邀请北京市纪委案件审理室主任张丽红围绕新修订的《中国共产党廉洁自律准则》和《中国共产党纪律处分条例》做专题辅导报告。校领导、校长助理以及全校处级领导干部共140余人聆听了报告。纪委书记杨世忠主持报告会。

(王泽羽)

监督和专项治理工作

【加强组织人事工作监督】 2015年,纪委办公室、监察处在学校新一轮处级领导干部换届和处级以下管理岗位干部换届工作中严把纪律关,选派专职干部组成监督小组,全程参与各项工作,加强过程监督,用纪律教育、监督和约束干部职工的行为,并认真落实任前征求意见制度,参与所有45名干部的提职考察工作,办理核查5件信访举报,保障工作的顺利开展。

(王泽羽)

【加强招生监察工作】 2015年,纪委办公室、监察处根据教育部高考招生相关要求，对本专科招生和硕士学位研究生招生分别开展专项监督检查，重点对研究生招生和特殊类型招生工作进行监督，并配合市教育纪工委完成本专科招生录取检查工作，防止发生违规违纪问题，落实阳光招生工作。

（王泽羽）

【督促和检查改进工作作风情况】 2015 年，纪委办公室、监察处持续开展正风肃纪工作，重点对全校贯彻落实中央八项规定精神情况进行监督检查，按要求每月统计纠正和查处的违反中央八项规定精神的问题总数及处理人数，并定期上报。通过会议、网站、邮件、短信通知等形式，明确“十个严禁”，重申纪律要求，并公布举报电话、电子邮箱，畅通监督渠道，加强对公车、财务报销等方面的管理，有效杜绝违纪现象。针对干部办公用房超标、公务用车超标、公务接待超标等问题，向党委提出意见建议，并协助党委狠抓整改。

（王泽羽）

【加强领导干部廉洁自律情况监督】 2015 年，纪委办公室、监察处加强对领导干部落实党风廉政建设责任制、民主集中制和“三重一大”决策制度以及遵守党纪政纪、廉洁自律等情况的监督，对涉及处级领导干部的信访件加大办理力度。坚持抓早抓小，针对党员干部在党风廉政建设方面的苗头性问题及时谈话提醒、诫勉，协助党委对 4 名处级干部进行诫勉谈话。

（王泽羽）

信访工作

【查办信访案件】 2015 年，纪委办公室、监察处认真开展各种信访件的调查和处理工作，校纪委全年共受理和接待各类来信来访 26 件，其中上级批转 14 件，涉及公款旅游、科研经费使用、招投标、住房管理、公款报销等问题；办理信访自收件 12 件，涉及职工考核评优、干部工作作风、招投标管理、经费使用等问题；办理初核 12 件，涉及处级领导干部 7 人。坚持重要信访问题集体研究决策，召开两次纪委全委会专题研究信访问题。发挥信访案件的治本功能，通过办理信访，针对发现的问题向有关单位发出《监察建议书》1 份，督促相关单位规范和加强管理。

（王泽羽）

自身建设

【加强管理】 2015 年，纪委召开 4 次全委会，认真传达上级党组织和纪委的工作精神，研究落实方案、重点工作和疑难问题。定期向学校党委和上级纪委报告履行监督责任的情况，请示报告重要情况和重要问题，并协助党委落实中央、市委及学校的重大决策部署。完成纪检监察网的改版工作，打造内容和功能更加丰富的网络阵地平台。对建校以来的纪检监察工作进行梳理和总结，完成校志纪检监察部分的撰写工作。

（王泽羽）

【加强队伍建设】 2015 年，纪委办公室、监察处加强领导班子和干部队伍建设，新进 1 名正职领导干部担任部门负责人，1 名干部提任本部门正处级职务，1 名干部提任并交流至校内其他单位任职。加强业务学习，选派 3 人（次）参加上级调训，提升专业能力。组织开展北京市纪检监察学会布置的课题研究任务，完成 1 篇研究论文提交学会。

（王泽羽）

学 生 工 作

概　况

学生工作部（处）、武装部是学校开展大学生思想政治教育、就业创业指导服务、心理健康教育与咨询、学生事务管理和国防教育工作的职能部门。现有干部 16 人，根据职能分工分为思想政治教育办公室、学生事务管理与服务办公室、学生处就业办公室、心理健康教育与咨询中心、国防教育办公室和综合办公室等科室。2015 年，学生工作部（处）、武装部紧紧围绕学校中心工作，认真落实中央、北京市委和学校关于大学生思想政治教育工作、学生就业创业指导服务工作、学生事务管理工作与国防教育工作的各项精神和要求,以学习贯彻党的十八大、十八届三中、四中全会和习近平总书记系列重要讲话精神为主线,以社会主义核心价值观为引领,以立德树人为根本任务,全面落实学校"十二五"规划要求,围绕学校中心工作,聚焦学生成长需求,丰富和拓展大学生发展辅导体系,理顺和完善学生事务管理制度,全面推进毕业生就业工作,切实加强学生工作队伍建设,以学生的全面发展及工作的规范化、专业化和精细化为目标,进一步更新工作观念,创新工作方式方法,有效推进学生工作的科学发展。

(吕寒冰)

大学生发展辅导体系建设

【举办毕业典礼与开学典礼】 6月19日,学校2015届本科生毕业典礼暨学位授予仪式在校本部体育场举行,2 380名同学顺利完成学业获得学士学位。优秀毕业生、志愿服务西部和担任村党支部书记助理、村主任助理的毕业生接受了表彰。校党委书记柯文进,校长王稼琼,校党委副书记孙善学,副校长王文举、丁立宏、王传生,校党委副书记朱玉华,副校长徐芳及校长助理戚聿东、崔也光、柴兴泉出席毕业典礼。学校相关职能部门领导,校学位评定委员会委员,各院系院长、党委(总支)书记、副书记,毕业班班主任及2015届本科毕业生参加了典礼。9月9日,2015级本专科学生开学典礼在校本部体育馆举行。学校领导,各院系院长、党委(总支)书记,学生工作系统全体干部以及2015级2 500余名学生参加了开学典礼。

(李俊)

【开展新生教育活动】 11月,学生工作部(处)面向2015级全体新生班级开展班级最佳集体活动大赛。截至12月底,共有15个院系100多个班级报名参加此次活动。同时,学生工作部(处)面向2015级全体新生宿舍开展"宿舍公约"评选大赛。截至12月底,共有15个院系100多个宿舍报名参加此次活动。此外,学生工作部(处)于10月份组织了"2015级新生班长训练营",通过系列专题讲座、素质拓展训练、经验分享交流、班级集体活动展示等形式,对全校84名新生班长进行了全面培训。

(李俊)

【开展毕业生教育活动】 3月份开始,学生处组织开展一系列离校前教育活动,特别是在毕业生中继续深入开展理想信念教育、廉洁诚信教育、爱校荣校教育及文明离校教育等。为2015届毕业生设计毕业戒指,录制毕业视频,并顺利完成了"我的大学生活"主题创作大赛的作品征集、优秀作品评选和结集工作,制作了毕业生纪念光盘。"我的大学生活"主题创作活动共收到来自14个学院的130余份作品,最后评选出各类作品一、二、三等奖及优秀奖共计39项,其中,工商管理学院、经济学院、劳动经济学院和金融学院凭借上交作品数量、作品质量以及获奖人数等优势获得最佳组织奖。

2015年"我的大学生活"主题创作大赛评选结果一览表

散文类作品:

奖项	作品题目	学院	作者
一等奖	我最怀念·绿岛记忆143天	劳动经济学院	付佳
二等奖	我的大学生活	经济学院	施阳
	云间的日子	金融学院	郑一琦
	那一年加两年的九个月	劳动经济学院	王翐
三等奖	我的大学生活	华侨学院	刘通
	一场华丽的破茧	工商管理学院	闫盼盼
	告别	会计学院	舒雅婷
	张家路口,121号	外语系	肖腾芳
	梦想开始的地方	金融学院	赵冰

续表

奖项	作品题目	学院	作者
优秀奖	匆匆那年	劳动经济学院	张启帆
	“骆驼”的旅行日记	华侨学院	陈宇航
	我的大学	城市经济与公共管理学院	印明实
	站在大学的尾巴上	工商管理学院	张璇
	随风吧	经济学院	尤然
	给我最亲爱的你	经济学院	刘鑫颖
	大学认知	统计学院	张文轩

诗歌类作品：

奖项	作品题目	学院	作者
一等奖	我的大学生活	财政税务学院	蔡珍圣
二等奖	那一年	金融学院	樊若琛
	不想离别	工商管理学院	张丽红
	中吕·山坡羊	经济学院	陈斯
三等奖	九月到六月	信息学院	董莎
	回望四年　时光无眠	经济学院	宋立妍
	我的大学	工商管理学院	张东龄
	我的大学生活	经济学院	杨珂
	我的大学生活	经济学院	赵彩云

摄影类作品：

奖项	作品题目	学院	作者
一等奖	毕业礼物	经济学院	李悦
二等奖	我的大学生活	工商管理学院	徐煊琦
	大学生活	会计学院	袁文茜
三等奖	我的大学生活	外语系	张超
	经贸云	金融学院	林聿静
	毕业生	金融学院	王瑾

DV 类作品：

奖项	作品题目	学院	作者
一等奖	大学生活	经济学院	盘珊珊
二等奖	再见	金融学院	毛梦鸥
三等奖	致敬我们的青春	经济学院	郑炫圻

其他类作品：

奖项	作品题目	学院	作者
一等奖	首经贸手绘图	外语系	胡继禹

续表

奖项	作品题目	学院	作者
二等奖	毕业生	金融学院	高艺
	我们的回忆	工商管理学院	郭逸雄
三等奖	人实家园	劳动经济学院	王琎　孙文
	梦想	劳动经济学院	人力资源管理班

(付明岩)

【学生信息报送与反馈】 4月22日—12月31日，来自全校15个院系的79名学生信息员(含本科生、研究生)报送了11期(225期～235期)近400条半月学生信息，内容涉及教学与教学管理、食堂与宿舍、图书馆与网络、校园管理以及其他学生关心的5大类问题，其中大部分问题在学校各部门的通力协作下得到了有效改善或解决；同时3月17日—12月31日，学生信息员还报送了26期(80期～105期)近500条每周学生热点信息。除此以外，学生信息宣传员队伍依托首都经济贸易大学三色花网络文化工作室不断发展，在监测网络舆情、引导网络舆论的同时，加大了学生信息报送与反馈工作的宣传力度，进一步促进了学校与学生之间信息的双向沟通与交流。

(王美慧)

【继续举办"成长课堂"】 4月2日—12月22日，学生处共举办"成长课堂"主题讲座12场。其中，主旋律教育类3场，国学教育类3场，心理素质培养类3场，生涯教育类3场，听众覆盖面达5 000余人次。同时于2015年9月按照2013年11月新实施的"成长课堂学生考评体系"依托各院(系)完成了学生2014—2015学年的首次听讲认定工作。并为2015级新生继续印制、发放了"首都经济贸易大学第二课堂记录手册"。

2015年"成长课堂"主题讲座一览表

时间	地点	讲座主题	主讲人
4月2日	明辨楼220	儒家思想折射出的厚德精神	吴志友 北京孔庙和国子监博物馆馆长
4月8日	明辨楼220	国内外形势与中国外交	楚树龙 清华大学公共管理学院教授、国际战略与发展研究所所长
4月15日	大学生活动中心一层	幸福比成功更重要——如何做一个积极乐观的人	刘翔平 北京师范大学心理学院教授、博士生导师，咨询与临床心理学研究所所长
4月22日	明辨楼220	《诗经》：中国文明的史诗	方汉文 苏州大学比较文学研究中心主任、教授、博士生导师
4月29日	大学生活动中心一层	"互联网+"与大学生网络素养	马晓霖 博联社创始人、总裁，国务院特殊津贴专家
5月6日	博学楼阶二	人际交往中的心理游戏	杨眉 心理学教授、中国心理学会临床与咨询心理学会首批注册心理督导师

续表

时间	地点	讲座主题	主讲人
6月10日	博学楼学术报告厅	音乐与人生	舒楠 著名作曲家,北京电影家协会理事,中国电影家协会会员
10月15日	博学楼学术报告厅	大学的文化与精神	赵凤启 现首都经济贸易大学校志总纂,曾任首都经济贸易大学纪律检查委员会书记、首都经济贸易大学工会主席等职
10月28日	博学楼学术报告厅	互联网时代的职业选择	于洪泽 德仁微课研究院院长,华图教育联合创始人
11月4日	博学楼学术报告厅	习近平外交战略新思路	宫力 中央党校国际战略研究所所长,教授、国际政治学博士生导师
11月18日	博学楼学术报告厅	我如何知道我是谁:自我整合之路的探索	陆晓娅 中国心理学会首批注册心理督导师,曾任《中国青年报》高级编辑
12月3日	大学生活动中心一层	中国礼乐文化展演	北京孔庙和国子监博物馆
12月22日	博学楼学术报告厅	《胜利大阅兵》首经贸交流放映活动	八一电影制片厂

（王美慧）

【继续举办“成长加油吧”】 2015年,学生工作部(处)继续举办“成长加油吧”作为“成长课堂”的姊妹品牌,以小班沙龙的形式为师辈和学生提供充分的第二课堂互动空间与平台。4月23日—12月3日,共举办8场“成长加油吧”,以“经贸连连看”为依托开展讲座预约制,共收到600余次预约,实现了开展“小班教学,精品课堂”的目标。

（王美慧）

【开展红色1+1活动】 2015年,学生处继续组织红色1+1活动,5—9月共有15个院系的20个党支部参与申报并开展活动,10—11月参加活动支部进行活动总结。最终,学校7个院系学生党支部获得市级奖励。

2015年红色1+1活动获奖情况一览表

院系	获奖支部	奖励等级
外语系	学生党支部	三等奖
工商管理学院	低年级学生党支部	优秀奖
劳动经济学院	2014级研究生党支部	优秀奖
金融学院	学生第二党支部	优秀奖
统计学院	本科生党支部	优秀奖
法学院	本科生第一党支部	优秀奖
经济学院	低年级学生党支部	优秀奖

（付明岩）

【开展党员先锋工程行动计划】 2015年,学校根据北京市委教育工委《北京高校学生党员先锋工程实施方案》及学校《学生党员先锋工程实施方案》要求,在学校学生党员中积极推进党员先锋工程行动计划,由各学院学生党员“服务先锋”行动领导机构全面负责活动的开展。学生党支部在“责任区”对接工作中形成“立体网络”覆盖,在助学零距离活动中实现对学困生“学业互助”“生活互助”“工作互助”的全覆盖,积极组织开展党员志愿服务活动。

(付明岩)

【开展网络思想政治教育】 2015年,学生工作部(处)运营的微信公众平台“经贸连连看”通过无强制关注的运营措施获得同学们的普遍认可,粉丝达5 000人,包括经贸达人、经贸求真、讲座资讯、校园贴士等12个固定栏目,新生覆盖率达60%左右。“经贸连连看”配合信息员团队建设、资助中心通知发布、就业中心资讯发布20余次,公示保卫处、后勤处、教务处等部门信息10余次,配合“第二课堂”进行线上宣传及预约抢票工作20余次,有效地提高了网络思想政治教育的质量。

(王美慧)

【开展假期安全教育活动】 2015年全年,在元旦、清明节、劳动节、端午节、国庆节、中秋节及寒暑假对学生开展安全教育活动,提高学生的安全防范意识,保障学生安全和校园稳定,并在重要节假日安排电话值班,随时了解学生的思想动态,确保“学生—院系—学校”信息渠道的畅通。

(付明岩)

辅导员队伍建设

【完成辅导员招聘、考核工作】 11—12月,学生工作部(处)共收到简历705份,经过笔试、心理素质测试、第一轮面试,共有30人进入最后的角逐,并最终确定录用6名毕业生入职。新录用专职辅导员:孙晨,北京师范大学法律专业硕士;吴瑛楠,华南师范大学教育学专业硕士;贾西贝,首都师范大学法语专业硕士;张莹,首都经济贸易大学经济学专业硕士;黄钰,美国明尼苏达大学心理学专业硕士;代启蒙,北京大学公共管理专业硕士。此外,为有效推进学校辅导员选聘配备工作,优化辅导员队伍整体结构,学生工作部(处)组织开展了兼职辅导员选聘工作。经过院系推荐、部门初审、信息公示等环节,共聘用兼职辅导员17人。根据首都经济贸易大学专职辅导员岗位考核相关要求,在2015年度首都经济贸易大学辅导员岗位考核中,14名同志考核优秀,分别为:城市经济与公共管理学院杨澜,工商管理学院王硕,经济学院赵灵翡,会计学院王文绪,劳动经济学院孙乐,文化与传播学院宿东泽,信息学院肖江文,安全与环境工程学院蔡丹,法学院王漪鸥,金融学院杨意,统计学院刘艳、学生工作部(处)庄首建、王红,校团委孙明春。

(李俊)

【辅导员培养与培训情况】 4—12月,学生工作部(处)对辅导员进行了4次专题培训。分别是:“依法治教与学生工作法制化水平提升”专题培训,主讲人北京市京都律师事务所合伙人贾宝军;“大学生创业精神培养与创业技能提升”专题培训,主讲人北京青年商会副秘书长、博瑞艾科品牌营销机构总经理梅峰;“深度辅导体系构建与模式创新”专题培训,主讲人北京交通大学电子信息工程学院党委副书记王虹英;“架起心灵的桥梁”深度辅导案例分析与技能培养专题培训,主讲人大连海事大学大学生思想政治教育研究中心主任曲建武。此外,暑假期间,学生工作部(处)与澳大利亚悉尼学院密切合作,举办了“培训与教育(TAE)”“团队领导力”等系列专题培训,帮助辅导员认识最新的教育技术,掌握与学生沟通交流的技巧,有效提升了学校辅导员队伍的专业化、职业化水平。

(李俊)

【加强班主任队伍建设】 2015年,学校共有385个行政班(其中含延长学籍学生班),其中本专科生按照招生专业自然班成立,硕士、博士研究生按照30个人核算一个行政班的方法核算,各院系自行选择班主任及每个班主任的带班数量,共有286位班主任通过了遴选。学生工作部(处)按照相关标准完成了班主任工资核发工作,并指导各院系对班主任提供了相关培训。

(李俊)

大学生心理健康教育

【开展个体咨询】 2015年,心理健康教育与咨询中心(以下简称“心理中心”)共有7名兼职老师和2名专职老师于周一到周五定期开展心理咨询工作,每周咨询时间为33小时,共对来访学生提供了577人次的咨询。

（滕秀杰）

【开展全校新生心理普查】 2015年，心理健康教育与咨询中心组织开展2015级专本硕博新生心理健康普查及访谈工作。参加此次普查的学生共计3 468人，占应参加普查人数的98.22%。此次普查采用的是“大学生人格健康量表”（简称UPI）和90项症状量表（简称scl－90）两个问卷，UPI作为主问卷，scl－90作为辅助问卷。根据UPI测试结果，有477人（占13.80%）心理健康状况很差，属于Ⅰ类重点关注人员；另外有817人（占23.64%）心理健康状况较差，属于Ⅱ类次重点关注人员；其余2 126名（62.56%）学生心理健康状况较为良好，属于Ⅱ类非重点关注人员。共筛查出517名同学进行访谈，经过4周的访谈，共计访谈学生483人，占应参加访谈人数的93.42%，未参加访谈的学生情况均已向院系反馈说明。访谈后对参加访谈的学生进行了重新归类：167人有不同程度的心理问题，316人暂时症状解除，其中A类（各种神经症、心理矛盾冲突激烈，明显影响正常学习、生活者）学生12人，B类（一般心理问题者，属适应不良，能维持正常的学习与生活者）学生155人，C类（无特殊问题者，症状暂时不明显或已解除）学生316人。在这3类学生中，需要重点关注的共有69人。在应参加访谈的517名学生中，单纯“自认为有心理问题者”有255人，访谈后发现这部分学生中有65人存在不同程度的心理问题，5人属于A类，60人属于B类。占访谈后发现存在心理问题学生的比率为38.92%。在对2013—2015三年普查情况进行比较后发现，三年来，Ⅰ类、Ⅱ类检出率及学员主要心理困扰没有明显差别；但今年访谈筛选出的需重点关注人数比前两年有所增加，其中学生干部人数较往年有所增加。

（滕秀杰）

【开展心理危机排查干预工作】 组织开展每年一度的春季心理危机排查工作。以心理咨询中心与院系的自查为主线，汇总上报学生信息，并成立心理危机评估小组，对上报的危机学生进行问题评估，初评后给院系以书面反馈。此次危机排查共上报危机学生130人，经过评估小组评估筛查后，发现有严重心理问题的学生共计40人，详情如下：有严重心理问题或心理障碍的学生共7人，针对有严重心理问题或心理障碍的学生，建议院系动员学生就医并做进一步的诊断评估与治疗，视情况而定与家长沟通；曾有过心理障碍，目前处于稳定状态的共20人，这部分学生目前处于稳定状态，建议院系对其进行持续关注；可能会存在严重心理问题的学生共13人，建议院系动员学生来心理咨询中心进行预约咨询。2015年，共发生8起心理危机事件，均得到妥善处理。

（滕秀杰）

【组织开展专兼职心理咨询师的督导工作】 组织专兼职心理咨询师小组进行案例讨论及督导工作，提升心理咨询师的专业水平。2015下半学年完善了心理中心的督导制度（确定每学期督导4次：两次校外专家督导、一次校外自由督导、一次校内案例研讨）。本学年共组织咨询师小聚8次，分别为校外专家督导3次、案例及工作研讨3次，参加校外督导2次。

（滕秀杰）

【开设“大学生心理健康”必修课程】 “大学生心理健康”共18个学时，1学分，由心理中心2名专职老师、马克思主义学院4名心理专业老师及有心理学背景的1名辅导员共同完成2014级和2015级本科新生的授课工作。课程内容以讲授心理学术语的方式，帮助学生了解常见的心理困扰，促进学生成长，激发学生潜能。

（滕秀杰）

【举办“525”大学生心理健康节】 2015年，以“为爱点赞，为青春担当”为主题，共举办了16项丰富多彩的活动，包括1场心理讲座、“约会春天，传递希望”、“感恩左右，微笑前行”及“发掘优势，担当青春”3场户外主题心理健康教育活动，“爱的说明书”、“宿舍心晴”及摄影故事3场班级心理健康教育活动，以及心理剧、微电影、幸福感调查、心理技能大赛等。同时，积极组织22名心理中心骨干成员参加北京市的专业培训，以增强他们的朋辈辅导能力。学校在北京市“最强大脑”心理技能大赛和“为爱点赞，寻找青春担当”摄影故事大赛中获得了三等奖。

（王红）

【举办2015级新生家长学校】 为了向新生家长宣传心理健康理念，增进家长对新生适应阶段心理特征的了解，共同帮助新生顺利适应大学生活，学生处心理健康教育与咨询中心采用集体备课、统一课件的方式组织专家队伍在开学的第一天向2015级学生的家长进行了心理健康知识培训，此次讲座主要介绍了学校心理健康教育概况、大学新生在入学初期可能会遇到的一些心理困惑、家长如何对待孩子的这些心理状态以及如何配合学校帮助学生调适自身的心理状态。

(王红)

【组织 2015 级新生参观心理健康教育与咨询中心】 从 8 月 31 日开始,心理健康教育与咨询中心集中 4 天晚上组织 2015 级 2 400 多名本科新生以班级为单位详细了解中心的各项服务,深度体验中心的相关专业设备,实现了同学与心理中心零距离接触,揭开了心理咨询的面纱,真正地让心理中心在同学们未来的大学生活中成为心灵助手,实现为同学们提高生活质量、增强幸福感的目标。

(王红)

【组织 2015 级新生班级团体心理辅导】 为帮助新生尽快融入校园新的生活角色、加强班级凝聚力建设,心理健康教育与咨询中心自 10 月 26 日开始,为期两个月,组织 2015 级 88 个班级开展了以"积极心理品质培养,优化心理资本,提高抗挫复原力,人际关系优化"为主题的班级团体心理辅导活动。为确保这次活动做到规范、严谨、有效,突出活动的针对性和实效性,成立了团体心理辅导主题教研组,针对大学生的心理特点设计了 3 套完整的团体心理辅导主题实施方案,并针对团体心理辅导教研团队提前进行了专业的团体心理辅导培训,同时对各班心理健康委员进行了培训,培养学生成为心理健康教育活动骨干,协助教师开展工作。

(王红)

【心理健康委员队伍建设】 学生处心理健康教育与咨询中心在 10 月 23—25 日举办了"2015 级心理委员培训"。培训分别围绕"心理班会的组织与实施"、"朋辈心理辅导的理论与技巧"、"大学生心理危机应对"及"团队合作与沟通能力"团体辅导 4 个方面对 2015 级心理委员进行了专业培训。同时加大了对心理委员的管理,进一步强化了"心理委员联合会"的职责和功能。2015 年,"心理委员联合会"辅助心理中心完成了心理委员培训、团体心理辅导预约、团体心理辅导的开展、团体心理辅导反馈问卷的前期收集整理、团体心理辅导的采访等组织管理工作。

(王红)

【开展辅导员心理专业化发展工作】 2015 年,学生处心理中心招聘辅导员组建了首都经济贸易大学团体心理辅导教研团队。心理中心通过制定详细、专业、规范化的团体心理辅导方案模版、专家实践培训和亲自实践 3 个环节来弥补辅导员在团体心理辅导方面的专业不足,找出一个容易复制、效果良好的切入点,让辅导员真正参与到学生的心理健康教育中来。团体辅导过程中,通过分主题的小组合作模式,让辅导员们在实践的同时通过朋辈循环支持、讨论来不断提高团体心理辅导的技巧和效果,最后通过专家督导的方式来解答辅导员们在团体中遇到的疑惑和问题,进一步提高了辅导员们的专业技能。同时,草拟了《首都经济贸易大学辅导员心理专业化发展规划(2015—2018 年)》,从总体思路、目标定位、主要举措等方面规划了学校辅导员心理专业化发展的蓝图,争取在 2018 年实现"搭建一个平台,建立一套体系,打造一支队伍,出版一本著作,开设两门课程"的整体目标。

(王红)

【心理咨询中心的信息化建设工作】 利用暑假时间,完成了心理咨询中心的网络建设工作,包括网站整体框架的构建,各功能模块的开发及设计,后期的完善及资料上传等工作。

(王红)

学风建设

【学生处组织开展新东方英语四级培训活动】 2015 年,学生处在学校高年级学生中组织开展了新东方英语四级培训活动。该活动针对学生特点,科学安排授课内容,为学校高年级同学量身定制了 40 课时的英语四级培训课程,内容涵盖听力、阅读、翻译、写作 4 个专题。

(赵勋)

【发布首都经济贸易大学"好学生"标准】 12 月,学生处发布了学校"好学生"标准,即"爱国修德有担当;明辨务实须自强;勤思善问勇开创;好学力行做栋梁",并制作了沙画及解读视频。

(付明岩)

【举办学风系列宣传活动】 2015 年,学生处继第一届学霸挑战赛后,于 12 月继续开展学风建设相关活动。由学生自行进行课程知识点串讲录制,将自己对课程的难点、重点进行讲解,进一步丰富电子学习资源,截至活动结束,共制作覆盖微积分、线性代数、计算机以及宏观经济学在内的 32 个网络微课程上传至学生处主页供在校生学习、交流、使用。

(富蕾)

学生事务管理

【开展先进集体及先进个人评选】　5 月 22 日，学生处在全校毕业生中开展“首都经济贸易大学优秀毕业生”和“2015 届北京市优秀毕业生”评选工作，共评选出刘阳子等 179 名校级优秀毕业生和杨冰洁等 115 名北京市优秀毕业生。11 月 4 日，学生处在全校开展 2014—2015 学年度校级“三好学生”、“优秀学生干部”和“先进班集体”评选工作，共评选出文化与传播学院 2013 级汉语国际教育班等 23 个先进班集体，文化与传播学院 2013 级广告学卓越班等 24 个优良学风班，陈天龙等 251 名优秀学生干部，李一凡等 372 名“三好学生”。12 月 9 日，学生处组织开展了 2014—2015 年度北京市“三好学生”、“优秀学生干部”和“先进班集体”评选工作，评选出 2013 级劳动与社会保障班等 6 个先进班集体、陈川等 6 名优秀学生干部、王梦洁等 18 名三好学生。

2015 年先进集体、先进个人评选结果一览表

奖励名称	奖励等级	获奖名单
三好学生	北京市级	王梦洁等 18 人
	校级	李一凡等 372 人
优秀学生干部	北京市级	陈川等 6 人
	校级	陈天龙等 251 人
先进班集体	北京市级	2013 级劳动与社会保障班等 6 个
	校级	2013 级汉语国际教育班等 23 个
优良学风班	校级	2013 级广告学卓越班等 24 个
优秀毕业生	北京市级	杨冰洁等 115 人
	校级	刘阳子等 179 人

（闫博）

【开展各类奖学金评选】　9—10 月，学生处组织开展了其他各类奖学金评选工作，综合类奖学金评选中，获得校长奖学金 10 人，奖金发放 5.5 万元；国家奖学金 22 人，奖金发放 17.6 万元；国家励志奖学金 313 人，奖金发放 156.5 万元。单项奖学金中，获得学习优秀奖学金 2 195 人，奖金发放 286 万元；社会工作奖学金 381 人，奖金发放 10.26 万元；科研创新奖学金个人奖 21 个、团队 45 个，奖金发放 5 万元；文体竞赛奖学金个人奖 26 个、团体 18 个，奖金发放 1.38 万元。社会赞助类奖学金中，获得三菱东京银行奖学金 30 人，奖金发放 9.53 万元；获得乐天集团奖学金 10 人，奖金发放 6.31 万元；获得国远公益奖学金 10 人，奖金发放 3 万元。

2015 年各类奖学金评选结果一览表

奖励名称	奖励等级	获奖名单
国家奖学金	国家级	蔡梦等 22 人
国家励志奖学金	国家级	符婷婷等 313 人
校长奖学金	校级	鲍宗禹等 10 人
社会工作奖学金	校级	艾比拜·艾麦提等 381 人
科研创新奖学金	校级一等(个人)	何芸杉等 13 人
	校级二等(个人)	刘瑶等 8 人
	校级一等(团队)	31 个
	校级二等(团队)	14 个

续表

奖励名称	奖励等级	获奖名单
文体竞赛奖学金	校级一等(个人)	叶梦尔等 10 人
	校级二等(个人)	李博典等 6 人
	校级三等(个人)	陈李鹏等 10 人
	校级一等(团队)	4 个
	校级二等(团队)	4 个
	校级三等(团队)	10 个
三菱东京 UFJ 银行奖学金	校级	徐敏等 30 人
乐天集团奖学金	校级	石森等 10 人
国远公益奖学金	校级	张晓娜等 10 人
学习优秀奖学金	校级一等	吴程军等 362 人
	校级二等	黄玉莲等 733 人
	校级三等	李隽婕等 1 100 人

(闫博)

【举办第四届“经贸榜样”颁奖典礼】 12 月 24 日，“见证青春，相伴成长”第四届“经贸榜样”学生颁奖典礼在博学楼学术报告厅举行，主要表彰在 2014—2015 学年荣获各类奖学金和荣誉称号的学生个人与集体。校长王稼琼、校党委副书记孙善学等校领导、校长助理及 300 余名师生代表出席典礼。

(闫博)

【开展中秋节、春节慰问活动】 为了让不能回家过节的学生同样感受到中国传统佳节的温暖，缓解大家的思乡之情，2015 年寒假的春节期间，校领导与留校学生进行了亲切的座谈，并向同学们赠送了“新年大礼包”。2015 年中秋节期间，学生工作部(处)组织安排工作人员为留校的学生统一派送富有学校特色的“经贸饼”，并送上了温暖的节日祝福。

(王美慧)

国防教育工作

【慰问 2015 年征兵入伍学生】 11 月 24 日，学校武装部会同相关学院学生工作负责人一行 7 人赴 38 集团军慰问学校应征入伍学生。

(赵勋)

【开展国防教育学习实践活动】 7 月中旬，为纪念中国人民抗日战争暨世界反法西斯战争胜利 70 周年，迎接第 15 个“全民国防教育日”，学校组织学生开展“弘扬抗战精神　肩负护旗使命”实践调研活动。武装部组织国旗班骨干队员一行 17 人赴革命圣地延安开展暑期实践，以此增强同学们的使命感与责任感，号召全体队员铭记抗战历史，传承老一辈革命家吃苦耐劳的精神，奋发图强、再创佳绩。9 月 8 日，学生工作部(处)组织学生党员在学校图书馆前的广场上参加“弘扬抗战精神　承担时代使命”主题升旗仪式，号召广大学生党员弘扬抗战精神，承担时代使命。校党委副书记孙善学出席活动，600 余名在校生党员代表参加活动。9 月 19 日，由北京高校国防教育协会主办的第六届北京高校国旗仪仗队风采展示活动落下帷幕，学校国旗班在武装部的指导下，凭借风采展示中精彩的答辩和检阅式上优异的表现，在参赛的北京 27 所高校中脱颖而出，获得二等奖。

(赵勋)

【获“北京高校国防教育工作先进会员单位”荣誉称号】 4 月 8 日，北京高校国防教育协会全体会员代表大会在清华大学举行。学校再次获得“北京高校国防教育工作先进会员单位”荣誉称号。

(赵勋)

【军事技能训练和军事理论课教学工作】 9 月 11—24 日，学校 2 367 名 2015 级本科生在昌平盛华军训基地进行了为期 14 天的军事技能训练和军事理论学习，顺利完成军训任务。全体参训学生组建一个军训团，整个军训团编14个连队。学校派出带队教师及后勤保障人员共52人，其中学生处3人，保卫处3人，校医院3人，餐饮中心和校车队各1人，各院系42人。院系带队教师中，研究生18人，教师24人。

（赵勋）

【征兵工作】 5—9月，学生工作部（处）（武装部）开展了夏秋季征兵工作。经过征兵动员、学生报名、资格审查、体检及政审等程序，学校共有谢照武、王枫、艾合旦木·艾合买提、崔超越等来自11个学院的28名学生应征入伍。男生25人，女生3人；维吾尔族2人，回族1人；中共党员1名。其中，本科生26人（包含2015级新生2人，2015届毕业生6人，在校生18人），高职学生2人。按生源地划分：京籍7人，非京籍21人。家庭经济困难学生3人。28名学生于2015年9月初完成体检、政审、定兵等程序后，分批次进入部队服役，涵盖了中国人民武装警察部队的消防、内卫及中国人民解放军部队的陆军、海军、空军、火箭军及战略支援部队。

（赵勋）

学生资助工作

【运行学工系统】 学生资助管理中心依托学工系统中家庭经济困难学生认定模块，对学校现有的困难学生进行摸底和网上建档，通过系统认定家庭经济困难学生共计1 325人，在此基础上进行全年的家庭经济困难学生资助工作。

2015年各院系困难生人数一览表

院系	困难生人数	百分比
安全工程与环境学院	76	6%
财政税务学院	137	10%
城市经济与公共管理学院	55	4%
法学院	30	2%
工商管理学院	165	12%
华侨学院	52	4%
会计学院	141	11%
金融学院	26	2%
经济学院	201	15%
劳动经济学院	140	11%
统计学院	70	5%
外语学院	37	3%
文化与传播学院	40	3%
信息学院	155	12%
总计	1 325	100%

（何倩）

【开通“绿色通道”】 2015年，学生处继续为家庭经济确实困难的新生开通“绿色通道”。为方便同学们咨询与投诉，2015年新开通了“绿色通道”专线电话，提供咨询解答服务共计120次。同时通过暂免收其学费和住宿费、发放爱心大礼包等方式，确保其顺利报到注册、入学，并在入学之后根据具体的家庭经济状况，分别采取相应的措施予以资助。共有165名本专科及15名研究生同学通过“绿色通道”顺利入学。

（何倩）

【免费办理学平险】 2015年，为完善学校资助体系,实现对家庭经济困难学生的全方位帮扶,学生处特联合校医院为学校家庭经济困难学生免费办理“学平险”,进一步保障家庭经济困难学生在校的学习和生活。

(何倩)

【进一步完善助困制度】 2015 年,学生处修订了学校勤工助学制度,起草了关于边远山区家庭经济困难学生返乡补助的相关办法。对边远山区的困难学生数据进行了分析。

(何倩)

【助学贷款情况】 2015 年,全校共有 150 余名家庭困难学生获得合同总额为 300 余万元的国家助学贷款。为 393 名来自外地的家庭经济困难学生办理生源地助学贷款手续。为 125 名同学办理“学子阳光”助学贷款手续,发放助学贷款 62.5 万元,并配合国家开发银行、北京银行、小额贷款协会和青少年发展基金会完成相关贷款工作。

(何倩)

【助学金发放情况】 2015 年,学生处继续开展助学金评选及发放的常规工作,共发放助学金 476.48 万元。其中,根据学生个体情况,评选出国家助学金一等 605 人,发放金额为 272.25 万元;二等 862 人,发放金额为 198.26 万元;其他各类助学金共计 5.97 万元。

(何倩)

【一次性困难补助发放情况】 2015 年,为 1 名需要帮助的同学提供了特殊困难补助 3 000 元。发放饮水、洗澡补助等共计 18.629 5 万元,惠及全校 1 007 名困难学生。

(何倩)

【校内勤工助学工作】 2015 年,勤工助学工作进一步规范化,共计 8 000 余人次上岗,发放工资 140 余万元。勤工助学岗位分布在学校机关、院系办公室、图书馆、学生公寓管理中心等部门。

(何倩)

【新疆少数民族家庭经济困难学生补助】 2015 年,学校共有新疆籍少数民族家庭经济困难生 136 名,学生处为来自新疆的 99 名困难同学发放生活补助,共计 4.473 万元,为 53 名同学提供返乡补助,共计 2.854 万元。学生处还为在节日期间留校的家庭困难同学发放了节日补助,送去了节日问候。

(何倩)

【资助政策宣传和团队建设】 2015 年,学生处加大资助政策宣传力度,开学之际协调教务处招生办将《资助政策简介》发到每一位新生手中。助学微信公众号得到广泛推广,基本做到家庭经济困难学生全覆盖,粉丝数达 2 000 余人。学生资助管理中心下设两个学生团队—驼峰助学团和资助中心助理队伍,完成了温暖·2015·心愿心语和“微心愿”晚会等覆盖面较广的学生活动。此外,驼峰助学团成立校园卡爱心速递小分队,成立近一个月时间就收集了近 200 张丢失的校园卡,为同学们的生活提供了便利。

(何倩)

【开展形式多样的主题教育活动】 2015 年,按照“扶贫、励志、助成才”的工作理念,依托驼峰助学团与资助中心助理团队开展了形式多样的主题教育活动,如“助学贷款,助我成才”主题征文活动,“助学·筑梦·铸人”主题征文系列活动,在全校范围内评选励志成长成才典型,共选出 4 名报送北京市资助中心,系列活动育人效果明显。

(何倩)

就业工作

【毕业生就业情况】 截至 9 月 30 日,学校毕业生总人数 3 423 人(就业工作学生数据均不含港澳台侨学生、留学生),本科生就业率为 99.18%,签约率为 94.20%;专科生就业率为 100%,签约率为 100%;研究生就业率为 98.29%,签约率为 91.06%。村官 25 人,支援西部 78 人,参军 5 人。

2015 年,学校共有本科毕业生 2 310 人。其中攻读研究生 322 人(占 13.94%),出国留学 351 人(占 15.19%),签订三方协议 1 160 人,签订劳动合同 343 人,灵活就业 115 人,就业比率 70.04%。2015 届已签三方协议的 1 160 名毕业本科生中,进入党政机关和事业单位工作 123 人(占 10.61%),进入国有企业工作 428 人(占 36.9%),进入三资企业工作 54 人(占 4.66%),进入其他企业(民营、私营企业)工作 550 人(占 47.61%),参军 5 人(占 0.43%)。2015 届已签订三方协议的毕业本科生中,从事金融业的人数最多,485 人,占签约人数的 41.81%;从事信息传输、软件和信息技术服务业的人数其次,101 人,占签约人数的 8.71%;从事租赁和商务服务业的人数位居第三,96人,占签约人数的8.28%。2015年,学校共有专科毕业生117人。其中,专升本12人,升学率为10.26%;出国4人,出国率为3.42%;签三方协议97人,签劳动合同4人,灵活就业0人,就业比率86.32%。2015届已签三方协议的97名毕业专科生中,进入机关事业单位工作2人(占2.06%),进入国有企业工作12人(占12.37%),进入三资企业工作2人(占2.06%),进入其他企业(民营、私营企业)工作81人(占83.51%)。2015年,学校有研究生毕业生共996人,其中硕士研究生959人,博士研究生37人。硕士研究生考取博士研究生21人(占2.19%),出国1人(占0.10%),签就业协议609人(占63.5%),签劳动合同257人(占26.80%)、灵活就业69人(占7.19%)。2015届已签约的609名研究生毕业生中,进入机关事业单位工作139人(占22.82%)、进入国有企业工作233人(占38.26%)、进入三资企业工作23人(占3.78%)、进入其他企业(民营、私营企业)工作214人(占35.14%)。2015届已落实就业去向的研究生毕业生中,从事金融业的人数最多,206人,占签就业协议人数的33.83%;从事公共管理、社会保障和社会组织的人数其次,98人,占签就业协议人数的16.09%;从事信息传输、软件和信息技术服务业的人数位居第三,42人,占签就业协议人数的6.90%。

2015届本、专科生毕业生就业情况一览表(资料截止日期:2015年9月30日)

院系	人数	签三方	升学	出国	定向	签劳动合同	灵活就业	签约率	就业率
城市经济与公共管理学院									
城市管理	26	14	2	1	0	4	5	80.77%	100.00%
城市管理(区域经济管理)	27	12	3	5	0	1	6	77.78%	100.00%
行政管理	29	23	1	1	0	3	1	96.55%	100.00%
行政管理(电子政务)	21	12	0	2	0	5	2	90.48%	100.00%
公共事业管理	23	13	1	2	0	4	3	86.96%	100.00%
土地资源管理(房地产开发经营与管理)	52	36	4	4	0	4	4	92.31%	100.00%
城市经济与公共管理学院本科合计	178	110	11	15	0	21	21	88.20%	100.00%
工商管理学院									
工商管理(实验班)	36	14	10	5	0	7	0	100.00%	100.00%
电子商务	29	18	0	5	0	6	0	100.00%	100.00%
物流管理	18	8	0	1	0	9	0	100.00%	100.00%
工商管理	64	33	7	9	0	15	0	100.00%	100.00%
市场营销	38	19	3	5	0	11	0	100.00%	100.00%
旅游管理	12	9	0	1	0	2	0	100.00%	100.00%
工商管理学院本科合计	197	101	20	26	0	50	0	100.00%	100.00%
经济学院									
国际经济与贸易(实验班)	30	11	2	12	0	5	0	100.00%	100.00%
经济学	79	47	12	13	0	7	0	100.00%	100.00%
国际经济与贸易	81	39	12	12	0	17	1	98.77%	100.00%
贸易经济	85	47	4	13	0	21	0	100.00%	100.00%

续表

院系	人数	签三方	升学	出国	定向	签劳动合同	灵活就业	签约率	就业率
经济学(实验班)	33	8	13	8	0	3	1	96.97%	100.00%
经济学院本科合计	308	152	43	58	0	53	2	99.35%	100.00%
会计学院									
会计学(注册会计师专门化)	92	61	15	6	0	5	5	94.57%	100.00%
财务管理	35	27	1	3	0	4	0	100.00%	100.00%
会计学	51	34	8	4	0	5	0	100.00%	100.00%
会计学(国际会计)	30	14	5	9	0	1	1	96.67%	100.00%
会计学院本科合计	208	136	29	22	0	15	6	97.12%	100.00%
劳动经济学院									
劳动关系	25	8	3	7	0	5	2	92.00%	100.00%
人力资源管理	43	21	3	5	0	11	3	93.02%	100.00%
劳动与社会保障	37	19	4	1	0	11	2	94.59%	100.00%
人力资源管理(实验班)	49	23	10	4	0	10	2	95.92%	100.00%
人力资源管理(国际人力资源管理)	44	16	7	9	0	11	1	97.73%	100.00%
劳动经济学院本科合计	198	87	27	26	0	48	10	94.95%	100.00%
文化与传播学院									
对外汉语	22	8	3	5	0	3	3	86.36%	100.00%
传播学(媒体经营与管理)	49	25	4	5	0	9	5	87.76%	97.96%
广告学	50	17	5	1	0	14	8	74.00%	90.00%
传播学	23	7	2	2	0	2	9	56.52%	95.65%
文化与传播学院本科合计	144	57	14	13	0	28	25	77.78%	95.14%
信息学院									
工程管理	20	9	2	3	0	4	1	90.00%	95.00%
信息管理与信息系统	64	26	8	9	0	17	4	93.75%	100.00%
计算机科学与技术	47	22	5	11	0	7	2	95.74%	100.00%
信息学院本科合计	131	57	15	23	0	28	7	93.89%	99.24%
安全与环境工程学院									
工业工程	25	8	4	0	0	7	6	76.00%	100.00%
环境工程	25	13	0	2	0	2	8	68.00%	100.00%
安全工程(注册安全工程师)	28	17	4	1	0	2	4	85.71%	100.00%
安全与环境工程学院本科合计	78	38	8	3	0	11	18	76.92%	100.00%
财政税务学院									
资产评估(注册资产评估师)	68	27	20	6	0	9	4	91.18%	97.06%
税务(注册税务师)	62	32	11	4	0	8	6	88.71%	98.39%

续表

院系	人数	签三方	升学	出国	定向	签劳动合同	灵活就业	签约率	就业率
税务	1	0	0	0	0	1	0	100.00%	100.00%
财政学	40	11	10	12	0	1	3	85.00%	92.50%
财政税务学院本科合计	171	70	41	22	0	19	13	88.89%	96.49%
法学院									
法学	104	60	14	11	0	12	7	93.27%	100.00%
法学院本科合计	104	60	14	11	0	12	7	93.27%	100.00%
金融学院									
金融学(国际金融)	62	24	18	20	0	0	0	100.00%	100.00%
金融工程	39	20	10	5	0	4	0	100.00%	100.00%
保险	22	15	1	4	0	1	1	95.45%	100.00%
金融学	110	62	19	21	0	7	1	99.09%	100.00%
金融学院本科合计	233	121	48	50	0	12	2	99.14%	100.00%
统计学院									
数学与应用数学(金融数学)	30	6	8	6	0	5	2	83.33%	90.00%
统计学(经济分析)	41	24	3	5	0	7	1	95.12%	97.56%
统计学	33	13	11	1	0	8	0	100.00%	100.00%
统计学(国际统计)	21	5	5	5	0	4	1	90.48%	95.24%
统计学院本科合计	125	48	27	17	0	24	4	92.80%	96.00%
外语系									
英语(经贸英语)	1	1	0	0	0	0	0	100.00%	100.00%
商务英语	58	34	6	12	0	6	0	100.00%	100.00%
英语(经贸翻译)	26	12	5	7	0	2	0	100.00%	100.00%
外语系本科合计	85	47	11	19	0	8	0	100.00%	100.00%
华侨学院									
工商管理(管理会计)	76	36	7	28	0	5	0	100.00%	100.00%
信息管理与信息系统(IT 项目管理)	74	40	7	18	0	9	0	100.00%	100.00%
华侨学院本科合计	150	76	14	46	0	14	0	100.00%	100.00%
本科合计	2 310	1 160	322	351	0	343	115	94.20%	99.18%
法学院									
法律文秘	1	0	1	0	0	0	0	100.00%	100.00%
华侨高职									
财务管理	38	31	4	1	0	2	0	100.00%	100.00%
国际经济与贸易	39	34	4	1	0	0	0	100.00%	100.00%

续表

院系	人数	签三方	升学	出国	定向	签劳动合同	灵活就业	签约率	就业率
旅游管理	39	32	3	2	0	2	0	100.00%	100.00%
华侨高职专科合计	116	97	11	4	0	4	0	100.00%	100.00%
专科合计	117	97	12	4	0	4	0	100.00%	100.00%
本专科生合计	2 427	1 257	334	355	0	347	115	94.48%	99.22%

2015届研究生毕业生就业情况一览表(资料截止日期:2015年9月30日)

院系	人数	签三方	升学	出国	定向	签劳动合同	灵活就业	签约率	就业率
城市经济与公共管理学院									
公共管理	25	17	0	0	0	4	3	84.00%	96.00%
公共管理硕士	2	0	0	0	0	2	0	100.00%	100.00%
教育经济与管理	6	3	0	0	0	3	0	100.00%	100.00%
区域经济学	16	8	0	0	0	3	5	68.75%	100.00%
土地资源管理	4	3	0	0	0	1	0	100.00%	100.00%
行政管理	17	9	0	0	0	6	2	88.24%	100.00%
城市经济与公共管理学院 硕士研究生 合计	70	40	0	0	0	19	10	84.29%	98.57%
工商管理学院									
技术经济及管理	5	4	0	1	0	0	0	100.00%	100.00%
旅游管理	2	1	0	0	0	1	0	100.00%	100.00%
企业管理	52	37	0	0	0	13	2	96.15%	100.00%
工商管理学院 硕士研究生 合计	59	42	0	1	0	14	2	96.61%	100.00%
经济学院									
产业经济学	26	15	1	0	0	8	2	92.31%	100.00%
国际贸易学	17	8	0	0	0	7	2	88.24%	100.00%
国际商务	23	15	0	0	0	5	3	86.96%	100.00%
国民经济学	14	11	1	0	0	2	0	100.00%	100.00%
世界经济	2	1	0	0	0	1	0	100.00%	100.00%
数量经济学	12	10	0	0	0	2	0	100.00%	100.00%
西方经济学	11	7	2	0	0	1	1	90.91%	100.00%
政治经济学	6	3	0	0	0	2	1	83.33%	100.00%
经济学院 硕士研究生 合计	111	70	4	0	0	28	9	91.89%	100.00%

续表

院系	人数	签三方	升学	出国	定向	签劳动合同	灵活就业	签约率	就业率
会计学院									
会计	51	38	1	0	0	12	0	100.00%	100.00%
会计学	56	44	1	0	0	7	4	92.86%	100.00%
审计	17	13	0	0	0	4	0	100.00%	100.00%
会计学院　硕士研究生　合计	124	95	2	0	0	23	4	96.77%	100.00%
劳动经济学院									
劳动经济学	32	21	1	0	0	9	1	96.88%	100.00%
人口、资源与环境经济学	3	2	0	0	0	1	0	100.00%	100.00%
人口学	4	4	0	0	0	0	0	100.00%	100.00%
社会保障	27	12	2	0	0	12	1	96.30%	100.00%
社会工作	35	21	0	0	0	11	3	91.43%	100.00%
劳动经济学院　硕士研究生　合计	101	60	3	0	0	33	5	95.05%	100.00%
信息学院									
产业经济学	11	9	0	0	0	1	1	90.91%	100.00%
管理科学与工程	15	7	2	0	0	5	1	93.33%	100.00%
信息学院　硕士研究生　合计	26	16	2	0	0	6	2	92.31%	100.00%
安全与环境工程学院									
劳动卫生与环境卫生学	3	2	1	0	0	0	0	100.00%	100.00%
安全技术及工程	14	10	0	0	0	2	2	85.71%	100.00%
管理科学与工程（工学）	3	1	1	0	0	0	1	66.67%	100.00%
安全工程	8	7	1	0	0	0	0	100.00%	100.00%
安全与环境工程学院　硕士研究生　合计	28	20	3	0	0	2	3	89.29%	100.00%
财政税务学院									
财政学	15	11	1	0	0	1	2	86.67%	100.00%
税务	17	15	0	0	0	0	2	88.24%	100.00%
资产评估	13	8	0	0	0	2	2	76.92%	92.31%
财政税务学院　硕士研究生　合计	45	34	1	0	0	3	6	84.44%	97.78%
法学院									
法律（法学）	16	14	0	0	0	2	0	100.00%	100.00%
法学理论	4	2	0	0	0	0	2	50.00%	100.00%

续表

院系	人数	签三方	升学	出国	定向	签劳动合同	灵活就业	签约率	就业率
国际法学	4	3	0	0	0	1	0	100.00%	100.00%
经济法学	23	13	1	0	0	7	2	91.30%	100.00%
民商法学	24	16	0	0	0	7	1	95.83%	100.00%
宪法学与行政法学	6	4	1	0	0	0	1	83.33%	100.00%
法学院　硕士研究生　合计	77	52	2	0	0	17	6	92.21%	100.00%
金融学院									
保险	6	5	0	0	0	1	0	100.00%	100.00%
金融	35	25	0	0	0	9	1	97.14%	100.00%
金融学	53	45	1	0	0	6	1	98.11%	100.00%
金融学院　硕士研究生　合计	94	75	1	0	0	16	2	97.87%	100.00%
统计学院									
统计学	21	12	2	0	0	7	0	100.00%	100.00%
应用统计	23	12	1	0	0	10	0	100.00%	100.00%
统计学院　硕士研究生　合计	44	24	3	0	0	17	0	100.00%	100.00%
外语系									
外国语言学及应用语言学	5	4	0	0	0	1	0	100.00%	100.00%
英语语言文学	1	1	0	0	0	0	0	100.00%	100.00%
外语系　硕士研究生　合计	6	5	0	0	0	1	0	100.00%	100.00%
马克思主义学院									
马克思主义基本原理	5	1	0	0	0	4	0	100.00%	100.00%
马克思主义中国化研究	3	2	0	0	0	1	0	100.00%	100.00%
思想政治教育	5	3	0	0	0	2	0	100.00%	100.00%
马克思主义学院 硕士研究生　合计	13	6	0	0	0	7	0	100.00%	100.00%
专业硕士教育中心									
工商管理	157	69	0	0	0	68	20	87.26%	100.00%
工商管理硕士	4	1	0	0	0	3	0	100.00%	100.00%
专业硕士教育中心 硕士研究生　合计	161	70	0	0	0	71	20	87.58%	100.00%
硕士研究生合计	959	609	21	1	0	257	69	92.60%	99.79%
博士研究生合计	37	10	1	0	5	3	3	51.35%	59.46%
研究生合计	996	619	22	1	5	260	72	91.06%	98.29%

首都经济贸易大学2015届毕业生
北京地区高校应聘村党支部书记助理、村主任助理名单

姓名	专业名称	性别	单位名称
史建伟	行政管理	男	密云县人力资源和社会保障局
杨舒媛	电子政务	女	北京市房山区人才交流服务中心
赵丹青	房地产开发经营与管理	女	北京市通州区人才服务中心
刘哲绪	物流管理	男	北京市房山区人才交流服务中心
张菲芃	人力资源管理	男	北京市顺义区高校毕业生到农村工作办公室
陈振东	金融学	男	门头沟区人才服务中心（村官）
宋偲雅	安全工程	女	北京市东城区质量技术监督局
张璐	资产评估	女	北京市房山区人才交流服务中心
宋言云	金融学	女	北京市怀柔区长哨营满族乡人民政府
刘亚璇	金融工程	女	怀柔区九渡河镇人民政府
陈乐	商务英语	女	北京市房山区人才交流服务中心
庄绪娟	行政管理	女	北京市房山区人才交流服务中心
王晓芝	旅游管理	女	北京市房山区人才交流服务中心
刘小畅	西方经济学	女	北京市顺义区高校毕业生到农村工作办公室
牟悦明	西方经济学	女	门头沟区人才服务中心（村官）
马骏	产业经济学	女	北京市通州区人才服务中心
鲁媛源	劳动经济学	女	北京市通州区人才服务中心
张静	人口学	女	北京市朝阳区金盏乡人民政府
王婷	审计	女	北京市平谷区大兴庄镇人民政府
王庆娟	人口、资源与环境经济学	女	北京市顺义区高校毕业生到农村工作办公室
颜如雪	社会工作	女	北京市昌平区人力资源和社会保障局
邢千岩	社会工作	男	门头沟区人才服务中心（村官）
吕静雅	社会工作	女	北京市顺义区高校毕业生到农村工作办公室
吴茜蒙	安全工程	女	大兴区人才服务中心
李延鑫	保险	女	北京市丰台区王佐镇人民政府

首都经济贸易大学2015届北京地区高等学校毕业生支援西部名单

姓名	专业名称	性别	单位所在地
张亚楠	金融工程	女	云南省昆明市
朱慧娇	英语（经贸英语）	女	内蒙古通辽市
钟玉	土地资源管理	女	内蒙古鄂尔多斯市
樊书颖	行政管理	女	内蒙古巴彦淖尔市
杨蓉	城市管理	女	甘肃省兰州市
黄佳丽	税务	女	贵州省贵阳市
夏代提·海如拉	城市管理	女	新疆乌鲁木齐市
张彤彤	土地资源管理	女	内蒙古呼和浩特市
鲍杰	土地资源管理	女	内蒙古根河市
苏敏	城市管理	女	内蒙古乌兰浩特市
黄康	工商管理	男	云南省昆明市
韩天放	工商管理	男	内蒙古赤峰市
梁丁榆	工商管理	女	广西桂平市
陈梦玲	物流管理	女	新疆阿克苏市
蒋亦春	工商管理（实验班）	女	广西桂林市
张淑静	经济学	女	云南省昆明市
吴美琴	经济学	女	广西南宁市
刘欢	国际经济与贸易	男	新疆乌鲁木齐市
韩永亮	国际经济与贸易	男	甘肃省镇原县
李良辉	国际经济与贸易	男	四川省成都市
付莉	贸易经济	女	重庆市沙坪坝区
刘烨	贸易经济	女	青海省西宁市
孔得鸿	贸易经济	男	广西南宁市
陈宇鹏	贸易经济	男	广西南宁市
许舒婷	贸易经济	女	广西百色市
朱云飞	贸易经济	男	贵州省贵阳市
尹丽佳	会计学	女	四川省成都市
罗雨欣	会计学	女	重庆市九龙坡区
钟倩	财务管理	女	贵州省贵阳市
王琳翼	财务管理	女	贵州省贵阳市
王继林	劳动与社会保障	男	甘肃省平凉市
黎德钰	贸易经济	男	贵州省遵义市
陈佳婕	金融学	女	云南省昆明市
邵将	信息管理与信息系统	男	贵州省贵阳市

续表

姓名	专业名称	性别	单位所在地
田青	计算机科学与技术	男	甘肃省靖远县
阳嘉毅	计算机科学与技术	男	广西南宁市
杨济菲	计算机科学与技术	女	贵州省贵阳市
程琪惠	计算机科学与技术	女	广西南宁市
张蕾	计算机科学与技术	女	甘肃省张掖市
乐妍	环境工程	女	云南省昆明市
王露悦	财政学	女	四川省成都市
张曼青	资产评估	女	贵州省贵阳市
陈南诺	法学	男	贵州省贵阳市
陶燕	金融学	女	贵州省兴义市
马聪生	金融学	女	青海省西宁市
乌日勒	金融学(国际金融)	女	内蒙古呼和浩特市
蒋熠	金融学(国际金融)	女	云南省昆明市
郝亚红	金融学	女	甘肃省兰州市
冯冰悦	金融学	女	重庆市永川区
月阳	金融学	女	贵州省贵阳市
陈誉馨	统计学(经济分析)	女	广西柳州市
王丽娟	统计学(国际统计)	女	陕西省宝鸡市
赵晓霞	商务英语	女	四川省万源市
黄琦琪	商务英语	女	四川省苍溪县
殷炳冉	企业管理	女	西藏拉萨市
黎曦	企业管理	女	贵州省贵阳市
王宏	企业管理	男	内蒙古呼和浩特市
王宇	政治经济学	女	云南省昆明市
罗麒	数量经济学	男	四川省成都市
苏日娜	会计学	女	内蒙古呼和浩特市
杨昀	会计学	女	青海省西宁市
张钰婷	会计学	女	甘肃省兰州市
何莉华	会计学	女	新疆乌鲁木齐市
谢春玲	社会保障	女	新疆阿克苏市
唐昊	统计学	女	贵州省贵阳市
王鸣	国际商务	女	四川省成都市
思丹	国际商务	女	内蒙古呼和浩特市
赵何音	会计	女	陕西省西安市
牛奕萱	会计	女	内蒙古呼和浩特市

续表

姓名	专业名称	性别	单位所在地
唐一非	会计	女	甘肃省兰州市
陈泽文	会计	男	内蒙古呼和浩特市
邓宇	社会工作	女	广西扶绥县
唐京	资产评估	女	广西南宁市
李岚	资产评估	女	贵州省贵阳市
胡芙榕	金融	男	陕西省西安市
王颖	保险	女	甘肃省兰州市
郑海红	保险	女	甘肃省兰州市
宁彦	工商管理	男	内蒙古呼和浩特市

(姜蓓蓓)

【开展多层次就业指导帮扶活动】 2015 年,学生处就业办开展了 3 个层次的职业生涯与就业辅导活动:一是 2015 年共计举办了 10 场职点课堂讲座,内容涉及求职技巧、出国留学、公务员备考、职场 office 应用等主题,在校生中共有 2 000 人次参加了讲座。其中与北京市高校毕业生就业指导中心合办 3 场,与校友会合办两场。二是以"促进学生全面发展"为目标,将求职工作坊从毕业生求职训练扩展至低年级学生生涯规划领域,主题包括考研复习与生涯规划、大学生生涯探索与人生定位;充分挖掘校企合作空间,邀请多家企业 HR 进校为大二、大三在校生举办职场竞争力工作坊,并直接选拔优秀学员进入企业进行暑期实习,2015 年累计举办 10 场工作坊和 3 场集训营。其中根据毕业生就业行业开展的高强度、有针对性的"银行校招笔试集训营"和"公务员结构化面试集训营",学生反响热烈。三是针对求职极其困难的学生开展就业指导与就业帮扶。为 66 名 2015 届双困毕业生每人发放了 200 元就业补贴,共计发放 13 200 元,配合北京市人力资源社会保障部,组织 2015 年度残疾毕业生申请求职补贴,共有 8 人符合资格,每人发放 1 000 元求职补贴。

2015 年职点课堂一览表

时间	主题	主讲人
4 月 1 日	简历指导	白云,公益校园执业导师,凹凸人网(北京)咨询有限公司市场总监
4 月 14 日	漫谈境内外金融职业的发展与规划	苏光,学校 2003 届校友,工银国际控股有限公司跨境结构融资部主管,工银国际金融有限公司董事总经理
4 月 16 日	面试指导	赵静敏,高级人力资源管理师,北斗航天(北京)卫星传输技术有限公司人资主管
5 月 7 日	把每一天,当作梦想的联系	王鹏程,职业生涯教练,畅销书作家,曾任职世界五百强企业法国阿尔斯通水电(中国)培训经理
9 月 29 日	银行招聘总论	中公教育
10 月 15 日	就业力(面试、简历)	北京市高校毕业生就业指导中心
10 月 22 日	Office 职业技能培训	北京市高校毕业生就业指导中心
10 月 28 日	做时间的主人,过缤纷的生活	王鹏程,美国仙童半导体公司大中华区培训发展经理
10 月 29 日	如何准备才能顺利成长	学校校友刘学民
11 月 12 日	公务员备考技巧指导	北京市高校毕业生就业指导中心

2015 年工作坊与集训营一览表

时间	主题	主讲人
4 月 8 日	【工作坊】多对一面试演练工作坊	名企 HR，高级职业指导师
4 月 15 日	【工作坊】无领导小组面试演练工作坊	名企 HR，高级职业指导师
5 月 10—11 日	【集训营】2015 北京市村官面试集训营	国家认证高级职业指导师，公职考试研究专家杨晶老师
5 月 27 日	【工作坊】生涯规划专场工作坊	生涯规划师
10 月 14 日	【工作坊】简历一对一指导（第一场）	杨晶，国家认证高级职业指导师
10 月 14 日	【工作坊】简历一对一指导（第二场）	张丹丹，公益校园导师
10 月 28 日	【工作坊】无领导小组面试演练（第一场）	杨晶，国家认证高级职业指导师
10 月 28 日	【工作坊】无领导小组面试演练（第二场）	张丹丹，公益校园导师
10 月	【工作坊】公务员笔试模考工作坊	中公教育集团
11 月 11 日	【工作坊】多对一面试演练（第一场）	杨晶，国家认证高级职业指导师
11 月 13 日	【工作坊】多对一面试演练（第二场）	张丹丹，公益校园导师
10 月 17—18 日	【集训营】2016 年银行校招笔试集训营	中公教育集团
12 月 26—27 日	【集训营】2016 年公务员结构化面试集训营	国家认证高级职业指导师，公职考试研究专家杨晶老师

（姜蓓蓓）

【开展多形式就业信息服务】 2015 年，学生处举办了 119 场专场招聘宣讲会、13 场大型的综合及专场校园双选会，累计有 1 246 家用人单位进入学校招聘，累计进场 11 950 人次。中国银行北京市分行、招商银行北京分行、光大银行等多家合作单位将首场招聘校园宣讲会或重点场次安排进校，在招聘比例上更倾向于学校毕业生。

（富蕾）

【多渠道、个性化发布招聘信息】 2015 年，学生处进一步完善就业信息网建设，规范用人单位发布信息的流程及审核制度，整合招聘单位的数据信息；完善校园双选会网上报名审核以及宣讲会预约报名的流程，不断提高效率。建立了毕业班信息员的微信群、就业联系老师群等工作微信群，信息发布团队每天推送 5 条精选招聘信息至毕业班群，平均每天推送 10 条定制或学校专场招聘信息发送至各院系就业联系老师群，每天对毕业生进行校内外宣讲会、双选会场次安排提醒，使就业信息的发布更具针对性和个性化。

（富蕾）

【升级改版微信公众号】 2015 年 1 月初完成对就业微信公众号的改版，微信编辑团队维护 3 个板块、10 个常规栏目的每周 2 次推送，关注人数从 500 人增长到 4 000 人，其中，单期最高阅读次数近 3 500 次。内容涵盖就业政策解读、招聘实习信息到适应职场等多个方面，2015 年全年发布 74 期，阅读次数累计达 62 606 次。

（富蕾）

【拓展校企合作新模式】 2015 年，继续深入开展校企合作，拓展合作新模式。与招商银行北京分行、北京银行、远洋物业集团开展暑期实习就业直通车合作项目。该项目是将毕业生求职准备前置至离校前一年的暑期，利用暑期实习的机会熟悉、适应工作环境，并提前进行职位目标锁定。与北京纺织控股集团及其下属十余家企业签署实习就业合作协议，每年推荐优秀在校生进行实习并优先录取毕业生。

（富蕾）

【举办系列就业教育主题活动】 学生处于 3 月 30 日至 4 月 28 日举办了“职面首经”首都经济贸易大学第七届模拟面试大赛。本届大赛历时一个月，共有 286 名选手报名，70 人通过简历筛选环节晋级复赛，14 人晋级总决赛。为了让更多学生受益，除了参赛选手能够获得针对性的指导和建议之外,学生处还特别聘请了简历指导专家为全部286名选手批改简历,并在大赛期间举办了简历指导和面试指导专题讲座。来自金融学院的徐聪、工商管理学院的赵阁、劳动经济学院的徐牧潮、统计学院的朴勇林、华侨学院的张佳侗、会计学院的吉利通过自我展示、无领导小组讨论、多对一压力面试3个环节的比拼脱颖而出,分获一、二、三等奖。北京华联人力资源共享中心总经理李建红、北京首都公路发展集团人力资源部长王京竹、招商银行北京分行人力资源部经理苏小鹏、德勤华永会计师事务所审计高级经理章涛、凹凸人网(北京)咨询有限公司CEO邹秀峰为大赛担任评委。学生处处长马力、毕业生就业办公室主任崔颖以及各院系党总支副书记、辅导员出席了活动。学生处于2015年秋季举办了首都经济贸易大学第七届就业服务月,在持续将近3个月的活动期内为全校学生举办了6场综合校园双选会、105场重点单位宣讲会、6场职点课堂讲座、7场工作坊以及2期求职集训营,从多个方面体现了"以学生为本"的服务理念。

2015年"职面首经"首都经济贸易大学第七届模拟面试大赛获奖名单

奖项	姓名	学院	年级
一等奖	徐聪	金融学院	研一
二等奖	赵阁	工商管理学院	大三
	徐牧潮	劳动经济学院	大三
三等奖	朴勇林	统计学院	大三
	张佳侗	华侨学院	大三
	吉利	会计学院	研一

(姜蓓蓓)

【开展就业工作调研】 9—12月,学生处毕业生就业办公室集中进行了3项就业调研工作,第一项是"2015年度毕业生就业情况分析"全校总报告及17个院系分报告;第二项是"2015年度毕业生就业质量与教育培养质量"全校总报告及17个院系分报告;第三项是"2015年度毕业生生涯规划与求职状况"。调研报告在2015年度就业工作大会上发布。

(姜蓓蓓)

【加强就业创业工作队伍培训】 2015年,学生处分别成立了生涯规划指导教师团队和创业教育指导教师团队,计划通过3年的努力,培养一支成熟的生涯规划与创业教育指导师资队伍。学生处持续组织辅导员参加国家人力资源与社会保障部、北京市教委举办的各项职业指导人员资格认证培训,2015年度共有6人次参加了KAB创业导师培训,2人次参加了创新创业教育师资能力提升专题培训,2人次参加了FET创业指导师培训,3人次参加了北京市创业师资培训,13人次参加了生涯规划师培训。

(姜蓓蓓)

【继续开展"创享课堂"系列讲座】 "创享课堂"系列讲座以"创业发展协会"学生社团为依托,组织各类创业培训及讲座、创业沙龙。邀请包括李家华、丁浤伟、王涛等导师分专题为学校大学生进行创业讲座。2015年共举办创享课堂13场。

2015年"创享课堂"一览表

时间	主讲人	讲座主题
3月27日	王玉秋,中国学企联合会秘书长、中华老字号企业负责人	中华老字号创意创新创业大赛说明会暨老字号企业首都经济贸易大学报告会
4月26日	老字号企业企业家代表	老字号创业项目指导、创业培训
5月13日	邹秀峰,凹凸人网CEO	创业是一种状态,成功是一种习惯
5月27日	许莉,东方华盖股权投资管理有限公司董事长	有梦想,见行动,点亮精彩人生

续表

时间	主讲人	讲座主题
6月4日	朱红军,华拓文化(北京)有限公司总经理	创业之路与品牌文化和企业文化
6月8日	许黎暐,北京中加瑞达投资管理有限公司总经理	创业项目评估与指导
10月21日	丁浤伟,中创资本创始合伙人	创业意识与创业实践
10月28日	王涛,中观经济调查有限公司总经理	市场调查如何指导创业实践
11月4日	高兴民,北京创筹网络科技有限公司联合创始人	创业初期的团队组建以及股权分配和激励
11月11日	梁小川,执业于重庆元炳律师事务所北京分所	创业风险法律规避
11月18日	丁浤伟,中创资本创始合伙人	大学生创业的五个阶段
11月25日	田竞宸,校友	你是否有勇气对自己忠诚到底
12月10日	李家华,中国青年政治学院副院长	青春最是创业时:双创背景下的大学生创业之道

(庄首建)

【举办首届“创新创意文化季”品牌活动】 学生处于2015年秋季举办了首届创新创意文化季品牌活动。活动内容包括7场创享课堂讲座,创客咖啡厅LOGO征集,第一个创业实践项目——卡摩创客咖啡厅开业,优秀大学生创业项目评审等。其中,创客咖啡厅LOGO评选活动经过初选、线上投票、专家评审以及决赛筛选,在各具创意的16组作品中,最终卡摩时光团队设计的卡摩时光LOGO脱颖而出,咖啡厅于12月8日正式开业。

(庄首建)

【协办首届“大学生中华老字号创新创意创业大赛”】 与中国人民大学、中国学企联合会合作举办“首届大学生中华老字号创新创意创业大赛”,学校为复赛承办校,提交上来的方案由专业评委老师进行筛选评审,经过分赛区预赛、初赛、复赛和决赛后,推送优秀团队至中国人民大学参与总决赛。最终学校2个项目进入决赛,经济学院张依同学的“细腻化定制的传统中式品牌”项目获得一等奖。

(庄首建)

【进行各种创业指导、咨询及服务】 为大学生创业提供一对一的指导和服务,2015年一共接待相关的创业项目咨询52个,咨询时长超过80小时,已经帮助7个项目落地进行公司注册。并于2015年11月成立大学生创业沙盘集训营和首都经济贸易大学创业教育指导教师团。

2015年度部分学生创业注册名单

序号	学院名称	专业	姓名	学历	注册公司名称	注册时间
1	经济学院	国际经济与贸易	郑炫祈	本科	北京简繁服饰有限责任公司	2015年5月18日
2	外语系	经贸翻译	韩佳依	本科	北京上下铺科技有限公司	2015年3月17日
3	安工学院	工业工程	孙签	本科	北京悟天文化传媒有限公司	2015年7月
4	华侨学院	工商管理	袁野	本科	野比浣熊科技有限公司	2015年6月24日
5	工商管理学院	电子商务	胡文韬	本科	泓海(北京)商贸有限公司	2015年4月
6	工商管理学院	市场营销	邹宁	本科	北京章鱼尼古拉斯网络科技有限公司	2015年6月17日
7	经济学院	贸易经济	杨施雨	本科	贵州角黍装饰工程有限责任公司	2015年7月

(庄首建)

【获批13支“北京市优秀创业团队”】 10月18日—12月10日,学校大学生创业优秀团队评审圆满结束,6支优秀创业团队(已注册)、7支优秀创意团队(未注册)共13支学生创业团队被评为“北京市优秀创业团队”,获得创业资助。

2015 年获奖创业与创意团队名单

序号	创始人姓名	项目名称	团队名称
1	袁野	浣熊设计工作室	浣熊设计
2	盘珊珊	“Wetry 微试穿”——基于原创服装品牌下的高校上门试穿服务	“Wetry－微试穿”简繁服饰团队
3	王梓权	北京酷核桃教育科技有限责任公司	酷核桃
4	韩佳依	上下铺	上下铺
5	孙签	借机拍	北京悟天文化传媒有限公司
6	王其莘	中小学教育培训	勤德教育
7	王瑞	指南针语言学习平台 APP	指南针 APP 项目团队
8	岑治彤	全国高校服务平台“校无忧”	大学生校无忧团队
9	张天婵	合拍 Selfie 自拍馆	Soulmate 团队
10	武亦文	经贸么么达——首经贸校园圈	经贸么么达团队
11	占丽	果先森的吉他屋	果先森的吉他屋
12	马嘉玮	易燃云创	毅燃云创
13	陈迎港	千与千寻	千寻战队

(庄首建)

安全稳定工作

概　况

保卫处(部)对各科室进行整合,设综合办公室、治安交通科、消防安全科、科技创安办公室、红庙校区安全保卫办公室、华侨学院安全保卫办公室、校卫队 7 个科室,9 个门卫职守岗位,8 个安防监控及消防报警职守岗位,2 个校园巡逻岗位。共有在编在职人员 39 人,其中管理岗位工作人员 14 人,工勤人员 25 人;具有大专以上学历 14 人,其中 10 人具有大本学历,4 人具有硕士学位。此外保卫处还有外聘保安队员 127 人,编外工勤辅助人员 7 人,总计 134 人。2015 年,保卫处(部)在学校党委和行政的领导下,以巩固和深化“平安校园”创建工作成果为中心,稳步提升科技创安信息化水平,推动网格化管理措施的进一步落实,确保校园的安全稳定,提升校园安全管理秩序。

(赵广　郭丽萍)

维护校园稳定

【完成“两大安保”任务】　8 月底 9 月初,中国人民抗日战争暨世界反法西斯战争胜利 70 周年纪念活动和世界田径锦标赛在京举行,学校红庙校区地处纪念活动警戒区沿线。为全力做好“两大安保”工作,保卫处成立专门工作组,制定并论证安保方案。组织相关工作人员完成日常训练 6 次、治安消防专题业务培训 10 次、反恐防暴应急演练 3 次、消防灭火疏散演练 2 次,并配合公安机关完成了红庙校区相关制高点基础信息采集等工作。9 月 2—3 日,配合民警对 10 处校园制高点出入口、电梯出入口设岗专人值守,利用视频监控系统,配合公安部门做好阅兵部队集结点及沿线街面商铺管控及警戒任务。制定了两校区特殊时段36小时消防巡查制度，与相关单位签署了特殊时段36小时消防安全保证书。经过连续36个小时工作，全体工作人员维护了校园安全稳定，完成了相关警卫任务。

（赵广　吴思宏）

【强化安全稳定责任】 2015年，保卫处（部）与各单位主要负责人签订了《安全稳定责任书》，并督促各单位签订了内部安全责任书，将安全责任层层落实到岗到人。对学校不稳定因素进行了排查并制定了安全稳定工作预案，完善了政保情报信息网络，对政保信息员、学生信息员、教职工通讯员等工作队伍进行了定期培训。

（赵广　胡文）

【努力化解矛盾纠纷】 4月、10月，保卫处集中开展了两次影响安全稳定各类问题隐患排查整治专项行动，全面摸排各类矛盾纠纷和隐患，按照北京市及教工委的要求，做到了“底数清、情况明”，并通过统筹协调校内外各方力量，推进矛盾纠纷化解和安全隐患整治工作。

（卢萌　胡文）

【确保校园政治稳定】 2015年，保卫处配合市公安局文保总队和属地公安机关对学校各类信息进行了梳理和汇总，建立了相关台账，明确了相关单位及人员的责任。定期开展专项行动，并与市委教育工委、市国家安全局、市公安局以及校内各部门、各院系保持有效联动，妥善处置5起潜在影响学校政治稳定的不安定因素事件，及时处置了1起校外人员在校内非法传教事件，确保校园政治稳定。

（卢萌　胡文）

维护校园安全有序

【维护校园良好治安秩序】 2015年，保卫处在维护校园治安秩序的工作中采取了以下有力举措：一是加强校门出入管理和校园重点部位巡查力度。加大校门口出入口控制系统规范使用的宣传力度，合理优化系统开放时间、方式，加强对门口队员的培训、管理，严格无卡人员登记制度，最大限度限制了校外无关人员进出学校。采取巡逻车定时检查、队员徒步临时检查相结合等方式，加大了巡逻检查力度和密度，同时安防监控室加强对重点部位的监控，并与巡逻人员有效实时联动；二是严格校内各类活动安全审批管理。全年安全审批校内各类活动713次，取缔未经审批的校园活动19起；三是有效管控校内外来人员。继续配合有关部门开展清理整顿学校外来人口办理校园临时卡专项活动，通过有效手段加强了对于外来人口的管理，进行了1 562人次的安全审查。全年校园安全有序，未发生重大安全事件和恶性案件。据公安机关统计，学校2015年的刑事发案数为15起，较上年下降了50%，其中盗窃案发案数仅为2起，较上年下降了88%。

（卢萌　吕强）

【完成校园治安管理服务工作】 2015年，保卫处共接到师生求助396起，其中物品被盗类2起；电信诈骗案13起（其中被诈骗既遂2起，未遂11起），物品遗失类247起，交通纠纷案8起，个人纠纷类11起。针对师生的报警求助，保卫处积极寻找相关线索，定期对突出类型的师生求助进行分析研判。帮助师生找回遗失被盗刷的校园卡31次，挽回盗刷损失3 500元，帮助师生找回遗失的智能手机、笔记本电脑等贵重物品6件，现金7 800元。妥善处置师生内部矛盾纠纷4起。

（卢萌　吕强）

【完成校内大型活动安保任务】 2015年全年保卫处共制定各类大型活动专项安保预案26份，部署安保力量2 300余人次，完成了新生报到、校园开放日、开学毕业典礼、学生各类大型文体比赛、校内承办的各类大型考试以及各类大型学术论坛等30余次大型活动的安全保卫工作，未出现任何安全事故。

（卢萌　吕强）

【建立反恐防暴应急分队】 2015年，保卫处统一部署，建立了一支10人的反恐防暴应急分队，配备了相应的防范器材，在高招咨询开放日、校运会、毕业典礼、新生报到、开学典礼等大型活动上完成防恐防暴任务。

（卢萌　吕强）

【规范校园交通秩序】 2015年，保卫处为师生和相关业务单位审核办理校内机动车通行证1 280件，与1 200余名驾驶员签订了安全协议。审批办理校内各单位机动车临时预约229次。对不按规定停放的机动车张贴安全提示700余张，处理剐蹭、划伤等轻微交通事故7次。在敏感时期，针对进校车辆进行严格检查和信息登记，坚决将可疑车辆拦在校门外。

结合校内交通数据分析,从11月起对存在较大的交通安全隐患的路段实行了机动车临时交通管制。

(卢萌　吕强)

【户籍管理】 2015年,保卫处在办理毕业生户口迁出、新生户口落户等工作中采取了提前发出通知、延长办理时间、细化简化办理手续、提供免费复印服务等措施来服务师生。共计为778名学生办理户口迁出手续,为107名新入职教工和891名新生办理了落户手续,发放261份农转非证明。全年完成师生户籍卡借还服务661次,开具暂住证明25份,开具办理无犯罪记录证明介绍信24份,政审证明30人次。完成了对全校3 848名集体户口人员的信息核实工作。

(卢萌　郭丽萍)

确保校园消防安全

【严格安全检查及审批】 2015年,保卫处坚持日巡查、周抽查和月检查及每月一次不定期检查的安全检查制度。严格落实校内施工安全审批及监督。在日常检查中,发现各类消防安全隐患305处,其中已更换失效应急灯、疏散标志、消防栓玻璃245具,修补消防管路漏点3处,疏通消防通道和安全出口4处,及时抢修了赛欧公寓、体育馆北侧两处室外消防栓管道断裂、金台北里2号楼高位消防水箱缺失等严重消防隐患。全年共进行校内施工安全审批24次,动火审批10次,及时查处3起擅自动用明火、擅自切断消防设备设施的违章施工。

(贾学森　郑民功)

【排除重点消防隐患】 2015年,保卫处排除了博纳楼地下室消防通道堵塞及演播厅通风机故障、诚明楼地下室通讯公司设备间内设备长期高温运行并堆积无关器材、赛欧4公寓1层东段疏散指示灯整段故障、校内1、2号公寓间堆放大量易燃废旧桌椅等重点消防隐患,清理改造校内不达标彩钢板建筑6处。

(贾学森　郑民功)

【维护保养消防设施设备】 2015年,保卫处对全校的消防设施设备进行了逐楼清查,摸清了底数,建立动态管理台账。聘请专业消防维保公司对全校的各类消防设施设备进行专业检测及定期维保,及时发现并更换维修故障设施设备,使各类消防设施设备时刻保持良好工作状态。2015年全年共排除火灾自动报警系统设备故障9次,维修设备主板6块,更新防火门闭门器214件,清洗各类烟感探头625具,更换锅炉房燃气探头24具。全年检修灭火器4342具。配合丰台避雷检测站对校本部进行了避雷检测,并根据检测报告及时消除了华侨学院部分配电系统的雷击隐患。

(贾学森　郑民功)

提升校园安防水平

【做好科技创安工程】 2015年保卫处完成了学校部分视频监控系统和门禁控制系统的更新改造,共安装高清网络摄像机765台、入侵报警探测器40台、紧急疏散门禁控制器303套、电磁门锁110套、专用通道机2台,通过平安校园提升工程,进一步减少了校园安全死角,增强了校园安全技术防范能力。

(赵广　李松峰)

【科技创安成效】 2015年,保卫处共接到师生各类报警求助433件,其中通过视频监控系统提供线索404件,占总求助事件的93.3%。

(赵广　李松峰)

推进安全宣教力度

【推进大学生安全教育】 9月7—10日,保卫处分院系对全体新生开展了入学安全教育。9月12日相关工作人员首次深入军训基地,结合军训基地实际情况对学生进行了消防安全知识讲授,并指导进行了干粉灭火器的实操和安全疏散演习。

(赵广　胡文)

【组织专题消防演习】 2015年,保卫处在重要时期组织了相应的消防演练。5月12日校本部首次邀请属地消防中队出动两辆消防车和一辆云梯车在学校义务消防队的配合下进行扑救火灾和紧急救援联合演习,红庙校区邀请呼家楼消防中队消防宣传车进校,并组织师生进行模拟体验。11月4—17日在全校组织了一系列消防疏散灭火演习,约1 500名师生员工参与。演习中首次增加发烟逃生帐篷体验环节,逼真模拟了发生火灾时通过浓烟区的情形,提高了演习的真实性,增加了广大师生的体验感。

(贾学森　郑民功　吴思宏)

【防范电信诈骗专项宣教】　保卫处于5月21日邀请市公安局文保总队有关领导和民警到校与学生代表就防范电信诈骗召开了专题座谈会，为同学们提出了防范和应对电信诈骗的专业建议。在电信诈骗高危期，及时通过学生工作系统向全校学生发布防范提示并配合属地公安机关张贴防范电信诈骗安全提示，利用微信平台及时推送防范提示和应对办法。据公安机关统计，学校今年的电信诈骗发案数与去年持平，涉案金额仅为去年18%。

（卢萌　胡文）

【多媒体发布安全信息】　2015年，保卫处利用平安首经贸微信公众号和保卫处网站进行信息发布和安全宣教内容推送。在新生入学、电信诈骗高发期、巴黎恐怖袭击、冬春季火灾防控、12·2全国交通安全日等关键时间节点，有针对性地精准推送相关公告通知和安全提示。平安首经贸微信公众号全年分14次推送56条信息，其中安全通知新闻20条，安全提示和安全微课堂36条，涉及防电信诈骗、反恐防暴、交通安全、消防安全、毒品防范、普法宣传等多种内容。保卫处网站全年共发布各类安全通知公告20条，发布安全提示和工作动态17条，完善6条服务指南信息。

（卢萌　胡文）

【指导学生组织开展宣教活动】　2015年，保卫处指导校学生会安全稳定工作部、大学生治安服务队、会计学院学生会安保部成功开展了第三届校园安全宣教周、第七届校园安全DV大赛等校园安全宣教活动。指导校学生会安保部和法学院学生会于《中华人民共和国反间谍法》颁布实施一周年之际，开展了反间谍法和国家安全法的主题宣传教育活动。

（卢萌　胡文）

【提升安稳工作队伍整体素质】　2015年，保卫处开展多次针对安全保卫干部、职工、保安队员以及各单位安全员的培训，选送两位干部参加了北京市高校政保干部培训，两位副处长参加了市委教育工委组织的保卫处长培训，9位工作人员参加了初中级建构筑物消防员资格培训，全年共进行21次各类内部业务培训。

（赵广）

离退休工作

概　况

2015年，离退休工作处在学校党委领导下，严格按照北京市老干部局、北京市教育工委老干部处的总体要求，深入贯彻落实北京市老干部工作会议精神，将学习党的十八大精神引向深入，以进一步加强离退休干部思想政治建设和党支部建设，以改进离退休管理服务工作为重点，扎实工作，全面落实老干部的政治生活待遇，充分发挥老同志的作用，圆满地完成了全年的工作计划和任务，取得了较好的成绩。截至2015年12月，首都经济贸易大学有离退休教职工1 570人，其中离休干部88人，平均年龄87.5岁；退休人员1 482人，平均年龄68岁；离退休局级领导16人。离休党员76人，退休党员726人；离休党支部4个，退休党支部29个，混编1个。离退休工作处现有管理人员8人，下设管理科、办公室、活动中心3个科室。

（王楠）

思想政治建设和党支部建设

【支部活动】　离休干部党总支共召开支委会6次，汇报工作、商讨学习计划及讨论重要决定。一支部学习活动与处务会同步进行，共学习10次；二、三支部本年度共组织学习活动4次，参加社区活动3次。第四支部召开支委会3次。5月20日，离退休工作处举办学校离（退）休党支部书记培训班，解读习近平总书记“四个全面”的讲话精神，明确2015年离退休党支部建设工作的任务与目标；同日参观北京雁栖湖国际会展中心暨APEC会场。11月25日，组织离退休党支部书记前往中国人民抗日战争纪念馆，参观“伟大胜利　历史贡献——纪念中国人民抗日战争暨世界反法西斯战争胜利70周年主题展览”。

5月24—28日,11月1—5日,两次组织离退休校领导中心组学习;组织离退休老干部理论学习12次,学习时间50余小时,共400余人次参加,发放学习资料20余种1 000余册,坚持为离休老同志和退休党支部书记订阅《北京支部生活》和《老教育工作者之友》等学习资料。7月7日,离休党总支第一支部组织离退休党员和青年学生前往河北省易县狼牙山红色教育基地参观学习,接受革命传统和爱国主义教育。

(王楠)

【《桑榆颂》杂志】 2015年,离退休工作处先后组织两次编委会,对杂志组稿、写稿、编稿事宜进行筹划,编辑出版《桑榆颂》杂志2期,以现场领取或送书上门等多种方式向离退休老同志发放杂志近3 000册。

(王楠)

政治待遇和生活待遇

【制度建设】 完善离休支部书记助理联系制度,随时掌握离休老同志的各方面动态。建立退休管理委员会(以下简称"退管会")联络员制度,搭建退休人员信息传递的桥梁,使广大离退休人员的诉求得到更好的反映,学校信息得到更及时地传达。

(王楠)

【学校领导通报情况】 6月9日和11月19日,副校长丁立宏、党委副书记朱玉华分别向离休老同志通报了学校2015年章程核准发布、"十三五规划"开展和工作情况,并进行座谈,听取老同志们的意见和建议。

(王楠)

【工作总结会】 12月23日,离退休工作处召开离退休工作总结座谈会。老教育工作者协会常务理事、关心下一代工作委员会委员以及离退休老同志代表共36人参加会议。离退休工作处处长翟连琦汇报了2015年工作并通报了上级文件精神,随后听取了老同志对学校离退休工作的意见和建议,并对相关情况做出了解释。学校党委副书记朱玉华出席会议并做总结性发言。

(王楠)

【走访慰问】 春节前夕,校长王稼琼、纪委书记、工会主席杨世忠、副校长徐芳分别走访慰问了学校离退休老领导蒋哲夫、李绍琴、高润生老师,对他们长期以来关心、支持学校工作表示衷心感谢,并向他们致以节日的问候与新春的祝福。2015年,离退休工作处结合抗日战争胜利70周年的情况,重点做好老党员、抗战老战士的慰问工作,"七一"走访慰问11位抗战老战士、老同志,14位90岁以上高龄的老党员及10位生病住院的老同志。8月再次走访慰问11位抗战老战士,并将抗日战争胜利70周年纪念章和8 000元慰问金送到他们手中。为离休老同志生日祝寿22人,疾病慰问30余人次,走访慰问离退休老同志共500余人次。

(王楠)

【医疗保健工作】 2015年,学校按照上级有关精神,为董久昌、赵鹏翔、王峰安三名老同志申请了提高享受按副省(部)长级标准报销医疗费待遇。配合校医院做好离退休人员的体检服务工作,组织离退休校领导、离休老干部、退休高级职称人员共计300余人进行了健康体检。

(王楠)

【特困补助】 根据学校各院系、部门上报的离退休人员的特殊困难情况,对104名有困难的离退休老同志进行了特困补助,发放困难补助费171 000元。

(王楠)

【去世人员】 离休干部去世4人;退休人员去世24人。

(王楠)

【信访工作】 为老同志解决各类诉求25个。为1位患有癌症的抗战时期的离休老同志向北京市老干部局申请特困医疗补助18 900元。

(王楠)

老干部工作队伍

【信息化建设】 进一步完善"离退休系统"中离退休人员基本信息,及时更新离退休人员数据库和离退休党员基本信息库;办好校园网离退休处的二级网页,不断提高老干部工作的网络化水平。全年向上级机关和校宣传部投稿近40篇,被市教工委评为宣传工作和离退休信息工作先进单位。

(王楠)

【业务培训】 先后选派6人次参加北京市老干部

局、市教工委和市关工委组织的各类离退休工作人员培训。离退休工作处还采取以会代训的形式，每月处务会都会安排集体研讨一项专题；加强业务学习，提高业务素质。

（王楠）

【座谈调研】 4月、10月先后两次召开系列工作会，参加人员有老教协常务理事、关工委委员、退管会委员，与他们座谈、调研目前老同志中的政治需求与生活需求。针对日益显性化的养老问题，以及老同志对自己未来养老方式的关注，设计了《关于养老服务等问题的调查问卷》，回收答卷900余份，基本反映了目前学校老同志的养老需求和观念，为我们下一阶段工作的开展找到了依据。

（王楠）

文体活动

【社团活动】 3月17日，离退休工作处召开各兴趣小组座谈会，通报了市教工委老干部活动中心对各高校的活动安排以及今年的活动主题。4月17日，组织老龄合唱团参加朝阳区"幸福呼家楼，家和万事兴"文艺会演。5月12日，组织老龄合唱团参加呼家楼街道办事处主办的"唱响时代主旋律，建设幸福呼家楼"金台文化艺术节。5月20日，组织学校离退休舞蹈队参加市教工委组织的"阳光健身心，幸福好生活"北京高校老同志健身项目展示活动。6月18日，组织老龄合唱团参加北京教育系统纪念"抗战"胜利70周年歌曲展演。9月29日，举办"纪念中国人民抗日战争胜利70周年——展示阳光心态、体验美好生活"离退休教师文艺会演。10月16日，参加"2015年北京老教育工作者重阳节健步走"活动。11月18日，组织老龄合唱团参加学校"纪念中国人民抗日战争暨世界反法西斯战争胜利70周年合唱比赛"。12月9日，组织老龄合唱团参加学校"纪念'一二·九'文艺会演"活动。12月22日，举办离退休书法爱好者"笔友会"。

（王楠）

【组织春秋游】 5月6日，离退休工作处组织离休老同志参观了南海子郊野公园；5月12—14日，先后组织西区、东区退休老同志近700人前往黄花城水长城春游。10月13—15日，先后组织学校东区、西区共700余名退休老同志到京西十八潭秋游。

（王楠）

关心下一代工作委员会

【关心下一代工作委员会议】 4月1日，离退休工作处召开学校关心下一代工作委员会（简称"关工委"）工作部署会，通报北京市和学校关工委2014年工作要点和计划，主任孙善学对关工委开展工作面临的新情况和学校开展的重点工作向委员们进行了说明并提出了要求。4月、9月、10月三次召开关工委工作会和秘书处工作会，研究工作，明确责任分工，传达上级领导重要讲话精神。

（王楠）

【主题教育活动】 为纪念抗日战争胜利70周年，离退休工作处开展了以"弘扬抗战精神，争做祖国栋梁"为主题的系列教育活动。4月25日、7月7日分别组织部分学生和离退休老党员到焦庄户地道战遗址纪念馆、狼牙山红色教育基地参观学习。

（王楠）

【学习教育平台】 2015年，离退休工作处利用督导组、组织员、理论学习导师3个平台，开展工作。配合组织部"党员先锋工程"，加强学生党员教育培养工作，关工委委员李福田、马景娜、赵凤启、容全堂分别为全校学生党支部书记、本学期发展对象、研究生新生党员讲党课14场。本学期8位督导总计听取了139位教师的236节课，从讲课方式、出勤率、如何提高课堂质量等多方面给出了建议；编写并发布了5期《教学督导简报》，汇编出版了第四集《督导工作纪实》。

（王楠）

老教育工作者协会

2015年，离退休工作处积极指导帮助学校老教协会开展工作，先后9次组织和参加校老教协理事会和退管会理事会，研讨工作方案，明确任务分工。先后多次组织"我看天下事"学习沙龙活动，举办了专题讲座10场，极大地丰富了老同志的业余生活。4月，老教协东西区分会分别举办十八届四中全会知识问答活动"十八届三中全会精神"知识竞赛和问答的活动，共有1 000余人参加，回收答卷900余份。5月21日，举办了"2015年老教工趣味运动会"，共有225名离退休老同志参加。2015年，组织编写《我们共同走过》(经院篇上下册)文集,书籍收入了70多位离退休老同志撰写的130余篇会议文章,照片100余幅,共计52万余字。编撰《老年教工通讯》4期,刊载文稿43篇,发放3 000份。12月16日、18日,老教育工作者协会西区、东区分会分别召开会议,总结一年工作,表彰先进,共有103位离退休会员受表彰。

(王楠)

统战工作

概　况

2015年,学校统战工作在学校党委的领导下,认真学习贯彻党的十八大,十八届三中、四中、五中全会和习近平总书记系列重要讲话精神,围绕学校全面深化综合改革启动和"十三五"规划制定,不断加强党外代表人士队伍建设,充分发挥民主党派、民族宗教、港澳台侨等统战人士作用,为学校发展营造了凝心聚力、团结和谐的发展氛围。

(刘威)

党外代表人士工作

【概述】 2015年,学校高度重视党外代表人士队伍建设,不断完善党外代表人士队伍建设机制,坚持党委常委与党外代表人士联谊交友制度,积极利用各种资源做好党外人士的教育培训和挂职锻炼,注重搭建校内外平台,发挥党外代表人士的作用,党外代表人士和后备队伍建设得到了进一步加强。

(刘威)

【学校党外代表人士队伍状况】 截至12月,学校有党外代表人士27人,包括各级党外人大代表、政协委员,具体情况为:全国人大代表1人,北京市人大代表1人,北京市政协委员2人,北京市政府参事1人;区级人大代表2人,区级政协委员13人;学校民主党派基层组织负责人7人;学校党外处级以上干部10人。

首都经济贸易大学各级人大代表、政协委员名单(截至2015年12月)

序号	姓名	党派	职务	职称	社会兼职
1	郝如玉	无党派		教授	全国人大常委、全国人大财经委副主任 北京市党外知识分子联谊会副会长
2	柯文进	中共党员	党委书记	教授	北京市人大代表、北京市财经委员会委员、丰台区人大代表
3	刘颖	九三学社	校工会副主席	副教授	北京市人大代表 丰台区人大常委 九三支社(西)主委
4	汪平	民建	会计学院教师	教授	北京市政协委员
5	王静	九三学社	劳动经济学院教师	教授	北京市政协委员 朝阳区政协委员
6	张强	无党派	城市经济与公共管理学院教师	研究员	北京市政府参事
7	马洪波	无党派	城市经济与公共管理学院教师	副教授	丰台区政协常委

续表

序号	姓名	党派	职务	职称	社会兼职
8	刘文辉	无党派	会计学院教师	教授	丰台区政协常委
9	武晋军	农工党	经济学院教师	副教授	丰台区政协委员 农工支部主委
10	杜军	民盟	经济学院教师	副教授	丰台区政委员
11	郎大鹏	九三学社	财政税务学院教师	副教授	丰台区政协委员
12	张军	无党派	研究生部主任	教授	丰台区政协委员
13	郭媛媛	无党派	文化与传播学院副院长	教授	丰台区政协委员
14	孟超	农工党	安全与环境工程学院教师	副教授	丰台区政协委员
15	封岩	九三学社	经济学院教师	副教授	朝阳区人大代表
16	田新民	致公党	继续教育学院院长	教授	朝阳区政协常委
17	于启武	九三学社	工商管理学院教师(已退休)	研究员	朝阳区政协委员
18	范子奇	民盟	杂志总社编辑(已退休)	副编审	朝阳区政协委员
19	巩云华	民盟	金融学院教师	教授	朝阳区政协委员 民盟支部(东)主委

首都经济贸易大学民主党派基层组织负责人名单

党派	主委	所在单位及职务
民盟支部(东区)	巩云华	金融学院教师
民盟支部(西区)	张贵祥	城市经济与公共管理学院教师
“九三”支社(东区)	柳学信	工商管理学院院长
“九三”支社(西区)	刘颖	校工会副主席
农工支部	武晋军	经济学院教师
民建支部	冯瑞河	金融学院教师
民革支部(朝阳高校)	吕淑然	安全与环境工程学院教师

首都经济贸易大学党外处级以上干部名单

姓名	性别	党派	职称	职务	职级
张军	男	无党派	教授	研究生部主任	正处级
赵慧军	女	无党派	教授	信息处处长	正处级
柳学信	男	九三学社	教授	工商管理学院院长	正处级
田新民	男	致公党	教授	继续教育学院院长	正处级
范延英	女	农工党	助理研究员	教务处副处长	副处级
阮敬	男	无党派	教授	研究生部副主任	副处级
刘颖	女	九三学社	副教授	工会副主席	副处级
何晴	女	无党派	副教授	财政税务学院副院长	副处级
郭媛媛	女	无党派	教授	文化与传播学院副院长	副处级
周斌	男	无党派	副编审	杂志总社副社长兼副总编辑	副处级

（刘威）

【做好党外代表人士教育培养使用工作】 2015年,学校积极利用校外培训平台,选派党外代表人士参加学习调研,开阔思路和视野。选派1名无党派人士参加高校党外代表人士高级研修班,选派3名民主党派基层组织负责人及骨干成员参加专题培训,组织5名党外代表人士参加市委教育工委的高校统战大讲堂学习。积极选派党外干部进行挂职锻炼,为党外代表人士的成长搭建平台。在市委统战部、市委教育工委的支持下,选派1名党外正处级干部到国家能源局进行挂职。另外,以学校处级干部整体换届聘任为契机,根据学校干部队伍的实际,积极推荐优秀党外干部任职使用,本年度提职任用的党外处级干部共3人。

(刘威)

【积极发挥党外代表人士作用】 2015年,党外人士继续发挥在学校民主管理、民主监督中的作用,全年先后召开年度工作通报会,关于全面深化综合改革、"十三五"规划、校级领导班子民主生活会等征求意见座谈会,党委书记、校长、主管副书记亲自通报情况并征求意见,相关意见建议引起了领导高度重视。坚持重要会议邀请党外代表人士列席制度,如处级干部换届聘任民主推荐会和竞聘答辩会、校部机关等处级单位年度考核述职会、校级领导班子年度考核测评会等均邀请了党外代表人士参加。

(刘威)

民主党派基层组织建设工作

【基本情况】 截至12月,8个民主党派中有5个党派在学校设有支部,分别为:民盟支部2个,九三支社2个,农工支部1个,民革支部1个、民建支部1个。民进党、致公党有党员而未设支部。学校没有台盟盟员。学校民主党派成员合计149人。

民主党派成员情况一览表

党派名称	支部(支社)	成员数	2015年新加入成员数
民盟	2	49	0
九三	2	37	1
农工	1	24	1
民革	1	15	0
民建	1	15	0
民进	0	5	1
致公	0	4	0
合计	0	149	0

民主党派基层组织领导班子成员名单

党派	主委	副主委	委员
民盟支部(东区)	巩云华	刘伟华	佘刘军　翟明慧
民盟支部(西区)	张贵祥	马秀英	陈大伟　王春祥　闫华红
"九三"支社(东区)	柳学信	封岩	谷军　兰英　李乃蓉
"九三"支社(西区)	刘颖		张懿　王树才
农工支部	武晋军	孟超　李青森	梁军　杨晓芳
民建支部	冯瑞河		
民革支部(朝阳高校)	吕淑然	李茂龄	别凤喜

(刘威)

【支持民主党派基层组织加强自身建设】 2015年,民革朝阳区高校支部、农工支部完成换届改选工作,进一步加强了民主党派基层支部班子建设。积极协助做好民主党派发展新成员的考察工作,配合九三学社、民进、农工党上级组织累计完成3名干部教师的发展考察工作。支持民主党派基层组织开展支部活动,积极协助解决经费、活动场地等困难,力所能及地提供服务保障。支持民主党派基层组织开展学习培训。在办公用房紧张的情况下,为民主党派支部开展学习和组织活动提供了专用活动室。另外,结合当前国际国内热点问题,为支部发放相关学习资料和视频材料。

(刘威)

民族宗教、港澳台侨工作

2015年，按照中央及北京市民族宗教工作有关精神，切实发挥学校民族宗教领导小组的作用，进一步完善民族宗教工作体制机制，充分发挥各部门合力，认真落实民族宗教工作相关政策。坚持落实民族工作政策，协同学生处、相关院系积极做好少数民族学生工作，注重对少数民族学生进行思想引领，组织50余名少数民族学生到国家抗日战争纪念馆接受爱国主义教育；尊重少数民族学生的民族习惯，采取多种形式为少数民族学生庆祝民族节日，比如，古尔邦节期间，在后勤处的配合下，对清真伙食进行改善，并专程到军训基地向过节的同学送去节日慰问。坚持为回族等少数民族教工和学生发放“开斋节”“古尔邦节”（两节）节日补助。协调校内相关部门积极做好禁止校园传教渗透工作，认真做好港澳台侨工作。

（刘威）

重要事件

【召开党外代表人士座谈会】 6月16日，学校召开党外代表人士座谈会，征求对《首都经济贸易大学关于全面深化综合改革的意见（征求意见稿）》的意见。党外代表人士纷纷结合自身教学科研实际发表意见和建议，在涉及体制机制、人才培养、学科建设、国际化、内部治理等方面，重点围绕学校如何立足首都高校实际发挥服务首都的功能、如何进一步凝练学校特色、突出办学特点等问题建言献策。

（刘威）

【学校统战部、学生工作部到军训基地进行古尔邦节慰问】 9月23日，在古尔邦节到来之际，首都经济贸易大学统战部、学生工作部在昌平盛华军事训练基地共同对2015级军训团回族、维吾尔族、哈萨克族等少数民族学生进行了节日慰问。参加慰问活动的有学校组织统战部副部长韩静、军训团政委冯俊鹏、副政委赵勋、思政组组长孙庆福以及各连指导员。

（刘威）

【组织少数民族学生参观中国人民抗日战争纪念馆及卢沟桥遗址】 9月26日，统战部、学生处组织学校少数民族学生到中国人民抗日战争纪念馆及卢沟桥遗址参观，铭记历史，缅怀先烈。来自全国各地的少数民族学生代表约40人参加活动，参观正值中国人民抗日战争纪念馆举办“‘伟大胜利　历史贡献’——隆重纪念中国人民抗日战争暨世界反法西斯战争胜利70周年”主题展览。随后，参观队伍又穿过宛平城来到卢沟桥遗址。此次活动经济学院派出5名志愿讲解员全程为参加活动的少数民族学生进行讲解。

（刘威）

工会、教代会工作

概　况

校工会在北京市教育工会和学校党委的领导下，在学校行政的支持下，围绕学校中心工作，认真谋划、积极行动，以习总书记在中央党的群团工作会议上的讲话精神为指导，以北京市总工会“1+15”文件为“把正方向、引对道路”的重要把手，充分发挥群团组织在学校深化综合改革中的作用。把服务形式实体化作为工会全年最为重要的课题，并与原有服务进行整合，逐步完善职工服务保障体系平台，用一件件实实在在的好事去赢得学校广大教职工的认可，把群团组织的责任和使命践行好，为学校各项工作的推进保驾护航。

（苏静）

民主管理工作

【召开第三届“双代会”五次会议】 4月22日，首都经济贸易大学第三届“双代会”五次会议在博学楼学术报告厅召开，102名代表出席了会议。会议听取并审议了2014年学校工作报告、学校财务工作报告，听取并审议了2014年工会、教代会工作报告，听取了教代会提案工作报告，表彰了优秀提案，落实了提案优秀单位,会议还通过了大会决议。教代会期间共征集提案52件,各相关职能部门对提案进行了认真答复和办理,提案办理满意率达到82%以上。本届会议继续设立职能部门现场答询,相关职能部门负责人(教务处、人事处、资产管理处、后勤管理处、校医院)与教代会代表就提案和教职工普遍关心的问题进行了直接的、面对面的现场答询与沟通。

(韩邦利)

权益维护

【互助保障】 2015年,校工会为在职教职工办理参加《在职职工女工特殊疾病互助保障计划》252人,《在职职工住院医疗互助保障计划》1 301人,《在职职工住院津贴互助保障计划》1 232人,《在职职工重大疾病互助保障计划》126人。2015年度已有22人得到理赔,理赔金额共计28 387.64元。

(苏静)

【教师休息室正式开放】 5月中旬,教师休息室正式面向全校教职工开放。教师休息室位于博学楼西侧二层、三层和四层,分别是216、324、427房间。216室为教师休息室,内有电视、沙发、会议桌、衣柜等设施,教师们在业余时间可以到此放松休闲、谈天沟通、商讨事宜等。此外,324室里面还设有一小间"妈咪屋",场所安全私密,内有冰箱、桌椅、多功能柜、育儿书等。

(苏静)

【成立"三个中心"】 校工会联合法学院、马克思主义学院、校医院、体育部,成立教职工法律咨询中心、教职工心理咨询中心、教职工健康咨询中心,为全校教职工免费提供法律、心理、健康等方面的咨询服务。

(韩邦利)

自身建设

【组织工作】 2015年,非在编教职工入会205人,截至2015年年底,全校已有近500名非在编教职工入会。

(苏静)

【女工工作】 3月11日,在学校操场举行庆"三八"女教职工徒步走活动,学校23个分工会的350余名女教职工参加了本次活动。

(苏静)

【北京工商大学工会来校座谈】 4月23日,北京工商大学纪委书记邱小平等一行9人来校工会交流座谈。学校党委副书记孙善学、工会常务副主席李民、工会专职干部参加座谈。其间,北京工商大学工会一行参观了学校教工活动中心。

(苏静)

【台湾总工会访问团访问校工会】 11月9日,台湾总工会访问团一行16人莅临校工会访问交流。学校纪委书记、工会主席杨世忠、副校长王传生,工会常务副主席李民参加此次活动。双方分别介绍了工会的发展历程及现状,加强交流,互相学习,建立了友好的合作关系。

(苏静)

【建家工作】 11月24日,由对外经济贸易大学、北京工业大学、北京协和医学院、北京第二外国语学院、北京物资学院、北京政法职业学院等单位组成的北京市高校教职工之家建设互查小组(第五片组)一行6人到学校会计学院检查教职工之家建设情况。学校纪委书记、工会主席杨世忠,校长助理、会计学院院长崔也光,会计学院党委书记解小娟,工会常务副主席李民、副主席韩邦利,工会专职干部以及申报市级先进教职工小家的会计学院其他领导也参加了此次检查活动。最终会计学院获评"北京市先进教职工小家"称号。

(苏静)

【召开2015年工会干部培训会、工会工作总结会】 12月21—22日,校工会组织召开2015年工会干部培训会、工会工作总结会。校纪委书记、工会主席杨世忠,工会常务副主席李民,分工会主席以及工会专职干部参加会议。会议由李民主持。培训会上,李民传达了北京市教育工会主席培训会议精神;杨世忠传达了北京市群团工作会议精神,解读了北京市总工会贯彻落实《北京市实施〈中华人民共和国工会法〉办法》工作指南中的重点内容。总结会上,李民从7个方面对2015年校工会工作进行了总结。学校各分工会从建家工作、二级教代会建设、文体活动、特色工作和宣传工作等方面全面系统地进行了2015年度工会工作总结汇报。

(苏静)

【举办 2016 年新年联欢暨先进表彰会】 12 月 30 日,校工会举办了 2016 年新年联欢暨先进表彰会。校纪委书记、工会主席杨世忠,副校长王文举,党委副书记朱玉华,副校长孙昊哲,各单位领导,分工会主席,受表彰单位和个人,教职工代表共计 200 余人参加了此次活动。工会常务副主席李民宣读《关于表彰 2015 年度工会先进单位、特色工作单位、优秀教职工之友、优秀工会工作者和优秀工会积极分子的决定》。校领导为获奖单位及个人代表颁发奖牌和证书。随后进行新年联欢,各单位表演了丰富多彩的节目。

(苏静)

【理论研究】 2015 年,校工会继续开展工会理论课题研究工作,提交课题研究成果 9 篇,累计 10 万字。其中,工商管理学院张祖群等教师的《高校青年教师的成长——工会参与型社会实践的探索》和赵涛等教师的《首都经济贸易大学文化建设的实践与思考》获校级一等奖,其他分获二、三等奖。在 2014 年推荐上报的工会理论调研成果评选中,统计学院聂力等教师的《北京市属高校青年教师生存状况调查研究》荣获中国教科文卫工会 2014 年度优秀调研成果优秀奖,工商管理学院张祖群等教师的《新形势下加强高校师德建设的研究》荣获 2014 年北京市教育工会理论调研工作成果报告类二等奖,金融学院李文忠等教师的《发挥高校二级教代会职能的研究》荣获 2014 年北京市教育工会理论调研工作成果论文类三等奖。

(韩邦利)

【宣传工作】 2015 年出版《首经贸教工》半年刊 2 期,及时更新工会门户网站内容,向学校宣传部、市教育工会上报工会活动新闻稿 40 余篇。工会门户网站被学校评为 A 级。

(苏静)

教职工素质工程

【师德建设】 4 月,校工会为庆"五一"爱岗敬业普通劳动者宣传教育活动,制作了宣传专刊对全校 61 名爱岗敬业普通劳动者的先进事迹进行宣传。教师节前夕,学校召开庆祝 2015 年教师节暨先进单位、先进个人表彰大会。大会表彰了北京市先进工作者、2014 年北京市师德先进个人、北京高校第九届青年教师教学基本功比赛获奖者、2014 年北京高校青年教师社会调研优秀项目获奖者、2014—2015 年首都经济贸易大学优秀教师、优秀教育工作者、2015 年从事教育工作 30 年教职工。

(苏静)

【社会实践】 7 月 9—12 日,校工会组织 14 名中青年教师赴江苏南京参加以爱国主义教育为主题的社会实践活动。10 月 8—11 日,校工会组织 10 名青年教师赴广东珠海全志股份有限公司进行调研、考察、交流。11 月 19—21 日,校工会组织 14 名青年教师赴陕西西安中兴通讯股份有限公司、西北农林科技大学考察、交流。7 月 10—16 日,外语系教师方俊青赴上海自贸区现代服务产业园进行实践活动。8 月 22—26 日,信息学院卢山等 4 名青年教师赴广东珠海长园电力技术公司进行调研。9 月 13—18 日,外语系教师索绪香赴重庆邮电大学调研交流。10 月 28 日—11 月 2 日,劳动经济学院张杉杉和杨波 2 名青年教师赴武汉大学、武汉科技大学及武汉经济技术开发区进行参观、考察、调研。2015 年共收集社会实践考察报告 25 篇,共计 20 余万字,整理出版了《行千里路　读实践书——首都经济贸易大学教师社会实践文集(2015 年)》。统计学院吴启富等教师《培育新型农业经营主体,构建现代农业体系》的报告获 2015 年北京高校青年教师社会实践调研优秀成果一等奖,信息学院卢山等教师《电力技术公司信息化建设实践探讨》的报告获 2015 年北京高校青年教师社会实践调研优秀成果二等奖。

(韩邦利)

【举办知识竞赛活动】 11 月,校工会举办知识竞赛活动。各分工会高度重视,全校教职工积极报名,多个分工会全员参与,近 1 700 名教职工参加活动,170 名教职工获得一、二、三等奖,校部机关、后勤管理处、文化与传播学院、会计学院、国际经济管理学院和资产管理公司 6 个分工会获得"优秀组织奖"。

(苏静)

暖心工程

校工会开展送温暖活动,走访看望生病、生活困难等教职工 16 人,为 47 名生病及生活困难教职工发放慰问金及慰问品。春节及"五一"节前夕走访慰问市级劳动模范、先进工作者 20 人次。为 1 980 名教职工发放生日贺卡及生日蛋糕卡,为 6 880 人次发放节日(元旦、五一、国庆节)慰问品及防暑降温物品。发送节日慰问短信14 000余条。组织230余名教职工赴北戴河休养。分别组织了2015年上半年退休教职工座谈会和下半年退休教职工座谈会。召开了迎新春慰问后勤班车司机座谈会。协助学校做好与花城幼儿园的共建工作,帮助解决学校6名教职工子女的入托问题。为教职工提供每月2次全年20次的体育场馆的健身活动,2015年共有4 000人次进场健身、运动。

(韩邦利)

文体工作

【组织教职工台球活动】 4月1—9日举行了由校工会主办、校台球协会协办的教工台球赛。全校有12个单位共计64人参加了比赛,经过6轮比赛,财务处敖育新获得冠军;后勤管理处温志强获得亚军;后勤管理处王景鸿、华侨学院王银获得并列第三名;宋跃光等12名教职工获得优秀奖。5月15日,在教工文化活动中心举行了由校工会主办、校台球协会承办、北京市璟点台球用品联盟协办的首届台球知识讲座。讲座特别邀请了全国中式八球冠军获得者吴浩先生及其最佳搭档单宏宇先生亲临教学指导,学校台球爱好者60余人参加了讲座。10月20日,中国农业大学台球协会一行14人来学校与学校台球协会的队员们进行了一场友谊赛。

(李力夫)

【组织教职工徒步活动】 4月11日,校教职工徒步协会继4次徒步活动和组织筹备后在通州大运河森林公园举行成立仪式。校纪委书记、工会主席杨世忠,徒步协会会长张凤杰、副会长何军、秘书长张玉梅以及50余名教职工参加了此项活动。6月6日,为纪念抗战胜利70周年,校工会、教职工徒步协会组织教职工"重走抗战路,攀登狼牙山"活动,近60名教职工参加。12月17日,校工会响应北京市总工会的号召,推广首都职工健步走"健步121"手机APP平台,在学校体育场举行了教职工"健步121"手机APP平台启动仪式,全校19个分工会的114名教职工参加了本次活动。

(李力夫)

【举行教职工羽毛球比赛】 4月27日,为迎接即将举行的北京市教工羽毛球赛,学校举行了教工羽毛球选拔赛。共有18个部门112名教工(157人次)报名参加男单、女单、男双和女双4个项目的比赛。男女单打冠军由法学院尹少成、后勤管理处董继红获得,男女双打冠军分别由继续教育学院刘伟/信息学院赵丹亚,杂志总社蒋琰/机关张馨丹获得。5月29日,校工会、教职工羽毛球协会举办了教工羽毛球团体赛,共有12个代表队、72位老师报名参赛。经过6天36场紧张激烈角逐,后勤1队获得冠军,信息学院1队获得亚军,工商学院1队获得季军。6月5日,学校教工羽毛球队与中国联通在夫子羽毛球馆举行了一场友谊赛。比赛分男女单打、男女双打和混合双打5场进行,赛后联通公司为参赛队员们赠送了纪念品。10月25日,学校教职工羽毛球队应邀参加了在北京工业大学体育馆,由北京市公交汽车驾驶学校主办的第四届佛雷斯"公交驾校杯"羽毛球团体赛。各羽毛球俱乐部及羽毛球爱好者组成了64支队伍,近600名运动员参加了此次赛事。学校教职工羽毛球协会选派了董继红、沈晶、张娜、尹少成、张晓航、赵锦平、王建农、马军、刘伟、赵丹亚10名队员组队参赛。本次比赛为团体赛,共设"男单"、"女单"、"混双"和两组"男双"5个项目的比赛。

(李力夫)

【举行教职工足球比赛】 6月13日,配合巴西世界杯,校工会、教职工足球协会举办了第三届"经贸杯"教职工点球比赛,共有46支球队、230位老师报名参赛,比赛历时一周,安全与环境工程学院3队获得冠军,教育技术中心获得亚军。10月19日,教工足球队参加了学校"五四杯"足球比赛。

(李力夫)

【举办广场舞比赛】 5月28日,校工会在文化活动中心举办了以"舞出风采　舞出健康　广场舞与你一起绽放青春活力"为主题的广场舞比赛,全校共14个分工会参赛。校部机关和后勤管理处荣获本次比赛一等奖;校医院、会计学院、劳动经济学院荣获本次比赛二等奖;安全与环境工程学院、图书馆、金融学院、信息学院荣获本次比赛三等奖;财政税务学院、外语系、法学院、经济学院、教育技术中心荣获本次比赛四等奖。

(李力夫)

【举行教职工游泳比赛】 6月17日,在学校游泳馆举行了由校工会主办、体育部协办的教职工游泳比赛。全校共19个代表队,111人次参加比赛。比赛分为男女甲乙组,共设50米蛙泳、50米自由泳、100米蛙泳、100米自由泳和混合接力等项目。

(李力夫)

【举办纪念抗战胜利70周年合唱比赛】 11月18日，校工会在教工文化活动中心举办纪念中国人民抗日战争暨世界反法西斯战争胜利70周年合唱比赛。共有22支教职工代表队，900余名教职工参加了本次比赛。校长王稼琼，纪委书记、工会主席杨世忠，副校长王文举、王传生，党委副书记朱玉华，副校长徐芳、孙昊哲一同观看了比赛。校部机关和后勤管理处获得一等奖，信息学院、国际经济管理学院、经济学院、劳动经济学院获得二等奖，图书馆、校医院、金融学院、文化与传播学院、法学院和工商管理学院获得三等奖。后勤管理处于丽霞获得“最佳指挥奖”。

（李力夫）

【承办北京市教育工会“职工互助保障杯”（第五片组赛区）教职工羽毛球比赛】 11月21日，北京市教育工会“职工互助保障杯”教职工羽毛球比赛（第五片组赛区）在学校羽毛球馆举行。来自第五片组高校的11支队伍近200名教职工参加了比赛。学校教职工羽毛球协会选派了14名队员组队参赛。协和医学院代表队、对外经贸大学代表队、北京工业大学代表队分获本次比赛冠军、亚军、季军。

（李力夫）

【教职工合唱团参加纪念“一二·九”运动80周年歌咏大会】 12月9日，教工合唱团50余名团员代表学校教职工参加了在华侨学院礼堂举办的以“歌颂伟大胜利，筑梦盛世中华”为主题的歌咏大会。教工合唱团以一首《在太行山上》获得了大会颁发的特别贡献奖。

（李力夫）

【举办教职工扑克牌比赛】 12月2—23日，来自15个分工会的102名教职工经过抽签组成51个参赛队参加了教职工扑克牌比赛。最终法学院谢海霞、郑文科夺得本次比赛冠军；财政税务学院张春平、吴晖夺得亚军；财政税务学院姚东旭、王竞达，劳动经济学院何波、方志夺得并列季军；图书馆、校医院和财政税务学院等4个队夺得并列第4名。

（李力夫）

青年工作

【举办学校第十届青年教师教学基本功比赛】 5月13日，校工会联合教务处、人事处、学生处举办学校第十届青年教师教学基本功比赛。信息学院刘经纬、工商管理学院张松波获得本届比赛一等奖；经济学院杜雯翠、会计学院王哲兵、安全与环境工程学院陈文瑛获得本届比赛二等奖；体育部刘振华、财政税务学院何晴、法学院陶盈、外语系李冰、劳动经济学院李晓曼获得本届比赛三等奖。此外，体育部刘振华获得“最佳教学演示奖”；会计学院王哲兵获得“最佳教案奖”；信息学院刘经纬获得“最受学生欢迎奖”。会计学院、经济学院、劳动经济学院、外语系获得“优秀组织奖”。

（庄鹏）

【参加北京高校第九届青年教师教学基本功比赛】 在5月8—27日举行的北京高校第九届青年教师教学基本功比赛中，学校选派的金融学院青年教师陈奉先获文史类B组一等奖、最佳教案奖、最佳演示奖；指导老师王曼怡获优秀指导老师奖；工商管理学院孔海宁获文史类B组二等奖、最佳教案奖。同时，学校还获得了优秀组织奖。

（庄鹏）

社会责任

【校长办公会决定在首经贸附中开设大学先修课】 2015年，首都经济贸易大学支持附中、附小建设工作不断推进，校党委书记柯文进、党委副书记孙善学、副校长王传生多次去首经贸附中、首经贸附小调研高校支持中小学的推进情况，校长办公会多次研究附中、附小共建情况，批复了大学到中学开设先修课程管理的建议。

（刘颖）

【向首经贸附中、首经贸附小提供大学资源】 学校在附中、附小开设了经贸视野系列讲座，每月一期，拓展学生视野；为附中高中一年级学生开设《经济学》校本课程。在附小开设足球训练课程，带动、提升了附小的足球训练水平和学生综合素质。学校对附中、附小开放了图书馆资源，购置图书支持附中、附小提升教育教学水平，并向附中、附小开放英语口语对练平台。

（刘颖）

【安排首经贸附中、首经贸附小师生参加培训】 在2015年暑假期间，安排附中90名学生赴湖北恩施土家族苗族自治州进行经济状况调研，开拓了学生的视野，培养了学生的能力。出资支持附中50名骨干教师去清华大学进行综合素质培训,拓展教师的视野,改进教师的授课方法,提升教师的授课水平。

(刘颖)

【支持首经贸附中、首经贸附小取得成绩】 首经贸附中在2015年中考的录取分数提升了17分,成为全区分数提升幅度最大的学校。首经贸附小2015年入学的本地化率提升到90%以上,成为周边百姓喜爱的小学。

(刘颖)

【解决教职工后顾之忧】 2015年,10名学校教师子女调剂到首经贸附小、首经贸附中就读,附中、附小共建为学校教职工解除后顾之忧、安心工作发挥了积极作用。

(刘颖)

获奖情况

经济学院张连城获"北京市先进工作者"称号。金融学院陈奉先获北京高校第九届青年教师教学基本功比赛文史类B组一等奖、最佳教案奖、最佳演示奖。工商管理学院孔海宁获北京高校第九届青年教师教学基本功比赛文史类B组二等奖、最佳教案奖。

首都经济贸易大学2014—2015年度优秀教师、优秀教育工作者评选名单

序号	单位	优秀教师、优秀教育工作者	序号	单位	优秀教师、优秀教育工作者
1	城市经济与公共管理学院	章浩　杨晓芳	13	外语系	刘重霄　申巍
2	工商管理学院	王振江　佘镜怀　张祖群	14	马克思主义学院	刘娟
3	经济学院	杜军　周华	15	国际经济管理学院	李晓凤
4	会计学院	顾奋玲　杨鹏	16	体育部	黎臣
5	劳动经济学院	赵建新　唐军	17	国际学院	姚京晶
6	文化与传播学院	郭媛媛　张艳君	18	继续教育学院	丁浩然
7	信息学院	丁志艳　卢山	19	图书馆	李健
8	安全与环境工程学院	李伟	20	教育技术中心	沈毅直
9	财政税务学院	张春平	21	校医院	谭洁
10	法学院	张世君	22	资产管理公司	杨玲　王者平
11	金融学院	冯瑞河	23	校部机关	刘红　刘威　韩泽民　赵铁生　李玫玉　王京芳　周文立　卢萌
12	统计学院	马凤伟　李宇	24	后勤管理处	滕景新　石明歧　和晴军　杨玉强　于丽霞

首都经济贸易大学第十届青年教师教学基本功比赛获奖名单

奖项	单位	获奖者
一等奖	信息学院	刘经纬
	工商管理学院	张松波
二等奖	经济学院	杜雯翠
	会计学院	王哲兵
	安全与环境工程学院	陈文瑛
三等奖	体育部	刘振华
	财政税务学院	何晴
	法学院	陶盈
	外语系	李冰
	劳动经济学院	李晓曼

续表

奖项	单位	获奖者
优秀奖	城市经济与公共管理学院	潘娜
	文化与传播学院	何磊
	马克思主义学院	李厚羿
	金融学院	赵然
	统计学院	魏晓云
最佳教学演示奖	体育部	刘振华
最佳教案奖	会计学院	王哲兵
最受学生欢迎奖	信息学院	刘经纬
优秀组织奖	会计学院　经济学院　劳动经济学院　外语系	

首都经济贸易大学 2015 年工会先进单位奖、优秀教职工之友名单

序号	工会先进单位	优秀教职工之友	序号	工会先进单位	优秀教职工之友
1	后勤管理处	王春生	5	文化与传播学院	付琳
2	会计学院	解小娟	6	经济学院	徐雪
3	图书馆	程显秋	7	法学院	谢海霞
4	信息学院	周广军	8	财政税务学院	李红霞

首都经济贸易大学 2015 年工会特色工作奖名单

奖项	单位
2015 年工会特色工作奖	体育部　校医院　金融学院　工商管理学院　安全与环境工程学院

首都经济贸易大学 2015 年优秀工会工作者名单

序号	单位	优秀工会工作者	序号	单位	优秀工会工作者
1	工商管理学院	刘建梅　付晏	14	外语系	尹朦　蒋立珠
2	城市经济与公共管理学院	范慧萱　杨晓芳	15	国际学院	周磊
3	经济学院	陈江　余悦旻	16	继续教育学院	宋岩
4	会计学院	孙军鹏　谭静	17	体育部	王长友
5	信息学院	凌丰　卢山	18	图书馆	巩伟　李健
6	劳动经济学院	何波　武明芳	19	资产管理公司	尚天舒　刘桂玲
7	文化与传播学院	张素娥	20	校医院	李峥
8	马克思主义学院	王靖华	21	机关分工会	郭丽萍　吕寒冰　丁德明
9	安全与环境工程学院	丘波澜	22	后勤管理处	宫敬文　周传忠
10	金融学院	徐兰杰	23	教育技术中心	李巍伟
11	财政税务学院	吴晖	24	杂志总社	范根祥
12	统计学院	聂力　马凤伟	25	国际经济管理学院	黄宗晔
13	法学院	周平			

首都经济贸易大学2015年优秀工会积极分子名单

序号	单位	优秀工会积极分子
1	工商管理学院	林力　赵迎秋　潘镜宇　王硕　唐永生　关鑫　宋云　解永秋
2	城市经济与公共管理学院	赵韵玲　刘子恩　刘业进　王建强　薛文凯　陆辉　孙德林
3	经济学院	赵灵翡　李春梅　任光宇　杜雯翠　陈建先　刘宏　高琼
4	会计学院	林光泽　王海洪　王伟　王文绪　闫华红　曹美静　王元芳
5	信息学院	季岩砚　旷野　刘经纬　尚华艳　伍尔灿　张文君
6	劳动经济学院	李楠　方志　张航空　魏华颖　苗仁涛　江华　武玉
7	文化与传播学院	顾明　吴三军　吴伟凡　韩丽　杨伶
8	马克思主义学院	吴西亮　张晓萍　黄芩　徐辉
9	安全与环境工程学院	赵灿灿　陈蒲晶　王春祥　郝鹏鹏
10	金融学院	赵大萍　张杰　郝思源　梁军　崔燕敏
11	财政税务学院	丁芸　赵仑　高敏丽　李蕾
12	统计学院	田瑜　陈江荣　窦昌胜　王民　刘艳　张劲松　张赛茵
13	法学院	刘影　米新丽　王漪鸥　尹少成
14	外语系	申巍　陈蓉　杜娟　方俊青　高建平　贾冬梅　张春玲
15	国际学院	刘一杉　李红　刘文伟　孙一帆　张娟
16	继续教育学院	万毅　王勇
17	体育部	刘劲　史娟　赵庆辉　刘振华
18	图书馆	郭克田　刘南　魏福芹　谢莉蓉　赵铁琴
19	资产管理公司	刘姿灵　彭芳　刘广顺　付洲　崔兆朋　高志佳　张志　韩海英　靳毅涛 李月　刘博　潘枫　杨凤娇　谷长　和叶　李宏月　蒋文京　耿丽丽　王妍 杨艳　任静梅　禹畅　洪磊　武楠楠
20	校医院	王然　刘小白　张玉玲
21	机关分工会	宋颖　蔡万江　孙士霞　张卫华　周文立　高晨　王少华　赵勋　付明岩 刘晨　王严　钱程　吕铮　孙艳秋　马京华　冯缘　张春生　邵文洋　吕强 陈献刚　陈海升　刘江霞　何军　王建军　郭剑川　沈锢　孙蕾　孙雪原 王丽娜　张馨予
22	后勤管理处	房忠新　韩小林　罗栓柱　马占军　孙文祥　汪全春　王秀民　张凤霞 张杰　赵欣欣　郑伟　周光峰　史文军　陈宝福　陈艳芬　董继红　荆敏馨 来益　李祝　刘俊杰　刘雷　刘连科　雒建刚　王继奎　王丽丹　徐洪鹏 张浩楠　张天元　赵洁　周秀艳　张新锋　张京生　代文达　王建超 徐红霞　于丽霞　张秀贤
23	教育技术中心	张俊祥　和均秀
24	杂志总社	蒋琰
25	国际经济管理学院	周子彭　苏立　李委明

（苏静）

共青团工作

概　况

2015年，校团委在校党委和上级团组织的正确领导下，贯彻落实中央群团工作会议精神，围绕学校中心工作，加强团的自身建设，加强特色工作创新，加强整体工作推进，较好地完成了全年各项工作任务，在不少领域取得了新的进展和突破。共青团首都经济贸易大学委员会现有14个分团委、3个直属团支部，团委机关下设办公室、组织部、宣传部、研究室、文体部、社会实践部、社团管理中心、大学生活动中心、志愿者工作部、青年教工工作部10个职能部门，并指导校研究生会、校学生会、志愿者服务团、大学生艺术团的日常工作。截至12月31日，全校共青团员共11 194人。

（郭英）

思想政治教育

【开展主题团日活动】 校团委下发《关于开展主题教育实践活动的通知》，并拨付20余万元专项经费用于支持基层团支部开展活动。全校各级团学组织紧抓重要时点，广泛开展内容丰富、形式多样的主题团日活动100余场，覆盖团员青年11 000余人。

（郭英）

【开展军地共建】 7月，在总政治部、团中央联合开展的青年官兵与青少年学生共建共育社会主义核心价值观工作中，首都经济贸易大学等7所在京高校被授牌“社会主义核心价值观军地共建共育基地”。

（郭英）

【纪念“五四运动”96周年】 5月4日，为纪念“五四运动”96周年，全面总结学校共青团系统在2014年度的各项工作，表彰在其中涌现出的先进集体和个人，校团委召开了以“与信仰同行　为梦想拼搏”为主题的共青团系统2014年度总结表彰会，校党委副书记孙善学出席活动。

（郭英）

组织建设

【组织开展团学干部培训】 为进一步提升团学骨干的理论素养和工作水平，全校团学骨干60人于6月28日至7月5日赴全国青少年井冈山革命传统教育基地开展为期一周的培训。培训班通过课堂教授教学、现场教学、互动教学、红色体验教学、访谈教学、素质拓展等形式对团学干部进行党性教育和革命传统教育。10月24—25日，校团委在北京国际青年营密云营组织开展了为期两天的素质拓展培训，新任专职团干部与全校各级团学组织及保安中队直属团支部的120余名学生干部、青年团员共同参加了培训。

（郭英）

宣传工作

【共青团系统的新闻宣传工作】 2015年，校团委继续加强新闻宣传和信息报送工作。全年共出版《共青团通讯》8期、《求学》4期、《我的大学》2期，主题宣传海报14期。注重对首都经济贸易大学共青团全媒体平台的打造，团委官方微信“青春首经贸”每周推送五期，关注人数增至近5 000人，已成为第一时间展示学校团学风采的重要窗口。团委完成了新网站的设计和更换，学生活动在线审批等信息化项目稳步推进。

（郭英）

【推进校内外信息报送】 截至12月18日，校团委向学校新闻经纬网报送各类新闻百余条，其中被校园网首页转发52条，报送量在全校各单位中继续蝉联第一。上报团市委各类信息中被采用235条，其中有2条被上报至团中央，积分在全市大学系统157家单位中暂列第7位，在全市284个区县局级团委中暂列第24位。

(郭英)

社会实践

【"挑战杯"竞赛中再创佳绩】 2015年,在第八届"挑战杯"首都大学生课外学术科技作品竞赛中,学校推荐参赛的15件作品全部获奖,其中特等奖1项,一等奖1项,二等奖9项,三等奖4项,获奖总数跻身全市高校前十,首次夺得"优胜杯"并获"最佳组织奖"。在第十四届"挑战杯"全国大学生课外学术科技作品竞赛终审决赛中,学校文化与传播学院本科生李阳、罗云丰、许静雯的作品《我国农村宗教传播的主要动因:经济因素抑或非经济因素?——以张家口崇礼县为例》经过激烈角逐,获全国二等奖;劳动经济学院硕士研究生苟梦宁、吕坤的作品《在角色转换中求生存——北京地铁乞讨现象调研报告》获全国三等奖。学校首次在"挑战杯"全国终审决赛中有两部作品获奖,本科生首次获得全国奖项,取得学校参加全国"挑战杯"竞赛历史最好成绩,实现了新的突破。此外,经团市委批准,学校被确定为2016年"创青春"首都大学生创业大赛承办高校。

(郭英)

【开展党的十八届四中全会精神宣讲活动】 寒假期间,学校13支团队开展了十八届四中全会精神宣讲实践活动,实践地域覆盖东城、西城、丰台等8个区县。同学们深入街道社区、中小学校、敬老院等单位,结合自身专业与特长,围绕"四中全会精神"创造性地开展了社会调查、志愿服务和文艺演出等活动,宣讲实践活动辐射数百人与多个社区、社会团体,受到了当地干部群众的广泛好评。

(郭英)

【开展"三走"大学生课外体育锻炼活动】 为响应团中央、团市委关于开展大学生"走下网络,走出宿舍,走向操场"主题群众性课外体育锻炼活动的号召,校团委组织开展了"拥抱青春·践行三走"系列主题健身活动。5月4日早上,活动正式启动,校党委副书记孙善学出席了启动仪式,来自各院系和学生组织的18支代表队积极参与。5月24日,学校"来挑战吧"定向越野跑活动在园博园举办。团市委副书记郭文杰、校党委副书记孙善学等出席启动仪式,全校17支代表队参加了比赛。6月5—7日,学校参加了团市委首都大学生户外挑战赛(第一季),并最终获得了挑战奖、最佳海报设计奖、最佳组织奖3项大奖。根据活动安排,校团委、校学生会、校研究生会还举办了"正青春·起于晨"早起养成计划、"正青春·起于步"长走健身活动、"正青春·最闪亮"校园荧光跑以及研究生乒羽篮比赛等活动,5 000余名在校学生参与了各项"三走"活动,涌现出了一大批积极分子和先进个人,学校研究生张莹、郝晓波还在团中央2014年度寻访"中国大学生百炼之星"活动中获得了"中国大学生百炼之星"提名奖,展示了学校青年学生的青春风采。

(郭英)

【创新开展社会实践工作】 2015年,全校195支实践团队围绕"心系祖国 铭记历史""美丽中国 和谐家园""一带一路经济社会调研""京津冀协同发展"等主题开展了暑期社会实践活动,参与学生2 800余人。同时,为纪念抗战胜利70周年,进一步激发广大学子共筑中国梦的青春热情,校团委选派了35支实践团队开展了以"勿忘国耻 振兴中华"为主题的国家级抗战纪念设施和遗址大型寻访活动,参与学生近200人。

(郭英)

【创新创业工作有所进展】 6月中下旬,校团委联合中国青少年发展服务中心开展了互联网金融暑期大学生就业实习体验营活动,学校30余名学生参与其中。6月17日,邀请"第一房贷"CEO王星时做以"互联网——新概念、新行业"为主题的讲座。中国青少年发展服务中心主任孙柱、团市委大学中专工作部副部长郭昊等领导同志出席了在学校举办的结营仪式。11月14日,校团委组织学生赴天津滨海新区于家堡自贸区参加由天津市政府、团中央主办的京津冀三地青年双创特区直通车首期大学生推介交流活动。12月底,校团委启动了2016"创青春"首都大学生创业大赛校内选拔赛。

(郭英)

志愿服务

【组织"温暖衣冬"活动】 寒假期间,为响应团市委的号召,校团委继续启动"温暖衣冬"活动,学校550名志愿者将650件爱心冬衣传递到27个省份的486个县市,志愿者行程近4万公里,在寒冷的冬天用爱心温暖了全国各地需要关爱的人们。

(郭英)

【获批为“首都保护知识产权志愿服务总队校园服务站”】 4月，学校与北京师范大学、北京中医药大学、北方工业大学4所高校一同获批为“首都保护知识产权志愿服务总队校园服务站”。

（郭英）

【组织学生参加各类志愿服务工作】 6月20日，学校150余名志愿者前往园博园为“彩色跑”活动提供热情周到的志愿服务。8月，学校45名志愿者参与了2015年北京国际田联世界田径锦标赛服务保障工作。按照组委会的安排，志愿者分批次在昆泰酒店和北京会议中心两个地点为运动员及随行人员提供接待及翻译服务，校党委副书记孙善学赴北京会议中心看望慰问了学校志愿者。9月，来自学校各院系的百余名志愿者参加了在园博园举行的2015北京国际铁人三项赛的志愿服务。此外，学校志愿者还积极参与到社区青年汇的各项工作中去。

（郭英）

学生会、研究生会工作

【加强对学生会、研究生会的指导和管理】 2015年，在校团委的指导下，校学生会、校研究生会坚持例会工作制度和校院两级主席联席会制度，及时收集和反映同学们的意见和建议，发挥了联系学生与学校的桥梁和纽带作用。校研究生会完成了组织机构调整，通过举办研究生乒羽篮联赛、“正青春·起于晨”早起养成计划、“正青春·起于步”长走健身活动、“正青春·最闪亮”校园荧光跑、以“传承·融合·创新”为主题的学术文化街、名家讲坛、论文大赛、学术讲座、学术论坛、模拟面试大赛、翻译大赛等活动丰富了研究生的课外文化生活。

（郭英）

【召开第一次研究生代表大会】 经校党委、市学联批准，学校于6月5日召开了第一次研究生代表大会。北京市学联执行主席王晓楠、校领导柯文进、王稼琼、孙善学、杨世忠、王传生、朱玉华、徐芳、孙昊哲，校长助理柴兴泉等出席大会，校长王稼琼发表重要讲话。大会审议并通过了工作报告，选举产生了第一届研究生委员会，为进一步组织广大研究生有序参与学校民主管理和民主监督，促进和谐民主校园建设贡献了力量。

首都经济贸易大学学生会2015年新任主席团成员名单

	姓名	性别	年级	学院
主席团成员	陈昕烨	女	2013级	劳动经济学院
	朱莀臣	男	2013级	华侨学院
	李贞睿	女	2013级	文化与传播学院
	骆鹏	男	2013级	劳动经济学院
	刘明昕	女	2013级	外语系

首都经济贸易大学学生会2015年新任部长、副部长名单

部门	职务	姓名	性别	年级	学院
办公室	主任	孙悦	女	2015级	华侨学院
	副主任	刘耕贺	女	2015级	金融学院
	副主任	曹丹逸	女	2015级	会计学院
	副主任	杨颜媛	女	2015级	金融学院
体育部	部长	侯昕彤	女	2015级	会计学院
	副部长	刘雨薇	女	2015级	外语系
	副部长	张睿智	女	2015级	劳动经济学院

续表

部门	职务	姓名	性别	年级	学院
学习部	部长	于辰晨	女	2015 级	金融学院
	副部长	田英汉	男	2015 级	会计学院
	副部长	柯星雨	女	2015 级	金融学院
生活权益部	部长	孙赫男	女	2015 级	劳动经济学院
	副部长	慕思思	女	2015 级	金融学院
	副部长	汪和佳	女	2015 级	工商学院
	副部长	王子路	男	2015 级	华侨学院
文艺部	部长	史文昊	男	2015 级	华侨学院
	副部长	王琳妹	女	2015 级	外语系
	副部长	黄天旭	男	2015 级	华侨学院
女生部	部长	王芮	女	2015 级	劳动经济学院
	副部长	喻子航	女	2015 级	安全与环境工程学院
	副部长	马子健	男	2015 级	安全与环境工程学院
宣传部	部长	刘迪	女	2015 级	劳动经济学院
	副部长	李静怡	女	2015 级	劳动经济学院
	副部长	郭依彤	女	2015 级	城市与公共管理学院
安保部	部长	李营营	女	2015 级	信息学院
	副部长	王雨晨	女	2015 级	华侨学院
	副部长	李婷婷	女	2015 级	财政税务学院
外联部	部长	刘行	男	2015 级	文化与传播学院
	副部长	吴铜玉	女	2015 级	劳动经济学院
	副部长	胡欣硕	男	2015 级	城市与公共管理学院
社会实践部	部长	贾月	女	2015 级	经济学院
	副部长	周凯旋	女	2015 级	金融学院
	副部长	黄珊	女	2015 级	金融学院

首都经济贸易大学研究生会 2015 年换届竞选结果

部门	职务	姓名	学院
主席团	主席	王宇	法学院
	副主席	陶宇	会计学院
		丛聪	财政税务学院
		宗硕	会计学院
		肖旭	工商学院

首都经济贸易大学研究生会部长、副部长名单

部门	职务	姓名	学院
办公室	主任	司雨	经济学院
	副主任	陈晨	安全与环境工程学院
		梁略	法学院
		解彤	城市与公共管理学院
宣传部	部长	贺雨芳	财政税务学院
	副部长	房文冬	会计学院
		邓玉玲	会计学院
		舒琳	会计学院
学术科研部	部长	杨霞	马克思主义学院
	副部长	谢虢	法学院
		陈祥梅	城市与公共管理学院
		马俊杰	会计学院
文体部	部长	张琦	经济学院
	副部长	张馨予	财政税务学院
		方叶子	会计学院
		杨瑶	安全与环境工程学院
社会实践部	部长	李迪扬	会计学院
	副部长	王旭	财政税务学院
		王玉琪	法学院
		曲歌	统计学院
生活权益部	部长	于河清	财政税务学院
	副部长	陶眉辰	经济学院
		于谨毓	财政税务学院
		江上	经济学院

（郭英）

学生社团

【加强对学生社团的指导和管理】　2015 年，为加强学生社团管理，助力校园文化建设，校团委制定了《首都经济贸易大学社团星级评定办法》，开展了星级社团评定工作。经社团管理中心认证公示，评选出了学校 2014—2015 年度一星、二星、三星、四星社团组织。5 月 27 日，校团委组织了“团・聚”2014—2015 年度首都经济贸易大学五星级社团评选活动，周末 Hometown、就业与职业发展协会、商学会、空手道社和乐呵相声社获评本学年五星级社团。为展示各学生社团风采，促进社团间的交流合作，校团委于 11 月举办了“社彩斑斓”第十届社团文化节，支持并打造了“社长论坛”这一社团负责人交流互助平台。

（郭英）

【学生活动审批和管理】　校团委继续做好学生活动审批、学生活动场地协调保障等工作。2015 年，共审批学生活动 832 场，协调活动场地 635 次；大学生活动中心使用 165 次，明辨楼 220 活动室使用 148 次。极大地丰富了学生的大学生活，也为全校社团提供了一个展示、交流、学习的平台，为繁荣校园文化发挥了积极作用。

（郭英）

首都经济贸易大学 2014—2015 年度星级社团名单

类别	五星级社团	四星级社团	三星级社团	二星级社团	一星级社团
志愿与实践类	周末 Hometown、就业与职业发展协会	Thanks Club(善客 s)、红十字会学生分会、新媒体协会、驼铃校友交流发展协会、事业起航协会(JA)	创业与拓展俱乐部、大学生知行联盟(CIC)、明达驿站、驼峰助学服务团、企业模拟竞争协会	学生生涯发展协会、房地产协会、首经贸社工在行动、外地生交流协会、起点计算机协会、首经贸 enactus 创行	CUEB 绿色生态学会、红色志愿者协会
理论与学术类	商学会	人力资源协会、万国语社、心翼心理学社	股市沙龙、会计论坛、统计研讨与实践协会	劳动与社会保障学社、首经贸模拟联合国协会、法学会、金融工程协会、启承青年马克思主义学会、英语沙龙、星愿天文社、投资与风险协会、首经贸辩论协会	劳动关系研究学会、保险学会
体育与休闲类	空手道社	羽毛球社	跆拳道社、首经贸合气道协会	首经贸灰斑马推理社	风行者轮滑社、首经贸乒乓球协会、军事爱好者协会、阳光网球社、APEX 健身社、腰旗橄榄球队、E - shine、CUEB 高尔夫俱乐部
文学与艺术类	乐呵相声社	玛雅传媒、凤凰汉服社	学通社、国标舞社、博赏书社	外地生交流协会	图书馆读者俱乐部、现代音乐社、M - plex 街舞社、樱月动漫社

首都经济贸易大学 2015 年新成立社团名单

志愿与实践类	青年社会创业协会
理论与学术类	首经贸咨询协会
文学与艺术类	首经贸三色花网络文化工作室

首都经济贸易大学 2015—2016 学年度第一学期学生社团注册名单(共 69 个)

理论与学术类(21 个)		
保险学会	星愿天文社	劳动关系研究学会
金融工程协会	心翼心理学社	劳动与社会保障学社
统计研讨与实践协会	法学会	人力资源协会
启承青年马克思主义学会	万国语社	商学会
股市沙龙	会计论坛	投资与风险协会
英语沙龙	CUEB 光线校园俱乐部	首经贸模拟联合国协会
首经贸辩论协会	动力英语协会	首经贸咨询协会

续表

文学与艺术类(13 个)		
博赏书社	乐呵相声社	凤凰汉服社
浥草文学社	玛雅传媒	E - shine
M - plex 街舞社	新媒体协会	樱月动漫社
学通社	现代音乐社	图书馆读书俱乐部
国标舞社		
志愿与实践类(22 个)		
事业启航协会	学生生涯发展协会	明达驿站
CUEB 绿色生态学会	首经贸社工在行动	企业模拟竞争协会
善客 s	房地产协会	大学生知行联盟
首经贸创行	红色志愿者协会	驼铃校友交流发展协会
红十字会学生分会	就业与职业发展协会	周末 hometown
青年社会创业协会	驼峰助学服务团	创业发展协会
首经贸 AIESEC	首经贸三色花网络文化工作室	外地生交流协会
起点计算机协会		
体育与休闲类(13 个)		
首经贸灰斑马推理社	军事爱好者协会	CUEB 高尔夫俱乐部
空手道社	阳光网球社	羽毛球协会
首经贸合气道协会	腰旗橄榄球队	首经贸足球社
首经贸乒乓球协会	跆拳道社	风行者轮滑社
APEX 健身社		

（郭英）

校园文化

【大学生艺术团参加国内外艺术赛事屡获佳绩】 7 月,学校大学生艺术团赴美参加了第三十届美国爱达荷国际音乐舞蹈艺术节,与来自世界各国的专业艺术团体同台竞技,学校大学生艺术团凭借优异表现摘得了本次艺术节大赛的唯一一个金奖。3 月,在全国第四届大学艺术展演活动上,学校文化与传播学院卓然同学的书法作品《春望》获得艺术作品甲组三等奖,填补了学校学生在该领域获奖的空白。7 月,学生合唱团获第六届中国校园合唱节二等奖。11 月,学校大学生舞蹈团首次登台荣获北京大学生舞蹈节群舞 A 类展演二等奖。

（郭英）

【大学生艺术团排练场地投入使用】 在学校领导的关心和指导下,在学校相关部门的大力支持下,位于第二餐厅三层的学校大学生艺术团排练场地投入使用,艺术团训练条件得到了极大改善。除艺术团训练使用外,艺术教育中心还为教职工舞蹈团、机关工会舞蹈排练等提供场地服务保障。

（郭英）

【举办丰富多彩的校园文化活动】 5 月 29 日,以“炫彩青春　舞动梦想”为主题的拉拉操、健身操比赛在体育馆举办。12 月 9 日,校团委举办了以“歌颂伟大胜利　筑梦盛世中华”为主题的纪念“一二·九”运动 80 周年歌咏大会。此外,校团委还先后邀请青年歌唱家韩婷举办了践行习总书记文艺座谈会讲话精神“等你在敖包”教唱会,北京戏曲艺术职业学院副院长黄珊珊举办了《走进音乐从识谱开始》的视唱练耳互动讲座,承办了以“寸寸丹心唱神州·人民教师竞风流”为主题的郝香才全国高校公益巡演音乐会,与国际学院共同举办了第一届国际文化节。

5月4—5日,校团委组织200名学生前往解放军歌剧院观看了中国音乐学院原创音乐剧《或许明天属于我》。12月6日晚,第二届首都高校大学生相声邀请赛颁奖典礼在学校明辨礼堂举办。首都经济贸易大学乐呵相声社成员杜翊豪助演的相声《学四省》获比赛二等奖,郑之琪、王苏苏合说的相声《五红图》和张长江、崔毅强合说的相声《白事会》均获三等奖。此外,王苏苏还摘得最佳捧哏奖,陈天龙获最佳表现奖,学校获评最佳组织奖。此外,学校大学生合唱团高质量完成了校歌《远航》的MV录制及多次表演任务。12月28日,大学生艺术团举办2016年新年文艺演出,为全校师生共贺新年营造了良好氛围。

（郭英）

【举办学术文化节系列活动】 在学术文化节中,校学生会先后举办了中国大学生音乐节首都经济贸易大学分赛区“唯音乐”校园歌手大赛、第十二届“超越杯”辩论赛、“五载相守 星夜相随”第五届学生会之夜、第七届商业人才大赛、“花语暖阳·青春绽放”心理健康安全活动、中国成语大会高校巡回赛以及“For Girls”女生节系列活动,丰富了同学们的校园文化生活。在第十届研究生学术文化节中,校研究生会以“传承·融合·创新”为主题,先后举办了“忆往昔、游学海、共逐梦”3大版块的系列活动。校研究生会举办的名家讲坛、论文大赛、研究生乒羽篮联赛等活动深受大家欢迎,各院系研究生会也结合本院系的实际开展了学术讲座、学术论坛、模拟面试大赛、翻译大赛等活动,吸引了1 500人次研究生参与其中。

（郭英）

第十篇

院系工作

上图 6 月，马里兰大学教授阿南德·帕诺特到城市经济与公共管理学院访问

中图 11 月 4 日，城市经济与公共管理学院分团委举办“铭记历史·展望未来——纪念反法西斯战争胜利 70 周年”团日分享会

下图 11 月 25 日，城市经济与公共管理学院学生会举办首届“我型我宿”宿舍风采大赛

上图 11月29日，首都土地利用与住房问题研究科研基地举办2015“首都土地利用与住房保障论坛”

中图 12月12日，城市经济与公共管理学院学生参加2015年第八届全国大学生房地产策划大赛并取得优异成绩

下图 6月4日，工商管理学院召开研究生“扎根实践工程”汇报会

上图　6月10日，工商管理学院举办“卓越商才”颁奖典礼

中图　10月30日，工商管理学院举办MBA职业发展导师聘任仪式

下图　11月4日，工商管理学院召开暑期社会实践分享会

上图　12 月 17 日，工商管理学院举办“铭记往昔·踏梦远航”主题团日分享会

中图　12 月，MBA 商祺足球俱乐部成立

下图　2 月 25 日，经济学院学生参加法国克莱蒙费朗双学位项目

上图　5 月 8 日，经济学院组织胜利之声——抗战历史音乐展演

中图　7 月 24 日，经济学院学生参加美国加州大学圣地亚哥分校交流项目

下图　8 月 13 日，经济学院开展 UCSD 暑期交流项目

上图　10 月 14 日，经济学院 2015 级全体新生参观“伟大贡献——纪念中国人民抗日战争胜利 70 周年”展

中图　10 月 28 日，学校教授蒋东生谈当前青年学者科学研究与论文写作中存在的主要问题

下图　12 月 11 日，经济学院召开 2015 中国国际贸易便利化暨北京外贸发展研讨会

上图　4 月 23 日，会计学院召开“十二五”规划总结暨“十三五”规划启动学科建设研讨会

中图　5 月 13 日，会计学院分团委开展 2014 级“一团一品”团日展示活动

下图　5 月 31 日，会计学院举办“会院榜样”颁奖典礼

上图 7月6—14日，会计学院开展第三期跨专业综合实践教学训练营

中图 9月29日，会计学院举办香港会计师公会“QP案例大赛”首经贸赛区决赛

下图 10月17日，会计学院与北京会计学会联合主办第十一届全国无形资产理论与实务研讨会

上图　3 月 8 日，劳动经济学院宣讲团前往石景山打工子弟小学宣传十八届四中全会精神

中图　5 月 29 日，劳动经济学院学生参加拉拉操比赛

下图　6 月 30 日，劳动经济学院向档案馆捐赠第一批档案史料

上图　12 月 9 日，劳动经济学院党委书记王明会代表学院与英国南安普顿大学社会学学院签订国际合作交流协议

中图　12 月 9 日，劳动经济学院学生在“一二・九”合唱比赛斩获佳绩

下图　5 月 6 日，学校与经济日报社共建文化与传播学院经济新闻人才培养基地

上图　5 月 29 日，文化与传播学院参加学校拉拉操比赛

中图　9 月 8 日，文化与传播学院召开首届媒介经营与管理硕士研究生迎新会

下图　4 月 29 日，信息学院联合国内外高科企业建立孵化创新与培训基地

上图　6月3日，信息学院召开人才培养方案专家评审会

中图　11月25日，美国天普大学专家到访信息学院共商对外交流合作项目

下图　11月25日，信息学院召开学科建设专家研讨会

上图　12 月 23 日，信息学院师生聆听邬贺铨院士讲座“大数据与互联网 +”

下图　4 月 1 日，安全与环境工程学院研究生赴中建一局培训基地开展体验教学活动

上图　5 月 1 日，学校召开第五届国家安全生产专家组建筑施工专业组工作座谈会

中图　5 月 27 日，安全与环境工程学院举行“践行核心价值观，争做逐梦安工人”第五届“一团一品”团日活动展示汇报会

下图　6 月 16 日，安全与环境工程学院主办北科院科技创新奖学金颁奖典礼

上图 7月18日—8月8日，安全与环境工程学院学生赴纽约州立大学宾汉姆顿分校参加暑期课程学习

下图 10月10日，安全与环境工程学院学生在首届全国高等学校安全科学与工程类专业大学生实践创新作品大赛中获一等奖

上图　10 月 18 日，统计学院举办 2015 年校友值年返校活动

中图　4 月，财政税务学院举办第十一届税收宣传月闭幕式暨第七届“朝阳地税杯”税收风采展示大赛

下图　5 月 14 日，财政税务学院举办“财华横溢 · 税与争锋”第十一届技能大赛

上图　10 月 31 日，财政税务学院党委组织学院师生参观中国人民抗日战争纪念馆

中图　12 月 1 日，财政税务学院举办第二届资产评估文化节开幕式暨“评天下财富、估精彩人生”主题讲座

下图　5 月 8 日，法学院召开法学专业群建设研讨会

上图　6 月 10 日，法学院青年教师学术沙龙第一期现场

中图　9 月 26 日，法学院组织志愿者活动

下图　11 月 24 日，法学院举办跨专业模拟法庭实训

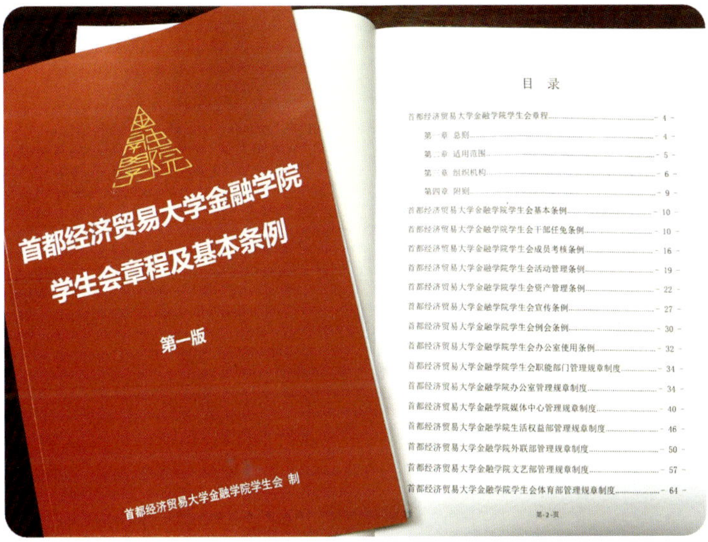

上图 6 月 16 日，金融学院研究生会举办优秀毕业生求职经验交流会

中图 9 月 4 日，金融学院发布《首都经济贸易大学金融学院学生会章程及基本条例》

下图 10 月 13 日，金融学院召开双培师生见面会

上图　2015 年，金融学院成为中国金融学会理事单位

下图　4 月 24 日，统计学院获第五届全国大学生市场调查与分析大赛最佳赛区组织奖与最佳院校组织奖

上图　5 月 10 日，统计学院组织开展 161 + 大型志愿活动

中图　9 月 25 日，统计学院举办暑期社会实践成果展示会

下图　9 月 26 日，北京大数据协会、北京应用统计学会成立揭牌仪式

上图　10月12日，统计学院召开两岸四地消费者信心指数发布会

中图　5月16日，外语系学生参加“沙小甘杯”第二届北京高校外语好声音音乐盛典总决赛

下图　8月7日，外语系学生赴浙江省前仓镇后吴小学暑期支教

上图　9月7—8日，外语系学生作为志愿者参加国际二战博物馆协会成立大会

中图　10月31日，外语系承办2015高校文明生态文明教育论坛“自然文学发展与生态文化培育”分论坛活动

下图　4月27日，华侨学院参加“我是演说家”——首都经济贸易大学第十一届英语口语大赛决赛

上图 6 月 28 日—7 月 18 日，华侨学院学生到大连东软集团软件园实习

中图 7 月 17 日，华侨学院分团委寻访抗战纪念遗址

下图 10 月 13 日，台湾树德科技大学到华侨学院访问交流

上图　10 月 14 日，华侨学院举办“华侨学院杯”篮球赛

中图　10 月 20 日，华侨学院动力英语社举办万圣节特色音乐庆祝活动

下图　10 月 21 日，新西兰林肯大学、新西兰商学院代表团访问华侨学院

上图　5 月 24 日，马克思主义学院研究生参加园博园定向越野活动

中图　5 月 30 日，马克思主义学院举办 2015 年思想政治理论课建设研讨会

下图　10 月 4 日，马克思主义学院举办高端学术讲堂，冯培教授做报告

上图　11 月 21 日，马克思主义学院举办 2015 马克思主义理论学习研究宣传研讨会

中图　12 月 9 日，马克思主义学院举办 2015 年国史国情知识竞赛

下图　6 月 14 日，国际经济管理学院 2015 年高招咨询现场

上图　10月27日，国际经济管理学院举办"国士无双"经管天使守护夜暨新生文艺会演

中图　10月30日，国际经济管理学院举办万圣节派对

下图　11月4日，国际经济管理学院直属党支部组织"三严三实"专题和李小凡同志先进事迹学习交流会

城市经济与公共管理学院

概　况

城市经济与公共管理学院于 2011 年 3 月由城市学院更名而来。其前身城市学院创建于 2005 年 3 月，由原公共管理系、城市经济系、首都经济研究所、不动产研究所等系所组建而成。学院兼具应用经济学和公共管理学两大学科交叉优势，人才培养规模、科研课题数量和经费在全校居于前列，形成了以城市为主要研究对象的鲜明特色和为首都经济社会发展服务的独特优势。

学院设有 5 个系和若干研究所：行政管理系、城市经济管理系、区域经济系、公共事业管理系、土地资源管理系，以及首都经济研究所、不动产研究所、工商行政管理研究所等研究机构。学院拥有 1 个重点学科、1 个重点建设学科，区域经济学、城市经济与战略管理（交叉学科）2 个博士学位点，5 个硕士学位点以及 1 个公共管理专业硕士（MPA）学位点，4 个本科专业 6 个方向。拥有数字城市实验室、3D 仿真实验室、城市应急管理综合实验中心等教学研究试验平台；30 多个校外挂牌实习基地，拥有城市国际化、京津冀一体化、城乡协同发展、首都城市规划等创新研究团队，拥有北京市社会科学与自然科学协同创新基地“北京中国特色世界城市研究基地”，与北京市政府合作建设北京经济社会政策研究基地，与国土资源部不动产登记中心建立战略合作关系并共建 CLI 研究基地等。科研课题数量在全校居于前列，学院教师承担并完成了多项国家级和省部级科研项目，受到政府部门和学界的高度重视与广泛认可。

（王德起）

师资队伍建设

学院拥有一支结构合理且兼具学术研究、应用研究和实践经验的师资队伍，不仅拥有在相应学科领域内的知名教授、学者，而且拥有一大批教学科研青年骨干教师，拥有博士学位和海外学习经历的教师达到 50% 以上。截至 2015 年年底，学院有教职工 68 人，其中，专职教师 59 人。专职教师中，教授 15 人、副教授 24 人、讲师 19 人，博士生导师 5 人，硕士生导师 33 人。

学院拥有一批与各级政府、行业协会和企业合作密切的专家队伍，有北京市政府参事 1 人，丰台区政协委员、常委 1 人，首都城市环境建设专家团专家和西城区委区政府顾问 1 人。近年来，学院教师积极兼任各级各类学术团体职务，参加各种公共公益活动，扩大了学院的学术影响力，同时也提高了教师队伍以智力服务社会的能力，较好地体现了服务首都、奉献首都的参与意识和服务能力。学院教师 2015 年荣获 2 项省部级科研奖。赵秀池教授的著作《北京中心城人口疏解与新城发展机制研究》（经济科学出版社，2011 年出版）荣获第七届高等学校科学研究优秀成果奖管理学类二等奖。吴庆玲副教授主持的课题《我国能源资源开发管理研究》报告荣获国家能源局软科学研究项目三等奖。

（王德起）

学科与专业建设

【划拨 86.9 万元教学经费支持专业建设工作】 2015 年，经学院党政联席会讨论决定，继续拨付经费支持专业建设，6 月起先后资助学院大类课程建设、教改立项、国际班、国际交流和学院五系教学工作与专业建设经费共计 86.9 万元。其中，补助教改立项 8 万元，大类课程建设 18 万元，国际班 10 万元，国际交流 3 万元。行政管理、公共事业管理、城市管理、城市管理（区域经济管理）等专业各资助 8 万元，土地资源管理专业资助 12 万元，学生口教学补助 2 万元，实验教学补助 2 万元。经费划拨提升了学院各系各专业的向心力和凝聚力，学院教学水平和人才培养质量得到了提高。

（张杰）

【召开“科学监管与监管科学论坛”】 1 月 10 日，首届“科学监管与监管科学论坛”在京开幕,论坛由首都经济贸易大学联合中国工商管理学会、广东省工商行政管理局发起,首都经济贸易大学城市经济与公共管理学院、中国工商管理学会《中国工商管理研究》编辑部、广东省工商行政管理干部素质教育中心具体承办。来自国家工商行政管理总局、国家食品药品监督管理总局、国家行政学院、中国人民大学、中央财经大学、南开大学以及北京、安徽、广东等省市工商行政管理系统理论界、实务界近30名专家学者出席了论坛。12月4日,由首都经济贸易大学、中国市场监督管理学会、广东省工商行政管理局联合举办,首都经济贸易大学城市经济与公共管理学院、《中国市场监督管理研究》编辑部、广东省工商行政管理干部素质教育中心承办的第二届“科学监管与监管科学论坛”在广州市召开。本届论坛以“商事制度改革背景下的政府监管”为主题,围绕政府监管理论和监管模式的创新,商事制度改革的进程及经验等话题进行了交流研讨。来自学术界及实务界的20余位代表出席参加了此次学术论坛。

(潘娜)

【组织国际班选拔考试】 学院行政管理国际班是学校10个国际班培养试点之一,自2013年开始招生。招生方式为从已经被录取到学院的新生中再次选拔。2015年,学院共招收新生180人,加上外培生8人在内一共有30人报名。9月4日,学院行政管理(国际班)选拔复试工作如期完成,最终选拔25人左右成班。

(潘娜)

【举办2015“首都土地利用与住房保障论坛”】 11月29日,学院首都土地利用与住房问题研究科研基地举办2015“首都土地利用与住房保障论坛”。论坛以“新常态下国土资源利用管理研究前沿与热点问题研讨”为主题,邀请国内外专家和著名学者探讨新时期我国土地利用方式转型,深度剖析当前我国土地利用模式,梳理土地政策,同时关注京津冀协同发展,促进土地资源管理学科发展,为首都土地资源优化与可持续利用、疏解非首都功能出谋划策。

(潘娜)

【土地资源管理专业建设与学科发展研讨会召开】 11月28日,学院土地资源管理系召开2015年土地资源管理专业建设与学科发展研讨会。研究生部主任张军教授受邀指导土地资源管理专业建设和学科发展。研讨会上,部分教师汇报了国内985、211高校土地资源管理学科的建设情况,参会教师在学科教学方式、专业课开设选取、教师行为规范、学生教育管理等方面进行了充分研究,并有志于在夯实现有优势的基础上,将学校土地资源管理专业建设成为一支在业内有明确专业导向的名牌专业队伍。

(潘娜)

【2015房地产策划大赛取得优异成绩】 学院土地资源管理系部分师生在2015年“金茂杯”第八届全国大学生房地产策划大赛中取得优异成绩。其中,李文典、隋星桐等同学组成的研究生团队获特等奖,李南娜、赵子薇、彭博、赵赫、张彬彬等同学获得二等奖,指导教师赵秀池教授获得突出贡献奖和优秀指导教师奖。

(潘娜)

【“希望之星”社会创业奖项】 6月22日,公共事业管理系与美国Elfenworks Productions LLC.签订青年创业大赛种子基金支持合作备忘录。根据备忘录,将支持公共事业管理系在全校范围内发起的2015年青年社会创业比赛种子基金10万元人民币;在公共事业管理系设“希望之星”社会创业奖项一个,自2015年起每年会有1名公共事业管理系学生得到该荣誉称号并获奖金1 000美元。Elfenworks Productions LLC.的首席运营官劳伦·司比士博士(Dr. Lauren Speeth)于2015年11月来学校参加青年社会创业大赛颁奖仪式并发表社会创业演讲,并将其新书《社会创业的七项支柱要素》送给参会师生。

(冯浩)

【获批2015年北京高等学校示范性校内创新实践基地建设单位】 10—12月,学院依托城市管理专业,通过“特大城市智慧管理人才培养创新实践基地”评审,入选北京高等学校示范性校内创新实践基地建设单位。

(谭善勇)

【首都圈研究团队成果再获中央领导批示】 学院祝尔娟、叶堂林教授发表在《人民日报》3月12日内参的研究报告《完善治理机制,推动京津冀生态环境共建》获得中央政治局常委、国务院副总理、京津冀领导小组组长张高丽的重要批示,并转国家有关部门研究。这是学校首都圈研究团队的研究成果第二次获得张高丽的重要批示。

(谭善勇)

【课题获 2015 年国家社科基金项目立项】 6 月，2015 年度国家社会科学基金项目评审揭晓，区域经济系邬晓霞副教授“对口支援政策的区域协调发展效应与机制优化研究”入选经济理论组青年项目。

（谭善勇）

【第 5 部京津冀蓝皮书启动会】 6 月 18 日，由文魁教授和祝尔娟教授担任主编的 2016 京津冀蓝皮书研究大纲讨论会在学校博纳楼第七会议室召开。学校首都圈研究团队、京津冀大数据研究中心、龙信数据有限公司的数据支持团队以及京津冀三地专家学者参加了会议，三地学者主要来自首都经济贸易大学、中国人民大学、北京师范大学、河北经贸大学、河北工业大学、天津行政学院等高校。主编祝尔娟教授着重介绍了 2016 京津冀蓝皮书的研究大纲，提出了构建京津冀综合发展指数的总体构想，包括城市发展指数、协同发展指数、可持续发展指数、企业发展指数和人口发展指数等。全书由总报告、分报告和专题报告 3 大部分构成。

（谭善勇）

【第 4 部京津冀蓝皮书获全国“优秀皮书奖”一等奖】 8 月，京津冀蓝皮书《京津冀发展报告(2014)——城市群空间优化与质量提升》获全国第六届“优秀皮书奖”一等奖。

（谭善勇）

【3 名教师被授予校级优秀课堂教学效果奖】 11 月，学院教师陈飞、李青淼、叶堂林获得首都经济贸易大学 2014—2015 学年优秀课堂教学效果奖。

（谭善勇）

【2015 首都圈发展高层论坛】 11 月 22 日，首都圈论坛——京津冀论坛暨 2016 京津冀蓝皮书推进会在京召开。参加此次会议的主要有首都经济贸易大学原校长、教授文魁，首都经济贸易大学城市经济与公共管理学院教授、博导祝尔娟，北京师范大学教授吴殿廷，天津市委党校、天津行政学院经济发展战略研究所所长、教授臧学英，中国人民大学社会与人口学院副教授、博导张耀军以及来自河北经贸大学、龙信数据公司的多位知名学者，与会者从各自的研究角度进行了发言。会议首先由文魁教授围绕中共中央政治局审议通过的《京津冀协同发展规划纲要》，详细解读了此次蓝皮书编纂的核心理念、整体思路和研究方向。祝尔娟教授介绍了京津冀蓝皮书系列出刊多年的发展历史，以及 2016 年版蓝皮书在内容思路上的重大变革和突出意义。

（章浩）

教学工作

【概述】 2015 年，学院顺利完成了教学运行和日常管理工作，并在学院层面重点推动了大类课程建设、教学经费划拨、大类专业分流、专业前置宣讲、大科创申报、高等学校示范性校内创新实践基地申报、教学讲课比赛以及国际班、外培等工作，在人才培养和专业建设方面取得了显著成效，学院 2015 年学评教均分列全校第一名。

（张杰）

【大类课专题汇报会深入推进课程建设】 6 月 17 日，学院在博学楼 404 教室召开大类课程建设汇报会。赵韵玲、王德起、谭善勇、武永春、赵文、叶堂林、张国山 7 位大类课程组负责人先后介绍了课程建设、团队搭建、经费使用等情况，并就下一步课程深化提高等方面问题进行了深入讨论，在学院本科教学目标、重点、难点、过程、方法和学院课程组建设、课堂教学等方面进行了交流。

（张杰）

【举办青年教师教学基本功比赛】 4 月 17 日，学院 2015 年度“青年教师教学基本功比赛”在博学楼 215 教室举办。院长张国山，党委书记王德起，副院长张杰、彭文英，院长助理叶堂林以及行政管理系主任刘智勇、公共事业管理系主任徐君、区域经济系主任章浩等学院教学指导委员会委员担任评委，潘娜、宋心然、周芳、毛琦梁、王建强、王烨 6 位青年教师参加了比赛。比赛由张杰、张国山主持。潘娜、宋心然、周芳、毛琦梁、王建强、王烨等教师先后进行了 20～30 分钟的课堂教学展示，王德起等评委分别就课堂教学内容、教学模式、教学方法、教学效果等方面进行了扼要点评和中肯指导。

（潘娜）

【完成 2014 级大类分流工作】 9 月，学院在博学楼阶一教室举行了 2014 级大类专业分流启动会。学院党委书记王德起，副院长张杰、彭文英以及学院全体教师和 158 名 2014 级同学参会。专业分流继续按照尊重学生志愿排序、考虑学分绩点等原则有序进行。在 2014 级同学填写大类分流志愿表的基础上，经学院教学办核准平均学分绩点和分类统计,158名同学按照志愿分流为6个方向7个班级,其中148名同学被分流至第一志愿,一志愿分流比例达到93.7%。

(张杰)

【举办2015级新生专业前置介绍系列活动】 学院充分利用大一新生晚自习机会,向2015级学生进行专业介绍和问题咨询。各专业分别通过教授发言、毕业生交流、创业活动、系主任介绍等方式向各大类班级介绍了历史发展、前沿动态、专业课程等内容,为同学们了解大类细分专业奠定了良好基础。

(张杰)

【14项大学生科研创新项目申报获批】 2015年,学院继续推进大学生科研创新项目的申报工作,共获得学校6项重点项目、8项一般项目。大学生科研创新项目涉及行政管理、公共事业管理、土地资源管理、城市管理和区域经济发展等多个方面,与北京市经济社会发展密切相关。

(张杰)

科研工作

【概述】 2015年,学院立项的纵向课题共计10项,其中:国家级项目3项,省部级项目5项,北京市教委项目2项。发表核心A类期刊论文12篇;发表权威A共3篇;发表核心B类期刊论文12篇;发表权威B共6篇。

学院研究团队的组织与建设已具有一定规模,以首都圈研究中心、都市郊区及新农村建设平台、首都圈生态文明建设研究平台、首都公共管理研究中心、首都国际化研究平台等科技创新平台为依托,打造学术研究团队,创造了高质量标志性成果。

2015年学院主办了“2015京津冀都市圈发展高层论坛”“2015城市国际化论坛”两次大型全国性学术会议,在本领域产生了一定影响力。2015年,学院还主办了全校性学术讲座20余次。有10余位教师分别参加了国际、地区、全国性学术会议及学术考察、交流。

2015年城市经济与公共管理学院教师发表的主要学术论文一览表

序号	论文题目	第一作者	发表/出版时间	发表刊物/论文集	刊物类型
1	京津冀城市群内城市发展质量	李磊	2015-05-04	经济地理	核心A
2	中国城市网络的空间组织及其复杂性结构特征	吴康	2015-04-01	地理研究	核心A
3	完善治理机制是京津冀生态环境共建的关键	叶堂林	2015-03-17	省部级成果要报	权威B
4	京津冀城市群职能分工演进与产业网络的互补性分析	吴康	2015-03-01	经济与管理研究	核心A
5	教育、社会与文化再生产	崔高鹏	2015-02-26	教育科学研究	核心B
6	生态环境共建共享的国际经验借鉴	叶堂林	2015-02-25	人民论坛	核心B
7	Hydrodynamic Characteristics of Rill Flow on Steep Slopes	彭文英	2015-02-01	SCI	权威A
8	中国人口密度时空演变与城镇化空间格局初探——从2000年到2010年	毛其智	2015-02-01	城市规划	权威B
9	京津冀协同发展:挑战与困境	薄文广	2015-01-20	南开学报.哲学社会科学版	核心A
10	微观市场主体准入制度功能定位——从“三证合一”改革看	赵韵玲	2015-01-16	人民论坛	核心B

续表

序号	论文题目	第一作者	发表/出版时间	发表刊物/论文集	刊物类型
11	完善治理机制，推进京津冀生态环境共建	叶堂林	2015－01－08	被中央领导批示或国家领导机构采纳的文章	权威 A
12	抓住战略机遇，找准京津冀合作的突破口	叶堂林	2015－01－06	省部级成果要报	核心 A
13	促进北京在京津冀协同发展中发挥核心引领带动作用的四点建议	叶堂林	2015－01－05	被采纳的省部级成果要报	权威 B
14	时政报道：有效介入社会主义核心价值观	杨澜	2015－12－01	新闻战线	核心 B
15	从大数据看北京对津冀投资情况及相关对策建议	叶堂林	2015－10－22	被中央领导批示或国家领导机构采纳的文章	权威 A
16	城乡接合部规划建设模式评析与土地利用导向设计	李强	2015－10－10	地域研究与开发	核心 B
17	演化论与柏克的保守主义	刘业进	2015－10－01	新政治经济学评论	核心 A
18	京津冀协同发展的最新进展	祝尔娟	2015－09－20	人民论坛	核心 B
19	京津冀区域金融一体化进程的测度与评价	邬晓霞	2015－09－15	广东社会科学	核心 A
20	乡镇企业发达区耕地健康评价与驱动机理研究	李强	2015－09－15	自然资源学报	权威 B
21	京津冀与长江三角洲的局部收缩：格局、类型与影响因素识别	吴康	2015－09－01	现代城市研究	核心 B
22	推动京津冀协同发展	祝尔娟	2015－08－01	改革	权威 B
23	生态文明建设中的城乡生态关系探析	彭文英	2015－08－01	生态经济	核心 B
24	案主自决原则在华人社会中的实践困境	冯浩	2015－07－31	华东理工大学学报：社会科学版	核心 A
25	国际台海外传播战略探析	刘新传	2015－07－30	青年记者	核心 B
26	京津冀协同发展：北京的“困境”与河北的“角色”	安树伟	2015－07－15	广东社会科学	核心 A
27	分行业技术进步对就业的动态影响研究	姜金秋	2015－07－10	工业技术经济	核心 B
28	农村集体经营性建设用地使用权权益及其价值研究	王文	2015－07－10	中国土地科学	核心 A
29	国外先进教学方法的总结及适用性探讨——以美国密歇根州立大学为例	周伟	2015－06－21	经济研究参考	核心 B
30	应对首都“城市病”的几点建议	段霞	2015－05－21	国家自然、社科基金成果要报	权威 B
31	京津冀区域劳动力市场一体化程度的实证研究	邬晓霞	2015－05－16	经济研究参考	核心 B
32	经济集聚与国内地区间劳动生产率差异研究——基于空间面板数据模型分析	毛琦梁	2015－05－10	经济经纬	核心 A
33	首都圈人口空间分布优化策略——基于土地资源承载力估测	彭文英	2015－05－01	地理科学	核心 A

（薛文凯）

学生工作

【分团委工作概述】 2015年,学院分团委在校团委和学院党委的指导和支持下,紧扣促进大学生全面发展、培养新时代大学生的理念,坚持"思想引领行为,打造特色品牌"的思想,积极贯彻落实党的最新精神,结合本学院的具体情况,在思想教育工作、组织建设工作、宣传、社会实践等方面都开展了丰富多彩的活动,并取得了一定的成绩。学院分团委现有28个团支部,分团委下设4个部门,分别为办公室、组织部、宣传部和志愿者工作部,此外还指导学生会、城市经济与公共管理学院"爱心之城"社团等组织的日常活动。

(张云雪)

【思想政治教育】 3月15日,学院分团委宣传国际消费者权益保护日,集中宣传消费者的权利,显示了消费者的强大力量,推动保护消费者权益的运动进一步发展。5月3日,学院分团委参加学校"五四"表彰大会,认真观看播放的短片,共同回忆中国共产党的光荣历史。6月19日,学院分团委组织全体部长和干事集体学习党的十八大会议内容,由学生代表宣讲十八大精神,之后学生们自由分享自己对十八大精神的理解,并阐述了自己心目中的"中国梦"。11月4日,学院分团委组织部举办了2014级团日分享会,以"纪念抗日战争70周年"为主题,各班自选主题,开展特色团日活动,并进行了风采展示。

(张云雪)

【组织建设】 9月10日,学院分团委召开第一次部长例会,学院分团委书记张云雪老师参加,形成了学院分团委部长例会制度。9月12日,学院分团委在博学楼阶八教室举办迎新宣讲活动,介绍学院分团委各部门,为招新做准备。军训后,学院分团委在慎思楼举行招新面试,共招纳分团委新成员45名。

(张云雪)

【宣传工作】 9月25日,学院分团委宣传部正式建立学院分团委官方微信公众账号,正式推送相关信息。截至2015年年底,学院分团委为校团委基层动态栏目共推送信息千余篇,及时搜集学院的各种动态和信息,为校团委的基础信息工作做出了很大的贡献。

(张云雪)

【社会实践】 2015年,学院开展大学生暑期社会实践活动,全院共计有24支队伍参加了活动,其中有1支市级重点团队,4支校级重点团队,5支院级重点团队。在实践活动中,高靖男团队获得了学校的优秀暑期实践奖。学院分团委志愿者工作部寒假在前门东社区开展了"青苗圃"、关爱"空巢老人"活动。

(张云雪)

【志愿服务】 10月18日,学院分团委志愿者工作部在2015年校友值年返校活动中,为校友准备了礼品,并带领校友参观校园,让离校多年的校友回到母校依然感到十分亲切。10月30日,学院分团委志工部组织了2015级新生献血活动。12月14日,学院分团委志工部组织了首届"遇见——因为志愿"全校志愿者分享会。

(张云雪)

【学生会组织建设】 6月23日,学院学生会开展部长换届工作,进行了第十一届各部门部长选举,根据干事们以往的表现以及现场答辩的表现,分团委书记张云雪与新任主席团经过商议,确定了第十一届各部部长的人选,并予以公示。

9月24日,学院学生会进行了学生会招新面试,7个部门一共招收100名新干事。

(张云雪)

【学生会宣传工作】 2015—2016学年度,学院学生会通过微信平台对各类活动进行线上宣传,包括活动前期的宣传、动员工作,以及活动后期的回顾、总结工作。

【学生社团】 学院"爱心之城"社团专门针对学院外地生,在开学时精心准备迎新节目,在中秋节开展茶话会,在冬至日举行包饺子活动,让外地生也感受到别样的温暖。

(张云雪)

【学术活动】 由学院城市经济与管理系主办的"城市讲坛"活动已经成为城市经济与公共管理学院学术研究领域的一大特色,每周举办一期,每期都会请著名专家教授谈论城市的最新发展,之后还将开展"城市讲坛——学生分讲坛""城市金苑""规划苑""数字城市""城市魔方"等学术活动。

(张云雪)

【召开2015研究生教育工作暨创新项目研讨大会】

6月14日,学院在北京西山实创培训中心举办

"2015 城市经济与公共管理学院研究生教育工作暨创新项目研讨大会"。研究生部主任张军,副主任孟毅芳、阮敬、刘玉梅;城市经济与公共管理学院院长张国山,党委书记王德起,副院长彭文英、张杰,副书记杨曦等出席了大会。

(张云雪)

实验室建设

首都经济贸易大学城市运行与应急管理实验中心(以下简称"实验中心")是基于城市可持续发展战略需求、培养具有城市复杂系统管理思维与能力的复合型人才、研发特大城市建设规划管理研究成果的实验教研机构,可以满足教学实验、决策模拟、应急培训、成果产出、学术交流、咨询服务等多种需求。实验中心 2012 年由城市经济与公共管理学院申报立项建设,获得北京市教委连续 3 年的专项经费支持,2015 年正式投入使用。

实验中心建筑面积 800 平方米,下设城市互动体验展厅、城市运行指挥演练实验室、应急仿真推演实验室、动感体验室、案例研讨室、数据分析室、协同创新室等专业实验空间。拥有实验设备 350 台(套),价值 1 200 多万元;实验软件 20 种,价值 300 万元。学院开设实验课程 15 门,出版实验教材 2 本,实验手册 2 本;进行本科和研究生创新训练指导 40 余项;完成本科生、研究生创新实践项目指导,讨论课程 20 余次,举办学术讲座 20 余次,学术研讨会 30 余次;自主研发了 5 套城市模拟实验系统,获得实验研究软件著作权 1 项、相关专利 2 项,教师发表实验教学论文 5 篇;举办各类讲座 10 余次,听众超 300 人次;接待国内外、校内外参观交流访问 40 余次,上级部门调研考察 10 余次。在实验室环境完成的教师科研项目超过 20 项,国家社科重大项目 1 项,重点项目 1 项。

实验中心积极推动专业教师与实验技术团队联合攻关研发城市运行与应急管理实验系统,以北京城区范围内常见的致灾因子为主,根据应急管理工作实际,仿真推演城市灾害预防与应急准备、监测与预警、应急处置与救援、事后恢复与重建全过程。特别是在北京市委办公厅、北京市市政市容管理委员会、北京市城管执法局、西城区政府、北京西客站和中国空间技术研究院等机构的支持下,正在建立一个以真实数据为基础、以典型地区为模型的城市复杂系统虚拟与现实相结合的实验环境,以满足实验教学、科研、人才培养与社会服务四位一体的发展需求。

在特大城市研究院的支持下,学校京津冀协同、区域发展、城市安全运行与世界城市等研究团队,利用实验室环境整合资源,建设城市分析数据库系统,包括中国城市数据库、北京发展数据要览、北京三经普数据空间可视化、京津冀产业发展数据库、三大城市群企业发展指数研究、香港统计数据库、国际城市比较数据库、美国都市圈研究数据库 8 个子库,开展相关研究,使实验中心发挥了一般机房式实验教室难以实现的教学科研共享、协同创新的实验功能。

(陆辉)

党建和分工会工作

【党建工作】 2015 年,学院通过定期召开党政联席会、民主生活会等,研究学院发展的瓶颈问题,为学院各项工作的顺利开展奠定基础;做好党务公开工作,不断加强沟通与协调,重大事件听取党员意见,定期开展党员评议党总支和党支部书记工作,虚心听取群众意见,改进党总支工作。以社会主义核心价值观教育为目标,开展红色 1 + 1 和党员值班日等各种主题教育活动,做好党员的日常管理和发展工作。发挥工会、教代会在学院民主监督和民主管理中的作用,切实维护教职工的合法权益。召开两次学院教代会,发挥教工参政议政的作用。

(杨曦)

【分工会工作】 学院按照校工会的工作计划深入贯彻落实科学发展观,紧紧围绕学校中心工作,按照"服务扎实、维权到位、打造品牌、创新发展"的思路,积极在学校工会的工作指导思想下开展工作。根据学校工会的统一安排,结合本学院的学科建设和工作重点,分工会委员召开全体会议,制定了 2015 年学院工会工作计划,参照学校工会工作安排,制作了学院的工作台账。学院积极开展教职工送温暖工作,关心关注教职工生活,做好教职工保险工作和开展"扶危济困送温暖"活动。在校工会和学院党委的领导下做好二级教代会建设工作,与学院领导一起商讨学院的民主监督制度,确保涉及教职工切身利益的重大决策要在全院范围内公开征求意见,财务人事安排透明。积极开拓思路,举办更多更吸引工会会员的工作,更好地为广大教职工服务,使分工会切实成为服务教职工的贴心组织。

(范慧萱)

工商管理学院

概　况

工商管理学院于1999年3月初步成立,由企业管理系(原工业经济系)、商务管理系(原贸易经济系)合并组成。原有两系均有40余年的本科教育历史和20多年研究生教育历史。2005年3月,经过学校学科调整和人员重组,两系建制撤销,整合经济研究所部分人员,工商管理学院开始实体化运行。

1964年,学院开始招收本科生。1979年开始招收研究生,是改革开放后全国首批招收企业管理专业硕士研究生的单位之一。2003年获得企业管理专业博士学位授予权,2011年获得工商管理一级学科博士学位授予权,2012年获批工商管理博士后科研流动站。同时,学院具有工商管理一级学科硕士学位授予权、工商管理硕士(MBA)专业学位授予权。学院目前拥有博士、硕士、学士等完整的办学层次,形成了结构合理、层次清晰、重点突出、特色鲜明的工商管理学科体系。

工商管理学院设有6个系:战略管理系、组织管理系、市场营销系、旅游管理系、物流管理系、电子商务系;设有国际比较管理研究院、企业发展研究中心、中国产业经济研究中心、中国营销科学研究中心、公司研究中心、旅游管理研究中心、世界管理思想史研究中心等10个实体科研机构。

2015年,学院有教职工81人,其中,专职教师70人,行政管理11人。2015年,学院共有学生1 066人,其中,本科生857人,硕士研究生169人,博士40人。2015年,共毕业学生270人,其中,研究生68人(博士生7人、硕士生61人),本科生202人;招生298人,其中,研究生54人(博士生7人,硕士生47人),本科生244人。

(潘镜宇)

师资队伍建设

2015年,学院从海内外公开招聘5名教师加盟。目前,学院专职教师70人,其中,教授15人,副教授34人。学院拥有博士生导师7人,硕士生导师34人。学院教师中有国务院学位委员会工商管理学科评议组成员1名,教育部高等学校教学指导委员会委员3名,国务院特殊津贴获得者6人,全国优秀教师1人,北京市长城学者2人,北京市有突出贡献专家1人,北京市学科带头人2人,北京市优秀青年知识分子1人,北京市优秀教师2人,北京市优秀青年骨干教师7人,北京市跨世纪理论人才“百人工程”3人,北京市新世纪社科理论人才“百人工程”3人,北京市级学术创新团队2个,北京市级教学创新团队1个,北京市级科研创新平台5个,北京市高层次人才1人,北京市拔尖创新人才1人,北京市创新人才1人,北京市中青年骨干教师7人,形成了一支以“三好教师”(教学好、科研好、实践好)为特色的实力雄厚的师资队伍。

(潘镜宇)

学科建设

自2012年9月成功获批工商管理博士后流动站后,学院已经拥有工商管理博士后流动站、工商管理一级学科博士学位授予权、工商管理一级学科硕士学位授予权、工商管理5个本科专业,以及工商管理硕士(MBA)、旅游管理专业硕士(MTA)2个专业学位授予权,形成了结构合理、层次分明、重点突出、特色鲜明的工商管理学科体系。2014年,工商管理学院获批旅游管理专业硕士(MTA)学位授予权。其中,企业管理学科为北京市重点学科,工商管理专业为北京市级品牌专业、北京市级特色专业。学院所有专业均被权威专业机构评为全国优势学科单位。

(范合君)

教学工作

【教学成果获奖】 2015年,学院教学及教学管理水平再上新台阶。首先,完成“十三五”规划的教学规划工作。陈立平老师被评为北京市高层次创新创业人才支持计划教学名师。同时,学院十分重视实验教学。2015 年学院继续加大实践育人力度,指导和鼓励学生参加竞赛。2015 年 GMC 大赛有 80 多支队伍报名,共计 26 队进入复赛,22 队获得全国三等奖。王振江、涂建民指导的学生团队在 2015 年度全国 MBA 培养院校企业竞争模拟大赛中荣获一等奖,并获得全国高等院校企业竞争模拟大赛一等奖。学院成功举办了商务谈判十年庆典与 2015 年商谈赛总决赛,并获得国际一等奖、全国二等奖、三等奖的好成绩。郭卫东指导的学生团队在电子商务“三创”大赛中荣获全国一等奖,北京市一等奖、二等奖、三等奖。程丽娟指导的团队获得 2015 年“学创杯”创业综合模拟大赛北京赛区二等奖。余镜怀带领的团队获得第十一届全国大学生“用友新道杯”沙盘模拟经营大赛北京总决赛一等奖。赵艳带领的团队获得北京市物流设计大赛二等奖。赵艳指导的团队获得全国商业精英挑战赛物流管理竞赛全国一、二、三等奖。学院积极组织学生参加大学生科研与创新项目,2015 年共有 40 项获立项资助,其中 16 项为重点项目。为了提升工商管理学院人才培养质量,探索课内课外、校内校外的课堂教学体系,切实提高本科课堂的教学质量,学院积极推进“移动课堂”和“企业家进课堂”活动的建设,完成了“移动课堂”和“企业家进课堂”管理办法的编写工作。其中,仅在 11 月就组织“移动课堂”活动 3 次,“企业家进课堂”活动 4 次。

（崔佳颖）

【课程与教材建设】 2015 年,学院继续加强规范双语和全英文课程的建设,鼓励教师积极参与微课程建设。全年建设成果包括 1 本大科创研究成果集、3 门微课程。

（崔佳颖）

【教学研究】 2015 年,学院完成了 2014 年教学创新团队的结题与 2015 年新一轮项目的评审工作。围绕工商管理学院的核心工作和推进工作的关键点,教学创新团队将资助重点放在了人才培养、教学方法的提升和深化教学改革等方面,此次工作共完成结项 11 项,新建项目 5 项。

2014—2015 年工商管理学院教学创新团队结题项目一览表

序号	项目名称	申报类别	团队负责人
1	工商管理学院本科生留学培养与指导团队	人才培养类	崔佳颖
2	工商管理卓越人才培养体系建设	人才培养类	范合君
3	电子商务创业实践教学研究	实践教学类	郭卫东
4	基于企业竞争模拟平台的企业运营实践教学的路径研究	实践教学类	涂建民
5	商务谈判教学研究	教学研究类	杨震
6	国际化人才培养体系的建设及过程跟踪	人才培养类	赵冰
7	工商管理拔尖人才培养中的经典著作研修	人才培养类	孙喜
8	教学案例建设团队	课程建设类	程丽娟
9	实践教学的创新设计与实施途径	实践教学类	毛小岗
10	工商管理拔尖人才培养体系建设	人才培养类	张晗
11	工商管理学院三维管理育人系统的探索与实践	人才培养类	程丽霞

2015—2016 年工商管理学院本科教学创新团队资助项目一览表

序号	项目名称	负责人
1	实习实验管理制度建设	赵艳
2	案例教学实施优化研究	程丽娟
3	“四维”教学模式推广应用研究	涂建民
4	本科生专业经典文献研读实施办法研究	孙喜
5	本科人才培养综合改革方案研究	张晗

（崔佳颖）

【本科招生与培养工作】 学院本科设有工商管理、物流管理、电子商务、旅游管理、市场营销5个专业。市场营销国际班的专业培养特色表现在培养学生的国际化意识,强化与国际财经院校营销专业的课程对接。这主要体现在课程设置方面,如:主要核心课程采用全英文和双语教学(共10门,7门全英文,3门双语);加强实践课程和实习的国际交流,提供多样化的合作办学、国际化实习、修学旅游、短期交流等,突出国际市场营销能力培养。物流管理卓越班积极利用社会资源,组织学生参加各类学科竞赛,鼓励学生参与第二课堂与创新学习,大力支持学生积极申报首都经济贸易大学大学生科研与创新训练项目。学院完成了双培项目和外培项目的招生工作。同时,学院获得5项实培项目,并设计了学生的选拔方案。学院拨出经费为学生们购置了经典文献,安排了专业经典阅读活动,并成立了图书馆。学院以"十三五"规划为契机,重新整理了学院和各系的专业介绍材料,组织了各专业的自评工作。

(崔佳颖)

【博士、硕士研究生学位授予权】 学院设有企业管理、技术经济及管理2个博士点和企业管理、技术经济及管理、旅游管理3个硕士点,拥有工商管理硕士(MBA)、旅游管理专业硕士(MTA)2个专业学位授予权。

(范合君)

【完善研究生培养体系】 2015年,学院强化了对博士、硕士研究生的培养:6月,学院修订的企业管理专业新的培养方案中,按照5个研究方向,每个研究方向至少开设4门选修课,新增选修课20余门。下半年完成研究生留学生(硕士、博士)项目的申报工作,并邀请校内外专家进行论证,推进研究生培养国际化。全年新建3个校级研究生产学研实践基地。目前,学院共有6个校级研究生产学研实践基地。

(范合君)

【打造研究生培养的五大特色品牌项目】 9—10月,学院举办了7场以"科研是什么?怎么做科研?"为主题的研究生科研创新思维系列讲座。11—12月,举办6期研究生"CEO素质训练营"。开展2015年度研究生"扎根实践工程",学院选择了13篇调研报告进行会议交流,得到了校领导和研究生部的充分肯定。6月,启动研究生"研以致用工程",先后有40余名研究生深入企业进行实习实践,提交企业咨询报告28篇。2015年上半年举办第二届工商管理学院研究生"学术论坛"。学院研究生培养工作获得的成果有:发表1篇权威论文,4篇CSSCI期刊论文,6篇北大核心期刊论文;4名学生获得国家奖学金,1名硕士研究生获得科研奖学金一等奖,1名硕士研究生获得科研奖学金三等奖;2015级1名硕士研究生保送学校攻读博士学位,1名硕士研究生保送南开大学攻读博士学位。

(范合君)

科研工作

2015年,学院主办5次国际(国内)大型学术会议,分别为:北京新经济组织发展研究院成立大会暨高峰论坛、第七届全国比较管理学术研讨会、第八届旅游研究北京论坛、首都企业改革与发展研究会2015年年会和首届中国社区商业与养老产业发展论坛。2015年,学院先后举办5次"工商管理名家讲坛",邀请南京大学商学院名誉院长赵曙明、北京大学光华管理学院原副院长武常岐、中国人民大学商学院院长毛基业、澳大利亚莫纳什大学商学院副院长李应芳、《管理世界》主编蒋东生等国内外学术泰斗与校内外著名管理学者为工商管理学院师生讲授管理学研究前沿。组织6场工商管理学院学术沙龙。组织学院教师申报国家级和省部级项目,2015年上半年获批国家级项目2项。下半年举办1次项目申报经验交流会,邀请专家辅导2次。6月,《工商管理学院协同创新中心管理办法》出台。

(范合君)

对外交流

【概述】 2015年,学院选派5名教师到美国密歇根州立大学和加拿大阿尔伯塔大学等国外高校进行学术交流,另有2名教师到日本和欧洲讲学和开展国际学术会议。学院邀请美国斯克兰顿大学副教授Satya P. Chattmeister、英国南安普顿大学教授陈靖涵、澳大利亚莫纳什大学管理系教授李应芳、爱尔兰都柏林城市大学商学院博士高玉慧、日本滋贺大学教授陈韵如来学院授课并进行学术交流。2015年,学院选派了2名硕士研究生分别到法国和日本留学1年,选派了14名本科生到日本名城大学和丰田公司开展短期商业实习,7名本科生到台湾东吴大学开展短期交流学习。

2015 年工商管理学院部分学者出访情况一览表

出访时间	出访学校	出访学者	讲学/讲座内容
2015.05—2016.05	美国伊利诺伊大学斯普林菲尔德分校	孔海宁	物流管理
2015.08	日本名城大学	陈立平	营销管理
2015.08—2015.10	加拿大阿尔伯塔大学	张勃	组织管理
2015.09—2016.08	新泽西州立大学	郭卫东	电子商务

2015 年工商管理学院国外学者来访情况一览表

来访时间	来访学校	来访学者	讲学/讲座内容
2015.05	爱尔兰都柏林城市大学	高玉慧	营销矩阵
2015.06 - 2015.07	美国斯克兰顿大学	Satya Chattmeister	管理研究方法
2015.09	日本滋贺大学	陈韵如	日本智慧手机企业失败的研究
2015.09	英国南安普顿大学	陈靖涵	如何在国际期刊发表管理学论文(下)
2015.12	澳大利亚莫纳什大学	李应芳	人力资源管理

（柳学信）

学生工作

【概述】 2015 年,学院紧扣学生全面发展的主题,坚持“注重思想引领、加强学风建设,提升实践能力、推动就业工作”的育人理念,结合本院“专业模式 + 心智模式”的人才培养特色,统筹学院整体发展辅导机制,完善“卓越商才促进中心(OSA)”,实现大学生发展辅导的系统化、科学化、体系化。

（潘镜宇　李娟婷）

【深化专题辅导】 2015 年,学院依托卓越商才促进中心,继续深化专题辅导,主要工作有:班导生工作坊建设——通过主题研讨沟通加强班导生及班级管理工作,促进学风建设和班级建设。心理健康教育——专题开展绿萝花心灵成长工作坊,结合“5·25心理月”开展“花语心愿”和心理健康讲座等活动;完成新生心理健康教育的 5 个全覆盖,对所有新生班级进行团体心理辅导,增强班级凝聚力的同时尽早发现并关注特殊群体学生。做好深度辅导:根据学生心理普测及观察调研,积极完善关注特殊群体档案,跟踪指导经济困难学生、心理异常学生、不善交流学生、成绩较差学生、少数民族学生等特殊群体,通过发挥班主任队伍和班导生作用,加强对特殊群体的一对一辅导。开拓研究生辅导:举办“研究生 CEO 素质训练营”,邀请知名企事业高管分享管理经验,传授管理技巧,为研究生实践能力提升搭建平台,助力工商管理学子快速成长;开展第二届“扎根实践工程”,引导研究生深入社会基层,利用所学知识解决身边问题,加强研究生实践锻炼。

（潘镜宇　王硕　李娟婷）

【主题教育活动】 2015 年上半年,学院陆续开展了“精神宣讲进社区,共绘‘十三五’规划蓝图”寒假社区宣讲会、“五四青年节的意义”为主题的学习会、两会精神学习分享会和习近平总书记的“八字箴言”学习研讨会等一系列主题教育活动。下半年为纪念抗日战争胜利暨世界反法西斯战争胜利 70 周年,学院分团委策划筹办了以“铭记往昔·踏梦远航”为主题的团日活动。

（潘镜宇）

【做好社会实践】 2015 年,暑期社会实践学院共报名 50 支队伍,其中,国家级重点队伍 5 支,市级重点队伍 10 支,遗址遗迹寻访和美丽中国印象专项队伍 2 支,校友寻访 5 支,学院队伍 27 支。组织研究生扎根实践工程,研究生寒假深入基层就热点问题进行调研,共有 22 支队伍 80 余人围绕社会热点调研,完成 30 多万字的报告,并评选出一、二、三等奖。

（潘镜宇　李娟婷）

【提升就业创业能力】 2015 年,学院为提升学生的就业创业能力，根据专业特点，与百度、家乐福、长城战略咨询公司、广发银行等企业合作，拓展实习资源；5月底举办学院第二届实习双选会，邀请17家公司，200余人参加，提供了100余个实习岗位。工商管理学院2015届本科毕业生人数为198人，就业率为100.00%，签约率为100%，位列全校第一，获就业本科生一等奖；研究生人数61人，其中出国1人，就业率100%，签约率98.36%，获就业研究生二等奖。

（潘镜宇　王璐　李娟婷）

【推动新生教育工作】 为了让新生尽快融入大学生活，学院精心策划、组织新生入校教育，组织包括学院开学典礼、家长沟通会、新生破冰会、大学生成长天地、大学生德能建设、职业生涯规划、专业介绍、安全教育、外地生联谊等一系列丰富多彩的活动。新生教育结合规范教育和道德教育，同时注重学院精神文化的传承，利用军训期间开展院史院情教育和团队融建，帮助新生快速进入状态，找到自身位置和未来发展方向。

（潘镜宇　王硕）

【成立学业辅导中心】 2015年，晚自习出勤实行5级管理保障机制，8个新生班全年平均出勤率99.25%。学院将晚自习出勤率纳入卓越新生学风班考核体系中，并建立病事假申请制度。周三晚自习进行具有学院特色的"学理论·读经典"图书漂流活动，周四晚自习分为发展辅导、学业辅导、素质提升和文化活动4个大类；穿插组织基础课程辅导。

（潘镜宇　王硕）

【第三届"卓越商才"学术文化季】 2015年举行的第三届"卓越商才"学术文化季分为"比赛季"、"交流季"、"提升季"和"收获季"4个主题，包括第三届"卓越商才"模拟面试大赛、第二届"股动奇迹"模拟炒股大赛、第二届"首经之巅"大型趣味知识竞赛、系列本研学生经验交流会和知名企业家进校活动、第三届大学生学术论坛、CEO领导力训练营、第二届"卓越商才"颁奖典礼暨第三届学术文化季闭幕式等活动。

（潘镜宇　李娟婷）

【志愿服务和社会实践】 2015年，工商管理学院蓝丝带志愿者团开展了北京市共青团主办的"温暖衣冬"公益活动，与狮子会北京分会希望服务队在博爱医院共同开办了"希望成就梦想"助残项目。5月初，学院组织了献血活动，共有63人参加。此外，学院志愿者定期到鹤童敬老院慰问老人，到盲人图书馆进行图书校对和整理，并到五棵松、鸟巢等场馆参加志愿活动。

（潘镜宇）

【宣传工作】 2015年，学院继续建设本科及研究生官方微信平台"商音""商言"，利用微信平台开展线上的微团课、微党课互动学习活动。2015年学院网站全新改版并正式上线。

（潘镜宇　李娟婷）

【学生组织及校园文化活动】 2015年，学院分团委有33个基层团支部，学院学生组织仍采用"一体两翼"格局，分团委下设组织部、办公室、蓝丝带志愿者服务团、玛雅传媒宣传中心4个部门，并指导学院研究生会、学生会、工商管理学会、绿萝花心灵成长工作坊、商聚缘、明达驿站、国标舞社等学生组织的日常活动和相关工作。

（潘镜宇）

【校友工作】 学院启动2015校友寻访活动采访了30名校友。10月18日，3届70多名校友返校参加活动。

（潘镜宇）

党建工作

【概述】 2015年，学院共有党员271人，其中，学生党员168人，教职工党员61人，离退休党员42人；共有党支部16个，其中，学生党支部6个，教职工党支部6个，行政党支部1个，离退休党支部3个。2015年，学院党委以党的十八届五中全会召开为契机，围绕学校和学院中心工作，全面落实学校和学院"十三五"发展规划，努力做到"围绕中心抓党建，抓好党建促发展"，组织学院各党支部结合党的十八届四中、五中全会精神开展学习活动，并积极贯彻"三严三实"专题教育，围绕教学科研中心工作，保障"三重一大"集体讨论决定制度、党政联席会制度和党务、院务公开制度的贯彻执行，保证教学、科研管理工作的顺利进行。

（潘镜宇　金京虎）

【教职工党建】 2015年，在全体党员中组织开展学习和贯彻党的十八届五中全会精神活动，督促领导班子成员完成处级干部的40学分在线学习和党员的12学分在线学习，定期开展领导班子民主生活会。学院党委以“三严三实”为主题召开专题民主生活会，并组织教职工、党政干部参加学校组织的廉政宣传月、警示教育学习活动。

（潘镜宇 金京虎）

【学生党建】 学院共有6个学生党支部，其中，本科生支部2个，研究生支部4个。学院党委高度重视党员教育工作，每年都将党员教育规划纳入党政工作要点，出台积极分子入党量化指标体系，启动党员谈心日制度和积极分子入党展示环节。学院邀请吴少平教授就党的十八届五中全会精神做“学习领会十八届五中全会精神”主题讲座，解读“十八届五中全会”；学院党委给即将走出校门的党员们带来最后一堂党课；各学生党支部积极开展主题学习和民主生活会。学院积极推进“笃信好学”培育计划、“良师益友”行动计划，为学生支部配备经验丰富的理论学习导师，指导各支部开展理论学习；通过完成党支部对接团支部，建立助学零距离帮扶等活动，学生党员服务先锋取得积极进展；开展红色1+1志愿服务活动，并获校级红色1+1活动项目二等奖，荣获北京市高校红色1+1活动优秀奖。

（潘镜宇 金京虎）

【积极分子培养和推优入党工作】 学院秉承坚持标准、保证质量的原则，认真开展积极分子培养和党员发展对象各项培训工作。按照学校组织部的要求，加强对积极分子的培养和考察，落实300名同学的入党申请谈话，150多名积极分子的档案建立，加强过程教育和考察。在学习形式上，通过网上自学、社会实践、提交学习心得、统一考试等方式进行积极分子培养学习，更自由、方便地对学员进行党性观念、党的理论、党史知识等方面的教育，利用互联网加强积极分子的理论学习，加强思想建设，提高党性修养。在实践学习方面，坚持理论联系实际的原则，认真开展专题实践活动，组织积极分子参加红色活动。2015年，学院共有153人参加北京市入党积极分子培训系统的培训，147人顺利结业，获得合格证书。2015年，学院理顺推优发展流程，优化量化打分方案和PPT展示环节，共发展39名党员。

（潘镜宇 李娟婷）

工会工作

【完成学校工会工作】 2015年，学院分工会组织教代会代表参加学校“双代会”工作，提交了3个提案。组织教师参加学校纪念抗战胜利70周年合唱比赛，获得三等奖。学院教师孔海宁获得北京高校第九届青年教师教学基本功比赛文史类B组二等奖和最佳教案奖。组织评选学校优秀教师和爱岗敬业普通劳动者，组织教师参加北戴河疗养和职工互助保障计划。

（宋克勤）

【召开学院教代会】 12月30日，学院召开第一届教职工代表大会第四次会议，学院21名教职工代表出席，学院领导班子成员、各系的系主任、党支部书记列席会议。院长柳学信从教学与教学管理、学科建设与科学研究、国际化与学术交流、学生工作、党建和思想政治教育工作5个方面全面总结了学院2015年的各项工作，并向代表们详细介绍了2015年学院财务收支情况。学院分工会主席宋克勤做了2015年工会工作报告，他从分工会履行工作职能、参政议政、组织文体活动等方面介绍了学院分工会的各项工作。大会一致通过了学院工作的3个报告。

【组织文体活动】 12月17日，组织学院羽毛球比赛，20名教师参加；学院与文化与传播学院组织了一场羽毛球友谊赛，与MBA学生举办了师生羽毛球赛。

（宋克勤）

MBA教育

【概述】 工商管理学院MBA教育中心秉承“崇德尚能，经世济民”的校训，“格物致知，明体达用”的院训，“以三好教师育四好人才”为使命，与CBD区域内的企业紧密合作，努力培养通晓现代市场经济规律和商业运作规范，具有高效领导力和执行力并富有创新精神的商业领袖和管理精英。截至12月31日，1 222名MBA学生毕业。2015年，MBA教育中心毕业学生213人，授予学位218人，招生92人，在校生218人。

（张玮）

【招生与宣传工作】 2015年，MBA教育中心共招收92名MBA学员（其中，春季单证班学员8名）。完成2016年MBA招生的网报和确认工作，网报377人，确认300人。2015年，MBA教育中心在招生工作中最主要的举措有两个方面：一是加大了微信宣传，建立 MBA 教育中心的微信宣传平台，定期发布中心的新闻及招生事项；二是扩大了京内外的现场宣讲会，2015 年共在北京、天津、石家庄等举行了 10 场宣讲会，参加备考学生人数达 600 人次。2015 年，MBA 教育中心不断探索高层管理培训项目(EDP，非学历教育)运作模式，开发和实施短、中期系统内 EDP 项目，为社会各界提供具有特色的 EDP 服务，培养 MBA 潜在市场。2015 年 12 月 21—22 日，举办"首都经济贸易大学、北京市商业联合会中高层管理人员研修班"，参加的学员人数达 50 名。

(张玮)

【学位论文】 2015 年，MBA 教育中心继续深化落实 2015 届和 2016 届 MBA 学位论文工作改革方案。2015 年，对学位论文进行匿名评审；召开 2015 届学位论文说明会，完成 2015 上半年和下半年 MBA 毕业生学位论文答辩工作；组织评选出 2015 届 MBA 优秀学位论文 9 篇。

(张玮)

【人才培养】 2015 年，MBA 项目 2016 年招生简章中新增金融 MBA 项目。2015 年，MBA 教育中心从 2015 级新生开始，为每一位有意愿的学生配备职业发展导师，66 名 MBA 学生提出申请，配备职业发展导师 31 名。截至 2015 年年底，MBA 教育中心组织了走进丽贝亚集团、走进当当网两次移动课堂。2015 年，MBA 教育中心努力打造"金台论坛"这一学术讲座的品牌，每月聘请国内外知名学者和企业高层管理者与学生们交流 2 人次，不断提高学生们的专业素质水平。

(张玮)

【教学质量保证】 2015 年，MBA 教育中心设计了 MBA 教师教学效果的评价指标体系，在每门课程结束后，由中心工作人员组织选课学生对任课老师的教学情况进行评分，逐步形成 MBA 任课教师能上能下的机制。2015 年，MBA 教育中心成立了由黄津孚、吴少平、刘英骥、邹昭晞、李丁和吴念时教授等资深工商管理教育专家组成的校 MBA 教育专家指导委员会，其基本职责包括：一是通过听课对 MBA 课堂教学质量进行检查与督促；二是通过听课对 MBA 青年教师进行教学方法与教学技能的指导；三是通过内外部的调研对 MBA 的课程体系建设、MBA 的培养方案以及 MBA 的发展思路提出建议；四是对 MBA 学位论文进行质量检查与指导。

(张玮)

【信息化建设】 2015 年，MBA 教育中心进一步推进信息化建设，与 MBA 中国网合作开发的管理信息系统完成二期工作。2015 年，MBA 教育中心在红庙校区 4 号楼 415 室改造建成网络实验室 1 个，可以为 30 余名学生提供沙盘模拟、竞争模拟等课程教学。

(张玮)

【日常事务】 2015 年，MBA 教育中心完成 2015 级新生入学教育和拓展训练、职业发展意向调查和 MBA 联合会换届选举等工作，较全面地掌握了新生的思想动态和学习需求，继续做好学籍管理、评优考纪等日常工作；进一步完善各类奖学金制度，讨论、修改、通过了《MBA 研究生奖学金评选办法》和《MBA 研究生优秀学生干部评选办法》。

(杨柳)

【学生活动】 1 月 17 日，举行 2015 届(春季)MBA 毕业典礼暨学位授予仪式。1 月 18 日，北京 MBA 联盟 11 周年颁奖礼上学校获得了大会评选的"北京 MBA 联盟十大突出贡献商学院"称号，校友刘林芝荣获"北京 MBA 联盟十大杰出贡献奖"，MBA 联合会荣获"十佳联合会"。4—5 月，举办 M 超足球联赛。5 月 29 日，中国 MBA 联盟顾问委员会北京 MBA 顾委会成立，学校成为顾委会唯一挂牌单位。6 月 16 日，第十一届 MBA 联合会、校友会与工商管理学院领导在 MBA 教育中心会议室进行座谈。6 月 26 日，举办 2015 届 MBA 毕业典礼暨学位授予仪式。7 月 10 日，举行 2015 年 MBA 职业发展导师聘任仪式。9 月 11 日，举行 2015 级 MBA 新生入学仪式暨入学教育。10 月 17 日，在"2015 未来国际商务英语谈判精英赛"中，2015 级 MBA 学生获二等奖。10 月 17 日，第十二届 MBA 联合会主席团换届选举大会举行，选举产生了 6 名主席团成员。10 月 17 日，由第十一届 MBA 联合会主办的 2015 级 MBA 迎新趣味运动会召开。10 月 24 日，第九届中国 MBA 联盟领袖年会在郑州召开，学院获得中国 MBA 联盟 5 个奖项："中国十佳特色商学院""中国十佳 MBA 联合会"，学生罗金柱获得"中国 MBA 十大贡献奖""优秀 MBA 干部奖"，院长柳学信荣获"中国 MBA 院校杰出领袖"称号。10 月 24 日，2014 级 MBA 学生张智博在第十五届中国 MBA 发展论坛中获得"中国 MBA 新秀 100"荣誉称号。10 月 25 日，"师姐知道杯"第一届国际 MBA 马拉松接力赛在北京奥林匹克森林公园拉开了帷幕，学校 MBA 教育中心获得了第四名。11 月 8 日，举行第十二届 MBA 联合会。11 月 21 日，首经贸 MBA 商祺足球俱乐部成立。11 月

26 日，MBA 联合会成立“谁羽争锋”——首经贸 MBA 羽毛球俱乐部。

（杨柳）

【党建工作】 MBA 教育中心学生党支部于 2015 年由原专业硕士教育中心直属党支部更名而来，支部委员会由 1 名支部书记（中心教师担任）、1 名宣传委员（学生）、1 名组织委员（学生）构成。2015 年共有党员 27 人，入党积极分子 3 人，2015 年新发展党员 2 人。2015 年，MBA 教育中心学生党支部加强党团建设，做好党员教育和发展工作，切实保障党的群众路线教育实践活动的顺利开展。2—3 月，密切关注“两会”期间党员和积极分子的思想动态和学习情况，将“两会”精神传达至每一位同学；5 月 6 日，召开毕业生教育大会；5 月，组织党员及积极分子参加党史知识问答活动；10—11 月，组织入党积极分子参加学校的党校学习；11 月 7 日，邀请工商管理学院党委书记金京虎、分团委书记潘镜宇、组织委员马景娜为全体在校党员开展了一场生动的党员教育大会，11—12 月，从各班的积极分子推优人选中讨论确定 2 名发展对象，并完成了推优展示、发展大会等系列工作。

（杨柳）

【国际交流与合作】 2015 年，MBA 教育中心继续推进 MBA 教育国际化进程，宣传和巩固已有的国际交流合作项目。11 月，与美国密苏里州立大学签订 MBA 项目合作备忘录、合作框架协议。依托工商管理学院国际交流合作项目，为 MBA 学生开拓更加广泛的国际交流合作机会，与美国、加拿大、澳大利亚、爱尔兰、日本的高校陆续开展联合培养、学生访问交流、科研合作等国际交流活动。

（成诚）

【职业发展】 7 月 10 日，举办 2015 上半年 MBA 职业发展导师聘任仪式，为 2014 级 MBA 学生遴选职业发展导师 9 名。10 月 30 日，举办 2015 级职业发展导师聘任仪式暨 MBA 创业与创新研究中心成立大会，此次职业导师聘任规模较往届有了重大突破，首次覆盖全部 MBA 在职及脱产学子，以期实现整体 MBA 学生职业生涯的突破升级，为 2015 级 MBA 学生聘请 31 名职业发展导师。2015 年，MBA 教育中心采取有效措施，积极促进 MBA 学生的职业发展和就业工作，具体措施有：对学生进行职业意向调查、职业素质测评，选聘校外职业发展导师进行一对一的职业指导，举办校友沙龙活动，进行就业政策解读，及时发布用人单位信息，提供全面周到的系统服务等。2015 年，MBA 毕业生就业率达到了 100%。

（成诚）

经济学院

概　况

首都经济贸易大学经济学院始建于 1974 年，现设经济学系、国民经济系、国际经济与贸易系和贸易经济系 4 个教学单位，建有首都经济贸易大学经济研究所、世界贸易组织（WTO）研究中心、中国经济增长与周期研究中心、中国流通研究中心、数量经济研究中心、中国品牌研究中心等科研单位。截至 2015 年年底，经济学院共有教职工 63 人，其中，教授 20 人，副教授 28 人，讲师 15 人；全日制在校生 1 675 人，其中，本科生 1 277 人，硕士研究生、博士研究生 398 人；此外，还有攻读学位的国际留学生 191 人。

（高琼）

学科建设

截至 2015 年年底，经济学院设有经济学、国际经济与贸易、贸易经济 3 个本科生专业；设有政治经济学、西方经济学、世界经济、经济思想史、经济史、国民经济、产业经济学（商业经济）、国际贸易学、数量经济学和国防经济 10 个学术型硕士研究生专业和硕士学位授权点，设有国际商务 1 个专业硕士学位授权点；设有数量经济学、国民经济学、产业经济学、国际贸易学、国防经济和增长经济学 6 个博士研究生专业和博士学位授权点;同时,设有一级学科应用经济学博士后流动站。

(高琼)

教学工作

【组织本科专业自评估工作】 2015年,学院组织经济学专业、国际经济与贸易专业、贸易经济专业的负责人,填报专业建设基本信息表,撰写"2013版人才培养方案执行情况自评报告"和"专业建设自评报告",邀请中央财经大学国际经济与贸易学院院长唐宜红教授、中国人民大学马龙龙教授、北京工商大学经济学院院长徐丹丹教授作为校外专家,召开专业建设自评估会,旨在找出专业建设的薄弱环节,为今后的专业建设找准思路和目标。

(高琼)

【首批"外培计划"学生开始赴美学习】 5月,学院开始进行首批"外培计划"的试运行工作。9月,学院选派6名优秀学生前往美国加州大学圣地亚哥分校开展为期1年的学习。

(高琼)

【集中组织2012级本科生专业实习】 2015年3月,学院启动了2012级本科生实习计划,与外企服务集团、中国国旅、平安银行等10家实习单位签订了实习基地协议,经过学生个人申报、实习单位面试等选拔形式,安排2012级本科生到实习基地完成了10周的实习活动,编纂《2015年社会实习札记》。

(高琼)

科研工作

【概述】 2015年,学院获批省部级以上项目10项,其中,国家社科基金重大项目1项,国家社科基金一般和青年项目6项,国家自然科学基金项目1项,北京市社科项目2项,其他委办局级项目10余项。2015年,学院教师发表核心B及以上论文40篇,其中,核心B论文12篇、核心A论文15篇、权威B论文11篇、权威A论文2篇。

(高琼)

【聘请杨瑞龙教授担任特聘教授】 2015年,学院聘请中国人民大学经济学院教授杨瑞龙为特聘教授,旨在提升学院理论经济学在同类财经院校中的竞争力,为"十三五"期间争取获批理论经济学一级学科博士学士授予权奠定基础。

(高琼)

【举办学术会议】 2015年,学院举办了第九届"中国经济增长与经济周期"高峰论坛,并发布了中国城市生活质量指数,推动了经济增长与经济周期的研究;举办了微观经济理论研讨会,对微观经济学理论进行了深入的研讨;举办了"中国流通30人论坛(G30)"、中国商业史学会成立30周年及商业史论坛等全国性学术会议,促进了国内商业流通等学科的研究与交流。

(高琼)

【邀请专家开展学术讲座】 2015年,学院邀请中国社会科学院研究员刘霞辉、国家发展与改革委员会宏观经济研究所研究员张燕生、《管理世界》杂志副主编蒋东生教授等知名学者举办高水平学术报告,开阔师生的学术视野。

(高琼)

学生工作

【社会主义核心价值观教育】 学院以社会主义核心价值观为主线,以"五四"青年节、"七七"事变等重要时点为契机,在广大团员青年中广泛开展主题教育活动。5月,经济学院分团委开展了"如何练好习大大传授的'八字真经'"主题团日学习活动,共有14个团支部600多名团员参与其中;7月,学生发起"抗战史,我来讲"主题教育活动;9—10月,开展纪念中国人民抗日战争胜利70周年主题教育活动。

(高琼)

【新生综合辅导】 2015年,学院分别组织了"ECO遇见你"系列主题新生入学教育、新生班会等活动。除严格按照要求考核出勤、执行固定辅导内容外,学院还组织了读书巡回分享会、主题研讨会、朋辈辅导会、"私家补习班"等丰富的学业辅导和发展辅导内容。

(高琼)

【学生学术科技发展】 2015年,学院组织学生参加美国大学生数学建模及交叉学科建模竞赛、全国大学生数学建模竞赛、“中金所杯”期货及衍生品知识竞赛、商务部 12335 全国商务知识竞赛、“尖峰时刻”商业模拟挑战赛、全国高校商业精英挑战赛流通业经营模拟竞赛等学科竞赛活动；组织开展大学生科研创新项目、学术论坛、“学吧！少年”挑战赛等学术文化活动，出版《经济学刊》。2015 年，学院学生共获得国家级奖励 22 项，省部级奖励 12 项。

（高琼）

【举办“生涯阶梯”系列辅导】 学院设计了“生涯阶梯”系列辅导课程，通过专题讲座、微信讲座、外出参观、实战演练等多种形式，引导同学们明确自己的生涯选择，做好生涯规划，逐步形成了学院的生涯辅导品牌。11 月 3 日—12 月 3 日，学院举办了“生涯阶梯”系列辅导课程 10 余场，800 余人次参与，活动集合了线上线下双重技术支持，初步形成了一套较为完善的职业发展辅导体系。

（高琼）

【就业工作】 截至 10 月 31 日，学院本科生、研究生就业率、签约率双双保持 100%。9 月 18—23 日，学院分年级、分专业连续开展了 4 场就业动员会，全面开启了 2016 届就业工作，全院 460 名毕业生接受了全面的就业政策讲解和毕业季工作安排。

（高琼）

【创业工作】 学院通过多种渠道为有创业意愿的同学提供政策咨询、创业指导等帮助。2015 年，2011 级毕业生郑炫圻、盘珊珊创立的简繁服饰公司正式注册成立，2013 级本科生石一晨、2013 级研究生张莹组建的团队成功入住学校卡摩创业咖啡。

（高琼）

【学生志愿服务活动】 学院继续保持与星星雨教育研究所、蒲公英中学、利智康复中心、萤火虫合唱团的志愿服务合作，累计派出志愿者 746 人次，其中，参加市级志愿服务 74 人次，校级志愿服务 672 人次，组织志愿者学习、培训时长超过 2 000 小时。组织志愿者参加“温暖衣冬”、北京世界田径锦标赛、国际铁人三项赛、义务献血等志愿服务活动。

（高琼）

【开展纪念中国人民抗日战争胜利 70 周年系列活动】 学院依托校外爱国主义教育实践基地中国人民抗日战争纪念馆，通过志愿服务、志愿讲解、主题展览、音乐巡演等形式，开展纪念中国人民抗日战争胜利 70 周年系列活动。5 月，“胜利之声”抗战历史音乐展演，300 余名师生观看了演出；9 月，学院学生党员在抗日战争纪念馆担任讲解员期间，为学校少数民族同学代表提供了专项讲解服务；10 月，学院将《伟大贡献——纪念中国人民抗日战争胜利 70 周年》专题展览引进学校。5 月，开设微信“微团课”，设立“铭历史”“正能量”“学习汇”“青年说”板块，开展线上交互式学习；7 月 7 日，举办“抗战史、我来讲”微信互动活动，在朋友圈中唤醒青年学生爱国爱党的情感共鸣；10 月，开设“微党课”，在微信平台上推出“伟大贡献”网上展览，受到广泛关注。

（高琼）

对外交流

【概述】 2015 年，学院开展的国际交流合作项目有：瑞典 Linnaeus University、德国 Furtwangen University of Applied Sciences、芬兰 Haaga - Helia University of Applied Sciences、芬兰 Seinajoki University of Applied Sciences、法国 Novancia Business School 学期交流项目，法国 Novancia Business School、法国 Université d' Auvergne Clermont-Ferrand 1、法国 ESC Bretagne Brest 本科双学位项目，加拿大 University of British Columbia、美国 Georgetown University、美国 University of California(San Diego)、美国 University of Utah、美国 Ohio University 假期交流项目，美国 North Carolina State University 科研项目，法国 Université Toulouse 1 Capitole、法国 Université de Toulouse 2、美国 University of Connecticut、美国 University of Illinois at Chicago 保研直通车项目。2015 年，学院分别接待来访合作学校 4 所，新修订合作协议 6 份。2015 年，学院共选拔派出包括本科生、硕士研究生、博士研究生在内的 131 人次参加国际交流项目。其中，15 人次参加学期交流项目，8 人参加法国双学位项目，68 人参加美国暑期交流项目，40 人参加法国、美国保研直通车项目。

（高琼）

【提升国际交流的宣传力度和效果】 2015 年，学院整合出版了《新视野——2014 年欧美大学亲历》成果集，收录了参加各项目学生的图片和文字资料，全面总结了项目内容；设计制作了《经济学院历年毕业生深造去向汇总》、2015 级外培计划展板，从招生咨询活动开始,在学校范围内展出,进一步宣传了经济学院的国际交流工作。

(高琼)

党建工作

【概述】 截至2015年年底,学院共有党员295人,其中,在职教师党员42人,离退休教师党员17人,学生党员236人。教职工党支部4个,学生党支部6个,离退休党支部1个。

(高琼)

【“三严三实”专题教育】 2015年,学院领导班子分3个阶段开展了“三严三实”专题教育,在深化“四风”整治、巩固和拓展党的群众路线教育实践活动成果上见实效,在守纪律讲规矩上见实效,在真抓实干、推动改革发展稳定上见实效。

(高琼)

【推进“六个一百”工程】 2015年,学院党委结合“六个一百”工程,组织全院党员教师开展不同层面的学习实践活动,督促党员干部与非党员教师、教师党员与非党员学生按照已经结成的对子定期交流沟通,帮助他们解决实际困难;组织开展百名党员服务标兵、百名优秀教师党员、百名优秀学生党员选拔工作,20名同志受到表彰。

(高琼)

【党员发展工作】 学院党委按照学校《发展党员工作实施办法》的要求,进一步完善《经济学院党员发展工作程序》,针对不同支部,制定了不同的入党积极分子、发展对象推荐、培养和考察细则,增强了可操作性。2015年,学院党委共发展党员48名。

(高琼)

【宣传工作】 2015年,学院获评学校2014—2015年度宣传思想工作先进单位和网站建设先进单位,并在学校宣传思想工作大会上就利用网络新媒体开展宣传思想工作进行了经验交流。2015年,学院在学校率先推出了英文版学院网站;学院的重要活动及时上报校党委宣传部,向学校党委宣传部报送各类新闻信息70余条。

(高琼)

【主题党日活动】 学院积极培育红色1+1主题教育活动,与房山区三岔村开展共建活动,多次组织教师党员和学生党员前往三岔村开展调研活动,助力三岔村经济社会发展。2015年,低年级学生党支部荣获学校主题党日活动评比一等奖,2014级研究生党支部荣获党建创新项目评比二等奖,高年级学生党支部红色1+1项目入围北京市项目评审。

(高琼)

重大事件

【第九届中国经济增长与周期论坛(2015)暨第五届中国城市生活质量指数发布会举行】 7月4日,由中国经济增长与周期研究中心、中国社会科学院经济研究所、首都经济贸易大学等单位联合主办的第九届“中国经济增长与周期论坛”暨第五届中国城市生活质量指数发布会在北京香山饭店举行。本届论坛的主题为“新常态新转型——‘十三五’规划展望”。本届论坛共有来自国际货币基金组织、哥伦比亚大学、佛罗里达大学、中国社会科学院、国家统计局、国家发改委、国务院发展研究中心、北京大学、中国人民大学以及其他国内高校、科研机构等单位共计200多位专家学者参加。首都经济贸易大学校长王稼琼,全国人大财经委员会副主任、中国经济实验研究院名誉院长郝如玉,论坛主席、全国政协委员、中国社科院学部委员刘树成,香港经济导报社常务副社长刘晓东出席开幕式并致辞。论坛围绕新常态下的经济转型这一主题,探讨未来中国的经济发展,为国家未来5年的发展献计献策。

(高琼)

【举办国际经济与金融学会中国(IEFS China)第七届年会】 7月15日,国际经济与金融学会中国(IEFS China)第七届年会——国际政策论坛在学校举行。此次会议由首都经济贸易大学与对外经济贸易大学共同主办,WTO首席经济学家、美国国际贸易委员会经济学家Robert Koopman,IEFS中国执行秘书长、对外经济贸易大学国际贸易系主任殷晓鹏,经济学院院长郎丽华、党委书记徐雪以及全体教师参加了本次会议。

(高琼)

【举办第六届微观经济理论研讨会】 10月18日,由首都经济贸易大学经济学院、教师发展促进中心(OTA)和北京高校经贸专业群联合主办的第六届微观经济理论研讨会在首都经济贸易大学成功举行。本次会议是国内微观经济理论领域水平最高的研讨会之一，为高校学者和研究生提供了相互沟通、充分交流、分享研究成果的平台。来自北京大学、清华大学、中国人民大学、中国社会科学院、北京师范大学、中央财经大学、对外经济贸易大学、河南大学、首都经济贸易大学、《世界经济》编辑部等的40余位学者和30多位研究生参加了本次会议。会议由首都经济贸易大学经济学院院长郎丽华主持并致辞，首都经济贸易大学科研处处长祝合良、发展规划处处长周明生、经济学院副院长王军分别致辞。会议就微观经济领域的"企业质量竞争""上下游纵向控制""医保制度设计""政府惩治腐败制度设计"4个方面的问题展开了研讨。

（高琼）

【举办经济学院与法国高校合作10周年纪念活动】 11月25日，经济学院在博学楼学术报告厅举办了中法合作10周年纪念会，纪念会以视频形式回顾了中法10年合作历程，经济学院第一任院长张连城、法国高校项目主管 Frederic Bonnet 分别致辞，中法留学生联合编导并参演了2015年国际交流成果展示音乐剧"Go to see，Come to say"。

（高琼）

【举办第十四届"创新成果与优秀人才"表彰暨第八届"院长奖章"颁奖典礼】 11月25日，学院在博学楼学术报告厅举办第十四届"创新成果与优秀人才"表彰暨第八届"院长奖章"颁奖典礼。法国高校项目主管 Frederic Bonnet，学院首任院长张连城，院长郎丽华、党委书记徐雪、副院长赵家章出席大会，大会由经济学院党委副书记蔡斌主持，获奖学生代表和其他学生代表参加了大会。

（高琼）

【召开第三届"读经典·厚基础"暨"研究生导师联合科研成果"研讨会】 12月2日，由学院举办"读经典·厚基础"学术研讨会活动。学院院长郎丽华、副院长王军、分团委书记高琼以及2014级研究生参加了本次研讨会。

（高琼）

【2015中国国际贸易便利化暨北京外贸发展研讨会在京举办】 12月11—12日，由中国国际商会、中国口岸协会、首都经济贸易大学主办，中海国际咨询有限公司、中海华夏（北京）国际会展有限公司协办的"2015中国国际贸易便利化暨北京外贸发展研讨会"在北京隆重举行。来自商务部、海关总署、中国口岸协会、北京市商务委员会、中国日本商会、韩国对外经济政策研究院、杜邦（中国）集团、5100公司、科慕化学公司、对外经济贸易大学、中央财经大学、首都经济贸易大学、北方工业大学、北京信息工业大学等官、产、学、研、商的代表参加了研讨会。研讨会由经济学院院长郎丽华和中海国际咨询有限公司秦阳主持。经济学院张连城教授在研讨会上对中国宏观经济下行的大趋势进行了分析，并提出了相关建议。

（高琼）

会计学院

概　况

会计学院成立于1999年7月，由原北京经济学院财政会计系和原北京财贸学院会计系合并而成。学院下设会计系、财务管理系、审计系，会计学研究所、理财学研究所。会计学为北京市重点学科，会计学专业为北京市特色专业。学院拥有会计学博士学位授予权和会计学、会计专业硕士（MPACC）、审计专业硕士学位授予权。本科设有会计学、财务管理2个专业以及会计学（注册会计师专门化）、会计学（国际会计）两个方向。截至12月，会计学院在校本科生917人，硕士研究生、博士研究生317人，教职工71人。

（解小娟）

师资队伍建设

截至2015年年底,会计学院共有专任教师62人,其中,教授14名,副教授27名,讲师21名;博士生导师7人,硕士生导师36人。新入职博士3人,段新生晋升为教授。王海林获批博士生导师,阎竣、杨鹃、尹世芬获批硕士生导师。6月14日,中国企业财务管理协会召开了首届财务管理专家聘任仪式及座谈会,崔也光入选中国企业财务管理协会首届专家;7月27日,栾甫贵入选财政部2015年"会计名家培养工程"。

(解小娟　孙军鹏)

学科与专业建设

【硕士点改革】 2015年,学院在原有学科专业基础建设成果的基础上,首次招收非全日制会计专业硕士23人。

(石军)

【召开本科专业评估工作会】 12月15日,召开本科专业评估验收工作会,学院领导班子及各系主任、教研室主任参加会议,邀请中国人民大学、北京大学、北京工商大学专家进行评估验收。会议由副院长顾奋玲主持,蔡立新、闫华红、袁小勇3位系主任分别汇报了本专业的评估工作。

(柳志强)

【全日制本科优秀新生转专业情况】 5月,学院组织了全日制本科优秀新生转专业工作,共接收转专业学生58人,其中,转入会计学专业19人,转入会计学(注册会计师专门化)专业30人,转入财务管理专业9人。

(柳志强)

教学工作

【第五届(IMA)管理会计案例大赛获奖】 4月20日,在第五届美国管理会计师协会(IMA)管理会计案例大赛中国区决赛中,由杨世忠和孙庆福指导的段耶、范晶晶、侯红超、刘晶潇、慕亚垒组荣获华北赛区二等奖;由王伟指导的陶宇、王馨甜、付豪、刘桂良、季燕妮和由杨世忠指导的张海玲、姜凤、李凌倩、史杨超组荣获华北赛区三等奖。学校荣获"优秀组织奖"。

(柳志强　谭静)

【举办"德勤之道"审计案例大赛】 6月14日,第十三届会计学术文化节的核心赛事——2015"德勤之道"审计案例大赛决赛在学校举办。由顾奋玲和孙庆福指导的王小琛、刘昆、黄烨华、杨春雪组荣获全国一等奖,由王霞指导的程丹骅、张彦婕、张慧珊、李航昱荣获全国三等奖。

(柳志强　谭静)

【启动卓越人才班暑期实训】 7月13日,2014级卓越班开始以整班建制赴德勤会计师事务所进行为期1个月的专业实习,根据会计学院卓越人才培养计划,会计学院2013级卓越人才班依托首经贸—德勤国家级校外人才培养基地工作平台,卓越人才培养计划进入企业实训阶段。

(柳志强)

【举办香港会计师公会专业资格课程(QP)个案分析比赛】 9月29日,2015年香港会计师公会QP个案分析大赛在首经贸赛区进行,最终由会计学院2013级注会专业本科生组成的Dream Hunter队以更为翔实的战略分析和独具一格的观点阐述获得本次大赛冠军,Twinkle队获得亚军,Beyond队获得季军,晋级决赛的另外7支队伍获得优秀奖。

(谭静)

【推荐优秀应届本科毕业生免试攻读硕士学位研究生】 10月,2015年优秀应届本科毕业生免试攻读硕士学位研究生推荐结果出炉:黄烨华、刘松月、王子一、蒋婕、赵佳坤、耿飒、熊沐银、杨敬懿、于锦荟、张莹莹、石佳、要晨阳、马勤勤,共计13名同学获得免试攻读硕士研究生资格。

(柳志强)

【举办"校园精英"管理会计案例大赛】 11月22日,举办第二届"校园精英"管理会计案例大赛决赛,本次大赛面向全国各大高校,共有来自11所高校的82组团队参与其中,经前期评委认真评估,共有10支队伍进入决赛,最终学院2组团队分别荣获一等奖和三等奖,由刘瑛和孙庆福指导的舒雅婷、袁小叶、房文东、张倩组荣获一等奖,由王伟指导的熊沐银、张珂、张奕、武思陈组荣获三等奖。

（柳志强　谭静）

【召开教学工作会】　12月2日，学院召开期中教学检查总结工作会，学院领导班子及全体教师参加会议。会议由副院长顾奋玲主持，蔡立新、闫华红、袁小勇3位系主任分别汇报了本系教学检查的重点和特色工作，顾奋玲对学院教学检查的内容、形式以及各系的检查工作进行了点评。

（柳志强）

【荣获香港会计师公会专业资格课程（QP）个案分析比赛全国赛优秀奖】　12月6日，在香港会计师公会QP个案分析比赛全国总决赛中，由赵懿清和谭静指导的张佳欣、张梦媛、张圆、朗凡宇组成功从全国400余支参赛队中脱颖而出，以华北区第一名的成绩晋级香港会计师公会QP案例大赛全国总决赛，最终获得优秀奖。

（谭静）

【辅修工作】　2011级会计学辅修专业61人获得学位。

（柳志强）

科研工作

【概述】　2015年，学院教师发表权威A论文2篇，权威B论文10篇，核心A论文8篇，核心B论文41篇，一般期刊论文19篇，出版著作5部，教材及其他专业出版物13部。获批国家社会科学基金项目5项，国家自然科学基金项目3项，教育部社科基金项目1项，北京市哲学社会科学项目3项，北京市自然科学基金项目1项，财政部项目4项，农业部项目1项，北京市教委项目1项，校级项目3项。获得纵向科研经费393.82万元；横向课题科研到账经费87万元。获得各种科研奖项7项。组织全院教师参加各种科研学术会议20余项，共80余人次参会；成功承办“第十一届全国无形资产理论与实务研讨会”。

2015年会计学院举办的专题讲座一览表

时间	题目	主讲人	主讲人所在单位
3月12日	审计专业拓展与职业教育之企业内部审计篇	尹维劼	北京汽车集团有限公司审计室主任
3月19日	审计专业拓展与职业教育之会计师事务所	张宴生	毕马威会计师事务所（KPMG）合伙人
3月25日	美国联邦政府审计	刘力云	审计署科研所
3月25日	审计专业拓展与职业教育第三讲	张家伦	北京亦庄国际投资发展有限公司副总经理
4月2日	面向未来，提高能力——从政府审计说开去	李建新	中国航天科工集团副总会计师
4月9日	审计专业拓展与职业教育第五讲	李春节	公安部审计局总审计师
4月14日	经济新常态下的会计人员素质要求	顾克荣	中国石化股份有限公司财务部资产处
4月15日	政府审计：现状与未来	郭彤	北京审计局副局长
5月25日	企业视角下：会计专业审视	张力	中粮可口可乐
6月18日	中外会计准则比较及发展趋势	刘光忠	财政部会计司
9月22日	会计专业拓展和职业规划问题	刘长翠	北京市发展与改革委员会处长
10月12日	国际会计准则的最新动态及对我国的影响	张为国 刘玉廷	国际会计准则委员会 中国会计学会
10月20日	关于管理体系知识框架与实施	Kip Krumwiede	美国管理会计师协会

2015 年会计学院发表权威期刊论文一览表

作者	成果名称	类别
汪平	异质股东的资本成本差异研究——兼论混合所有制改革的财务基础	《中国工业经济》2015 年第 9 期
贺宏	Analyst Following, Information Environment and Value Relevance of Comprehensive Income: Evidence from China	SSCI
王淑梅	国债收益率曲线在财政金融调控政策中作用的实证研究	《财政研究》2015 年第 3 期
张馨艺	新常态下的产业结构特征与财税政策选择	《税务研究》2015 年第 7 期
刘文辉	企业会计准则(2006)实施效果研究——来自审计师的调查问卷分析	《财政研究》2015 年第 6 期
贺宏	信息环境、证券分析师追踪与综合收益的价值相关性	《财政研究》2015 年第 6 期
林乐	管理层语调能预示公司未来业绩吗？——基于我国上市公司年度业绩说明会的文本分析	《会计研究》2015 年第 2 期
杨世忠	会计理论和制度在自然资源管理中的系统应用——澳大利亚会计准则研究及其对我国的启示	《会计研究》2015 年第 2 期
闫华红	会计信息披露与投资者利益保护	《财政研究》2015 年第 1 期
马元驹	注册会计师职业群体价值取向探讨	《审计研究》2015 年第 11 期
邹颖	股权激励、控股股东与股权资本成本	《经济管理》2015 年第 6 期
贺宏	小微企业组织形式及其所得税政策之优化	《税务研究》2015 年第 5 期

2015 年会计学院出版著作一览表

作者	成果名称	类别
王凡林	当前内控与内审热点问题研究与借鉴	专著
许江波	基于风险预警的企业内部控制缺陷信息披露研究	专著
贺宏	上市公司综合收益价值相关性研究——依循中国新会计准则	专著
卿小权	中国上市公司股权再融资行为研究——投资者异质信念视角	专著
马元驹	财务管理学模拟实验教程	编著

2015 年会计学院出版教材一览表

作者	成果名称	类别
刘文辉	会计学基础(第四版)	市教委精品教材
栾甫贵	基础会计(第四版)	市教委精品教材
王海林	财务管理信息化(第二版)	校内本科生以上使用的一般教材
王海林	Excel 会计应用	其他专业出版物
尹世芬	涉外企业会计(第二版)	其他专业出版物
刘文辉	民航机场会计核算教程	其他专业出版物

续表

作者	成果名称	类别
闫华红	财务管理学(第三版)	普通教材
闫华红	财务成本管理(2016年注册会计师考试应试指导及全真模拟测试)	普通工具书或参考书
闫华红	2015年税务师职业资格考试《财务与会计》	普通工具书或参考书
闫华红	中级财务管理(2015年会计专业技术资格考试应试指导及全真模拟测试)	普通工具书或参考书
叶青	2015年度注册会计师全国统一考试《税法》经典题解	普通工具书或参考书
闫华红	财务成本管理(2015年注册会计师考试应试指导及全真模拟测试)	普通工具书或参考书
叶青	2015年全国会计专业技术资格统一考试《经济法基础》应试指南	普通工具书或参考书

2015年度会计学院科研获奖情况一览表

获奖人	成果内容	奖项名称	颁奖部门	获奖等级
林乐	管理层语调有信息含量吗?——基于业绩说明会的文本分析	2015年杨纪琬会计学奖	杨纪琬会计学奖	优秀会计专业学位论文奖
闫华红	大数据环境下全面预算系统的构建	管理会计优秀论文	财政部会计司	一等奖
杨世忠	管理会计的逻辑	管理会计优秀论文	财政部会计司	二等奖
付磊	做好人才培养,推进管理会计发展	管理会计优秀论文	财政部会计司	二等奖
汪平　邹颖	高管薪酬激励的核心重构:资本成本约束观	全国商务财会学术论文	中国对外经济贸易会计学会学术委员会	二等奖
许江波	基于价值链视角的增值型供应链审计问题研究——以A制造业企业供应链审计为例	2014年度北京市内部审计专题研讨论文评奖	北京市内部审计协会	一等奖
栾甫贵	企业破产重整价值评估研究	2014年优秀科研成果奖	首都经济贸易大学	优秀科研成果奖

(高长江)

【校外兼职硕士生导师聘任仪式暨师生见面会】 12月5日,会计学院召开2015级校外兼职硕士生导师师生见面会。会上,副院长李百兴宣读了《会计学院校外导师管理办法(试行)》,优秀校外导师张家伦、王文章就研究生学生培养做了发言,来自企事业单位、金融机构、政府部门、会计师事务所的57名校外导师和2015级专业硕士研究生参加了见面会。

(石军)

【聘任徐正雨教授为客座教授】 10月15日,会计学院召开国际会计准则委员会韩国理事徐正雨客座教授聘任仪式,校长王稼琼为徐正雨颁发了客座教授聘书,随后,徐正雨做了“国际会计准则的最新动态及韩国采纳国际会计准则情况”的主题报告。财政部企业司前司长刘玉廷,会计学院院长崔也光、副院长李百兴等出席了聘任仪式。

(石军)

学生工作

【概述】 会计学院学生组织下设学生会、分团委两个机构以及红色志愿者协会、会计论坛两个社团组织。截至12月31日,会计学院分团委有35个基层共青团组织,共青团员共计1 109人;团干部107人。分团委下设组织部、宣传部、志愿者服务团3个职能部门,设置分团委书记1名,副书记3名,各部门设部长2~3名,干事若干名。现任分团委书记为谭静,副书记为马欣然、高姗、张琨。学生会下设8个职能部门:办公室、安全部、生活部、宣传部、外联部、学习部、体育部、文艺部。学生会主席团成员6名,主席刘孟谦,副主席陈亚、田文钰、杨铭、左钧漫、李虹奕。红色志愿者协会负责人黄烨华,会计论坛负责人王雨濛、李志玮。

(谭静)

【思想政治教育】 2015年,会计学院分团委开展了“一团一品”团支部展示、“会院榜样”颁奖典礼、纪念中国人民抗日战争胜利暨世界反法西斯战争胜利70周年“勿忘国耻·圆梦中华”主题教育活动,承办“勿忘国耻·圆梦中华”主题演讲大会、“传承抗战精神·抒写热血青春——《胜利大阅兵》首经贸交流放映”等活动。3月5日,会计学院分团委开展“法之铿锵·律之城墙——会计学院十八届四中全会宣讲团走进第二书房”活动。3—6月,学院分团委开展“诚信报刊亭”活动,活动组织会计学院团员在校园慎思楼一层设立无人看守的售报和借书点,对学校学生诚信度进行测量和评价。5—10月,为积极响应共青团中央、教育部、国家体育总局、全国学联开展群众性体育活动号召,贯彻落实团中央“三走”的要求,会计学院分团委深入开展“走下网络、走出宿舍、走向操场”主题群众性课外体育锻炼活动。5月13日,会计学院分团委举办“一团一品”团日活动展示会。各团支部以PPT和视频相结合的方式,对自2014年9月团支部建立以来团支部参加的各种活动以及获得的各项荣誉进行展示。5月31日,会计学院举办“会院榜样”颁奖典礼活动。7月7日,为纪念“七七”事变78周年、中国人民抗日战争暨世界法西斯战争胜利70周年,会计学院分团委、学生党支部共同开展主题为“致敬历史·同沐荣光”主题宣誓仪式,承办了“勿忘国耻·圆梦中华”主题演讲大会、学习习近平总书记重要讲话精神、参观抗战主题纪念馆、瞻仰祭扫烈士墓、寻访抗战校友等主题党日和主题团日活动。12月22日,由学校和八一电影制片厂主办,学生处和会计学院承办的“传承抗战精神·抒写热血青春——《胜利大阅兵》首经贸交流放映活动”成功举办。

(谭静)

【组织建设】 2015年,161名团员完成初级党校的培训。2015年,会计学院分团委开展学生干部宣传工作培训、新生团支部干部业务培训、学院分团委新任部长破冰、团日活动交流会、团统工作等培训。

(谭静 杨婧 王文绪)

【宣传工作】 2015年,会计学院分团委以《团学快讯》作为共青团组织的主要宣传阵地,重点完成了新生入学破冰活动、“一团一品”团日展示活动,相继使用新媒体平台,如微信(经贸会讯、支部快讯)、微博(首经贸会计学院)等。11月,邀请校团委副书记、宣传部部长孙明春对学院学生干部开展宣传工作培训;组织新生团支部定期上交活动通讯稿、原创文学等稿件并及时向校团委上报基层信息;学生会宣传部与分团委宣传部、会计论坛宣传部联合举办了通讯稿写作以及PS海报制作等宣传培训活动。

(谭静)

【社会实践】 1月1日起,会计学院分团委积极响应北京市团委倡导的“随手微公益,传播正能量”活动,在学院内开展“温暖衣冬”爱心传递活动。2月,会计学院本科生党支部响应学校“党员先锋工程活动”的号召,在铁路第二中学开设了财经专题和时尚电脑应用两门选修课程的志愿讲授活动,并开展了以“重回少年书香地·践行核心价值观”为主题的暑期社会实践活动。7—8月,会计学院分团委开展主题为“以爱之名,‘书’写未来”的暑期社会实践活动,组织学校10余名志愿者分别奔赴中西部基础教育落后的小学开展暑期支教夏令营活动。

(谭静)

【志愿服务】 4月23日、10月29日,会计学院79名学生响应分团委的号召参加无偿献血活动。8月,会计学院选派4名同学作为志愿者参加2015年北京国际田联世界田径锦标赛志愿服务活动。9月20日,会计学院分团委志愿者团组织志愿者参加北京国际铁人三项比赛志愿服务活动。2015年下学期,会计学院分团委志愿者团与“音画梦想”社会工作事务所签订了新学年的合作协议,定期定量为“音画梦想”志愿服务活动输送志愿者，提供摄影、音乐、绘画三类支教课程志愿服务活动。9—12 月，会计学院志愿者团继续与歌华时代桥合作承担志愿者招募工作并参与了 9 月李健演唱会志愿服务，10 月好声音总决赛、张惠妹演唱会、莫文蔚演唱会、CBA 篮球赛、NBA 中国赛志愿服务，11 月中韩明星演唱会、中超足球赛、交响乐团音乐会志愿服务，以及 12 月《金星脱口秀》北京巡演志愿服务活动。11—12 月，会计学院分团委联合本科生党支部，在金中都第二书房开展志愿服务活动，将圣诞节和感恩节两个节日定为主题志愿服务日，在志愿服务活动期间招募学生志愿者，积极策划举办相应节日主题晚会。

（谭静）

【学生社团工作】 11 月 2 日，红色志愿者协会在会计学院入党积极分子中开展以中国人民抗日战争暨世界反法西斯战争胜利 70 周年为主题的知识竞赛活动。2015 年，会计论坛先后举办“德勤之道”第十三届会计学术文化节、会计论坛社团招新、2015 年德勤俱乐部校园招聘宣讲会和“中华会计网校杯”新生知识竞赛等活动。

（谭静）

【学术交流】 2015 年，会计学院举办“德勤之道”会计学术文化节、毕马威管理会计案例大赛、IMA 管理会计案例大赛、香港会计师公会专业资格课程（QP）个案分析比赛等诸多学术交流活动，积极组织学生参加各类专业学科竞赛以及海峡两岸大学会计辩论赛等。

（谭静）

党建工作

【概述】 截至 2015 年 12 月，会计学院党委共有党员 273 人，其中，在职教师党员 45 人，退休教师党员 28 人，学生党员 200 人；党委下设 15 个党支部，其中，教工支部 4 个，退休教工支部 2 个，本科生支部 2 个，研究生支部 7 个。

（解小娟）

【开展“三严三实”专题教育】 学院领导班子认真学习贯彻落实党的十八大、十八届三中、四中全会及习近平同志系列重要讲话和对高校党建工作的重要批示精神，开展了政治纪律、组织纪律和廉政纪律教育。分 3 个阶段分别开展了“学习郭金龙书记讲话”活动；学院党委书记解小娟为全体党员上了“聚焦对党忠诚、个人干净、敢于担当”的党课。学院中心组开展了“严以修身，加强党性”“严以用权，真抓实干，忠诚、担当新形象”的主题学习。领导班子开展了“三严三实”专题民主生活会。

（解小娟）

【党风廉政建设】 学院认真落实党风廉政建设责任制，本年度对学院“三重一大”制度进行了修订，坚持民主集中制、“三重一大”制度和一岗双责，将各项会议制度和工作制度落到实处。书记、院长带头遵守廉政准则和廉洁自律各项规定，认真履行党风廉政建设第一责任人的职责，坚持每周一次党政联席会，强化集体决策的办事流程。领导班子成员参加了学校党风廉政建设大会及相关培训，进一步修订了学院专项经费使用管理流程，落实了专项经费中的劳务费、专家咨询费的双签制度。针对 2015 届本科、硕士毕业生开展主题为“信仰、信任、信心”、“大学生廉洁知识读本”专题、毕业生“最后一课”廉政教育活动。完成学校党风廉政建设自查报告及北京市纪委党风廉政建设检查工作。

（解小娟）

【党务政务公开情况】 会计学院共公开涉及财务经费使用、职称评定、考核评优、出国进修、推优保研、党员推优、党员发展、预备党员转正以及学生各类奖学金助学金评定、评优等事项 21 条

（解小娟 崔也光）

【优秀党员表彰】 学院落实学校党委“六个一百”工程，2015 年度叶青、栾甫贵、蔡立新、王荣、顾奋玲、王伟、王健琪获得“百名优秀教师党员”荣誉称号；柳志强、谭静获得“百名党员服务标兵”荣誉称号；刘栋、胡晓庚、兰京、臧文佼、咸康希、杨天宇、陆晓媜、周婷、王令菲、黄烨华、杨春雪、熊沐银获得“百名优秀学生党员”荣誉称号。

（解小娟 孙庆福）

【党建课题、党建难点项目申报】 5 月，解小娟主持申报的党建课题《高校教师党支部书记心理资本调查及提升研究》获得校级重点项目立项。3 个教师党支部申报了学校党建难点项目支持计划。

（解小娟）

【基层党组织建设】 6 月，成立了以系为单位的教师党支部，会计系党支部书记于鹏、副书记陈杰，审

计系党支部书记王健琪,财务管理系党支部书记王伟,将支部建在系上,对新任党支部书记开展了党务能力培训。

(解小娟)

【主题党日、党建创新项目】 6月25日,会计学院党委开展的"青年教师职业生涯提升计划"项目获得学校党建工作创新项目一等奖。会计学院教工一支部、行政支部开展的"关爱·成长·温暖同行"党日活动获得主题党日活动二等奖。

(解小娟 孙庆福)

【入党申请人、积极分子培养工作】 2015年,学院有152人向党组织递交了入党申请书,经分团委推优认定入党积极分子89人,原单位连续认定入党积极分子26人。组织初级党课2期,148名团员完成了初级党课培训;组织北京市大学生入党积极分子在线学习与考试系统2期,137名团员完成培训与考试。

(孙庆福 谭静)

【党员发展和管理工作】 学院严格落实《发展党员工作实施办法》,制定了《党员发展实施细则》。确定党员班主任为所在班级申请入党学生的第一联系人,规范入党申请人、积极分子和发展对象的联系及培养工作。完成55名预备党员转正,发展新党员35人。完成北京市委组织部对新实施的《发展党员工作实施办法》的检查工作。完成新党员的关系转入和毕业生党员的关系转出工作。

(解小娟 孙庆福 谭静)

工会工作

【二级教代会工作】 2015年,会计学院在学院管理制度调整、岗位晋升聘任评审、年度考核评优、教学名师和优秀主讲教师推荐评审、公开招聘选拔新入职教师、重大节日的过节福利品或过节费发放方案的制定等各项工作中,主动征求工会、教代会的意见。12月24日,会计学院召开了第一届教职工代表大会第五次会议,校工会主席杨世忠出席了本次大会,会议审议了学院院长崔也光所做的学院工作报告、学院财务工作报告以及分工会主席蔡立新所做的工会工作报告,代表们分组讨论了3个报告,经过举手表决的方式一致同意通过上述3个报告。

(蔡立新)

【建家升级】 11月24日,学院申报北京市先进工会小家,进一步丰富了学院文化墙建设,改善了办公环境。

(蔡立新)

【评优工作】 2015年,分工会获得首都经济贸易大学2015年工会先进单位奖;解小娟获得优秀教职工之友荣誉称号;顾奋玲、杨鹃获得了学校首届优秀教师荣誉称号;曹健、王荣荣获"爱岗敬业普通劳动者"荣誉称号;吕亚洁、尹世芬、尤小雁、石彦文、王健琪、梁淑美获得"从教三十年"荣誉称号;林光泽、闫华红、王海洪、王伟、王文绪、王元芳、曹美静获得"优秀工会积极分子"荣誉称号;分工会委员孙军鹏、谭静获得"优秀工会工作者"的荣誉称号。

(蔡立新)

【工会活动】 2015年,会计学院分工会组织了广场舞、趣味运动会、徒步走比赛、唱抗战歌曲、师生羽毛球联赛、新年联欢晚会等一系列活动;组织了工会工作座谈会、青年学术沙龙等活动;10月,分工会组织教师赴中兴通讯全球财务共享中心、首钢京唐公司、北汽福田戴姆勒公司开展专业实践调研。12月,会计学院分工会组织中青年教师赴山东开展专业社会实践调研活动。

(蔡立新)

重大事件

【国家级重点、重大课题创历史新高】 学院杨世忠教授的"基于自然资源资产负债表系统的环境责任审计研究"(项目号:15ZDB160)获批2015年国家社会科学基金重大项目,"国土资源资产负债表编制及其运行机制研究"获批2015年国家社会科学基金重点项目。

(高长江)

【4篇学术论文获省部级以上奖励】 学院林乐讲师的博士论文《管理层语调有信息含量吗?——基于业绩说明会的文本分析》获得中国会计学界最高奖项"杨纪琬会计学奖"单项奖"优秀会计专业学位论文奖";闫华红教授的《大数据环境下全面预算系统的构建》获得财政部会计司主办的全国"管理会计优秀论文"一等奖,杨世忠教授的《管理会计的逻辑》和付磊教授的《做好人才培养推进管理会计发展》获得二等奖。

(高长江)

【承办第十一届全国无形资产理论与实务研讨会】 10月17日，第十一届全国无形资产理论与实务研讨会在北京召开，会议主题是"无形资产理论与实务"，会议主办方为首都经济贸易大学、北京会计学会。来自各个高校、管理部门、科研机构、研发企业、出版单位等100余名代表参加了本次会议。会议共收到论文35篇，在大会和分组研讨会上进行了学术交流。

（高长江）

【新领导班子成立】 3月24日，校党委组织部宣布会计学院新一届领导班子成员：院长崔也光、党委书记解小娟、教学副院长李百兴、科研副院长顾奋玲、党委副书记孙庆福。

（解小娟　孙军鹏）

【承接北京市属国有企业内部控制检查】 4—5月，受北京市国资委委托，成立崔也光教授为总负责人，王凡林教授、闫华红教授、孙静老师和部分研究生共18人为组员的检查组，对包括京粮集团、京能集团、北京国管中心等12家市属国有企业进行了内部控制检查评价。

（王凡林　孙军鹏）

劳动经济学院

概　况

首都经济贸易大学劳动经济学院由首都经济贸易大学原劳动经济系和人口经济研究所合并，于2000年组建而成。劳动经济系的前身是由原国家劳动部部长李立三同志倡议，于1954年创立的中央劳动干部学校。1984年以前，劳动经济系是全国唯一的劳动经济学科点，该系是我国最早建立劳动经济专业（1955年）、人事管理专业（1984年），第一批建立人力资源管理专业（1993年）、劳动与社会保障专业（1998年）的单位，也是最早（1981年）获得劳动经济硕士学位授予权的单位，并且于2000年在全国第二个获得了由国务院学位办批准的"劳动经济学"专业博士授予权。人口经济研究所的前身是1973年根据周恩来总理的指示在北京经济学院（首都经济贸易大学前身）成立的我国第一个人口研究室，1979年经北京市政府批准成立人口经济研究所，是全国首批接受联合国人口基金（UNFPA）资助的单位之一，2000年并入劳动经济学院。

劳动经济学院办学层次丰富，学科体系完整。现设有应用经济学博士后流动站1个；劳动经济学、人力资源开发与人才发展、劳动关系3个博士点；7个硕士学位授权点（劳动经济学、社会保障学、人口学、人口资源与环境经济学、人力资源开发与人才发展、劳动关系、社会工作专业硕士）；6个本科专业及专业方向（人力资源管理、国际人力资源管理、人力资源管理实验班、劳动与社会保障、社会工作、劳动关系）；劳动经济学院有5个教学系、7个研究所（中心）。

2011年，劳动经济学院成功地在全国第一个建立了人力资源开发与人才发展博士点和硕士点；2011年，在全国第一批建立了劳动关系博士点及硕士点。

劳动经济学院与美国密歇根大学、日本早稻田大学、日本爱媛大学、日本流通经济大学、大阪经济大学、英国北安普顿大学、伦敦城市大学、爱尔兰阿斯隆理工大学、都柏林城市大学、加拿大蒙特利尔大学、瑞典布鲁斯大学、台湾中正大学、香港城市大学相关院系均有密切的学术交流，包括互派访问学者进修学习。与此同时，劳动经济学院还与这些学校签署了合作办学协议，每年派出几十名学生（含本、硕、博）和青年教师到上述各大学留学，进行联合培养。

（冯喜良）

师资队伍建设

劳动经济学院拥有一支符合学院发展、适应教学和学科（专业）建设需要、结构优化、素质良好、富有活力、勇于创新的教师队伍。多人享受国务院颁发的政府特殊津贴并担任中央政府或北京市政府部门的顾问。学院的人力资源管理课程群教学团队被评为国家级优秀教学团队和北京优秀教学团队。学院拥有多名国内相关专业领域的知名教授、学者,他们同时还担任着中国劳动学会、中国人力资源开发研究会、中国社会保险学会、中国人力资源教学与实践研究会、劳动科学教育分会、劳动关系分会等全国性学术团体的副会长、常务理事等重要职务。学院现有教师 63 人,其中,教授 18 人,占学院总人数 29%;副教授 20 人,占学院总人数 32%;讲师 25 人,占学院总人数 39%。教学管理 12 人,占学院总人数 16%。

(冯喜良)

学科建设

劳动经济学院有博士点 3 个:劳动经济学、人力资源开发与人才发展、劳动关系。硕士点 7 个:劳动经济学、社会保障学、人口学、人口资源与环境经济学、人力资源开发与人才发展、劳动关系、社会工作专业硕士。本科专业 4 个:人力资源管理、劳动与社会保障、劳动关系、社会工作。其中,劳动经济学为国家重点学科和北京市重点学科,劳动与社会保障为北京市重点建设学科。

自 2007 年以来,劳动经济学专业、劳动与社会保障专业和人力资源管理专业先后获批国家级重点学科和国家级特色专业。人力资源管理课程群教学团队被评为国家级优秀教学团队,杨河清教授获得国家级教学名师称号。

劳动经济学院的学科、专业、教师队伍建设在取得国家级成果的同时,还获得了多项北京市级成果。2008 年,劳动经济学免答辩成为北京市优秀重点学科;2008 年,劳动与社会保障获批为北京市重点建设学科,同年该专业成为北京市特色专业(该专业 2002 年被评为北京市品牌专业);2009 年,人力资源管理专业获批为北京市特色专业,人力资源管理课程群教学团队入选北京市优秀教学团队。2004 年“人力资源管理”、2005 年“劳动关系”、2007 年“劳动经济学”、2009 年“社会保障学”获批为北京市精品课程。2007 年杨河清教授、2011 年张琪教授获得北京市教学名师称号。2011 年,杨河清教授获得国家级教学名师称号。

(杨河清)

教学工作

【教学研究】 2015 年,学院苗仁涛、黎煦、赵耀、魏华颖、李晓曼、雷晓天、边文霞、姜蓓蓓、孙乐承担 3 项校级教学改革项目。学院举办通识教育讲座 4 讲,人力资源管理实践课堂讲座 11 讲。

(赵建新)

【研究生培养】 2015 年,劳动经济学院共招收硕士研究生 111 人,其中,劳动经济学专业 17 人,社会保障专业 35 人,人口学专业 6 人,人口资源与环境经济 2 人,人力资源开发与人才发展 4 人,劳动关系学 3 人,社会工作硕士专业学位 44 人。

2015 年,学院共招收博士研究生 9 人,授予学位 5 人。

(何波)

【在职研究生培养】 学院自 1997 年开始招收劳动经济学人力资源管理方向在职研究生课程班学员。十几年来,学院共招收培养在职研究生课程班学员 5 700余人,其中 520 余人获得教育部认定的经济学硕士学位。2015 年,学院共招收在职研究生 50 余人。

(吴博棣)

科研工作

【在研项目】 2015 年,学院教师共获得科研经费 383.7 万元,纵向课题 19 项,横向课题 21 项。

(李楠)

【学术成果】 2015 年,学院教师 9 篇论文被收录于权威类期刊《经济学动态》《中国人口科学》《人口研究》等,1 项成果获得省部级科研成果奖。

2015 年劳动经济学院教师发表的重要研究论文一览表

序号	论文题目	第一作者	发表/出版时间	发表刊物/论文集	刊物类型
1	雇佣保护会降低生产率吗?——基于行业数据的实证分析	张成刚	2015-12-18	经济学动态	权威 B,核心 B,核心 A

续表

序号	论文题目	第一作者	发表/出版时间	发表刊物/论文集	刊物类型
2	北京市外来人口调控政策效应的定量分析	盛亦男	2015-12-01	中国人口科学	核心 A,核心 B,权威 A
3	过劳问题研究的路径与动向	杨河清	2015-08-18	经济学动态	权威 B,核心 B,核心 A
4	中国流动人口的选择:为何北上广如此受青睐?	童玉芬	2015-07-29	人口研究	权威 B,核心 B,核心 A
5	为企业进入职业教育开辟空间	孙善学	2015-05-14	人民日报	权威 B(人民日报、光明日报、经济日报理论版)
6	“十三五”时期失业保险制度改革与发展研究	吕学静	2015-04-01	社会保障绿皮书——中国社会保障发展报告(2015)	权威 B 论文集
7	中国人口空间聚集对生产和生活污染的影响差异	肖周燕	2015-03-15	中国人口·资源与环境	权威 B
8	中国城市功能定位调控人口规模效益研究	肖周燕	2015-03-11	管理世界	权威 A,核心 B,核心 A
9	“新常态”对发展经济学的创新	宋湛	2015-02-13	经济日报	权威 B(人民日报、光明日报、经济日报理论版)

2015 年劳动经济学院获得省部级科研成果奖一览表

成果名称	第一作者	奖励名称	获奖等级	获奖日期
关于建立我国长期护理保险制度的几点思考	吕学静	“全国老年宜居城市和医养服务业高峰论坛"优秀论文奖	其他奖	2015-09-04

(李楠)

【学术会议】 12 月 19 日,学院举办“2015 年第十届中国雇主品牌论坛”。

(李楠)

学生工作

【分团委工作】 2015 年,学院分团委共举办、参加了 25 项活动,完成了老舍纪念馆志愿讲解服务、“捐物增暖,情漾寒冬”爱心捐赠活动、太阳村特殊儿童救助中心活动、雅尼世界巡回演唱会志愿活动、Pitbull北京演唱会志愿活动、拳王挑战赛北京站志愿活动、中超联赛北京国安VS上海申鑫志愿活动、2015年北京田径世锦赛志愿活动、“中国好声音”总决赛志愿活动、CBA常规赛志愿活动等一系列志愿服务工作,共计派出571人次参与到各类志愿者活动中,其中有139人次参加专业站点志愿服务,432人次参加以国家体育场及万事达中心承办为主的各类大型志愿服务工作。举办“纪念抗战胜利70周年”主题团日活动和“培育和践行社会主义核心价值观”主题教育实践活动。

(丁志艳)

【学生会活动】 学院学生会共举办参加了46项活动,其中,竞赛类项目22个(校级各类竞赛15项,院级7项),共187人次获奖,24个团体奖项(其中,校级比赛8人次获奖,10个团体获奖,团体操比赛获得学校冠军,“一二·九”合唱比赛获得学校优胜奖)。举办的特色活动有:新生成长小组课堂活动、启铭课堂之就业素养专家讲座两场、校园名企行之人人网、班级星级日志评选活动、班级趣味运动会、人力资源知识竞赛、“职属于你”模拟面试大赛、与财政税务学院联合举办首届“社会保障与公共财政论坛”。

(丁志艳)

【研究生会活动】 2015年,学院研究生会共计举办了17项活动,包括:协助举办6个讲座类活动(国外专家讲座2场,国内专家4场);3项学术交流活动,包括独立承办劳动经济学院第十二届研究生学术论坛、一二学期分别举办劳动经济学院研究生学术经验交流会;5项文体活动,包括举办劳动经济学院第十二届研究生新年晚会、举办劳动经济学院第二届研究生毕业生欢送会、协助校研究生会举办研究生校园十佳歌手大赛、协助并参与校研究生会举办的趣味运动会、协助并参与校研究生会举办的学术文化节乒羽篮大赛;2项拓展活动,分别去北海和陶然亭公园进行研会团队建设;1次特色活动,作为第三代表团参与首都经济贸易大学第一届研究生代表大会。

(丁志艳)

【协会活动】 学院人力资源协会共举办、参加了3项活动,讲座类项目1个,竞赛类项目2个,包括“职属于你”模拟面试大赛、第三届人力资源知识竞赛和燕雀交流会。其中,“职属于你”模拟面试大赛共有5名学生获得特等奖,并与心仪的企业签订了实习协议。学院劳动关系研学会共举办、参加了2项活动,包括第四届全国高校模拟集体谈判大赛和院级模拟仲裁比赛,并获劳方一等奖,资方二等奖的优异成绩。学院“社工在行动”共举办了7项活动,特色活动是新生成长小组,活动共有32次课程,在32次课中,有高年级的学长学姐、专业社会工作者、研究生学生,还有班主任老师以及专业老师的参与,为劳动经济学院2015级本科新生打造了一门包含人际关系、情绪管理、理财管理、时间管理以及目标管理的大学适应性课程,对新生熟悉校园和开展学业规划甚至职业规划起到了一定程度上的引导作用。劳动经济学院社会保障学社与财税学院联合举办了第三届“社会保障与公共财政论坛”。

(丁志艳)

【学生科研项目】 2015年,学院申报学术挑战杯项目10项,其中2项获得学校特等奖,推荐到北京市参赛4项,获得北京特等奖1项,二等奖3项,三等奖1项。开展暑期社会实践活动6项。申报2015年大学生科研创新项目12项,其中,重点项目4项。申报创业挑战杯项目7项。

(丁志艳)

【就业工作】 2015年,学院本科毕业生人数为198人,其中,考研27人,出国26人,签就业协议87人,签劳动合同48人,灵活就业10人,就业率连续8年保持100%。本科毕业生选择出国深造、考取研究生比例不断提高,毕业生就业去向遍及各类党政机关、企事业单位,就业质量不断提升,毕业生专业对口率达到90%以上。研究生毕业生人数为101人,其中,考博3人,签就业协议60人,签劳动合同33人,灵活就业5人,就业率100%,签约单位性质包括国有企业、机关事业单位、民营及其他。

(丁志艳)

对外交流

【教师交流】 学院一贯重视教师队伍建设,通过参加国际学术会议、到国内外知名大学和研究机构进修学习等多种途径开阔教师的学术视野,提高教师的学术研究能力。在学校和学院的支持下,2015年共有4位教师在国外相关大学完成进修学习任务。

2015年劳动经济学院完成国外进修教师名单

姓名	出国时间	回国时间	事项	进修地点
朱俊生	2014年3月	2015年3月	访问学者	美国密歇根州立大学
肖周燕	2014年9月	2015年9月	访问学者	美国密歇根州立大学
杨旭华	2014年12月	2015年12月	访问学者	北卡州立大学
边文霞	2014年9月	2015年2月	访问学者	俄勒冈大学

（吴博棣）

【学生交流】 学院先后与美国密歇根大学、日本早稻田大学、日本爱媛大学、日本流通经济大学、大阪经济大学、英国北安普顿大学、伦敦城市大学、爱尔兰阿斯隆理工大学、都柏林城市大学、加拿大蒙特利尔大学、台湾中正大学、香港城市大学等国际知名大学建立合作关系，并派出学生进行交换学习。2015年，劳动经济学院共有28名学生参与了国外/境外交流项目，并且接收了5名加拿大蒙特利尔大学的学生来学院学习交流。

2015年劳动经济学院对外交流学生名单

姓名	出国时间	回国时间	地点
曹逸凡　孙宜祯　王佳美　黄卿诗　刘熳　刘怡然	2014年1月	2015年5月	爱尔兰阿斯隆理工大学
王欣	2014年4月	2014年9月	日本爱媛大学
邵盼	2015年4月	2016年2月	
张书尹	2015年4月	2015年9月	
李付俊　刘贝妮　王珊娜　杨甜甜　祝如生　石丹阳　李公政　耿文希	2015年7月	2015年8月	加拿大蒙特利尔大学
成睿　仇皓	2015年9月	2016年6月	爱尔兰都柏林城市大学
向伶军	2015年2月	2015年6月	台湾静宜大学
白荣、杜海霞	2015年9月	2016年1月	
康冉	2014年7月	2014年8月	台湾静宜大学
赵夏蕾　王瑞昆　翟原清	2015年7月	2015年8月	加州大学伯克利分校
杜冰蕊	2015年8月	2015年6月	加州大学洛杉矶分校
王祎铭	2015年9月	2015年7月	

2015年劳动经济学院接收国际交流学生名单

姓名	来访时间	回国时间	国际交流学生的学校
Karine、Emmanuelle、Tristan、Laura、Florence Marie	2015年5月	2015年6月	加拿大蒙特利尔大学

（李楠）

【出访情况】 12 月 6—12 日,学院党委书记、副院长王明会随副校长王传生访问了英国南安普顿大学,并签署交流项目协议。

(李楠)

【来访情况】 学院积极与国内外知名大学开展联系,邀请知名学者进行学术访问,2015 年期间共有加拿大蒙特利尔大学劳动关系系 Jean Charest 教授、Jeffery Hilgert 教授,日本流通经济大学田多英范教授等 6 位学者来到劳动经济学院进行学术访问。

(李楠)

党建工作

【概述】 学院党委设有委员 5 名,分别担任书记、副书记、组织委员、宣传委员、纪检委员、统战委员、青年委员。设有 10 个党支部,含教工党支部 3 个,退休党支部 1 个,本科学生党支部 2 个,硕士研究生党支部 3 个,博士生党支部 1 个。共有党员 271 名,其中,退休支部党员 19 名、教职工党员 54 名。群团组织包括分工会、分团委、本科生学生会、研究生会、人力资源协会、社保学社、劳关研学会、社工在行动、e - shine舞团等。

(丁志艳)

【党组织建设】 学院深入学习和贯彻落实党的十八大和十八届三中、四中、五中全会精神,围绕“加强党建工作,为学院发展提供保障”的中心思想,深入开展“三严三实”主题教育活动,以创建服务型党组织为平台,着力加强制度建设,提高党的建设科学化水平,为学院发展、师生发展提供组织保证。党的十八大召开后,学院党委按照学校党委部署,开展了多层次、有重点的学习宣传教育活动,组织党员教师开展各种形式的学习活动,对党的十八大精神以及习近平总书记系列讲话进行了系统深入的学习,同时还在全院范围内开展了“三严三实”专题教育活动,在师生中积极培育和践行社会主义价值观。学院荣获2014—2015 年度宣传思想工作先进单位荣誉称号。

深入抓好党风廉政建设工作。按照学校党委的要求,认真组织学院领导班子进行专题学习和研讨,督促领导班子成员自觉坚持每年的领导干部在线学习和完成北京高校党员教师在线学习任务;认真贯彻执行党风廉政建设责任制,严格履行领导干部“一岗双责”;按照市委教育纪工委要求和学校党委部署,完成了学院党总支党风廉政建设责任制和风险防控落实情况的专项检查;严格执行领导干部廉洁从政若干准则,党员领导干部签署了《北京市党员领导干部遵守〈廉政准则〉承诺书》;加强廉政风险防范意识,细化了各项工作职责,对学院教学、科研、管理工作进行制度规范,并以制度建设为重点,积极开展廉政风险防范工作;贯彻执行民主集中制,推进“三重一大”、院务公开制度,严格执行专项经费使用规定,强化专项经费监督机制。

(丁志艳)

【学生党建与思想政治工作】 2015 年,学院共有学生党支部 6 个,其中,本科生党支部 2 个,硕士研究生党支部 3 个,博士生党支部 1 个。各党支部开展的工作:一是加强学生党员的理论修养,鼓励学生党员进行理论学习和研究。二是积极与地方基层党支部联系,建立红色 1 +1 共建基地,定期开展主题党日活动。2015 年,学院研究生第二党支部获评北京市 2015 年红色 1 +1 优秀项目。三是落实入党积极分子管理制度,加强入党基本知识教育,做好初级、高级党校选拔工作。本学年输送到学校高级党校参加培训的学生 100 余人,共开展 8 次高党学员与入党积极分子学习讨论会。四是进一步规范党员发展流程,继续加强党员联系人制度和入党积极分子评议制度,做好推优入党工作,建立劳动经济学院优秀党员评选制度,发挥党员先锋模范作用。本学年发展党员 36 名。

(丁志艳)

工会工作

1 月 1 日,学院在东校区召开了退休老教师座谈会暨新年团拜会,希望老教师们保重身体,关注学校、学院的发展,继续发挥余热,为学校、学院发展建言献策。1 月 21 日下午,学院分工会组织教职工到念坛公园开展“健康行”徒步走活动,学院党政领导以及 30 余位教师参加了本次活动。3 月 11 日,学院分工会的女教职工参加了庆“三八”女教职工徒步走活动。4 月 1 日,学院工会为 4 月份过生日的老师们举办了集体生日会。4 月 15 日,第二届劳动经济学院青年教师基本功比赛在博学楼 632 举行。5 月 30 日,学院教师积极参与学校组织的广场舞比赛,并获得二等奖。10 月 26 日,学院组织退休老教师到八达岭国家森林公园红叶岭秋游。11 月 18 日,学院党政领导以及 40 余位教师参加了学校组织的“纪念中国人民抗日战争暨世界反法西斯战争胜利 70 周年”歌咏比赛,获得了三等奖。

(武玉)

重大事件

【第二届“劳动关系与劳工问题中日学术研讨会”举办】 3月21—22日，第二届“劳动关系与劳工问题中日学术研讨会”在首都经济贸易大学隆重召开。中日两国多所高校和科研机构近50名学者和代表出席会议，并就会议主旨“劳动关系与劳工问题”，对“集体劳动关系与集体劳动争议处理”“非典型雇佣与企业劳动关系管理”“特殊群体就业与劳动关系法律规制”“劳动力市场的规制”各专题进行了充分的交流和学术讨论。

（冯喜良　吴博棣）

【学院9位教师教学改革研究项目获学校立项资助】 2015年，学院苗仁涛、黎煦、魏华颖、赵耀、李晓曼、雷晓天、边文霞、姜蓓蓓、孙乐9位教师的校级教学改革研究项目获批资助。

（冯喜良　吴博棣）

【举办第二届青年教师教学基本功比赛】 4月15日，第二届学院青年教师基本功比赛在博学楼632举行，学院党委书记王明会、院长冯喜良、党委副书记姜蓓蓓、院长助理范围出席了本次活动。比赛由姜蓓蓓主持。最终孙博、李晓曼、毛畅果3位老师获得前三名，李晓曼老师将代表劳动经济学院参加校级青年教师教学基本功大赛。

（冯喜良　吴博棣）

【中国社科院人口与劳动经济所陆旸副研究员来学院讲学】 5月6日，中国社科院人口与劳动经济所副研究员陆旸来学院教学，做题为“自然失业率和潜在增长率及其估计”的学术报告。学院部分教师和2014级博士生参加了学术讲座。

（冯喜良　吴博棣）

【5项国家社科基金项目获批】 2015年，学院再次获批5项国家社科基金项目（其中1项重点项目，2项一般项目，2项青年项目），在全校各学院中排名第一。到目前为止，学院2013年、2014年和2015年3个年度获批的在研国家项目数已经达到18项，参与教师人数占全院专业教师数的30.51%。

（冯喜良　吴博棣）

【举办科研学术系列讲座】 10月28日下午，北京师范大学文科学报编审，首都教育经济研究院专职研究员，劳动力市场研究中心副主任孟大虎做了题为“实证经济学论文的写作与发表——基于作者和编者双视角的思考”的学术讲座。11月23日下午，我国著名专业学术期刊《人口研究》常务副主编、中国人民大学人口与社会学院博士生导师陈卫做了题为“如何撰写和发表高质量文章”的学术讲座。12月2日下午，《管理世界》期刊副总编、国务院发展研究中心研究员苏杨做了题为“文以载道，发文有道”的学术讲座。

（冯喜良　吴博棣）

【举办第十二届研究生学术论坛】 12月9日，学院举办第十二届研究生学术论坛。来自天津财经大学、中国劳动关系学院、北京物资学院等兄弟院校以及劳动经济学院全体硕士生博士生导师和研究生参加了本次学术论坛。校党委副书记孙善学出席论坛，研究生部副主任阮敬在开幕式上致辞。天津财经大学经济学院教授张宝贵和劳动经济学院副院长范围也分别在开幕仪式上致辞。论坛开幕式后，参会人员分别进入3个分会场进行论文研讨。本次论坛分为劳动经济学分会场，社会保障与社会工作分会场，人口、人资环分会场。3个分会场中，共有22名同学就论文展开答辩。答辩后，点评组的专家对同学的论文进行点评，并与同学们亲切交流。

（冯喜良　吴博棣）

【“劳动关系国际研讨会——集体劳动关系与政府规制”举办】 11月30日，由首都经济贸易大学劳动经济学院主办的“劳动关系国际研讨会——集体劳动关系与政府规制”在首都经济贸易大学博纳楼第六会议室召开。

（冯喜良　吴博棣）

【学院与英国南安普顿大学签署国际交流项目协议】 12月6—12日，学院党委书记、副院长王明会随副校长王传生访问了英国南安普顿大学，并签署交流项目协议。访问南安普顿大学期间，王明会书记与南安普顿大学社会科学系主任德里克·麦基签署交换生项目协议书，并表示今后两学院将积极开展教师和学生的交流互访。双方就高校国际化传播、文化建设等方面进行了交流。

（冯喜良　吴博棣）

【第二届中国高校劳动关系专业建设与人才培养研讨会】 12月10日,由中国人力资源开发研究会劳动关系分会和首都经济贸易大学劳动经济学院联合主办的第二届中国高校劳动关系专业建设与人才培养研讨会在北京召开,中国人民大学、中南财经政法大学、首都经济贸易大学、中国劳动关系学院、山东工商管理学院、山东管理学院、中国劳动关系学院、北京物资学院以及北京劳动保障职业学院9所院校的师生以及来自中华全国总工会、中国工人出版社等单位的专家和学者,共50余位。研讨会开幕式由劳动经济学院院长冯喜良致辞,中国人民大学劳动关系研究所所长常凯发表嘉宾致辞。最后,大会对建设好劳动关系专业、培养优秀劳动关系人才发出了号召。

(冯喜良　吴博棣)

【第十届中国雇主品牌论坛在京顺利召开】 12月19日,"第十届中国雇主品牌论坛"在北京外国专家大厦隆重召开,论坛年度主题为"互联网+雇主品牌"。本届论坛由首都经济贸易大学中国雇主品牌研究中心和国际人力资源管理协会、中国雇主品牌网、《职业》杂志、中国企业公民委员会联合主办,中国教育电视台、CCTV2、人民日报、新京报、环球时报、人民网、凤凰网、央视网、新华网等50多家媒体到会采访和报道。论坛由中国人力资源和社会保障出版集团副总经理、《职业》杂志社社长黄卫来代表主办方致辞,中国惠普公司原助理总裁、首席知识官高建华,国际企业人类学委员会主席、中国社会科学院教授张继焦,首都经济贸易大学人才系主任徐斌,首都经济贸易大学人力资源管理系主任、国际人力资源管理协会副会长朱勇国分别致辞与演讲。期间,各企业代表分别发言并参加讨论。最后,颁奖仪式由北京电视台知名主持人吴冰和知名管理专家丁雪峰主持,中国社会工作联合会企业公民委员会专职副会长刘卫华代表中国雇主品牌论坛理事会遴选专家团致辞。首都经济贸易大学副校长徐芳,欧美同学会企业家联谊会会长徐昌东,中国社会工作联合会企业公民委员会专职副会长刘卫华,联合国全球契约组织中国网络执行秘书长韩斌,教育部中国教师发展基金会执行主任奉小燕等为获奖企业及个人颁奖。

(冯喜良　吴博棣)

【《人口与经济》期刊获奖项】 12月25日,《人口与经济》期刊获由教育部科技发展中心主持的"中国科技论文在线优秀期刊"评比二等奖。此次评比中,共有21家人文社科期刊获得一等奖,50家人文社科期刊获得二等奖。

(冯喜良　吴博棣)

【第二届中国高校劳动关系专业建设与人才培养研讨会】 12月30日,学院2015年度班子述职会暨"服务学院优秀奖"颁奖典礼于博纳楼第六会议室举行,校长王稼琼出席。学院领导班子成员就个人2015年度的工作情况向全院教职工和学生代表做述职报告,充分总结了一整年的工作。

(冯喜良　吴博棣)

文化与传播学院

概　况

文化与传播学院成立于2011年4月,是首都经济贸易大学最年轻的学院之一。学院脱胎于原人文学院,主要由"三系一部一中心"——即广告学系、传播学系、汉语言文学系及艺术教研部、传媒实验教学中心组成。

文化与传播学院属教学型办学单位,现在拥有3个本科专业:广告学、传播学和汉语国际教育,拥有在校本科生620余人。学院坚持"立足北京,服务北京"的办学宗旨,依托学校丰厚的经济管理学资源和学院独特的多学科融合优势,培养通晓外语和国际惯例,具有人文情怀、创新意识、合作精神和实践经验的国际型、复合型、应用型传媒广告业人才和汉语国际教育专门人才。

2015年,学院班子进行调整,新班子上任后,带领全院师生深入贯彻落实党的十八届三中全会、四中全会精神,深入学习和领会习近平同志系列重要讲话精神,全面落实学院"十二五"规划,制定"十三五"规划。

2015年,文化与传播学院的特色工作和创新工作:一是全面完成与经济日报社的签约共建工作。二是2012级传播学专业李阳等3名学生完成的调研报告《我国农村地区宗教传播的主要动因:经济因素抑或非经济因素?——以张家口市崇礼县为例》,先后获得第八届"挑战杯"首都大学生课外学术科技作品竞赛一等奖、第十四届"挑战杯"中航工业全国大学生课外学术科技作品竞赛二等奖。陆彦明老师荣获大赛优秀指导老师。这是学校本科生首次获得"挑战杯"全国奖项,取得学校参加全国"挑战杯"竞赛历史最好成绩。三是学院用4年的时间,新建了11项制度,修订了2项制度,完成了第一期的制度建设任务。四是针对专项资金的运用,学院提出5项新的管理措施,经过半年的实践,取得了良好的效果。

(石刚)

师资队伍建设

【概述】 文化与传播学院拥有一支在各自学科领域有较深造诣的中青年学者构成的高素质教师队伍。2015年,共有教职员工52人,其中,专任教师44人,实验室管理员3人,行政人员5人。专任教师中,教授7人,副教授17人,讲师18人,助教2人,具有博士学位或硕士学位的占专任教师的86.36%。

(张素娥)

【考核聘任】 2015年,学院根据学校人事工作安排,按照首都经济贸易大学教师职务聘任工作实施方案,成立由石刚、付琳、郭媛媛、陆彦明、张小乐、朱琳、杨同庆7人组成的聘委会,对教师申报材料进行院内审核,最后上报郑文明、彭利芝、李景强3人参加学科组评审。

(张素娥)

【重视师德建设】 学院教师王冲、王阳阳被评为"爱岗敬业普通劳动者",郭媛媛被评为"优秀教师",张艳军被评为"优秀教育工作者"。

(张小乐)

学科建设

【媒介经营与管理学术型硕士招收第一届研究生】 2015年,学院媒介经营与管理学术型硕士招收第一届研究生5名:王珂、沈菁、谢烨凤、高屿洁、张萌;5名教师担任第一届硕士研究生导师:石刚、郭媛媛、郑文明、张小乐、许敏玉。

(陆彦明)

教学工作

【教学管理规范化建设取得进步】 2015年,学院先后推出了《文化与传播学院关于工作坊、训练营管理办法》《文化与传播学院关于毕业论文参考文献的补充规定》等文件。

(陆彦明)

【开展学生专业实践"金驼月"活动】 5月,学院继续开展学生专业实践"金驼月"活动。"金驼月"活动以3个单元——"展览单元""展映单元""竞赛单元",共8个项目同时开展,以学院学委会和学生会为主要策划、组织者,教学口和学生口作为后勤保障支持,在"品牌化"、"连动化"和"规模化"总体策略下,大一、大二、大三3个年级约450名学生参加了"金驼月"活动。

(陆彦明)

【教学研究】 2015年,学院共申请校级教改立项3项,获批项目3项,均为一般项目。

(张怡岚)

【推进学生专业实践活动开展】 2015年,学院推进了一系列学生专业实践活动。广告系学生继续参加大学生广告节、学院奖、金犊奖等比赛并获优秀奖。传播系学生李阳团队作品在第十四届"挑战杯"全国大学生课外学术科技作品竞赛中荣获二等奖。

(陆彦明)

【加强校外实习基地建设】 2015年,学院继续以专项支持的方式,加强实践基地建设。2015年,文化与传播学院与丰台区宣传部合作建立校外人才培养基地,进一步完善了实习基地体系,并继续派出学生赴宣亚国际传播集团开展专业学习、实践活动;2015年,学院汉语国际教育专业集中选派学生赴境外实习,其中,赴美国1人,新加坡3人,韩国2人,马来西亚5人。

(陆彦明)

【遴选第三届卓越班】 2015年,经过自荐、面试、遴选等环节,文化与传播学院2014级传播学卓越班21

人、广告卓越班学生31人正式成立，并开始执行卓越传播学人才培养计划。第二届卓越班陆彦明、许敏玉任班导师，曹健、许敏玉任班主任，聘请校外行业导师、校内专业导师共16名。

(陆彦明)

【开展专业教学资源推介活动】 学院继续开展“学院专业学习资源系列推介活动”。11月，学院举办2015人才培养体系、平台，以及“卓越班”、人才素质培育训练营计划推介会；并分别邀请就读研究生、出国学习学生、就业优秀毕业生等为新生进行学习、未来发展等的经验分享，引领新生尽早融入学校环境，进行未来发展规划。

(陆彦明)

【加强教师队伍建设】 2015年，学院广告系引进1名硕士，并为新进教师配备教学导师，针对青年教师开展了听课活动。2015年，在国内和国外进修的教师共5人。

(陆彦明)

【参与各类项目申报】 2015年，传媒实验教学中心进行了第三次国家级重点实验教学中心的申报，在校领导和教务处的指导下，正式更名为“人文与传媒实验教学中心”，并明确了“人文为基，技能为本，创新为魂”的实验教学理念。

(陆彦明)

【加强与业界、学界交流】 2015年，组织骨干教师赴中国传媒大学、中国人民大学、武汉大学、首都师范大学、北京工商大学、中南财经政法大学6所高校参观、考察和交流，取得良好效果。

(陆彦明)

【完成2015届毕业生的论文答辩和成绩审核工作】 2015年，学院顺利完成本科生毕业论文答辩工作，其中，李佳兴、李荦涵、刘丹、孙宜雯、俎燚楠5名同学的毕业论文获得校级优秀毕业论文奖。

(陆彦明)

【推优保研】 2015年，根据学校推优保研相关规定，学院组成由领导班子、系部主任、教授代表组成的推优保研工作领导小组依据综合成绩及面试成绩，推荐6名学生保送攻读研究生。

2015年文化与传播学院推优保研学生名单

班级	姓名	保送院系	专业
2012级媒介经营与管理	高卫	首都经济贸易大学文化与传播学院	媒介经营与管理学术硕士
2012级媒介经营与管理	卓然	首都经济贸易大学文化与传播学院	媒介经营与管理学术硕士
2012级传播学	李阳	北京师范大学大学新闻与传播学院	媒介文化研究学术硕士
2012级传播学	曹梦然	首都经济贸易大学文化与传播学院	媒介经营与管理学术硕士
2012级广告学	黄小雨	首都经济贸易大学文化与传播学院	媒介经营与管理学术硕士
2012级广告学	刘凤	湖南师范大学历史文化学院	文化产业管理学术硕士

(张怡岚)

【大学生科研创新】 2015年，学院本科生共申报大学生科研创新项目14项，其中，重点项目共6项，一般项目8项。

2015年文化与传播学院大学生科研创新项目一览表

项目名称	项目类型	指导教师	项目负责人
新媒体时代北京市建筑类文化遗产宣传方式及效果探究	重点	王冲	姚顺宇
从在华留学生对中国国情认识的变化看新媒体语境下我国对外传播	重点	李先知	欧阳捷

续表

项目名称	项目类型	指导教师	项目负责人
我国农村宗教传播的主要动因:经济因素抑或非经济因素?——以张家口市崇礼县为例	重点	李景强	李阳
移动互联网时代制播分离模式初探	重点	陆彦明	温怡芳
古装微电视剧的文化传播作用和发展趋势	重点	郭媛媛	徐彤
沸点传媒集团·朝(zhao)阳影视公司	重点	徐铁瑛	刘畅
论"韩国综艺节目引入潮"现象产生的原因及其启示	一般	陆彦明	韩国健
电视媒体在新媒体冲击下的变革与意义——以新闻联播和凤凰资讯台为例	一般	李景强	崔馨梓
对博物馆文化传播的效果研究	一般	王冲	石涵颖
北京尾号限行制度的效果	一般	宿东泽	滕皓玥
少数民族传统文化的流转——以白族为例	一般	李先知	贾雪楠
当"微电影"与"广告"结合	一般	曹健	李杰
大学生传统外联行为研究与赞助圈猜想与创新	一般	郭媛媛	柯冀
开办校内咖啡厅	一般	杨同庆	刘行

(张怡岚)

【招生工作】 学院2015年传播学专业招生79人(京内57人,京外22人),广告学专业招生52人(京内40人,京外12人),汉语国际教育专业招生24人(京内20人,京外4人)。

(张怡岚)

科研工作

【概述】 2015年,学院获批国家级项目1项,省部级项目7项,局级项目2项,横向项目4项,到账经费173万元。另外,发表核心期刊14篇,其中,CSSCI论文6篇。

(郭媛媛)

【开展学术活动】 2015年,学院继续以研究所为单位开展科研活动,以广告研究所、文化产业发展研究所、文化传播研究所和京文化研究所为团队,设定工作任务,开展科研活动。

(郭媛媛)

【举办"2015北京城市发展与文化创新研讨会"】 11月21日,由首都经济贸易大学和北京市文化创意产业促进中心主办,学院联合外语系、国际学院共同承办,举行"2015北京城市发展与文化创新研讨会"。以"国际发展新格局下城市与文化的新定位、新传播、新发展"为主题,就国际发展新格局下的"首都城市建设与发展""城市传播力建设""文化创新建设""文化创意产业发展"等议题展开深入广泛的讨论。北京第二外国语大学党委书记冯培,北京市委宣传部副巡视员、北京市文化创意产业促进中心主任梅松及副主任吴锡俊,清华大学国家形象传播研究中心文化产业研究室主任眭谦,北京大学新闻与传播学院教授许静,新华社高级记者、《瞭望》副主编王军,丰台区委宣传部副部长乔晓鹏,首都经济贸易大学科研处副处长姜红参加了会议。

(郭媛媛)

【申报各类项目】 2015年,学院组织、完成国家社科项目申报6项,北京市哲学社会科学项目8项,北京市教委项目5项,学校重点培育项目3项,学科建设项目1项。其中,1项国家社科项目获批,5项北京市哲学社会科学规划项目获批,2项北京市教委项目获批,2 项学校项目获批。

(郭媛媛)

学生工作

【概述】 2015 年,学院本科生有自然班 24 个,分别为传播学专业 12 个,广告学专业 8 个,汉语国际教育专业 4 个,拥有专职辅导员 1 人,班主任 23 人,目前在册本科学生约 700 人。2015 年学院学生工作总体要求是"常规工作有序进行,特色工作重点突破",以学风建设为重点,全面提升学生的综合素质,学生活动做到特色化、品牌化、精品化。学院分团委下设组织部、宣传部、志愿者服务团。2015 年,学院分团委书记为宿东泽,副书记为杨懿芳。学院学生会下设文艺部、宣传部、新闻部、涉外部、体育部、学习部、办公室。2015 年,学生会主席为朱浩萱,副主席为白鸽、顾嘉莹、肖悦、辛田。

(宿东泽)

【思想政治教育】 2015 年,学院将学生活动开展与专业建设和大学生思想政治教育工作相结合,由此带动学生思想政治教育。

5 月,学院举办第七届"金驼杯"传媒技能综合展示活动,邀请经济日报社、人民日报社、央广新媒体、宣亚国际传播集团,以及北京市社科联、丰台区委宣传部等合作单位的领导嘉宾到场指导。本届"金驼杯"主要有以新闻短片展示专业能力、以微电影创作专题片展示综合能力两个环节,体现同学们大学 4 年专业能力的提升和个人、团队的成长,展示了学生会、分团委学生干部策划、组织大型活动的能力。8 月,由专业教师担任大学生暑期社会实践活动的指导教师,将学生专业素质教育与学生发展有效结合,暑期社会实践工作学生参与团队 10 支。10 月,学院举行了主题为"傳 · 聞舊夢"迎新晚会。10 月末,学院参加首都经济贸易大学第七届人文知识竞赛决赛。11 月,2015 级汉语国际教育班代表学院参加首届国际文化节,向中外师生展现中国的传统文化。

2015 年,学院加强宣传思想政治工作。统筹学院现有的宣传阵地,加强传统媒体和新媒体的融合发展。学生会新闻传媒部成立微信运营小组,进一步优化"CUEB 文化与传播学院"公众账号的功能,提高学生参与网络思想政治教育的主动性。该公众号目前已通过微信认证并申请原创保护,下设"文传之生"、"文传之师"及"文传之友"三大板块,实现与学院网站同步更新,全面展示学院活动以及师生风采,进一步加强思想宣传网络平台的建设。学生会新闻传媒部成立摄影摄像小组,由传媒实验教学中心开展专业教学,负责学院各类活动的摄影摄像及后期编辑工作。

5 月,学院召开了学生无偿献血表彰大会,表彰了 2015 年文化与传播学院参与无偿献血的 38 位同学。4 月 15 日,学院 2014 届毕业生郝筱萌成功捐献造血干细胞,并出任丰台区造血干细胞捐献宣传形象大使。

(宿东泽)

【制度建设】 6 月,学院出台《文化与传播学院本科生综合素质学分认定办法(第四版)》,于 2015 级新生入学之际,正式启用。2015 年学院加强对学生干部的培养和锻炼,对学生干部进行培训,提升学生干部的实际工作能力。对各个班的团支书、团组织委员及团宣传委员进行集体培训,在关于团与党的种种问题上给参加培训的同学以说明和解答。

(宿东泽)

【学风建设】 2015 年,学院建立各部门协同推进的学业辅导工作机制,成立文化与传播学院大学生学业辅导中心。学院准确把握学业辅导的思路原则,由主管领导牵头,统筹专职辅导员、班主任、专业教师、学生骨干和校外专家的力量,组织高素质、专业化的学业辅导工作队伍,在全面调研分析学生学业成绩的基础上,将群体辅导与个体辅导、教师指导和朋辈教育等方式相结合,为学习困难的学生提供学业帮扶,为学业有潜力的学生提供个性化指导,灵活选择学业辅导的工作模式,全面开展、扎实推进文化与传播学院大学生学业深度辅导工作,切实加强学风建设,提高人才培养质量。承办"新闻传播学前沿系列讲座"活动,邀请多位学界、业界精英走入校园,旨在拓展学生视野,增强学界与业界的互动。4 月 8 日,邀请北京大学新闻与传播学院副教授许静在博学楼 516 教室为同学们做了题为"风险社会危机传播基本原则"的讲座。10 月 27 日,邀请《时尚先生》杂志副主编杨潇做客新闻传播学前沿系列讲座,主题为"中国的非虚构写作现状与趋势"。11 月 4 日,邀请北京电视台影视剧中心主任、高级编辑张恒,围绕"电视运营"这一主题与在场师生进行交流。11 月 18 日,邀请新华社记者朱玉为学院师生做了题为"灾难报道要素"的讲座。

(宿东泽)

【创新创业】 2015 年,学院高度重视大学生科技创新创业工作,学生工作办公室积极组织学生参加创新创业实践,"挑战杯"竞赛取得历史突破。由陆彦明老师指导,2012 级传播学专业李阳、罗云丰、许靖雯 3 名学生共同完成的调研报告《我国农村地区宗教传播的主要动因:经济因素抑或非经济因素? ——以张家口市崇礼县为例》先后获得第八届"挑战杯"首都大学生课外学术科技作品竞赛一等奖、第十四届"挑战杯"中航工业全国大学生课外学术科技作品竞赛二等奖。这是学校首次在"挑战杯"全国终审决赛中获奖,本科生首次获得全国奖项,取得学校参加全国"挑战杯"竞赛最好成绩,实现历史性的突破。

（宿东泽）

【就业工作】　2015 年,学院有应届本科毕业生 142 人,其中读研 14 人,出国 13 人,其余参加就业。2015 年,文化与传播学院就业率为 95.6% ,圆满完成学校下达的就业任务。学院根据就业 4 个关键时期,分期、分阶段、分重点做好毕业生就业信息统计、单独辅导工作。2015 年,共进行就业大型排查 4 次,142 名毕业生人均电话跟踪辅导 3 次,累计进行个体辅导 426 次。开展 2016 届毕业生就业辅导工作坊,分阶段、分专业、分就业方向进行就业、创业的宣传、辅导工作。2015 年,学院学生工作办公室针对 2016 届毕业生分专业开展就业动员共计 3 次;各专业分别建立就业微信群,及时发布招聘信息;定期对 2016 届毕业生就业情况进行摸底,并填写就业辅导跟踪记录手册,制作毕业生就业进度表,进行阶段就业统计。

（宿东泽）

【社会实践】　2015 年,学院加强与西城区文明促进协会的合作,采编《西城好人故事》。《西城好人故事》采访活动是学院携手西城区共同创设的学生社会实践机会,入党积极分子、学团组织干部及 2014 级传播学卓越班同学组成的 49 人采访团对 29 位"西城好人"进行采访,将其事迹以新闻特稿的形式记录下来,成稿 29 篇,并结集成《西城好人故事》出版。4 月 22 日,文化与传播学院 15 名分团委志愿者团的同学担任西城区"阅读经典 · 传承文明"世界读书日主题活动的志愿者,推进社会文化公益活动——"书香驿站"读书会进入西城社区。

（宿东泽）

对外交流

【概述】　2015 年,学院积极探索与国内外院校进行交流合作,共同合作进行教师学术交流,本科生、研究生培养工作。学院先后有 1 名教师、6 名学生前往国外进行交流学习,首次与美国马里兰大学签订协议,3 名同学参加马里兰大学暑期传媒夏令营。

（郭媛媛）

【互访】　11 月,副院长郭媛媛赴英国威斯敏斯特大学、南安普顿大学等地访问,推进与威斯敏斯特大学传媒学院合作培养本科生、研究生,科研交流等事宜;威斯敏斯特大学传媒学院院长随后到访学院,参观传媒实践教学中心,并达成推进两院在学生培养和教师科研合作等方面的意向。

（郭媛媛）

2015 年文化与传播学院教师对外交流情况一览表

系　部	姓　名	交流学校及专业
广告学	毛琦	美国密西根州立大学

（郭媛媛）

2015 年文化与传播学院本科生对外交流交换生名单

专　业	姓　名	交换学校及专业
广告学	罗丹	台湾静宜大学
广告学	边晓玥	台湾东吴大学
汉语国际教育	王语嫣	台湾东吴大学
传播学	陆予婷	马里兰大学
传播学	李洋	马里兰大学
传播学	孙月晴	马里兰大学

（张怡岚）

2015 年文化与传播学院本科生参加美国马里兰大学暑期传媒夏令营名单

专业	姓名
传播学	陆予婷
传播学	王丹
传播学	孙月晴

(郭媛媛)

党建工作

【概述】 2015 年,学院党总支拥有师生党员 69 人,其中,教师党员 44 人,学生党员 25 人,正式党员 54 人,预备党员 15 人。学院党总支下设 7 个党支部,分别为广告与艺术联合党支部、传播学系党支部、汉语言文学系党支部、行政党支部、退休党支部、学生第一党支部、学生第二党支部。2015 年,学院获得"2014—2015 年宣传思想工作先进单位"荣誉称号,这也是自 2011 年学院成立以来,连续第四次获此殊荣。分团委书记宿东泽获得"2014—2015 年宣传思想工作先进个人"荣誉称号。

(付琳)

【落实群众路线教育实践活动整改方案】 2015 年,学院制定了"文化与传播学院青年教师培养、提升计划",并根据学院发展的实际,重新修订完成"文化与传播学院科研支持、奖励办法"。至此,学院用 4 年时间完成首期制度建设目标,共制定完成制度 11 项,修订制度 2 项。6 月,学院新班子成立之后,党总支数次召开专题工作会,结合之前制定的"文化与传播学院财务管理制度",针对学院过去几年在财务管理特别是专项经费管理中的经验和存在的问题进行研讨,学院党总支决定从强化集体领导与分权制约相结合、统筹管理与归口管理相结合以及财务信息公开透明这 3 个方面着手进行调整,提出 5 项管理措施,经过近半年的实践,取得了良好的效果。加大院务公开和党务公开的力度,2015 年,学院党总支主持进行了学院网站的全面改版和升级工作,目前学院的公众号"CUEB 文化与传播学院"已经完成改版,并于 12 月推出。随着学院新班子成立,学院及时调整了院班子成员联系系部制度,联系群众的长效机制常态化,9 月、10 月,院班子成员分别深入自己所联系的系部,与教师们面对面进行交流。

(付琳)

文化与传播学院第一期制度建设完成情况一览表
(2012—2015 年)

序号	制度名称	完成时间	修订情况
1	落实"三重一大"制度实施细则	2012 年	
2	院务公开制度	2012 年	
3	学术委员会工作制度	2012 年	
4	学位委员会工作制度	2012 年	
5	课程建设委员会工作制度	2012 年	
6	科研支持、奖励办法	2012 年	2015 年修订
7	大学生综合素质学分实施办法	2012 年	
8	财务管理制度	2013 年	
9	岗位津贴支出管理规定	2013 年	2014 年修订
10	规章制度管理办法	2014 年	
11	青年教师培养、提升计划	2015 年	

(付琳)

【党的十八届三中、四中、五中全会精神宣传教育活动】 2015年，深入学习党的十八届三中、四中、五中全会和习近平总书记系列重要讲话精神和对高校党建工作重要批示精神，认真抓好党性党风党纪教育和社会主义核心价值观教育。党总支采取集体学习、党日活动等多种形式组织广大党员干部认真学习。继续开展中国梦宣传教育活动。3月2日，《穿过幸福时差V——月坛好人》新书发布会暨月坛街道"学雷锋纪念日"活动启动仪式在月坛公园举办，学院37名同学参与本书的前期采访和撰写工作，学院党总支书记付琳、分团委书记宿东泽出席了此次活动并见证了新书首发。

（付琳）

【完成"十三五"规划的编制工作】 8月至11月，学院党总支与行政班子带领部分教师，先后赴中国人民大学新闻与传播学院、中国传媒大学广告学院和广播电视与新媒体实验教学中心、首都师范大学文学院、北京工商大学艺术与传媒学院、武汉大学和中南财经政法大学等京内外6所高校进行调研走访，在调研中与兄弟高校的同仁就学院的学科建设、人才培养、专业设置、实验室建设等方面内容进行了广泛而深入的交流研讨。学院党总支内部也数次召开研讨会讨论总支未来的建设发展目标，提出了"十三五"期间党建工作的目标和方案：未来5年，学院党总支将继续紧密围绕学院中心工作，发挥引领和保障的核心作用，发扬党内民主，凝聚各方力量，夯实工作基础，突出专业特色，勇于开拓创新，从思想建设、组织建设、制度建设、文化建设、监督机制建设等多个方面推动学院事业全面科学快速健康发展。思想建设方面重点在于点面结合，强化引领；组织建设方面重点在于夯实基础，强化保障；制度建设方面重点在于捋顺机制，强化落实；文化建设方面重点在于突出特色，强化融合；监督机制建设方面重点在于发扬民主，强化监督。

（付琳）

【加强基层党组织建设】 2015年，根据学院党总支基层组织建设的发展实际，经学院党总支委员会讨论通过，决定：一是调整现有广告学系党支部和行政与艺术联合支部的建制，由艺术教研部的教师党员与广告学系的教师党员组成广告与艺术联合支部，党支部书记为许敏玉，由管理人员和实验室人员中的教师党员组成行政党支部，党支部书记为王端；二是将学院2015年入学的第一届研究生中的党员并入学生第二党支部，待时机成熟后再成立独立的研究生党支部。继续扎实推进"六个一百"工程。5月，按照学校《"六个一百"实施方案》的工作要求，学院党总支推荐石刚、王冲、杜文娟、朱琳、蔡建新5位教师为优秀教师党员，推荐王端、王与维为党员服务标兵，推荐张梦雅、许潇雨为学生党员标兵。

（付琳）

【班子建设情况】 6月5日，校党委组织部部长刘宇代表学校党委，宣布学院新一届领导班子任免决定：付琳任学院党总支书记、副院长（兼），石刚任学院院长，郭媛媛任副院长，任伯杰任学院党总支副书记，陆彦明任副院长。新班子成立伊始，学院党总支就班子建设、决策程序、议事规则、"三重一大"、党风廉政建设等各方面对学院班子提出了明确的要求。学院新班子成立半年来，建立起互相支持、密切协作的工作氛围，保持了积极良好的工作状态，学院各项工作平稳推进。

（付琳）

【党风廉政建设情况】 2015年，学院党总支成立了以党总支书记付琳为组长的党风廉政建设领导小组，领导班子严格履行"一岗双责"，在实际工作中一直坚持把党风廉政建设责任制的要求与学院各项工作一起部署，一起落实，学院党政一把手在部署年度工作的时候把党风廉政建设提到重要的位置上，反复强调并身体力行，将其作为学院开展各项工作的基础来全力夯实。6月18日，学校召开了党风廉政建设大会，学院领导班子专题对大会的有关精神进行了学习，重点学习了强化落实主体责任和开展廉政风险防控"三个体系"建设工作的有关精神，对本单位党风廉政建设的现状和存在的问题进行了研判和分析，明确了下一阶段党风廉政建设的主要目标。

（付琳）

【强化意识形态管理】 2015年，在不断完善网站各项功能的同时，严把出口，重新梳理明确各种信息发布的权限管理和归口管理，加强对学院内部各种微博、微信公众号的监督管理，畅通师生舆情信息沟通机制。学院党政联席会重视师生的思想动态，把搜集上来的情况在院务会上进行通报，对于有共性的问题进行专题研究，积极寻找解决问题的途径和方式。对学校出台的各项重大政策和举措，都是第一时间通过各种方式向全院师生进行发布，并广泛征求意见，积极向学校有关部门反馈。

（付琳）

【党员发展工作】 2015年,学院党总支指导学生党支部严格按照2014年10月出台的中共首都经济贸易大学委员会发展党员工作实施办法的要求及首都经济贸易大学党员发展工作流程做好党员发展工作,从严管理党员,强化日常管理和组织关系管理。通过对入党积极分子的定期谈话、长期培养、考查,确定李一凡等15名优秀团员为党员发展对象。

(付琳)

【关注外地及少数民族学生的情况】 9月25日中午,学院举行了京外生及少数民族学生迎双节座谈会。院长石刚、党总支书记付琳、副院长陆彦明、传播学系教师吴三军以及2014级大一班主任代表出席了此次座谈会。会议由文化与传播学院分团委书记宿东泽主持。

(付琳)

【党总支书记讲党课】 6月17日,学院党总支书记付琳做了题为"以严为本履行党员职责,以实为基推动事业发展"的主题党课,学院包括全体毕业生党员在内的党员师生参加了此次党课。付琳解读了"三严三实"的概念,并结合文化与传播学院师生党员工作、学习的实际情况,进一步分析了"三严三实"的内涵和外延;谈到以严为本履行党员职责,希望师生党员们要树立终身学习的理念,提升综合素质的时候对自己严一点,做到严于律己,提升思想品质道德修养的过程中对自己严一点,做到严以修身,在行使权力甚至是掌握权力的时候对自己严一点,做到严以用权,并以学院开展群众路线教育实践活动的经验和体会为例,谈了以实为基推动事业发展的问题。

(付琳)

工会工作

【概述】 2015年,学院分工会主席为张小乐,女工、福利委员为张素娥,文体委员为王冲,下设行政、传播、广告、汉语言文学、艺术5个工会小组,组长分别为王端、王冲、李毅、彭利芝、王阳阳。

(张小乐)

【落实"驼峰计划",助力青年教师成长】 继续实施导师制,为新入职青年教师配备导师,具体指导教学工作,涵盖备课、听课、提建议、整改等环节,使青年教师尽快实现角色转换,顺利开展教学工作。举办青年教师教学基本功大赛,选举何磊老师参加校工会的比赛。

(张小乐)

【积极参加校工会工作】 学院分工会积极支持、参与新年晚会;按时组织青年教师参加社会实践活动;及时报送幼儿园和小学、中学入学名单;规范工会文件归档;积极组织参加校游泳赛和知识竞赛,为退休教师送祝福等,并组队参加了学校工会组织的羽毛球大赛、知识竞赛和大合唱。

(张小乐)

【重视送温暖工作】 看望生育教工——曹健、李佳蔚、高亢,为退休教师送祝福,组织老教师团拜活动,看望生病教师王晓迪,为患病住院的李玉馨老师申请北京市级的帮扶专项补助。

(张小乐)

【提案工作】 充分发动群众,认真提交议案《关于在校园内设置电动充电桩的提案》《关于在诚明楼设置物业的提案》等,内容涉及教学、科研、学校管理等方面。

(张小乐)

【以特色活动建温馨小家】 2015年,学院举办了第二届"金勺杯"厨艺大赛;积极支持"萌之队"——教职工羽毛球队的各项活动;举办了"文传舍得会",为全院教职工提供交换闲置物品的平台。3月8日,为女教工举办有益身心的活动;举办秋游采摘活动。学院微信平台以"传播快乐,分享智慧"为主题,发布内容涵盖出行提醒、健康养生、生活常识、文体资讯、新闻时事等多个方面。

(张小乐)

【宣传工作卓有成效】 学院分工会重视宣传工作,依托专业教师写作,做到工会所有活动有报道,及时发稿给校工会与学院网站,2015年发稿12篇,位列全校分工会第二名。

(张小乐)

人文与传媒实验教学中心

【概述】 人文与传媒实验教学中心隶属学院,实验室使用面积超过2 000平方米,各种高中端设备近千套,总价值超过3 000万元。中心现有面积为300平方米的高清演播室、虚拟演播室、大洋高清非线性编辑机房、专业摄影棚、专业录音棚、苹果平面设计实验室、报刊编辑实验室、影视广告实验室、广告校色实验室9大实验室，形成了开放式的，集广播电视、节目制作、新闻传播、播音主持、摄影艺术、信息管理、网络应用、媒体教学、平面设计、广告开发于一体的多功能综合性实验教学基地，以满足文化与传播学院传播学和广告学专业学生的实践教学需求，并为其他相关专业的人才培养搭建了一个开放式的、应用模拟型的教学实践平台。

（张艳君）

【重要工作】 2015年，学院人文与传媒实验教学中心稳步发展。

2015年人文与传媒实验教学中心重要工作一览表

4—11月	完成了实验室"十三五规划"
4—11月	整理设备账目，报废到期设备91件套，共计90余万元
4月	首次用航行器拍摄了学校运动会；接待邯郸学院夏青传媒学院的领导考察；爱尔兰都柏林城市大学代表团参观实验室
5月	学院金驼杯实践教学活动月在传媒中心成功举办；接待经济日报社领导考察；转播录制学校组织的大型活动"拉拉操"比赛
7月	申报国家级实验室，传媒实验教学中心更名为"人文与传媒实验教学中心"，改版实验中心网站；重新制作实验中心介绍片
9—12月	申报了书法实训室和广告校色实验室
10—12月	完成了"影像传播科研设备更新购置"项目的招标及验收工作，增添新设备30余套
11月	由传媒实验中心策划的大型综合访谈节目"传媒第一课"在实验中心举办；接待云南普洱学院考察；转播录制"炫彩家园"大型活动
12月	转播录制"一二·九"学生大型合唱活动

（张艳君）

重大事件

4月10日，学校与经济日报社举行共建文化与传播学院（经济新闻人才培养基地）签约仪式。校长王稼琼与经济日报社总编辑张小影共同签署了共建文化与传播学院（经济新闻人才培养基地）协议。5月6日，首都经济贸易大学、经济日报社共建文化与传播学院（经济新闻人才培养基地）管理委员会第一次会议举行，党委书记柯文进与经济日报社社长徐如俊共同为共建文化与传播学院（经济新闻人才培养基地）揭牌。会上，王稼琼为首批特聘教授徐如俊和张小影颁发了聘书。会议讨论通过了共建指导委员会建议名单、管理委员会建议名单和议事规则。双方还就2015年共建重点工作进行了讨论。

4月14日，学院2014届广告学专业毕业生郝筱萌成为学校第一例成功捐献造血干细胞的捐献者，并担任丰台区造血干细胞捐献形象大使。

4月，学院2012级学生卓然的书法作品《春望》摘得第四届大学艺术展演活动艺术作品甲组三等奖。

4—12月，传播学系先后邀请北京大学新闻与传播学院副教授许静、《时尚先生》杂志副主编杨潇等学界、业界精英举办6场"新闻传播学前沿"系列讲座。

5月，按照学校"六个一百"实施方案工作要求，学院党总支推荐石刚等5位教师为优秀教师党员，推荐王端等2名老师为党员服务标兵，推荐张梦雅等2名同学为学生党员标兵。

5—6月，学院举办2015年度学生专业实践"金驼月"活动，历时1个月，举办了3个单元8项活动，"金驼月"的开展主要由3个专业学委会全程策划、组织和推动。

5—11月，学院先后赴中国人民大学、武汉大学等京内外6所高校进行走访调研，数次研讨，几易其稿，最终完成"十三五"规划的制定工作。

6月5日，校党委组织部部长刘宇代表学校党委,宣布学院新一届领导班子任命决定:付琳任学院党总支书记、副院长(兼),石刚任学院院长,郭媛媛任学院副院长,任伯杰任学院党总支副书记,陆彦明任副院长。

6月15—19日,学院启动“卓越人才培养特别培训周”计划,开展“卓越人才职业素养培训”和“一线媒体、机构游学”两项活动。

6月19日,学院举办2015届本科生毕业典礼暨学位授予仪式。

6月,郭媛媛主持项目“4G时代媒体立体监管体系与模式研究”获批2015年度国家社科基金一般项目。

7—8月,传媒实验教学中心更名为“人文与传媒实验中心”,第三次申报了国家级实验中心。9月5日,学院首届硕士研究生王珂等5名同学注册报到;石刚、郭媛媛、张小乐、郑文明、许敏玉任首届硕士研究生导师,张根铭、许一鼎、姜楠、黄健等任首届硕士研究生校外导师团导师。

9—10月,学院组成以团学干部及2014级传播学卓越班同学为主的采访团对29位“西城好人”进行采访,将其事迹以新闻特稿的形式记录下来,并结集成《西城好人故事》出版。

9—12月,人文与传媒实验中心成功申报“书法实训室”和“广告校色实验室”。

11月4日,汉语言文学系举办首届海外实习经验分享及实习基地建设交流会。

11月18日,学院获得“2014—2015年宣传思想工作先进单位”荣誉称号,这是自2011年学院成立以来连续第4次获此殊荣。

11月21日,学院和外语系、国际学院共同承办“2015北京城市发展与文化创新研讨会”,主题为“国际新格局下的城市与文化的新定位、新传播、新发展”。

11月,广告学系举办“行业导师大讲堂”系列讲座,先后邀请CTR市场研究公司副总裁田涛、华为消费者BG中国区CMO杨柘等多位学界、业界精英进行主题演讲。

11月,时代光影文化传媒有限公司总裁王锦、导演王梓分别作客研究生“三创讲堂”。

12月2日,学院党政联席扩大会讨论通过制度1项,修订制度1项。至此,学院用4年时间完成第一期制度建设目标,共制定完成制度11项,修订制度2项。

12月23日,学院公众号“CUEB文化与传播学院”正式推出。

12月,宫双华指导张翰潮等5名同学获第四届北京市大学生书法大赛一、二、三等奖。

2015年,学院引进中国传媒大学应届硕士毕业生刘骏晟进入广告学系工作;任伯杰和王晓頔分别转入广告学系和艺术教研部工作;汉语言文学系教师蔡建新退休。

2015年,2012级传播学专业李阳等3名学生完成的调研报告《我国农村地区宗教传播的主要动因:经济因素抑或非经济因素?——以张家口市崇礼县为例》先后获得第八届“挑战杯”首都大学生课外学术科技作品竞赛一等奖、第十四届“挑战杯”中航工业全国大学生课外学术科技作品竞赛二等奖。陆彦明荣获大赛优秀指导老师。这是学校本科生首次获得“挑战杯”全国奖项,取得学校参加全国“挑战杯”竞赛历史最好成绩,实现了新的突破。

2015年,学院获批国家级项目1项,获批省部级项目6项,获批局级项目2项,横向项目2项,到账经费158万元。另外,出版教材2部,发表核心期刊论文11篇,其中CSSCI论文4篇。

(付琳)

信息学院

概　况

信息学院成立于1999年,前身是1978年2月建立的北京经济学院经济数学系。1987年1月,经济数学系改名为经济信息管理系,1996年1月,经济信息管理系改名为信息管理系,1999年,信息管理系与计算中心合并成立信息学院。学院经过30多年的发展,现拥有管理科学与工程一级学科博士授予点,管理科学与工程(学硕)、软件工程(专硕)2个硕士学位授予点;信息管理与信息系统、计算机科学与技术、工程管理3个本科专业。学院下设信息管理与信息系统、管理科学与工程、计算机科学与技术3个系，设有管理科学与工程北京市实验示范中心、数字创新平台实验室、大数据实验教学科研平台、信息管理实验室、软件工程实验室、BIM（建筑信息模型）实验室、网络实训实验室、微机硬件与系统实验室、虚拟仿真实验室、SAP实验室等。

（郑宁）

师资队伍建设

2015年，学院在职教职员工61人，其中，专职教师45人，实验室及办公室人员16人。在专职教师中，教授9人，副教授18人，讲师18人；具有博士学位的教师36人，具有硕士学位的教师9人。2015年，新引进教师2名。

（郑宁）

【聘请刘明教授为客座教授】 12月2日，教授刘明受聘为信息学院客座教授。学校党委副书记朱玉华、学院领导班子及师生参加了聘任仪式及讲座。

（郑宁）

学科建设

学院重视学科建设，并取得了一系列成果。2003年，产业经济学（信息经济）被批准为北京市重点学科；2008年，管理科学与工程被批准为北京市重点建设学科；2009年，信息管理与信息系统专业被批准为北京市特色专业，并于2009年获批北京市“信息化理论及关键问题研究”创新团队；2011年，管理科学与工程一级学科博士点正式获批。2014年，管理科学与工程博士后流动站获批。

（陈炜）

【筹备管理科学与工程一级博士点专项评估工作】 8月29日，信息学院在博纳楼第七会议室主持召开管理科学与工程专项评估准备会。与会成员有副校长王传生，信息学院教授杨一平，研究生部主任张军，信息学院院长马慧，发展规划处处长周明生，工商管理学院院长柳学信，安全与环境工程学院院长王勇毅，安全与环境工程学院博士生导师郭晓宏、吕淑然，研究生部副主任阮敬，科研处副处长姜红等。会议主要就评估报告中如何体现管理科学与工程专业特色，材料提供与本学科专业的匹配度，如何突出导师在博士生培养中的作用，如何在报告中处理博士和硕士材料关系等相对薄弱环节给予了有针对性的指导和建议。

（郑宁）

【副校长王文举到学院调研】 9月16日，副校长王文举到信息学院对管理科学与工程一级学科博士学位授权点评估工作进行调研，校长助理戚聿东，学院学术委员会主席杨一平、院长马慧、分党委书记周广军、副院长陈炜，部分博士导师及各系主任等参会。杨一平汇报了管理科学与工程一级学科博士学位授权点评估工作的准备情况。王文举就评估材料中学位授权点的研究方向、学科特色、学术成果等给出了具体的指导意见，并就评估工作的其他问题与参会教师进行交流。

（郑宁）

【召开学科建设专家研讨会】 11月23日，信息学院在诚明楼113召开学科建设专家研讨会。北京信息科技大学教授葛新权，中国地质大学（北京）教授安海忠，中央财经大学教授朱建明，中国农业大学教授乔忠，中国人民大学教授王刊良，北京工业大学教授关峻，以及信息学院全体班子成员与部分教师出席会议。会议由学院院长马慧主持。马慧首先详细介绍了学院的学科建设总体情况和学位点发展历史，以及在编写学校“十三五”学科建设规划中所做的相关工作，特别说明了目前学院在学科建设过程中遇到的问题和困惑，希望通过本次会议得到专家的指导。杨一平强调了加强管理科学与工程学科建设的重要性，并与各位专家分享了学院管理科学与工程学科评估的经验和成绩。参会专家分别就学科建设提出了自己的看法和意见。最后，马慧做了会议总结，强调高校之间进行学科建设交流的重要性，希望以后多开展此类研讨交流活动。

（郑宁）

【与校内外专家研讨以供需链研究推动学科与专业建设】 12月8日，学院在博纳楼五层第六会议室召开以供需链研究推动学科与专业建设研讨会。会议邀请到中国社会科学院数量经济与技术研究所所长李平，北方工业大学校长郑文堂，北京交通大学教授刘伊生，中国人民大学教授毛基业，北京联合大学副校长鲍泓，北京理工大学教授陈英，北京联合大学教授陶秋燕作为嘉宾。学校教授高闯，研究生部主任张军，信息学院班子成员、教授及部分教师参加本次会议。会议由学院副院长陈炜主持。会议主要从学科建设背景、学位点布局、人才培养等方面介绍了学科发展现状、未来评估可能存在的问题等。此次研讨会对学院学科建设有着极其重要的推动作用,专家们的意见和看法为信息学院提供了新思路和新方法。

(郑宁)

教学工作

【修订本科培养方案】 2015 年,学院重新修改了本科培养方案,对各专业培养计划在课程设置、理论教学、实践教学、学时安排等方面进行了全面修订,在课程体系和学时方面做了整合删改。新制定了信息管理与信息系统(商务智能班)专业和计算机科学与技术(互联网+)方向培养方案,重新修订了信息管理与信息系统(国际班)、信息管理与信息系统(大数据班)、工程管理专业和计算机科学与技术专业培养方案,同时还制定了信息管理与信息系统专业、计算机科学与技术专业辅修培养方案。

(刘兵)

【高招咨询工作】 2015 年,学院成立了以教学副院长为第一负责人、以各系主任为主要成员的高招咨询组,积极参加校内外多场高招咨询宣传活动,努力扩大学院的社会影响力,提升学院的招生水平。

(刘兵)

【毕业实习和毕业设计工作】 2015 年,学院制定了毕业设计工作的补充规定,成立了毕业设计工作领导小组,在指导教师和评阅人资格,教师职责及学生选题、开题、评阅、答辩等方面做出明确规定,同时制定了工作计划和日程安排;对学生毕业设计进行过程质量控制,实行指导教师负责制,前 8 周学生进行实习调查和研究,书写实习报告,之后在导师指导下做毕业设计及系统开发;严格评阅人制度,规范答辩过程;最后,将答辩完毕的毕业设计进行收集、统计、评价、归档。2015 届本科生论文共计 131 篇,成绩为优秀的占论文总数 10%,良好的占论文总数 51%,中等的占论文总数 27%,及格的占论文总数 11%。

(刘兵)

【期中教学检查工作】 2015 年期中教学检查工作中,学院通过组织召开教师、学生座谈会,听课打分,发调查问卷等形式进行互查和自查。院领导及各系主任到课堂听课,对任课教师的教学态度、教学方法、教学手段、教学过程、教学效果、教书育人等方面进行全面检查并填写听查课记录表;对教学大纲、授课计划和教学进度情况进行考核和评估,同时对各门课程的教学进度、学生学习、课堂纪律、考勤等进行检查,通过检查听取各方的意见和建议,发现教学运行过程中出现的问题和不足并及时整改。

(刘兵)

【推优保研工作】 2015 年,学院制定了推荐优秀应届本科生免试攻读硕士学位研究生工作安排,成立 2015 届毕业生推免工作领导小组和答辩小组,统计核实申请学生的学习成绩和综合素质,同时将学生成绩进行公示,对符合条件的申请学生进行公开答辩,最终确定推免学生名单并公示,无异议后上报 7 名应届优秀本科毕业生免试攻读硕士学位研究生名单。

(刘兵)

【考试工作】 2015 学年共完成期末考试课程 90 余门,参加全国大学英语四六级考试 1 000 余人次。按照学校要求,学院成立考试领导小组,每个环节严密组织,保证了各项考试工作的顺利进行。

(刘兵)

【全国“互联网+”大学生创新创业大赛】 2015 年,学院承办首届全国“互联网+”大学生创新创业大赛校内赛,共组织全校参赛队伍 58 个,参赛学生 300 多人,其中 5 支队伍获校级一等奖,10 支队伍获校级二等奖,有 3 支队伍获得北京市二等奖,2 支队伍获得北京市三等奖。学院获批校级大学生创新项目 9 项,其中,重点项目 4 项,一般项目 5 项。

全国“互联网+”大学生创新创业大赛获奖情况一览表

序号	获得奖项	项目名称	指导教师	项目组长	所在院(系)
1	校内一等奖	“菲力欧”智能养老	刘经纬　王建农　王学军	张鑫鑫	信息学院
2	校内一等奖	一键修复	卢山	李婉露	信息学院

续表

序号	获得奖项	项目名称	指导教师	项目组长	所在院(系)
3	校内一等奖	“牵你千寻”:室内外定位引导及人身安全解决方案	刘经纬　卢山	李　润	信息学院
4	校内一等奖	“易然云创”互联网	刘经纬　邱月	钟浩冉	信息学院
5	校内一等奖	e租客	徐天晟	殷笑语	信息学院
6	校内二等奖	大学生校内技能交换平台	付东普	张　喆	经济学院
7	校内二等奖	时光贩卖机 APP	孙茂华	陈茜子	信息学院
8	校内二等奖	让思维在山水间腾飞	陈志昌	薛向荣	安全与环境工程学院
9	校内二等奖	21天	高迎　殷德	宋婷瑜	金融学院
10	校内二等奖	“二淘宝”——基于互联网+二手资源循环利用平台	刘经纬　刘兵	郑晓燕	信息学院
11	校内二等奖	寻药犬计划	卢山	纪凌波	信息学院
12	校内二等奖	无等快递	胡磊	李　伊	信息学院
13	校内二等奖	LET'S购	高迎	吴飞飞	信息学院
14	校内二等奖	校园+教	徐天晟	王凌晨	经济学院
15	校内二等奖	校园e洗通	徐天晟	殷秋实	信息学院
1	北京市二等奖	一键修复	卢山	李婉露	信息学院
2	北京市二等奖	“易然云创”互联网	刘经纬　邱月	钟浩冉	信息学院
3	北京市二等奖	e租客	徐天晟	殷笑语	信息学院
4	北京市三等奖	“菲力欧”智能养老	刘经纬　王建农　王学军	张鑫鑫	信息学院
5	北京市三等奖	“牵你千寻”:室内外定位引导及人身安全解决方案	刘经纬　卢山	李　润	信息学院

(刘兵)

【专业实习和认知实习工作】 2015年,共有2个年级实习,2012级学生进行专业实习,2013级学生进行认知实习,实习学生共计261人。信息管理与信息系统专业共分4个实习小组,计算机专业共分了2个实习小组,工程管理专业共分了2个专业,进行了不同专业方向的实习,实习完毕每名同学上交3 000字实习报告一份。

(刘兵)

【2015届学生毕业审核】 2015年,学院对2015届131名学生的学历、学位进行了审核。2015届有毕业生131名,其中获得学士学位学生124人,结业生5人,延长学籍2人。

(刘兵)

【实施本科生导师制】 学院自2012年实行本科生导师制以来,为2011级、2012级、2013级、2014级和2015级每名学生安排了指导教师,本科生导师在专业方向、学业学习和职涯规划等方面对学生进行全程辅导,累计共辅导学生680人。学院制定本科生导师制指导学生情况记录表,对指导情况及时掌握,从制度上保证本科生导师制工作的顺利进行。

(刘兵)

【开展慕课工作】 2015年,学院制作慕课《信息时代大讲堂——大数据与计算机技术》,通过录制课程,学生可以在网上学习课程、做作业、问答、讨论,很大程度上解决了教学的时间、空间和师资问题。网络化教学打破了多媒体课堂教学的时空限制,单一知识表现和传递方式的限制。通过网络化教学平台,学生提出问题,教师解答问题,学生上交作业,教师批改作业,大大增强了学习效果,提高了教学质量。

(刘兵)

【校外实习基地建设】 2015年,学院继续与北京金驰国际货运代理有限公司、北京南天软件有限公司、国家信息中心信息与网络安全部、国家心血管病中心(卫生部心血管病防治研究中心)医学研究统计中心、北京城建七建设工程有限公司、北京中新农产品流通研究院、北京欧朋兰博企业投资管理有限公司等10家公司进行校外人才培养基地建设;新增10家校外人才培养基地:华通设计顾问工程有限公司、北京比目鱼工程咨询有限公司、北京华筑建筑科学研究院、北京道合信用管理有限公司、创合(北京)科技有限公司、北京合道景明文化传播有限公司、北京博优科技有限公司、北京宇信科技集团股份有限公司、北京锐安科技有限公司;此外与国家信息中心信息安全研究与服务中心新签订了实习基地合同。学院全年共派出100余人到校外基地进行实习。

(刘兵)

【召开软件工程专业硕士实务界导师研讨会】 2015年,信息学院软件工程专业硕士开始招生,9月,学院召开了研究生实务导师聘请座谈会,就学院软件工程研究生培养管理工作进行讨论并举行聘请仪式。通过研讨会,学生和校外实务导师进行初步接触和了解,同时让导师们根据专业特点培养学生适应行业需求的能力,并对学生实习和就业提供后续指导。

(张文君)

【推免与招生工作】 学院多次赴外地高校进行研究生招生咨询会,进行PPT宣讲,发放宣传资料。10月,学院参加学校在校内举办的现场咨询会1场。通过QQ、微信、网站、纸质材料多方位宣传学院研究生招生政策。学院共有7名学生获得推免资格,其中2名本校,5名外校。同时,有1名外校生推免到本院。

(张文君)

【中期教学检查工作】 11月,学院完成研究生中期教学检查工作,从检查情况来看,任课教师教学认真,研究生对任课教师的授课较为满意,尤其专业硕士认为校外专家讲课方式和内容贴近市场和行业需求。

(张文君)

【修订研究生课程大纲】 10月开始,学院按照研究生部规定对管理科学与工程、软件工程两个专业的研究生课程大纲进行修订和完善,同时进行了课程内容的建设、修改。

(张文君)

【完成研究生论文中期答辩及2015届下半年毕业和学位答辩工作】 2013级25人参加了论文中期答辩,学院组织对答辩学生论文的写作情况进行了检查,帮助学生把握后期论文写作。按照学校规定的程序,顺利完成1名2012级管理科学与工程专业研究生的补授学位答辩,学位论文归档、移交工作,学生取得硕士学位证书。12月,完成1名管理科学与工程博士毕业和学位申请答辩,毕业论文归档,学籍档案移交等工作,该生顺利取得博士毕业证和学位证。

(张文君)

【2014级研究生中期考核/开题工作】 11月,2014级研究生中期考核工作完成。对参加开题的29名2014级研究生,学院按照其研究方向的相似性,分成4组进行开题,为此专门成立了4个开题报告答辩小组进行开题答辩。答辩小组成员由学院具有研究生指导资格或博士以上学历的教师构成,并且特意邀请了校外专家。同时,在开题过程中,学院实行研究生导师本人回避制度。

(张文君)

【硕士研究生提前毕业和硕博连读工作】 10月,学院完成了2014级硕士生提前毕业申请工作,及2015年硕博连读选拔工作,共有3名2014级硕士研究生获得提前毕业的资格,并与研究生部签订首都经济贸易大学硕士研究生提前毕业协议书。学院有2名2014级管理科学与工程专业研究生获得申请硕博连读研究生资格。

(张文君)

【奖学金评审】 9月中旬开始,学院开展2015年度国家奖学金评选工作,学院研究生国家奖学金评审委员会对递交申请材料的学生进行评审答辩后,确定2015年度国家奖学金推荐获奖和推荐答辩的学生名单。学校评审后,学院2名学生获得该年度国家奖学金。10月开始,学院进行2014级研究生学业奖评审工作,经研究生部审核,共有27名学生(包括博士和硕士研究生)获得不同奖次。

(张文君)

【申报研究生创新项目】 11月,学院积极组织研究生申报创新项目工作,学院对申报材料进行审核后,经专家对项目申请书匿名评议,确定上报名单,经研究生部评审获批20项,其中,重点项目5项,一般项目15项。

(张文君)

科研工作

【申报项目及科研成果】 2015年,学院教师积极申报各类纵向项目,信息学院教师共申报项目37项,包括国家级项目14项,省部级项目10项,市局级项目10项,校级项目3项;获批项目共6项。学院教师共发表论文41篇,其中,国际C刊5篇,权威A刊3篇、权威B刊4篇,核心期刊14篇、一般期刊15篇;出版专著2部;获批专利5项。

2015年信息学院出版主要著作一览表

序号	作者	著作名称	出版社
1	曹娜	项目驱动型建筑企业集团管理控制系统的研究	首都经济贸易大学出版社
2	王汀	中文链接数据构建实施路径研究	科学出版社

2015年信息学院专利成果一览表

序号	发明人	专利名称	授权年度	专利类型
1	徐天晟	分布式新浪微博数据抓取软件V1.0	2015	软件著作权
2	高静	计算机原理与汇编语言程序设计学习辅助软件V1.0	2015	软件著作权
3	王汀	基于领域叙词表和网络开放百科的本体自动化构建软件	2015	软件著作权
4	曹海青	古籍图像预处理软件V1.0	2015	软件著作权
5	曹海青	可支持多种设备的图像采集软件	2015	软件著作权

(郑宁)

【召开中青年科研水平提高研讨会】 10月28日,信息学院召开中青年科研水平提高研讨会。数信互融科技发展有限公司刘实斌,北京创知睿智科技有限公司李嘉,学院领导班子、中青年教师参加会议。副院长陈炜介绍了学院的总体科研情况,结合管理科学与工程学科一级学科的建设和评估,学院今后将在科研推进和提升方面做出新的尝试和努力,如将推出学院级科研项目和论文培育计划,同时学院要求各系定期举行学科前沿、项目申报等科研研讨交流活动,营造良好的学术氛围,提高中青年教师积极性,促进学院整体科研水平逐步提升。院长马慧强调学院不仅支持纵向项目申报和论文发表,也鼓励横向联合等课题,学院出台科研工作办法将提供给中青年教师一个良好的工作环境,有益于大家平衡教学和科研工作,可以帮助中青年教师更好成长进步。两位专家分别就数据分析工具软件SAS及商务智能方面的相关知识与学院教师进行了分享和研讨。

(郑宁)

【举办"大数据与互联网+"讲座】 12月23日,著名中国工程院院士、光纤传送网和宽带信息网专家邬贺铨做题"大数据与互联网+"的讲座。在讲座中,邬贺铨首先介绍了大数据时代技术革新的发展轨迹,指出"大智移云"是信息技术新时代的特征,通过丰富的例子阐述了信息技术的演进与发展,分析了互联网+的特点,以及对社会生活带来的影响。

(郑宁)

对外交流

【与美国伊利诺伊大学春田分校代表团开展合作交流】 4月21日,信息学院教授马慧在诚明楼113

室与伊利诺伊春田分校工商管理学院院长罗恩·麦克尼尔就对外合作交流项目事宜进行了工作交流。参会人员还包括伊利诺伊大学春田分校工商管理学院院长助理加里·杨、学校人事处副处长李凤磊、国际合作交流处副处长黄立伟、国际合作交流处国际合作交流项目负责人雷静、信息学院领导班子、学院负责国际合作交流的项目主管范焜以及学院部分系主任。马慧和罗恩·麦克尼尔分别介绍了首经贸信息学院和伊利诺伊大学及工商管理学院的相关情况,并就相关合作交流项目进行了讨论,希望通过双方的共同努力,能够促成合作,为学生提供赴伊利诺伊大学学习和深造的机会。

(郑宁)

【与美国华盛顿大学(西雅图)研讨交流合作】 5月31日,信息学院与华盛顿大学机械工程系教授高大勇在诚明楼113会议室召开讨论共建学生对外交流合作平台研讨会。经双方沟通讨论,信息学院拟与华盛顿大学机械工程系开展本硕4+1、硕士2+1联合培养项目。会议由杨一平、马慧主持,国际合作交流处副处长黄立伟、研究生部王少华老师,信息学院领导班子、系主任参加了此次交流座谈。马慧介绍了学院的基本情况,希望与华盛顿大学机械工程系在人才培养(包括本硕4+1,硕士2+1等交流项目)、短期交流、科研项目等方面建立长期合作。高大勇介绍了华盛顿大学的基本情况,对信息学院积极拓展和搭建国际交流平台,开展国际化合作育人表示赞同,并详细介绍了与清华大学、北京大学、北京建筑大学的对外交流合作模式,介绍了国际国内学科发展前沿,为学院建设和长远发展提出宝贵建议。

(郑宁)

学生工作

【就业工作】 学院制定了详细的毕业生工作计划并成立了专门负责毕业生就业的工作小组,统筹安排毕业生就业工作。学院2015届本科毕业生131人,研究生26人。本科生签约率93.89%,就业率99.24%;研究生签约率92.31%,就业率100%。

(季岩砚)

【思想政治教育】 2月21日,学院组织学生干部和学生代表走进首经贸中街社区街道居委会,开展"依法治国·共铸伟业"贯彻党的十八届四中全会精神宣讲会。学生干部和学生代表们与社区的老党员、老干部和居民们一起就十八届四中全会精神与中国梦话题进行了深入的学习,在热烈的氛围中交流了心得体会。4月,学院在校团委开展的优秀团员、优秀团干部、优秀团支部评选活动中有22人获得"校级优秀共青团员"荣誉称号,5人获得"校级优秀共青团干部"荣誉称号,2013级管理科学与工程团支部获得"校级红旗团支部"荣誉称号。4—5月,在2013级、2014级两个年级11个团支部开展了以"拥抱青春·践行三走"为主题的团日活动,并于5月28日举办主题团日活动展示会。各班以PPT、微电影、朗诵、短剧、歌曲等形式,按照抽签顺序轮流对本班的主题团日活动进行了精彩展示,并通过党团知识、时事热点问答的激烈比拼,最终评出了本次展示活动的各奖项。11—12月,针对2015级新生开展了"我的爱国心·我的中国梦"主题团日活动。12月21日,各班团支部在主题团日活动展示会上对本班开展的主题团日活动进行了总结展示,互相交流在活动中深入学习、践行社会主义核心价值观、明确当代青年时代责任的心得体会。

(肖江文)

【组织建设】 9月,学院各学生组织开展并完成新一届成员招新工作,并于新生军训归来后陆续开展部门会议,在欢迎新成员的同时,对新成员开展培训,以帮助新成员尽快适应新的身份,融入大学生活。9月21日,举办学生组织干部定向越野素质拓展活动,活动邀请到专业的定向越野教练。10月,各学生组织负责人牵头,分别对新成员进行了形式多样的拓展和培训,内容包括团体协作能力、集体凝聚力及经验分享等。10月21日,召开团干部团务培训会,对2015级新生团干部进行了有针对性的系列培训,向新生团干部介绍了团组织的具体工作职责,同时围绕如何开展丰富多样的团日活动展开讨论,增强了各支部团干部之间以及团干部与老师之间的交流。6月和12月,分别召开学生工作总结分享会,分团委书记及学生干部就上学年各项工作及活动的开展进行总结,同时也就工作中遇到的困难以及积累的经验进行分享和交流,并结合工作体会提出各类意见和建议。会上强调加强活动的计划性以及部门沟通的重要性,强调学生干部们应该进一步加强责任意识和创新意识,同时要求学生干部合理安排工作和学习时间,在学习和工作中都取得好成绩。

(肖江文)

【宣传建设】 2015年，学院分团委开始发行学院报刊《今日信息》，每两个星期为同学们提供学院活动、校友风采、生活资讯等方面的相关信息，让校内同学更加了解信息学院。5月，《今日信息》在校团委举办的"读书周"校园刊物评比中荣获第一名。9月，学院分团委对新成立的新闻中心进行了职能规划，下设记者团、推广部和综合管理部，分别负责学院宣传工作的新闻采集、编写、推送和反馈整理。除了完成日常的基层信息整理推送工作，新闻中心还负责管理"首经信息"微信公众号和发行院刊《今日信息》，于日常中记录学生活动，对重要新闻进行及时发表和推送，对重要通知进行及时发布。10月22日，信息学院设立毕业生实习就业信息专用平台"We信实习"微信公众号，用于及时向应届毕业生传达相关企业的实习、就业信息，以及推送求职面试、简历制作等方面的相关经验技巧，为应届毕业生增加更多职业选择与就业机会。2015年，"首经信息"微信公众平台共推送信息229条，第一时间下达学院、学校的各项通知，以及分享各类对学院学生有益的信息，如就业信息、应试信息、生活资讯等。截至12月，平台关注总人数达709人。

（肖江文）

【社会实践】 4月29日，信息学院与RMC USA中国代理北京创和公司及加拿大海桥公司探讨建立孵化创新与培训基地事宜，并签署了合作意向书。双方希望通过建立孵化创新和培训基地为学生提供到公司实习实践的机会。6月9日，信息学院与北京锐安科技有限公司讨论共建实习基地，通过建立实习基地，为信息学院学生提供实习岗位和实践机会，同时，吸引更多优秀学生，积极开展校企合作，实现合作共赢的良好局面。6月，共有21支团队申报暑期社会实践活动，创历史最高。暑假期间，21支暑期社会实践队伍分别前往河北、天津、山西、上海、湖南、浙江、辽宁、新疆、内蒙古等地开展暑期社会实践调研活动。9—12月，学院组织学生干部寻访往届毕业生，学生干部分组针对不同的采访目标制定采访内容，活动期间，采访优秀校友24名，寻访校友超过700名，采访稿在学院报刊和学院微信平台上发表。

（肖江文）

【志愿服务】 9月20日，信息学院志愿者服务团组织多名学生参加在园博园举行的国际铁人三项赛志愿者活动。10月28日，学院志愿者服务团知识产权小分队在三食堂门口举办知识产权保护宣传活动，号召大家加入到保护知识产权的队伍中来，增强人们的维权意识，更好地做到知法守法。11月11—13日，学院志愿者服务团开展"温暖衣冬，让冬天温暖如春"衣物募捐活动。活动通过海报和网络宣传，面向全校师生开展。募捐通过在各个公寓楼放置收衣箱以及现场收衣的方式，短短3天时间共计收到衣物千余件，经过志愿者团的成员整理打包后全数捐予北京工友之家，为需要帮助的人们送去冬日的温暖。11月18—20日，信息学院志愿者团开展2015北京节能环保博览会志愿服务工作。通过一系列的培训，志愿者们认真完成了所分配的任务，引导人们参观博览会以及向人们讲解相关节能知识。

（肖江文）

【学术竞赛】 10月10日，信息学院教师杨艳妮和邱月老师指导的工程管理专业2012级杨彤鑫等4位同学荣获全国BIM大赛施工管理沙盘大赛三等奖，学院2013级王梦洁、潘芳芳2位同学荣获BIM算量大赛三等奖。11月，学院教师和学生组成的公益项目"一键修复"、新产业项目"'易然云创'互联网+创客空间"、传统产业项目"e租客有限责任公司——综合短租平台"3组项目在首届中国"互联网+"大学生创新创业大赛北京赛区的比赛中获得佳绩，晋级北京赛区20强。2015年，信息学院以"梦想从信息起航——引航人生，伴行成长"及"梦想从信息起航——夯实基础，提升素养"为主题，分别组织3场共计6场针对如何适应大学生活、专业学习等方面的专题辅导，为以一年级新生为主的在校生提供各类专业学习指导和未来职业规划教育，促进学生提高专业学习兴趣和提前进行职业生涯规划的意识。2015年，学院邀请"挑食网"CEO窦高峰、优品悦动首席营销官林俫等创业成功人士，从创业目的、创业项目怎么来、实现创业的准备工作等多个方面具体阐述他们眼中的创业之路，告诉同学们如何做职业规划并提出了自己的建议，帮助同学们更好地规划创业实践，实现个人职业发展目标。

（肖江文）

【学生社团】 2015年，信息学院起点计算机协会共举办3次大型"电脑义诊"活动，为全校师生提供系统安装、软件教学、硬件维护等服务。12月，起点计算机协会利用晚自习时间举办了C语言竞赛，帮助学院大一同学熟悉基础课C语言的考试形式，巩固基础知识并缓解期末考试压力。计算机协会定期举办PS技术、视频软件技术等专业软件技术培训,同时还配套组织了拆装机、硬件维护培训指导,为广大同学学习掌握计算机相关知识技能提供了学习交流的平台。

(肖江文)

党建工作

【举办退休教师新年团拜会】 1月16日,信息学院在红庙校区图书馆机房召开2015年退休教师新年团拜会。36位退休教师参加了团拜会,学院党委书记马慧、工会主席卢山、系主任以及办公室工作人员代表到会,与老教师们欢聚一堂,共贺新春。会议由马慧主持。马慧热情地向退休教师汇报了过去一年学院所取得的成绩及学校一年来工作思路和要求,衷心感谢老教师们对学院各项工作,尤其是对校志编写工作的关心和大力支持,并向大家详细解读了校志工作,请老教师们帮助提供和核对相关材料。退休教师纷纷畅所欲言,感谢学院一直把退休教师放在心上,每年定期举办新年团拜会,定期向退休支部报告学院以及学校的发展情况。会后,马慧和各系主任分别看望了因病无法参加团拜的宋倩茹、李永昕、胡珊3位教师。

(郑宁)

【召开班子扩大会学习“三严三实”研讨学院工作】 10月10日,信息学院在诚明楼113会议室召开班子扩大会,院长马慧,书记周广军,副院长高迎、陈炜,副书记季岩砚,各系主任、支部书记、部分青年教师代表参加了此次研讨会。会议由马慧主持。周广军首先向大家解读了“三严三实”的内涵以及开展“三严三实”教育活动的意义,并结合学院发展实际,倡导广大党员干部自觉把“严以修身、严以用权、严于律己,谋事要实、创业要实、做人要实”作为修身之本、为政之道、成事之要,与日常工作有机融合,相互促进。马慧强调要将“三严三实”专题学习融入日常教育学习中,贯穿到具体工作中。要将学习研讨与目前学校学院学科评估、学生生源、就业、培养等重点工作结合起来,与会成员依次发言,互动讨论。

(郑宁)

【表彰教学、科研、考勤优秀集体及优秀学生】 10月14日,信息学院在行知楼四层机房召开教学、科研、考勤优秀集体及优秀学生表彰大会。学院全体教师及受表彰学生参加了此次大会。学院以系为单位进行了优秀集体表彰。同时,学院还对学生竞赛组织辅导优秀集体以及2015年度在科研、各类学术竞赛、结合专业考取各种社会证书的同学给予了表彰。分党委书记周广军充分肯定了2015年度信息学院师生在教学、科研、学科竞赛中取得的优异成绩,希望获得表彰的同学把优秀经验与其他同学共享,发挥榜样作用,实现全体同学共同进步。院长马慧在讲话中首先对受表彰的师生表示祝贺,并鼓励师生再接再厉,同时指出学院全体教师要立足本职、服务学生,各项工作要紧密围绕促进生源就业、更好地服务学生、培养学生社会主义核心价值观和团队创新精神展开。

(郑宁)

【举办本科、研究生党支部党政知识对抗赛】 11月29日,信息学院研究生、本科生党支部成员在慎思楼联合开展“弘扬社会主义核心价值观,践行学生党员模范先进性”党史、时政知识竞赛。学院党委副书记、研究生党支部书记季岩砚,学院分团委书记、本科生党支部书记肖江文及全体学生党员、发展对象参加了此次活动。本次竞赛由本科生党员李伊和研究生党员陈旺主持。对抗赛共分为6个小组,分别是研究生一、二、三队,本科生一、二、三队。每组由7名成员组成。此次对抗赛分为必答题、抢答题、风险题、听音乐,看视频猜红歌以及场外观众答题5个环节,围绕党史知识、时政要闻展开。经过激烈的比赛,最后本科生一队、二队荣获第一、二名,研究生二队夺得第三名。

(郑宁)

【组织教师观影】 9月23日,为了纪念中国抗日战争暨世界反法西斯战争胜利70周年,信息学院党委组织全体教师在丰台华谊兄弟影院观看电影《百团大战》。

(郑宁)

【邀请专家对学院“十三五”规划及人才培养方案进行评审】 6月3日,信息学院在诚明楼113会议室召开“十三五”规划暨人才培养方案专家评审会。会议特别邀请了北京航空航天大学教授聂大同等6位专家参加研讨。学院领导、各系主任和教师代表参加了此次研讨会。会议由杨一平、马慧主持。杨一平介绍了信息学院现况和本次人才培养方案计划调整目的。马慧指出学院学科专业建设以“十三五”规划教育教学精神为中心,以学院特色为基调,加大提升学院专业建设水平和教学质量幅度，阐明学院各系专业方向变动，培养方案调整，课程设置，学位点等情况。随后参会专家就人才培养方案培养方向的拟定、培养目标的确定、课程的设计等方面的问题给出了专业的建议。在培养方案前期拟定过程中，学院多次与院士李京文、社科院所长李平、中央财经大学院长朱建明、北京工业大学教授宗刚、中国人民大学院长毛基业和副院长左美云、中国地质大学（北京）院长安海忠等多位校外专家就培养方案的具体细节进行了深入沟通。

（郑宁）

【举办“十三五”规划及2015就业促进工作座谈会】　6月26日，信息学院在诚明楼113会议室召开了“十三五”规划暨就业促进座谈会。学院领导、各系主任和支部书记、教师代表等参加了此次研讨会。院长马慧回顾了信息学院“十二五”期间取得的成绩，并介绍了学院“十三五”规划工作进展情况及基本思路。随后，各系主任分别介绍了各系“十三五”规划的基本思路。

（郑宁）

【学院院徽获得国家版权局作品登记证书】　由首都经济贸易大学申请，经中国版权保护中心审核，1月22日，信息学院院徽获得国家版权局作品登记证书。院徽由基本图形、学校名称、学院中英文名称3部分组成。院徽整体呈圆形，上部为标准校体“首都经济贸易大学”名称，下部为信息学院规范英文名称及建院时间的组合。院徽中心主体部分由徽章形象和学院名称构成，其中徽章形象采用“信息学院”的英文“Information School”的首字母缩写“I”和“S”做主要结构，经过艺术抽象变化后形似一面飘扬的旗帜。同时“S”也是System和Service两个单词的首字母，暗含信息系统和信息服务的意思。字母“I”抽象为人形，上部结构融入键盘按键的元素，字母“S”由26根宽度由下向上逐级递减的横条组合而成，象征着信息学院进行院徽设计时全部行政班级。院徽的整体设计理念体现了信息学院紧扣专业特色，追求脚踏实地，坚持以人为本，注重学生发展的办学理念。

（郑宁）

工会工作

【信息学院舞蹈队成立】　为丰富教职工的业余文化生活，全面推进健身运动，信息学院舞蹈队于4月正式成立，并积极为学校5月中旬的广场舞比赛认真排练。最终，广场舞《唱支山歌给党听》获得学校广场舞三等奖。

（高静）

【春游及观影活动】　5月，信息学院工会组织了“雨中漫步赏景健身行”汉石桥湿地公园春游活动，共有33位老师集合出发，虽然有小雨，但大家兴致盎然，开展了健步走等各种活动。6月，学院工会组织教师赴首地大峡谷进行“欢乐度夏痛快看电影”活动，以缓解期末考试期间紧张的压力。10月，学院20多名教师在学院党委书记周广军的带领下，赴北方的乌镇——古北水镇参观游览。

（高静）

【组织向困难职工捐款活动】　6月，信息学院领导向学院全体教职工发出倡议，学院工会号召为学院因伤致病、需要高额后期治疗费用的教师胡珊进行爱心捐助，得到了学院教职工的热烈响应。

（高静）

【参观中国地质博物馆】　12月，信息学院分工会组织教职工参观中国地质博物馆迎接新年活动，院长马慧、党委书记周广军及教职工60余人参加活动。

（高静）

实验室建设

【概述】　信息实验教学中心创建于1999年（信息学院合并了学校的计算中心和网络中心），由信息学院信息管理专业实验室和计算中心公共基础实验室组成。实验中心的主要工作任务是保证学院专业课上机教学和学校公共基础课上机教学的正常进行，管理维护学院及实验中心的国有资产及设备，保证实验室及设备的安全、整洁、卫生。目前实验中心共14个实验室，包括6个实验中心公共基础实验室和8个信息专业实验室。实验室总面积2 000多平方米，共有各种微机设备1 000多台，专职技术管理人员9人。实验中心的工作方针是：开放管理、科学规范、注重实训、资源共享。

（王学军）

【成立和专业相关的实验室】　2015年，信息实验教学中心建立大数据实验教学科研平台,并成立了BIM(建筑信息模型)实验室。平台和实验室的建设将为教师的教学、科研和学生的学习实践提供良好的硬件支撑。

(王学军)

安全与环境工程学院

概　况

安全与环境工程学院始创于1954年建立的北京劳动干部学校。学校于1956年正式开学,隶属劳动部。1958年,北京劳动干部学校升格为北京劳动学院(现首都经济贸易大学),设置"劳动保护系",开始了安全工程类本科专业教育,成为我国最早设置安全工程类本科专业的办学点。劳动保护系在1982年和1983年先后获得了劳动卫生与环境卫生学硕士学位授予权和安全技术及工程硕士学位授予权。1985年,劳动保护系更名为安全工程系。2005年8月,安全工程系更名为安全与环境工程学院。

安全与环境工程学院下设安全工程系、环境工程系、工业工程系和实验中心4个教学单位。前3个专业系分别承担本系的专业课程教学工作,实验中心承担全院学生的实验教学工作。学院还设有安全生产培训中心、安全评价中心、安全与环境科学技术研究所、建设安全研究中心等,其中,安全评价中心具有国家甲级安全评价资质,安全生产培训中心是安全生产监督管理总局认定的国家二级培训单位,这几个机构承担着北京市和其他省市大量安全生产领域的评价、咨询和教育培训等技术服务工作,面向社会开展安全生产相关服务工作。

(陈蒲晶)

师资队伍建设

2015年,安全与环境工程学院有教职工45人,其中,专职教师34人。专职教师中,教授7人,副教授14人,讲师13人;拥有博士学位27人,硕士学位5人,其他2人。

2015年,安全与环境工程学院新进博士(后)4名,教师晋升副教授2名。

(怡枫)

学科建设

学院现拥有安全科学与工程、劳动卫生与环境卫生学2个学术硕士点和安全工程、公共卫生2个专业硕士点,拥有安全管理工程二级博士点。"安全工程专业"是北京市特色专业,"安全科学与工程"学科是北京市重点建设学科。经过近60年的发展,学院目前已形成包括本科生、学术型研究生、专业硕士研究生和博士生教育在内的办学层次丰富、学科方向相对完整的人才培养体系。

(任慧英)

教学工作

【申报校级教改立项情况】 2015年,学院申报的校级教改立项项目有3项:王洁的《多层级渐进CDIO工程教育模式的探索与实践——以〈安全人机工程学〉为例》(一般项目)、陈蒲晶的《运用"翻转课堂"教学模式的求职类课程对提升学校理工科学生就业质量的作用》(一般项目)、赵灿灿的《计算机仿真技术在工业工程类实验课程教学中的应用研究》(青年项目)。3项教改立项项目均已获批。

(别凤喜)

【网上评教情况】 2015年,学校对在2014—2015学年两个学期本科生网上评教活动中得分名列前茅的30名教师授予首都经济贸易大学2014—2015学年"学评教"优秀课堂教学效果奖,安全与环境工程学院教师杨静获此殊荣,位列第16名。

(别凤喜)

【学科竞赛获奖情况】 2015 年,学院组织承办学校学生参加全国高等学校安全科学与工程类专业大学生实践与创新作品大赛竞赛(B 级),获得 4 个奖项:由谢中朋指导,刘雨霏、马丽静、许诺、余惠东 4 名学生参赛,获全国一等奖;由吕淑然老师指导,张葭伊、王祎、刘汀、郝语林 4 名学生参赛,获全国二等奖;由谢中朋指导,程钰丹、郭小满、赵琳、戴星皓 4 名学生参赛,获全国三等奖;由谢中朋指导,尹琦辉、许诺、刘雨霏、马丽静 4 名学生参赛,获全国优秀奖。

何向军指导学生参加学校其他单位组织承办的竞赛 7 项,4 项获奖:校团委组织承办的"挑战杯"全国大学生系列科技学术竞赛(B 级),庞恩泽、李晟晗、王俊文、阳一坤获北京市三等奖;工商管理学院组织承办的全国大学生电子商务"创新、创意及创业"挑战赛(B 级),艾比拜·艾麦提、郭晶晶、武文韬、倪文颖、龚靖获全国二等奖;车一鸣、刘霞婷、凌志群、储诚才、韩建君、吴沁园获北京市二等奖;工商管理学院组织承办的全国/北京市大学生交通科技大赛(B 级),齐伟、王宏伟、刘梓溪、邹坤鹏获北京市优秀奖。

(别凤喜)

【大学生科研与创新训练项目申报及结项情况】 2015 年,学院学生申报"大学生科研与创新训练项目"9 项,其中,重点项目 4 项,一般项目 5 项;项目负责人为 2012 级学生的有 2 项,其中 1 项终止,1 项提前答辩与评审,成绩合格。2014 年申报的 13 项"大学生科研与创新训练项目",其中有 7 项终止,其余的经答辩、评审,成绩达到合格标准的有 4 项,且有 2 项取得了校级优秀,分别为:由姚一帆负责、陈文瑛指导的一般项目"地铁换乘时间模拟及拥堵地点预测";由李柯负责、任冬梅指导的一般项目"改良 Hummers 法制备氧化石墨烯的研究"。

(别凤喜)

【推荐应届优秀本科毕业生免试攻读硕士学位研究生情况】 2015 年,安全与环境工程学院达到免试推荐条件的学生有 5 人,提出免试推荐申请的有 3 人,根据学校下达的 3 人推优名额,最终环境工程专业的于秋璐、门玉,安全工程专业的付婷婷获得推优资格。

(别凤喜)

科研工作

【概述】 2015 年,学院纵向科研项目新立项 11 个,其中,安全生产监督管理总局(省部级)项目 7 个,北京市组织部(委办局级)项目 2 个,北京市教委科学技术研究计划项目(委办局级)1 个,首都经济贸易大学项目 1 个;横向科研项目中,新立项的企事业单位委托科技项目 45 个。到校科研经费 222 万元,其中,纵向经费 37 万元(含 7 个安监局项目),横向经费 185 万元。发表论文共 46 篇,国际 C 级别 1 篇,在国内核心期刊共发表论文 22 篇,发表一般期刊 23 篇。

(任慧英)

学生工作

【概述】 安全与环境工程学院分团委在校团委和学院党总支的领导下开展工作,指导学院学生会、研究生会、志愿者服务分团、CUEB 绿色生态协会、星愿天文社等学生团体开展活动。学院分团委既是联系校团委和学院广大学生的桥梁,又是联结党和广大团员青年的纽带。2015 年,学院分团委在校团委的指导下,在学院党总支的领导下,贯彻落实党的十八大和团的十七大精神,围绕践行十八大、"中国梦"以及十八届三中全会等精神,以"精品化、品牌化、有特色"为主要目标,深入开展学习实践活动。

(陈蒲晶)

【举办"一团一品"主题团日活动】 5 月 27 日,安全与环境工程学院分团委开展以"践行核心价值观,争做逐梦安工人"为主题的"一团一品"答辩展示活动。经过评委老师评选,最终 2014 级环境工程团支部获得一等奖以及最佳创意奖;2013 级安全工程团支部和 2014 级安全工程团支部获得了二等奖;2012 级工业工程团支部获得了三等奖以及最佳组织奖;2013 级环境工程团支部、2014 级工业工程团支部获得了三等奖。其他积极参与的团支部获得鼓励奖。

(陈蒲晶)

【开展"如何练好习大大传授的'八字真经'"主题团日活动】 4 月 24 日至 5 月 6 日,学院分团委组织全体团员开展"如何练好习大大传授的'八字真经'"主题团日活动。通过开展此次主题团日活动,安全与环境工程学院全体团员对"勤学、修德、明辨、笃实"的"八字真经"有了新的认识以及更深层次的理解。

(陈蒲晶)

【开展以“践行社会主义核心价值观”为主题的“身边的党课”活动】 学院结合自身特点,创新学生理论教育模式,在学生党员和学生干部中组建社会主义核心价值观宣讲团,在全院范围内开展“身边的党课,与信仰对话”理论宣传教育活动,宣讲成员包括9名本科生党员和1名研究生党员,宣讲对象为学院15个基层团支部,宣讲内容主要是理解与践行社会主义核心价值观。历经3个月的准备期和20天的宣讲期,同学们纷纷表示宣讲对自己有较大启发。

(陈蒲晶)

【召开2014—2015学年学生表彰大会暨第二届“安工榜样”颁奖典礼】 12月16日,学院召开2014—2015学年学生表彰大会暨第二届“安工榜样”颁奖典礼。经过全院300多名师生线上线下投票,选举出了7位“安工榜样”,分别是“学术科研榜样”王春雪,“文体竞赛榜样”郑志新,“社会实践榜样”艾比拜·艾麦提,“创新创业榜样”孙签,“志愿服务榜样”徐希尧,“学习优秀榜样”陈昕,“自强奋进榜样”朱华蓉;张艺凡、王美懿、张葭伊、蔡梦、艾比拜·艾麦提、金言成文、曹永婷7位获得“安工榜样”提名奖。

(陈蒲晶)

【基层团支部建设】 学院分团委共有16个团支部,374名团员,其中,团员干部46名。2015年,学院为强化团支部职能、健全团支部工作、增强团支部凝聚力,开展了相关的培训,推出了相应的制度。首先,为规范各团支部人员结构,强化团支部各委员职能,规范了团推优制度,继续执行“学生干部人才储备培养计划”;其次,通过开展基层团干部会议,加强团干部的带头作用;最后,本学年通过素质学分制度,增强广大团员的团员意识和集体责任感。每一个本科生均有一份素质学分档案,该档案是对本科生参与课外素质锻炼的量化考核,在学年末向学生反馈并督促素质学分较低的学生,以此提升学生参加课外素质锻炼的积极性。

(陈蒲晶)

【学生组织建设】 6月24日,学院举办了分团委、学生会换届大会,通过选举的方式产生了主席团5人,部长及负责人17人,组建了新一届学生干部队伍。9月9日,学院分团委、学生会举办招新大会,共招募学生干部50余人。学院特别针对新一届分团委和学生会主要干部开设了学生干部培训班。

(陈蒲晶)

【志愿者团队建设】 2015年,分团委决定定期安排志愿者相关培训。9月9日,安全与环境工程学院志愿者团招募志愿者70余人。10月13日,学院志愿者团进行了全校招新的活动。12月13日,学院志愿者之家组织学院全体大一新生进行红十字会初级急救员培训。

(陈蒲晶)

【宣传工作】 2015年,宣传部配合分团委的工作重点,运营并管理微信平台——“炫彩安工”。从3月份开始,“炫彩安工”微信平台陆续开拓了“学X进化论”“等待花开”“周末去哪儿”“生活百科”“历史上的今天”等板块,并进行及时更新。4月,宣传部开展院庆十周年设计大赛,并向全校征集作品,通过微信平台、海报和喷绘、线下宣传等方式进行宣传。9月17日,宣传部在博学楼举办新闻稿培训活动,学生会主席团以及各部部长集体参加了本次培训。10月21日,分团委在慎思楼举办新闻稿培训,学生会成员以及各支部宣传委员参加了本次活动。11月4日,宣传部在博学楼604举办Photoshop训练班,宣传部全体干事参加此次培训。

(陈蒲晶)

【开展台湾学习暑期社会实践团】 8月3—21日,学院马伟伟等4人赴台湾高雄第一科技大学进行暑期学习实践交流。在为期19天的暑期专班学习中,学院学生对北京市与高雄市教学课堂和大学生创业现状进行了调研,并与高雄第一科技大学的老师在学术上进行深刻交流,顺利完成了所有课程。

(陈蒲晶)

【开展暑期赴纽约州立大学宾汉姆顿分校交流项目】 7月18日—8月8日,学院学生2人赴美国纽约州立大学宾汉姆顿分校沃森工学院系统科学及工业工程系参加暑期精益六西格玛认证暑期项目,顺利完成了所有课程,获得了由纽约州立大学宾汉姆顿分校颁发的六西格玛绿带认证证书。

(陈蒲晶)

【开展暑期社会实践调研活动】 7月,学院分团委组织开展暑期社会实践活动。3支实践团在2个月的时间里走进北京的各个区县,通过问卷的形式对市民的食品和药品安全意识以及生态文明建设认知程度进行走访调研。各组将调研内容与自身的专业知识和社会热点巧妙结合,完成“北京市居民食品安全意识及影响因素模型研究”“北京延庆地区人民对生态文明建设的认知程度”“公民用药安全意识现状调查研究”3 份调研，既体现了专业特色，又与社会相关联。

（陈蒲晶）

【寻访天津抗战纪念遗址】 8 月 15 日，在纪念抗日战争胜利 70 周年之际，学院分团委书记陈蒲晶带领实践团来到天津盘山烈士陵园参观在日殉难烈士劳工纪念馆等抗战遗址。

（陈蒲晶）

【志愿服务】 2015 年，学院志愿者团继续开展了自己的特色活动——安全月活动、“夕阳再晨”活动以及关爱流浪猫狗活动，同时开展一系列新的志愿活动，如汽车博物馆志愿服务，完成无偿献血等工作，并与信息学院、劳动经济学院一同开展寻找最美志愿者活动。

（陈蒲晶）

【研究生会学术沙龙】 4 月 23 日，学院举办了第四期学术沙龙主题讲座，邀请安全工程系主任杨玲对科学研究与科技论文写作进行讲解。5 月 22 日，学院举办第五期研究生学术沙龙，博士研究生杨凯分享科技论文写作经验。6 月 15 日，学院举办了第六期学术沙龙，邀请劳动与环境卫生学专业的王喆、管理科学与工程专业的王伟以及安全科学与工程的王春雪分享其在研究生阶段的学术心得。10 月 14 日，学院举办第七期学术沙龙，邀请北京市安全监督管理局的专家李宏良，中国建材检验认证集团区域经理刘文长，安全家俱乐部专家何峻、徐宇哲以学术研讨会的形式就产学研结合与安全标准化问题与同学们进行了交流。12 月 25 日，学院举办了研究生第八期学术沙龙，邀请北京科技大学党委委员、土木与环境工程学院党委书记兼院长金龙哲，以讲座的形式就井下紧急避险系统研究问题进行了讲解。

（陈蒲晶）

【举办第三届“安工杯”大学生课外学术科技作品大赛】 6 月 10 日，学院举办了第三届“安工杯”大学生课外学术科技作品大赛颁奖典礼暨第四届启动仪式。学院院长王勇毅、副院长李伟、党委副书记蔡丹、指导教师代表吕淑然出席本次典礼。会议由党总支副书记蔡丹主持。大赛经过预报名、下拨启动经费、作品创作、中期审核、作品提交和评审 6 个阶段，共评出特等奖 1 个、一等奖 1 个、二等奖 2 个、三等奖 3 个、优秀奖 2 个，优秀指导教师 2 名。2011 级工业工程班李晟晗作为获奖代表发言并分享参赛心得。

（陈蒲晶）

【评选北科院科技创新奖学金】 6 月 16 日，学院举行了 2014 年度“北科院科技创新学金”颁奖典礼。北京科学技术研究院北京市劳动保护科学研究所人力资源部部长齐书芳，学院党委书记陈润源、副院长陈文瑛、副书记蔡丹出席本次活动。学院共有 11 位学生获奖。北科院科技创新奖学金是由北京科学技术研究院北京市劳动保护科学研究所出资设立的，目的是激励学生学习与从事科学研究活动的积极性和创造性，加强学生科研创新能力的培养，培养创新型人才、应用型人才，更好地为社会服务。该奖学金是学校目前为止单项奖励金额最高的一项社会捐助奖学金，同时也是唯一一项专门奖励学生科研创新的奖学金。该奖学金每年颁发一次，奖学金最高 1 万元。

（陈蒲晶）

【举办首场校友论坛】 11 月 19 日，学院在博学楼 508 举办首场校友论坛。此次应邀参加的安工校友包括航天二院的李隆庭，中国职业安全健康协会的李斯然，北京航天泰坦科技股份有限公司的于相宝，北京农商银行的尉莉莉，中国铁道科学研究院的赵静以及目前正在中国矿业大学读博的索晓。6 位校友就同学们关心的就业深造等各类问题与大家进行交流并分享自己的经验。

（陈蒲晶）

【学习与就业指导讲座】 9 月 22 日，学院举办了 2016 届毕业生毕业政策宣讲会暨就业动员大会，会议邀请学校就业指导中心富蕾为毕业生做毕业政策宣讲。9 月 28 日，学院聘请北京市科学技术研究院院长丁辉为 2015 级安工新生做新生教育专题讲座。10 月 21 日，学院邀请国家二级心理咨询师、二级人力资源管理师、时任北京市城市排水集团有限责任公司党支部书记兼主任毕琳为 2015 级环境工程班的同学们做“致未来的绿色卫士”主题讲座。10 月 29 日，学院开展生涯定位讲座，邀请生涯规划师李春雨与同学们共同探讨关于生涯规划、生涯定位等问题。11 月 5 日，学院邀请北京世纪同文国际技术培训中心执行总监、资深人力资源经理杨晶为同学们进行面试技巧的模拟与训练。11 月 17 日，学院邀请资深人力资源经理杨晶为 2016 届毕业生进行有关

"如何写出一份优秀的简历"的讲座。

（陈蒲晶）

【学习经验交流会】 5月21日,学院举办大四优秀毕业生交流会,邀请优秀的大四毕业生从就业、出国、考研3个方面向大家介绍了宝贵的经验。10月10日,学院举办2015年新老生交流会生会,邀请6位学长学姐就考研、出国、英语、学生工作、志愿服务等6个方面进行经验分享。10月26日,学院邀请北京市疾病预防控制中心应急办主任王如刚为2015级公共卫生专业硕士的同学做以"从职业卫生专业发展看公共卫生复合型人才与科学研究"为主题的报告,并与同学们进行了交流。

（陈蒲晶）

【学院文体活动】 10月14日,学院体育部组织学院大二、大三学生与大一新生开展迎新生篮球比赛。10月21日,学院参加学校跳长绳比赛。10月28日,学院参加学校拔河比赛。10月29日,学院学生会生活安保部举办了宿舍公约大赛,加强了大家的集体意识,提高他们在宿舍生活中的自律性和自理能力。11月18日,学院参加学校乒乓球比赛。11月25日,学院参加学校羽毛球比赛。12月1—20日,学院体育部带领同学参加学校晨跑活动。12月9日,学院学生参加学校举办的纪念"一二・九"运动80周年歌咏大会,合唱曲目《太行山上》,并获得最美和声奖。12月13日,学院学生会生活安保部协助举办第二届校园圣诞舞会。12月17日,学院体育部带领同学参加同心鼓比赛。

（陈蒲晶）

【院庆十年特色活动】 9月13日,学院分团委组织部举办"安工・十年"三行情书征文大赛。9月26日,学院内勤外联部开展"安工・十年"系列"我心目中的好老师"评选活动。10月14日,学院学生会生活安保部举办"安工・十年"系列"纸桥承重大赛",本次活动促进了同学之间的交流与合作,2015级安全工程班获得第一名。10月12—15日,学院体育部举办了践行三走夜跑大赛。10月18日,学院在大学生活动中心举办"安全与环境工程学院10周年庆典暨迎新联欢会"。

（陈蒲晶）

【参加学校体育活动】 4月18日,学院参加学校举办的运动会,获得入场式第一名、最佳组织奖,获评群体活动先进院系。4月29日,学院体育部在轮滑场举行趣味运动会,共有10支队伍10位老师参加此次活动。最终研究生队获得此次趣味运动会的第一名。5月13日,学院研究生参加第四届"经贸杯"研究生乒羽篮总决赛,最终获得此次乒乓球大赛冠军以及羽毛球大赛亚军。5月28日,学院体育部参加学校体育组组织的一年一届的"五四杯"足球赛,并获得亚军。5月29日,学院在首都经济贸易大学第十三届拉拉操、团体健身操比赛中获得最佳创意奖。10月11日,学院体育部参加"首都经济贸易大学院系杯迎新篮球赛",晋级8强。12月3日,学院体育部参加学校体育组组织的"一二・九"长跑,取得第6名。

（陈蒲晶）

【星愿天文社活动】 2015年,星愿天文社组织社员参加各类天文活动。10月28日,星愿天文社成员进行新学期以来首次观测,观测到秋季代表的王族星座。12月7日,在心理健康教育与咨询中心举办星愿天文观影活动,观影过后,星愿天文社优秀社员为大家讲解有关天文的电影、小说、游戏等相关内容。12月12日,组织了由北京理工大学、北京工业大学、北京化工大学、北京林业大学、北京邮电大学5所高校共同参与的双子座流星雨观测活动。12月15日,星愿天文社组织同学对双子座流星雨进行观测。

（陈蒲晶）

【CUEB绿色生态协会活动】 2015年,CUEB绿色生态协会协助节能办开展活动,举办两次手工皂制作活动,并参与了首届"凌盛蓝天白云杯"百所高校节能环保绿色校园大学生演讲大赛。9月,协会进行招新活动,同学们踊跃报名,社团不断发展壮大。10月31日,参加学校举办的首届高校生态文明教育论坛,并在大会上认真学习,在之后的分论坛上也积极听取如何发展生态文明教育。同时开设了微信公众平台,并定期发布节能小贴士。"CUEB绿色生态协会"是在安全与环境工程学院分团委指导下成立的环境保护公益组织,依托校内外行业内知名专家的专业力量致力于校内外环境保护学术交流,进行调查研究,开展技术咨询服务,普及环保知识,积极建言献策等工作,为生态发展、环境保护做出贡献。

（陈蒲晶）

【获奖情况】 2015年,学院本科生1人获国家奖学金,研究生3人获国家奖学金,17人获国家励志奖学金,1人获三菱东京UFJ银行奖学金,1人获首都经济贸易大学校长奖学金,72人获校级学习优秀奖学金,14 人获校级社会工作奖学金,2 人获得校级文体竞赛奖学金,5 人获得校级科研创新奖学金。1 人获“北京市三好学生”荣誉称号,1 人获“北京市优秀团员”荣誉称号,1 人获“北京市优秀团干部”荣誉称号,12 人获“校三好学生”荣誉称号,10 人获“校优秀学生干部”荣誉称号,2012 级工业工程班获“校级先进班集体”荣誉称号,2012 级安全工程班获“优良学风班”荣誉称号,4 人获“校优秀团干部”荣誉称号,14 人获“校优秀团员”荣誉称号,2 人获“校优秀宣传员”荣誉称号,2014 级环境工程团支部获校级“红旗团支部”荣誉称号,5 人获首都经济贸易大学“优秀毕业生”荣誉称号,本科生 4 人、研究生 3 人获北京市“优秀毕业生”荣誉称号。1 个项目荣获 2015 年首都大学生暑期社会实践优秀成果。2015 年,苏薇和孙明春荣获“首都经济贸易大学优秀班主任”称号。

(陈蒲晶)

【学生就业】 学院 2015 届本科毕业生人数为 78 人,其中,考研 8 人,出国 3 人,签就业协议 38 人,签劳动合同 11 人,灵活就业 18 人。截至 9 月 30 日,就业率为 100%,高于全校就业率(99.18%);签约率为 76.92%,低于全校签约率(94.20%);考研率为 10.26%,低于全校考研率(13.94%);出国率为 3.85%,低于全校出国率(15.19%);就业比率为 85.90%,高于全校就业比率(70.04%)。在本学院签就业协议的 38 人中当中,有 7.89% 进入党政机关,50.0% 进入国有企业,2.63% 进入三资企业,39.47% 进入其他企业(国企、三资企业以外的所有类型企业)。2015 届研究生人数为 28 人,其中,签就业协议 20 人,签劳动合同 2 人,考博 3 人,灵活就业 3 人。截至 9 月 30 日,就业率为 100%,高于全校就业率(99.79%);签约率为 89.29%,低于全校签约率(92.60%);考博率为 10.71%,高于全校考博率(2.19%);出国率为 0,低于全校出国率(0.10%);就业比率为 89.29%,低于全校的就业比率(97.50%)。在本学院签就业协议的 20 人中,有 10% 进入党政机关,5% 进入事业单位,35% 进入国有企业,50% 进入其他企业(国企、三资企业以外的所有类型企业)。

(陈蒲晶)

对外交流

2015 年,学院积极推进国际国内学术交流,与美国纽约州立大学宾汉姆顿分校举办工业工程研讨会;11 月 26 日,与北京市安全监督管理局、北京交通大学、北京市科学技术研究院共同主办,北京石油化工学院承办了第九届北京安全文化论坛主论坛,论坛在国家教育行政学院举行;举办学术讲座 6 次;全院教师积极参加各类学术会议,出席 10 个全国各类专业学术会议,参会人数达到 40 余人次。

(任慧英)

党建工作

【党员队伍建设】 2015 年,安全与环境工程学院党委下设 7 个党支部,分别为安全工程系党支部、环境工程系党支部、工业工程系党支部、实验中心办公室联合党支部、本科生党支部、研究生党支部和退休教工党支部。截至 2015 年 12 月 31 日,安全与环境工程学院共有党员 113 人,其中,在职教工党员 30 人,本科生党支部党员 14 人,研究生党支部党员 36 人,退休教工党支部党员 33 人;入党积极分子 102 人,新发展党员 13 人,预备党员转正 9 人。

(怡枫)

【研究生党支部活动】 2015 年,研究生党支部在校内博学楼 522 举办社会主义核心价值观宣讲大会,会议由研究生党支部副书记卓舜鹏主持并担任宣讲员,党支部宣传委员刘华莉和组织委员张姝歆协调开展。这次宣讲大会涵盖了学院研一、研二、研三的在校研究生。宣讲员从“为什么加入中国共产党”以及“你对社会主义核心价值观了解多少”等讲解,同时与在座同学积极交流。11 月 29 日,学院党支部联合学院研究生会组织开展登八达岭长城活动,通过本次登长城活动,鼓舞了同学们勇攀高峰的决心,增进了同学们之间互帮互助的友情。

(董丽娟)

【党风廉政建设】 2015 年,学院党委紧紧围绕学院中心工作,以巩固党的群众路线教育实践活动成果为基础,以落实党风廉政建设责任制为抓手,积极落实反腐倡廉各项工作任务,推动学院工作持续健康发展。第一,认真贯彻落实党风廉政建设责任制,切实履行“一岗双责”,营造风清气正良好氛围;第二,严明党的纪律,确保中央、市委和学校党委重大决策部署的贯彻落实;第三,严格落实中央八项规定,切实加强作风建设;第四,加强反腐倡廉教育,增强党员领导干部廉政意识;第五,坚决执行民主集中制和

“三重一大”制度,强化权力运行制约和监督,保障权力规范运行。

(陈润源 蔡丹)

【主题党日活动】 5月30日,学院本科生党支部组织开展了参观烈士陵园的党日活动。

(陈蒲晶)

【“社会主义核心价值观”宣讲活动】 11月12日,学院在学生党员和学生干部中组建社会主义核心价值观宣讲团,在全院范围内开展“身边的党课,与信仰对话”理论宣传教育活动,通过朋辈理论教育的形式提升大学生对社会主义核心价值观的理解,以此促进社会主义核心价值观教育成效。截至12月31日宣讲团完成全院学生的宣讲工作,实现了社会主义核心价值观宣讲全覆盖。

(陈蒲晶)

工会工作

【概述】 2015年,学院分工会共有会员45人。丘波澜为分工会主席兼文体委员和女工委员,苏薇为分工会宣传委员兼文体委员,董丽娟为分工会组织委员兼福利委员。

(丘波澜)

【第二届教职工代表大会第四次全体会议】 1月26日,学院召开了第二届教职工大会第四次全体会议。由全体教职工确认同意提名7位大会主席团成员,在会上,院长王勇毅做了学院年度工作报告和年度财务报告,丘波澜作为学院分工会主席做了学院分工会总结报告。学院各工会小组分别对各项总结报告进行了讨论,同时对学院整体工作、财务工作和分工会工作提出了宝贵的建议和意见。全体教职工一致通过学院的年度工作报告、年度财务报告和分工会总结报告。

(丘波澜)

【纪念中国人民抗日战争暨世界反法西斯战争胜利70周年主题活动】 10月9日,学院党委和工会联合组织全体教工参观台儿庄大捷纪念馆和台儿庄大战历史文化教育基地,纪念中国人民抗日战争暨世界反法西斯战争胜利70周年。

(丘波澜)

【举办青年教师教学基本功比赛选拔赛】 2015年,学院分工会举办青年教师教学基本功比赛选拔赛,学院全体教职工参加并观摩了选拔赛。比赛要求每位参赛者进行20分钟的教学演示,由评委严格按照学校的要求从多方面对参赛者进行评分。最后,陈文瑛得到了全体评委和全体教职工的肯定,代表学院参加学校的青年教师基本功比赛,并荣获二等奖。

(丘波澜)

【在学校教职工游泳比赛取得荣誉】 2015年,学院贾明飞、陈蔷、李茂龄和李洪枚4位老师参加校工会举办的教职工游泳比赛。贾明飞取得了男子乙组50米自由泳比赛第二名、100米第二名;李茂龄在女子乙组50米自由泳比赛和女子乙组50米蛙泳比赛中分别取得第三名和第四名;陈蔷获女子乙组50米蛙泳第三名;李茂龄、陈蔷、贾明飞、李洪枚共同取得了接力赛第4名。

(丘波澜)

【工会获奖情况】 2015年,学院分工会加强教职工的思想政治工作,做好“三育人”、女工与青年教师工作。丘波澜被评为校级优秀工会工作者,李伟被评为校级优秀教师和“爱岗敬业普通劳动者”,陈蒲晶、赵灿灿、郝鹏鹏、王春祥被评为学校“工会积极分子”。

(丘波澜)

实验中心工作

【基本情况】 学院实验中心教学实验设施齐全,实验室建设到位。中心目前有基础实验室、安全工程实验室、环境工程实验室、工业工程实验室4个实验室。4个实验室下又含21个分室,其中,基础实验室6个、安全工程实验室6个、环境工程实验室7个、工业工程实验室2个。目前实验室总面积2 200平方米;实验设备共计1 624台套,资产额达2 379万元。实验室现有专职实验人员6人,兼职教师8人(讲或带部分实验),其中,高级职称8人,中级职称5人,初级职称1人。

(贾明飞)

【教学情况】 实验室承担本科生教学计划中基础课、专业课在内的21门课程共102个实验,其中,基础课实验39个,专业课实验63个。计划实验学时共计128个学时,其中,基础课实验56学时,专业课实验72学时。实验室同时承担研究生实验、课程设计、毕业设计、学生科技创新、认识实习实验等工作。实验中心所有实验室面向学院全体本科生和研究生，针对所开的课程开展实验，每名本科生所做课程实验的平均学时数为60学时。同时，实验室为学生各类实践活动提供服务平台，提升学生实践能力。

（贾明飞）

【管理科学与工程北京市实验教学示范中心工业工程实验室】 2015年，工业工程实验室在前期完成实验室验收相关材料的备案与提交基础上，开展了实验室设备建档和归档工作，并对遗留的供应商质保金进行了后续处理。

（马峻）

【北京市安全生产支撑中心——矿山实验室】 2015年，经国家拨款，实验室新增设备60台/套，价值人民币258万。

（吕淑然）

安全生产培训中心

4月，与北京建工培训中心合作，开展注册安全工程师考前培训，参加培训人员60人。7月，西城区安全生产监督管理局职业卫生培训，参加培训人员为西城区存在职业危害的用人单位主要负责人和职业卫生管理人员，共计156人。8月，为金隅集团开展注册安全工程师考前培训，参加培训人员40人。8月，为首发集团开展主要负责人和安全管理人员安全知识培训，参加培训人员224人。8月，与辽阳机电仪研修中心合作，开展注册安全工程师考前培训，参加培训人员16人。

（王勇毅　别凤喜）

安全评价中心

1998年3月，首都经济贸易大学安全工程系劳动安全卫生评价中心成立，成为我国第一批获得劳动安全卫生预评价资格的单位。2003年4月，在安全工程系劳动安全卫生评价中心基础上成立具有独立法人资质的北京经儒安环科技发展有限公司。2006年4月，北京经儒安环科技发展有限公司注销，成立首都经济贸易大学安全评价中心。

截至2015年12月，中心业务现有员工33人，学院专职教师安全评价师30人，注册安全工程师9人，具有高级专业技术职称者17人，其中，包括教授5人，副教授12人。中心业务领域包括，第一类：金属矿采选业，非金属矿采选业，其他矿采选业；石油加工业、化学原料、化学品及医药制造业，燃气生产及供应业，炼焦业。第二类：尾矿库；房屋和土木工程建筑业；仓储业；黑色、有色金属冶炼及压延加工业，金属制品业，非金属矿物制品业；机械设备制造业，电器制造业；轻工业，纺织业，烟草加工制造业。

（董丽娟）

建设安全研究中心

【概述】 首都经济贸易大学建设安全研究中心（CSRC）在中国建筑业协会建筑安全分会、住房和城乡建设部建筑安全专家委员会、北京市住建委、中国建筑一局集团等单位的支持下于2012年成立。中心汇聚了学校安全与环境工程学院、城市经济与公共管理学院、信息学院众多教授和学者等智力资源，以提高建筑业安全水平为目标，承担来自国内外政府、企业及非政府组织的有关建筑安全和工程风险方面的研究和咨询课题，并积极开展建筑业安全管理各类人才的培养及培训工作。

（陈大伟）

【中心工作情况】 2015年，学校成为国家安全生产专家组建筑施工专业组依托单位，建设安全研究中心主任为建筑施工专业组副组长，并举办了第五届国家安全生产专家组建筑施工专业组成立及工作会议。

2015年，建设安全研究中心主任被评为国务院安委会专家咨询委员会专家，并率国家安全生产专家对隧道施工现场进行调研。建设安全研究中心参与了住建部《中华人民共和国建筑法》的修订工作，期间赴上海、深圳等多地进行实地调研。建设安全研究中心主任受安全生产监督管理总局邀请，为总局“安全生产综合监管业务研讨班”进行授课。建设安全研究中心主任受住房和城乡建设部邀请，为青海、宁夏回族自治区、甘肃、陕西4省区建筑施工安全监管人员进行培训，提高其施工安全监管水平，增强建筑施工安全监管人员的职业素质。建设安全研究中心主任陈大伟代表中国政府代表团参加国际劳工组织在瑞士举行的2015全球对话论坛“关于在建设和基础设施项目中促进体面工作的良好措施和挑战”，并在大会上发言。

（陈大伟）

安全与环境科学技术研究所

首都经济贸易大学安全与环境科学研究所成立于1996年,属于不占编制的研究业务机构。研究所内部组织管理按项目管理方式进行,所级管理人员由安全与环境工程学院的人员兼任。

研究所成立以后,承担了许多面向政府和企业的重大科研课题,如“北京经济技术开发区安全生产标准化研究”“北京市安全文化建设纲要编制”“安全生产行业标准《企业安全文化建设导则》制定”“大庆石化总厂安全文化建设方案研究”等,取得了较好的社会效益和经济效益。

2015年,研究所的科研人员主要致力于安全科学基础理论研究、企业安全文化建设体系实施、安全管理虚拟现实系统开发等研究领域。

(毛海峰　陈蒲晶)

中国职业安全健康协会与工业防毒专业委员会

【概述】 中国职业安全健康协会(COSHA)成立于1983年,其前身是中国劳动保护科学技术学会,由全国职业安全健康与安全生产工作者及有关单位和相关人员自愿结成,经民政部批准、登记成立的全国性、公益性、专业性和非营利性的社会组织。协会是推动和发展我国职业安全健康与安全生产事业,保护劳动者安全健康的重要社会力量,是中国科协的团体会员。协会理事会现设有17个专业委员会、8个分会、9个工作委员会和6个代表处。工业防毒专业委员会(IAAC)成立于1983年,是原中国劳动保护科学技术学会中组建最早的专业委员会之一,现挂靠在首都经济贸易大学安全与环境工程学院。专业委员会的主要业务是组织开展研究有毒有害物质的危害及其综合防治,检测技术与装备;组织会员的学术活动和培训;提供技术服务和咨询,推广新技术成果;开展职业危害相关标准规划工作与标准制修订工作等。第五届工业防毒专业委员会主任由郭晓宏教授担任,陈百年高工、汪彤研究员、丁宙胜高工、李朝林研究员、刘宝龙高工、马骏教授、赵容高工、孟超副教授为副主任委员;孟超副教授兼秘书长,郭建中副教授兼副秘书长,陈蔷副教授是秘书处主要成员。

(孟超　陈蒲晶)

【完成的主要工作】 完成了中国劳动社会保障出版社“现代企业职业卫生技术丛书”一套8本的编写和7本书的出版工作;组织编写专业硕士研究生用职业卫生教材,5本书基本完稿,将由煤炭工业出版社在2016年陆续出版;参加国家标准《乘用车内空气质量指南》编制工作,这是全球第一个乘用车空气质量标准,受到国际标准化组织和国内外各大车企的关注,该标准将于2016年颁布;组织在京部分委员讨论协会文件《分支机构管理暂行办法》;与企业合作进行“生命支持系统”研制工作,该项目作为军队科研项目,已经在上海完成系统集成工作,正在进行系统调试,将于2016年验收;参加多个行业和项目的职业卫生培训和职业卫生评价项目评审;协助首都经济贸易大学建立职业卫生方向的研究生学生实习基地;参加协会组织的分支机构会议;组织参加中国职业安全健康协会年会组稿和年会;发展新委员等。

(孟超)

财政税务学院

概　况

首都经济贸易大学财政税务学院前身为首都经济贸易大学财政系,于1978年成立。2006年10月,在原有财政系基础上成立财政税务学院,并聘请北京市原常务副市长翟鸿祥为学院名誉院长。学院已有30年多年的办学历史,并在长期的办学实践中形成了自身鲜明的办学特色和优势。财政学目前是北京市重点学科,财政学专业是北京市特色专业和北京市品牌专业。财政税务学院拥有财政学、资产评估(注册资产评估师)、税务(注册税务师)3个本科专业,并拥有财政学硕士点和博士点,拥有税务硕士和资产评估硕士2个专业硕士点,形成了本科、硕士研究生、博士研究生多层次、高水平的办学模式。财政税务学院下设财政系、税务系、资产评估系,设有财政政策研究所、税制改革研究所、资产评估研究所等研究机构。

截至2015年12月,在校本科生683人,硕士研究生157人,博士研究生17人。

"十三五"期间,财政税务学院将进一步提升学科建设水平,巩固学院在北京市属高校中的领先地位,按照国家级重点学科的标准建设财政学科,凝练学科方向,形成学科特色,构筑本学科的核心竞争优势,不断探索并力争在相关交叉学科与新兴学科领域取得突破。

（姚东旭　李红霞）

师资队伍建设

2015年,学院有教职工40名,其中,专任教师34名。教授及副教授共24名,占全部教师的70.6%;教师中有博士学位及在读博士28人,占全部教师的82.4%,拥有硕士以上学位的教师占全部教师的91.2%;教师中年龄50岁以上8人,40~50岁14人,40岁以下12人:师资队伍结构合理。

现有任课教师中有1人担任全国人大常委、全国财经委副主任、全国人大税收立法领导小组组长;有北京市人大代表1名,1人担任中国注册税务师协会副会长,1人担任北京市财政学会副会长,1人担任北京市预算学会副会长,1人担任北京市税务学会副会长,1人担任全国高校财政学教学研究会常务理事、秘书长,2人担任中国财政学会常务理事,1人担任中国发展战略学研究会经济战略委员会委员,1人担任中国财税法教育研究会理事,1人担任中国行政管理学会公共管理研究中心特约研究员。此外,还有多人分别担任北京市地方税务学会常务理事和北京市财政学会常务理事等。

（姚东旭　李红霞）

学科建设

财政税务学院目前拥有二级学科博士学位点1个:财政学;二级学科硕士点1个:财政学;专业硕士点2个:税务硕士和资产评估硕士;拥有财政学、资产评估和税务3个本科专业。2008年财政学获批北京市重点学科。在专任教师中,博士生导师4人,硕士生导师24人。此外,财政税务学院有多位知名学者,郝如玉教授担任全国人大常委、全国财经委副主任、全国人大税收立法领导小组组长;刘颖教授为北京市人大代表;赵仑教授和李红霞教授被评为"北京市高等院校名师";北京市原常务副市长翟鸿祥为财政税务学院名誉院长,财政部财政科学研究所原所长贾康兼任财政税务学院学术院长。目前,财政税务学院3个本科专业各具特色和优势。

财政学专业历史悠久,已有30多年的办学经验,并形成了突出的特色和优势。该专业要求系统掌握财政专业的基本理论和基础知识,注重财政宏观经济管理理论与税收实务相结合,充分体现创新理念和先进的财政管理思想,注重对学生现代财经管理能力、实际操作能力及综合素质的培养。

资产评估专业以市场对资产评估人才的需要为基础,以雄厚师资为依托,培养注册资产评估师专门人才。该专业系北京市首家获批的资产评估本科专业,在全国同类高校中设立最早,具有明显的先入优势,连续6年招生录取分数和毕业生一次就业率在全校名列前茅,是"三师一体"特色战略的重要支撑力量。目前,资产评估专业设置国际班和卓越班,注重国际化人才培养,全方位打造符合市场需求的资产评估应用人才。

税务专业以市场涉税鉴证业务发展为基础,依托雄厚的税务师资,全方位培养涉税鉴证专门人才和税务管理人才。目前,税务专业设置卓越班,注重提高学生实际操作能力,突出实用性办学特色。设计立体化的实践教学体系,训练学生参加世界知名"德勤税务精英挑战赛",提高了学生的综合素质。

（姚东旭　李红霞　王珂）

教学工作

【召开教学研讨会】 2015年,学院围绕人才培养模式召开多次教学研讨会,针对本科人才培养模式、国际化人才培养模式、大学生科研创新经验交流与研讨、本科生毕业论文工作、2013版本科人才培养方案执行情况等问题展开深入研讨,为全面推进人才培养模式改革奠定了基础。

（何晴　吴晖）

【提升课堂教学质量】 2015年,学院组织师生全员参与调查和研讨会,共同寻找提升课堂教学质量的有效途径与措施;组织教学观摩活动,加强教学经验交流沟通。2014—2015年度,姚东旭、李红霞、刘颖等7名教师进入全校学评教前30名。

（何晴　吴晖）

【课程改革】 2015年,学院以课程建设为核心,支持全院教师进行课程教学改革,进一步提高课程质量和专业建设水平。“中国税制”“财政学”两门课程在教务处的支持下进行综合课程建设改革,完成预期目标。2015年,学院获批2门通选课。2015年,学院组织立项4项集体教改项目,25项个人教改项目,项目涉及课程体系建设、课程改革、实习实践环节改革、全英双语课程体系建设、教学法改革、案例库建设、教辅资料开发等多个方面。

（何晴　吴晖）

【教学改革与能力建设】 2015年,财政税务学院积极推进教学改革与能力建设,为人才培养和专业建设奠定了良好基础。2015年,学院教授王竞达获批北京市教改课题1项,学院获批学校教改课题重点项目和一般项目各1项。学院加强对青年教师和新进教师的培养工作,组织教师参加第三届财政学教指委组织的暑期师资培训和慕课教学培训,组织教师到广东财经大学、山东财经大学调研实践教学和跨专业综合实验课程建设。

（何晴　吴晖）

【日常工作】 2015年,学院教学运行正常,教学任务按计划完成,期中教学检查、新生分班、转专业、辅修教学管理、教学规范建设等各项教学日常管理工作正常有序。3个专业共转入26人。学院积极推进大学生科研创新项目工作,2015年结项大学生科研创新项目20项,新立项大科创项目29项,其中3项获批北京市教委实培计划支持。学院支持“德勤税收精英赛”项目并取得良好效果,华北财税知识竞赛和资产评估知识竞赛获批校级学科竞赛。

（何晴　吴晖）

【探索本科人才培养模式】 2015年,学院积极探索人才培养形式的多元化,针对2015级新生开设新生专业辅导课,采用教授授课、专业辅导等方式加强专业认知教育。针对2012级学生开设毕业论文写作辅导讲座,与校外科研机构合作申报北京市教委实培计划3项。学术院长贾康开设“财政学通论公开课”,财政部原企业司司长刘玉廷,美国哥伦比亚大学教授Stephen. Penman等20余名专家学者来学校讲学,拓宽了学生的知识面,激发了学生的学习兴趣。

（何晴　吴晖）

科研工作

【发表高水平科研成果】 2015年,学院教师公开发表科研论文47篇,其中,权威期刊9篇,核心期刊13篇;出版专著1部,编著2部,工具书1部,其他专业出版物1部,完成研究报告3项,其中2项被中共中央、国务院采纳。

（王竞达　宋傲雪）

【申报国家级课题】 2015年,学院高水平课题申报取得较大突破。本年度积极组织教师申报国家级和省部级课题。2015年,申报成功国家自然科学基金课题1项,国家社科基金课题2项,省部级课题7项,委办局及4项;承担部委和企事业单位各类项目15项,到校经费242.8万元。

（王竞达　宋傲雪）

【组织学术论坛】 2015年,举办“财政学学科发展与协同创新”“专业硕士培养模式与改革研讨会”“地方财政改革与体制创新研讨会”,贾康“财政学通论公开课”等科研活动和研讨会,协办第五届资产评估新发展国际论坛,提升了财政税务学院的品牌知名度。

（王竞达　宋傲雪）

【科研智库和科研团队建设】 学院建立了公共财政研究中心、税收筹划研究所和资产评估研究院,高端智库作用明显。2015年,学院组建7个科研团队,明确规定科研团队绩效目标和奖惩机制,力争形成高水平的科研成果。

（王竞达　宋傲雪）

【组织财税学术论坛】 2015年下半年,学院开始鼓励学院中青年教师在论坛上宣讲学术论文,本学年组织论坛讲座5次,教师和研究生参与程度较高,一定程度上激发了教师和学生的研究热情,取得了一定成果。

（王竞达　宋傲雪）

【获得科研奖励】 2015年,学院获得民政部2015年“中国社会组织建设与管理”理论研究部级课题三等奖和首都经济贸易大学2014年优秀科研成果奖。

（王竞达　宋傲雪）

学生工作

【团日活动】 4月和11月，学院在大一、大二、大三、研一各团支部开展围绕“社会主义核心价值观”的团日活动。活动包括公益电影进社区，教育活动、科技活动、公益活动、文化活动和体育运动五大主题；活动形式包括全班统一活动或分组开展、主题班会、实地探访等。

（王珂 李思然 高敏丽）

【培育和践行社会主义核心价值观】 10月，学院召开学期第一次团干部培训会，大一、大二、大三及研一各团支部的团干部参加了此次会议，在会议上一同学习社会主义核心价值观的内涵，团干部在会议上彼此交流了自己对社会主义核心价值观的理解。

（王珂 李思然 高敏丽）

【深入学习党的十八届五中全会精神】 11月，学院组织部召开团干部培训会，大一、大二、大三、研一各团支部干部在会议上深入学习党的十八届五中全会精神，进一步了解“十三五”规划的一些相关知识。

（王珂 李思然 高敏丽）

【组织工作】 2015年，分团委组织部配合学院进行了高招咨询的服务工作、新生接待工作、新生破冰活动；参与学院党团学招新宣讲，完成团员关系转接及团费收缴、团员信息统计工作；协助文体部进行“一二·九”训练，配合学生会参与学生会工作绩效考评，开展“优秀团员推优入高党学习”工作。

（王珂 李思然 高敏丽）

【学院官方微信平台“贝才禾兑学”的运营】 2015年，学院官方微信平台“贝才禾兑学”继续运营使用。微信平台通过推送学院最新讯息、时事新闻、重大时点历史事件、原创时评、影评、书评、专题征文以及与同学们密切相关的学校通知公告、实习信息等，向全校展现学院风采，展现同学们的青春与活力，引导同学们关注时事，关注身边的小事，正确看待生活中的每件事，积极参与各项活动，在活动中思考，在生活、学习中不断前进。通过每周定期推送的同时，微信平台也作为学院的交流平台，与关注者进行互动，并按照时代的发展以及同学们的需求不断改进微信平台的内容。

（王珂 李思然 高敏丽）

【分团委宣传部发表“财税快讯”】 2015年，分团委宣传部制作并发表了财税快讯，在微信平台和人人公共主页上同步推送，并且由宣传部的干事派发给各院分团委书记。财税快讯的内容包含学院自开学以来重大活动的图文消息，包含志愿者活动、迎新活动、体育赛事等内容。

（王珂 李思然 高敏丽）

【暑期社会实践】 6月，分团委组织部组织2013级、2014级学生成立暑期实践团，筹备暑假学院的具体社会实践活动。7—8月，学院分团委派出多支社会实践团，围绕“探寻红色足迹，爱国主义学习调研”“深化改革观察行”“美丽中国，和谐家园”等主题开展了形式多样的实践调查活动。

（王珂 李思然 高敏丽）

【红丹丹助盲活动志愿者招募】 4月，学院分团委志愿实践部正式招募能真心为盲人付出、有责任心和爱心的同学成为一名志愿者，参与到红丹丹助盲活动中，并且参加助盲培训和电影讲述、读书志愿者培训。

（王珂 李思然 高敏丽）

【天安门东地铁站志愿服务活动】 10月17日，学院志愿实践部的干事们在天安门东地铁站进行了第一次地铁站志愿服务活动，负责帮助乘客买票、通过闸机、疏导客流等工作。

（王珂 李思然 高敏丽）

【“温暖衣冬”志愿服务活动】 12月下旬，学院分团委开展“温暖衣冬”志愿服务活动，该活动的具体形式为由志愿者负责将学院发放的冬季衣物带到需要帮助的流浪者、贫困者手中。

（王珂 李思然 高敏丽）

【郭明义爱心团队】 2015年，财政税务学院郭明义爱心团队去到了老人活动中心教老人使用手机和电脑；去阳光鹿童脑瘫儿童康复中心关注脑瘫儿童，开展了“爱心奉献周”“爱心随手拍”“冬衣书籍送温暖”等活动。

（王珂 李思然 高敏丽）

【开展“税收宣传月”活动】 4月1日，学院第七届税收宣传月系列活动正式开展，活动项目包括：开幕式，地税志愿者招募，与首经贸附中的走访交流活动，院系级演讲比赛，闭幕式与小品展示大赛及其他相关活动。

(王珂　李思然　高敏丽)

【第三届"社会财政与公共保障"论坛举办】 11月14日,学院学生会外联部与劳动经济学院共同主办的第三届"社会财政与公共保障"论坛在博学楼阶六召开。本届论坛主题为"企事业单位养老金并轨制度"。论坛前期准备中进行了初赛,评选出6组出色论文,后3组获得三等奖,前3组的论文在决赛时进行了精彩展示,评选出了一、二等奖。最后,由财政税务学院和劳动经济学院辩论队围绕"养老金并轨是否促进人才流动"进行了模拟辩论。

(王珂　李思然　高敏丽)

【第二届资产评估文化节】 12月2—23日,学院举办第二届资产评估文化节。该活动主要由以下几个部分构成:开幕式暨中企华资产评估有限公司总裁刘登清"评天下财富,估精彩人生"主题讲座、"资产评估公司进校园"之仲量联行企业评估及咨询服务部和中和资产评估有限公司宣讲会、资产评估校友返校活动和"中企华杯"资产评估知识展示大赛暨第二届资产评估文化节闭幕式。

(王珂　李思然　高敏丽)

【英语配音大赛】 4月23日,学院分团委宣传部举办了英语配音大赛。本次比赛由2012级、2013级同学参加,每班一个队伍,派出4~7人参赛,由团支书作为负责人。参赛选手自行截取规定电影的片段,准备5~8分钟的英文电影片段进行现场配音,最终评选出冠亚军。

(王珂　李思然　高敏丽)

【研究生招生就业】 2015年,学院顺利完成2015年度研究生就业派遣和招生工作。学院加大招生宣传力度,共招收博士研究生4人,硕士研究生80人,其中,学术型研究生15人,专业型研究生65人,比上年扩招约24%。全年研究生在校人数174人。学院2015届毕业生全部顺利毕业,大部分毕业生进入到国有企业、党政机关和国有银行等部门工作,签约率在95%以上。

(王竞达　宋傲雪)

【探索研究生培养机制】 2015年,学院积极探索并完善研究生培养机制改革,继续探索学术型硕士和专业硕士研究生培养路径与方法,召开资产评估卓越人才培养研讨会、财政学学科发展与协同创新研讨会、税务专硕人才培养模式创新与改革研讨会、资产评估专业硕士人才培养模式创新与改革研讨会;同时着手出版专业硕士系列教材,出版《建筑工程评估》资产评估专业硕士教材。

(王竞达　宋傲雪)

【邀请知名学者讲学】 积极邀请国内外知名学者到校为研究生讲学。邀请意大利财政部原副部长Vito Tanzi、新西兰坎特伯雷大学教授Bob、哥伦比亚大学商学院教授Stephen. Penman、财政部财政科学研究所前所长贾康、中国资产评估协会秘书长张国春、中国人民大学财金学院教授朱青、对外经济贸易大学教授林汉川等数十位国内外专家学者来校讲学。

(王竞达　宋傲雪)

【加强研究生导师队伍建设】 2015年,学院加强了研究生导师队伍建设,强调导师培养责任制,新增专业硕士导师1名,优秀导师3名,从国外学习归来导师3名,聘请校外导师近40人次来学校讲学。

(王竞达　宋傲雪)

【产学研基地建设成绩显著】 2015年,中企华、中汇产学研基地建设良好,学院10名研究生到产学研基地实习,同时与产学研基地进行科研合作,共同开发课题,聘请基地资深专家来校授课,实现产学研全方位深度合作。

(王竞达　宋傲雪)

【积极推动研究生科技创新活动】 2015年,学院申报25项研究生科技创新项目,同时加强研究生科技创新项目的管理,鼓励并资助研究生发表高水平科研论文。

(王竞达　宋傲雪)

【专业硕士评估】 2015年,学院完成税务和资产评估专业硕士评估工作,为2017年专硕点评估打下坚实基础。

(王竞达　宋傲雪)

对外交流

2015年,国际交流方面推进的工作主要有:与新西兰坎特伯雷大学签订多学位联合培养协议,派出研究生和本科生3人次赴坎特伯雷学习;3名学生赴加拿大西维尔大学学习。邀请国外知名专家和学术机构来校交流。邀请意大利前财政部长 Vito Tanzi、哥伦比亚大学教授 Penman 等专家学者来校讲学。与台湾会计研究发展基金会、RICS 等组织就合作达成一致意向。与堪萨斯大学、俄亥俄州立大学洽谈合作事宜。协办第五届“资产评估新发展”国际论坛。

（王竞达　宋傲雪）

党建工作

【概述】 2015 年，学院党委共有 5 个党支部，其中教师党支部 2 个，学生党支部 3 个。2015 年是“十二五”规划的收官之年，学院进行了一系列理论学习和宣传工作，利用现有思想政治教育工作资源和师资力量，不断加强学院教师思想政治教育工作，加强对本科、研究生和博士学生的素质教育工作，对学生党员发展工作进行辅导，加强学生就业指导等工作，利用一切机会深入开展思想文化宣传工作。

（李红霞　王珂）

【加强学习型组织建设】 2015 年，学院以学习研讨会等形式贯彻党的群众路线教育实践活动，深入开展“三严三实”理论学习，扎实推进创先争优活动。学院中心组通过制订年度学习计划、党员学习计划和教职工学习计划，加大对学院“十二五”规划的推进力度，认真解读学校中长期发展规划，并制定学院“十三五”规划。4 月，学院举办“税收宣传月”专题报告会，围绕“税收、民生和发展”主题，进一步增强纳税人纳税光荣的意识；还开展了“朝阳地税杯”小品大赛等一系列活动，通过与教学相结合，创新和丰富了理论学习形式。学院重视从学院教师和青年知识分子中发展党员，加强对发展党员的宏观指导，增强党组织的生机活力，又有 1 名教师成为正式中共党员。

（李红霞　王珂）

【领导班子自身建设】 2015 年，学院不断完善工作体制和运行机制，完善“三重一大”制度，发挥学院党组织的政治核心和监督保证作用，把领导班子建设成为领导学院科学发展的坚强集体。2015 年，学院领导班子围绕“三严三实”进行专题教育，还参加学习“习总书记系列重要讲话”讲座；参加处级干部培训班，认真聆听了一些著名专家学者的精彩报告；参加职务犯罪预防讲座，筑牢拒腐防变的思想防线；参加践行社会主义核心价值观推进会，认真学习党的十八届五中全会创新、协调、绿色、开放、共享“五大发展”理念。领导班子成员圆满完成了 50 学时的党员干部在线学习，各位教师党员也完满完成了 12 学时的党员在线学习。

（李红霞　王珂）

【支部建设】 2015 年，学院组织了丰富多彩的支部活动。4 月 11 日，学院师生党员走进李大钊烈士陵园开展清明“祭奠先烈”主题活动；6 月 10 日，学院党委组织学生党员和党员发展对象进行第一期党课培训；6 月 10 日，学院党委组织学生党员进行“三严三实”主题教育党课活动；10 月 14 日，学院党委响应校党委号召，组织老师观看《百团大战》，缅怀革命先烈；10 月 31 日，时值纪念抗战胜利 70 周年之际，学院党委组织教师及学生党支部前往参观中国人民抗日战争纪念馆，让大家铭记历史，珍爱和平，学院教师 18 名和学生党员 21 名参加此次活动。学院党委还与三环新城社区建立了“党建联动”模式，与当地社区共谋和谐发展共建之路。

（李红霞　王珂）

工会活动

1 月 9 日，学院召开教职工大会，听取并审议院长姚东旭关于 2014 年度财政税务学院工作报告和 2014 年度财政税务学院财务工作报告、分工会委员张晓慧关于 2014 年度财政税务学院分工会工作报告。校工会常务主席李民出席本次大会，学院全体教师参加本次会议。

3 月 8 日，为迎接“三八”妇女节，学院分工会于当天下午 3 点零 8 分组织微信“红包雨”庆祝活动。

3 月 10 日，学院分工会组织 10 余名女教职工参加校工会组织的庆“三八”徒步活动。

4 月 11 日，学院分工会组织学院教师一行 10 余人前往中国科学院北京植物园踏青游览，并为参加校工会广场舞比赛练习准备。

4 月 29 日，学院分工会组织青年教师教学基本功比赛，何晴、陈远燕、李林君等学院 40 周岁以下的 7 位青年教师响应参赛。

5 月 28 日，在校工会举办的广场舞比赛中，学院分工会代表队的《兄妹来当兵》获比赛四等奖。

6 月 17 日，在校工会组织的全校教工游泳比赛中，学院分工会号召丁芸、吴晖、陈汉明等游泳选手积极参赛,增强教师健身强体意识。

9月23日,学院分工会作为发起人,与校工会联合开展"讲课技巧与嗓音培训"专题讲座。欧洲嗓音医师学会会员、北京大学临床医学博士段静明为老师们进行了讲解,校工会主席李民、财政税务学院党委书记李红霞出席专题讲座,来自全校各学院的40余名年轻教师聆听了本次讲座。

9月,学院分工会与学院党委联合号召学院教师为贫困生捐冬衣。截至9月底,学院分工会陆续收到老师们捐赠的冬衣累计66件。

11月18日,在校工会组织的合唱比赛中,学院分工会代表队歌声嘹亮、整齐划一,获得好评。

10月16日,学院分工会积极组织全院教职工进行校工会知识竞赛。数名教职工分获本次比赛一、二、三等奖。

12月2—3日、9—10日,在校工会组织的扑克牌比赛中,学院分工会教职工积极参与,踊跃报名组成6支参赛代表队。其中,5支代表队进入十六强,3支代表队进入八强,2支代表队进入四强,并分获比赛亚季军。

12月30日,学院分工会在校工会年度先进表彰中获得"工会先进单位奖",党委书记李红霞获评"优秀教职工之友",分工会委员吴晖获评"优秀工会工作者",赵仑、丁芸、李蕾、高敏丽等教职工获评"优秀工会积极分子"。

(陈蕾　张晓慧　吴晖)

实验室及实习基地建设

财政税务学院的"注册资产评估师和注册税务师仿真模拟实验室",拥有81台计算机。2015年学院加大了实验室建设力度,对税务和资产评估教学软件进行更新,安装了广东致仪公司的税收相关课程的教学软件,包括税务稽查实训教学系统、企业税务实训教学系统和企业电子报税实训系统等。学院主要开设有税收实务、电子税务、税务稽查等试验课程,并编写了财政实践教材和税收实践教材。财政税务学院作为培养财政、税收和资产评估高级专业人才的摇篮,主要培养符合市场需要的应用型人才和创新型人才,需要学生具备较强的实践操作能力。实验室开设实验课的目的,就是让学生不出校门也能掌握实际部门业务操作程序,熟悉业务活动的各个环节,以便学生毕业后能更快地适应工作岗位的要求。

学院与北京市国税局、地税局合作,建立了长期稳定的实习基地,还与注册会计师、评估师事务所等中介机构密切联系。截至2015年12月,学院已经与30个实习基地签订了实习协议,实习基地对吸纳毕业生就业起到了重要的作用。

(何晴　吴晖)

重大事件

1月9日,学院召开教学科研表彰大会,学院全体教职工参加了此次会议。会议由主管教学副院长王竞达主持。当天召开学科与专业建设研讨会,学院全体老师参加了会议。会议由院长姚东旭主持。召开教职工民主管理大会,学院全体老师参加了会议,校工会常务副主席李民出席了大会,会议由学院党委书记李红霞主持。

4月10日,财政税务学院师生前往首都经济贸易大学附属中学,举办了税收宣传月进高中活动。首经贸附中校长李晨辉、初一年级组长刘文治、高一年级组长陈建立,财政税务学院党委书记李红霞、辅导员韩天艺出席了本次活动。

4月15日,财政税务学院"税务专业硕士社会实践公开课"在丰台区国税局举行。丰台区国税局副局长王宏、伊专、刘峰等局领导及业务骨干参加了本次活动,时任学院副院长、博士研究生导师蔡秀云、税收研究所执行所长丁芸、税务系副主任赵书博出席了此次社会实践公开课活动。

4月23日,财政税务学院"鑫税广通"杯"我与专业"演讲比赛决赛在博学楼第九阶梯教室举行;在首都经济贸易大学第三食堂门前,学院与北京市地方税务局纳税服务中心共同开展了"税收宣传月之税收志愿者招募活动"。财政税务学院党委副书记王珂、专职辅导员韩天艺及部分学生骨干,北京地方税务局纳税服务中心副处长朱志刚及部分工作人员参加了本次活动。

4月29日,学院在大学生活动中心举行税收宣传月闭幕式暨第七届"朝阳地税杯"税收风采展示大赛。当天还举行了青年教师教学基本功比赛。经过评委打分,集体评议,何晴获一等奖,陈远燕、姜明耀获二等奖,何辉、陈汉明、李林君、刘翔获三等奖,何晴将代表学院参加全校青年教师教学基本功比赛。

5月9日,学院召开了卓越人才培养和校外实习基地建设教学研讨会,学院全体教师及教学督导参加会议,会议由副院长王竞达主持。

5月27日,学院首届"金华融杯"税史撷英短片展播在博学楼第二阶梯教室举行。本次参赛短片均是2011级和2012级税收学专业的学生们根据税收历史自编自导自演的短片。

6月10日，学院党委组织党员发展对象和学生党员进行“三严三实”主题教育党课活动，学院党委书记李红霞应邀作为主讲人，强调了开展“三严三实”专题教育以及理论学习的重要性，号召广大学生党员和党员发展对象注重实效，从严要求自己。

6月10日，学院党委组织学生党员和党员发展对象进行第一期党课培训，本次党课邀请马克思主义学院院长刘冠军，围绕“三个自信”进行了科学客观的解读。

7月16日，学院召开国际化人才培养暨“十三五”发展规划研讨会。特邀时任学校国际合作处处长杨全社、发展规划处副处长朱宁洁莅临指导，学院领导班子全体成员和部分教师参加了会议。会议由财政税务学院副院长何晴主持。

9月6日，学院喜迎2015级新生，并召开新生家长会。9月8日下午，学院为2015级硕士研究生举办新生见面会，院长姚东旭、党委书记李红霞、副院长王竞达、副院长何晴、党委副书记王珂、税务系主任何辉、财政系副主任张立彦均到场欢迎80名研究生新生。

10月17日，全国高校财政学教学研究会2015年年会暨第26次财政学教学理论与学术研讨会在湖北经济学院召开。全国高校财政学教学研究会秘书长、财政税务学院教授杨树相，与财政税务学院院长姚东旭、副院长何晴一道参加年会。2016年高校财政学教学研究会年会暨研究会成立30周年庆祝活动将由首经贸财政税务学院承办。

10月18日，学院在明辨楼220举办了“永远的财政暨1981级、1991级、1995级、2001级校友返校茶话会”，财政税务学院原党总支书记李民、原党总支副书记刘俊虹、校友会会长杨树相、1981级财政班校友现校工会副主席刘颖、2001级班主任钱玮、学院领导班子成员以及1981级、1991级、1995级、2001级校友60余人参加了此次活动。

10月27日，由学院主办的“贾康：财政学通论公开课”进行了第二讲，经济学家贾康以“人类社会中现实财政状态的演变及学理分析”为主题，给财政税务学院及来自外院外校的师生带来公开课的第二讲。院长姚东旭主持公开课。

11月23日，由学院主办的“贾康：财政学通论公开课”在博学楼518进行了第三讲，经济学家贾康以“认识财政本质及‘国家治理基础’的全局全域功能作用”为主题，给财政税务学院、外院系和来自校外的师生带来公开课的第三讲。院长姚东旭主持公开课。

11月27日，学院召开学生科研创新经验分享研讨会，研讨师生在指导和进行研究生科研创新项目和大学生创新创业项目时的心得与体会。

11月28日，学院在北京紫玉饭店举办“地方财政与体制创新”研讨会。来自财政部财政科学研究所、南开大学、天津财经大学、河北经贸大学和北京市人大预算工作委员会、市财政局、市发改委，以及北京市各区县财政局的21名专家学者、政府官员参会研讨。

11月29日，学院与装甲兵工程学院学员四旅二营党支部开展以“军地携手共建，同谱青春华章”为主题的共建共育交流活动。

12月1日，学院第二届资产评估文化节开幕式暨“评天下财富，估精彩人生”主题讲座在博纳楼第七会议室成功举办，中企华资产评估有限公司总裁兼CEO刘登清主讲本次讲座。

12月13日，《新供给经济学》新书发布会暨供给侧改革研讨会在学校召开，论坛由华夏新供给经济学研究院、中国新供给经济学50人论坛、首都经济贸易大学、山西经济出版社联合主办。本次会议由两项内容组成，第一阶段为贾康、苏京春著作《新供给经济学》的新书发布，第二阶段为供给侧改革的理论研讨会，来自学术界及实务界的100多位代表出席参加了此次学术论坛。

12月22日，校工会扑克牌比赛决赛举行。张晓慧和吴晖组成的财政税务学院代表队经过激烈角逐获得本次比赛的亚军，院长姚东旭和副院长王竞达组成的代表队获得本次比赛的季军，学院党委书记李红霞和专职辅导员高敏丽组成的代表队挺进前八强。

（王珂）

法 学 院

概 况

首都经济贸易大学法学院及法学学科经过几代法律人自强不息的开拓建设,已经发展成为在全国具有较大影响力的法学教学研究机构,为北京市乃至全国培养了大量的法律人才。

2015 年,学院有教职工 42 名,其中,专任教师 37 名,专任教师中,教授 9 名、副教授 14 名、讲师 14 名。2015 年,学院新进青年教师 3 人。

(喻中)

学科建设

【概述】 首都经济贸易大学法学学科设立于 1983 年,从 1984 年开始招收本科学生,1993 年开始招收经济法专业硕士研究生,目前法学院具有法学一级学科授予权和法律硕士授予权,在法理学、民商法学、经济法学、国际法学、宪法与行政法学等学科招收法学研究生。每年招收法律硕士研究生,同时招收法律经济学方向博士研究生。法学学科拥有一支学历层次较高、社会影响力较大的教师队伍。在法学院悠久的办学历史中,曾出现过关乃凡、陈克聪、龚建礼、沈雯辉、戴凤歧等老一辈著名法学家,产生了较大的影响力。众多教师担任各类学术团体的重要学术职务。

法学院学科体系较为完整,拥有经济法学、民商法学、法理学、国际法学、宪法学与行政法学、法律硕士等硕士学位授予权,法律经济学博士学位授予权,以及法律经济学博士后培养方向。其中,经济法学为北京市重点建设学科。民商法学学科特色鲜明,重点突出,发展势头良好。各学科建设较为完善,均由知名教授作为学科带头人,学术团队精诚团结,梯队完整。

法学学科充分利用北京市的地缘优势,立足首都,为北京市的经济、法制建设服务。例如,法学学科与北京市丰台法院、海淀法院、朝阳法院、西城法院,北京市司法局等多家单位签订了实习基地协议,定时组织学生实习,培养学生理论联系实际的能力。同时,法学学科积极服务全国,充分借鉴、整合全国的法学研究教育资源,为我所用。因此,法学学科教学效果良好,学科人才培养富有成效。法学院培养的学生,政治素质高,专业基本功过硬,是具有法学、经济学知识特点的应用型、复合型高级人才,深受用人单位好评,他们为首都乃至全国的法制建设做出了应有贡献。目前,法学院学生就业去向主要为公务员、金融部门、大中型企业法务部门、公检法司等国家机关和律师事务所等,一次性就业率保持在 90% 以上。

近年来,法学学科教学质量优异,多部教材获得校、市级精品教材建设立项,多门课程被评为校精品课程,并获得校重点建设课程立项、教学改革研究立项多个。多人次在市级、校级教学竞赛中获奖,并入选市级、校级中青年骨干教师。与此同时,法学学科科研实力显著提高,获批“经济执法风险防范研究中心”“经济法研究中心”等北京市科研平台。多次举办各类高层次学术会议,主持、参与国家级课题,省部级课题,局级、校级以及社会横向委托科研项目多个。全院教师出版学术专著多部,在《人民日报(理论版)》《当代法学》《政治与法律》《法律科学》《法学》《法学杂志》《法律适用》等权威及专业期刊发表论文近百篇,其中,不少学术成果被立法机关和政府机关所采纳,社会效益明显。法学院教师撰写的论文、专著获得政府或学术团体各种奖项的数量和层次也不断提高。

(喻中 张世君)

【专业硕士评估】 2015 年,研究生工作重点为法律硕士专业学位点的评估工作。学院领导班子高度重视,组成了由院长担任组长的评估小组,负责研究制定评估工作方案,组织实施评估工作。1 月中旬,学院评估小组召开专题讨论会,对学院法律专业硕士培养的师资队伍、人才培养、质量保证等问题交换意见,讨论评估的重点、难点等相关事宜。2 月初,学院评估小组与学校主管研究生工作的领导、研究生部领导举行专题座谈,就评估工作的进展、问题、解决思路进行汇报,听取学校领导的建议和指示,并与研究生部领导充分沟通、协商后续工作安排。3 月上旬,学院邀请校内其他专业硕士学位授权点相关负责人和专家对法律硕士专业学位授权点办学情况进行把脉诊断,结合法学院实际情况,提出改进的目标和计划。3 月中旬,学院邀请校外同行专家进行会议评估;借鉴兄弟单位评估工作经验,征求部分校外兼职导师意见,修改完善人才培养方案。3 月下旬,由主管研究生副院长牵头,根据全国法律专业学位研究生教育指导委员会制定的评估指标,结合专家评估意见,完成 2 万余字的评估报告撰写,并制作了 430 多页的评估支撑材料。3 月底,学院将评估报告和支撑材料提交学校学位委员会集体评议,根据评议结果进一步修改完善,接受全国教指委的评估。4 月初,以评估工作为契机,召开法律硕士人才培养机制研讨会,根据评估中的问题,提出落实改进计划的具体步骤和方案。5 月,对全体专任法律硕士教师和在校学生进行宣传,逐一落实改进措施,全面完善法律硕士培养机制。评估完毕后,专业硕士学位培养方案体现了较强的实务性和时代性,获得校外专家好评。

（喻中 张世君）

教学工作

【课堂教学】 课堂教学是本科人才培养的中心环节。2015 年度,学院在落实教学贡献奖实施方案的基础上,采取有效措施,进一步提升课堂教学效果。首先,根据新聘教师较多的情况,学院认真落实学校《新聘教师本科课堂教学准入制度实施办法》,制定了配套的实施方案,为每一位新聘教师指定了教学导师。同时,创新期中教学座谈形式,跨院邀请教学名师、优秀教学效果奖获得者、青年教师基本功大赛获奖者与本院教师分享教学经验和教学心得。另外,启动课堂教学改革试点,采取"走进来"的方式,邀请优秀的法官、检察官和律师进课堂,取得了良好效果。进一步落实院领导、教研室主任的听课制度,促进课堂教学效果的进一步提升。

2015 年法学院新聘教师教学导师名单

序号	新聘教师	教学导师
1	陈皓	喻中
2	高洁	谢海霞
3	张娜	金晓晨

（米新丽）

【实践教学】 2015 年,学院进一步完善和深化实践教学,在与已有实践教学基地保持良好沟通的基础上,又与北京市第一中级人民法院签订了合作协议,组织、指导和完成了认知实习、专业实习和毕业实习工作。暑期,学院组织 100 余名学生分赴北京市第二中级人民法院等 14 个实习单位进行集中、规模实习。学院进行了优秀实习团队和优秀实习生的评选和表彰。学院组织了 2015 年大学生科研与创新计划的申报、指导以及中期答辩工作,并有 4 个项目入选北京市级"实培计划"。学院组织了 2014 年大学生科研与创新计划项目的结项工作。

2015 年法学院北京市大学生科研训练计划深化项目一览表

序号	项目名称	参与学生情况		企业导师	校内导师	
		学生负责人姓名	参与人数	姓名	姓名	项目来源(企业名称)
1	大学生开微店的法律风险与对策研究	郭嘉豪	2	李秀媛	陈韩非	北京市丰台区司法局
2	国家监护权对侵权的制约——从未成年人保护的角度	刘晶	5	吴硕	刘润仙	北京市丰台区法院

续表

序号	项目名称	参与学生情况		企业导师	校内导师	
		学生负责人姓名	参与人数	姓名	姓名	项目来源(企业名称)
3	大数据时代个人信息安全问题的新论	赵文超	2	隗合佳	陶盈	北京市丰台区法院
4	中国律师的法制地位和职能变迁	苗紫祎	3	郑爱利	张兴	北京市嘉安律师事务所

(米新丽)

【学科竞赛】 11月6日,学院邀请校外专家和教务处领导与学院师生共同就学科竞赛进行了研讨,就学科竞赛在人才培养过程中的作用深化了认识,达成了共识。2015年,学院继续组织参加了多项学科竞赛,并获得较好成绩。

2015年法学院参加学科竞赛情况一览表

序号	竞赛名称	教练	获奖情况
1	第七届北京市大学生模拟法庭比赛(C级)	李长城 刘迎泽 张兴 尹少成	北京市二等奖
2	JESSUP国际法模拟法庭竞赛(A级)	谢海霞	国家级二等奖
3	中国WTO模拟法庭竞赛(B级)	金晓晨 李璐玲	国家级优秀奖
4	国际刑事法院审判竞赛(A级)	朱路	国家级三等奖
5	第九届高校间红十字国际人道法模拟法庭竞赛(A级)	朱路	国家级二等奖

(米新丽)

【毕业论文】 学院完成了2015届毕业生毕业论文的指导、评阅以及答辩等工作,1篇毕业论文获校级优秀毕业论文。组织了2016届毕业生毕业论文的选题、指导等组织工作。

(米新丽)

【双培生和辅修人才培养】 2015年,学院招收双培生20人,前3年分别就读于中国政法大学和清华大学。同时,学院与上述两校进行充分沟通,制定了适用于双培生的人才培养方案,并通过双培生返校等活动,加强学院与双培生之间的互相了解。

(米新丽)

【教学项目申报】 2015年,学院进一步加强教学项目申报,组织申报了校级教改立项,有4个项目获批本科校级教改立项项目。完成了2014年"法学院卓越法律人才培养项目"的结项工作,启动了2015年"法学院卓越法律人才培养项目"的申报工作。

2015年法学院卓越法律人才培养项目一览表

序号	负责人	项目名称	项目类别
1	高雁	实践人才培养中的理论学习问题	教学研究类
2	金晓晨	双语教学的效果与改善	教学研究类
3	李长城	高校法学专业学生代理权问题研究	教学研究类
4	李春媛	人才分类培养模式新问题及对策研究	教学管理类

续表

序号	负责人	项目名称	项目类别
5	李璐玲	法学院本科生导师制的实施与完善	教学管理类
6	李晓娟	卓越法律人才实践创新能力培养路径研究	教学研究类
7	李英	辅修法学专业学生培养效果研究	教学研究类
8	刘胜江	天普大学合作项目跟踪	国际交流类
9	刘影	“卓越班”、“涉外法务班”和“学术提升班”的区分指导	教学研究类
10	尚琤	法律史学教学在卓越法律人才培养中的作用和定位的探索	教学研究类
11	沈敏荣	本校法学本科教育如何与中国传统文化进行结合的研究	教学研究类
12	陶盈	日本高校法律人才培养的经验与启示	教学研究类
13	王燕	涉外法律人才实践创新能力培养	教学研究类
14	王漪鸥	法学院学生干部培养机制研究	教学管理类
15	尹少成	行政法案例教学的运用	教学研究类
16	张娜	国际竞赛对卓越人才培养的作用——以“贸仲杯”国际商事仲裁模拟仲裁庭辩论赛为例	实践教学类
17	张益铭	分类培养模式下大学生一年级班级建设研究	教学管理类
18	周平	本科生导师制相关问题探讨	实践教学类
19	翟业虎	论司法实务中的法律检索技能的培训	教学研究类
20	朱路	国际人道法模拟法庭竞赛成效全过程研究	实践教学类

（米新丽）

【国际化人才培养】 2015 年，学院贯彻与天普大学合作协议，选派第四批本科生赴天普大学交换学习。学院与美国圣约翰大学签订了合作协议，与圣路易斯华盛顿大学商谈了合作事宜。

2015 年法学院第四批本科生赴天普大学交换生名单

序号	姓名	年级	学习期限
1	郭奇泽	2013 级	一学期
2	侯心妍	2013 级	一学期

（米新丽）

【推优保研工作】 2015 年，学院组织了推荐 2016 届优秀应届本科毕业生的遴选、面试和推荐工作，整个过程公开、公正、透明。

2015 届法学院应届优秀本科毕业生免试攻读硕士学位研究生名单

序号	学　号	姓　名	推荐就读学校
1	32011100116	蔡奕端	西南政法大学法学院
2	32011100028	李久烨	北京外交学院国际法系
3	32011100048	李倩楠	首都经济贸易大学法学院
4	32011100112	张续	首都经济贸易大学法学院
5	32011100046	华海鸥	首都经济贸易大学法学院

（米新丽）

科研工作

【课题研究】 2015年,学院教师获批19项纵向课题,达到历史最高水平。其中,省部级以上项目13个,具体为:国家社科基金3项,主持人分别为王显勇、朱路、尹少成;教育部人文社科研究项目2项,主持人分别为李璐玲、张鹏;中国法学会部级课题4项,主持人分别为张世君、金晓晨、尹少成、贺燕;北京市社科基金1项,主持人为翟业虎;最高人民检察院社科专门项目1项,主持人为王剑波;司法部部级课题1项,主持人为王剑波;最高人民法院公开招标课题1项,主持人为高桂林。局级项目3个,分别为李璐玲负责的北京市委组织部优秀人才项目,王剑波负责的北京市委教工委大学生思想政治项目、尹少成负责的博士后科研基金项目。校级项目3个,主持人分别为朱路、翟业虎、陈寒非。以上纵向课题合同经费累计96.5万元。另外,学院教师还获批各类横向课题3个,分别是:喻中获北京市发改委项目1个,课题经费12万元;焦志勇获国家发改委项目1个,课题经费10万;王德山获丰台工商局项目1个,课题经费7万;共计29万。

(喻中　张世君)

【论著发表】 2015年,全院教师以第一作者身份发表46篇期刊论文,其中,权威B级论文9篇;CSSCI期刊论文18篇。2015年,全院教师以第一作者身份出版著作12部,其中,高桂林、沈敏荣、王德山、张世君、张娜5位教师均为学术专著;兰燕卓、米新丽各出版教材1部;另有其他学术出版物6部。

2015年法学院著作成果一览表

序号	著作名称	第一作者	出版单位	出版时间	著作类别
1	TRIPS-plus造法问题研究	张娜	中国政法大学出版社	2015-01-01	专著(社科类)
2	仁者无敌:仁的力量——大变动社会的生存之道	沈敏荣	人民出版社	2015-01-15	专著(社科类)
3	中国农村金融法制创新研究	高桂林	中国法制出版社	2015-01-25	专著(社科类)
4	合同纠纷实用法律手册	米新丽	中国法制出版社	2015-03-06	其他专业出版物(社科类)
5	首都法学论坛(第10辑)	张世君	知识产权出版社	2015-03-30	其他专业出版物(社科类)
6	合同效力研究	王德山	中国政法大学出版社	2015-04-18	专著(社科类)
7	人身损害赔偿实用法律手册	米新丽	中国法制出版社	2015-05-01	其他专业出版物(社科类)
8	商法学:原理与案例(第2版)	米新丽	对外经济贸易大学出版社	2015-06-08	其他专业出版物(社科类)
9	新型农村市场主体调研报告文集	米新丽	对外经济贸易大学出版社	2015-07-06	其他专业出版物(社科类)
10	首都法学论坛(第11辑)	张世君	知识产权出版社	2015-07-30	其他专业出版物(社科类)
11	行政法与行政诉讼法(第五版)	兰燕卓	北京大学出版社	2015-08-01	普通教材(社科类)
12	文化创意产业发展的法律调控	张世君	中国政法大学出版社	2015-09-01	专著(社科类)

(喻中　张世君)

【科研亮点】 2015年，学院继续高度重视科研成果转化，产出多篇高质量的决策咨询报告，其中，焦志勇撰写的“构建京津冀节能监察协同一体化的建议”发表于国家发改委主办《改革内参》（2015年4月10日）；王显勇撰写的“应当构建反就业歧视法律的行政实施机制”发表于国家社科基金《成果要报》（2015年11月20日）。

（喻中　张世君）

【科研获奖】 2015年，学院教师以第一作者身份获各类科研成果奖3项，分别是：焦志勇获第五届京津沪渝法治论坛论文三等奖、北京市行政法学研究会年会暨法治政府论坛论文二等奖各1项，尹少成获第四届公私协作（PPP）全国高校论文竞赛一等奖1项。

（喻中　张世君）

【承办“亚太民法学术研讨会——面向世界的侵权法”】 4月10日，由中国人民大学民商事法律科学研究中心与悉尼大学亚太法研究中心共同主办、首都经济贸易大学法学院承办、北京法意科技有限公司协办的“亚太民法学术研讨会——面向世界的侵权法”举行，来自澳大利亚、日本、韩国，中国大陆、台湾地区和澳门地区的学者以“面向世界的侵权法”为主题进行了研讨。针对侵权责任法的归责原则，有学者分析了如何确定侵权责任的构成要件与应用领域，以及归责原则与侵权责任方式之间的匹配关系。在医疗侵权领域，有学者着眼于医患关系，提出了构建医疗纠纷补偿制度的命题。围绕对产品自损法律适用存在的争议，有学者从比较法的视角出发，指出很少有国家一概对产品自损给予侵权法上的救济，从中国民法体系化的角度分析，产品自损从本质上属于违约问题，应由合同法规范调整。针对环境侵权，有学者分析了复数行为人分别实施的环境侵权行为的类型、构成要件及其责任承担规则。

（喻中　张世君）

【北京市法学会科技法学研究会会长扩大会议召开】 4月21日，北京市科技法学研究会会长扩大会议在博纳楼230会议室举办，会议由法学院院长喻中教授主持，学院教师米新丽、张娜、兰燕卓参加了此次会议。与会者还包括北京市法学会联络部主任罗正群，科技法学会副会长张瑞萍、刘东进、董慧凝，常务理事周雷、普翔，北京市法学会程露茜、王菲等。会议聘请学院张娜、兰燕卓为科技法学副秘书长，并通过决议将学会注册为社团法人。与会者就李克强总理在政府工作报告中提出的“互联网+”展开热烈讨论。

（喻中　张世君）

【举行第一期青年教师学术沙龙】 6月10日，法学院第一期青年教师学术沙龙在博纳楼第五会议室成功举行。本次青年教师沙龙由学院教师陈寒非老师主讲。江苏大学文法学院副教授魏小强，北京大学社会学系博士后、商务印书馆编辑白中林，清华大学法学院法律史专业博士研究生吴杰和学院教师张鹏受邀参加了此次学术沙龙并点评。陈寒非首先简单介绍了研究的缘起，认为学术界关于“废除六法全书”和“司法改革运动”致使建国初期新旧法统断裂的观点值得进一步商榷。与会嘉宾与同学们纷纷就讲座主题所涉及的理论基础、文献资料、论证方式、当代法治建设的价值等问题提出了自己的见解。

（喻中　张世君）

【“京津冀协同发展知识产权高峰论坛”暨北京市法学会科技法学研究会召开】 10月31日，“京津冀协同发展知识产权高峰论坛”暨北京市法学会科技法学研究会2015年年会在北京工业大学召开。为了深入贯彻落实中央关于推进京津冀协同发展的重大国家战略，探索改革路径，构建区域协调发展机制，北京市法学会科技法学研究会将2015年年会的主题确定为“京津冀协同发展知识产权”。与会专家从各个角度对京津冀协同发展知识产权问题进行了热烈的探讨。有专家从京津冀法制一体化与协同立法、知识产权执法协调发展等宏观角度进行了制度梳理与建构，也有专家从具体问题入手，对体育赛事直播节目的著作权问题、科学作品的范围和独创性判断对象进行了深入剖析和解读。学会会长、学院院长喻中对会议进行了总结，对“三个关系”进行重点论述，即知识产权与科技法学的关系、知识产权与京津冀协同发展的关系、科技法学与京津冀发展的关系。

（喻中　张世君）

【《网络安全法（草案）》研讨会举行】 7月16日，《网络安全法（草案）》研讨会在学院举行。北京市法学会联络部主任罗正群高度赞扬了这次研讨会召开的意义，指出借由此次网络安全法草案的研讨，进一步打造学习型、协同型、国际型、智库型的组织。与会者围绕《网络安全法（草案）》的立法背景、立法目的和具体规定进行了热烈、深入的探讨。此次会议由学院和北京科技法学研究会共同组织，学院作为北京科技法学研究会的挂靠单位，主要负责北京科技法学研究会的各项工作,院长喻中为学会会长,副院长米新丽为学会副会长兼秘书长。学院将继续发挥“智库”功能,以理论研究促进国家法治建设和发展。

(喻中　张世君)

【非主题型学术讲座】 2015年,学院举办非主题型学术讲座8次。7月6日,高雄大学法学院教授廖义铭在博纳楼213会议室与在场师生探讨了台湾与内地在法律文化上的异同。10月20日,中国社会科学院法学研究所研究员、法制史研究室主任张生做客法学院,举办主题为“中国近代法治改革与权威的合法性转变”的讲座。10月30日,北京市人民检察院第一分院干部处副处长曲力慧与同学们畅谈法律人的职业素养与人生格局。11月16日,台湾大学教授陈自强于慎思楼222教室举行了题为“民商合一与民商分立”的交流讲座。11月18日,清华大学法学院教授何海波在博学楼516教室进行了“法学论文写作”的讲座。12月8日,华政政法大学法学博士后钱玉文在博纳楼213会议室做了题为“公司法条文解释规则及典型案例解析”的讲座。12月16日,北京市政府法制办公室党组副书记刘振刚在博纳楼二层第三会议室举办了题为“走出法治的乡愁”的讲座。12月22日,爱沙尼亚塔林大学管理、法学与社会学院副教授李兴安做了题为“单一市场下欧盟公司的发展”的讲座。

(喻中　张世君)

【主题型学术讲座】 11月4日,文法讲堂第四讲开讲,中国人民大学教授莫于川应法学院和文化与传播学院之邀来学校讲授了关于参与式行政与民主行政法的讲座。5月27日,法学院继续推出民商法前沿系列讲座,邀请中国人民大学教授姚辉讲授民事裁判的方法论思考。法学院继续推出了法律硕士专业拓展和职业教育讲座,邀请来自法院、检察院、律师事务所、国有企业法律事务部等各领域具有丰富经验的实务型专家,结合自己的亲身实践经历,与同学们分享自己在法律实践中的心得和体会,让同学们在进入社会之前就了解了各种各样的案例及处理技巧和方法,邀请了东城区人民检察院检察官董永娥、东城区人民检察院职务犯罪预防处处长王焕民,律师刘会丽、北京市中铁天瑞机械设备有限公司经济管理部副部长郭盛兰、北京市长安公证处公证员孙亮、中国再保险集团法务刘文骥、全国中小企业股份转让系统有限责任公司经理时晋等。

(喻中　张世君)

【涉外学术交流】 2015年,学院贯彻与美国天普大学合作协议,选派第四批本科生赴天普大学交换学习半年,同时选派1名教师到美国天普大学法学院进修、1名教师到密歇根州立大学法学院进修;选派3名教师到台湾各知名高校进行进修。邀请2名外教为研究生开设了全英课程《法律英语》。4月3日,美利坚大学法学院和学院见面会在博纳楼第一会议室进行。美利坚大学法学院教授Marleen Jean Hein - Dunne代表美利坚大学法学院访问学院,Mayer Brown律师事务所律师Werner Josef Hein陪同访问,学院院长喻中和外事秘书刘影接待访问。5月27日,学院与密西西比学院法学院学生举办主题为“互联网法律现状”的学生学术交流活动。活动在博纳楼第二会议室举行。学院党委副书记张益铭、法学院分团委书记王漪鸥,密西西比学院法学院教授Richard Meyer出席了交流活动。7月6日,台湾高雄大学法学院院长廖义铭一行到访学院,学院院长喻中、院党委书记谢海霞和焦志勇及尹少成在博纳楼第三会议室接待了廖义铭一行。11月4日,美国天普大学宣讲会在博学楼314举行,天普大学教授桑国亚(Professor John Smagula)和天普大学校友会秘书长王伟老师向大家介绍了学院与其合作的天普大学交换生项目,法学院党委书记谢海霞和外事秘书刘影出席。法学院郭奇泽、陈雨思等交换生也参与了讲座,与同学们分享出国留学与深造的“致未来”之路。11月23日,台湾元照法律出版集团副总裁纪秋风和元照北京办事处销售主管白志勇到访法学院,院长喻中、副院长张世君和科研秘书刘影在博纳楼213会议室热情接待了来自中国台湾的客人。本次会见,双方就出版合作事宜进行了初步洽谈。

(喻中　张世君)

学生工作

【概述】 法学院学生工作由学院学生工作办公室在党委的领导下具体负责,办公室人员由学院党委副书记、分团委书记、兼职辅导员和班主任构成,共计13人,其中,专任教师6人。另有班导生3人。2015年,全院共有学生612人,其中,研究生200人、本科生412人。截至2015年12月,学院有学生党员105人。2015年,法学院深入开展社会主义核心价值观教育;围绕学风建设,建设符合学生成长规律的学生管理体系;进一步完善符合法学专业特色的大学生发展辅导体系,推进深度辅导;加强对学生党、团、群众组织工作的管理和指导;加强大学生辅导队伍建设;扎实做好就业工作;做好安全稳定工作。

（张益铭）

【大学生思想政治教育】 2015 年,学院深入开展社会主义核心价值观教育,紧贴时代主题,开展以爱国主义为主要内容的“中国梦”主题教育,结合当代大学生成长成才,开展丰富多彩、形式多样、贴近学生实际的学习实践活动,创新主题党日、主题团日和主题班会活动形式,更好地开展大学生思想政治教育工作。

（张益铭）

【共青团工作】 法学院分团委下设办公室、组织部、宣传部 3 个职能部门和 21 个基层团支部,指导法学院研究生会、法学院本科生学生会、法学会的日常工作。2015 年,学院分团委系统全面完成了创新培养工作,举办“信、梦、行”四院系纪念抗日战争胜利 70 周年暨世界反法西斯战争胜利 70 周年主题党日活动;创新性开展“品读中国”系列通识教育活动;开展“博学讲堂”系列活动;开展“辩论赛”“模拟法庭”系列学习实践活动;开展“学术新星论文大赛”系列活动。为实现“巩固成果,推动创新”,这一年分团委分外注重对教师、干部的培训指导,助力青年教师成长,多次开展新任班主任培训会,认真履行共青团的基本职能,加强组织管理,在干部培养方面取得新的突破。

（张益铭）

【就业工作】 2015 届本科毕业生共计 105 人,就业率 100%;研究生毕业生 66 人,就业率 100%。

（张益铭）

【学生评奖情况】 2015 年,学院获北京市优秀班集体 1 个,北京市红旗团支部 1 个。国家奖学金 1 人,松下育英奖学金 1 人,三菱东京 UFJ 银行奖学金 2 人,人民奖学金 280 人,励志奖学金 17 人;市级优秀学生干部 1 人,市级优秀共青团干部 1 人,校级优秀学生干部 10 人,校级优秀共青团干部 4 人,校级三好学生 18 人,校级优秀共青团员 23 人。

（张益铭）

【竞赛类获奖情况】 2015 年,北京市青春船长志愿者队伍获得北京市司法局举办的“青春船长 · 法治启航”活动二等奖;郑远航获得北京市法学会举办的法治社会演讲比赛二等奖;研究生沈晴雯等获得“法律明白人”法律知识竞赛二等奖;本科生党支部获得北京市“红色 1 + 1”活动二等奖;法学院获得校级“一二 · 九”合唱比赛最佳风采奖;2014 级研究生陈名利获得中国大学生年度人物;余晓睿荣获校级奖学金。

（张益铭）

党建工作

【概述】 2015 年法学院成立法学院党委,党委委员由原党委委员构成。法学院党委下辖党支部 8 个,其中,在职教师党支部 2 个,退休教师党支部 1 个,本科生党支部 2 个,研究生党支部 3 个。截至 2015 年年底,共有党员 120 人,其中教师党员 31 人,退休党员 8 人,学生党员 81 人,全年发展党员 26 人。

（张益铭）

【制度建设、党务公开】 2015 年,法学院党委进一步巩固群众路线教育实践活动成果,修订了科研奖励制度、学生导师制度、教学奖励制度等。制定落实学校的二级学院考核办法,积极开展自查、自纠活动,结合考核内容进一步规范学院的教学科研管理工作,例如,加强对教师调课的监督管理。在学院管理工作中,法学院严格遵守民主集中制和“三重一大”制度,大力推进学院的党务公开、院务公开。

（张益铭）

【教育实践活动】 2015 年,法学院党委认真组织师生开展社会主义核心价值观的教育实践活动。在党的十八届四中全会召开后,法学院又重点开展了依法治国为主题的宣传教育活动,承办了具有广泛社会影响的专题报告会“第九届首都法学院论坛——依宪治国与首都法治建设”。12 月 4 日,法学院还深入社区、深入军营、走进中小学、走进校园、走入法院等宣传宪法,开展法治宣传教育和提供法律服务,将依法治国落到实处。

（张益铭）

【党管人才队伍建设】 2015 年,法学院继续加强人才队伍建设,共引进 5 名青年教师,1 名博士后研究人员,完成了学院教师队伍的后备储备。在新教师入职后,法学院党委积极创新机制,加强对青年教师的培养,建立并实施了针对青年教师师德、教学、科研、管理能力提升的综合培养机制。学院还安排李璐玲到东城法院商事庭挂职副庭长,安排贺燕到海淀法院担任陪审员,进一步提升青年教师的实践能力。

(张益铭)

【党风廉政建设】 2015年,法学院继续认真落实学校关于落实中央“八项规定”的实施细则,坚持“三重一大”制度、坚持党政联席会制度,发挥工会的民主监督作用,落实党风廉政建设责任制。全面推进廉政风险防控管理体系建设,在具体的财务管理工作中,完善并落实各项财务管理制度,制定了法学院财务管理的具体办法,要求主管负责人和具体负责人依据相关制度严格执行财务纪律,做到预防风险在先,严格管理落实,监督有效。

(张益铭)

【党外人士、少数民族、离退休支部工作】 2015年,学院党委继续发挥党外人士在参政议政和学院发展中的作用,支持教师担任人民法院人民陪审员工作,做好少数民族学生工作,开展离退休支部的春季、秋季的主题党日活动,包括开展离退休支部的春季、秋季的主题党日活动。

(张益铭)

工会工作

【党政联席及民主生活会】 2015年上半年,为了更好地开展工作,院领导组织召开党政联席会,参加党政联席会议的有:法学院领导班子成员、分支部委员和工会主席。在党政联席会议上,党委书记、科研副院长就全院各个专项的财务支出、重大专项资金投入等情况做了通报。2015年年底,学院召开了民主管理大会,会议主要内容有:各领导班子成员就其负责的工作进行述职,工会主席就全年工会工作做报告并通报工会经费支出情况。

(周平)

【参与院务工作】 2015年,分工会在党委的领导下,组织全体教师对学院涉及教职工切身利益的事务进行讨论。分工会提出,凡涉及教师聘岗、职称评聘、重大财务支出、重大专项资金投入、大型资产处置、学科规划设计、学院发展方向调整等“三重一大”事项决策,应当广泛征求群众意见;在程序上应有分工会主席和教师代表参与讨论,并将决策意见在全体教师大会上向全院教职工通报,保证每一位教职工知晓。此外,在分工会的建议下,学院成立了财务工作监督小组,监督小组由学院党委书记、党委纪检委员和1名教师代表组成,教师代表由学院分工会组织全院职工通过无记名投票方式选举产生。到目前为止,法学院已经做到院务公开和财务公开。

(周平)

【成立法律咨询服务中心】 2015年上半年,根据校工会的工作安排,充分利用法学院的专业优势,为全校教职工提供法律咨询。为更好地完成任务,法学院领导非常重视,专门开会讨论,拟定了《关于筹建首都经济贸易大学法律咨询服务中心的方案》。

(周平)

【教代会代表提案】 法学院共有教代会代表4名,2015年,在学校召开职工代表大会之前,法学院的4名教代会代表通过邮件、微信等方式向全体教职工征求意见和建议,收集了包括学校改革发展、专业建设、职工福利等方面的信息,在充分调研的基础上总结归纳,提出解决方案,形成提案,提交教职工代表大会,很好地履行了教代会代表的职责。

(周平)

【文体活动】 4月15日,法学院举办了青年教师基本功大赛,40周岁以下的教师全部参加了比赛。法学院全体教师参加了青年教师讲课的全过程,聘请督导专家吴念时参与比赛的全过程。4月底,学校组织了职工运动会,学院教职工积极报名参加,参赛率达到了80%并在运动会中取得了相当不错的成绩。2015年,法学院成立了羽毛球队,购买了羽毛球拍,举办了多场羽毛球友谊赛和拖拉机比赛,使教职工在繁忙的工作之余身心得到的放松。学院组织全体教师参加了校工会组织的抗战胜利70周年歌咏比赛,获得三等奖。配合校工会举办的“我的中国梦”知识竞赛活动,获组织奖。

(周平)

【关心教职工的生活】 2015年年初,法学院在博纳楼学院教工之家召开退休教师新年团拜会。学院分工会关心女教职工的工作和生活,对女教职工,学院每年在“三八”妇女节期间,组织全院女教职工座谈,给女教职工发放慰问品。为了丰富学院教师的课余生活,“三八”妇女节之际,学院还组织女教师们开展自带食品品鉴活动,每一位女老师都带来了自制的拿手好菜,在一起品鉴交流。学院配合校工会加入在职职工互助保障计划,包括:在职职工住院医疗互助保障计划、在职职工住院津贴互助保障计划、在职职工重大疾病互助保障计划,为在职教职工办理了投保手续。为两位退休教师举行茶话会。2015 年，学院教师王雨本和王燕退休，学院为他们举行了茶话会，充分肯定了他们为法学院做出的贡献，并向他们赠送了纪念品。

（周平）

金融学院

概　况

2015 年，金融学院设有金融系、国际金融系、金融工程系、保险系和投资系 5 个系；设有首都金融研究所、农村保险研究所、证券期货研究所、金融发展与政策研究所 4 个研究机构。金融学院是首都经济贸易大学金融风险研究院的主体研究机构；拥有 1 个数字化金融实验室；现有金融学、金融学（国际金融）、金融工程、保险学（保险精算）和投资学 5 个本科专业和专业方向，拥有金融学学士、硕士和博士学位授予权。金融学院的金融学专业是北京市重点学科、北京市品牌专业和北京市特色专业。金融学院被认定为北京市金融人才培养支持基地。截至 2015 年 12 月，金融学院在校本科生 1 024 人，硕士研究生 277 人，博士研究生 18 人，教职工 56 人。9 月 23 日，金融学院召开全体教职工会议，组织部副部长刘威到会宣读学校党委关于任命尹志超为金融学院院长的决定。校党委书记柯文进、校长助理戚聿东出席了会议。

（尹志超）

师资队伍建设

2015 年，金融学院专职教师 48 人，其中，博士生导师 6 人，教授 11 人，副教授 15 人，100% 的教师具有硕士以上学历，83% 的教师具有博士学位，多名教师具有双语教学能力。金融学院拥有享受国务院政府特殊津贴的专家，国家“万人计划”青年拔尖人才，教育部新世纪优秀人才，北京市跨世纪理论人才“百人工程”，北京市优秀中青年骨干教师，首都经济贸易大学教学名师、科研标兵、优秀主讲教师等 10 余人。

（王雅洁）

学科建设

2015 年，学院继续强化金融风险管理、首都金融研究、农村金融与保险 3 个主要学科方向。与中国社科院金融研究所成功举办了第三届金融风险高层论坛和金融风险蓝皮书的发布会，邀请中央政策研究室、国务院研究室、中国社科院、国务院发展研究中心、西南财经大学、中央财经大学、对外经贸大学、北京工商大学等单位的相关领导和专家参加会议，《金融时报》为此专门发布了半版的会议消息和综述。2015 年，学院还有多项有关首都金融发展、农村金融保险方面的研究成果问世。

（王雅洁）

教学工作

【概述】 2015 学年，金融学院在学校领导的全力支持和全院教师的努力下，从学院层面上推动了多项重点工作，在本科人才培养、专业深化建设、教学制度管理等方面做出了较大成绩。顺利完成期中教学检查、新聘教师课堂准入考核以及学校的其他各项任务。完成实验班导师制改革，完成国际金融全英班人才培养方案制定。

（郝思源）

【教学运行管理】 2015 年，学院为全日制本科生共开设 155 门次课程（包括必修、选修、任意选修、辅修），总课时共计 6 556 课时。学院全学年“学评教”情况优秀。课程安排、课程调停管理、四六级考试以及期末考试安排、试卷管理、学分转换、学籍管理、双培管理、外培管理、教学项目申报等相关工作进展顺利。

（郝思源）

【教学成果】 2015年,学院申报校级教改项目4项,其中,重大项目1项,重点项目1项,一般项目2项;出版《金融人才培养——金融教育教学改革、发展与创新研究》一书,收纳32名教师,共34篇教学改革论文;学院青年教师陈奉先获得2015年北京市高校第九届青年教师教学基本功比赛文史类B组一等奖。高杰英和王婉婷合编了《信用评级》教材;建设校级通识课——《信任的经济学视角》。

(郝思源)

【社会实践】 2015年,学院新增平安养老保险北京分公司实习基地,并签署实习基地协议,留校备案。2015年暑期,学院组织学生到工行北分进行实习,共有68名本院学生参加。2015年,学院组织学生参加美国大学生数学建模竞赛,7组获得二等奖;组织学生参加"大智慧杯"全国大学生金融精英挑战赛,1组获全国三等奖。

(郝思源)

【大学生创新创业训练项目】 2015年,学院报名参加大学生科研创新项目共25项,其中,重点项目10项,一般项目15项;实验班申报项目11项,占项目总数44%,学院指导教师16名,参与项目98人次。

(郝思源)

【双培生与外培生培养】 2015年,金融学院共招收48名双培生,8名外培生。其中,中央财经大学互联网金融专业双培生16人,中央财经大学保险与风险管理专业双培生16人,对外经济贸易大学投资学专业双培生16人;对外经济贸易大学保险精算专业外培生8人。

(郝思源)

【本科招生工作】 2015年,金融学院本科生招生人数合计224人,金融学64人,金融学(国际金融)40人,保险学(保险精算)46人,金融工程学28人,投资学46人。2015年,国际金融方向纳入金融学专业大类招生,新生报到后根据学生志愿分为金融学(实验班)、金融学和金融学(国际金融)。金融学专业共招生104人,其中,金融学(实验班)25人,金融学39人,金融学(国际金融)40人。

(张杰)

【转专业工作】 2015年,学院共接收转专业学生73人,其中,金融学25人,金融学(实验班)4人,金融学(国际金融)26人,金融工程学9人,投资学6人,保险学(保险精算)3人。

(张杰)

【辅修工作】 2015年学院申请金融辅修学位的毕业生共有70人,为辅修专业开设15门专业课。

(郝思源)

【研究生招生工作】 学院组织了2015级研究生的复试、录取、入学教育,以及2016级推免生的考试和接收工作。2015年共录取硕士研究生122人,其中,学术型研究生48人,金融专业硕士59人,保险专业硕士15人。招收博士研究生4名。组织了2015级研究生的迎新、入学教育,并进行了研究生和导师的双选。继续全面推行硕士生双导师制,为专业硕士和学术型硕士配备校外导师。同时,组织了2016级研究生推免生的考试、接收工作。金融学院本年共推免研究生43名(其中,本校21人,外校22人)。

(王雅洁)

【修订研究生培养方案】 10—12月,金融学院对研究生课程大纲进行了修订。培养方案中的所有50门课程由课程组先行编制课程大纲,然后任课教师与各系主任、学院学位委员会委员讨论,每门课程由负责人汇报课程内容,并根据反馈意见完善课程大纲,力争做到主要知识点无重复无遗漏。学院结合本次课程大纲的修订工作,更加明确了不同层次、不同类别的研究生培养要求,在科研创新方面对博士生、学术型硕士生增加了要求和压力,在社会实践应用方面对专业型硕士生增加了要求,加强了对研究生的管理,对金融学院研究生的培养起到了助推作用。对学生科研水平、创新能力、实践技能的高标准严要求有利于更好地实现金融学院创建一流品牌专业的既定战略。

(王雅洁)

科研工作

【概述】 截至12月31日,学院共发表论文46篇;申报各级各类课题16项,其中,纵向课题14项,横向2项;出版各类著作5部。

2015 年金融学院教师出版的学术著作一览表

序号	著作名称	参编作者	出版单位	著作类别
1	中国高额外汇储备——成因、影响与数量管理	陈奉先	首都经济贸易大学出版社	专著(社科类)
2	天使投资:创业与资本无国界	王佳妮	中国发展出版社	译著(社科类)
3	金融人才培养——金融教育教学改革、发展与创新研究	高杰英　郝思源	首都经济贸易大学出版社	编著(社科类)
4	特大城市建设与治理	蒋三庚	首都经济贸易大学出版社	其他专业出版物(社科类)
5	中国金融风险报告	王曼怡　周晔	首都经济贸易大学出版社	其他专业出版物(社科类)

2015 年金融学院教师发表论文一览表

序号	论文题目	所有作者	发表刊物/论文集	刊物类型
1	北京 CBD 中国国际财富管理中心构建模式探讨	李新　高立志(外)	《商业经济研究》	核心 B
2	京津冀协同发展中中央商务区作用研究	蒋三庚　李晓艳(学)	《京津冀协同发展的目标与路径》	一般期刊
3	北京 CBD 文化创意企业的融资模式研究	蒋三庚　杨洁(学)	《金融经济》	一般期刊
4	我国 P2P 网贷的主要模式、案例分析及比较	施慧洪　黄艺伟(外)	《商业经济研究》	核心 B
5	让·梯诺尔——市场失灵与公共政策(译)	唐伟霞　李婧	《比较》	一般期刊
6	基于贝叶斯理论的长、短数据资产组合选择	赵大萍	《中国管理科学》专刊	核心 A(EI/ISSHP/ISTP 会议论文集)
7	人口年龄结构与制度变迁关系的统计检验	朱超　王光远(学)	《统计与决策》	核心 A,核心 B
8	基于异质理念的动态组合选取模型	郭文英　王德河	《数学的实践与认识》	核心 B
9	贫困大学生心理健康健康模式创新初探	刘辉小　李俊	《首都经济贸易大学学报》	核心 B
10	中国国际资本流动突然停止风险研究报告	陈奉先	《中国金融风险报告(2015)》	一般期刊
11	中国的实际汇率制度:基于 BBC 框架的动态考察	陈奉先	《国际金融研究》	核心 A,核心 B,权威 B
12	特大城市 CBD 老区与新区如何协调发展	蒋三庚　刘建新(学)	《人民论坛》	核心 B
13	中国通货膨胀预期异质性研究——兼论我国中央银行的通货膨胀预期管理	程均丽(外)　李雪　刘枭(外)	《经济评论》	核心 A,核心 B

续表

序号	论文题目	所有作者	发表刊物/论文集	刊物类型
14	错位竞争是民营银行发展的前提	谢太峰	《金融时报(理论版)》	一般期刊
15	我国货币供应量与利率关系的实证分析	谢太峰　樊若琛(学)	《征信》(原《河南金融管理干部学院学报》)	核心 B
16	中国天使投资发展趋势与对策研究	王佳妮　李阳(外) 刘曼红(外)	《科研管理》	核心 A,核心 B,权威 B
17	对外开放、体制变革与危机冲击下的中东欧银行业信贷增长研究	高杰英　刘果果(学)	《武汉金融》	核心 B
18	大学教师课堂评价:问题与改进	陈奉先	《金融人才培养:金融教育教学改革、发展与创新研究》	一般期刊
19	金融人才培养之路——首都经济贸易大学金融人才培养实践与探索	高杰英	《金融人才培养——金融教育教学改革、发展与创新研究》	一般期刊
20	构建“123456 金融培育规划”提升投资学教学质量	李新	《金融人才培养——金融教育教学改革、发展与创新研究》	一般期刊
21	影响双语教学效果的问题及其改进对策	刘妍芳	《金融人才培养——金融教育教学改革、发展与创新研究》	一般期刊
22	Reform Trend and Evaluation of Financial Regulation in Pos-crisis Era: Discussing the Necessity of Establishing a Macro-prudential Supervison System	祁敬宇	《2015 International Conference on Management Science and Anagement Novation》	权威 B 论文集
23	宽松货币政策下我国企业的风险承担	李雪　冯政(外)	《财经科学》	核心 A,核心 B
24	货币政策冲销效果——理论框架与中国实践	陈奉先	《经济与管理研究》	核心 B,核心 A
25	多个资产协同跳跃的检验方法评述	刘威仪	《统计与决策》	核心 A,核心 B
26	基于 BEER 模型的人民币均衡汇率研究	谢太峰,甄晗蕾(学)	《金融理论与实践》	核心 B
27	后危机时代金融安全问题思考	祁敬宇	《黑龙江社会科学》	一般期刊
28	试析中国特大城市 CBD 管理模式	蒋三庚　王震(学) 宋佳娟(学)	特大城市建设与治理	一般期刊

续表

序号	论文题目	所有作者	发表刊物/论文集	刊物类型
29	金融新常态下城市商业银行面临的挑战及应对之策	谢太峰	《征信》(原《河南金融管理干部学院学报》)	核心 B
30	服务业扩大开放要与疏解首都非核心功能相结合	蒋三庚	省部级成果要报	核心 A
31	众筹的典型模式及案例解析	施慧洪	《商业经济研究》	核心 B
32	新常态下中国对东盟直接投资研究	王曼怡　石嘉琳(学)	《国际贸易》	核心 A,核心 B
33	加快推进北京金融后台服务区转型的建议	王曼怡	省部级成果要报	核心 A
34	基于状态空间模型的金融生态与区域经济增长——以北京市为例的实证研究	王曼怡　王宇庚(学)	《国际经济合作》	核心 B
35	居民短期总资产配置结构与对冲通胀能力研究	蒋三庚　宋毅成(学)	《经济问题探索》	核心 B,核心 A
36	银行一体化背景下的美、德、英、日国内信贷联动分析	高杰英	《国际金融研究》	核心 A,核心 B,权威 B
37	中国参照一篮子货币的汇率制度:理论框架与实证考察	陈奉先	《财经研究》	核心 A,核心 B,权威 B
38	金砖国家应急储备安排:成本收益、治理缺陷与中国选择	陈奉先	《南方金融》	核心 B
39	完善金融消费者教育体系的路径	谢太峰	《金融时报(理论版)》	一般期刊
40	资本项目开放进程中的商业银行经营风险	王曼怡　石嘉琳(学)	《国际经济合作》	核心 B
41	中央商务区管理模式创新探析	蒋三庚　王震(学)	《首都经济贸易大学学报》	核心 B
42	商业银行贷款损失准备具有顺周期性吗?	周晔　张萍 高赛(学)	《经济与管理研究》	核心 B,核心 A
43	Statistical Problem of Idea Gas in General Two - dimensional Regions	Ci Song Ping Zhang(外) Ci Song(外) etc. 张萍	《International Journal of Modern Physics B》	一般期刊

2015 年金融学院教师成果获奖情况一览表

序号	奖励名称	获奖完成人	获奖等级	项目来源
1	科研标兵	王曼怡	一等奖	首都经济贸易大学
2	北京高校第九届青年教师教学基本功文史类 B 组优秀指导教师奖	王曼怡	优秀奖	中共北京市教育工作委员会

(王雅洁)

【开展学术交流】 2015年,学院多次组织召开了国家课题申报研讨会,旨在针对拟申报国家自然科学基金、国家社会科学基金的课题申报内容进行交流探讨,共20位老师参加了研讨会。此外,学院先后3次邀请了对外经济贸易大学特级教授、博士生导师林汉川与项目负责人一起对每份申报书的论证结构、技术规范和文字细节进行层层推敲,综合分析学术热点问题,挖掘比较优势,合理分配理论研究和实际应用的比例。

(王雅洁)

【召开"金融人才培养论坛"会议】 11月,金融学院举办"金融人才培养论坛"会议。参会人员主要有:首都经济贸易大学副校长王传生、教务处长张学平,金融行业相关单位专家领导,各院校相关院系院长、副院长、系主任等,金融学院院领导、全体教师、教学秘书等,金融学院学生代表。受邀参加"金融人才培养论坛"的校外专家有:中央财经大学金融学院副院长应展宇、北京工商大学院研究生院院长杨德勇、对外经济贸易大学保险学院副院长谢远涛等16位。

(王雅洁)

【举办第三届金融风险高层论坛暨《中国金融风险报告》蓝皮书发布会】 11月29日,由首都经济贸易大学、中国社会科学院金融研究所主办,首经贸金融风险研究院、金融学院、特大城市研究院承办的第三届金融风险高层论坛暨《中国金融风险报告(2015)》蓝皮书发布会在京举行。作为中国金融风险研究领域的高层次学术交流活动,本次会议旨在聚焦我国金融风险热点问题,深度剖析金融风险的核心难点问题,以此促进首经贸金融学科发展,服务于国家智库建设。《中国金融风险报告(2015)》蓝皮书包括7个子报告,涉及国际资本流动、全球资本市场、货币国际化、天使投资、量化投资、股权衍生品投资以及大类金融资产配置等领域,重点关注上述领域的风险识别、评估、预警及防控问题,是首经贸金融风险研究院全体研究人员辛勤付出的结晶,代表了中国金融风险研究的先进水平。《中国日报》、《经济日报》、《经济观察报》、《新京报》、《经济参考报》、《第一财经日报》、中国教育电视台等平面媒体和人民网、新浪财经、网易财经、搜狐财经等网络媒体对此次会议进行了全程报道。

(王雅洁)

【邀请校外学者与专业人士开设讲座10余次】 2015年,学院邀请了世界银行首席经济学家 Lixin Colin Xu 等为师生做了6场金融学术讲座。

2015年金融学院"首都金融论坛"一览表

讲座主题	主讲嘉宾	职务
Hayek, Local Information, and the Decentralization of State-owned Enterprises	Lixin Colin Xu	世界银行首席经济学家
Multivariate Extremes, Max-Stable Process Estimation and Dynamic Financial Modeling	张正军	威斯康星大学麦迪逊分校教授
金融混沌下的金融创新与监管	赵志君	中国社会科学院经济研究所创新工程首席研究员
当前金融热点问题解析	纪志宏	中国人民银行金融市场司司长
风险投资的概念解读及发展新动向	刘曼红(Liu Manhong, Mannie)	中国科学院虚拟经济与数据科学研究中心风险投资研究室主任,中国人民大学财政金融学院教授
大数据监管是互联网金融监管的新范式——金融大数据专题	李崇纲	金信网银常务副总经理

(王雅洁)

【成为中国金融学年会理事单位】 11月1日,第十二届中国金融学年会在中南财经政法大学召开。金融学院院长尹志超、副院长朱超参会。第十三届中国金融学年会理事会同时召开。金融学院向理事会提交了理事单位入会申请并做汇报。经理事会全体理事无记名投票表决，金融学院顺利成为中国金融学年会理事单位。

（徐兰杰）

对外交流

2015 年，学院共有 5 名教师赴境外院校或组织（世界银行等）进行访学，17 名学生参加了对外交流项目，涉及参与交流的学校主要分布于美国和中国台湾等地。与此同时，学院与密西根州立大学、纽芬兰纪念大学等海外院校建立了合作交流关系。

（杨阳）

学生工作

【共青团工作】 2015 年，学院分团委制作发行院刊《金心向融》共 2 期，微信平台（首经贸金融学院分团委、生活在金融）推送数百条信息。学院分团委下设团委组织部、团委宣传部、理论学习部、社会实践与志愿者团、社团联络部 5 个部门；团支部共计 33 个，共青团员共有 1 149 人；院属学生社团共 4 个，分别为股市沙龙、保险学会、金融工程协会、投资与风险协会。

（杨意）

【优化主题教育活动】 2015 年，金融学院分团委开展"铭记历史 · 警示未来"党团员宣誓，"勿忘国耻 · 圆梦中华"抗战胜利 70 周年纪念等主题教育活动。此外，强化大学生思想引领，开展"四进四信""三严三实""八字真经"等专题学习活动，推动团员青年改造主观世界、强化理论武装，培育和践行社会主义核心价值观，引导学生把个人奋斗融入实现中国梦的伟大实践。2 月 6 日，组织学生宣讲团深入朝阳区罗马嘉园社区开展社会调查，并进行以"党的十八大——就在你我身边"为主题的宣讲活动。3 月 18 日，学院分团委召开学习会，结合金融学院的专业知识组织学习李克强总理在全国人大第十二届三次会议的讲话精神。

（杨意）

【组织建设】 3 月 4 日、9 月 4 日、10 月 21 日，学院分别召开团学骨干培训会，认真组织好学习教育、深入讨论、建章立制等各环节活动。

（杨意）

【宣传建设】 学院分团委依托宣传橱窗、院刊、学院网站、社交平台等媒体工作布局，完善学院全媒体引导格局，形成整体联动、资源共享的工作声势；发行院刊《金心向融》2 期，突出以人为本，深化"人物志"发挥的榜样作用，大力发展新媒体阵地——微信（首经贸金融学院分团委、生活在金融）和人人公共平台（首经贸金融学院分团委、首经贸金融学院学生会），增强新媒体工作的吸引力和凝聚力，壮大网上主流思想舆论；以各级团组织为基础渠道，充分发挥学生会、学生团体的积极作用，注意倾听青年呼声，准确把握青年思想变化，同时建立团学组织交流微信群，有效收集、分析、研讨青年舆情信息。5 月 4 日，开展对 2014 级各团支部的板报评优活动。

（杨意）

【第三届"星级团支部"评选】 5 月 20 日，金融学院分团委举行了第三届"星级团支部"评选决赛，2014 级金融实验班团支部、2013 级国际金融一班团支部分别以总分第一、第二的成绩荣获了"五星级团支部"的称号，其他 4 个支部则获评"四星级团支部"称号，2014 级投资班团支部、2014 级国际金融二班团支部荣获了最佳宣传阵地建设奖。

（杨意）

【基层团建】 学院分团委部署落实每个学期每个团支部"一个主题团日 + 一个特色活动"的要求，两个学期分别以"我的爱国心"和"对话祖国"为主题开展支部活动，加强对共青团员的思想教育。

（杨意）

【暑期社会实践】 2015 年，学院暑期社会实践活动情况如下：

2015 年金融学院暑期社会实践活动一览表

实践团	内容
"绿地图"生态文明建设现状调查研究	金融学院分团委志愿者团和社会实践部与学校节能办合作，对学校的生态文明建设现状做了详细的调查研究，设计成"绿地图"，发放给同学们，增强他们的生态文明意识

续表

实践团	内容
“铭记历史,心系祖国”	金融学院暑期社会实践团通过组织抗日战争胜利读书会,参观卢沟桥及抗日战争纪念馆,访谈革命先辈等方式开展一系列调查学习活动
地铁涨价现状	金融学院暑期社会实践团通过调查,希望了解广大北京市民是否已经完全接受并适应由于地铁调价带来的对工作、生活的影响
今天你礼让了吗?	针对让座现象,金融学院暑期社会实践团通过科学的问卷调查法进行了调查,并分析民众对于“礼让”问题的看法,尝试提出相对合理的解决方案
“大学生回母校”暑期实践活动	金融学院的志愿者利用假期,重返母校,向母校宣传自己的大学——首都经济贸易大学。通过这次活动,增加了同学们对于首经贸的了解,同时也可以将金融知识普及给各省市高中学生。2015 年暑期,金融学院共有 77 位同学到 11 个省市 34 所中学开展宣传活动

(杨意)

【志愿服务与公益活动】 2015 年,学院志愿活动情 况如下:

2015 年金融学院学生志愿服务一览表

时间	活动内容
4 月 25 日	2013 级国际金融一班举办爱心捐书活动,筹集全班师生捐出的书本,捐献给振华民生小学
5 月 9 日	金融学院的志愿者骨干前往汽车博物馆进行志愿活动
9 月 20 日	金融学院同学参加 2015 年北京国际铁人三项比赛志愿服务活动
11 月 26 日	金融学院组织参加了献血活动,68 人成功献血
11—12 月	金融学院同学多次参与 CBA 及各类演唱会的志愿活动
全年	金融学院志愿者到爱心敬老院与鹤童养老院进行慰问,共计 40 余批,200 人次,志愿服务达千余小时

(杨意)

【校园文化】 2015 年,学院在学年的第一学期开展生活类的活动,促进新生更快适应大学生活,如“今生今世”新生风采展示大会、新生辩论赛、新生趣味运动会、新生足球篮球赛、宿舍文化节等;在第二学期开展成长类的活动,为学生的成长成才打造第二课堂,如院友会、专业模拟面试等;在学年末开展感动金融人物评选及颁奖典礼。

(杨意)

【获奖情况】 4 月 17 日,金融学院获得学校运动会团体总分第六名的成绩。5 月 12 日,金融学院篮球队蝉联男子 3V3 篮球赛冠军。5 月 13 日,金融学院研究生篮球队荣获第四届“经贸杯”篮球赛冠军。5 月 20 日,金融学院篮球队荣获男子 5V5 篮球赛季军。11 月 18 日,金融学院在“王者之路”乒乓球公开赛中获得亚军。12 月 2 日,金融学院长跑队获得“一二·九”长跑比赛季军。12 月 9 日,金融学院合唱团获校“歌颂伟大胜利·筑梦盛世中华”一二·九歌咏大赛优胜奖。12 月 16 日,金融学院荣获“安全 DV 大赛”最佳组织奖。12 月 16 日,金融学院荣获“同心鼓比赛”第三名。

(杨意)

【《金融学院学生会章程及基本条例》发布会】 9 月 4 日,金融学院于博纳楼第六会议室举行《首都经济贸易大学金融学院学生会章程及基本条例》发布会。《金融学院学生会章程及基本条例》在制定过程中充分征集意见,历时一年的时间,初步形成 4 章、28 条、近 3 万字的制度以及一系列的细化办法。制度的制定完善了学生会的工作职能,规范了工作程序,进一步推动了金融学院学生组织的制度化建设。

(杨意)

【院友返校活动】 10月18日，首都经济贸易大学举办校友值年返校活动，借此契机，学院邀请1981级、1991级、2001级毕业生重新返回校园，找寻青春的回忆。

（刘辉 杨意）

【"校际交流"系列活动】 11月13日至12月5日，学院先后与北京师范大学学业部、中国人民大学公关部、中央财经大学金融学院学习部、对外经济贸易大学金融学院外联部、对外经济贸易大学金融学院学习部、中央财经大学外联部开展校际交流活动。

（杨意）

【"2015两岸金融高阶人才研习营"活动】 11月14—15日，2013级金融实验班在学院教师高杰英的组织下参加了在北京大学举办的"2015两岸金融高阶人才研习营"。

（杨意）

【社团活动】 2015年，学院重启首都高校专业类社团论坛，邀请中国人民大学、对外经济贸易大学等5所高校共7个专业类社团齐聚首经贸，以"聚焦生态文明教育，引领校园文化发展"为主题开展交流，签署协议并宣布成立"首都高校专业类社团联盟"，首届联盟委员会委员长由首都经济贸易大学担任。

（杨意）

【开展本科生思想政治教育】 2015年，学院积极组织参加学校各类思想政治教育活动，获2014级新生"宿舍公约"大赛和2015届毕业生"我的大学生活"作品征集最佳组织奖，赛欧公寓2314获北京市高校优秀基层组织奖，学生第二党支部获北京市红色1+1示范活动优秀奖，1部作品推荐参加市级"宿舍心晴"创意作品大赛；2013级杜健武、2014级邵文志和陈伟同学应征入伍。

（常彪）

【开展研究生发展辅导】 学院在2015级研究生迎新工作中，完善"以心迎新"系列活动，首次针对学术研究生和专业研究生分别开展团体拓展，首次以班级为单位，举办"积极心理品质"等主题的心理团体辅导活动。在职业发展辅导方面，分别针对毕业生和新生打造"就业季"和"赢在职场"系列活动。

（常彪）

【毕业生就业工作】 学院2015届毕业生就业工作获全校二等奖，其中，本科生就业率100%，签约率99.14%；研究生就业率100%，签约率98%。同时，学院协助毕业生申请城乡低保一次性求职补贴4人。

（常彪）

【奖、助、贷、勤、免、补】 2015年，金融学院本科生申报并荣获校长奖学金2名、国家奖学金2名，乐天奖学金2名、三菱东京UFJ银行奖学金3名、国远公益奖学金1人，学习优秀奖学金213人、社会工作奖学金33名、科研创新奖学金18项、文体竞赛奖学金4项，社会贡献奖学金8人，校级优秀毕业生19人，市级优秀毕业生15人。2015年，进行家庭经济困难认定126人，评选国家励志奖学金26人，国家助学金148人，协助申请国家助学贷款18人，"爱心成就未来"助学金6人，疆籍少数民族困难资助8人；评定北京财贸学院校友促进教育奖助学金，受助54人，受奖24项。解决同学临时突发状况困难，协助在校生申请一次性困难补助金1人。2015年，学院评选研究生国家奖学金8名，优秀学生干部12名。完善学院研究生学业奖学金评定标准，完成学业奖学金评定工作，覆盖率达到85%。通过各项评优工作，建设良好学风，树立榜样作用。完善"三助"体系的建设，除在原设立的3个研究生勤工助学岗外，设助管6个，助教8人，助研33人。同时，协助研究生部完成贫困生补助发放工作，申请特别补助2人

（徐兰杰 常彪）

【开展市级、校级评优】 2015年，学院组织本科生申报评选各类荣誉称号，37人获校级"三好学生"称号，21人获校级"优秀学生干部"称号，2个班级获校级"先进班集体"称号，2个班级获校级"优良学风班"称号，张肇耕、刘欣获市级"三好学生"称号、张雨虹获市级"优秀学生干部"称号、2013级国际金融一班获市级先进班集体称号。

（常彪）

【和信公司"诚信之星"奖学金项目落地金融学院】 1月20日，和信公司与首经贸"诚信之星"奖学金项目签约仪式在博纳楼第六会议室举行。和信CEO助理、和信关爱基金负责人张晨出席会议，首经贸教育基金会秘书长、对外联络合作处处长赵喜玲，学院时任院长谢太峰参加会议。签约仪式上，赵喜玲与张晨代表双方签署了《捐赠资金协议书》，根据协议内容，和信关爱基金与首经贸教育基金会将在首经贸金融学院设立"和信诚信之星"荣誉奖项，每年2万元，首期3年共6万元。5月7日，举办和信"诚信之星"奖学金颁发仪式，卢蝶、李华浓和赵超阳首批

获奖。

（常彪）

【研究生获奖情况】 2015 年上半年，金融学院研究生参加学术文化节。篮球队获得首经贸第四届“经贸杯”乒羽篮比赛总决赛冠军。杜颖获学校学术文化节论文大赛一等奖。徐聪获得学校模拟面试大赛冠军，宁恩祺获得优秀奖。2015 年下半年，金融学院辩论队获得第二届“明辨杯”研究生辩论赛最佳组织奖。在“首都经济贸易大学学位证书设计比赛”中，收集报名表共 13 份并在决赛评选阶段有 5 份作品入选。

（徐兰杰）

党建工作

【概述】 2015 年，金融学院党总支有基层党支部 12 个，学生党支部 7 个，教工党支部 4 个，退休党支部 1 个。截至 2015 年 12 月，金融学院共有党员 229 名，其中，学生党员 176 名，在职教工党员 40 名，离退休党员 13 名。正式党员共 193 名。

（徐兰杰）

【校党委书记柯文进到金融学院调研】 6 月 3 日，校党委书记柯文进到金融学院进行调研，校长助理戚聿东、党政办公室主任商筱辉陪同。金融学院全体领导班子，教授代表、系主任、教师党支部书记、中青年骨干教师、分工会主席、管理人员代表参加了座谈会。座谈会由金融学院党委书记玉红玲主持。玉红玲从学科设置、师资力量、学生培养取得的成绩等各方面，就金融学院发展现状与规划向领导做了简要汇报，各分管领导就具体工作进行了补充说明，提出目前存在的问题并分析问题存在的原因。之后，与会老师结合一线教学和科研的实际情况及学院的发展，提出了自己想法和建议。柯文进认真听取各位教师的发言并详细记录。他表示学校党委一直高度关注金融学院的发展，对金融学院过去取得的成绩予以充分肯定。在中国金融业蓬勃发展、首都金融人才需求量大增的形势下，金融学院应找准定位，做好规划，办出特色，切实服务社会。同时还指出，要用发展改革的眼光统一思想，以学校全面深化综合改革、“十三五”规划、党代会三大工作为契机，凝聚全院师生的力量，使金融学院的发展迈上新台阶。

（玉红玲）

【落实“六个一百”计划】 学院党委按照“六个一百”计划中的要求，领导班子成员分别对接教工各党支部。对面临发展瓶颈的保险学科，学校领导、学院院长亲自对接保险教工党支部，积极参加保险系的专业建设、人才引进等方面的工作，帮助保险系更快更好发展。保险系教工党支部多次走进社区、参加调研，参与党建课题研究。在开展百名党员服务标兵、百名优秀教师党员、百名优秀学生党员评选工作中，杨意、郝思源被评为党员服务标兵；张欲晓、李新、王苹、唐伟霞、赵然、杨阳被评为优秀教师党员；王凯等 10 名同学被评为优秀学生党员。

（玉红玲）

【开展学生党员先锋工程活动】 2015 年，为落实“良师益友”计划，学院党委书记与党委副书记坚持分别负责研究生和本科生毕业年级党支部的指导工作，分别走入联系支部，深入开展理论学习指导、毕业生预备党员谈话、毕业生党员最后一课、党员廉政教育、毕业生党员座谈会等工作。金融学院学生各支部继续坚持月度学习报告会，全年共开展月度学习会 6 场，主题包括政治、经济、金融改革等热点问题。学院党委组织各党支部开展习近平系列讲话、“向李小凡同志学习”等各种理论学习活动，提高党员学习意识和理论修养。同时，要求各党支部做好服务对接工作。

（徐兰杰）

【开展主题党日活动】 2015 年，学院党委围绕社会主义核心价值观，开展主题鲜明、内容丰富的主题党日活动。5 月，学院学生第二党支部前往首经贸附小开展主题为“货币的故事”的金融知识讲座，同时这也是本学期推进的第一次红色 1 + 1 项目。之后，学生第二党支部先后 3 次前往首经贸附小开展主题为“培养小学生投资理财观念”系列活动，涉及 3 个年级，近百名学生参与。9 月，学院组织 100 名学生党员一同观看了抗战影片《百团大战》。10 月，2015 级专业型研究生党支部组织党员及入党积极分子来到成都人民公园瞻仰川军抗日阵亡将士纪念碑，并参观了在公园内展出的《纪念中国人民抗日战争胜利 70 周年——抗战史图片书画展》。11 月，2015 级专业型研究生党支部利用周末时间，进行了以“铭记历史、缅怀先烈，珍爱和平、开创未来”为主题的党日活动，参观了中国人民抗日战争纪念馆。11 月，学院党委组织教师与 2015 级学术型研究生党支部全体党员共同开展“寻红色印记忆、峥嵘岁月、传赤诚之心”

主题党日活动。

（徐兰杰）

【完成学生党员培养与发展工作】 2015年，金融学院参加第19期和第20期初级党课学习共138人，其中124人考试合格。参加入党积极分子培训127人，其中102人合格。6月及12月，学院党委先后两批发展党员34名，其中，本科生25名，研究生9名。5月，学院先后在本科生和研究生毕业生间开展“廉政教育”活动2次，组织开展毕业生党员座谈会2次。同时配合党委组织部的工作，做好组织毕业生党员参加最后一次党课学习及新生党员的培训工作。

（徐兰杰）

【申请党建课题】 2015年，学院党委申请校级党建难点项目课题1项，题目为“教师党支部作用发挥机制研究”。课题由金融学院党委书记玉红玲负责。

（徐兰杰）

【抓好党风廉政建设工作】 2015年，学院党委认真贯彻执行党风廉政建设责任制，严格履行“一岗双责”；严格执行领导干部廉洁从政若干准则，党员领导干部填写了《北京市党员领导干部遵守〈廉政准则〉承诺书》；加强廉政风险防范意识，以制度建设为防范廉政风险的源头工作；贯彻执行民主集中制，推进“三重一大”、院务公开制度，严格执行专项经费使用规定，强化专项经费监督机制。6月，学院党委重点抓好《习近平关于党风廉政建设和反腐败斗争论述摘编》的学习和宣传；组织学院领导班子、科研项目负责人和关键岗位人员听取了中国石油大学（北京）纪委副书记、监察审计处处长孙为就高校开展廉政风险防控“三个体系”建设工作进行的经验介绍；组织党员教师观看曾获江西省抚州市首届“青春倡廉·清廉抚州”原创微电影大赛优秀奖的《“木”所长》；学院党委再次邀请学校财务处副处长王晓婷为全院教师讲解学校各项财务制度，对财务各项风险点进行逐一分析。2015年，学院先后在本科生和研究生毕业生间开展“廉政教育”活动2次 。

（玉红玲）

【获得荣誉】 2015年，在学校党委组织部开展的主题党日活动评选中，学院党委“服务师生、树立模范，以实际行动落实六个一百计划”获得三等奖，学生第二党支部“建美丽和谐乡村，促党员先锋工程”获得三等奖。学院党委获最佳组织奖。

（徐兰杰）

工会工作

【开展工会活动】 2014年，学院分工会组织学院教工举行新年晚会，在古北水镇和司马台长城开展以“快乐工作、健康生活”为主题的工会日活动，组织教工观看话剧。

（王苹）

【开展调研】 2015年，学院分工会申报了《青年教师社会实践活动创新模式及效应研究》等研究课题。8月，分工会主席带领部分教师赴甘肃进行“西部欠发达地区农村政策性金融发展状况”的调研，并撰写了调研报告。

（王苹）

【所获荣誉】 2015年，金融学院分工会在广场舞比赛中，以舞蹈《串烧》获得三等奖；在歌咏比赛中获得三等奖，参赛曲目为《校歌》《南泥湾》。

（徐兰杰）

统计学院

概　况

统计学院（College of Statistics）组建于2006年，其前身是北京经济学院统计学专业和北京财贸学院电子计算机统计专业。北京经济学院统计学科始建于1962年，1978年在北京经济学院工业经济系下开始招收计划统计学专业本科生，1984年成立计划统计系，1986年更名为统计学系，并获得统计学硕士学位授予权。北京财贸学院于1986年在贸易经济系下首招商业统计专业本科生,后将商业统计改名为电子计算机统计。1996年,随着北京经济学院和北京财贸学院的合并而成立首都经济贸易大学统计学系,1998年招收数量经济学宏观经济系统分析博士研究生,2005年招收概率论与数理统计学本科生,2005年成为北京市品牌专业建设学科,2006年获得统计学博士学位授予权,与数学基础部合并成立统计学院。2008年,统计学专业被评为北京市特色专业,同时开始招收应用数学专业(金融数学方向)本科生;2009年统计学专业被评为国家级特色专业;2010年获得应用统计硕士授予权;2011年随着统计学成为一级学科,首都经济贸易大学统计学院也成为统计学一级学科博士点;2012年成立统计学一级学科博士后流动站,并被评为北京市一级重点学科;2014年,与信息学院合办大数据特色班,并设统计学辅修专业;统计学院下设金融学、统计学、统计学(金融计量国际班)、统计学(大数据方向)、经济统计学;2014年,由学院与中国人民大学、北京大学、中国科学院大学和中央财经大学共同发起并依托应用统计专业硕士学位,联合新华社、人民日报、中央电视台、全国手机媒体专业委员会、中国移动、中国联通、中国电信、SAS、JMP、阿里巴巴、华闻传媒产业创新研究院、华通人数据、龙信数据、西部云基地等业界大数据应用翘楚共同组建的"大数据分析硕士培养协同创新平台"在中国人民大学国学馆正式启动,5校联合培养应用统计专业硕士(大数据方向)。

2015年,统计学院下设经济统计系、概率论与数理统计系、金融数学系和大数据与统计科学研究院。学院现设经济统计学、统计学、应用统计学、数学与应用数学(金融数学)4个本科专业,拥有统计学硕士博士学位和应用统计硕士学位授予权。

(田瑜　马立平)

师资队伍建设

2015年,学院现有教职员工64人(不含博士后),专职教师59人,行政人员5人。专任教师中,教授10人,副教授25人,讲师24人;博士生导师5人,硕士生导师25人,其中,具有博士学历的教师达70%。

2015年,在学校人才政策的支持下,2名北京市"海聚工程"学者(梁华、朱冀)和3名兼职教授(陈敏、于丹和孙六权)继续作为学院青年教师学术指导导师,举办青年教师个人学术发展规划系列研讨会,推荐青年教师参加"青年小组"协会,鼓励青年教师担任专业竞赛的辅导教师,以期提高青年教师的科研教学水平;招聘1名数理统计方向的博士毕业生进入统计学院;孙激流、常虹赴美国完成密歇根安娜堡暑期项目带队教师任务。2015年,刘娟获北京市教学名师;陈江荣获第一届北京高校数学微课程教学设计竞赛北京市二等奖。

(马凤伟　张宝学　任韬)

学科建设

【概述】 2015年,学院专门召开了研究生培养方案研讨会,对研究生、博士生的培养方案进行了系统修正,并在此基础上,组织教师进一步修订研究生课程教学大纲,为2016年全国第四轮学科评估奠定基础。学院继续坚持开展"两岸四地消费者信心指数的测度与研究""北京市居民生活幸福指数"等八大指数的研究、调查与发布,研究成果在学术界和社会各界的影响进一步扩大,得到政府有关部门的重视。

(刘强)

【研究生培养】 2015年,学院在广泛调研的基础上提出了各类研究生课程大纲的修订意见,并召开了研究生培养方案研讨会,邀请上海财经大学、北京工业大学、北京大学、清华大学、北京师范大学、中央财经大学、中国科学院大学等兄弟院校的专家参加会议,结合专家意见,确定了统计学各类研究生的培养方案。大数据是统计学研究的新领域,学院与北京大学、中国人民大学、中央财经大学、中国科学院大学联合开设了大数据方向应用统计班,学院派出10名同学参加该班学习,并派出阮敬、任韬、张贝贝、古楠楠、马丽丽等教师参与授课,创设了多校协同培养的研究生教育新模式。为了增强研究生的科研创新能力,学院积极支持研究生参加各种科研项目和竞赛活动。2015年,学院有3组博士研究生和14组硕士研究生获得学校研究生科技创新项目的资助。2015年,学院毕业研究生46人(其中,博士生2人,硕士生44人)。研究生招生54人(其中,博士生6人,硕士生48人)。在校研究生102人(其中,博士生20人,硕士生91人)。

2015 年统计学院博士生科技创新项目一览表

序号	专业	项目负责人	项目组成员	项目名称	导师	年级	申请级别
1	统计学	张晓华	田永杰　刘帅	当前物流业与城镇化发展的关系研究	纪宏	2015	重点
2	统计学	张鹏	胡佩	低碳经济下中国地区要素禀赋对经济发展影响的统计分析——基于30个省市的面板数据分位数回归	马立平	2015	重点
3	统计学	高仙立	胡春燕　张茜	高维、超高维数据的稀疏性估计问题研究	刘强	2015	重点

2015 年统计学院硕士生科技创新项目一览表

序号	专业	项目负责人	项目组成员	项目名称	导师	年级	申请级别
1	统计学	曲歌	高寒	空气质量的发展趋势及内在影响因素探究	张宝学	2015	一般
2	统计学	胡春燕	赵荣荣　许邈	我国居民消费价格指数的驱动因素分析研究	刘强	2015	一般
3	统计学	陈敬	叶绿来 韩宙江	对消费者信心指数的数据收集和分析的改进研究	任韬	2015	一般
4	统计学	李萌	赵明岳	京津冀地区协同发展评价研究	丁立宏	2015	一般
5	统计学	辛虹安	张冉	我国家庭汽车拥有情况影响因素实证分析	任韬	2015	一般
6	应用统计	刘宏晶	丁艺	国内外大数据高端人才培养的经验与启示	阮敬	2015	一般
7	统计学	刘雪裴	尹丹蕾　王腾	北京市消费、投资、出口与经济增长关系的研究	姚丽芳	2015	一般
8	统计学	李重勋	刘宇	大数据背景下足彩套利模型的优化	任韬	2015	一般
9	统计学	左慧敏	张亚楠 张丽影	我国固定资产投资与经济增长的关系探究	郭文英	2015	一般
10	统计学	同庆	李泽卿 孟婷婷	流动人口的生存发展的实证分析与研究——以西安流动人口为研究对象	聂力	2015	一般
11	统计学	尹丹蕾	刘雪裴	北京市机动车尾气排放对空气质量的影响研究	刘黎明	2015	一般
12	统计学	王佳	崔杨雪	河北省钢铁产量与宏观经济指标的相关性研究	郭洪伟	2015	一般

续表

序号	专业	项目负责人	项目组成员	项目名称	导师	年级	申请级别
13	统计学	赵明岳	刘曦　陈敬	北京市公共交通票制票价改革成效评价	吴启富	2015	一般
14	统计学	高寒		创业板财务风险预警实证分析	丁立宏	2015	一般

(刘强)

科研工作

2015年,学院在继续聘请北京市"海聚人才"马双鸽、刘玉峰,北京市特聘教授陈敏、孙六全等的基础上,聘请梁华、朱冀两位北京市"海聚人才"为学院特聘教授。学院再次组织修订中青年教师人才培养机制,继续按照"一导二教"的帮带计划,1名导师负责指导2名年轻教师,指导申请、研究国家课题,完成"313"工作任务,即在指导期间完成国际发表3篇论文、编写1门课程、申请3个国家级自然科学基金和社科项目,为高质量地提升学院青年教师的科研能力奠定基础。2015年,学院到校科研经费288万元,其中,纵向经费114万元,横向经费174万元。纵向科研项目新立项11个,其中,国家自然科学基金项3项,部级项目5项。横向课题10项。在国内期刊、学术会议上发表学术论文47篇,其中,国际期刊4篇;权威A发表7篇,权威B发表2篇,核心A发表6篇。出版专著4部。

2015年统计学院主要科研立项一览表

序号	项目名称	承担人	职称	项目来源	项目类别
1	多源基因表达数据横向整合的统计方法比较	王琳	讲师	国家自然科学基金项目	国家级
2	大学"双创"人才培养模式研究	丁立宏	教授	北京市社会科学基金重点项目	省部级
3	国家重点龙头企业政策绩效研究	吴启富	教授	其他省部级项目	省部级
4	排序与半监督学习的误差分析	陈珩	讲师	国家自然科学基金项目	国家级
5	基于人类教育学习模型及稀疏表示的半监督目标识别与分类研究	古楠楠	副教授	国家自然科学基金项目	国家级
6	北京市城镇居民社会生活质量的追踪及提升策略研究	郭洪伟	副教授	北京市社会科学基金项目	省部级
7	能源与碳排放约束条件下我国经济增长模式的统计研究	马立平	教授	其他省部级项目	省部级
8	大数据背景下Berkson测量误差模型的统计推断及其应用分析	张赛茵	讲师	北京市委组织部优秀人才项目	委办局级
9	媒体对北京市城镇居民廉政感知影响的实验调查研究	朱梅红	副教授	北京市教育委员会社会科学研究计划项目	委办局级
10	基于稀疏表示的高维数据半监督特征提取研究	古楠楠	副教授	首都经济贸易大学科研项目	校级
11	带有退化粘性的可压缩Navier－Stokes方程解的适定性和小马赫数极限	窦昌胜	副教授	北京市自然科学基金项目	省部级

2015年统计学院论文检索情况一览表

序号	作者	论文题目	刊物类型
1	Yuan-Hai Shao	Laplacian Unit-hyperplane Learning from Positive and Unlabeled Examples	国际C刊
2	古楠楠	基于仿射子空间稀疏表示的半监督分类	国际B刊
3	古楠楠	Efficient Sequential Feature Selection Based on Adaptive Eigenspace Model	国际C刊
4	Yuan-Hai Shao	Laplacian Unit-hyperplane Learning from Positive and Unlabeled Examples	国际C刊
5	张娟	hypothesis Test for the Parameters of Linear Part in the Partial Linear EV Model	权威A
6	Yuan-Hai Shao	Combined Outputs Framework for Twin Support Vector Machines	权威A
7	陈江荣	A Fundamental Representation of Quantum Generalized Kac-Moody Algebras with one Imaginary Simple Root	权威A
8	Guochang Wang	The Hybrid Method of FSIR and FSAVE for Functional Effective Dimension Reduction	权威A
9	Wang Xiao	Large-Scale Time Series Clustering Based on Fuzzy Granulation and Collaboration	权威A
10	窦昌胜	Existence of Strong Solutions to the Steady Navier - Stokes Equations for a Compressible Heat-conductive Fluid with Large Forces	权威A
11	窦昌胜	Low Mach Number Limit of Full Navier-Stokes Equations in a 3D Bounded Domain	权威A
12	Taoyong Sun	Stability of Multi-dimensional Uncertain Differential Equation	权威B
13	阮敬	分布视角下的异质性群体收入分配格局研究	权威B
14	张赛茵	部分线性回归模型的加权似然推断	核心A
15	陈江荣	量子广义Kac-Moody代数的整形式	核心A
16	范林元	Left(Right)Continuous Maps in Orderly Topological Spaces	核心A
17	范林元	Discussion on Teaching Reform of the Course	核心A
18	郭洪伟	基于网络大数据的消费者信心指数编制	核心A
19	任韬	物价因素对消费者信心影响的实证分析	核心A

2015年统计学院教师科研获奖情况一览表

序号	奖励名称	成果内容	获奖人	发证机关	级别	等级
1	2015年北京高校青年教师社会调研优秀成果	培育新型农业经营主体，构建现代农业体系	吴启富 张玉春	中共北京市委教育工作委员会	地市级	一等奖
2	首都经济贸易大学2014年优秀科研成果奖	北京中心城人口疏散与新城发展机制研究	刘黎明	首都经济贸易大学	学校级	一等奖
3	首都经济贸易大学2014年优秀科研成果奖	北京财政支出的经济效果评价研究——理论研究与实证分析	马立平	首都经济贸易大学	学校级	二等奖

2015 年统计学院举办科研学术活动一览表

序号	时间	主办单位	会议名称
1	4 月 8 日	统计学院	2014 年两岸四地消费者信心指数第一季度新闻发布会
2	5 月 6 日	统计学院	第十届统计周开幕式暨第五届学生峰会
3	5 月 20 日	统计学院	首都高校大学生发展信心指数
4	10 月 20 日	统计学院	第二期校友导师沙龙
5	12 月 3 日	统计学院	统计学人才培养方案论证会

（刘强）

教学工作

【组织参加 2015 年全国大学生数学竞赛活动】 2015 年,学院组织学生参加全国大学生数学竞赛,1 人获得国家三等奖,在市级奖项上也有突破。在竞赛活动中,学院教师对参赛学生进行了系统的赛前培训。

（田瑜）

【组织参加全国大学生数学建模比赛】 9 月,学院与教务处合作,共同承办全国大学生数学建模比赛,经过大赛组委会 3 个多月的评审复审,学校共有 10 组学生获得国家级及北京市级奖,其中,全国二等奖 3 组,北京市一等奖 4 组,北京市二等奖 3 组。

（田瑜）

【获批立项大学生科研创新项目】 2015 年,在专业教师的指导下,有 20 个新项目获批立项,其中,重点项目 10 项,一般项目 10 项。

2015 年统计学院大学生科研创新项目一览表

序号	项目名称	重点/一般	指导教师	项目负责人
1	被遗忘的人人网	重点	张赛茵	戴德
2	大数据背景下大型网企的崛起历程	重点	阮敬	高琪
3	在华奢侈品降价的研究	重点	叶飞	刘天婕
4	探究 3D 打印技术对传统制造业的影响	重点	吴启富	李若宇
5	病毒的研究与建模	重点	任韬	田世元
6	微商对传统商业的冲击	重点	范林元	刘普烈
7	关于生态农场的创新发展	重点	窦昌盛	刘志颖
8	关于二手书循环利用	重点	王琳	马雪聪
9	个性化礼品创业市场调查及创业研究	重点	窦昌盛	马俊辉
10	造梦工程	重点	吴慧珊	覃建凌
11	统计学院毕业生在京生活状态调查	一般	田瑜	司徒睿雨
12	基于数据挖掘下的统计学专业就业意向及发展前景研究	一般	龚宇	李思莹
13	基于统计模型的信用风险管理	一般	魏晓云	张琪
14	影响大学生手机游戏选择因素的调查研究	一般	张赛茵	徐丽
15	基于数据挖掘的北京雾霾状况分析及大学生行为研究	一般	王琳	蒋瑞琪
16	中医药五行理论的数学建模研究	一般	叶飞	陈正阳

续表

序号	项目名称	重点/一般	指导教师	项目负责人
17	Happy Photo(乐拍)摄影培训机构	一般	李智	柳元执
18	大学生家教中介机构	一般	古楠楠	韦康悦
19	格子店	一般	梅超群	徐舒扬
20	大学生社会实践的意义	一般	梅超群	李利

（田瑜）

学生工作

【概述】 学院学生工作紧密围绕学校和学院中心工作,以“加强思想引领、增强社会责任、强化实践锻炼、促进青年成才”为指引,以实现学生“自我组织、自我管理、自我服务”为目标,不断加强组织建设、拓宽服务途径、创新工作方法、提高工作质量,搭建起较为完善的学生发展辅导体系。学院下设有学生会、分团委、统计研讨与实践协会、统乡缘等学生组织。

（刘艳　田瑜）

【实习就业】 2015 年,学院在学生就业实习方面加大辅导力度,开拓实习基地:通过用人企业宣讲会、面试技巧专场讲座、班级模拟面试、学院模拟面试大赛等形式丰富面试体验;建立一对一帮扶,传递就业信心,扶持就业困难群体;与品友互动、奥维云网开展深入合作,提升学生就业竞争力。截至 2015 年 8 月,学院毕业生 169 人,其中,研究生 44 人,本科生 125 人。本科生签约率达到 92.8%,研究生签约率达到 100%。

（刘艳　田瑜）

【思想政治教育】 2015 年,学院抓住关键节点开展主题思想教育活动。举办第七届主题为“青春礼赞”的“五四”先锋颁奖晚会,结合日常活动评选“五四”先锋——“学习先锋”“奉献先锋”“文艺先锋”“科研先锋”“体育先锋”。组建党的十八届四中全会精神宣讲团,与北京市密云县花园西区居委会建立对接关系。宣讲团从“科学立法、严格执法、公正司法、全民守法”4 个方面,围绕“依法治国”主题,以“理论 + 实例”的宣讲方式深入浅出地表达自己对党的十八届四中全会精神的解读。本科生党支部举办“携手党旗下——创意微党课”主题教育活动,积极创新课程形式,全年共完成 30 余篇微党课的制作,以此作为党员和积极分子理论学习的重要材料。开展《人民日报》微评论时事学习活动。学院本科生党支部带动入党积极分子在全院范围内开展以“以青春热血缅怀革命先烈,用青春责任践行年少梦想”为主题的实践教育活动。组织教师党员、学生党员前往中国人民抗日战争纪念馆参观。开展新生“五个一”教育——新生入学第一天、第一周、第一月、第一学期、第一学年。活动包括学院开学典礼、家长沟通会、新生破冰会、大学生成长天地、大学生德能建设、专业介绍、心理教育情景剧、外地生联谊、素质拓展、新老生交流、院系杯篮球/足球赛、迎新晚会等一系列文化活动,用最短的时间消除学生的陌生感,增强学院的凝聚力。

（刘艳　田瑜）

【学生社团】 5 月,统计研讨与实践协会主办了统计学院第十届统计周活动。本届统计周继续打造纯学术特色,共涵盖 6 个活动:第五届大学生学术峰会、第七届统计建模大赛、2015 年北京市大学生发展信心指数发布会、统计软件培训、考研出国经验交流和学科前沿讲座。活动继续保持两个特色,一是和校外学术团队加强交流,二是以学术专刊记录同学们的学术成果。本届统计周活动注重加强宣传力度和活动影响力,特别邀请中国人民大学、中央财经大学、北京工业大学、北京理工大学及学校经济学院相关学术组织参加大学生学术峰会,搭建起学生进行学术交流的平台,增进了院校间的学术交流,拓宽了学生的学术视野。此次峰会共收到提交的论文几十篇,峰会保持了作品交流与研讨、社团交流的传统。协会成功举办 2015 北京市大学生发展信心指数新闻发布,为在校生的未来规划提出了合理化建议,为各个学校人才培养提供借鉴。统计周活动期间还举办了统计建模比赛和各类统计知识的讲座,加强了学生的专业知识、创新能力和合作意识。

（刘艳　田瑜）

【学生活动】 2015 年,学院组织“生如夏花”迎新晚会、院系杯篮球/足球赛、三行情诗、班徽设计大赛、辩论赛、羽毛球赛,参加学校运动会、“一二·九”合唱比赛、拉拉操、野外拓展训练等。精心筹办“统漾年华”主题毕业晚会,增强毕业生的归属感,为他们的大学生活画上圆满的句号。

(刘艳　田瑜)

【学生社会实践】　2015 年,学院组织大二、大三学生深入城区及区县参加 2015 年北京市社会生活指数调查(共发放调查问卷 8 800 份,收回有效问卷7 430份);完成一年 4 个季度的海峡两岸四地消费者信心指数调查(进行电话调查 20 000 个,有效电话调查 8 000 个);选派 15 支学生团队深入北京城区、远郊、京外,参加暑期社会实践,通过实地调查,撰写专业报告。

(刘艳　田瑜)

【学生志愿服务】　2015 年,学院志愿者服务团与首经贸附小继续保持合作关系,开展图书馆志愿活动,并与“壹加壹”组织开展合作。学院志愿者积极参加“温暖衣冬”活动,志愿者们利用寒假返乡的时间,将 50 件衣服送到了不同人手中,包括清扫街道的清洁工,身处贫困地区、生活质量差的独居老人,家庭情况不如意的孩子们等。组织开展 161 + 大型志愿活动即“一个点子,六个家庭,同一个梦想”,旨在关注流动人口子女学习状况的同时,关注他们与家庭、社会之间的感情和心理需求。学院的学生和志愿者积极参与 2015 年献血工作,共有 37 名同学成功献血。为了让视障人士也能阅读书籍,志愿者服务团参与了帮视障人士录制有声图书这一志愿活动,并获得了由北京市丰台区一加一残障人士文化服务中心颁发的“优秀团队奖”。

(刘艳　田瑜)

【学生获奖】　2015 年,学院获国家奖学金 1 人,北京市三好学生 1 人,北京市先进班集体 1 个,北京市“先锋杯”优秀团干部 1 人,北京市“先锋杯”优秀团员 1 人,北京市“先锋杯”团支部 1 个,校级三好学生 20 人,校级优秀学生干部 12 人,校级优秀班集体 1 个,校级优良学风班 1 个,校级优秀团员 21 人,校级优秀团干部 6 人,校级红旗团支部 1 个,校级优秀宣传员 2 人,校级暑期社会实践优秀团员 2 人,国家励志奖学金 18 人,三菱东京 UFJ 银行奖学金 2 人,乐天奖学金 1 人,国远公益奖学金 1 人,爱心成就未来奖学金 2 人,学院“五四”先锋 16 人。

(刘艳　田瑜)

对外交流

学院在人才培养、科技创新方面积极向国际和国内先进水平看齐,开展了一系列国际培训和学术交流活动。学院与美国、加拿大、瑞典、中国台湾的多所大学建立了合作项目,每年都选派优秀本科生和研究生到这些大学进行短期或长期的学习交流活动。2015 年,学院分两个批次组织本科生和研究生 11 人次到美国密歇根大学、台湾东吴大学进行国际交流。

2015 年统计学院学生国际(地区)交流情况一览表

序号	时间	交流国家/地区	交流学校	学校组织部门	带队教师	学生
1	7 月 20 日—8 月 15 日	美国	密歇根大学	统计学院	常虹、孙激流	温馨(2012 级经分)
						魏雨彤(2013 级数理)
						肖瑶(2013 级金融计量)
						魏雪(2013 级金融计量)
						薛新辰(2012 级数理)
						王羽婷(2012 级数理)
						李佳希(2012 级经分)
						景文璇(2013 级经分)
						陈思含(2013 级经分)
						栾天皓(2013 级金数)
2	7—9 月	中国台湾	东吴大学	统计学院		穆岚沘(13 级应用统计)

(田瑜)

党建工作

【概述】 2015 年,统计学院共有党员 122 人,其中,教师党员 39 人,学生党员 61 人,离退休党员 22 人;共有党支部 10 个,其中,教职工党支部 4 个,学生党支部 4 个,离退休党支部 2 个。

（马立平）

【党员发展工作】 2015 年,学院在各团支部召开团员代表大会推荐发展对象候选人的基础上,学生支部对其进行量化考核测评(涵盖思想道德、学术科研、社会工作、志愿服务 4 个方面)、理论时政笔试、党员面试、群众基础意见测评等,确定发展对象共计 19 人(上半年 8 人,下半年 11 人)。发展对象经过校党委安排的 16 学时和学院 8 学时的集中培训,且政治审查无问题后,统计学院党委在全院范围内予以公示,召开党员发展大会,吸纳 19 人为中共预备党员。

（马立平）

【夯实支部建设】 2015 年,学院进一步落实与完善学院教职工党支部与学生党支部建设工作,引导 3 个教师支部不断完善运行机制,认真完成党员和干部的在线学习,做实支部活动,以"为民、务实、清廉"为主题,每个学期开展至少一次主题党日活动、一次组织生活;积极引导学生党支部在学生群体中发挥先进性作用,坚持党员一帮一(学生党员和退休党员)和党员一对一(一个党员对一个团支部)的工作机制,以"党员帮扶"协助班团开展主题教育活动、以"党员谈心"深入学生群体开展交流互动、以"主题党课"扩大主题教育范围,3 条主线并进,带动学生积极向党组织靠拢;坚持党员和积极分子的志愿服务工作;配合学校党员发展规划,落实积极分子、预备党员、党员不同阶段的教育管理模式,切实做好党员发展工作,坚持"成熟一个发展一个"。

（马立平）

【开展全员思想教育工作】 2015 年,学院以国家重大事件为主线,以"驼峰计划"为指导,以"统计周""幸福指数"等品牌科研学术活动为载体,通过自我学习、互相点评、集体学习等形式,开展内容丰富的主题教育活动,引导全体教师更新时代观念,坚持爱党爱国信念,增强教师荣誉感,提高师德素养,弘扬社会主义核心价值体系,提高敏感时期舆论判断力。学院以本科生党支部为试点,坚持党员自我学习、自我成长的教育理念,以党史党情、党章、时政要闻、优秀党员事迹、抗日战争历史等内容,引领党员在自我学习基础上凝练提升,制作 5 分钟微党课,在支部内交流分享,提升党员理论水平建设。此外,学生支部将此学习模式推广至入党积极分子教育,构建积极分子和党员的学习交流平台,共同成长与进步。2015 年下半年,将《人民日报》读报并撰写时政评论纳入支部党员日常学习中,在全院范围内形成观时明势的新风尚。4—9 月,学院联合法学院、劳动经济学院、外语系开展"信・梦・行"四院联合纪念抗日战争胜利 70 周年系列活动,从倡议书到专题党课再到实践参观与走访,参与党员、活动受众与日俱增。7—8 月,学院本科生党支部带领各班团支部,开展以参观历史遗迹、走访老党员和抗战老兵、撰写主题征文为内容的纪念抗日战争胜利 70 周年暑期社会实践活动,号召青年学子"以青春热血缅怀革命先烈,用青春责任践行年少梦想"。11 月,统计学院党委组织学生党支部和教师党支部共同走进中国人民抗日战争胜利纪念馆。6—8 月,学院本科生党支部走进北京市第 166 中学开展中小学生统计思维模式培养红色 1 + 1 共建活动,在传递统计知识和思维的同时引导中小学生关注身边环保现象,该项目在 2015 年北京市红色 1 + 1 共建活动评选中荣获优秀奖。7—8 月,2014 级研究生党支部走进首都图书馆,为该馆志愿者工作部提供志愿帮扶,利用暑假时间积极开展青少年图书阅读推广项目。12 月,统计学院本科生、研究生成立党的十八届五中全会精神宣讲团,走进社区,为社区老人带去欢乐的同时交流时政要闻。

（田瑜　马立平）

【党员评优】 2015 年,王民、周广军荣获"党员服务标兵"称号;纪宏、刘娟、陈江荣、聂高琴、陶桂平、朱梅红荣获"优秀教师党员"称号;王润、曲歌、杨琳、张鹏荣获"优秀学生党员"称号。

（马立平）

2015年统计学院党支部活动汇总(部分)一览表

序号	时间	事件	对象
1	5月14日	“话青春·践梦想”民主生活会	本科生党支部
2	5月28日	毕业生党员教育	本、研学生党支部
3	5月	《人民日报》微评论	本科生党支部
4	6月至8月	169中学红色1+1共建活动 统计思维模式培养实践活动	本科生党支部
5	4月至9月	“信·梦·行”四院联合 纪念抗日战争胜利70周年系列活动	统计、法学、外语、劳经4院
6	7月至8月	以青春热血缅怀革命先烈,用青春责任践行年少梦想——纪念抗日战争胜利70周年系列实践活动	本科生党支部
7	7月至8月	首都图书馆志愿者工作部——青少年阅读推广计划	2014级研究生党支部
8	11月4日	党员认知座谈会	2015级研究生党支部
9	10月14日	“纪念抗日战争胜利70周年”专题图片展	2015级研究生党支部
10	10月30日	参观南口抗战遗址	教师党支部
11	11月15日	中国人民抗日战争胜利纪念馆参观	教师+学生党支部
12	12月	党的十八届五中全会精神宣讲	本、研学生党支部
13	全年	微党课学习与制作理论学习 《人民日报》微评论学习	本科生党支部

(田瑜)

重大事件

【北京应用统计学会、北京大数据协会成立】 9月26日,北京应用统计学会、北京大数据协会第一届会员大会(成立大会)暨“应用统计与大数据高端论坛”在首都师范大学召开。会议选举产生了“两会”第一届第一次理事会和监事会,学校多名教师入选重要职务,其中:纪宏当选为北京大数据协会会长、张宝学当选为北京应用统计学会副会长兼秘书长、马立平当选为北京大数据协会常务副秘书长、崔也光当选为北京大数据协会监事会监事长、杨一平当选为北京大数据协会常务理事、刘强当选为北京应用统计学会常务理事、阮敬当选为北京大数据协会副秘书长、任韬当选为北京应用统计学会监事会监事等。会议以举手表决的方式分别通过了《北京应用统计学会章程(草案)》和《北京大数据协会章程(草案)》以及“两会”选举办法;投票表决通过了社团会费收取办法。

(刘强　张宝学)

【发布2015年两岸四地消费者信心指数】 4月8日、7月8日、10月8日,学院联合中央财经大学统计与数学学院、香港城市大学管理科学系统计咨询中心、澳门科技大学可持续发展研究所和台北医学大学大数据研究中心共同完成2015年两岸四地消费者信心指数前3个季度数据的调查发布工作。

(任韬)

【举办第五届大学生学术峰会】 5月6日,学院邀请中国人民大学、中央财经大学、对外经济贸易大学及学校经济学院和统计学院相关学术组织参加了第五届大学生学术峰会。此次峰会共收到论文几十篇,跨度从本科生、硕士生到博士生,峰会保持了作品交流与研讨、社团交流的传统。

(刘艳　田瑜)

【发布2015年北京市大学生发展信心指数】 4月，大学生发展信心指数的调查在全市高校范围内展开，涵盖了首都13所高校——清华大学、中国人民大学、北京语言大学等。此次调查活动持续了近1个月时间，共收回2 254份问卷，其中有效样本达到2 064份。5月20日，由统计研讨与实践协会和统计学院研究生会举办的2015北京市大学生发展信心指数新闻发布会顺利召开。学校大学生发展信心指数新闻发布会创办于2010年，此次活动从初期调查、中期分析到后期发布都由学生自己主持、自主完成，是完全由学生自己打造的新闻发布会。

（刘艳　田瑜）

【成立大数据与统计科学研究院】 9月18日，校长办公会批准统计学院社会计算研究院更名为大数据与统计科学研究院。大数据与统计科学研究院下设3个研究中心和1个实验室：社会经济调查研究中心、云计算研究中心、大数据研究中心和经济仿真实验室。学院教授纪宏和中科院研究员陈敏担任研究院联席院长，美国普林斯顿大学终身教授、学校特聘教授范剑青担任研究院首席科学家，英国伦敦经济与政治科学学院统计系主任、学校特聘教授姚琦伟和学院院长张宝学担任学术委员会联席主席，英国巴斯大学教授张文扬、美国宾州州立大学教授李润泽、东北师范大学教授郭建华等担任研究院学术委员会委员。

（刘强　张宝学）

外　语　系

概　况

外语系于2003年6月正式成立，其前身为首都经济贸易大学外语教学部。外语系下设英语专业、大学英语一部、大学英语二部、大学英语国际部、研究生公外、小语种教研室6个教学单位和外语语言实验中心1个教辅机构，设有英语语言文学、翻译、跨文化交际3个研究中心，并设有教研中心、教学法研究、教育法研究、英美文学研究、商务英语研究、语言学研究、跨文化交际7个学术团队。外语系设有英语（经贸翻译）和商务英语2个本科专业；拥有外国语言文学1个学术硕士学位授权点，下设外国语言学和应用语言学、英语语言文学2个二级学科，并设有英美文学、商务英语、跨文化交际、翻译理论与实践、应用语言学5个研究方向；翻译专业硕士（MTI）学位授权点1个，设有口译、笔译、会议传译与翻译项目管理4个方向。截至12月31日，外语系有教职员工68人，其中，专职教师60人。教授5人，副教授19人，拥有博士学位的教师19人，在职攻读博士学位5人。在校学生438人，其中，全日制硕士研究生57人，本科生381人；2015年本科生就业率100%。

（朱安博）

师资队伍建设

外语系历来注重师资队伍建设，近年来加大了对高层人才的引进力度，注重教师的职业生涯规划。外语系教师承担学校各层次公共外语教学，英语专业本科和研究生课程。外语教师与经、管、法、理、工等各专业教师共同构成了学校学历层次较高，知识结构较为合理的师资队伍，为学校培养复合型外语人才提供了质量保障。

2015年，外语系招聘3名教师，中央民族大学博士陈媛媛，中国社会科学院博士崔佳悦，北京大学硕士张湘姝。另有3名外籍教师为全校学生和外语系专业学生开设相关课程。

2015年，教师有66人参加外语系年度考核，其中合格52人，优秀13人，1人基本合格；教学副主任刘重霄获评学校优秀处级干部。

2015年的职称评聘工作中，贾冬梅、姚成贺、刘欣晋升为副教授三级，刘小溪晋升为讲师三级。2015年硕导评审中，张宏峰、石海毓、朱利华3名教师通过评审。

（徐丽群）

学科和专业建设

【硕士专业建设】 2015年,翻译专业硕士学位授权点顺利招生32名,学术硕士学位授权点顺利招生9名。外语系从此具备了学术型硕士与专业型硕士两种类型的硕士招生点,学术型硕士的招生人数与生源质量较往年有明显提升。首批学术型硕士顺利毕业、就业。2015年,经过学校遴选,有3名中青年教师获得硕士研究生指导教师资格。

(张宏峰)

【本科专业建设】 外语系下设3个专业,4个方向:商务英语专业、英语(经贸翻译、英法双语)专业,其中,英语(经贸翻译)专业实施卓越人才培养计划。外语系于2003年建立了英语(经贸英语)专业,并于同年进行招生。为了适应新形势的发展,特别是北京世界城市的建设需要,外语系于2010年顺利申报了商务英语专业。鉴于学校国际化多语种的发展需要,外语系于2015年申报了法语专业。

商务英语专业:系统掌握商务英语的基础知识和专业基础理论,熟悉商务英语应用的原理和方法,具有扎实的英语语言文化基础和英语语言功底,较宽的知识面和知识结构;具有运用商务英语知识进行跨文化商务交往活动的能力、处理国际商务专业性问题的能力和商务实务协调的能力;具有较强的业务操作能力;具备较好的语言表达和沟通能力。主干课程有:综合英语、英语听力、英语口语、英语阅读、基础写作、笔译、口译、经贸翻译、国际商务英语、商务论坛、经济学、管理学、国际市场营销等课程。就业去向主要为国家机关、企事业单位、各级对外经济贸易部门、金融机构、外资企业、咨询公司等。

英语(经贸翻译)专业:系统掌握经贸翻译的基础知识和专业基础理论,熟悉经贸翻译的原理和方法,具有扎实的英语语言文化基础和英语语言功底,较宽的知识面和知识结构;具有语言分析和文化元素识别能力、娴熟的语言运用能力和语言转换能力;具有较强的业务操作能力;具备较好的语言表达和沟通协调能力。主干课程有综合英语、英语口语、英语听力、英语阅读、英语写作、国际商务英语、翻译理论基础、翻译技巧与实践、翻译工作坊、经贸翻译、口译基础、交替传译、同声传译。就业去向主要为国家机关、企事业单位、各级对外经济贸易部门、金融机构、外资企业、翻译公司、咨询公司等。

英语(英法双语)专业:具有扎实的英语、法语语言文化基础和英语语言功底,系统掌握英语、法语的基础知识和专业基础理论,拥有较宽的知识面和知识结构;具有运用英语、法语知识进行跨文化交往、特别是国际商务交往活动的能力、处理国际商务专业性问题能力和商务实务协调能力;具备较好的语言表达和沟通能力;了解英语、法语专业发展动态,具有宽广的国际视野,熟悉国际交往惯例。主干课程有综合英语、基础法语、高级英语、综合法语、英语笔译、英语口译、法语笔译、法语口译、国际商务英语、商务法语、法国文学史及选读、法国文化、国际金融(英语)、国际贸易理论与实务(英语)。就业去向主要为国家机关、企事业单位、外国在华机构、各级对外经济贸易部门、金融机构、外资企业、翻译公司等。

(刘重霄)

教学工作

【研究生教学工作】 2015年,研究生教学工作取得了新的成绩。研究生学风体系架构最终形成并得到巩固,课堂效果明显提升,研究生的学术规范意识进一步增强,研究生科研创新力与专业实践能力进一步提升。主要措施如下:一是进一步巩固研究生培养质量保障体系。在前期工作的基础上,进一步完善以研究生学风建设、研究生导师、研究生任课教师和全体研究生责权利机制为主体框架的研究生培养质量保障体系。二是继续抓好研究生学风建设。严格执行学校的管理规则;结合外语学科的特色,加大学风建设的力度,包括出台规则、教师带动等措施,加大了检查督促的力度。三是继续做好研究生教育改革工作。定期开展研究生导师组活动;创新研究生培养模式,提倡与试行讨论式授课、开放式授课,启发研究生的批判性思维、发散性思维与科研创新意识,提升课堂教学效果;提倡与支持由导师自己主持的多种形式的学术指导与研讨活动,为研究生的个性化培养积累经验。四是提升研究生人文素养与科研创新能力。邀请国内外知名学者做学术讲座,鼓励研究生在导师的指导下承担科研任务、参与各种学术创新活动。五是加强第一届专业学位硕士的培养措施。实施课堂与集体活动考勤制度;加大课堂授课与课外实践活动的联系;加大实践力度、提高检查频率;充分发挥校内外导师的作用,从专业理论、专业实践两个角度提供研究领域,搭建实践平台,使学生有归属感、有充足的任务去完成;邀请校外专家来系讲座,或进行专业实践示范。六是进一步完善与修订学术规范体系。修订了《首都经济贸易大学外语系学术型硕士论文撰写规范与体例》《首都经济贸易大学外语系研究生开题报告撰写规范与体例》。

（张宏峰）

【研究生公共教学工作】　2015年，外语系结合学校研究生培养方案，大幅缩减研究生公外课时，由之前的4课时/学年减少至2课时/学年，博士生公外全部课时缩减至零。

（陈蓉）

【研究生实践能力培养】　2015年，研究生的专业实践意识不断增强，专业实践能力明显提升。主要措施如下：邀请校外专家进行专业实践讲座与专业实践示范；继续充分利用导师组活动、研究生大会、研究生入学教育场合，宣讲服务社会意识，培养增强其专业实践意识；继续鼓励与支持研究生申报产学研联合培养研究生基地项目；增加研究生专业实践基地的数量，为研究生专业实践创造更多的机会，搭建和巩固实践平台。

（张宏峰）

【研究生科研创新项目】　2015年外语系研究生科研创新项目情况如下：

2015年外语系研究生科研创新项目一览表

课题负责人	专业	项目组成员	课题名称	项目级别
张司邈	外国语言学及应用语言学	陈竞喆　马家瑞	从课堂话轮转换策略的使用看师生权势关系差异	重点项目
葛慧	外国语言学及应用语言学	李亚文	首都经济贸易大学国际留学生文化适应情况研究	重点项目
李亚文	外国语言学及应用语言学	张巧艳	费氏三维话语模式下的有关钓鱼岛争端新闻翻译之研究	重点项目
刘安季	外国语言学及应用语言学	陈策	城市流浪猫狗数量增加对环境及社会影响之研究	一般项目
陈竞喆	外国语言学及应用语言学	张司邈	从功能对等理论角度看网络流行语翻译	一般项目
黄一可	外国语言学及应用语言学	侯明慧	文化语境视角下语言交际应用能力的培养——以雅思教学为例	一般项目
曹振霞	外国语言学及应用语言学	张萌	高中英语教学中文化意识的培养	一般项目
杨艺	外国语言学及应用语言学	曹振霞　刘安琪	历史类文本的英译汉研究	一般项目
谢红梅	外国语言学及应用语言学	黄一可	分析母语迁移中正负迁移对提高中学生英语阅读理解正确率的作用	一般项目
吕远鹏	翻译	李岩	《红楼梦》人名英译探析——基于霍克斯与杨宪益译本对比	一般项目
徐莉莉	翻译	王建华	从功能派翻译理论视角下研究《红楼梦》英译本饮食名称翻译——以杨宪益和霍克思的英译本为例	一般项目
张林敏	翻译	颜润　段鹏丽	论机器翻译的弊端与改善办法之研究	一般项目

（申巍）

【专业教学工作】　5月，外语系完成了2011级毕业生的论文指导、答辩及评审工作；认真抓好毕业生论文实践教学工作，进行论文开题前的专家讲座、题目审核、导师协调、师生见面等工作。外语系共有86名学生参加本科毕业论文答辩，有21名教师担当答辩评委，有3名学生荣获校级优秀毕业论文。

（申巍）

【专业四、八级考试】　2015年，外语系组织学生参加全国英语专业四、八级及口语考试。在全国英语专业四、八级考试中,考生通过率远高于同期全国高校的平均水平。

2015 年外语系学生专四、专八通过率统计表

考试等级	正考全国通过率(%)	正考外语系通过率(%)	补考全国通过率(%)	补考外语系通过率(%)
专业英语四级	51.79	91.03	37.72	100
专业英语八级	39.85	50	23.60	47.83

(申巍)

【本科生公共教学工作】 2015—2016 学年第二学期,2014 级第四学期大学英语由 4 课时/学年减少至 2 课时/学年。大学英语考试改革,经过期中的测试和试应用,2015—2016 学年第一学期期末学校 2014 级和 2015 级学生实行第一次大学英语机考。

(陈蓉)

【大学生科研创新项目】 2015 年,外语系开展大学生科研创新训练计划项目申报工作,共立项 21 项。

2015 年外语系大学生科研创新项目一览表

序号	项目名称	项目所属一级学科	重点/一般	规定/自选	指导教师姓名	项目负责人姓名
1	从美版"甄嬛传"看中外翻译文化差异	语言学	重点	自选	喻永阳	周春昭
2	研究公共交通英文用语的重要性与规范性——以北京地铁站名翻译为例	语言学	重点	自选	刘重霄	朱思奕
3	莎士比亚与汤显祖人生观之比较——以《哈姆雷特》与《南柯记》为例	语言学	重点	自选	贾冬梅	如扎
4	"领域"英语的实用性与重要性	语言学	重点	自选	张潮	邓慧翀
5	商业广告中英语直译与意译的调查研究	语言学	重点	自选	卢青亮	张欣
6	从某些单词的一词多义现象探讨语言的奇妙	语言学	重点	自选	栾婷	朱美霖
7	中英茶道——英国下午茶与中国茶的对比	语言学	重点	自选	张宏峰	章平平
8	中国的诺贝尔文学奖之痛——翻译对中国文学海外传播的影响	语言学	重点	自选	李冰	刘临风
9	中美婚姻观对比研究	语言学	一般	自选	刘欣	张奥博
10	中外"间隔年"差异及原因研究	语言学	一般	自选	刘润楠	丁怡心
11	《蝇王》中的"大众心理"及其社会影响及研究	语言学	一般	自选	杨述伊	黄莉杰
12	欧美影视剧与国产影视剧对当今不同人群业余文化生活的影响	语言学	一般	自选	杨述伊	李宛泽
13	浅谈好莱坞 CGI 技术运用之电影及其文化背景	语言学	一般	自选	王春花	刘瑞琪
14	论中西方审美文化差异	语言学	一般	自选	刘重霄	张宇佳
15	国产剧出口的翻译现状及准确性研究	语言学	一般	自选	刘润楠	苏润
16	论中外舌尖上的饮食搭配	语言学	一般	自选	栾婷	王琪

续表

序号	项目名称	项目所属一级学科	重点/一般	规定/自选	指导教师姓名	项目负责人姓名
17	技能兜售与外语学习平台	语言学	一般	自选	苏明鸣	王一洁
18	从模拟斡旋看外语人的大世界观	语言学	一般	自选	喻永阳	周春昭
19	城乡英语普及程度的差异	语言学	一般	自选	刘重霄	朱思奕
20	中美名人英文演讲语言特点研究	语言学	一般	自选	贾冬梅	如扎
21	提高交警警务英语应用能力	语言学	一般	自选	张潮	邓慧翀

（申巍）

【本科招生工作】 2015 年,外语系共招收外国语言文学类专业本科生 88 人。

（申巍）

【社会实践基地】 截至 12 月 31 日,外语系建立了 3 个专业实习基地,分别是:中纺粮油进出口有限责任公司、北京图书大厦有限责任公司、传神联合(北京)信息技术有限公司,为 60 名学生的实践活动提供了平台。

（申巍）

科研工作

【科研项目】 2015 年,外语系一如既往地重视科研和教学工作的重要作用,注重充分调动科研人员的积极性。共申请国家级、委办局级、校级课题 9 项。出版著作 5 部,在核心期刊上发布论文 7 篇,一般期刊上发布论文 7 篇。

（陈蓉）

【学术会议】 围绕"人文培育与学术提升"主题,外语系开设了一系列的讲座,提升了教师和学生的科研水平和人文素养。

2015 年外语系讲座一览表

序号	讲座时间	讲座题目	主讲人
1	11 月 27—29 日	"东方与西方:文化的交流与影响"国际学术研讨会	国内外知名专家学者
2	11 月 30 日	Innovation in ELT Methodology – compatibility and Reinvention	Dr. Alan Waters
3	12 月 2 日	On Studying Psychological and Sociological Aspects of Translation	Prof. Nicolas Froeliger
4	11 月 26 日	Spanish in the U. S.	Evelyn Canabal Torres
5	10 月 29	用东西方不同的逻辑理念来指导我们的翻译学习	萧兆华
6	10 月 20 日	论译者隐形/显形的类型——以《红楼梦》修辞翻译为例	陈科芳
7	9 月 24	CATTI 考试与 MTI 教学	卢敏
8	9 月 14 日	乔姆斯基的普遍语法与英语汉语对比研究	邹科
9	6 月 11 日	20 世纪末期美国新现实主义文学倾向的崛起	郭继德
10	6 月 4 日	文学中的女性与自然	韦清琦
11	5 月	British Civilization 系列讲座	法国国家特级教授 Prof. PRUM Michel
12	4 月 23 日	大学英语课程体系建设与教师发展	向明友
13	3 月 26 日	怎样让研究实现可持续发展?——以语言对比和翻译研究为主线	周领顺

（陈蓉）

对外交流

【教师对外交流】 2月,朱利华在美国做访问学者,9月,葛卫红在美国新泽西州立大学做访问学者。11月,范培林老师随外交部外派阿富汗,期满后回国。5月,巴黎狄德罗大学终身教授 Michel Prum、英国纽卡索大学艺术与文化学院院长 Peter Stone OBE 到外语系访问交流;6月美国驻华大使馆新闻文化处主任 Kelli、专员王萍和美国国务院英语语言专家 Chris 到外语系交流;11月28日,由外语系主办的"东方与西方:文化的交流与影响"国际学术研讨会隆重召开,来自8个国家的21名外籍教师参加大会。

(徐丽群)

【学生对外交流】 2015年,外语系2013级经贸翻译(卓越班)学生霍子墨赴台湾东吴大学德语专业交换学习,2014级英语语言文学研究生张紫嫣、王童康赴法国克莱蒙商学院国际商业发展专业交换学习。

(申巍)

学生工作

【概述】 外语系始终把服务学生的教育培养工作放在第一位,抓住契机,开展意识形态教育;以学生发展为核心,构建精细化辅导体系;以他山之石为载体,开展青年行动计划;结合专业特点,为服务学生成长成才创造良好环境。

(王海鹏)

【人生价值与专业价值趋同践行活动】 3月,根据中国人民抗日战争纪念馆成立"国际二战博物馆协会"要求,党支部承接了与各国二战博物馆前期联络、协会成立期间会议接待等任务,9月,任务圆满结束。

(王海鹏)

【正能量头版头条分享活动】 2015年,轮值党团员每天阅读《人民日报》,并将头版或评论员文章发布在群内进行评论分享,内容涉及政治、经济、文化、生活的方方面面。根据要求定期开展民主生活会杜绝网络摘抄。

(王海鹏)

【多用途学业辅导中心】 2015年,由系主任、党总支书记作为负责人,由副主任、副书记制订辅导计划,辅导员、班主任、专业教师、优秀骨干学生参与其中,发挥各自优势,专家导师、成长导师、发展导师和朋辈导师4支导师队伍分别在学业辅导中心开展活动。辅导中心将学生横向归类并按年级进行,塑造3个体系:学业困难学生结对帮扶体系、学业一般学生能力提升体系、学业拔尖学生素质拓展体系。纵向归类按学涯规划进行,针对学生学习以及未来发展目标开展相对应的3种辅导:学业适应和规划辅导、学业创新和实践辅导、学业发展和就业辅导。

(王海鹏)

【组织参加校园文体活动】 2015年,外语系以"以小为美、团结发展"为口号,组织学生积极参加学校举办的各项文体活动,展示外语系学生青春飞扬、活泼乐观的风貌,加强青年之间的联系,丰富大学生活。在学校组织的春季运动会、拉拉操团体健身操比赛、院系杯篮球赛、"五四"杯足球赛、纪念"一二·九"运动歌咏比赛等各项文体活动中保持优良传统,屡获佳绩。坚持组织开展外语系品牌活动,如北京市外语好声音比赛、校英文电影配音大赛等,为青年学生施展才华、成长成才搭建平台。

(张湘姝)

【打造课外学术活动】 2015年,外语系组织各年级学生参加"人文培育与科研提升"系列讲座。借助学校"研究生三助计划",开展外文图书资源分享活动。在全校筛选出22名英语优秀的研究生,配合新生晚自习英语辅导,并每周对图书馆外文书籍的目录及摘要进行整理、翻译、发布,追踪学术最新成果,培养对外语学以致用的能力,培育积极进取的外语学习氛围,形成相互启发促进的优秀学风。

(张湘姝)

【推行社会实践活动】 2015年暑假,开展了"用心践行·以爱圆梦"浙江省前仓镇后吴小学暑期支教活动,及"HOW HAVE YOU BEEN THESE DAYS"校友探访活动。与FESCO、传神翻译、民生银行等23家企业对接,推荐本科生二、三年级进行专业实习,撰写了多份暑期社会实践报告。

(张湘姝)

【奖助学金评定】 2015年,外语系学生获国家奖学金1人,校长奖学金1人,校级三好学生荣誉称号12人,校级优秀学生干部荣誉称号9人,三菱东京UFJ

银行奖学金 1 人，社会工作奖学金 13 人，科研创新奖学金 1 人，社会贡献奖学金 1 人，文体竞赛奖学金 3 人，国家励志奖学金 9 人，国家一等助学金 15 人，国家二等助学金 22 人。

（张湘姝）

【优秀学生表彰】 12 月，召开“外语系优秀学生评选及表彰”大会。大会以可信、可爱、可贵、可为 4 个部分为出发点，从学术研讨、学生党建、社会实践等方面集中了展示过去一年外语系优秀学生的各项成果。

2015 年外语系第四届“外教社杯”优秀学生表彰名单

奖项	详细奖项	姓名
优秀学生干部	优秀学生干部	张婷婷、苏复等 59 人
专业学术	专业论文创作奖	张司邈　徐云云　孙慧
	学科竞赛优秀奖	赵佳慧　王子葳等 7 人
志愿服务奖	志愿服务	李品昇、王悦等 33 人
单项奖	文艺活动优秀奖	赵一鸣　霍子墨　李佳雨
	社会实践奖	钱樵风　张宇佳
	体育优胜奖	王琪
	优秀文笔奖	程佳琪　叶延明　张雪晴
突出贡献与特殊贡献奖	突出贡献奖	张婷婷　房鑫　张子豪
	特殊贡献奖	许博祥　张司邈
外语第一人	外语第一人	赵佳慧　张玮婧
优秀外语人	优秀外语人	李东昕等 9 人

（张湘姝）

【实现就业指导个性化】 2015 年，外语系本科应届毕业生 86 人，延长学籍 2 人（王洋、刘子宁）。其中，外地生源 19 人（22%），无新疆、西藏地区生源，女生 67 人（78%）。保研 4 人，考研录取 7 人（读研占 13%）；出国 21 人（24%）；就业 53 人（62%）。本年级 2 个班为商务英语专业，1 个班为经贸翻译专业。本科往届延长学籍学生今年毕业 2 人。硕士研究生应届毕业生 6 人。其中，外地生源 3 人（50%），无新疆、西藏地区生源，女生 5 人（83%）。就业率 100%。

（王海鹏）

党建工作

【概述】 根据学校要求，外语系党总支团结带领全体师生，按照“围绕中心工作抓党建，抓好党建促发展”的工作思路，学习习总书记对高校党建工作的重要批示，落实全面从严治党责任，扎实有效地推进党的五大建设，以深化教学改革、学科专业建设和人才培养质量为主线，充分发挥支部的战斗堡垒和党员先锋模范作用，着力提升外语教育教学的水平，更好地服务于学校综合改革的目标。

通过加强组织、思想、作风、制度和反腐倡廉建设，服务一线教师和学生成长。利用两次聘任契机，调整了分工，明确了职责，扩大了队伍，提高了工作责任落实效率，满足了师生对任务导向的日常服务和发展的需求。在四级脱钩、教学模式改革、新办专业方案制定、教学质量提升、开学初等重要时段开展座谈调研，做好信息收集，掌握师生的思想动态，发挥信息的回馈价值，保证各项改革的落实。

推进“三严三实”专题教育，突出任务和学生需求导向，邀请人事处、科研处、财务处、保卫处、学生处、审计处、资产处等部门领导和专业人员为师生讲解学校政策，答疑释惑，将师生思想统一到学校各项新规则和要求上来。修订党员发展制度、学生测评制度和奖励制度，发挥网站信息化功能，加强监管机制建设，重要事项上网、过程通报、结果公示，所有涉及教师、学生个人权益和利益的事项均通过网络予以公示、公告。坚持规则、标准优先、严格程序，按照群众公认和民主推荐原则，各类评优评奖集体决议，杜绝矛盾和问题的出现。扎实推进以防促管、以管避腐的党风廉政工作模式。

2015 年,外语系党建方面被评为学校宣传思想工作先进单位,获得红色 1 + 1 示范活动的全校一等奖和北京市三等奖,“一二 · 九”歌咏比赛、拉拉操比赛继续稳定在前三名,毕业率、学位率、就业率达 100% 。

2015 年,外语系党总支有 6 个党支部,其中,教师党支部 4 个,退休党支部 1 个,学生党支部 1 个;共有党员 83 人,其中,在职教师党员 35 人,退休党员 15 人,研究生党员 18 人,本科生党员 15 人。学院在职教师中,中国民盟成员 1 人。

(刘文东)

【推进“良师益友”行动】 2015 年,外语系深入推进学生党员先锋工程,为学生党支部配备理论学习导师,抓住毕业季等关键时间点开展多种形式的理论辅导、学业辅导。落实“六个一百”计划,安排教师党员定期与困难学生谈心,向党总支汇报联系工作,反映被联系人情况,及时向党组织转达非党员学生的意见、建议。组织学生党员通过“学业互助”“生活互助”“工作互助”,帮助学生切实解决思想上、学习上和生活上的实际困难,促进学生的全面发展。学生党员利用微信平台,建立关于党的理论、实践等的不同群组,与同学们一起讨论有关党的时事新闻。6 月,举办“建设廉洁政治:让权力在阳光下运行”毕业生党员教育活动;12 月,举办“端正入党动机,做优秀外语人”主题教育活动。

(尹朦)

【落实学生党员理论学习及实践锻炼纪实制度】 2015 年,外语系组织和督促学生党员在《学生党员理论学习及实践锻炼记录手册》上如实记录本人参加理论学习、志愿服务和实践活动的情况,并由党支部书记或相关工作负责人核实确认,作为学生党员考核以及学生综合测评的参考依据。

(尹朦)

【党员发展】 2015 年,外语系顺利完成了党员发展工作。在党员发展过程中,严格审查,严格把关,分别从入党积极分子的确定和培养、发展对象的确定和考察、预备党员的接收、预备党员教育考察和转正 4 个方面严格遵循学校“坚持标准、保证质量、改善机构、慎重发展”的方针,本着成熟一个发展一个的态度,2015 年上报学生党员发展计划共 9 人,实际发展学生党员 9 人。

(尹朦)

【党组织活动】 3 月,外语系组织学生党员和入党积极分子参加庄严的升旗仪式;3 月,学生党员在中国人民抗日战争纪念馆做志愿者,持续时间 3 个月,利用专业优势与国外近 30 个二战纪念馆取得了联系;5 月,组织学生党员和入党积极分子观看《俄罗斯纪念卫国战争胜利 70 周年庆典》,并学习了《人民日报》评论员任仲平的文章《让我们挽紧和平的臂膀》;8 月,与红色“1 + 1”共建党支部延庆县西屯村党支部中心小学共同开展大手拉小手“勿忘国耻 · 圆梦中华”纪念抗战胜利 70 周年系列之建军节“梦起宛平城”活动;9 月,学生党员担任“国际二战博物馆协会成立大会”语言志愿者工作;10 月,大英党支部举办抗战胜利 70 周年知识竞赛;11 月学生党支部开展“重温革命历史,感悟伟大复兴中国梦”为主题的活动;11 月,在校红色 1 + 1 示范活动校内评审中获得第一名;6 月和 11 月,开展两次“大学生党员标准”主题研讨会。

(尹朦)

工会活动

【概述】 2015 年,外语系分工会在系党支部的领导下,认真贯彻执行校工会的工作部署,深入学习《工会法》,力求以法治会,加强自身民主建设,充分发挥基层工会组织的职能;组织广大教职工参政议政、在建设科研型、教学型、和谐崇尚型外语系的工作中发挥了积极作用;积极开展群众性文体活动;较出色地完成了 2015 年度的工作和任务。

(尹朦)

【教代会】 1 月 8 日,外语系召开教职工代表大会,会议由党支部书记刘文东主持,主任朱安博做了工作报告,徐丽群做了财务工作汇报,分工会主席王宏玉做了分工会工作报告。4 月,召开校教代会,外语系教师代表提出了多个提案,对教学、科研、校园管理及后勤管理提出了宝贵建议。

(尹朦)

【青年教师教学基本功大赛】 4 月,外语系举办了青年教师教学基本功大赛,参与率 100%,刘欣和李冰取得了最好成绩,李冰代表外语系参加了校级青年教师基本功比赛,并取得了三等奖的好成绩。

(尹朦)

【工会活动】 5 月,外语系 14 名女教师参加了全校广场舞比赛，她们饱满的精神面貌，得到了评委老师的一致好评。6月，在校游泳比赛中，外语系教师高建平、陈蓉、潘速、蒋立珠、陈都伟及杜娟分别取得了一、二、三等奖。12月，外语系7位女教师参加校健步走比赛，全体教职工参加了校歌咏比赛，并取得好成绩。

（尹朦）

【获奖教师】 2015年，“五一”爱岗敬业普通劳动者获得者为高秋萍和张春玲；先进工作者获得者为申巍；先进教师为刘重霄；优秀工会工作者为尹朦、蒋立珠；工会优秀积极分子为张春玲、申巍、杜娟、贾冬梅、高建平、陈蓉及方俊青7人。

（尹朦）

实验室建设

【概述】 截至12月，外语系已经投入近千万元的建设资金，建设数字语言实验室、自主学习实训室、情景模拟实训室、多语种培训室、外语测评中心、翻译实训室以及同声传译实验室等共计18间实验室，占地面积1 195平方米，搭建软件平台10余个，包括多媒体资源、空中英语教室资源、新视野视听说、TRADOS计算机辅助翻译软件平台，形成了教育体系完整、硬件设备先进、软件平台多样、教学理念先进、教材与实验课程配套、校内与校外相结合的人才培养实践基地。健康的实验环境和浓厚的外语学习气氛带动了学生的学习兴趣和学习热情，丰富了课堂教学的内容，提高了教学质量和效率，进一步增强了学生的学习能力和实践能力。

（侯燕玫）

【创建“首经贸外语语言实验中心”微信公众号】 3月，外语语言实验中心成立微信公众平台，主要工作有3个方面：推送优秀的外语资源；提供外语实验中心软件平台的使用手册和常见问题分析解答；开通学生答疑的新渠道。公众号每周定时向订阅者推送4次外语学习资源，不定时发布实验中心临时性消息。截至12月31日，微信公众号关注人数已经达到1 100余人。

（侯燕玫）

【新建专业化实验室】 为增强外语语言实验中心的多功能性，10月，外语系新建设3间实验室，包括多语种培训室、外语测评中心、翻译实训室，为实验中心增加了专业化功能，形成了多语种培训、测评和再培训这样一套完整的教学体系，同时搭建了专业的翻译实训环境，为经贸翻译人才的培养提供了专业的条件。外语系从功能上考虑，在原有的数字语音实验室和同声传译实验室的基础上，增加了更加符合目前外语教学应用型人才培养要求的设备。

（侯燕玫）

【英语机考测试系统正式上线】 为解决目前全校大学英语期中、期末考试问题，12月，外语系在学校的支持下采购了FIF测试系统，并通过了信息处的验收。该系统集合口语测试和笔试2个测试功能，能够支持全校大学英语同步测试，学校拟定于2016年年初进行期末考试大规模机考，包含大一、大二两个年级的所有英语课程。该系统的使用有利于收集学校英语考试相关数据，为之后的成绩统计分析和课程改革奠定基础。

（侯燕玫）

重大事件

2015年，外国语言文学一级硕士点接受并顺利通过教育部检查，获得所在学科组第一名的成绩。外语系试行本科大类招生，开办英语（英法方向）专业，法语专业申报工作完成，并顺利通过学校审批。外语系圆满完成“十二五”规划各项任务，并制定了“十三五”规划建设教学研究型学院发展目标。2015年，学校英语专业四级一次性通过率90.03%，创历史新高。外语系首次全面实现二、三两个年级学生实习工作，同时建立了多个专业实习基地。英语四、六级与学位脱钩，大学英语模块教学、机考全新启动。实验室四期改造完成，外语系被确定为2015年申报北京市级实验室唯一单位。7门课获批网络视频公开课建设项目，慕课建设获得中国慕课网资助，“大学财经英语”慕课建设进入实质阶段。圆满举办“东方与西方：文化的交流与影响”国际学术研讨会，来自8个国家、60余所科研院所的知名专家学者参加大会。首届外国语言文学学术研究生毕业，首期32名翻译专业硕士研究生（MTI）入学，外语系研究生规模上升至58人。程虹教授获评首届“呀诺达生态文学奖”。外语系教师朱安博、姚成贺获批国家哲学社会科学基金项目，实现了外语系高级别科研项目的历史突破。2015年，外语系学术交流进一步活跃，先后邀请了北京大学、美国马里兰大学、美国休斯敦大学、英国兰卡斯特大学、法国巴黎第七大学、浙江外国语学院、中国外文局、美国加利福尼亚州立大学、中央民族大学、北京航空航天大学、苏州大学、北京语言大学等多所高校和相关机构的学术大家和行业专家来外语系进行讲学。外语系、文化与传播学院和国际学院联合举办了“2015北京城市与文化创新”研讨会。柯文进、王传生、朱玉华、孙善学、徐芳、孙昊哲等多位校领导到外语系调研工作。2015高校生态文明教育论坛之“自然文学发展与生态文化培育”分论坛由外语系举办,来自北京语言大学、南京大学、山东大学、清华大学的张华教授、方红教授、程相占教授、宋丽丽副教授应邀参加论坛,美国自然文学研究引路人外语系程虹教授和青年学者石海毓副教授一起参加论坛。张华教授主持论坛,党委副书记孙善学教授到会致辞。湖北经济学院外语学院、山东财经大学大英教学部、闽南大学、北京邮电大学、华东交通大学、内蒙古科技大学、美国驻华大使馆新闻文化处到外语系进行工作调研,外语系的对外影响力不断扩大。外语系与法国第七大学(索邦大学)签订了合作协议,与美国加州理工州立大学、美国马里兰大学、美国驻华大使馆、英国纽卡索大学商谈合作事宜,已初步就交换生、教师访学和邀请对方知名教授来外语系短期讲学事宜达成意向。由外语系主办的“沙小甘杯”第二届北京高校外语好声音音乐盛典总决赛成功举办,20所高校的冠军选手同台竞技,亿利资源集团、联通北京公司、外教社、蜻蜓FM、爱豆蔻等多家企业提供支持。2015年,外语系获得学校“宣传思想工作先进单位”荣誉称号;红色1+1示范活动获评一等奖,代表学校参加北京市评比并获得第三名,“一二·九”歌咏比赛、拉拉操比赛继续稳定在前三名;毕业生就业率继续名列前茅,连续5年全校并列第一。

(刘文东)

华侨学院

概　况

华侨学院的办学历史可以追溯到20世纪80年代中期,在近30年的潜心发展中,学院秉承“学术独立、学术实用,培养优秀中国人、世界好公民”的办学宗旨,践行“回报”的院训,坚持全英文教学,坚持以“高质量的国际教育本土化”作为学院的办学方针,大力推进和不断引入国外高校优质教育资源,与美国、英国、加拿大、澳大利亚、中国香港、中国澳门等地区近40所知名大学开展广泛深入合作,在教师交流、学分互认、学生交换交流、境外实习等方面取得突出成绩。培养了一批批英语应用能力强、专业优势突出、综合素质全面并具有全球意识和国际化视野的复合型人才。华侨学院是国内高等院校中最早开展国际化人才培养的学院之一,也是首都经济贸易大学各直属院系中最具特色的院系。华侨学院本科部下设英语系、经济管理系、信息管理系。2015年,华侨学院本科专业计划招生180名,录取177名,实际报到171名学生,截至12月份,在校本科生654人。2015年,高职专业计划招生120名,录取120名,实际报到学生113名,截至3月31日,在校专科生共计338人。

(于芳　刘文静)

师资队伍建设

【概述】 截至12月31日,学院共有教职员工150人,含5名外籍教师。在150名教职工中,包括专任教师38人,行政人员24人,教辅人员54人,工勤10人,占地农民24人。2015年,学院新入职教职员工7人,离职员工12人。

(龚静如)

【教师培养情况】 学院鼓励在职教职工攻读学位,并提供ACCA、CIMA等课程的培训机会,让在职教职工充分利用学院的优势教育资源进行自我提升。学院组织教职工12人参加了第69期岗前培训,培训总学时为136学时,授课方式为网络授课、面授和自学,培训课程为高等教育学、高等教育心理学、高等教育法规概论、高等学校教师职业道德修养和大学教学技能。经过北京市统考,12人成绩全部合格,取得结业证书。

(张莉)

学科建设

【概述】　华侨学院依托学校的多学科背景，集中学校的优势教育资源和师资力量，经过10年的国际教育经验积累，以"高质量的国际教育本土化"的整体优势开创了国内高校极具特色的本科教育。华侨学院本科部开设工商管理（国际会计）和信息管理与信息系统（金融信息管理）2个专业。工商管理（管理会计）专业开设工商管理（国际会计）普通班、ACCA国际注册会计师证书实验班和CIMA国际管理会计师证书实验班；信息管理与信息系统（金融信息管理）专业开设信息管理与信息系统（金融信息管理）普通班、CFA注册金融分析师证书实验班和FISC金融信息系统证书实验班。学院高职部开设国际经济与贸易、财务管理、计算机应用技术和旅游管理4个专业。

（赵静）

【新增FISC金融信息系统证书实验班】　华侨学院是美国微软全球IT合作院校，也是ORACLE（甲骨文）教育学院。学生入学后即可自愿申请英文授课的金融信息系统证书实验班学习。该证书实验班有一流的IT技术精品课程，采用强化案例教学、小班教学、教学培养导师制和小组作业的方式，特别注重学生个性的培养。进入证书实验班的学生，可享受企业实习和实训、权威的国际认证体系、优先推荐交换、交流生机会等优质教育资源成功完成证书实验班学习的学生，毕业时不仅获得首都经济贸易大学本科毕业证和学位证书，还可选择获得甲骨文的EBS证书。

（沈晶）

教学工作

【概述】　华侨学院下设英语系、经济管理系、信息管理系、英国皇家特许管理会计师公会（CIMA）教育中心及分考点、英国特许公认会计师公会（ACCA）中国区合作教育中心及分考点、美国微软IT学院全球合作院系、甲骨文教育学院以及学生事务办公室、教务管理办公室、国际项目合作办公室、学业辅导中心、信息中心等教辅部门。

（赵静）

【课程设置特色】　华侨学院高度重视学生在学好专业课的同时，积极参与社会实习实践，以就业决定培养，以实践带动教学，为保持学科的专业方向和技术领先优势，两专业均开展院企合作，引入最前沿的技术、考试课程，采用英文教学双师型师资的实践教学模式。与ACCA、CIMA会员企业及中国最大的IT原厂培训机构——东方瑞通培训与服务中心等企业开展广泛、深入的合作，共同开发国际会计，金融领域最知名的ACCA、CIMA、CFA、ORACLE、CISCO等证书课程，为学生提供最前沿、最具市场竞争力的IT、国际会计实训课程。

（赵静）

【教学促进办公室协助教学工作开展】　2015年，学院通过教室听课、中控室观看视频等方式，共听课688人次，每周一在学院教学工作会上汇报听课情况。通过听课，在教学第一线及时了解、掌握学院的教学状况，不仅发掘了一些优秀教师的典型，同时也发现了一些教学上的缺点和问题。通过与20余名教师谈话、沟通等，帮助教师尤其是新教师发现问题，找到解决问题和改进工作的方法。全年审查春季学期、秋季学期期中、期末试卷共282份。共组织、主持学院教师应聘试讲15人次。对2名新教师进行岗前培训，帮助他们尽快适应学院环境，进入教学的角色和状态。组织学院教师参加学校教师促进中心午餐会5次，组织学院教师学期前和放假前集中培训4次和每周三下午1点至3点集体培训38次。培训采取座谈会、主题讲座等形式，培训学院教师的教学技能和管理技能。从秋季学期开始，在教师培训中增加北京市青年教师教学技能比赛录像赏析、广播操、交谊舞等内容。

（李险峰）

【CIMA证书实验班刷新纪录】　2012级CIMA证书实验班学生刘盼在大三学年即通过CIMA管理级E2、P2、F2所有考试。因全英文教学，免考CIMA管理级案例考试，直接取得CIMA管理级证书。

（崔粉芝）

【在校生获得注册金融分析师资格（CFA）一级证书】　2011级信息管理与信息系统（IT项目管理）学生柳小华、王明珅在7月毕业之前，顺利通过注册金融分析师资格（CFA）考试，并获注册金融分析师资格（CFA）一级证书。

（崔粉芝）

【**四级考试九连冠**】 6月,在全国大学生英语四级考试(CET-4)四级考试中,华侨学院2013级、2014级总计182名学生全部一次性通过。自2007年以来,华侨学院已连续9年蝉联学校CET-4一次性通过率第一名,今年100%的通过率更是创下历史新高,其中,101人获得优秀,优秀率为55%,较去年高出30.7%,人数由去年的36人升至101人;600分以上人数达32人,较去年多19人。全院前十名同学为:王子童、吕梦雪、刘乾宇、刘静宜、夏雨晴、苗雨薇、孙宇、李郁、张月、高馥珩、刘陈峣、于陈洋、周木又、陆璐。

(崔粉芝　李亚玲)

【**18名毕业生进入继续教育学院学习**】 2015年,根据毕业生在校期间成绩排名、教师推荐等方式,推荐18名毕业生免试进入继续教育学院进行成教学习。

(刘文静)

【**高等学校英语能力考试通过率居全市第一**】 6月,高职109名学生参加高等学校英语能力考试(A级),通过96人,通过率89.72%,同期北京市平均通过率为55.79%。12月,112人参加高等学校英语能力考试(B级),通过110人,通过率99.1%,同期北京市平均通过率为51.83%,学院成绩常年稳居全市第一。

(刘文静)

【**开创实习基地**】 华侨学院与香港中华青年交流中心、美国芝加哥教育中心、北京外企服务集团、东软公司、东方瑞通以及CIMA、ACCA会员单位等企业建立就业实训基地,为学生提供实习、实训课程和就业推荐,以实际项目成果作为毕业论文(设计),使学生有目的、有信心、有成就地走出校园,更好地服务社会,实现自身价值。6月28日—7月17日,信息系统与信息管理系2013级与2014级商务信息管理证书试验班全体同学前往东软公司展开为期15天的软件开发实训,顺利并高质量地完成了IOS系统手机应用开发实训项目。6月28日—7月14日,信息系统与信息管理系2013级CFA证书实验班的同学首次在天津ORACLE实训基地参加了为期12天的暑期专业实训,同学们通过企业经营沙盘对抗的团队训练,体验了专业知识与企业经营活动的结合,提高了对专业知识在实践中应用的体会与技能。9月10日,与甲骨文(中国)软件系统有限公司合作,信息系统与信息管理系组织2015级全体新生参加了专业认知实习活动,此次活动是继2014年后第二次组织新生对IT企业进行近距离接触,增强了学生的专业了解及认同感。

(刘丽)

【**CFA证书实验班考试成绩创新高**】 12月5日,信息系统与信息管理系2013级CFA证书实验班的14名同学参加了全球考试,43%的同学以优异的成绩通过了美国CFA协会举办的CFA一级考试。

(崔粉芝)

【**召开专业建设与评估座谈会**】 12月16日下午,学院组织召开了专业建设与评估座谈会。特聘东方瑞通技术培训中心高级讲师、武汉大学国际软件学院专家委员会委员刘兆生,ACCA特许公认会计师、CICPA中国注册会计师郭力平参加会议,就专业建设、课程设置、学生培养等方面进行深入的探讨和交流。

(崔粉芝)

对外交流

【**学生交流交换**】 作为国内高等院校较早开展国际教育的学院,华侨学院依托学校的多学科背景,集中学校的优势教育资源和师资力量,经过10余年的国际教育经验积累,以"高质量的国际教育本土化"的整体优势开创了国内高校极具特色的本科教育。学院自2000年以来,不断引入国外优质的教育资源,与美国、英国、加拿大等知名大学开展广泛深入的合作,开展包括学分互认、定向培养、学生交流、暑期访问等国际合作项目。根据学院国际合作项目办公室的统计,8月,学院共派出8名学生赴海外交流交换。

2015年华侨学院赴海外交流交换学生名单

序号	国家	学校名称	学生	项目类型	派出时长
1	美国	加州大学河滨分校	孙睿康	交流项目	2年
2	美国	南卫理工会大学	徐莹	交流项目	2年
3	美国	加州大学河滨分校	董潇峰	交流项目	2年

续表

序号	国家	学校名称	学生	项目类型	派出时长
4	加拿大	滑铁卢大学	聂元馨	交流项目	2 年
5	爱尔兰	都柏林大学	马晨阳	交流项目	2 年
6	美国	佛罗里达州立大学	张明佶	交流项目	1 年
7	德国	曼海姆大学	陈燕翔	交流项目	2 年
8	美国	新墨西哥大学	邵雨桐	交流项目	2 年

（杨博）

【国外院校来访】 7 月 9 日，华侨学院副院长陈洪海接待了美国佛罗里达州立大学商学院国际项目主管 Ruby P. Lee，双方就促进学生交流项目进行了会谈。10 月 13 日，华侨学院副院长陈洪海接待了台湾树德科技大学分管海外事务副校长洪春棋一行，双方就促进学院与台湾高校的合作与交流，开展学生交流、教师交流、教学与学术科研合作进行了会谈。10 月 21 日，学院院长焦勇接待了新西兰林肯大学及新西兰商学院代表团，三方希望在学生互派学习、教师互访、文化交流等方面进行交流与合作，详细讨论了“2 +2”本科教育，“3 + 1 + 1”本硕连读等合作培养项目，并达成合作共识，签署了三方合作协议书。10 月 23 日，学院副院长陈洪海接待了南密苏里州立大学商学院院长 Dr. John D. Groesbeck 和招生代表 Mr. Craig Thompson，双方就促进学生交流项目进行了会谈。

（杨博）

党团工作

【分团委工作】 华侨学院分团委作为联系校团委和学院学生的桥梁，一直致力于服务广大学生，做好团委的思想教育工作，并向党积极输送优秀人才。华侨学院分团委作为学院学生全面发展的核心组织，努力贯彻并执行学院领导的核心思想和总体计划，并取得了骄人的成绩。在今后的工作中，分团委将不断探索研究，总结经验教训，发扬优点，主动积极地开展工作，在抓好基本工作环节的基础上，注重团组织建设，更好地为大学生服务，努力开拓创新，争取使学院分团委的工作更上一层楼。截至 12 月 31 日，学院共青团员共 920 人。

（陈思）

【分团委召开 2014 级总结大会和 2015 级成立大会】 6 月 11 日，华侨学院分团委举办 2014 级学院分团委总结大会。会上总结了过去一年华侨学院分团委的出色表现和各项奖励，同时也指出过去一年中分团委工作中存在的不足与缺点。11 月 4 日，华侨学院分团委召开了 2015 级分团委成立大会。

（陈思）

【召开主题教育实践活动】 5 月上旬，学院分团委组织部举行一年一度的“五四”精神宣传活动，通过对“五四”历史与“五四”精神的宣传以及更加详细地理解与分析，让干事们更加了解五四运动及其背后的历史影响，将其核心“爱国、进步、民主、科学”八字真言熟记于心，也让更多同学们认识到作为当代青年的社会责任。

为深入开展学习习近平“四进四信”讲话精神，学院分团委组织了一系列主题团日活动，通过“进支部、进社团、进网络、进团课”，让各级团支部针对各班情况，组织开展有形化、经常化的工作和活动，引导帮助青年学生和团学干部进一步牢固树立对党的科学理论的信仰，坚定走中国特色社会主义道路实现“中国梦”的信念，增强对党和政府的信任，增进对以习近平同志为总书记的党中央的信赖。

（陈思）

【组织纪念中国人民抗日战争暨世界反法西斯战争胜利 70 周年系列活动】 7 月 17 日，华侨学院分团委组建寻访抗战纪念遗址大学生暑期社会实践团前往中国抗日战争纪念馆，共同参观纪念中国人民抗日战争暨世界反法西斯战争胜利 70 周年主题展览。10 月 28 日，分团委组织学院学生参观纪念“反法西斯战争胜利 70 周年”展览。11 月 16 日，分团委与辩论队合作参加“反法西斯战争胜利 70 周年”演讲活动。

（陈思）

【暑期实践活动】 8 月，华侨学院分团委围绕“京郊垃圾分类处理对生态环境影响调查”展开暑期实践活动。此次活动通过分发调查问卷、走访居民小区、走访几大生态高校、参观垃圾分类处理厂等方式深入了解京郊垃圾分类状况,探究垃圾分类过程中产生的问题,并根据调查数据、走访记录、专业人员的讲解统计与分析制定出相关有效的解决办法。此次暑期实践活动帮助同学们更加清楚地了解京郊垃圾分类的真实状况,引起同学们对切身社会问题的关注与思考。暑假期间,华侨学院志愿者团参加关于爱国主义教育基地保护的社会实践项目,参观中国人民抗日战争纪念馆。

(陈思)

【志愿活动】 2015 年寒假,华侨学院分团委招募 60 余名志愿者,统一领取衣服带回发放地点,寻找需要帮助的对象,将衣物赠予受惠对象,在冬日里奉献温暖。3 月 8 日 ,学院 20 名志愿者到育芳园社区进行社区清理工作,用实际行动来弘扬雷锋精神。5 月 23 日,志愿者团走进寸草春晖养老院,为老人提供志愿服务。5 月 24 日,华侨学院 8 名志愿者到园博园参加由校团委与北京市团委合作举办的“拥抱青春,践行三走”越野活动,提供志愿服务。5 月 31 日,学院志愿者来到海淀区聋儿康复中心观看了孩子们的儿童节表演,随后向孩子们赠送礼物。6 月 20 日,学院的 10 名志愿者参与园博园举办的彩色跑志愿者活动,在检录组和统计组提供服务。10 月,学院志愿者在中国农业展览馆帮助英国大使馆文化教育处做问卷分发等志愿工作。

(陈思)

【党总支工作】 华侨学院党总支成立于 2014 年 7 月,现有基层党支部 2 个,学生党支部 1 个,教工党支部 1 个。学生党员 22 人,其中,预备党员 9 人。2015 年,华侨学院党总支认真贯彻执行党风廉政建设责任制,严格履行“一岗双责”;加强廉政风险防范意识,细化各项工作职责;完善和建立学院议事规则和决策程序,涉及学院学科建设发展、师资队伍建设、科研成果申报、二级机构设置以及各级各类评优评奖等重要事项、重要人事任免、重大项目安排和大额度资金使用等“三重一大”问题,都要经过学院党政联席会议集体商议决定。5 月,学生党支部对本学期选拔出的积极分子进行积极分子在线学习系统培训,讲解系统的使用方法以及注意事项。6 月 11 日,华侨学院学生党支部召开主题党日活动,本次活动是“新党员谈话”以及“重温党章”,邀请到理论导师马景娜,主要内容是重温党章和对如何做好自己的议题进行讨论和交流。活动中党员们明确了做人和做党员等一系列问题以及入党的目的,形成了良好的组织意识,积极拥护党组织。9 月 19 日,学生党支部组织党员及预备党员前往北京市昌平区阳坊镇进行实地调研,并采访了当地镇政府村官。本次活动分为 3 个小组,分别负责对校友进行采访并了解校友的工作生活情况、参观村镇,调查村镇的发展情况、走访当地村民,了解村民的生活和工作情况。2015 年,学生党支部组织党员集体前往军事博物馆进行参观学习;组织党员、预备党员、发展对象、入党积极分子观看《百团大战》抗战电影;组织党员参观“中国人民抗日战争暨世界反法西斯战争胜利 70 周年”主题展览;组织党员参加学校纪念抗战胜利主题升旗仪式;组织党员、预备党员、入党积极分子百余人开展“勿忘国耻·警钟长鸣”百人宣誓活动。2015 年,华侨学院党总支共发展党员 9 人,11 名预备党员如期转正。党总支加强对毕业生党员的教育培训工作,提高毕业生党员的党性修养,以主题党课、学习讨论会、实践、座谈会等多种形式对全体党员进行系列教育。

(陈思)

学生工作

【思想政治教育】 11 月,华侨学院针对 2015 级新生召开主题班会,学习《关于严肃考试纪律惩治考试作弊的规定》,准确传达解读规定内的全部内容,要求同学们务必端正考试态度,诚实守信,抵制作弊,做一名诚信考生。11 月,华侨学院积极响应学校号召,认真做好创建无烟校园的工作。华侨学院官方微信平台及时传达校内控制吸烟的要求,用图片形象地指出吸烟的危害,号召同学们主动戒烟、规范吸烟;华侨学院分团委组织“无烟校园,从我做起”倡议签名活动,积极宣传禁烟;学院本专科各班级积极学习禁烟条例,并签订“无烟校园,从我做起”承诺书。

(于芳)

【学业规划】 1 月,各班主任结合全体学生的期末考试,给考试不及格的同学发放学业警告,同时,将学生在校表现情况以书面形式告知学生和家长。邮寄有不及格科目的成绩单给学生,确保学生可以知道自己的学业情况。3 月和 10 月,全体学生按学院学业规划要求,上交假期总结及新学期学习计划,各班班主任针对学生提交的总结和计划进行学业规划指导,共性问题以班会形式集中解决,个性问题由班主任单独约谈同学，重点问题通过深度辅导方式提供帮助。4月，班主任针对2012级学生召开班会，全面梳理学业情况，明确大三下学期的目标，制定时间规划，帮助同学们找到适合自己的目标，有效充分利用时间，以实现自己的理想。7月，各班班主任针对在期末考试中不及格的2012级学生，明确告知要充分利用暑假时间复习备考，确保通过9月份的补考，如不能通过补考，将不能按时毕业。9月，班主任针对2012级学生召开班会，指出大四学年在为自己毕业去向进行各种准备的同时，也要确保大四学年全部教学安排的顺利完成，认真对待毕业论文的写作。10月，针对2015级新生，各班主任利用班会集中讲解《学生手册》中的相关规章制度，同时帮助同学们规划大学4年的学习生活，指导学生掌握自我规划的方法，培养自我管理的能力及对学业生涯规划的意识，为每一位同学建立学业规划档案。10月26日，华侨学院副院长陈洪海为2015级全体新生进行了“如何规划自己的大学生活”的专题讲座。11月4日，华侨学院班主任张丽娟为2015级信息管理与信息系统（金融信息管理）新生召开“沟通·诚信·践行”主题班会。

（于芳）

【学生获奖】 4月17日，华侨学院在校运动会取得男子团体总分第二名、女子团体总分第三名、团体总分第二名和勇于拼搏奖，同时体育部长张莹获优秀体育部长称号。12月30日，华侨学院召开了2014—2015学年优秀学生表彰大会。党总支书记何丽代表学院宣读了表彰决定，对获得荣誉称号的集体和个人以及各项奖学金的获得者予以表彰。

（于芳）

【学生就业】 10月，华侨学院给2015届毕业生开设就业指导课，内容涉及学院历届毕业生的去向及特点，本届毕业生的就业政策、就业形势分析、就业信息获取渠道、简历制作、面试指导、就业心态等。华侨学院2015届本科毕业生共计150人，其中，考研14人，出国46人，签三方协议76人，签劳动合同14人。截至9月30日，就业率100%，签约率100%，毕业后继续深造比率为40%，比上一年提升2个百分点，连续6年保持本科就业率和签约率全校第一。2015届高职毕业生共计116人，其中，升学11人，出国4人，签三方协议97人，签劳动合同4人。截至9月30日，就业率100%，签约率100%。毕业生就业单位遍及各类国企、机关事业单位、国有银行及外资银行、世界500强外资及合资企业等，就业质量不断提升。2015届本科毕业生签三方协议的76人中，进入各大银行工作的有16人，四大会计师事务所10人，国内会计师事务所4人，进入国企及机关事业单位工作人数约为就业人数的35.52%。

（李亚玲 白志清）

【学生竞赛】 3—4月，华侨学院学习指导中心举行了面向全北京市高校在校生的“我是演说家”——首经贸第十一届英语口语大赛。来自北京科技大学、北京交通大学、中国传媒大学、中国戏曲学院、北京第二外国语学院等多所高校的100余名同学经过初赛和决赛的角逐，最终学院学生杨文君获得冠军。5月28日，华侨学院举行模拟面试大赛决赛。此次模拟面试大赛挚邀平安保险、民生银行、中国移动等企业代表作为嘉宾。大赛为学校大学生提供职场面试的平台，从而让参赛选手掌握面试技巧，使他们懂得如何结合自身优势选择正确的职业目标，提升自我，更加清楚地认识自身的不足。与此同时，大赛获胜者还能够得到这些企业的实习机会。

（陈思）

【学生活动】 7月，学业辅导中心举行了“涨姿势分享会”系列活动，旨在使学生在互相分享学习、生活、兴趣爱好、工作等各方面的知识及经验的同时拓宽视野，结识益友。作为一个经验交流平台，分享会面向所有学生，在这个平台上，想要展示自我和分享经验的学生均可报名，需要掌握技巧和学习经验的同学也可以在平台上获得帮助。2015年，分享会共举行6次，内容涉及旅行、马术、汉服、理财等。

（白志清）

【暑期社会实践】 7月25日—8月8日，华侨学院与香港中华青年交流中心共同举办了香港暑期社会实践项目，26名同学参与了此次社会实践活动。在这次活动中，同学们接触到香港工商业、慈善机构的工作环境，并体验了香港生活，开拓了同学们的视野。

（于芳）

【新生阅读大赛】 11月25日，学院举行新生阅读大赛，最终产生了特等奖1名，一等奖3名，二等奖8名。

（陈思）

【参加纪念“一二·九”运动80周年歌咏大会】 12月9日，纪念“一二·九”运动80周年歌咏大会在学院礼堂召开,学院获得优胜奖和特别贡献奖。

（陈思）

【举行"听你的"第三届英语单词听写大赛】 12月16日,华侨学院分团委组织举行了"听你的"第三届英语单词听写大赛,最后评出一等奖1名、二等奖2名、三等奖3名、优胜奖6名、单项奖3名。

（陈思）

【"挑战杯"大赛获奖】 2015年,在第八届"挑战杯"首都大学生课外学术科技作品竞赛中,学院学生王静怡、春雨童、于路远、史欣鑫、杨小涵的参赛作品"移动应用软件 ShowBook"和张辰宇、朱陶然、刘祝辰、王宏伟、李正祎的参赛作品"私人订制手机购物 APP 开发"荣获北京市二等奖。

（陈思）

【开设心肺复苏和包扎急救课程】 5月30日和6月6日,共有307名华侨学院的学生在课堂上学习了心肺复苏和急救包扎技术,掌握了在抢救黄金时间内,使伤病员得到及时救护的知识技能,并分别获得心肺复苏和包扎急救员资格证书。为提高课堂教学的趣味性及实用性,华侨学院在体育教学上独具创新,与北京市丰台区红十字会和校红十字会合作,将急救知识引入了体育理论课程体系中,邀请红十字会专业培训老师对同学们进行中文急救知识培训,随后华侨学院的老师用英文讲授急救知识,使每名学生都能掌握中英文的急救知识和技能。在课堂上,老师对应急救护概念、心肺复苏、呼吸道梗塞和包扎等理论知识进行了详细讲解,教大家应对心脏骤停、窒息、急性伤害等突发紧急事件的救护方式。在实践操作环节,同学们积极踊跃,认真练习,在老师的细心指导下,熟练掌握了心肺复苏、气道异物堵塞和包扎的急救方法。

（沈晶）

【学业辅导】 学院设立学业辅导中心,由全体任课教师、辅导员、班主任、优秀学生共同组成,为学困生提供学业辅导帮助。每学期开学初,学业辅导中心公布任课教师的课外辅导时间(每周4小时),接受学生的预约。同时,招募学习成绩优秀的同学成为志愿者,根据学生需要定期开展同伴辅导。2015年,学生平均每周预约教师辅导时间为16小时,预约同伴辅导时间为4小时,每学期有14周时间可供学生预约辅导。

（白志清）

马克思主义学院

概　况

马克思主义学院成立于2011年4月,主要承担马克思主义理论学科建设、全校本科生和研究生的思想政治理论课教学以及心理学、逻辑学、中国传统文化、经济学说史等选修课教学工作。现有马克思主义理论一级学科硕士学位授权点,下设马克思主义基本原理、思想政治教育、马克思主义中国化研究、中国近现代史基本问题研究4个硕士点。学院下设"六室一中心",即马克思主义基本原理教研室、中国特色社会主义理论体系概论教研室、中国近现代史纲要教研室、思想道德修养与法律基础教研室、形势与政策教研室、心理教育教研室、实践教学中心。

近年来,学院围绕马克思主义理论、思想政治教育、马克思主义中国化时代化大众化、中国梦、三个自信等方面开展研究,取得了一系列研究成果:主持承担国家社科基金项目4项,教育部、北京市社科规划项目和北京市教委及其他委办局项目20余项;在《马克思主义研究》《哲学研究》《中国软科学》《自然辩证法研究》《中国当代史》《中共党史》《思想政治理论导刊》以及《光明日报》《中国教育报》等报刊发表论文300余篇,其中有70余篇被《新华文摘》《人大报刊复印资料》等转载;出版《现代科技劳动价值论研究》《毛泽东在建国后的国际战略思想及其实践效应》《全球化背景下文化焦虑与探寻》《我国农村宅基地使用权制度研究》《近代以来西方对华文化渗透的历史、现状与对策研究》等专著、教材20余部;获省部级奖励10余项,获地厅级等奖励50余项。早在1995年7月,学院就有教师应邀正式参加"中国科协第二届青年学术年会”，江泽民、胡锦涛等同志接见了会议代表并合影留念，提交的论文“论科技劳动的私人性与社会性的矛盾”入选大会并收入大会论文集，该文被大会专家委员会认为“为国家制定有关政策提供了理论依据”。

学院注重学术平台和品牌活动的创建：构建了两大学术阵地平台，即“马克思主义学刊”“首都经济贸易大学马克思主义理论教学与研究文库”；4 大学术活动平台，即学术报告月系列活动、高端学术讲堂、学科和科研专题研讨会、学院教师座谈会；6 大项目资助平台，即著作教材出版资助计划、教研室科研活动资助计划、高层次科研项目培育资助计划、研究生培养质量提升资助计划、大学生教学质量提升资助计划、教师科研提升计划。

（吴西亮）

师资队伍建设

【教职工队伍情况】 2015 年，马克思主义学院在岗在编教职工 38 人，其中，专任教师 34 人。在专任教师中，教授 8 人、副教授 19 人、讲师 7 人；拥有博士学位的教师 13 人，拥有硕士学位的教师 16 人；博士生导师 1 人、硕士生导师 16 人。全体教师中有党员 31 人，占 83.8%。2015 年引进新教师连欢 1 人，任思想道德修养与法律基础教研室教师。

（吴西亮）

【教师队伍培训情况】 2015 年，学院教师培训情况如下：

2015 年马克思主义学院教师培训情况一览表

序号	学习培训名称	组织部门	时间	参加人员名单
1	2015 年高校思想政治理论课骨干教师研修班	教育部	6 月 22 日—7 月 12 日	王小莹
2	2015 年高校思想政治理论课新修订教材网络培训	教育部	9 月 21 日	何绍铭　王峻
			9 月 22 日	王小莹　连欢
			9 月 23 日	李久林　成林萍
			9 月 24 日	杜晓　李厚羿
			9 月 25 日	徐辉　杨春风
			9 月 26 日	李丽娜　汪朝晖
3	2015 年北京市哲学社会科学教学科研骨干研修班	教工委	3 月 23 日—4 月 17 日	周宇宏
		教工委	5 月 25 日—6 月 19 日	李厚羿
		教工委	7 月 6—31 日	杜晓
4	新上岗思想政治理论课教师培训	教工委	7 月 20 日—8 月 14 日	连欢
5	北京高校宣传部长、马克思主义学院院长学习贯彻习近平总书记重要批示精神专题研讨班	教工委	11 月 23—27 日	刘冠军

（吴西亮）

【教师荣誉】 学院院长刘冠军被确定为全国文化名家暨“四个一批”人才，界别为理论界别；入选北京“高创计划”哲学社会科学和文化艺术领军人才；确定为北京市宣传文化系统第二批“四个一批”人才，界别为理论界别。对在 2015 年第一批国家社科基金后期资助项目通讯评审中“认真负责的专家”进行通报表扬，学院院长刘冠军教授成为全国 88 名被通报表扬的认真负责专家之一。

（吴西亮）

教学工作

【举办 2015 年上半年教学展示活动】 5 月 21 日，学院举办教学展示活动,来自不同教研室的5位教师每人进行了20分钟的教学展示。学院院长刘冠军、党总支书记王银江、副院长李久林及全院教师参加了展示活动。中国近现代史纲要教研室匡长福副教授讲课的题目是“反对外国侵略的斗争”;马克思主义基本原理教研室周迈副教授讲课题目是“实践论”;形势与政策教研室王靖华副教授讲课题目是“中国经济面对的新挑战:中等收入陷阱”;心理健康教育教研室徐辉副教授讲课题目是“心理健康的含义和标准”;马克思主义中国化教研室谷军副教授讲课的题目是“按劳分配”。

(张颖)

【召开思想政治理论课建设研讨会】 5月30日,学校召开2015年思想政治理论课建设研讨会。教育部高等学校社会科学发展研究中心主任王炳林,北京市教工委宣教处处长王达品,中央马克思主义理论研究和建设工程“思想道德修养与法律基础”课教材编写组首席专家、清华大学马克思主义学院教授、学校特聘教授吴潜涛,北京师范大学马克思主义学院副院长熊晓琳,中央财经大学马克思主义学院院长冯秀军,中国人民大学马克思主义学院王易应邀出席会议。《北京教育》杂志社副主编李艺英,《前线》杂志社编辑记者沈聪,《思想政治工作研究》杂志社编辑记者吕其庆,学校马克思主义学院院长刘冠军、党总支书记王银江、副院长李久林,以及学院全体教师和研究生参加了会议。5位北京市思政课教学名师、有关部门领导与学校思政课师生实操性地研讨学习贯彻党的十八大,十八届三中、四中全会,习近平总书记系列重要讲话精神,落实教育部和北京市委教育工委关于加强高校思想政治理论课建设的有关要求,加强学校思想政治理论课建设,提高学校思想政治理论课的教学质量和教学效果。

(张颖)

【举办“2015教学建设年”期中推进工作暨2015年上半年教学工作研讨会】 7月8日,学院在诚明楼四层会议室召开了“2015教学建设年”期中推进工作暨2015年上半年教学工作研讨会,旨在及时总结工作经验,扎实推进教学建设年各项工作。院长刘冠军、党总支书记王银江、副院长李久林以及工会主席、各教研室主任、实践教学中心副主任、支部书记、教学科研工作秘书等参加了会议。

(张颖)

【举办2015年下半年教学展示活动】 11月11日,学院在慎思楼216举办了2015—2016学年第一学期的教学展示活动,来自不同教研室的5位教师每人进行了20分钟的教学展示。学院院长刘冠军、党总支书记王银江、副院长李久林及全院教师参加观摩了展示活动。

(张颖)

【举办国史国情知识竞赛】 12月9日,“2015年马克思主义学院国情国史知识竞赛”决赛在校工会活动中心举行。这次比赛是为了使同学们深入了解我国历史和当前的现实国情,培养高素质全面发展的创新人才,实现学校大学生的全面发展。学院党总支书记王银江、副院长李久林、实践教学中心副主任张晓萍、马克思主义中国化教研室主任何绍铭、中国近代史纲要教研室支部书记兼教研室主任王峻以及马克思主义学院匡长福等出席了本次知识竞赛决赛。

(张颖)

科研工作

【召开心理健康教育教研室心理咨询工作案例督导研讨会】 4月17日,马克思主义学院心理健康教育教研室与学生处心理咨询中心联合举办了“首都经济贸易大学心理咨询工作案例督导研讨会”,邀请来自中国台湾的林洵做案例督导。学院心理教学部教师苏世兰呈报了个案。在督导过程中,林洵与苏世兰共同探索了个案中的难点,进一步理清了个案的概念化及下一步咨询的目标,获得了更深的觉察和成长。个案督导结束后,与会的教师还与林洵共同探讨了学校心理咨询中遇到的疑难个案,林洵对个案给予了澄清和引领。

(张颖)

【论文发表情况】 2015年,学院论文(核心期刊及以上)发表情况如下:

2015年马克思主义学院论文(核心期刊及以上)发表情况一览表

序号	作者	论文题目	发表/出版时间	发表刊物/论文集	刊物类型
1	孙善学	为企业进入职业教育开辟空间	2015-05-14	人民日报	权威B(人民日报、光明日报、经济日报理论版)

续表

序号	作者	论文题目	发表/出版时间	发表刊物/论文集	刊物类型
2	李久林	民族精神是中国人民取得抗日战争胜利的强大动力	2015－08－22	光明日报理论版	权威 B（人民日报、光明日报、经济日报理论版）
3	李厚羿 杜鹃（外）	加强中韩两国人文交流纽带，开启中韩文化发展新局面——2014 年“中韩人文交流政策论坛”综述	2015－01－01	国外社会科学	核心 A，核心 B，权威 B
4	马莎莎（外） 刘冠军	马克思雇佣劳动理论及其历史贡献	2015－03－03	兰州学刊	核心 B，核心 A
5	刘冠军	剩余价值生产的“三阶段”动态模式构建及“四要素分析”	2015－09－15	当代经济研究	核心 B，核心 A
6	汪朝晖	中国“坚定走和平发展道路”战略思想的历史与现实根源探究	2015－06－20	思想理论教育导刊	核心 A
7	王颖	提高提案工作质量，推进高校民主管理	2015－02－01	中国劳动关系学院学报	核心 B
8	周丽群	新常态下我国内贸流通发展特点与政策建议	2015－03－01	中国流通经济	核心 B
9	周丽群	满足多元化需求，合理增加消费品进口	2015－03－16	宏观经济管理	核心 B
10	王文鸾	新中国成立前土地革命的经济解释及其方法	2015－11－15	宁夏社会科学	核心 B
11	王颖　杨转珍（学） 王京（学）	思想政治理论课实践教学的现状分析及对策研究	2015－10－10	思想理论教育	核心 B

（张颖）

【出版著作情况】 2015 年，学院出版著作情况如下：

2015 年马克思主义学院出版著作一览表

序号	作者	名称	类别	出版社	出版时间
1	刘宁元	马克思主义妇女观中国化研究	专著（社科类）	首都经济贸易大学出版社	2015－12－01

续表

序号	作者	名称	类别	出版社	出版时间
2	刘冠军	学科视域中的思想政治理论课教学研究——教学内容创新设计与实践教学模式建构	专著(社科类)	首都经济贸易大学出版社	2015-12-01
3	刘冠军	大教学观下的思想政治理论研究——基于马克思主义时代化和中国化视角	专著(社科类)	首都经济贸易大学出版社	2015-10-08
4	谷军　宋恩平　白习凤	北京农村土地问题调查分析与研究	专著(社科类)	首都经济贸易大学出版社	2015-01-28
5	周蕾(外)　刘宁元	抗战时期妇女运动研究	专著(社科类)	首都经济贸易大学出版社	2015-08-01
6	刘冠军　王银江　李久林	马克思主义学刊第3卷第1辑	其他专业出版物	首都经济贸易大学出版社	2015-03-01
7	刘冠军　王银江　李久林	马克思主义学刊第3卷第2辑	其他专业出版物	首都经济贸易大学出版社	2015-06-01
8	刘冠军　王银江　李久林	马克思主义学刊第3卷第3辑	其他专业出版物	首都经济贸易大学出版社	2015-09-09
9	刘冠军　王银江　李久林	马克思主义学刊第3卷第4辑	其他专业出版物	首都经济贸易大学出版社	2015-12-09

(张颖)

学科建设工作

【获批中国近现代史基本问题研究二级学科硕士点】 6月,学院获批中国近现代史基本问题研究二级学科硕士点。

(刘娟)

【举办学术报告月系列活动】 2015年,学院举办第三届"学术报告月"系列活动。学术报告月系列活动是马克思主义学院创办并致力打造的学术品牌活动,旨在促进学院教师科研水平的不断提高,拓宽研究生的学术视野,提升学术水平,营造浓郁的学术氛围。学术报告月共举办了16场讲座。

2015年马克思主义学院学术报告月系列活动一览表

序号	主讲人	题目
1	刘冠军	科学问题的辨别及其意义
2	李久林	中国人民取得抗日战争胜利的意义
3	匡长福	必须坚持马克思主义意识形态的指导地位
4	何绍铭	毛泽东对社会主义改造道路的探索及其启示
5	刘宁元	纪念抗战中的女性
6	成林萍	双翼齐飞,助力中国梦——谈谈民主与法治

续表

序号	主讲人	题目
7	谷军	用发展的眼光看待马克思主义
8	徐辉	信仰宗教能得到心灵的安宁吗？——谈宗教信仰对心理健康的影响
9	王小莹	“保障”功能视域下的农村宅基地流转制度评析
10	李厚羿	从马克思到赖希：一种历史唯物主义的解读
11	梁玉秋	新时期共产党的文化自觉
12	马景娜	感知信仰，坚定信念，读写人生
13	王靖华	“双创”与跨越中等收入“陷阱”
14	连欢	中国共产党思政教育“生命线”理论的实践根源
15	王银江	现代政党政治与中国共产党党内民主
16	王颖	依宪治国的理论与实践

（刘娟）

【举办高端学术讲堂系列活动】　11月4日，学院举办高端学术讲堂第八期。北京第二外国语学院党委书记、教育部高校政治理论课教学指导委员会委员、教育部全国大学生思想政治教育研究中心专家委员会委员、中国高教学会公共关系教育专业委员会副理事长、北京高校党建研究会监事长、北京社科项目评审专家冯培做了题为“新媒体时代思想政治教育视角的四个转换”的主题报告。马克思主义学院全体在校研究生、部分教师及其他学校和学院的部分师生参加了报告会。12月14日下午，学院举办高端学术讲堂第九期。清华大学马克思主义学院教授、博士生导师、首都经济贸易大学特聘教授、中央马克思主义理论研究和建设工程“思想道德修养与法律基础”课教材编写组首席专家吴潜涛做了题为“社会主义核心价值观前沿问题研究”的主题报告。马克思主义学院全体在校研究生参加了报告会。本次报告会由马克思主义学院院长刘冠军教授主持。

（刘娟）

【出版《马克思主义学刊》4辑】　3月，学院主办的《马克思主义学刊》2015年第1辑出版。本辑主要设置了2个栏目：一是“社会主义核心价值观研究”，其主题是“在思想政治理论课教学中培育和践行社会主义核心价值观”；二是“马克思主义与当代社会研究”，其主题是“加强马克思主义的理论研究和应用研究”。本辑主要收录了校内外广大高校教师、专家学者以及本院部分研究生为此次研讨会提交的部分论文。6月，《马克思主义学刊》第2辑出版。本辑主要设置了4个栏目：一是“思想政治教育研究”，其主题是“大思政教学观”工作体系研究以及高校思想政治教育研究；二是“马克思主义与中国化马克思主义研究”，其主题是马克思主义中历史经济解释研究以及中国化马克思主义的理论研究和应用研究；三是“西方马克思主义研究”，其主题是深化西方马克思主义中相关理论的具体研究；四是“现实观察与理论研究”，其主题是通过将理论与现实相结合分析具体问题。本辑收录了校内外专家的20余篇文章。9月，《马克思主义学刊》第3辑出版。本辑主要设置了3个主题：一是“思想政治教育研究”，其主题是“大思政教学观”工作体系研究；二是“马克思主义与马克思主义中国化研究”，其主题是马克思主义与马克思主义中国化的理论研究和应用研究；三是“现实观察与理论研究”，其主题是通过将理论与现实相结合分析具体问题。12月，《马克思主义学刊》第4辑出版。本辑共收录了校内外高校教师及在读硕士研究生发表的共17篇文章。学刊主要适合于马克思主义理论工作者、思想政治教育工作者和其他哲学社会科学工作者阅读和参考。

（刘娟）

【主办“2015马克思主义理论学习研究宣传研讨会”】　11月21日，学院联合学校宣传部、研究生部和科研处，组织召开“2015马克思主义理论学习研究宣传研讨会”。学校党委副书记孙善学，教育部社科司原司长、全国普通高校马克思主义理论课教学指导委员会副主任委员、教育部人文社会科学研究专家咨询委员会委员杨瑞森，北京第二外国语学院党委书记、教育部高校思想政治理论课教学指导委员会委员冯培,学校特聘教授、清华大学高校德育研究中心副主任、中央马克思主义理论研究和建设工程首席专家吴潜涛,北京师范大学马克思主义学院院长、教育部马克思主义理论研究和建设工程首席专家王树荫莅临会议,马克思主义学院的全体师生和学校部分博士生参加了会议。会议围绕高校思想政治理论课建设情况、社会主义核心价值观研究的前沿问题等展开讨论。

(刘娟)

党建与工会工作

【开展"三代党员结合思想谈信仰"主题党日活动】 4月24日,学院研究生党支部开展主题为"三代党员结合思想谈信仰"主题党日活动。

(刘娟)

【举行党员转正大会】 5月27日,学院研究生党支部在诚明楼5楼会议室召开了党员转正大会,批准了杜怡琼等3人的转正申请。

(刘娟)

【举行"三严三实"专题党课】 6月24日,党总支书记王银江以《践行"三严三实"要求,推进学校思想政治理论课建设》为题,面向全院教职工讲党课。王银江首先介绍了"三严三实"的提出与"三严三实"专题教育活动的总体安排,就"三严三实"的内涵进行了分析。随后,王银江代表党总支提出,要在践行"三严三实"中提高学校思想政治理论课建设水平,重点要在3个方面深化认识、增强自觉:第一,在强化意识形态工作、坚持社会主义办学方向、办人民满意大学上进一步增强自觉。第二,在深化综合改革、加强学科建设上进一步增强自觉。第三,在不断提高教育教学能力、强化师德意识方面进一步增强自觉。

(吴西亮)

【召开党员发展大会】 7月3日,学院研究生党支部党员发展大会在诚明楼五层会议室举行。袁博和赵敬民经政治审查,无任何政治问题,入党申请获得批准。

(刘娟)

【召开党员发展大会暨研究生党支部换届大会】 12月18日,学院研究生党支部在诚明楼五层会议室召开党员发展大会暨研究生党支部换届大会。大会分为2个议程,分别是发展武亚男和李熠为预备党员及研究生党支部进行换届。2人全票通过,顺利转为预备党员;研究生党支部换届大会上,经过组织推荐和自荐的书记、副书记、组织委员以及宣传委员候选人名单,经现场表决,最终确定由学院教师刘娟任新一届研究生党支部书记,秦烨任副书记,周茜任组织委员,汤晓斌任宣传委员。

(刘娟)

【举行第一届教职工代表大会第三次会议】 1月21日,马克思主义学院举行了第一届教职工大会第三次会议。会议听取并通过了院长刘冠军所做的学院工作报告、吴西亮所做的学院财务工作报告、周宇宏所做的分工会工作报告,大会还审议并通过了《马克思主义学院年度考核及优秀评选试用办法》和《马克思主义学院科研之星、教学之星、服务之星评选试用办法》。

(刘娟)

【组织观看了电影《智取威虎山》】 10月14日,学院分工会组织全体教工观看电影《智取威虎山》。

(刘娟)

学生工作

【荣获2014年研究生就业工作先进单位一等奖】 2015年,学院荣获学校研究生就业工作先进单位一等奖,就业率、签约率均为100%。刘娟获得"就业工作先进个人"荣誉称号。

(刘娟)

【研究生参加园博园定向越野活动】 5月24日,学院研究生积极响应学校号召,参加"拥抱青春,践行三走"之园博园定向越野活动。学院学子在各环节游戏中团结一致,群策群力,顺利通过每一环节的考验,并与其他16支来自不同学院的参赛队伍进行斗智斗勇的撕名牌比拼。经过大家的不懈努力,最终经受住了此次活动中所有环节的考验,既锻炼了身体,又弘扬了"互帮互助、协调一致"的精神。

(刘娟)

【举办毕业生欢送会暨毕业典礼学位授予仪式】 6月19日,学院在工会活动中心举行了毕业生欢送会暨学位授予仪式。院长刘冠军、党总支书记王银江、副院长李久林以及研究生导师、全体学生参加了此次欢送会。院长刘冠军致辞,对毕业生表达了祝贺和希望,并为13位毕业生授予学位,颁发学位证书。

（刘娟）

【成立《马克思主义学刊》学生记者团】 12月18日,学院《马克思主义学刊》学生记者团成立大会在诚明楼五层会议室举行。院长刘冠军、党总支书记王银江、副院长李久林及学院全体在校研究生参加了本次大会。学院《马克思主义学刊》学生记者团是一个进行马克思主义理论研究成果展示的前沿阵地。学生记者团的成员们除了要完成学生记者本身的工作,还需要发挥自身的宣传作用,同时要对相关人员进行采访,综合地体现学生记者团的价值所在。会上宣读了《马克思主义学院〈马克思主义学刊〉学生记者团章程》,由全体研究生对《马克思主义学院〈马克思主义学刊〉学生记者团章程》进行表决。出席大会的全体成员通过举手表决的方式通过了此章程。学生记者团团长由赵凯担任;秦烨、梁婷婷任副团长;新闻部部长为宁崑君、副团长为陈立萍;新闻部成员为刘洋、汤晓斌;编辑部部长为赵文姬、副团长为崔俊;编辑部成员为尹磊、刘伟玉。

（刘娟）

【参加人民网北京高校思想政治理论课建设成就系列访谈活动】 5月19日下午,校党委副书记孙善学、学院院长刘冠军等一行4人做客人民网,就学校思想政治理论课建设接受了人民网的采访。本次访谈比较全面地呈现了在学校的关心和支持下学校思想政治理论课建设所取得的成就,充分展示了学校思想政治理论课建设的风采。

（吴西亮）

【获北京高校社会主义核心价值观宣传教育优秀项目奖项】 3月10日,北京高校宣传教育工作会议在中国地质大学国际会议中心召开,会议颁发了北京高校社会主义核心价值观宣传教育优秀项目等奖项。学院申报的"'大教学观'引领下社会主义核心价值观的培育和践行"成功入选。

（吴西亮）

【起草《首都经济贸易大学推进思想政治理论课建设工作方案》】 2015年,学校党委启动《首都经济贸易大学思想政治理论课建设体系创新计划实施方案》的起草和制定工作。起草工作主要由马克思主义学院进行。学校领导组织了多次研究和讨论。9月29日上午,校党委副书记孙善学组织马克思主义学院与相关部门举行"思想政治理论课建设体系创新计划实施方案"研讨会。学生处处长马力、校团委书记张彤以及马克思主义学院院长刘冠军、党总支书记王银江、副院长李久林参加会议。院长刘冠军对起草的情况和过程进行了汇报,主要从立体化教材体系、教学人才体系、课堂教学体系、第二课堂教学体系、学科支撑体系、综合评价体系、条件保障体系7个方面进行了汇报。10月19日,党委副书记孙善学再次召集相关人员研讨《首都经济贸易大学思想政治理论课建设体系创新计划实施方案》。学生处处长马力、马克思主义学院院长刘冠军、党总支书记王银江、副院长李久林参加会议。10月23日,党委书记柯文进、党委副书记孙善学召集马克思主义学院相关领导研讨正在制定中的《思想政治理论课建设体系创新计划实施方案》。

（吴西亮）

【编制马克思主义学院"十三五"规划】 2015年,学院启动马克思主义学院"十三五"规划编制工作。为科学、合理地制定学院"十三五"规划,马克思主义学院召开了多次征求意见会和党政联席会,总结学院"十二五"期间的成就与问题,谋划"十三五"时期学院发展定位、任务目标、主要举措、保障措施等,在此基础上编写了《马克思主义学院"十三五"规划征求意见稿》,召开学院党政联席扩大会等进行讨论,并征求全体教师意见,最终形成马克思主义学院"十三五"规划并上报学校。

（吴西亮）

【参与协同创新中心申报工作】 2015年,学院参加了由中央财经大学牵头申报的北京高校"马克思主义与当代中国经济发展协同创新中心",并已与该中心签订了合作协议书。

（吴西亮）

【启动教师科研提升资助计划】 2015年,为促进教师科研水平提升,学院启动了教师科研提升资助计划,对教师参加科研活动、提升科研水平进行资助。全院教师都申报了该项目。

（吴西亮）

【启动《马克思主义经典文献研究读本》编写工作】 2015年,为了推动研究生对经典文献的研读,进而提升研究生的培养质量,学院组织4个研究生点专业的导师编写了4卷本的《马克思主义理论经典文献研究读本》。

（吴西亮）

国际经济管理学院

概　况

国际经济管理学院(International School of Economics and Management)成立于2012年9月,学院以建设世界一流的经管学院为发展目标,定位为“国际人才培养、高端科研产出、海外人才聚集、创新开放引领”的高端平台。学院吸引具有海外学习经历的中青年学者加入,进行国际化教学实验,争创高水平科研成果。学院90%以上的教师具有欧美博士学位,全部课程采用先进的欧美教学方式进行全英文或双语授课。

国际经济管理学院承担着本科生与研究生的培养与教学任务。本科专业为金融学(金融经济),注重培养学生应用定量方法分析并解决经济方面的问题,其特色体现为独有的课程体系、广泛的国际合作和灵活的人才培养模式等。研究生设数量经济学(金融计量)专业,其特色体现在以培养学术型、科研型人才为目标,以出国深造、就读国内外名校研究生及参加本校硕博连读项目为主。学院参考国内外知名大学的教学培养方案,教学全程采用英语原版教材,全英文或双语教学。学院注重发挥教师的海外学术背景优势,同时立足本土,培养具有经济学系统知识,能运用现代经济学分析方法研究和解决实际问题的高素质国际化人才。

2015年,学院教职工37人,其中,专职教师34人,行政管理人员3人;共有学生111人,其中,本科生81人,研究生30人。

学院下设5个教研组,包括宏观经济学教研组、微观经济学教研组、计量经济学教研组、应用经济学教研组、金融管理学教研组。

(刘文川　金湜)

师资队伍建设

【概述】　国际经济管理学院一直高度重视师资队伍建设,近年来加大了对高层次人才的引进力度。学院教师承担着学校经济管理类专业的双语教学工作,拥有一支学历层级高、知识结构合理的师资队伍,为学校国际化人才培养提供了保障。2015年,学院教职工37人,全职双轨制教师共34人,其中,副教授2人,助理教授32人,90%以上拥有美国、加拿大、荷兰、德国等国家的博士学位。学院聘请美国普林斯顿大学教授范剑青、美国德州农工大学教授李奇、英国伦敦经济学院教授姚琦伟为特聘教授;聘请美国斯坦福大学教授萧政、美国西北大学教授陈宁新、美国德州农工大学教授黄建华为兼职教授。

(刘文川　金湜)

【人才引进】　2015年,学院共引进海外博士7人,其中,男3人,女4人;专业分布在计量经济学、劳动经济学、理论经济学、金融学等领域;年龄均在35周岁以下。

(刘文川)

【教师考核】　6月,学院严格按照学校人事部门的工作要求和工作流程推进各项工作,成立由院长李奇、常务副院长刘文川组成的考核小组,对2012年、2013年及2014年入职的27位教师的教学和科研任务进行年终考核。

(金湜)

学科建设

【本科生专业设置】　金融学(金融经济方向)专业的目标是培养具有扎实的经济学和金融学基础知识,掌握经济学和金融学的基本理论框架与方法论,熟练运用经济学和金融学实证研究方法和分析工具,具有开阔的国际视野和较高的外语水平,能够到国内外大学继续深造,或者在政府机关,各类经济部门、科研院所、外资企业等单位从事金融经济理论研究、金融经济政策分析与决策等工作的高素质、国际化人才。本专业在课程设置上参照国外著名经管学院的课程体系,兼顾基础性和实用性,注重能力培养。数学及数学在经济金融领域中的应用类课程比重较国内同级别经管类专业更大，注重培养学生应用定量方法分析解决问题的能力，可以同时满足直接就业与继续深造两类需求。此外，专业课程设置上分中级和高级两个层次，兼设面向出国深造的理论课程和面向就业的实践课程。本专业的所有专业课程均由学院具有海外博士学位的中外籍教师采用全英文授课，教材和教学方法与国际接轨。此外，学院积极加强与国外院校的合作，促进学生短期或长期的学习交流。对成绩优异并有出国继续深造意愿的学生，学院积极推荐，为学生创造出国深造的机会。

（金湜）

【研究生专业设置】　经济学（金融计量方向）硕士在课程设置上参照国外著名经管学院的课程体系，实施全英文教学，以培养具有开阔的国际视野和较高的外语水平的学术型、科研型人才为主，同时兼顾基础性与实用性，注重培养学生熟练运用经济学和金融学实证研究方法和分析工具解决实际问题的能力，培养能够在实际经济部门从事金融经济理论研究、金融经济政策分析与决策等工作的高素质、国际化人才。

（金湜）

教学工作

【本科优秀新生转专业】　2015 年，按照学校教务处的统一要求，学院设立本科优秀新生转专业工作小组领导和实施本年度本科优秀新生转专业工作。学院通过严格的面试程序对学生的学业基础、语言能力和综合素质进行全面考察，最终接收转专业学生 2 名。

（侯蕾）

【本科培养方案修订】　4 月和 12 月，学院分别对 2015 级和 2016 级培养方案进行了 2 次修订，课程结构和上课顺序得到进一步优化。

（侯蕾）

【开展“外培计划”】　7 月，北京高等学校高水平人才交叉培养“外培计划”开始实施，学院作为首批参与院系积极与美国德州农工大学开展合作，选送优秀本科生赴美学习。学院 2014 级 22 名本科生中有 5 名学生通过在校生遴选方式成功派出。2015 年，学院以“招生计划定向投放”方式录取“外培计划”学生 8 人，计划于 2016 年 9 月派出。

（侯蕾）

【学生学习情况和满意度调查】　2015 年，学院本科生教育还处在起步阶段，为了更好地了解学生的需求和教师的教学情况，提升本科课堂教学质量，学院请专业老师帮助设计调查问卷，了解学生学习期望、实际学习投入时间、教师教学情况、学生学习态度、效果等方面的问题，了解学生的真实学习状况，有针对性地解决存在的问题。调查显示，学生对学院教师的总体教学满意度达 70% 以上，对专业课表示感兴趣的达 97%，90% 的学生认为学院导师组制度是有作用的；同时，学生学习积极性比较高，对自身的学业水平有期望，希望学习成绩在优秀和班级前几名的比例超过 80%。在学院两级本科生中，60% 的学生定位于出国深造，约 20% 打算国内深造。这些调查结果对学院的课程设置、教学大纲修订、教材选择和教学管理等工作都具有参考价值。

（侯蕾）

【启动学院论文查重规定】　2015 年，为加强学生对学术诚信和学术道德的认识，培养学术规范性，学院启动论文查重规定，在研究生科技创新项目和大学生创新创业训练计划项目申请中首先试行。同时鼓励教师在批改学生论文形式的作业或考卷时也设定查重标准，据此帮助学生树立学术道德意识，强化学术规范性，为后续的毕业论文写作和未来的科研或学术工作打好基础。

（侯蕾）

【教师教学获奖】　2015 年，学院教师李晓凤全英文课程教学形式多样，课堂氛围活跃，深受学生的喜爱，荣获首都经济贸易大学 2014—2015 年度优秀教师称号。

（侯蕾）

科研工作

【概述】　学院致力于推动教师做原创、先进的研究，鼓励他们在国内外高水平学术期刊上发表论文。学院教师在 Journal of Econometrics、Journal of Comparative Economics、The Annals of Statistics 以及 Journal of Business and Economic Statistics 等国际著名英文学术期刊上发表多篇文章。2015 年，学院教师承接了国家自然科学基金课题 3 项，教育部课题 1 项，市级课题 1 项。

（金湜）

【主要课题研究成果】 截至12月,学院共举办学术论坛26次。2015年,学院共有34篇高水平论文发表或被接收,其中,国际A类期刊收录16篇,国际B类收录8篇,国际C类及SSCI检索收录10篇。有10余篇文章发表在荷兰Tilburg大学选取的世界前35个经济学期刊上,奠定了学校在国际经济类最高研究水平上的地位。

(金湜)

【举办ISEM学术论坛】 2015年,学院举办ISEM学术论坛26场。

2015年国际经济管理学院举办ISEM学术论坛情况一览表

序号	时间	主题	主讲人	主要内容
1	1月13日	为一个橘子增添一个苹果:对手类型推测的总均衡	堪萨斯大学副教授Jianbo Zhang	报告为如何使对对手类型的推测达到均衡的老问题提供了一个新解答。报告构造了一个模型,允许代理人通过对各种状态提出有条件的要求来对总推测进行套利,也允许作市者对各种状态的概率进行管理。当每种状态下的要求都被满足,即达到推测的总均衡。本文还证明了总均衡的存在性和唯一性,也说明了总推测是在个人推测集合的凸壳内部
2	3月18日	资本管制会阻碍经济增长吗	国际经济管理学院助教游宇、黄宗晔	传统的经济学分析认为资本管制会扭曲市场经济运行,不利于资源的配置,因而需要减少甚至完全放弃资本管制,通过实现资本账户自由兑换来促进经济增长。本文通过运用系统广义矩估计方法对一组涵盖78个国家从1995年到2010年的面板数据进行分析后,认为合理的资本管制能够优化资本结构,改善资源配置,从而促进经济的稳步发展
3	4月15日	分散过程中的货币政策的非中性:再访休姆	中央财经大学讲师金谷	报告探究了非预料到的货币发行在分散过程的非中性。研究结果要么是积极,要么是消极。如果货币发行是积极作用,那么社会产出会正向变化来保持价格不变;而且,这样的产出-价格关系应该是不变的。分散贸易对这种反应是至关重要的
4	4月15日	财政资金误配与企业生产效率——兼论财政支出的有效性	对外经济贸易大学助教李明	报告探究了在财政压力日益增大的背景下,如何提升财政资金使用效率。李明通过构造一个企业非对称竞争背景下的政府采购订单配置模型来证明财政支出效果是财政资金配置效率的函数。文章发现,企业在因一些原因受照顾后,道德风险会增大,最终引发生产无效率。还有通过改进配置效率来改善财政支出效果,应成为中国深化财政体制改革的重要方向
5	4月17日	在估计DSGE模型中货币重要吗?——来自评估货币政策规则的证据	清华大学经管学院经济系助教李冰	

续表

序号	时间	主题	主讲人	主要内容
6	4月22日	同时多市场搜索和无业复苏	中国人民大学汉青经济与金融高级研究院助教何超	作者展示了一个相比于标准搜索与匹配模型来说可以在一个短时间的金融震荡下劳动市场恢复更慢的理论模型。他的假设是两个劳动市场并且工人可以选择到更喜欢的市场找工作或者两个市场同时找工作
7	4月29日	人民币国际化研究	中国社科院副研究员徐奇渊	
8	4月29日	考虑漏报动机的对不可见经济的估计	中央财经大学张琼	该报告与古典支出法不同,他允许漏报在所有家庭和所有形式的收入中发生,并放松了"家庭部分以一个不变比例漏报"的限制性假设。作者还提出一个最优家庭决策框架,并以这个框架为基础,构造了一个最优漏报响应方程
9	5月6日	国际知识经纪和海归创业决策	北京大学光华管理学院战略管理系教授路江涌	报告研究了国际知识在海归中的转移是否影响他们的创业决策,以及这是如何依靠国内的针对海归创业的支持政策和海归跨文化调整发生联系的。通过分析第一手调查数据,作者发现在国际知识转移和海归选择在祖国创业之间有正相关关系。这种正相关的关系被祖国针对海归创业的支持政策加强,同时又被海归回国后同当地文化和规范相适应的情况减弱
10	5月13日	薪酬设计:教师绩效薪酬设计及学生成绩的分布	中国人民大学经济学院助教Sean Sylvia	当今社会对基于学生成绩来设计教师绩效薪酬以激励教师的兴趣越来越大。他展示了以随机实验为基础的以学生成绩来决定老师奖赏的可选方法的结果,并且以百分制设计薪酬结构的激励模式对不同成绩水平的学生产生了广泛的影响,而成绩激励方案使教师以牺牲关注高成绩学生的时间来更加关注低成绩的学生
11	5月13日	对服务型领导效果的认识	工商管理学院企业管理系副教授高中华	
12	5月20日	为嘴巴匹配食物:对中国乡村地区人均食物消费的异常降低的统计学解释	哥廷根大学于晓华	作者为2000年之后中国乡村地区在食物消费上明显异常的下降提供了一个可选解释——中国农村住户调查和人均食物消费的计算的显著测量误差。他认为食物消费的收入弹性比农户调查数据为基础的测量弹性还要大
13	6月3日	社交网络、金融市场参与和资产配置:来自中国的证据	山东大学经济学院助教姜明明	作者根据2011年的中国家庭财务调查,探索作为社会资产的一个重要内容的社交网络对在正规和非正规金融市场的家庭的金融市场的参与和资产配置的影响。分析显示,拥有更广阔社交网络的家庭允许更高比例的金融市场参与度和风险资产的持有

续表

序号	时间	主题	主讲人	主要内容
14	6月9日	混合寡头模型中的广告博弈	中国人民大学汉青经济与金融研究院教授叶光亮	作者研究了同时在广告和数量上竞争的混合寡头。在公共企业和私人垄断企业里,广告总数是不同的;但是私人垄断企业不一定比公共企业的广告多。严重的是,公共企业的存在可以减少社会福利,而意外的是,公共企业可能在广告成本增长的时候增加广告的数量
15	7月2日	是否评分?——搜索拍卖模式的研究	加州理工大学教授 Matthew Shou - Chung Shum	报告研究了一个搜索拍卖模式的结构性模型。为了适应“定位悖论”,本报告放松了减少位置排名的点击数量的假设,而这种假设经常可以在前人文献里看到。他的结论是:引入人气得分只会为总收入带来一定程度的改变,尽管招标评分是用价格折扣方式奖赏高人气卖家的
16	7月14日	信息总博弈的理性夸大	密歇根州立大学经济学教授 Jinhua Zhao	报告研究了一个信息总博弈,发信人的有限集合中的每个人会接收到一个私人信号然后对中心提交一个报告,中心根据这些报告的平均水平做出决定。区分开本文的模型与相关文献的3个特征的总结是:各个角色的报告会被机械地平均化,他们的策略集合是区间选择而不是二元选择,还有他们是事前异质性的
17	9月23日	宏观新闻、货币政策和实际利率零下限	清华大学五道口金融学院助教张际	实际利率在零下限和不是零下限的情况下对宏观经济新闻是否反应不同,对评估政府政策有效性和零下限下新凯恩斯模型的政策意义的正确性来说是必要的。作者发现名义利率对新闻更不敏感,而实际利率在平常和在零下限条件下对新闻的变动是相反的
18	10月21日	不确定性和风险的鉴定	国际经济管理学院助教宋信息	在面对不确定性时,个人表现比他们知道其发生概率的情况会很不一样。作者用现实性偏好法,推导出观测到的个人资产配置决策与平滑模糊模型相一致的必要和充分条件。并且本文的优势是他们对于不完整金融市场是适用的
19	11月4日	在不完整的债券市场的稳健的长期利率风险对冲	国际经济管理学院助教沈牧龄	报告介绍了一个在不完整债券市场,为长期债务做风险对冲的稳健投资策略,并运用了后向最小二乘法来解决这个动态稳健最优问题
20	11月11日	金融网络中的系统性银行危机	纽约大学博士周臻	报告把金融市场中带有风险的运行嵌入到脆弱的金融网络分析中,还发现了一个新的机制,显示联系更弱的金融网络(银行间债务分布更加分散)会出现更多危机,变得更加脆弱

续表

序号	时间	主题	主讲人	主要内容
21	11 月 25 日	资产替代和投资不足：一个动态观点	上海交通大学上海高级金融学院教授巨能久	在多期动态协议中检验了 2001 年 Graham 和 Harvey 发现的当公司主管做投资和融资决策时更关注资产替代和投资不足的问题
22	12 月 2 日	在经济周期中的政府支出构成	国际经济管理学院助教周子彭	在政府支出的组成部分中，经济周期的特点体现得并不相同。陈烨发现政府支出构成的周期性变动是对外生的私人部门和政府部门生产力波动的内部性反应，还确定了这些波动的相对贡献因素的数量
23	12 月 9 日	对于轻度爆炸模型的连续时间系统的极限理论	国际经济管理学院助教陈烨	报告由轻度爆炸模型的连续时间系统建立了极限理论，采用了双渐进填充和大时间跨度的渐进。仿真结果表明，在有限样本和渐近分布表现出对初始条件的敏感性情况下，双渐进提供了一个很好的近似的有限样本分布
24	12 月 16 日	限制性的投票法、投票率和偏袒性的投票组成：来自俄亥俄州的证据	昆士兰大学助教 Haishan Yuan	
25	12 月 22 日	战略联盟、外部性与金融约束	高等经济商业学院助教洪洁瑛	作者对有金融约束的企业和通过战略联盟创新产品的现任富裕者建立了模型
26	12 月 23 日	多元方差比率统计	英国剑桥大学终身教授 Oliver Linton	

（金湜）

学生工作

【概述】　2015 年，国际经济管理学院学生工作内容充实、覆盖面广，学生活动的各项工作进展顺利，组织机构逐渐健全，规章制度更加完善，学生活动丰富多彩，工作内容覆盖全面，工作开展细致深入，取得了良好的教育效果，搭建了高效的师生交流平台，增强了学生对学校、学院和专业的认同感和归属感，为学院学生教育各项工作的深入开展奠定了良好的基础。

（高静）

【评奖评优工作】　2015 年，学院成立了本科生与研究生国家奖学金评审委员会，对学院国家奖学金评选细则进行了细致的讨论与修改，相继出台了首都经济贸易大学《国际经济管理学院本科生综合测评办法、研究生国家奖学金评审实施细则（试行）》和硕士研究生国家奖学金综合评定分数计算办法，并严格按照学校相关规定和流程进行各类奖学金及三好学生、优秀学生干部的评选和推荐。

（高静）

【学生会与研究生会建设】　8 月下旬，学生会和研究生会干部人选的选拔推荐工作已基本完成，两个学生组织进入试运行阶段。9 月初，学院搭建起学生工作微信推送平台，为学生及时推送学院与学校的重要通知和新闻。11 月 25 日下午,学院在诚明楼 315 会议室召开了“国际经济管理学院研究生会、学生会成立大会暨学生干部聘任仪式”。国际经济管理学院直属党支部书记刘文川、校团委副书记周从周、国际经济管理学院副院长高静、直属团支部书记雷露出席了会议。此外,学院还分别成立了由各班团支书组成的党建团建工作小组以及班长群,实行定期例会制,以更好地落实学校和学院的通知与办法,及时了解和解决学生反馈的问题。

(高静)

【学业辅导中心】 2015 年,学院加强学院内部资源整合,建立健全学业辅导内容与工作机制。学业辅导工作的重点是将对专业课的辅导与对学生的个人学业规划和发展目标辅导相结合,将对优秀学生的重点培养和对落后学生的帮扶相结合,力求做到让优秀学生飞跃式发展,同时让学习上困难的学生得到实质性帮助,摆脱落后的处境,还要让中间水平的学生都能在现有基础上更进一步。学院学业辅导中心由以下人员构成:学院教师高静(主管学生工作)、雷露(班主任兼辅导员)、王峥(经济类专业教师)、侯杰和林蔚(数学类专业教师)、张婷婷(管理类专业教师),优秀学生干部 2 名(宁旭、陈悦铭)。学业辅导小组在 2015 年运行良好,定期为学生解答学习中遇到的疑难问题,并为有出国意愿的学生开设数学提高班。

(高静)

【心理健康教育工作小组】 2015 年,学院学生工作关注学生心理健康教育与辅导,成立学院学生心理健康工作小组,对学生进行重点关注与广泛引导相结合的教育模式。

(高静)

【学生党团建设情况】 截至 2015 年年底,学院共有学生党员 11 人,其中,研一 5 人、研二 6 人。入党积极分子共 28 人。2015 年,学院共发展学生党员 2 人,预备党员转正 1 人。2015 级本科生中,1 名群众同学递交了入团申请,申请加入中国共产主义青年团。

(高静)

【网络文明主题党日活动】 4 月 10 日,学院 2014 级研究生开展了以“清朗网络空间,看我青年力量”为主题的党日暨青年志愿者活动。活动中,学生提出倡议争做不偏信、不盲从的中国好网民,多一份智慧,多一点甄选,抵制网络上虚假、反动、消极的内容,文明上网。最后大家在清朗网络空间的条幅和倡议书上郑重地签下了自己的名字,表示坚决抵制不文明的网络现象,做网络文明的使者。

(高静)

【民主与法制主题党日活动】 6 月 16 日,学院全体学生党员与积极分子齐聚学院会议室开展以“民主与法治”为主题的党日教育活动。

(高静)

【党团员集体宣誓活动】 为纪念中国人民抗日战争胜利暨世界法西斯战争 70 周年,7 月 7 日下午,学院在慎思楼举办以“不忘历史、把握现在”为主题的党团员集体宣誓活动。

(高静)

【红色 1+1 活动】 10 月 22 日上午,学院 5 名研究生党员与首经贸中街党委对接,与社区服务站老党员共同举办了“党员读书日”活动。

(高静)

【主题团日活动】 2015 年,2014 级本科生以“勿忘历史·圆梦中华”为主题,结合“我的中国梦”以及“四进四信”精神开展了主题团日活动,通过播放影片《我的 1919》,让团员同学们深刻感受到“弱国无外交”的含义,起到了较好的教育作用。

(高静)

【暑期社会实践】 2015 年,学院学生参加了团委组织的暑期实践活动。其中,校级社会实践项目 1 项,寻访抗战纪念遗址 3 个小分队,先后对上海、北京等地抗战纪念遗址进行了参观学习。

(高静)

【“三走”活动】 5 月 26 日,学院组织 2014 级金融学(金融经济)专业的同学来到园博园,开展亲近自然的户外班集体活动。同学们不仅通过园博园内风格迥异的园林建筑了解了我国不同地域以及世界不同国家及地区园林建筑的差别,还积极开展分队趣味竞技活动。

(高静)

【高招咨询】 6 月 14 日,学校举办 2015 高考招生咨询校园开放日活动。学院直属党支部书记刘文川，学院教师高静，负责国际合作交流的李红军、李委明、黎菁、金湜及雷露参加了本次招生宣传活动。学院国际化全英文授课的办学特色吸引了一大批考生及家长。家长及考生的问题大致集中在专业特色，与金融学院金融专业的区别，未来就业方向，以及分数线、招生比例、排名等问题上，各位老师都耐心细致地进行了解答。

（高静）

【录取情况和在校生情况】　2015 年，学院金融学共录取一批次本科新生 57 人，其中，外培学生 8 人。录取最高分数 647 分，最低分数 626 分，录取平均成绩位列全校所有专业第三名。其中，京外生源 6 人，京内生源 51 人，只招收理科生。2015 年，学院数量经济硕士研究生录取 15 人。

（高静）

【外培生情况】　8 月，学院派出 2014 级外培学生 5 人到美国得克萨斯农机大学进行为期 1 年的学习。8 月，录取 2015 级外培学生 8 人。

（高静）

【新生开学典礼暨家长学校】　9 月 6 日，学院新生开学典礼暨家长学校在博学楼第七阶梯教室举办。学院院长李奇、常务副院长刘文川出席了本次活动。

（高静）

【本科新生导师见面会】　10 月 14 日，学院在慎思楼 204 召开了 2015 级本科新生导师见面会，学院 27 位导师和全体 2015 级本科生参加了会议。会上，导师们先后进行了简短而个性鲜明的自我介绍，包括个人主要研究领域、所任课年级以及个人爱好等。导师与其所负责的几名学生进行了导师组的近距离对话，在相互认识了解、建立联系方式之后与学生进行交谈，并帮助学生解决了一些初入学生活或学习上的问题。见面会后，各导师组与学生定期见面或指导，包括进行大学学习方法和专业学习基本方法的座谈和指导，了解培养方案和课程设置，认识专业发展趋势，明确学习目的，端正学习态度，培养良好学习习惯，塑造优良学风等。

（高静）

【万圣节派对】　为了让学生们感受世界多元文化，活跃院校文化气息，展现当代大学生与年轻教师的青春风采，10 月 30 日，学院在博学楼第五阶梯教室举办了特殊的派对欢度万圣节。学院各教研组教师以及 2014 级、2015 级的本科生和研究生参加了本次活动。

（高静）

【“一二·九”大合唱】　12 月 9 日，学院本科 60 位新生以一首《走近新时代》在学校的“一二·九”大合唱中精彩亮相，分数排名第九名，获得最具潜力奖。

（高静）

【专业与出国指导讲座】　12 月 8 日，学院专业与出国申请系列辅导在博学楼 302 举办。本次辅导特别邀请到了学院林蔚、黄宗晔、陈烨 3 位教师，为全院学生进行美国、加拿大、新加坡的留学申请指导。此次讲座结合金融与经济的专业特色，分析了当今留学现状、留学热的成因，理性分析了留学利弊，为学生出国申请和大学学习生活规划提出指导性建议，帮助有出国意愿的学生提前做好充分准备。

（高静）

【职业选择讲座】　10 月 28 日，学院与学生处联合举办了本学期“成长课堂”活动。德仁微课研究院院长、华图教育联合创始人于洪泽在博学楼学术报告厅为学校师生带来了一场主题为“互联网时代的职业选择”的讲座，旨在通过他多年的管理实践，为同学们讲解如何规划自己的大学学习生活，在未来的职业道路上快人一步。

（高静）

【金融职业规划讲座】　11 月 4 日，学院在博学楼 302 举办了晚自习，特别邀请到了嘉实基金管理有限公司人力资源管理专家洪南，为学生分析有关资产管理、分析师的现状，提醒同学们：如果同学们要到这类行业就职，应提前做好准备。

（高静）

【心理健康讲座】　10 月 13 日，学院邀请 5 位美国心理学专家召开了心理健康讲座，为学生的成长保驾护航。

（高静）

【爱国主义教育】　4 月 10 日，学院 2014 级研究生进行了“瞻仰历史，展望未来”中国国家博物馆之旅。

（高静）

【大学生科技创新竞赛】 2015年,学院本科生共获批校级大学生科技创新项目4项、校级大科创项目1项;研究生重点项目1项、一般项目3项、院级资助项目2项。

(高静)

【英文演讲比赛】 6月2日下午,学院组织的本科生"第一届英文经典读书分享会暨英语演讲比赛"在慎思楼举行。此次比赛由高静、黎菁、孙宇、张婷婷、王峥、刘知微、雷露7位教师担任评委,进行现场提问并打分。本科生共组成10个小组,依次在讲台上展示自己的风采。

(高静)

【志愿者服务】 4月12日,学院志愿者分队来到北京市顺义区赵全营镇板桥村太阳村农场开展志愿服务活动,协助举行"首届太阳村爱心杯运动会"。作为非政府慈善组织,太阳村以无偿代养代教服刑人员未成年子女为己任,对服刑人员无人抚养的未成年子女开展特殊教育、心理辅导、权益保护及职业培训服务,以使他们在一个相对安定温馨的大家庭里像其他孩子一样得到保护,受到教育,健康快乐地成长。

(高静)

党建工作

【概述】 截至12月,国际经济管理学院直属党员共计28人,其中,教师党员15人,学生党员13人 。学院直属党支部在校党委的领导下,努力提高党员素质,增强党组织凝聚力,提高教育教学质量,积极开展工作,充分发挥基层党组织的政治核心作用,有力地保障了教学、科研、管理、服务工作的顺利开展。

(刘文川　金湜)

【开展红色1+1活动】 3月18日,学院党支部与首经贸中街党委结对,积极开展互帮互助活动,组织了特色鲜明的党日活动,积极加强学院与外界的联系,扩大对外宣传,提升学院及学校知名度。

(金湜)

【组织视频学习活动】 4月8日,学院直属党支部组织党员同志观看了《中国1978》《走近毛泽东》《小平你好》等视频学习材料。视频材料的学习让学院教师对中国近现代史有了更好的了解,增强了青年教师的责任感与使命感。

(刘文川　金湜)

【召开党风廉政建设专题学习会议】 6月24日,根据学校党委部署以及前期召开的会议精神,学院直属党支部书记刘文川向学院班子成员传达了会议精神。会议以"坚持全面从严治党,强化落实主体责任"为主题,旨在贯彻落实上级有关精神和要求,部署学校落实"两个责任"工作任务,全面推进学校党风廉政建设和反腐败工作。

(刘文川　金湜)

【贯彻群众路线教育实践活动精神】 9月9日,学院直属党支部组织党员教师开展党员批评与自我批评活动。学院青年教师深入体会到了爱岗敬业、廉洁从教、热爱学生的重要性,使学院党员教师深刻了解到,要在师德修养方面争先创优,要具有强烈的时代意识和社会责任感,强烈的自我完善意识和创新意识。

(刘文川　金湜)

【开展学习李小凡活动】 10月28日,学院开展向李小凡同志学习活动,学习会上,老师们积极讨论,学习他爱岗敬业、默默耕耘,为教书育人恪尽职守、鞠躬尽瘁的精神;学习他甘于寂寞、严谨治学,为追求学术锲而不舍、持之以恒的精神;学习他忠诚干净、敢于担当,为了事业发展迎难而上、勇于创新的精神;学习他严于律己、无私奉献,为党和人民的教育事业生命不息、奋斗不止的精神。讨论会让所有党员教师受益匪浅。

(刘文川　金湜)

【开展"三严三实"专题教育学习活动】 11月25日,学院党支部组织全体教师党员观看了"三严三实"专题教育党课视频,让广大党员教师对"三严三实"有了深刻的了解与认识,形成明确的"三严三实"践行意识。通过本次活动,广大党员都能真正理解"严以修身、严以用权、严于律己,谋事要实、创业要实、做人要实"的深刻内涵,为积极推动学院发展献策献力。

(刘文川　金湜)

工会工作

【获得学校合唱比赛二等奖】 学院分工会积极筹

划,认真组织和动员广大教师参与"纪念中国人民抗日战争暨世界反法西斯战争胜利70周年"合唱比赛,并获得二等奖。

（苏志）

【获得校工会知识竞赛多个奖项】 2015年,学院工会动员教师积极参加校工会举办的知识竞赛活动,认真学习习总书记系列讲话和工会相关文件精神。在此次知识竞赛活动中,学院获得优秀组织奖,陈烨老师获得一等奖,周子彭等5位教师获得三等奖。

（苏志）

【召开第二届教职工代表大会】 12月28日下午,学院在学院会议室召开第二届教职工大会。院长李奇及25名教职工出席会议,副院长刘文川主持会议。李奇在会上做了全院工作报告,从多个方面回顾学院在过去一年里所开展的工作和取得的成绩,并对下一年的工作提出期望和做出安排。刘文川总结了教学和科研工作情况,并对接下来的工作提出几点建议。

（苏志）

【组织参观北京印钞有限公司】 11月,分工会组织部分教师参观了北京印钞有限公司。参观人员不仅进入生产车间目睹了钞票制作的复杂工序,还参观了北京印钞公司博物馆,在了解中国近现代钞票发展史的同时增进了对中国经济史的认识。

（苏志）

第十一篇

教学辅助工作

上、中图　4 月 30 日，学校开展“走进图书馆”中小学开放日活动

下图　9 月 30 日，图书馆召开改建工作动员会

上图　10 月 16 日，图书馆成员参观北京建筑大学图书馆

中、下图　11 月 4—7 日，图书馆成员赴浙江省杭州市就图书馆改建工作展开学习和调研

上图 1月13日，校医院举办新年联欢会

中图 5月8日，文化与传播学院学生郝筱萌出任丰台区造血干细胞捐献宣传形象大使

下图 9月，校医院驻军训基地医疗救护组认真履职，确保军训团师生平稳参训

上图　5 月 13 日，学校召开 2015 年档案工作暨志鉴编纂工作会

中图　6 月 30 日，学校举办劳动经济学院第一批史料移交和捐赠仪式，副校长徐芳向劳动经济学院颁发捐赠证书

下图　11 月 19 日，学校召开校史馆筹建工作委员会

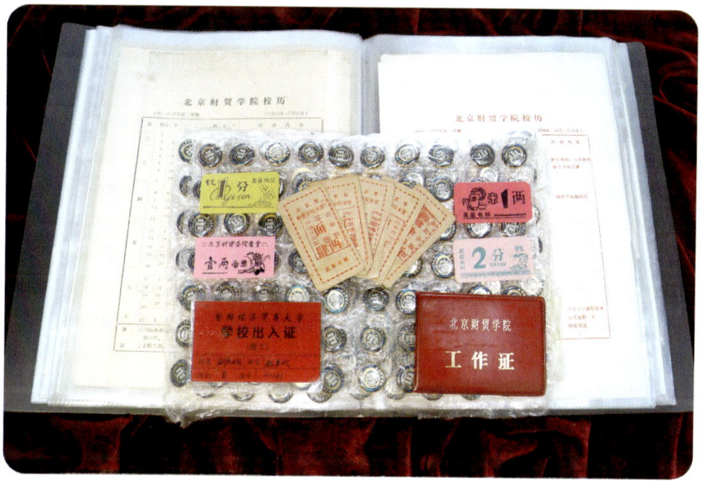

上、中图　2015 年，学校通过史料征集获得的珍贵资料

下图　1 月 15 日，学校资产公司举办年会

图　书　馆

概　况

图书馆共设有8个部门，分别为馆办公室、资源建设部、图书借阅部、阅览部、信息服务部、技术保障部、特藏部和东馆部，开展有流通、阅览、参考咨询、原文传递、馆际互借、读者培训、自助打印、复印等服务工作。现有正式职工42人，其中，高级职称14人，中级职称22人，中级职称以下6人。根据《首都经济贸易大学新一轮处级领导干部换届、聘任工作实施方案》精神，经党委常委会讨论决定，任命吴启富为图书馆馆长、程显秋为图书馆党总支书记兼副馆长、张桂岩为图书馆副馆长。

（巩伟）

文献资源建设

【加大中外文图书经费投入】　2015年，学校共订购中文图书18 359种56 314册，订购外文原版图书6 048种；订购中文期刊1 193种2 450份，中文报纸117种168份、外文原版期刊263种；在日常图书订购之余，对校内专家和读者急需的图书，图书馆工作人员做到认真核查，积极补配，为读者尽快购进急需图书；多次为配合劳经学院科研专项，购入相关图书，为学院专业建设提供文献保障。

（张蕾）

【受赠图书情况】　2015年，图书馆多次接受来自各方的图书捐赠。北京市政府原参事、学校经济学院教授瞿宁武多次作为访问学者出国讲学，退休后将个人毕生收藏的极其珍爱的近百册中、外文珍贵文献捐赠给图书馆，并亲笔书写、整理了捐赠目录。原学校经济研究所副所长、离休老干部武金铭向图书馆捐赠了个人藏书。

（张蕾）

【完成古籍整理工作】　2014年9月至2015年12月间，首都经济贸易大学图书馆委托北京市古籍保护中心对馆藏古籍进行普查整理并创建古籍书目数据库。经双方共同努力，古籍整理工作顺利完成。在古籍和数据整理阶段，2015年10—11月间完成做书签和上书签的工作。2015年12月13日、14日两天，北京市古籍保护中心邀请首都图书馆历史文献中心杨之峰为首经贸善本古籍做鉴定。经鉴定，确定78种1 413种古籍为善本，同时为每一部善本书拍摄了书影，留存了一份善本古籍的图像资料。在排架方法上，将善本古籍单独集中放置，以突显其珍贵程度，其他普通古籍按照经、史、子、集、类丛、新学各部类顺序号依次排架。

（马艳林）

文献信息与读者服务

【“走进图书馆”中小学开放日工作】　4月30日，图书馆面向首经贸附小、附中的30名学生代表及部分家长、老师开展首个“走进图书馆”主题开放日活动。活动由办公室和信息服务部安排专人负责接待、引导、讲解等工作。此次活动北京新闻做了报道。12月13日，副馆长张桂岩应邀为首经贸附中的同学举办了一场“资源的检索与利用”专题讲座，加深了同学们对图书馆相关知识的认识与理解，让学生们从小就懂得如何利用图书馆的资源丰富自己的知识和人生。这一活动荣获北京高校图工委2015年“北京高校图书馆面向中小学开放日活动二等奖”。

（张桂岩　王春晖）

【红庙校区图书馆实行刷卡进馆制度】　4月1日起，红庙校区图书馆启用门禁系统，实行读者刷“校园卡”入馆制度。门禁制度的实施进一步规范了图书馆的日常管理，加强了安全防范工作，营造了安全、宁静、舒适的借阅环境，有利于学校师生正常有序地利用图书馆资源。

（张哲）

【高校生态文明教育论坛与“生态与美国文学

文库”】 10月31日,2015高校生态文明教育论坛在学校隆重举行,与会代表参观了图书馆所藏的“生态与美国文学文库”。图书馆“生态与美国文学文库”是美国布朗大学教授圣・阿蒙德(Barton Levi St. Armand)经由“亚洲图书基金会”赠予首都经济贸易大学外语系教授程虹,为充分发挥赠书的作用,程虹将赠书全部转交给图书馆。圣・阿蒙德教授所赠图书多为私人藏书,包括英美文学经典作品、生态批评文学理论前沿著作、文学理论的核心刊物等,共计988册。该文库是目前国内外文学研究领域一批独具特色且极为珍贵和经典的自然文学原著,它为自然文学以及“生态批评”文学研究领域提供了重要资料来源。

11月28日,在首届呀诺达生态文学奖颁奖典礼上,程虹译著的《低吟的荒野》获得“呀诺达生态文学奖”。程虹将获奖奖金10万元全部捐献给首都经济贸易大学图书馆生态文学书库。

(张桂岩)

数字图书馆

【做好新网站内容更新及完善】 2015年,图书馆网站增设统计数值类数据库,并添加21个数据库;对16个平台更新的数据库做了修改,新增数据库16个,完善了常见问题50多条,更新培训课件、常用软件、常用插件等30余个。图书馆网站在学校二级网站考核中被评为A级,并获2014—2015年二级网站建设先进单位称号。

(王春晖)

【图书馆机房升级改造工程】 2015年,图书馆中心机房升级改造、搬迁的招标工作完成,并于年底正式实施。

(刘海翼)

自身建设

【财政专项工作】 2015年图书馆完成校内提高定额专项2项,即“2015年提高定额—图书馆建设—中文文献资源建设”与“2015年提高定额—图书馆建设—外文文献资源建设”,资金总计2 000万元,共订购中文期刊1 193种、中文报纸117份、中文图书18 359种56 314万余册、中文数据库51个、外文图书5 000余册;外文刊268种、外文数据库31个,获评学校财务管理工作综合奖及学校财务处颁发的“执行进度综合奖”。

(张桂岩)

【考察与交流】 3月31日,河北邯郸学院图书馆馆长杜良贤等来图书馆参观调研。10月16日,图书馆与校基建处、图书馆改造项目设计单位联合考察了北京建筑大学和北京农业职业技术学院图书馆。11月4—7日,图书馆、基建处、设计院组成调研小组赴浙江省杭州市,就图书馆改建工作展开学习和调研。期间,先后参观调研了杭州市图书馆、浙江理工大学图书馆、浙江财经大学图书馆、浙江大学图书馆、杭州市图书馆佛学分馆。对各个图书馆的功能分区与布局、IC空间的设计及改造、家具及自动化设备、图书馆文化建设及体现、改建过程中需要注意的问题等做了认真的学习与研讨。11月11—17日图书馆党总支书记程显秋等,赴成都参加艾利贝斯集团产品中国用户协会(CCEU)年会。会后结合图书馆改建工作,对成都电子科技大学图书馆、四川大学江安校区新馆以及重庆大学图书馆进行了走访和调研,参观和学习国内先进图书馆在管理、服务与创新方面好的做法和经验。

(张桂岩 巩伟)

【馆志编纂工作】 2015年,图书馆按学校的统一部署,较好地完成了馆志的编纂工作。在设计《首都经济贸易大学图书馆馆志(1956—2014)》的篇目及框架结构前,进行了前期调研,查阅了学校自建校以来的部分重要档案,召开多次修志工作会。截至12月,图书馆已经完成图书馆馆志审定工作。

(巩伟)

【图书馆宣传月活动】 4月15日—5月31日,配合Balis开展了馆际互借、原文传递宣传月系列活动。采取网站宣传、发放宣传材料、组织问卷调查、开展读者培训等多种方式进行广泛宣传,取得了良好效果。在年度工作总结中,图书馆馆际互借工作总评第25名,荣获先进集体三等奖;原文传递总评第38名。配合Balis和尚善基金会精神健康公益活动,在本馆设立了图书专架,摆放心理健康相关知识手册及图书,供读者借阅。在2014年接收100余册图书的基础上,2015年基金会向图书馆再次赠书44册。

(王春晖)

【完成了图书馆老馆改造的前期工作】 2015年,学校围绕图书馆改造启动了申报、论证、调研、方案确定等程序，一方面在馆内成立老馆改建调研小组，广泛听取图书馆工作人员的意见和建议，以满足图书馆的功能要求。另一方面，走出校门到其他先进高校考察学习，汲取成功的经验，制定出了既具有前瞻性又符合学校实际的切实可行的图书馆改造方案。9 月 18 日，学校正式决定启动图书馆改建项目。

（张桂岩　巩伟）

党建、工会工作

【党的十八大精神和政治理论的学习教育活动】 2015 年，图书馆党总支扎实开展党的十八大文件和习近平总书记系列讲话的学习教育活动，深入开展图书馆教职工思想状况调研工作和学习党的十八大文件知识竞赛。5 月，组织开展了“我与学校图书馆”为主题的征文活动，共收到征文 28 篇。完成了图书馆馆史的总结和馆志的编纂工作。通过了党建难点项目的申报，完成了建设学习型党支部、推进“服务型”党组织建设 2 项党建课题的研究。

（程显秋）

【主题党日活动】 2015 年，图书馆各党支部积极开展主题党日活动，引导广大党员立足本职岗位做贡献，有 4 名同志被评为党员服务标兵，在“七一”纪念党的生日时受到表彰。在职党支部开展了以“弘扬阅兵精神，祝福伟大祖国”、“从元大都的历史繁荣景象，看新时代中国梦的实现”以及“铭记历史、缅怀先烈，珍爱和平、开创未来”为主题的党日活动。退休党支部积极开展形式多样的讨论会、报告会，荣获学校 2015 年学习“两会”文件及习近平讲话精神优秀组织奖和“老有所为”先进集体，并在学校学习贯彻全国离退休干部“双先”表彰大会和全国老干部局长会议精神的表彰大会上被评为优秀党支部。

（程显秋）

【加强廉政风险防范】 认真抓好党性、党风、党纪教育和社会主义核心价值观教育，巩固和拓展群众路线教育活动的成果，扎实地开展践行“三严三实”活动。贯彻落实学校党委关于党风廉政建设的部署和要求，组织研读廉政新规和文件，利用各种工作会议、政治学习活动和组织生活会、民主生活会的机会，加强党风廉政建设的宣讲和教育。在工作中坚持重大事项由馆务会、学术委员会、党总支委员会、部主任会、资源建设委员会及教职工大会集体决定的原则。针对中外文资源采购、信息化设备采购等关键岗位风险点，与 13 个岗位的同志签订了《岗位风险承诺书》。

（程显秋）

【图书馆改建工作教职工大会】 10 月 23 日，针对图书馆馆舍改造项目，图书馆召开临时教职工全体大会，会上馆领导向全体教职工介绍了该项目缘起和筹划，并广泛征求大家的意见和建议。由于此次改造力度大、时间长，直接影响到图书馆的正常工作，因此大家反应积极，提出了很多富有建设性的意见。

（杨阳）

【工会活动】 图书馆同志积极参加学校工会主办的“纪念中国人民抗日战争暨世界反法西斯战争胜利 70 周年”合唱比赛，最终获得第三名。在学校广场舞比赛中获得三等奖。在学校工会组织的游泳比赛中，图书馆共有 8 人次获得二、三、四等奖，混合接力获得第三名，并获得团体总分第三名的好成绩。图书馆分工会 2015 年再次荣获“校先进分工会”光荣称号。

（杨阳）

校　医　院

概　况

首都经济贸易大学校医院（以下简称校医院）是一所学校投资的全民所有制非营利性医疗机构，承担学校的基本医疗服务，预防保健，慢病管理，公费医疗和医疗保险事务管理，计划生育，学校红十字会和献血工作，健康教育以及学校公共卫生服务和公共卫生突发事件应急处置等项工作。校医院分别在校本部和红庙校区下设2个门诊部,均为北京市基本医疗保险定点医疗机构。截至2015年年底,校医院总建筑面积4 304平方米(校本部门诊部面积2 031平方米,红庙校区门诊部面积2 273平方米)。固定资产1 150件(价值1 300余万元),万元以上设备74件(价值近1 000万元)。有员工33人(含外聘人员),其中,卫生技术人员27人(包括副主任医师4人,中级职称医务人员17人,初级职称医务人员6人),行政人员6人,具有本科以上学历人员20人,大专学历人员11人,中专学历人员2人。全部医务人员都接受过专业或执业培训,并取得相应专业资格证书和执业资格证书。校医院设内、外、妇产、口腔、中医5个普通门诊,设预防保健、理疗、医学检验、医学影像、护理等8个业务科室。

(李峥)

医疗业务管理

【医疗工作】 2015年,校医院承担学校近13 000名学生及3 000多名教职工(含离退休教职工)的医疗保健工作。除日常24小时门诊外,还承担、组织教职工体检工作,本科生及研究生的入学、毕业体检工作,完成学校各项大型活动的保健工作以及学校传染病、突发公共卫生事件的防控工作,组织制定了《首都经济贸易大学60年校庆医疗保障工作方案》。2015年,校医院全年门诊26 931人次,其中,医保病人4 481人次,急诊2 339人次,口腔科就诊456人次,中医科4 014人次;开展各项化验检查6 000余人次,X光检查6 000余人次,其他各类检查1 000余人次。2015年,校本部医院进行了医用污水处理系统改造,并通过了丰台环保的检查。检验科新增全血细胞五分类分析及全自动血液生化分析仪,使检验水平和检验能力进一步提升,开展甲状腺激素及性激素等激素水平检测,对临床工作提供了有效的支持。

(王晓红)

【健康工程】 2015年,校医院开展学校医疗健康管理服务的主要内容有:完善教职工健康档案,进行教职工体检结果分析及个体化建议,实现全体教职工体检结果校园网上查询,以及近3年个人体检结果网上对比查询功能。开展健康评估及心脑血管疾病发病风险的系统评估,以教工体检数据为依据,结合教工个人健康信息,进行个体健康评估及心脑血管发病风险的评估,有针对性地提供个性化的生活方式的指导;进一步加强体检后健康服务及健康管理,为学校所有二级单位提供体检综合分析报告,对常见病、多发病进行统计分析,对各类慢性代谢性疾病进行分类统计,并提出指导性意见和建议,方便各单位掌握本部门教工的总体健康情况。

(王晓红)

【预防保健】 学校教职工和学生的健康体检,传染病的预防、管理,监督,指导公共卫生和饮食卫生是预防保健的主要工作。4月,校医院组织全校职工(含离退休人员)2 331人参加由专业医疗体检队进行的健康体检,反馈职工体检结论2 331份,并根据体检结果进行健康状况评估分析,为学校提供常见病、多发病的发病率及群体健康状况分析。利用SureTouch乳腺早期诊断系统,首次对全体在职女教工进行乳腺疾病筛查体检,全校女教工400余人次进行了乳腺疾病筛查诊断,并对发现问题的教工提出下一步的检查建议。2015年全年完成本科生入学体检2 640余人,研究生、博士生入学体检1 220余人,学生运动会体检512人和教职工调入体检及博士后入站体检约110人。9月,配合丰台区结核病防治所对2 500名新生进行PPD(结核菌素试验)监测,筛查率超过95%。按照北京市免疫预防接种程序的要求,对非京籍新生进行麻疹疫苗和白破疫苗的强化接种,共接种麻疹疫苗780人。2015年,全年宣传、开展国家推广的二类疫苗中的乙肝疫苗接种,为师生接种乙肝疫苗70人次,甲乙肝联合疫苗170人次。7—8月,针对来自MERS疫区的韩国来华交流人员,与国际交流处紧密合作,制定了一系列防控措施,采取体温监测、每日了解健康状况、环境清洁消毒等措施,同时加强与属地疾控部门的联系,接受上级卫生疾控部门的工作指导,确保无MERS疫情发生。利用宣传画报和网络等多种形式开展结核病、流感、乙肝、艾滋病、呼吸道/肠道传染病等多种疾病预防知识的宣教工作,增强全体师生的防病意识和能力,避免各种传染病的校内流行。

(苏文霞)

学校医疗政策与社团管理

【公费医疗与医疗保险工作】 为方便全校师生员工,医保管理办公室对公费医疗、医疗保险、工伤保险、生育保险、离休统筹发生的手工报销费用统一管理。2015 年，全年报销学生门诊医药费 2 100 余人次，住院报销 73 人，各种医疗保险报销 400 人次，为校办工厂“五七”排退休职工审核医药费单据 125 人次，为享受工伤保险人员办理医药费报销 10 人次，并开通学校医保热线，与学校党政办公室、学生处、人事处、离退休处共同解决师生来电、来信、来访涉及的公费医疗及医疗保险等问题，快捷有效地为师生排忧解难。

（李峥）

【计划生育】 5 月，及时发放全校独生子女费26 430 元、托补费 115 823 元、奶费 2 752 元、统筹医疗费 162 771 元，共计 307 776 元。“六一”儿童节开展了主题为“童心飞扬、快乐成长”的儿童摄影展，作品在宣传橱窗展出，为 14 岁以下儿童发放礼品及奖品。对独生子女父母，女方年满 55 周岁，男方年满 60 周岁办理退休手续后，发放 1 000 元的一次性奖励，2015 年共发放独生子女父母退休后一次性奖励费 61 人。办理生育服务证 22 人。办理休产假 18 人。慰问产妇 28 人次。10 月 19 日，学校计生办组织各院系及机关处室的计划生育宣传员，参观北京市脐带血造血干细胞库（简称北京市脐血库），了解脐带血的相关知识。为进一步贯彻落实《关于广泛开展“生育关怀行动”的实施意见》的文件要求，让更多的计划生育困难家庭得到帮助，学校向朝阳区计生协捐款 1 800 元。

（杨丽蓉）

【红十字会活动】 学校红十字会学生分会一系列有特色的活动：开展了献血宣传组织及现场服务、造血干细胞捐赠知识宣传与培训，开展艾滋病同伴教育 10 期、初级急救员培训 2 期、市红十字会主持人培训，举办 2 期手语讲座，参加首都高校手语歌大赛。响应心目图书馆录书活动，定期招募志愿者组成红丹丹盲人服务团，参加心目图书馆的录书和校对工作，共有 10 余名同学参与医学、文学等图书录制；组织外联部到丰台街道社区阳光敬老院开展慰问活动；看望万年花城第一社区空巢老人。成功举办第二届红十字会定向越野知识竞赛。每次招募 10 余名红十字会志愿者协助校医院完成研究生新生体检服务、全校教职工体检、学校运动会医疗保障等。组织红十字会同学分批到启音聋哑学校、天使之家探访，组织捐赠衣物活动 1 次。参与济仁慈善举办的“关爱自闭症儿童——走进启星孤独症康复中心”活动。2015 年，红十字会学生分会通过新媒体首都经济贸易大学红十字会官方微信平台、人人网、校园网、手机短信等发布各项活动的通知，鼓励会员、志愿者参与其中，通过通讯、图片等进行报道，广泛宣传红十字精神。

（杨丽蓉）

【献血工作】 2015 年组织大型献血活动 5 次，共计 15 个院系参加，上站人数 980 人次，实献 732 人次，其中，街头献血 10 余人次；组织红十字会志愿者 80 余人次参与现场服务，并在校园新闻网、校医院网站上及时报道献血活动。大力宣传造血干细胞捐赠知识，举办校内现场宣传活动 2 次、培训 2 次，并邀请北京市第 46 例造血干细胞捐献者、中国军事医学科学院博士徐亮以及丰台区红十字会赵开清讲解造血干细胞相关知识。造血干细胞捐献采集小样 60 余人。5 月 8 日，丰台区红十字会和校红十字会在学校学术报告厅开展了“人道点亮心灵，博爱续航生命”造血干细胞捐献工作推进活动，200 余名造血干细胞志愿者和社会各界爱心人士参加了活动。文化与传播学院 2010 级学生郝筱萌成为丰台区首例造血干细胞捐献成功者。6 月 14 日，世界献血者日，校红十字会志愿者参加“北京榜样 2015”大型主题活动——“学榜样我行动”暨为榜样圆梦之世界献血者日志愿活动。首都经济贸易大学获得 2012—2013 年度全国无偿献血促进奖单位奖、北京市 2015 年献血先进集体。

（杨丽蓉）

党建工作

【党支部建设】 校医院直属党支部现有党员 27 人，分在职、东区退休和西区退休 3 个党小组。其中，退休党员 13 人，80 岁以上 3 人，70～80 岁 5 人，59～70 岁 5 人；在职党员 14 人，在职党员分布在临床、护理、药房、医技等科室，各个岗位都有党员发挥先锋模范作用。

6 月，校医院根据学校党委《“三严三实”专题教育实施方案》的要求，开展“三严三实”专题教育动员和部署工作。6—7 月，开展第一专题“严以修身”的学习，落实教育实践活动整改工作，在推动整改落实中进一步查找“不严不实”问题；8—11 月，开展第二、第三专题“严以用权”“严于律己”的学习；10 月 28 日，校医院领导班子召开“三严三实”专题研讨会，总结了校医院开展“三严三实”专题教育的情况，并结合习近平总书记的重要讲话精神和李小凡同志的先进事迹,倡导广大党员干部自觉践行“三严三实”,把“三严三实”融入日常医疗工作中,加强业务学习,提高诊疗水平,以患者为中心,为全校师生的身心健康做好服务。

（张艳华）

【工会工作】 校医院分工会围绕学校和医院的中心工作开展文体活动,参加校工会组织的庆“三八”女教职工徒步活动,在校工会举行的“舞出风采,舞出健康”广场舞比赛中荣获二等奖。在校工会举办的纪念“中国人民抗日战争暨世界反法西斯战争胜利70周年”合唱比赛中,荣获三等奖。参与了校工会组织的教工游泳比赛、台球比赛、扑克牌比赛以及校工会组织的知识竞赛。医院分工会还举办了“5·12国际护士节”的休养活动;组织职工前往京郊怀柔区的圣泉山秋游等。按照校工会要求,校医院分工会成立了学校教职工健康咨询中心,为学校教职工提供医疗健康方面的咨询服务。校医院分工会荣获2015年度工会特色工作奖。

（张艳华）

档案馆(校史馆)工作

概　况

截至2015年年底,档案馆馆藏综合档案包括北京经济学院、北京财贸学院和首都经济贸易大学3个全宗,计62 098卷(案卷级管理),20 643件(文件级管理);照片档案10 115多幅;录音磁带、录像磁带、影片档案577盘;实物档案2 333件。门类包括党群档案、行政档案、教学档案、学生档案、科研档案、基建档案、设备档案、财会档案、出版档案、外事档案等。档案馆总建筑面积844平方米,有4台服务器、12台计算机、2台复印机、3台消毒设备,有专职人员6人、馆员5人、助理馆员1人。

（刘江霞）

档案管理

【档案库房建设和安全】 2015年,档案用房面积持续增长,总面积由2014年的697平方米增加到844平方米,增长率21%。其中,库房面积达到468平方米(综合档案库房180平方米、人事档案库房65平方米、学生档案库房73平方米、实物档案库房150平方米),档案收集整理和服务利用面积达到217平方米(综合档案57平方米、人事档案39平方米、学生档案29平方米、档案数字化加工面积57平方米、资料室35平方米)。对综合档案库房进行了改造,由实体防火墙替代了原有的玻璃墙;加装了摄像头、防盗护栏、防盗门、烟感报警设备等必备的安全设施。

（刘江霞）

【接收学生档案】 3月,根据学校整体工作安排,档案馆与学生处沟通协调,正式接收学生档案。截至12月,学生档案室共有档案14 489卷。2015年全年共接收新生档案3 447卷,转递学生档案2 876卷。在接收与转递过程中规范了新生档案接收流程和转递流程。

（刘江霞）

【档案的收集、整理、查询、利用】 2015年,档案馆按照“应归尽归、应收尽收”的工作原则,共收集综合档案2 013件、2 000卷;接收新教工档案60卷;转递档案16卷。收集整理各类干部人事档案20余种,共3 600页;完成干部人事档案目录的制定;调整处级干部档案160卷;标准化档案320卷。全年接待校内办公查借阅档案100余人次,600余卷;对社会其他机构、个人因私提供档案查询利用服务800余人次,1 430余卷(件);出具各类档案证明300余份;复制档案材料500余份;进行学历、学位鉴定500余件;学历、学位、学习成绩等材料的认证300余人次。干部人事档案共接待校内各单位查询392卷。接待教职工个人查询利用309人次。配合学校组织部做好2015年度160名处级干部“三龄两历一身份”档案审核工作。学生人事档案共接待校内外机构和个人查询300余人次。积极引导学生重视个人档案,以“6·9国际档案日”为契机,在毕业生离校前利用学生会微信公众号发布《国际档案日——关于“学生档案”你不可不知的事》一文，加深和提高毕业生对档案的了解与重视。

（刘江霞）

【实物档案库房建设及数字化】 2015 年，档案馆按照“展陈结合”的理念新建实物档案库房。对实物档案库房进行功能分区，划分为数字化工作室、照片库房、实物库房和资料库房。配备了展示柜(27 节)、组合展示柜(4 节)、储物柜(7 节)等设备，并由专人对实物档案进行系统整理，将实物档案划分为荣誉类、纪念品(礼品)类、印信类、证件类和其他 5 大门类。对学校建校以来的实物档案和声像档案进行整理。整理编目实物档案近 2 000 件，整理照片7 000余张。在整理的基础上，对实物档案和声像档案进行了数字化，共完成了 9 000 余件。转录录像带和光盘共 81 件，抢救了傅筑夫教授报告会和采访，北京经济学院 1986 年社会实践纪实等珍贵的历史声像档案。

（刘江霞）

【档案管理系统平台的应用及开发】 2015 年，综合档案管理系统上线运行，为推进新系统平台的应用，档案馆举办了专兼职档案员系统使用培训，印发了《首都经济贸易大学档案数字化管理平台用户操作手册》。全校各归档单位均开始使用新系统进行归档。学生成绩管理系统、高考录取新生名册系统、毕业生登记表影像管理系统的数据录入和挂接工作分别完成并投入使用。在档案管理系统平台的基础上，档案馆继续完成了前台发布系统、学生档案管理系统、声像档案管理系统 3 个子系统的开发工作。

（刘江霞）

【数字档案信息资源建设】 2015 年，档案馆完成 153 683 张学生新生入学名册、毕业名册和学生成绩单、24 058 张学生照片的扫描；完成 62 058 名学生基本信息和成绩单全文的录入，并对所有数据进行了分类整理和核对。

（刘江霞）

史志鉴编研

【校史资料查询考证】 2015 年，为全面梳理学校发展的历史沿革，理清学校发展历史上关键事件结点的历史事实，校志编写组到中央档案馆查找到学校历史档案资料 17 件，到北京市档案馆查找到学校历史档案资料 108 件。对北京劳动干部学校的筹办、北京劳动学院的成立、北京经济学院的成立以及北京财贸学院及其前身的发展进行了考证。配合宣传部等部门开展口述校史工作。

（刘江霞）

【史料和实物征集】 1—6 月，档案馆继续推进史料全面征集工作。7—12 月，推进了史料重点征集，征集方式包括举办集中捐赠活动、单位整体移交、个人捐赠和购买等。举行了劳动经济学院史料捐赠和移交仪式。在校友值年返校活动中安排史料捐赠环节。学校共有 24 个单位向校史馆整体移交了所保管的实物 700 件，照片 1 814 张，电子版照片 357. 7G；共 79 人向校史馆捐赠了个人珍藏的实物 480 件，照片 633 张。通过孔夫子旧书网等网站购买学校知名教授和领导的著作 200 部，购买学校重要宣传媒体的报道 9 件。自史料征集活动启动以来，共收集实物资料 1 389 件、照片资料 2 447 张、电子照片 357. 7G。

（刘江霞）

【推进校史馆筹建工作】 11 月，学校第 18 次校长办公会审议通过了校史馆建设工作方案，确定了学校校史馆的选址，并成立了校史馆筹建委员会，审议通过了校史馆的空间布局。确定一展厅为校史篇，包括序厅、北京经济学院及其前身、北京财贸学院及其前身、首都经济贸易大学的成立和发展综述 4 个部分。二展厅为成果篇，包括学府风范(学科建设、人才培养、科学研究、国际合作、师资队伍、党建群团、文化活动、办学条件)、校友风采、结束部分。在展厅的整体风格上，一展厅相对深沉厚重、稳重大气，二展厅相对明亮活泼、简约现代。是月，召开校史馆筹建工作委员会第一次会议，会议对校史展览的形式、布局、分工、工作步骤等做出了具体安排。各牵头单位分别完成了校史展览脚本的撰写和资料的收集整理工作。

（刘江霞）

【完成校志的统稿】 2015 年，为推进参编单位完成初稿，校志编写组编写史志培训材料 1 册。自 2014 年 7 月至 2015 年 5 月，共编写发放 5 册史志编写培训材料。校志各参编单位按照篇目的要求全力搜集资料，按培训材料进行组稿，将存史价值大、可鉴度高的资料“去粗取精、去伪存真”，并按照“横排纵述”“述而不论”的体例编写形成各单位初稿。为保证稿件内容的准确和全面,各单位反复征求了本单位老领导、老同志们的意见。截至2015年年底,各参编单位在校志编写组的指导下完成了校志“三上三下”。校志编写组在各单位初稿的基础上对校志统稿成书。从7月至12月,编写组完成了校志的统稿,统稿阶段共完成4稿,字数由143万字精简到98万字。12月,参编各单位对校志进行最终审订。校志编写组在全面梳理学校校史沿革资料的基础上,完成了近5万字的学校发展综述,高度概括了学校的发展历程和办学成果。同时,在2014年形成的40万字的大事记资料长编基础上,确定了大事记的收录标准,对大事记进行了条目筛选和数据核对,凝练完成了近17万字的学校近60年发展大事记。

(刘江霞)

【年鉴编纂】 2015年,档案馆完成了《首都经济贸易大学年鉴(2014)》的出版发行并组织年鉴(2015)的编纂工作,完成了对各单位年鉴文字和图片的统稿、编辑、修改、校对和初步排版等工作,形成初稿共64.6万字,收录主题照片70幅,篇目照片180幅,于10月送学校出版社。本年度继续完成了《北京教育年鉴(2015)》和《丰台年鉴》的组稿上报工作。

(刘江霞)

自身建设

【参与北京市档案研究会工作】 12月,档案馆参加北京市高等教育学会档案研究会第七届会员代表大会,获评2015年北京高校档案工作先进集体,当选为第七届理事会单位,馆长徐彦红当选为第七届理事会理事。

(刘江霞)

【调研和交流情况】 2015年,档案馆同志先后到北京电影学院、清华大学、北京交通大学、武汉大学、华中科技大学等9所高校调研,学习其他高校在档案管理、档案信息化、史志编研、校史馆建设等方面的经验。并接待了中国矿业大学、北京印刷学院等学校档案部门的来访交流。

(刘江霞)

【党支部和党风廉政建设】 12月,档案馆党支部成立,成立大会上完成1名预备党员转正工作。2015年档案馆全体党员完成了在线学习,加强党员干部的党风廉政建设,对本单位落实党风廉政建设责任制情况进行了全面认真的自查,完成《党风廉政建设自查报告》,制定了《档案馆党风廉政风险防范表》。

(刘江霞)

【校务公开情况】 2015年,档案馆网站共发布稿件22条,其中新闻动态13条、通知公告6条、图片展览3条;通过学校年鉴等公开出版物进行信息公开,利用学校校园网发布学校历史沿革、学校档案及校史工作规章制度等信息。

(刘江霞)

校办企业工作

概　况

首都经济贸易大学校办企业是首都经济贸易大学直接或间接投资兴办的企业总和。校办企业建立并实行现代企业制度,完善了以股东会、董事会、监事会“三会”为代表的企业法人治理结构。

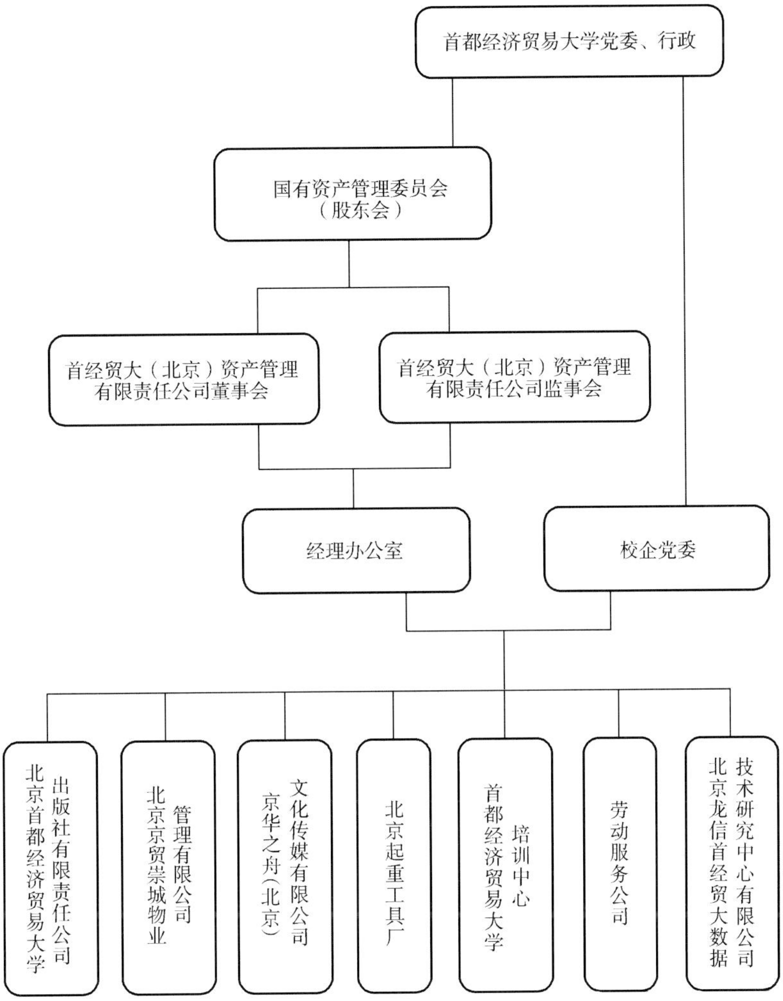

（闫佳）

首经贸大(北京)资产管理有限责任公司

【概述】 首经贸大(北京)资产管理有限责任公司(以下简称“资产公司”)是由首都经济贸易大学出资设立的法人独资有限责任公司,成立于2010年6月。资产公司以服务学校教学科研、服务区域经济发展为宗旨,依托学校研发创新和智力资源优势,在科技成果转化与推广、制度建设与开发等相关领域具有较强的实力和基础,业务范围涵盖大数据开发与应用、国际化高端教育培训、文化传播、图书出版、商业贸易、资产置业等方面,并形成了系统化发展的整合优势。

（闫佳）

【党建、工会工作】 公司认真开展党风廉政建设,坚持“三会一课”制度,定期召开公司党委会和党小组会,组织召开党员大会。在全公司范围内开展贯彻落实中央“八项规定”和企业负责人履职情况的专项检查工作。完成非在编职工入会工作,资产公司入会人数已达240人。组织职工积极参加学校工会组织的各项文化活动,成立篮球协会。

（闫佳）

【加强人事管理】 公司根据学校要求及聘任程序,完成在编人员竞聘工作。完善总公司薪酬福利制度,逐步推行员工手册,与学校物业中心和学校人事处接洽协调临时工劳动关系。完成了全员近400人的社保和公积金的年度基数核定工作。

（闫佳）

【完成市教委开展的监管自查工作】 根据《北京市教育委员会关于开展校办企业国有资产监管自查工作的通知》要求,组织各公司进行自查自纠工作,各公司根据要求进行了各项制度的梳理、补充及问题整改工作。

(闫佳)

【完善制度建设】 资产公司严格按企业化管理,有完善的内控制度。内部信息的传递、公开实现流程化,重大事项、重大人事变动、任命等均由国资委、董事会、经理办公会逐级做出决议,通过资产公司办公室或召开全体会议传达到各子公司。为确保财务信息的真实性、公开性,资产公司年底聘请会计师事务所对各家公司进行年终审计,并将财务报告向董事会汇报。资产公司定期或不定期召开董事会,除决议重大事项外,总经理要向董事会汇报公司的经营情况、财务情况等。岗位的聘任、年终考核均按照公开、公平的原则,公开聘岗,民主评议。

(闫佳)

【积极扩展业务】 公司与龙信数据、量子数据联合成立龙信首经贸数据公司,以"孵化科研成果,助力政府决策"为使命,致力于产业发展、资源环境、城市群建设的数据价值发现,通过大数据驱动决策、驱动管理、驱动创新,为首都北京及其他大都市国际化、京津冀协同发展提供解决方案。

(闫佳)

北京首都经济贸易大学出版社有限责任公司

【支持学术专著出版】 北京首都经济贸易大学出版社有限责任公司(以下简称"出版社")立足于服务高校科研活动,支持教师将科研和学术研究成果转化为学术专著,以利于科研成果的传承与传播。2015年共出版学术著作64种,占全年新书总品种的43%,学术出版物内容涵盖经济、管理、金融、法律、文化传播等各个领域,是出版社的重要产品线之一。出版社将为本校教师科研服务放在首位,64种学术专著中有44种专著的作者为学校教师及科研人员,占出版社全年出版学术专著总数的69%。

2015年首都经济贸易大学出版社学术图书出版情况一览表

序号	书名	作者	备注
1	马克思主义学刊(2015年第1辑)	刘冠军	本校教师
2	马克思主义学刊(2015年第2辑)	刘冠军	本校教师
3	大教学观下的思想政治理论研究	刘冠军	本校教师
4	学科视域中的思想政治理论课教学研究	刘冠军	本校教师
5	抗日根据地文化建设研究	张卫波	
6	胜在自贸区——赵晓雷和他的团队论自贸区的扩大与深化	赵晓雷	
7	北京农村土地问题调查分析与研究	谷军、宋恩平等	本校教师
8	理论与现实——过劳研究论文集	杨河清	本校教师
9	行千里路,读实践书——首都经济贸易大学教师社会实践论文集(2014年)	首都经济贸易大学工会	本校教师
10	观察与分析——从统计的角度(2014)	马立平　田瑜　周广军	本校教师
11	突破创新:人才培养模式改革与探索	王传生	本校教师
12	移动互联时代洞察消费者行为	赵占波	
13	中国海外人才回流的国际知识溢出与技术进步研究	陈怡安	本校教师
14	农民工城市就业问题及路径研究	王静　丁立宏　王欣	本校教师

续表

序号	书名	作者	备注
15	流动人口就业代际差异及其影响因素研究	王箐	本校教师
16	交叉学科视角下城市交通安全相关规则及理论研究——从通行规则到事故损害赔偿	缪明月	本校教师
17	商业银行风险及防范策略评估	周晔	本校教师
18	特大城市治理研究	王稼琼	本校教师
19	现代日本社会保障论	田多英范著，吕雪静等译	本校教师
20	中国金融风险报告(2014)	王曼怡等	本校教师
21	沉重的启航——晚清企业精神的兴起	温宏建	本校教师
22	从大衰退到新增长	甄炳禧	
23	流形学习若干关键问题与算法研究	古楠楠等	本校教师
24	北京中央商务区(CBD)产业布局与发展研究——北京市哲学社会科学CBD发展研究基地2014年度报告	张弘　蒋三庚	本校教师
25	京津冀协同发展的基础与路径	叶堂林等	本校教师
26	企业视觉传达的传播效应及对企业文化的构建	李毅	本校教师
27	房屋建筑工程评估基础	陈汉明	本校教师
28	特大城市建设与治理	蒋三庚	本校教师
29	首都发展研究报告(2014)——京津冀协同发展	祝尔娟	本校教师
30	首都发展研究报告(2013)——发展战略及产业研究	祝尔娟	本校教师
31	春风化雨、润物无声：北京工商大学就业工作风采集	吕素香　杨林	
32	无形资产哲学	于玉林	
33	纳什博弈论论文集	纳什著，张良桥等译	
34	纳什博弈论论文集(精装)	纳什著，张良桥等译	
35	劳均消费最大化的适度收入差距研究	李伟　王少国	本校教师
36	中国生产性服务业就业与影响因素研究	贾辉	本校教师
37	中国金融风险报告(2015)	王曼怡　周晔	本校教师
38	中国碳排放权交易博弈分析	聂力	本校教师
39	全球化与中国经济(第二辑)	黄丽君　岳清唐	
40	奈特不确定环境下分布度量与稳健决策模型研究	陶桂平	本校教师
41	拍卖计量方法的理论与实证研究	安欣	
42	基于家庭出行决策行为的交通需求预测研究	刘文芝	
43	金融这点事Ⅰ：道法篇	博时基金管理有限公司	
44	互联网+：保险营销	赵占波　吴志峰	
45	2014年度北京地区股权投资行业报告	北京股权投资基金协会	
46	货币国际化的内在影响因素研究	赵然	本校教师

续表

序号	书名	作者	备注
47	中国手语构词研究	刘润楠	本校教师
48	新视野:欧美大学亲历 2014	张连城　郎丽华	本校教师
49	创业情怀:中国石油长城钻探苏里格气田分公司成立 10 周年员工征文集	编写组	
50	诗意的沉思——华兹华斯诗歌中的时间与永恒	张宏峰	本校教师
51	三网融合与我国有线电视网络发展战略研究	金雪涛　程静薇	
52	金融人才培养	高杰英　郝思源	本校教师
53	追求卓越:大学生科研创新项目优秀成果交流(2014 年)	王传生　张琪	本校教师
54	感动·海院故事	王清春	
55	突破创新——课堂教学效果提升的改革与探索	王传生　张琪	本校教师
56	华侨学院高等教育研究(2014)	首都经济贸易大学华侨学院	本校教师
57	中国女子铁人三项体能研究	贾宝剑	
58	中华传统诗文精华读本	吴伟凡	本校教师
59	听歌入味——当代优秀歌词评论与鉴赏	许自强	
60	罗马帝国元首制研究——以弗拉维王朝为中心	何立波	
61	洛伦兹空间中的伪圆纹曲面和弹性曲线方程	范林元	本校教师
62	人机交互中人体工效模型的建立及其应用的研究	周晓磊	本校教师
63	首都经济贸易大学年鉴(2014)	年鉴编委会	本校教师

(杨玲)

【校学术出版基金资助图书出版】 学校学术专著出版基金成立于 1991 年,由校领导牵头,出版社出资建立。作为校出版基金的出版单位和资助单位之一,本年度出版社出版已获批校基金资助图书 5 种,分别为缪明月的《交叉学科视角下城市交通安全相关规则及理论研究——从通行规则到事故损害赔偿》、温宏建的《沉重的启航——晚清企业精神的兴起》、古楠楠的《流形学习若干关键问题与算法研究》、范林元的《洛伦兹空间中的伪圆纹曲面和弹性曲线方程》、陶桂平的《奈特不确定环境下分布度量与稳健决策模型研究》。

(杨玲)

【坚持精品教材出版】 2015 年,结合高校教学改革的探索和应用型人才培养的需要,出版社继续加大实训类教材、基础课和通识课程体系的建设和高职高专教材系列和培训用书的建设,出版了国际贸易系列、房地产市场营销、高职英语写作教程、商务英语听说等多种教材。

(杨玲)

【打造精品畅销图书】 2015 年,出版社加大了大众读物的出版力度,先后出版了《从大衰退到新增长》《金融这点事Ⅰ:道法篇》《重建巴比塔——吴飞谈传播学的想象力》《此情可待成追忆——最深情的 40 首古诗》《栖溪风月》《纳什博弈论论文集》等经管、文史类大众读物,取得了不俗的销售成绩。

(赵杰)

【出版著作纪念抗日战争胜利 70 周年】 2015 年是中国人民抗日战争胜利暨世界反法西斯战争 70 周年,出版社积极策划并出版了《英雄与国家记忆:抗战英烈肖像》《抗战时期中国妇女运动研究(1931—1945)》《陕甘宁边区青年运动研究》《抗日根据地文化建设研究》4 本具有史料价值和可读性的图书,获得了北京市委宣传部和北京市新闻出版广电局的肯定。

(赵杰)

北京经贸崇诚物业管理有限公司

【概述】 北京经贸崇诚物业管理有限公司(以下简称"物业公司")成立于2005年9月,隶属于首都经济贸易大学,是首经贸大(北京)资产管理有限责任公司的全资子公司,注册资本金300万元。近年来,物业公司业态由单一的物业服务企业,逐步向服务学校、外向发展的集团型企业进行转型。物业公司拥有员工326人,其中,管理人员14人,大专以上学历的46人,非在编人员310人,学校事业编制人员16人。

(温鹏)

【完善制度建设】 物业公司陆续通过了合同管理制度(暂行)办法、董事会议事规程、经理办公会议事规程、"三重一大"决策管理制度、三公经费管理制度(暂行)、采购管理制度、固定资产管理制度、薪酬管理制度,修订了岗位职责说明书等。物业公司在通过三级暂定资质的基础上,依据ISO9001三标一体化管理(质量、环境、安全)体系,建立三级程序文件,包含服务提供手册程序文件、品质改进手册程序文件、人力资源管理组织架构手册程序文件等。

(温鹏)

【经贸超市】 经贸超市面向师生服务,主要经营日用百货、休闲食品、日配食品、奶制品、水果、文具,以及书店等,是学校内部对师生提供日常所需商品的综合性超市。2015年共接待师生130万人次。年内为提高保障能力,超市开通了微店网上购物送货上门服务。

(温鹏)

【安保工作】 公司为学校提供安全保卫服务,年内协助公安部门破获案件2起;为学校做好事300余件,义务劳动100余次,协助保卫部门处理各类违章行为500余次,发现安全隐患70余起,发现和劝离各类推销、乱贴广告等扰乱校园治安秩序人员200余人次,查扣过期证件80余个,纠正校门违章人员3 000余人次,拦回校外闲散人员进校6 000余人次,发现证物不符出门物品20余起,收出门条500余张,捡拾物品50起,收到表扬信2封。

(温鹏)

【教材发售】 公司以"服务师生,师生满意"为工作出发点,以改善服务质量、提高工作效率、降低运营成本为工作指导,2015年教材发放量总计76 923册。

2015年教材发放销售情况一览表

东区		西区	
上半年	下半年	上半年	下半年
发放量:7 544册	发放量:4 784册	发放量:6 355册	发放量:58 240册
东区年发放量合计:12 328册		西区年发放量合计:64 595册	
2015年发放量总计:76 923册			

(温鹏)

【餐饮中心】 公司建立健全《职工管理制度》《岗位工作职责》《卫生管理制度》《安全生产岗位责任制》《突发情况应急预案》等规章制度。根据红庙校区的餐饮需求和物业公司的总体部署,餐饮中心将食品安全作为工作的第一准则,规范操作流程,严查安全隐患,确保食品卫生事故零发生。在食品安全基础上,增加菜品种类,改善烹饪制法,进一步满足了红庙校区各类人群的就餐需求。

(温鹏)

【物业服务】 公司接受学校委托,承担了学校本部博纳楼、博学楼、华侨学院、阅览楼等的物业服务工作。2015年向师生提供寄存物品服务4 670次,失物领回1 204件,处理工程报修3 918件,免费提供会议服务218场,提供保洁小时工4 340次。公司在红庙校区承担了1号楼、会展中心等的物业服务工作,全年为1号教学楼提供技术支持服务280次,为会展中心提供大型舞美灯光技术支持30次,寄存物品共计1 230次,失物领回40件,提供考试保障103场,布置考试所需教室1 968间,承接考生39 843人次。

(温鹏)

京华之舟(北京)文化传媒有限公司

【概述】 京华之舟(北京)文化传媒公司(以下简称"文化公司")成立于2005年8月,隶属于首都经济贸易大学,是首经贸大(北京)资产管理有限责任公司的全资子公司。2015年,文化公司全面落实总公司的各项部署,在健全公司管理制度、完善公司组织架构的基础上,开拓进取,扎实工作,较好地完成了各项工作任务,实现了公司又好又快的发展。

(孟雪丽)

【建立健全管理制度】 按照现代企业制度的要求,根据各部门间衔接的需求,文化公司建立健全了公司内部各项管理制度,明晰了公司的组织结构和岗位职责,完成了必要的工商程序变更审批,并且配合总公司的业务发展,成立了子公司——京华高科(北京)贸易发展有限公司。

(孟雪丽)

【运营校园礼品店】 CUEB club校园礼品店重视产品设计,开发了一系列新产品,其中尤以毕业季产品线的市场反响最为热烈;全面开展定制业务,取得了一定的市场效益,实体店与微店的运营情况良好。

(孟雪丽)

【运营校园咖啡厅】 6月起,与学生处合作策划西区咖啡厅事宜,全方位支持学生创新创业。12月,在文化公司的鼎力支持与学生处的通力合作下,学校首家由学生自主经营的创业咖啡厅"卡摩创业咖啡厅"开办,并将在进一步的探讨和摸索中走出一条有特色的符合国有资产经营规定的新模式。

(孟雪丽)

【会展与公关业务】 2015年,文化公司共举办大小会展活动数十场,代表活动包括"丝路艺旅"俄罗斯名家油画展、"丝绸之路、经贸之旅"项目洽谈会等;承办2015京津冀蓝皮书信息发布会、京津冀高校后勤协同发展论坛等多个高端学术论坛;协办2015中国特大城市发展高层论坛、2015首都圈发展高层论坛等多个大型学术论坛。文化公司与风尚艺品国际文化传媒公司合作,共同创立"丝路艺旅文创空间",主营国内外艺术品陈列展销、油画艺术培训、艺术旅游、高峰论坛等业务。邀请上合组织实业家委员会、中国城市报、俄罗斯普林汉诺夫大学相关领导参与,并促成校方科研项目对接,正式启动中俄双方企业家交流培训项目。

(孟雪丽)

【设计与视频业务】 公司搭建设计团队,开展校园纪念品、部门VI、活动VI设计制作等工作,总计完成246项设计,服务于公司各项业务及学校各个部门,同时积极开拓新的市场。视频团队承接了校歌MV、国际学院文化节晚会、资产公司宣传片等拍摄与制作业务,提供了拍摄服装、专业摄影人员及设备等方面的支持。

(孟雪丽)

【网络与新媒体业务】 公司梳理现有网站,完善功能项目,并开展网站建设及运营业务,2015年,公司网站正式上线(jhzzad. com);创建并运营经贸超市(Young Mart)、校园礼品店(CUEB club)等微信公众号,创新使用H5页面设计,配合线下活动宣传及推广;完成京华之舟微信公众号(服务号)内容架构的搭建。

(孟雪丽)

首都经济贸易大学培训中心

【概述】 首都经济贸易大学培训中心(以下简称"培训中心")直属首都经济贸易大学,由首经贸大(北京)资产管理有限责任公司监管。培训公司成立于2005年8月,由教育主管部门批准成立具有独立事业法人资格,专业组织开展各类教育培训活动、国际文化教育交流、国际化考试以及针对校内的留学服务培训,下设国际合作部、高端培训部、海外考试部、留学服务部、财务部及综合办公室,在职员工16人。

(刘姿灵)

【推进国际文化、教育交流】 2015年,培训中心共接待13所国外院校来访;接待了英国大使馆文化教育处、剑桥商务英语、英国士亚商务咨询公司3所国际教育机构的访问;与7所大学和1家机构达成共识,签订了9个合作协议,并与英国格鲁斯特大学实现互访;继续跟进伊利诺伊大学香槟分校及西北大学项目,并已达成合作共识。

(张卫东)

【芝加哥大学合作项目】 3月12日—6月22日,培训中心与校研究生(工作)部联合举办首期“国内外联合培养研究生基地项目——芝加哥大学研究生学期项目”,该项目是学校首次与世界名校芝加哥大学开展的实质性合作,项目为期1～2学期。参与该项目的学生可享受芝加哥大学的从生活到教学的各项教育资源,根据学习情况获得芝加哥大学颁发的证书,并成为芝加哥大学校友一员,参加芝加哥大学北京中心的各项校友活动。全校首批12名研究生已顺利完成学业。

(张卫东)

【成立留学服务部并开展宣传服务】 4月,中心在西校区成立留学服务部并开展各项宣传工作。4月27日,借助“我是演说家”——首经贸第十一届英语口语大赛活动的契机,有效地宣传了培训中心的留学业务。4月29日,在华侨学院举办首次留学公开课,培训中心常务副主任陈洪海为学生讲解留学相关的知识与经验,学生反响强烈。5月14日,与学生处就业办公室合作举办“职点课堂——留学规划全解析”公开课,培训中心常务副主任陈洪海分析了当前的留学现状及趋势,并通过大量具体案例和多年国际教育从业经验,对同学们在申请留学的过程中必须注意的一些问题进行了具体讲解。

(高志斌)

【高级课程研修班项目】 2015年度研修班共招生643人,并新增两个方向:城市学院公共管理硕士高级课程研修班、财政与税务学院融资租赁高级课程研修班。同时,开设高级课程研修班团培项目:朝阳地税税收筹划高级课程研修班、华融置业区域经济学高级课程研修班、朝阳区政府金融局高级课程研修班、融资租赁高级课程研修班。

(陈成)

【短期培训项目】 2015年中心全面拓展培训项目,就英语培训、专题短期培训、海外考试考前培训三大块业务开展工作,共计培训662人次。其中包括CCTV企业内训项目、北京高校后勤管理创新高级培训班、航空职业定向培养项目、BETC(HND)项目、国际专升本课程项目。已建立名师师资库,并与100余位校内外名师建立联系,为学校及相关单位多次提供培训师资。

(陈成　王红)

【海外考试工作】 2015年,中心共计承接普通雅思考试79场,其中,笔试32场,口试47场,累计服务考生人数为35 249人。4月前完成了AP考点的筹备及改造各项事宜,5月4日首次成功承接美国大学理事会AP考试。2015年,红庙校区AP考点共承办AP考试58场,累计服务考生1 598人。6月,经英国教育文化交流处推荐,中心成为北京市第二个UKVI(用于英国移民签证的雅思考试)考点,并于8月13日首次承接了UKVI雅思考试。2015年,共计承接UKVI雅思考试26场,其中,口试14场,笔试12场,累计服务考生4 869人。利用教学场地空档时间,承办临时国际性考试,全年承接26场,累计服务考生2 714人。

(柯英)

北京龙信首经贸大数据技术研究中心有限公司

【概述】 北京龙信首经贸大数据技术研究中心有限公司是由首经贸大(北京)资产管理有限公司、龙信数据(北京)有限公司、量子数聚(北京)科技有限公司共同出资成立,凭借首经贸优势的科研团队,结合专业数据团队的数据挖掘、数据融合、数据分析力量,旨在发挥科研优势,以建设首都新型智库为目标,力推科研成果产业化,积极将技术成果转化为社会影响力,为顶层规划的政策和决策提供智力支持和数据支撑。

(闫佳)

【联合工信部编制印发产业协同指引手册】 2015年,联合工信部以及京津冀三地工业和信息化主管部门,共同编制印发京津冀产业协同发展指引手册,并提供“京津冀产业协同发展监测报告”。报告指出,三地相互投资呈现加速态势;北京的辐射外溢作用显著;北京产业转移向三大发展轴集聚;三地互投助力产业协同;三地互投促进产业转型升级等。

(闫佳)

北京起重工具厂

北京起重工具厂(以下简称“工具厂”)成立于1956年,现隶属于首经贸大(北京)资产管理有限责任公司,以生产手拉葫芦为主营业务,主要产品为雄鹰品牌手拉葫芦、手扳葫芦、单轨行车、吊索具及农用大棚卷帘机等。工具厂拥有较强的加工制造能力,质量控制体系健全,检验测量手段完善,产品远销美国、日本、澳大利亚等发达国家。2015 年,生产手拉葫芦 36 179 台,同比去年增加了 13 091 台,增幅为 130.9%。其中,国内销售 5 873 台,国外销售 30 306台。3 月 16 日,北京市质监局组织相关专家到厂进行工业产品生产许可证企业实地核查,对企业的质量管理、运营生产、文件记录等各个环节进行了全面、认真的检查。经核查,工具厂符合条件并成功申办生产许可证。3 月 23 日,北京起重工具厂认真配合北京军友诚信质量认证有限公司进行的 ISO9001:2008 质量管理体系审查,并顺利完成初审。

(黄立军)

劳动服务公司

首都经济贸易大学劳动服务公司于 1981 年经原北京市高教委、原北京市劳动局批准成立,是安置返城知识青年就业以及组织待业青年生产自救的集体所有制经济组织。现有学校在编人员 2 人,集体所有制合同制工人 6 人。下设北京首经贸大有家客栈,经营旅游住宿业务,目前经济效益良好。

(王者平)

第十二篇

毕业生名单

首都经济贸易大学2015届博士研究生毕业名单

院　系	专　业	姓　名
财政税务学院	财政学	黄建　叶梅　周晓君(3人)
城市经济与公共管理学院	区域经济学	崔向华　张化学　祝辉(3人)
工商管理学院	企业管理	邓艳芳　何志勇　刘重霄　王默凡(4人)
会计学院	会计学	常亚波　李丰杉(2人)
金融学院	金融学	陈欢　牟卿　宋佳娟　宋毅成　王文峰　王子博(6人)
经济学院	产业经济学	冯明　关冠军　刘慧　王晖　邢琪(5人)
	国际贸易学	边菲斐　范丹　路丽　吕宁　王雷　王翔(6人)
	国民经济学	方毅祖　李方正　李伟(3人)
	数量经济学	杜永潇　付连军　李峰　王俏(4人)
劳动经济学院	劳动经济学	丁一　李佳　刘春荣　刘璐宁　罗俊峰　田辉　肖红梅(7人)
统计学院	统计学	霍晨　张尔俊(2人)
信息学院	管理科学与工程	卢山(1人)

首都经济贸易大学2015届硕士研究生毕业名单

院　系	专　业	姓　名
工商管理学院MBA	工商管理硕士	郑育杰　陈恒莉　周伟　周圆慧　刘源　尹学东　刘彬彬 丁为航　苏文婧　杨晓璐　张伟成　李向萍　钱云晖　龙跃 李斌　方开宇　张晨　金傅鹏　戴梦　秦巧媛　籍广军　计琪 王斌　肖茜　赵冰　刘晶　蒋伟　赵艳　张怡　尹春霞　马玉婷 刘春芳　汪佳婧　于海强　董婷　万学宝　李晨　童志胜　陈袁 何秋实　杨雅琴　陈艳丽　张雪云　葛春华　吴迪　何燕斌 胡丹丹　吴泽培　博星昭　王亚荣　张莎　张伟　吴艺飞 李俊英　张亚群　宋霄　李丽　陈雅洁　张娜　凤蕊娜　王亦非 谭丽平　姚剑萍　高欣　马艳　胡中琦　郭继元　杨宗白 薛成成　魏丽娟　代斌　唐愔愔　谢世钟　王瀚博　王晓宽 郭琪　张学超　陈振华　唐颖　张放　杨光磊　宁彦　赵亮 杜旭娟　刘美　刘年飞　黄铖　陈莹莹　张盖　李瑞兴　阮劲松 徐鹏　王帅　赵思恂　可金颖　李振　冯嘉昕　宋伟　崔玥 闫学彬　孙辰莎　张艳梅　丁亚斐　马娟玲　郭威　张彤 李俊杰　李庆山　肖青　梁冠华　张丽　常征　黄皓　任姣姣 李睿　靳琦　陆丽娜　蔡宏亮　张婷　姜洪宇　李巍　杜耀文 玉菲　薛韬　张建　韩光明　李泓　李然　齐慧敏　付博　柴鑫 张林泉　解超　马刘莎　丁月辰　徐佳萍　郭彩霞　徐鹏　徐亮 张莹　龚焱　马瑞苹　李国强　王蕾　雷蕾　杨茂杰　刘根英 张信　雷培　方知　尚婧铱　梁意　娄建宏　蔡佳懿　武颖 段雪莹　石佳灵　王莹莹　冒诗文　车凯　王海山　娄婷 许军伟　赵鑫碧　闫惠　何童　孙宝栋　杨建新　巩举　王冰 邵晨　沈颖　梁晓春　裴明亮　谢菲　张珊珊　葛俊　郭滨 王晶　杨松玺　冯艳　黄晓敏　韩婧瑶　李晓飞　胡习文 殷俊岚　胡立娜　刘伟升　达潇　何小兰　孙波　熊思思　张军 白杰　谢芳　游军涛　高丰　马胜楠　谢晓咏　苏琦　冉承勇 吴垠　马敏　韩秀文　郑斌　吴超　孙权航　高伟　于海英 张明涛　班慧　张晗　王鹏　王仁厚　杨帆　周璐　张杰　王达 谢婧　张寅杰　刘静　金烁　支敬涛　谭龙飞　朱永伟　李一鸣 王海阳　白彦斌　刘莉莉　杨志(230人)

续表

院系	专业	姓名
劳动经济学院	人口、资源与环境经济学	方海萍　马森森　王庆娟(3 人)
	劳动经济学	张洋　齐彬雯　高光熙　熊心悦　蒋芸　贾璇　郑玉立　刘清玚　叶登宇　李亚南　洪双　李岩　王芸　董可静　鲁媛源　梁潇　陶佳　任培培　陈秀秀　王希茜　赵燕　星春艳　刘星　郭鑫鑫　杨小龙　余赛文　程云飞　张超　宋春艳　张福进　曾玉　王洁(32 人)
	人口学	张静　陈龙　陈素霞　王成(4 人)
	社会保障	谢春玲　矫春盼　武玲玲　吴海燕　马鑫鑫　孙焕焕　张栋　魏彤　刘永宁　刘鹏宇　谷月　陈丽　林旭　马艳珍　文利芳　韩月　李亚珍　苗瑞红　袁铎珍　康冉　张萌萌　马少然　赵雪伶　苏圣丹　孙钰　李珊　秦丹(27 人)
	社会工作硕士	郭婧祎　靳蕊　王倩楠　洪斯男　卢航　熊凤娥　郭琳　张妍　周滢滢　尹婷　白书学　王卫政　赵烨　冯雅欣　田芳芳　张漪泓　颜如雪　陈佳音　孙韵竹　白洋　王雯娟　王晓丹　王玺玮　侯锦君　邢千岩　吕静雅　张圣琦　张闻凯　吕京蒙　王鹏　邓宇　黄诗雯　龚月妍　土佳鑫　王晓婷(35 人)
会计学院	会计学	欧芷伊　唐文　杜同同　吴玉清　易笑天　张异凡　胡晓庚　董旭　张子康　吕杰　武常翠　赵建中　苏日娜　杨昀　张钰婷　臧文佼　郭宇川　曾薇　李伊琳　孙亚京　许晶　邹硕　方媛　韩烨　蒋超群　刘源　张锦英　杨晓玮　刘栋　邸静兰　张倩　薛宁　侯强　陈玲　郑颖锟　王艳　李振宇　李颖　常荣　张孜瑶　肖琼芳　高阳　陈翔宇　张广超　郇义红　郭金亚　牟志军　张颖　王菲　曲晓蒙　惠龙　郭永峰　曹湘翎　雷惠茜　何莉华　杨洲　袁志远　高佳(58 人)
	会计硕士	张华鑫　闫文　张颖　赵何音　高一琳　郭亮　张琼文　郭梦媛　邱付新　单天悦　郭樾　潘学文　王艺璇　李润宁　张硕　闫春旭　孙亚娟　付璐　高阳　李铭　万青叶　陈松奕　宋紫薇　杜昊　郎佳丽　胡璇　王云娇　乔丽媛　陈晓宇　王恒　江永平　杨发琳　王雅梦　邓胡鑫　刘华茵　裴诗垚　于金鹤　李博　咸康希　孟冉　牛奕萱　濮兆平　裴亭　唐一非　陈泽文　罗乔　高敏　董璇　刘凯铌　杨献礼　邵翀(51 人)
	审计	李鑫　张懿妹　荆阿爽　王婷　张陆涯　赵阳　李露露　宋思思　宋雪培　赵祎文　谢君　刘冰　张瑞婧　杨天宇　范丹阳　明致萱　穆丹(17 人)
经济学院	政治经济学	常婧　耿源　刘欢　王京　王宇　陈争辉(6 人)
	西方经济学	李乔　刘小畅　张乐　王桃桃　柴志宏　石冰竹　耿晴晴　刘旭　潘恩阳　牟悦明　陈仁青(11 人)
	国民经济学	梅如笛　刘丽敏　曾屹然　王敏　李泽融　穆文燕　陈宇　张帅　门莉　葛丽娜　芦思超　樊怡　陈文翔　顾燃(14 人)

续表

院　系	专　业	姓　名
经济学院	产业经济学	杨蕊西　靳悦　孙丽洁　蔡亚为　黎莎　魏凌云　杨明　赵达　王若冰　罗克　张佳兴　陈朕　刘玲　刘雅轩　李照阳　樊丽娟　刘环　马骏　刘旭峰　徐文默　郑艳妮　王瑶　贾广畅　张剑鹏　党相宝　陈映彤　张爱萍(27 人)
	国际贸易学	樊斌　赵红洁　王楠　薛斌　苏杰芹　姚远　张艾攀　马心竹　邬莎　吴旭阳　段振远　王建豪　马驰骋　李亚琦　展丽　吴昊　郎采凤(17 人)
	数量经济学	王冬　马云鹏　徐律　张俊华　王路　黄亢　梁娅楠　王云峰　郭然然　高鹏飞　于国庆　罗麒(12 人)
	世界经济	丁然　华丽(2 人)
	国际商务硕士	裴辛易　殷君君　甄滢　杨畅　王鸣　闫键　殷喆　林蔚　王臣博　王晶　谢铮　阴月明　袁晓菲　张朦　亓娇　宋金锦　刘璐　思丹　李兰君　王斌　路轶翔　赵津　苗茜(23 人)
工商管理学院	技术经济及管理	任轶君　梁怡璇　杨丹丹　肖霈　付珊珊(5 人)
	企业管理	李娜　狄程　郭玮　刘丽华　张娜　王颖　闫京京　孙军　孙晓宇　乌云斯琴　蒋立兢　黄迪　孙晓萍　孙可　马倩　步凡龙　聂蒙蒙　丁广勋　黄雪园　潘迎利　丘伟辰　任媛媛　艾睿楠　李福　文景　赵晶鑫　张思思　王欣　叶梦洁　汤博　王璐　李想　丁旭辰　雷志超　姚昆　何璐　王旭超　高玉衡　王颖　张雅雯　马穆　庄晓伟　何依蒙　袁嘉怡　殷炳冉　张坤　郭婧　黎曦　王洪星　刘薇薇　卫婷　王宏(52 人)
	旅游管理	王晓芝　涂婷婷(2 人)
城市经济与公共管理学院	公共管理	金芩　武增慧　左旭　贾洁　刘庆新　彭飞　赵世泽　李剑　皮乐为　王婵媛　郭嘉　崔欣然　李霞　舒振琴　王岳　姚峰　刘长庚　付燕　盖琪　郭悦　王强　黄琛　陆禄　任旭锴　郭毅　刘龑　韩丹(27 人)
	区域经济学	任伟鸥　拜静雅　李冲　郝宝成　潘悦　王蔚　王蛟蛟　姚丽婷　贾英艳　王玲玲　刘畅　聂丽　田晓泽　李晶　赵红娟　毛银华　张伟　马俊清(18 人)
	教育经济与管理	滑然　郭璇　钟颖　王滢琳　宋京美　闫修(6 人)
	土地资源管理	尚斌　刘念北　陈曲　胡宁燕(4 人)
	行政管理	杜曼　王晓丹　孙海华　赵帅　朱佳　马园园　高原　马莉　李褚　司徒倩滢　方一森　庄绪娟　常紫慧　陈泳敏　王娜　刘畅　马雨菡(17 人)
财政税务学院	财政学	林韵　胡松　马学颖　李思然　孔淑慧　曲琳琳　赵春生　李和荟　孙哲　宗文　张天华　曹冰瑶　陈彦旭　张世鹏　邱慧饶(15 人)
	税务硕士	李利伟　陈天琪　赵昱秾　李慧竹　平凡　谷文辉　郭省钰　姜慧林　刘畅　刘建华　张磊　阚厚芳　程思超　侯剑　宋健　刘莉　张赛(17 人)
	资产评估硕士	张丹蕾　李雪飞　吴敏华　唐京　张皎月　李岚　张恺　陈曦　胡月　张杰　陈兴烨　刘军伟　杜田华(13 人)

续表

院　系	专　业	姓　名
安全与环境工程学院	安全工程	路堃　陈涵　索晓　王振鑫　王智文　吴茜蒙　练茹楠　林枫(8人)
	安全技术及工程	潘长城　霍永华　王妍　吴昊　杨茗　李涛　马子钧　魏鸿飞　李哲　赵晨阳　谢丹　徐永莉　侯欢欢　魏庆楠(14人)
	管理科学与工程	王伟　孙萍　单提伟(3人)
	劳动卫生与环境卫生学	尉莉莉　白丽丽　齐鲁(3人)
马克思主义学院	马克思主义基本原理	赵禹　张国萍　魏熙　杜怡琼　李燕　曾敏(6人)
	思想政治教育	李正阳　樊涛　李春　杨转珍　吴志威(5人)
	马克思主义中国化研究	高胜楠　田萌　党高辉(3人)
信息学院	产业经济学（信息经济）	于晓静　张月　翁帧　赵苗苗　张爽　吴红　李兵　王婉青　刘晓莹　万小兰　姚兴振(11人)
	管理科学与工程（管理学）	尹志东　褚旭　李飞飞　马啸原　杨子健　施凯英　王宁　王鹏　康祎　赵斯惠　孙梦荣　贾南　王欢欢　李晓帆　梁晨(15人)
法学院	民商法学	孙良勇　董亮　张瑜　牛稼　李梦婷　董军　闫格　戴菲　刘静　朱九旭　王新鸽　李静雯　范永亮　朱帝　宋宇翔　章柳　张君　孟思　苏绍靖　杨素敏　侯丽娜　郭嘉婕　刘湘　孔云晓　陈静静(25人)
	经济法学	王兰　叶晓静　平婷婷　卢维　罗晨煜　黄显利　韩园园　王亚杰　贾楠　陈凤雯　刘莹莹　徐鹏飞　李超南　张一静　刘雨霁　韩晓辉　肖梦然　彭一凡　黄越　姚银银　李靖怡　薛春威　吴丹青(23人)
	法律硕士（法学）	李绍君　李世杰　王源　张慧　孟文　裴莹莹　申庆军　田诚　丁丛　呼小叶　李艳芳　凌越　杨颖　孙喜威　王珊珊　金岩(16人)
	法学理论	贾紫轩　高娅娟　徐焱　祁琳(4人)
	宪法学与行政法学	孔祥稳　林鹭　杜学涛　周宇星　陈心蕊　马杰轩(6人)
	国际法	吕美昂　崔雨潇　付雪晴　赵海燕(4人)
金融学院	金融学	田竞宸　徐晶　李凌宇　张晨　王晓婷　王宇庚　王晶晶　付立业　张彤辉　李燕华　王川　李晨　毛琦　张莹　刘昕　刘永嘉　饶芸　杨茜　高斯　宋阳　李竹　赵树佼　任美娟　石玥　李超　张雪　贾少柳　马妍娇　董岁寒　杨芳　陶鹏文　李妍　白钧予　王金金　李胜楠　段玉维　王义文　张孟钰　王盟凯　王光远　高文　邵明丹　赵慧玲　吴俊锋　郭玉鑫　王中华　赵凤双　曹云峰　付新强　易辉　黄周祥　王刚　赵惠(53人)
	金融硕士	胡芙榕　张亮亮　刘莹莹　齐睿　邢希　刘洋　孙晓婷　付敬翔　张勉　阮崇昱　艾斐　祝莹莹　赵碧宇　王光辉　李泰奇　汪沁　徐博　杨赟　刘力　周璐莼　宋玉洁　董广坡　韩天然　刘澎波　刘兰　杜浩　马萍　韩加新　钱铭铭　佟菲　雷茵　董培轩　杨雅琦　高立志　魏伊秋(35人)
	保险硕士	罗茜　罗晓聃　李延鑫　张婷　王颖　郑海红(6人)

续表

院　系	专　业	姓　名
统计学院	统计学	闫丽　刘晓惠　杨屹　王积振　冯晓明　杨琴棋　张琦　商梦琦　袁星伟　苏利丽　康秋匣　韩靖　陈思　李延凯　唐昊　刘伟艳　王永凯　刘鹤　景然　郭航　于晶晶(21 人)
	应用统计硕士	姜英英　孟宪辰　蒋辰　田晶晶　杨晨晨　高增荣　张磊　申明明　张林　王亚妮　莫春秀　王尊城　马翘楚　刘雪媚　陈玉新　李欣　刘璇　孙赫　田春阳　刘秀娟　矫雨驰　李超　李美宁(23 人)
外语系	英语语言文学	姚英博(1 人)
	外国语言学与应用语言学	胡继禹　佟佳　李娜　刘婷　张慧云(5 人)

2015 年 6 月首都经济贸易大学博士学位获得者名单

专业名称	姓　名
金融学	宋佳娟　王子博　王文峰　宋毅成　陈欢　牟卿(6 人)
财政学	周晓君　黄建　叶梅(3 人)
企业管理	刘重霄(1 人)
数量经济学	王俏　杜永潇　付连军　李峰　郭小芳　安卓卡　付才光(7 人)
国民经济学	李伟　李方正(2 人)
国际贸易学	范丹　边菲斐　吕宁　路丽　马博仁　王文中(6 人)
产业经济学	关冠军　刘慧(2 人)
区域经济学	崔向华　祝辉　张化学(3 人)
统计学	霍晨(1 人)
会计学	李丰杉(1 人)
劳动经济学	肖红梅　李佳　田辉　罗俊峰　刘璐宁(5 人)

2015 年 12 月首都经济贸易大学博士学位获得者名单

专业名称	姓　名
管理科学与工程	卢山(1 人)
劳动经济学	刘春荣(1 人)
会计学	常亚波(1 人)
国民经济学	孙赛兰(1 人)

2015 年 6 月首都经济贸易大学学术硕士学位获得者名单

专业名称	姓　名
劳动经济学	张洋　齐彬雯　高光熙　熊心悦　蒋芸　贾璇　郑玉立　刘清玚　叶登宇　李亚南　洪双　李岩　王芸　董可静　鲁媛源　梁潇　陶佳　任培培　陈秀秀　王希茜　赵燕　星春艳　刘星　郭鑫鑫　杨小龙　余赛文　程云飞　张超　宋春艳　张福进　曾玉　王洁　孟和朝鲁孟　图布信　吴云　德利根(36 人)

续表

专业名称	姓　名
人口学	张静　陈龙　陈素霞　王成(4 人)
人口、资源与环境经济学	方海萍　马森森　王庆娟　欧玛杜(4 人)
社会保障	陈丽　林旭　马艳珍　文利芳　韩月　李亚珍　苗瑞红　袁铎珍　康冉　张萌萌　马少然　赵雪伶　苏圣丹　孙钰　李珊　秦丹　谢春玲　矫春盼　武玲玲　吴海燕　马鑫鑫　孙焕焕　张栋　刘鹏宇　谷月　刘永宁　魏彤(27 人)
财政学	林韵　胡松　马学颖　李思然　孔淑慧　曲琳琳　赵春生　李和荟　孙哲　宗文　张天华　曹冰瑶　陈彦旭　张世鹏　邱慧饶(15 人)
企业管理	张思思　王欣　叶梦洁　汤博　王璐　李想　丁旭辰　雷志超　姚昆　何璐　王旭超　高玉衡　王颖　张雅雯　马穆　庄晓伟　何依蒙　袁嘉怡　殷炳冉　张坤　郭婧　黎曦　王洪星　刘薇薇　卫婷　王宏　李娜　狄程　郭玮　刘丽华　张娜　王颖　闫京京　孙军　孙晓宇　乌云斯琴　蒋立就　黄迪　孙晓萍　孙可　马倩　步凡龙　聂蒙蒙　丁广勋　黄雪园　潘迎利　丘伟辰　任媛媛　司马　李福　艾睿楠　文景　沙田鹏(53 人)
技术经济及管理	任轶君　梁怡璇　杨丹丹　肖霈　付珊珊(5 人)
旅游管理	涂婷婷　王晓芝(2 人)
会计学	臧文佼　欧芷伊　唐文　杜同同　吴玉清　易笑天　张异凡　胡晓庚　董旭　张子康　吕杰　武常翠　赵建中　苏日娜　杨昀　张钰婷　李伊琳　孙亚京　许晶　邹硕　方媛　韩烨　蒋超群　刘源　张锦英　杨晓玮　刘栋　邸静兰　张倩　薛宁　侯强　陈玲　郑颖锟　王艳　李振宇　李颖　常荣　张孜瑶　肖琼芳　高阳　陈翔宇　张广超　郇义红　郭金亚　牟志军　张颖　王菲　曲晓蒙　惠龙　郭永峰　曹湘翎　雷惠茜　何莉华　邵宇楠　郭宇川　曾薇(56 人)
金融学	田竞宸　徐晶　李凌宇　张晨　王晓婷　王宇庚　王晶晶　付立业　张彤辉　李燕华　王川　李晨　毛琦　张莹　刘昕　刘永嘉　饶芸　杨茜　高斯　宋阳　李竹　赵树佼　任美娟　石玥　李超　张雪　贾少柳　马妍娇　董岁寒　杨芳　陶鹏文　李妍　白钧予　王金金　李胜楠　段玉维　王义文　张孟钰　王盟凯　王光远　高文　邵明丹　赵慧玲　吴俊锋　郭玉鑫　王中华　赵凤双　曹云峰　付新强　易辉　黄周祥　王刚　赵惠　欧南嘉(54 人)
国际贸易学	樊斌　赵红洁　王楠　薛斌　苏杰芹　姚远　马心竹　邬莎　吴旭阳　段振远　王建豪　马驰骋　李亚琦　展丽　吴昊　郎采凤　李明　李赫　志远　万妮达　拉和曼　卡马尔　托左　莎巴拉(24 人)
政治经济学	常婧　耿源　刘欢　王京　王宇　陈争辉(6 人)
西方经济学	李乔　刘小畅　张乐　王桃桃　柴志宏　石冰竹　耿晴晴　刘旭　潘恩阳　陈仁青　牟悦明(11 人)
世界经济	丁然　华丽(2 人)
国民经济学	梅如笛　刘丽敏　曾屹然　王敏　李泽融　穆文燕　陈宇　门莉　葛丽娜　芦思超　樊怡　陈文翔　顾燃　马塞德　杜丽娜　沙缪(16 人)
产业经济学	赵达　王若冰　罗克　张佳兴　陈朕　刘玲　刘雅轩　李照阳　樊丽娟　刘环　马骏　刘旭峰　徐文默　郑艳妮　王瑶　贾广畅　张剑鹏　党相宝　杨蕊西　靳悦　孙丽洁　蔡亚为　黎莎　魏凌云　杨明　陈映彤　张爱萍　玛丽　阿麦德　阿法罗　阿芸娜　尤瑟夫(32 人)

续表

专业名称	姓　名
数量经济学	王冬　马云鹏　徐律　张俊华　王路　黄亢　梁娅楠　王云峰　郭然然　高鹏飞　于国庆　罗麒　法拉(13 人)
区域经济学	任伟鸥　拜静雅　李冲　郝宝成　潘悦　王蔚　王蛟蛟　姚丽婷　贾英艳　王玲玲　刘畅　聂丽　田晓泽　李晶　赵红娟　毛银华(16 人)
行政管理	杜曼　王晓丹　孙海华　赵帅　朱佳　马园园　高原　马莉　李褚　司徒倩滢　方一森　庄绪娟　常紫慧　陈泳敏　王娜　刘畅　马雨菡(17 人)
教育经济与管理	滑然　郭璇　钟颖　王滢琳　宋京美　闫修(6 人)
土地资源管理	尚斌　刘念北　陈曲　胡宁燕(4 人)
马克思主义基本原理	魏熙　樊涛　田萌　高胜楠　杜怡琼(5 人)
马克思主义中国化	杨转珍　李正阳　李焘(3 人)
思想政治教育	李燕　党高辉　吴志威　曾敏　张国萍(5 人)
外国语言学及应用语言学	李娜　胡继禹　张慧云　姚英博　佟佳(5 人)
英语语言文学	刘婷(1 人)
统计学	于晶晶　闫丽　刘晓惠　杨屹　王积振　冯晓明　杨琴棋　张琦　商梦琦　袁星伟　苏利丽　康秋匣　韩靖　陈思　李延凯　唐昊　刘伟艳　王永凯　刘鹤　景然　郭航(21 人)
法学理论	贾紫轩　高娅娟　徐焱　祁琳(4 人)
宪法学与行政法学	杜学涛　周宇星　陈心蕊　马杰轩　孔祥稳　林鹭(6 人)
民商法学	戴菲　刘静　朱九旭　王新鸽　李静雯　范永亮　朱帝　宋宇翔　章柳　张君　孟思　苏绍靖　杨素敏　侯丽娜　郭嘉婕　刘湘　孔云晓　陈静静　孙良勇　董亮　张瑜　牛稼　李梦婷　董军　闫格(25 人)
经济法学	王兰　叶晓静　平婷婷　卢维　罗晨煜　黄显利　韩园园　王亚杰　贾楠　陈凤雯　刘莹莹　徐鹏飞　李超南　张一静　刘雨霁　韩晓辉　肖梦然　彭一凡　黄越　吴丹青　李靖怡　薛春威(22 人)
国际法学	姚银银　吕美昂　崔雨潇　付雪晴　赵海燕(5 人)
产业经济学(信息经济)	于晓静　张月　翁硕　赵苗苗　张爽　吴红　李兵　王婉青　刘晓莹　万小兰　姚兴振(11 人)
管理科学与工程(管理学)	马啸原　杨子健　王宁　王鹏　康祎　赵斯惠　孙梦荣　贾南　王欢欢　李晓帆　梁晨　尹志东　褚旭　李飞飞(14 人)
安全技术及工程	潘长城　赵晨阳　谢丹　徐永莉　侯欢欢　霍永华　王妍　吴昊　杨茗　李涛　马子钧　魏鸿飞　李哲　魏庆楠(14 人)
管理科学与工程(工学)	孙萍　单提伟　王伟(3 人)
劳动卫生与环境卫生学	尉莉莉　齐鲁　白丽丽　张莹(4 人)

2015 年 10 月首都经济贸易大学学术硕士学位获得者名单

专业名称	姓　名
国民经济学	张帅(1 人)
企业管理	赵晶鑫(1 人)
会计学	杨洲(1 人)

2015 年 12 月首都经济贸易大学学术硕士学位获得者名单

专业名称	姓　名
管理科学与工程(管理学)	施凯英(1 人)
会计学	高佳(1 人)
国际贸易学	张艾攀(1 人)
区域经济学	马俊清　张伟(2 人)

2015 年 6 月首都经济贸易大学专业硕士学位获得者名单

专业名称	姓　名
工商管理硕士	李一鸣　王海阳　白彦斌　刘莉莉　张雪云　葛春华　吴迪　何燕斌　胡丹丹　吴泽培　博星昭　王亚荣　张莎　张伟　吴艺飞　李俊英　张亚群　宋霄　李丽　陈雅洁　张娜　凤蕊娜　王亦非　谭丽平　姚剑萍　高欣　马艳　胡中琦　郭继元　杨宗白　薛成成　何秋实　杨雅琴　陈艳丽　娄建宏　蔡佳懿　武颖　段雪莹　石佳灵　王莹莹　冒诗文　孙宝栋　常征　黄皓　任姣姣　李睿　靳琦　陆丽娜　蔡宏亮　张婷　姜洪宇　李巍　杜耀文　玉菲　薛韬　张建　韩光明　李泓　李然　齐慧敏　付博　柴鑫　张林泉　解超　丁月辰　徐佳萍　郭彩霞　徐鹏　徐亮　张莹　龚焱　马瑞苹　李国强　王蕾　雷蕾　杨茂杰　刘根英　张信　雷培　方知　尚婧铱　梁意　车凯　王海山　娄婷　许军伟　赵鑫碧　闫惠　何童　杨建新　巩举　王冰　邵晨　沈颖　梁晓春　裴明亮　谢菲　张珊珊　葛俊　郭滨　王晶　杨松玺　冯艳　黄晓敏　韩婧瑶　李晓飞　胡习文　殷俊岚　胡立娜　刘伟升　达潇　何小兰　魏丽娟　代斌　唐愔愔　谢世钟　王瀚博　郭琪　张学超　陈振华　唐颖　张放　杨光磊　赵亮　杜旭娟　刘美　刘年飞　黄铖　陈莹莹　张盖　李瑞兴　阮劲松　徐鹏　王帅　赵思恂　可金颖　李振　冯嘉昕　宋伟　崔玥　闫学彬　孙辰莎　张艳梅　丁亚斐　马娟玲　郭威　张彤　李俊杰　李庆山　肖青　梁冠华　张丽　张庆颖　王意　祝蓓(155 人)
社会工作硕士	邓宇　黄诗雯　龚月妍　土佳鑫　王晓婷　郭婧祎　靳蕊　王倩楠　洪斯男　卢航　郭琳　张妍　周滢滢　尹婷　白书学　王卫政　赵烨　冯雅欣　田芳芳　张漪泓　颜如雪　陈佳音　孙韵竹　白洋　王雯娟　王晓丹　王玺帏　候锦君　邢千岩　吕静雅　张圣琦　张闻凯　吕京蒙　熊凤娥　王鹏(35 人)
会计硕士	张华鑫　闫文　张颖　赵何音　高一琳　郭亮　张琼文　郭梦媛　邱付新　单天悦　郭樾　李润宁　张硕　闫春旭　孙亚娟　潘学文　付璐　高阳　李铭　万青叶　陈松奕　宋紫薇　杜昊　郎佳丽　胡璇　王云娇　乔丽媛　陈晓宇　王恒　江永平　杨发琳　王艺璇　王雅梦　邓胡鑫　刘华茵　裴诗垚　于金鹤　李博　咸康希　孟冉　牛奕萱　濮兆平　裴亭　唐一非　陈泽文　罗乔　高敏　董璇　刘凯铌　杨献礼　邵翀(51 人)

续表

专业名称	姓　名
审计硕士	李鑫　张懿妹　荆阿爽　王婷　张陆涯　赵阳　李露露　宋思思　宋雪培　赵祎文　谢君　刘冰　张瑞婧　杨天宇　范丹阳　明致萱　穆丹(17 人)
金融硕士	胡芙榕　张亮亮　刘莹莹　齐睿　邢希　刘洋　孙晓婷　付敬翔　张勉　阮崇昱　艾斐　祝莹莹　赵碧宇　王光辉　李泰奇　汪沁　徐博　杨赟　刘力　周璐纯　宋玉洁　董广坡　韩天然　刘澎波　刘兰　杜浩　马萍　韩加新　钱铭铭　佟菲　雷茜　董培轩　杨雅琦　高立志　魏伊秋(35 人)
保险硕士	罗茜　罗晓聃　李延鑫　张婷　王颖　郑海红(6 人)
国际商务硕士	李兰君　王斌　路轶翔　赵津　裴辛易　殷君君　甄滢　杨畅　王鸣　闫键　殷喆　林蔚　王臣博　王晶　谢铮　阴月明　袁晓菲　张朦　亓娇　宋金锦　刘璐　思丹(22 人)
应用统计硕士	姜英英　孟宪辰　蒋辰　田晶晶　杨晨晨　高增荣　张磊　张林　王亚妮　莫春秀　王尊城　马翘楚　刘雪媚　陈玉新　李欣　刘璇　孙赫　刘秀娟　矫雨驰　李超　李美宁　申明明　田春阳(23 人)
法律硕士(法学)	李绍君　李世杰　王源　张慧　孟文　裴莹莹　申庆军　田诚　丁丛　呼小叶　李艳芳　凌越　杨颖　孙喜威　王珊珊　金岩(16 人)
MPA(公共管理)	金芩　黄琛　李霞　任旭锴　王强　左旭　武增慧　郭悦　李剑　郭嘉　刘庆新　赵世泽　盖琪　皮乐为　刘长庚　彭飞　舒振琴　王婵媛　陆禄　贾洁　付燕　王岳　郭毅　崔欣然　姚峰　刘毳　韩丹(27 人)
税务硕士	李利伟　陈天琪　赵昱稌　李慧竹　平凡　谷文辉　郭省钰　姜慧林　刘畅　刘建华　张磊　阚厚芳　程思超　侯剑　宋健　刘莉　张赛(17 人)
资产评估硕士	张丹蕾　李雪飞　吴敏华　唐京　张皎月　李岚　张恺　陈曦　胡月　张杰　陈兴烨　刘军伟　杜田华(13 人)
安全工程硕士	吴茜蒙　陈涵　索晓　王智文　王振鑫　练茹楠　林枫　路堃　韩仟　李志　李彬　董志锋(12 人)

2015 年 10 月首都经济贸易大学专业硕士学位获得者名单

专业名称	姓　名
工商管理硕士	张军　宁彦　马刘莎　孙波　熊思思(5 人)

2015 年 12 月首都经济贸易大学专业硕士学位获得者名单

专业名称	姓　名
工商管理	杨志　高璐璐　马敏　谢芳　白杰　游军涛　高丰　吴垠　马胜楠　高伟　吴超　孙权航　冉承勇　谢晓咏　苏琦　张明涛　郑斌　韩秀文　班慧　于海英　李萍　赵丹阳　张玉成(23 人)
国际商务	苗茜(1 人)

2015 年 6 月首都经济贸易大学同等学力人员硕士学位获得者名单

专业名称	姓　名
企业管理	宫长锦　黎超　赵莉　盛琳洋　张璞　关鹏　李德波　刘建华　斯萍君　杨蕾　张霞　寇鹏　李鹏　刘志敏　苏明　杨一　张祖承　曹蓉　战明　王银玲(20 人)
金融学	林嘉　李敏　王川　马晓飞　郝驰　李研　丁筱　李春娟　黄凌波　金钦　韦波　蔡程　谢晓军　邱实　纪菁　杨萌茵　蒋文冉　李颖　李昭　李一凡　秦庆军　刘延芳(22 人)
劳动经济学	张京晶　翟圣杰　周利　王莹　于雅坤　柳绚丽　季林乔　王与非　申晓杰　宋志静　李鑫　李民　徐薇　魏如峰　孙丽昕　赵华　田晔　王书睿　庞昊刚　高睿娜　王红　丁芳　魏巍　陈晨　姚艳清　姜曦　张男(26 人)
财政学	石佳　蔡成勋　冯悦　季美玲　李耿钰　李林琳　林劼　刘满红　刘婉婧　吕妍　潘雅　宋曼利　田香菊　王晓晨　王玉　吴思晓　张薇　盖宇　何敏飞　何婷婷(20 人)
产业经济学(商业经济)	崔雅斌　高海建　张照原　李世欣(4 人)
国民经济学	周杨(1 人)
国际贸易学	王莅横　陈博(2 人)
会计学	郭宇　方莉　任婕　方勇　蔡燊　耿钊　李轩　张秦灵　齐丽娜　王子航　张琛　刘子熙　王晨元　秦素娟　李海晶　姚娟　杨熠　王赫　邹立洁　朱丰果　孙欣　王亚男　张琳　赵乃波　刘天敏　吴丽丽　王婧　王婷　金雪燕　周峰　曹莉芬　林国宽　田晓澄(33 人)
经济法	陈苹苹　王菲　李蜀梅　马瑞华　王虒菁(5 人)
产业经济学(信息经济)	翟平(1 人)

2015 年 10 月首都经济贸易大学同等学力人员硕士学位获得者名单

专业名称	姓　名
企业管理	王自勉(1 人)

2015 年 12 月首都经济贸易大学同等学力人员硕士学位获得者名单

专业名称	姓　名
财政学	李健　李莎　孟超　秘英红　吕曼　徐志刚(6 人)
会计学	郑佳珍　张瑶　许冰(3 人)
产业经济学	张晓晖　丁然　马坚(3 人)
金融学	王楠　丛璐　张先颖　赵巧敏　陈同娟(5 人)
劳动经济学	曹绍凤　李文睿　牛彩辉　戴欣(4 人)
企业管理	姜一凡　宋立成　尹丽　叶必清(4 人)

首都经济贸易大学2015届本科生毕业名单

专业名称	姓 名
安全工程(注册安全工程师)	李贺营 贡敏维 郑昊 王瑀纯 傅思卿 郝一恒 李振江 苟济帆 万盛 王鹤 王静 张振宇 李文博 黄泽洲 任悦 韩满成 何洋 韩策 陈彤彤 刘曦 张诗枫 任雪琪 吕方舟 齐安康 王阳 石佳炜 宋偲雅 陈庆国(28人)
工业工程	霍东旭 刘利明 杨选选 张鹏 刘柳 王俊文 邢淼 李沛莳 卢博闻 靳伟强 王思宁 孙硕 李晟晗 李泽华 葛翎杰 王鲁 庞恩泽 吕成 翁博雅 赵亭瑞 阳一坤 王楠 安京辉(23人)
环境工程	刘超 郗开遇 韩丰宇 尹文 赵硕 施雨濛 郭晨阳 王冰倩 高佳阔 王佳兴 林孟楠 李扬 赫彤 李笑云 伊米日妮萨·玉苏普 朱子良 赵格格 李思成 张国栋 李嘉琦 韩磊 陶静(22人)
财政学	李至傲 汪佚杰 韩冰 柯皓 王露悦 郭静宜 张雪影 丁梦竹 田鲁 曹谦 张昕洋 谢平 谢晶晶 刘学山 牛洁 师晓林 王灿 梁丹妮 潘玥 张璇 昝泽宇 刘木子 张钰莹 杜湉 冯倩 李迪扬 吴雨濛 蔡睿 张文可 姜雪盟 孙梦琦 刘伊杰 白玉 王潇潇 李昂 徐晨赫 李楠 李孔佳 郝苗苗 王予嘉(40人)
税务	孟夏(1人)
税务(注册税务师)	刘勇 乞琳 付航 贾民胜 王策 张喜月 陈思 李萍 赵鑫蕊 许彤 刘思琪 夏丹妮 袁紫成 邢雪 谢蕾 罗怡霏 张嘉玉 蔡亦瑄 邓智鸿 孟露 熊葳 杨悦 魏风 鲁方舟 凌皓纯 陈志强 蔡珍圣 周沛浩 宗威豪 张晶 林向荣 王国栋 刘晓彤 靳明阳 黄佳丽 杨梓 王妍弘 常志翔 陈金娜 苏怡霏 张擎 袁紫涵 吕博芸 姜冉 臧琦 程兴宁 成雨嘉 黄丹枫 吴迪 杨佩康 刘君熠 刘阳 岳杨 周泽宇 彭莹莹 孙美茜 马天姣 刘洋 闫瑞宗 王岩 王剑 欧博文(62人)
资产评估(注册资产评估师)	傅立奇 邓理晟 简晨星 张昊 张曼青 莫荣团 孙雨欣 安磊 程捷 刘东东 孙渝平 丛博闻 郑洋 石倩 胡椿峰 赵菁 胡国月 张子君 苏逸鹏 马里斌 陆静 朱琳 陈佳艺 魏肖雪 魏梦瑶 李莉 张素文 姚垚 章博 徐东 夏浩 王斯颖 高洪 银力辉 王雅男 贺雨芳 李诗瑶 高茹毅 郭新路 董力华 郑晨曦 于正阳 杨钊 张芷菡 郜影 张璐 曹菊 黄小苡 张宇彤 李享 曹晓璇 林淮平 梁辰 王然 贾垒 王冉月 李佩阳 耿新 刘苗 张丹 朱梦岚 李婧 仇玥 徐方仪 黄超凡 李丛芮 郑玉仙 贾祎漪(68人)
城市管理	李参 董华君 赵佳星 纪梦海 杨晶 曹建楠 何溪 谭哲頔 秦志冲 王丹蕾 杨冰洁 王然 孟炎培 张晓玲 刘维刚 马星怡 王冠 范海天 陈琦 王翼孜 夏代提·海如拉(22人)
城市管理(区域经济管理)	苗婕 唐明月 张希萌 吴昕 刘思思 马亚欣 杨惠捷 王欢 沙龙 孟庆欣 许彤彤 武英喆 金晔 崔晓燕 史钰 刘夏青 杨蓉 苏敏 朱庭芳 杨湘丽 党佳惠 陆玉祥 乔晓雨 姜舒怡 张长 何英蓬(26人)
公共事业管理	赵铭非 张君蕾 王九龙 张乐 蔡萌 杨光 解倩 张海涵 郭超 于晓琳 陈姝 张文轶 印明实 岳晓彤 刘欣桐 杜婧甜 杨孟(17人)

续表

专业名称	姓　名
土地资源管理(房地产开发经营与管理)	吴聪　傅泽　张硕　屈凡超　荆薇　郑姜雅璇　马晨雨　张彤彤　陆欣童　吴季融　林阳　胡思颖　佟汶烨　贾凯月　王楚晴　杨雪　武昳譞　陈策　张强　左莹　杜建雪　李鑫　钟玉　陈昊　张一帆　闫冉　陈晓茜　田兴　王多彬　曹英娜　郑全松　何牧　沈雪静　黄圣　曹海楠　史舒豪　张春昊　万怡蕊　穆彤　陈珏宇　鲍杰　冯心怡　朱晶晶　祁蕊　石欣未　富强　赵丹青　张强　艾合旦木·艾合买(49 人)
行政管理	史建伟　岳亮　郭倩楠　熊严　李阳　谢晨　张国良　裴超　易辰唇　尹依楠　孔德洁　刘阳子　樊书颖　王雪晴　杨青　崔新悦　华天元　贺华宇　李松晨　冯暖　赵雨萌　赵国旗　郝易琨　杨鋆　涂润琪　刘冬冬　李雪　杨海帆　温颖(27 人)
行政管理(电子政务)	王梦露　芮倩玉　杨舒媛　陈惠迪　朱雨晨　范海丽　佟春灵　余炎格　韩冰权　陈文韬　张蕊　韩策　张宇　孔德坤　杨飞航　张冬奇　郝茜子(17 人)
法学	王菲　张左百　龚勋　商迪　刘祎宁　杜若菲　谢奉岐　王萱　蔡奕端　付莉　李倩楠　肖志忠　潘萍萍　张琪　牟斯璐　刘子恒　梁泽寰　梁慧　杲哲　李久烨　陈天昊　魏兴臣　赵仲璇　赵梦妍　虞冉　马弘毅　王蓦璇　冯从　陈颖　李钟文　顾鹏　李思林　李国媛　王琦　毛矛　艾康　陈南诺　华海鸥　邹蕊　马继良　胡映珂　卢京楠　李晗　沈王一　崔景华　王青尧　陈克东　郝伊一　林培全　刘珅　池硕　张雨晗　王鑫月　迪拉热姆·麦麦提江　阿依努尔·库尔班　巴丽江·阿海　高源昊　冯瑞卿　赵凡　徐菲　贾新颖　岑官钰　周思彤　丁晓　张明　李彤　董芳　杨昊　姬亚锋　李赫轩　白雪　张晓然　王喆　黄楠　钟佳　刘可　王紫夏茵　黄琰　刘汝佳　隗墨岩　袁思宇　孙思洋　黄婧雅　冯佳硕　于飞　李昂　郭广英豪　刘欣　张子洋　邹青芮　蒋奕陶　李彤　邵佳　王新禹　贾凡靖　程功　孙睿　赵菲桐　唐艺　邱碧君　刘帅　张续　康琪　艾拉·阿迪里(102 人)
电子商务	李梦尧　蔡文威　宿浩瀚　张申　陈婕　张勐巍　王炎　张昊淼　刘雪临　张启明　李然　欧丽文　王晓萌　王翔宇　韩子禾　张晨光　陈婷雯　张宇斌　田雨　张宇晨　史睿杰　张季坤　郑远　于垚　宋彦辰　潘啸辰孙通(27 人)
工商管理	吴家辉　钱啸宇　刘莛　李安琪　郭兴林　张晓迪　于彤彤　赵宇晴　张丽红　全玲玉　王瑾　婷婷　马鑫　张艳　寇君伊　黎淑妍　赵垣媛　刘宇　霍然　程晔　高梦静　张强胜　袁孜屹　李娅楠　程博立　欧礼仙　黄康　曹海月　刘畅　于秀男　彭明宇　曹祥玉　陈婉成　韩天放　孙梦雨　黄孝松　徐子尧　刘含笑　秋笛　胡思宇　李佳玉　张嘉瑄　马莉　刘子沂　苗新新　尹秀青　麦程恩　董溦　王妍　黄玥　王宾　于佳平　李玉雪　徐潍川　李晓燕　王其莘　梁丁榆　马一　朱星玉　付佳欣　马冬生　孙秋霞　程航　汤焱婷　托依其·沙提瓦(63 人)
工商管理(实验班)	杨雅雯　张璇　马诗琪　刘备　全欢笑　陈潇亮　王唤佳　陈齐　金恬　张斌　张敏　张东龄　章佳静　方恒　马森　贺依婷　唐钰　谭畅畅　虞岚　张嘉琪　鲁杰　刘思琦　闫盼盼　李俊英　徐煊琦　王嘉圆　韦梦菊　汪佳　胡伊豪　李彤　田蕊　宋莹　吴胜蕾　蒋亦春　况恒宇　马晓蝉(36 人)

续表

专业名称	姓 名
旅游管理	周勇 田蕊 郭逸雄 杜文强 刘殿桁李雪宁 张曦 甄瑶 张小溪 周琼 王泽希(10 人)
市场营销	余海龙 谢莉莉 苏雪豪 孟薇 邹宁 刘欢 李昂 孙鑫 李博 赵宇 刘璐 陈百慧 姜晶晶 张也 张猛 张智凯 叶嘉怡 俞天杰 林为豪 姚嫣 李悦 白悠悠 贾苗苗 徐鑫鑫 史笛 任丽智 颜思佳 王玄 王艳艳 李莉 周晓红 宋怡璇 陈珂 胡思雨 王萌 孙凡茹 刘丽娟 张唱晚(38 人)
物流管理	王嘉琦 王湘媛 应杰 杨悦 张蕾 徐宁鑫 刘净一 刘敬怡 张婧怡 刘漪 刘鸿俊 王子初 张莹 单立云 刘哲绪 张苏真 陈梦玲 魏国权(17 人)
工商管理(管理会计)	冯雨晴 郭君正 穆易 梁舒元 刘志成 陈佳莉 王昭 薛凯元 马朝颜 郭晨 陈慧莲 王为冬 刘丽萍 成星 邵琳 罗依菲 贾雨晴 韩璐 高婧丹 卜艳祺 郭念慈 赵倩玉 王晗青 邓伟 孙祯 丁琳 罗路璐 张晓筠 石慧 李琬 白雪君 郭美圻 邹知航 吴茜 张蔚萱 朱天旭 邓昀瑶 周丽婷 李思璇 翟一翟 李沫 崔怡然 黄丽蓉 陈帆 卢子晔 杨凯薇 余晓艺 杨硕 范中昱 侯屹峰 韩申慧珊 张昊楠 张墨楠 洪杉 梁宇婷 成安琪 符若然 刘婉婷 臧楠 于河清 刘昕颖 张东玮 于瀛湉 李智 徐子骜 张天依 王子畅 王心可 胡夷希 刘通 杨帆 杜夷 刘逍瀚 黄瀚泊 李俊 刘安迪(75 人)
信息管理与信息系统(IT 项目管理)	任琳 耐日嘎 孙雨浓 包一凡 李雪龙 王迪 李帅 董达然 马桐 杨丁微 刘畅斯 关婧璇 何丹丹 张宇斯 俞丽珍 疏兴 梁颖 王屹苗 李雨辰 李阳 贾思旭 张天娇 史良 古宇 郑玥 侯珏 柳小华 孙濛 才源 田何辉 池斯楠 李景 张莹方 周天琪 孟辛鑫 丛薇 陈宇航 魏鑫磊 朱雪迪 王潇 杨珅 季冬丽 刘其名 张梦周 张梦蝶 黄婧 陈泽 王林 王明珅 李荣鑫 郭倩 车元 陆翔 张久欣 王骁逸 周赫 郭埗宏 邓兆涵 沈创世 隗立芳 陈家伟 史斯达 车轩鹿 张丽萍 高晓松 周蓬宇 刘静宇 陈宗奇 邢妍 安桐 顾贤民 陈斯 王娟 丁飞赫(72 人)
财务管理	李道平 张思阳 李玲 刘倩 周佳晓 金倩梅 史名洋 白明玉 刘一惟 邵帅 战涤非 杨菲菲 吴玉洁 朱国鹏 钟倩 汪一江 贾超 刘岗 李懿德 蒋家玉 袁文茜 杜佳欣 左玉洁 李峥 王爽 李斯南 杨然 王梓权 王琳翼 罗成芸 李婧思 王婧 郑桐 王雨晴 李想(35 人)
会计学	张磊 米尉 李冉 孙文悦 刘冰 张垸瑰 郝立兴 李泽麒 刘浩 张天奇 艾亚楠 吴晶 胡天玥 张圃馨 彭越 孟倩如 胡瑾熠 柴文静 李舒 李兆榕 舒雅婷 王琪 吴瑶 郑荃 韩雪 孙心怡 陈平 单志勇 马云飞 王欣宇 黄颖 王玮琦 杨一帆 关圆圆 朱叶青 熊露 王萌 王馨悦 申玉琦 黎时微 王彤 周玥 邵应倩 罗雨欣 刘培 刘巍 王婧 孙迪文 尹丽佳 徐晓媛 刘超凡(51 人)
会计学(国际会计)	杜姐 黄嘉铭 江杨 黄焘 张颂 陈雨婷 袁亦芳 刘万晟 张西达 彭宇璇 韩天杨 张春爽 俞可 吕嘉宸 严月熙 关沧海 樊宇桐 宁睿 陆畅 孙煜 孙婷 韩黛 高婧文 张增慧 孙赫阳 翟艺圆 陈嘉琳 王彦玲 张佑蝶 魏云鹤 马隽(31 人)

续表

专业名称	姓　名
会计学(注册会计师专门化)	张蒲云　凌力　赵磊蕾　陈雯　郑芳　高晓晴　周婷　马迪　王潘　边月 王佳敏　陈京云　王运　赵雨彤　夏狄远　付欢　王鑫慈　赵祖晨　朱梦恬 李丽丹　赖信达　王令菲　陆晓媜　彭漪琳　罗尚洁　丁建婷　夏可挺　王云云 张瑞　韩洁英　汤娜　张梦琳　殷实实　万颖　刘莹　辛悦　纪程　王君妍 陈燕　王冰　张倩　李辰璐　王孟棣　朱昀　陈冠丞　胡芸芸　孙东才　兰昕洁 孙克文　潘伊伊　杨璐　李昭宸　胡文韬　张溪涓　梁晓　杨奕　隗菀　蔡虹宇 李晶　刘禧晨　田媛　崔晗　张函　王骋远　吕汶潼　方叶子　乔乔　古长司 冯欣培　袁小叶　乌乌焱嘎　白珊　张旭　房文冬　乔飞　赵研　张有臣　吴婷 刘颖　张依　李帅妍　苗帅　狄昕妍　李怡明　李杨　田家乐　马哲　梅秋媛 刘桂良　蔡超君　王美玉　刘丽丽　王翔慧(93 人)
保险	刘海波　吕希璇　马伶飞　骆安琪　陈克崎　李守波　钟璐　储兆钰　洪梅开 李子怡　方好平　尹星　邱驰　张忞　袁寒怡　曹玄　宋博　王海玲　孙茗 张晓萌　李彦泽　史新苗(22 人)
金融工程	张亚楠　林聿静　李梓娴　臧育辰　罗文通　王佳磊　李蕾　张倖溥　刘弘扬 晁昊　薛峰　曹玉鑫　王诗语　杜若霖　李晨　李鹤然　赵涵涵　周梦　刘佳 王诗慧　白嘉怡　田振洲　刘亚璇　志桐　吴雨婧　苏文　李旭东　胡文远 高洁　杨杰　龙云飞　朱晓曦　王亚楠　马宇燕　李心愿　曹扬　姜壹萌 吕少博　崔杨(39 人)
金融学	张炜悦　王文钊　沈忱　郑玮炜　郭冀初　张旭阳　陶燕　贺小倩　谭咏新 曹明　孙桥　索瑗　张悦　丁聪　张治东　徐波　王璐　李玉　黄艺伟　郎璐璟 赵夕梦　黄达威　潘思宇　冯冰悦　罗楚枫　张楠　曲敬伟　刘婉秋　高正雄 邱伊帆　杨君婷　何潇　庞天红　杨婷淇　王瑾　郑晓雪　魏欣　孙蕾　刘昀 王元卿　魏旭阳　郝亚红　孙玉　费小刚　陈振东　肖文强　潘茜　史雨辰 齐梦雪　李美玉　郭方白　吴琪　石楚琪　月阳　高艺　郭芳　蔡钰　沈岚 刘阳子　邹孟伊　董峥　李晓娟　李思冉　李烁　杨坤煦　刘文欢　梁越　刘磊 刘应琦　马玥　林雷　王路　康琦　张松　张赛　王鸿嘉　聂小依　贾莹韬 陈卓　赵冰　刘岩　管三奇　卢梦焱　印想　裴洋　詹钫　廖佳鹏　汪思蕊 王皓　韦里琦　宋言云　平雨鑫　朱梦圆　张钰沅　欧阳江　古超楠　刘沓 贾其琰　刘文溪　赵鸿飞　晁元桂　温博伦　刘硕　杨莹　张晶　黄亦川 马聪生　张舜伟　王蕾　陈佳婕(110 人)
金融学(国际金融)	李清璞　石昊天　博雅　李泽楠　李琨　滕奇　朱偲玥　樊若琛　姜雪　陈传飞 孙嘉康　夏金娇　郑鑫磊　马悦星　马笑谈　肖琳川　毛梦鸥　郑一琦　张少华 杜燕　王东超　高俊楠　贲一鸣　李劭琛　姚硕　张昊　刘祎　钟齐鸣　高胜寒 吴孟　王薇　刘梦然　闫子豪　马兰　彭琪　章磊　刘嘉崙　乌日勒　王静 夏天娇　王菁青　沙茹　刘璧彤　李媛　赵云　刘润佳　马卓一　蒋熠　郑月蔚 陈欣雅　王哲然　杨诗仪　谢宇宸　夏宇　郑伟豪　董婉楠　薛晓茜　吴禹 赵佳鑫　房晓婧　冯天驰　张优优　邹佳宸(63 人)

续表

专业名称	姓　名
国际经济与贸易	赵鑫　高家展　孙瑞英　李合静　代晓锋　叶子玉　张鑫　牛天玉　王燕玲　叶静　陈仰菲　张雯　熊薇　罗梦洲　刘雪　刘子佳　江琪　孙嘉琳　王燕飞　王磊　郝斯琪　陈昌昊　赵雅雯　冯雪峰　宋喆　姬钰　张强　李新远　赵晴　雍婉琳　李岩峰　陈凝　邬丹　吴文婷　张曼诗　李良辉　张帆　李静　刘璐　张昱珺　韩永亮　李召霞　李萌　刘欢　李璐伊　吴雨晴　孙玮擎　王锐　何琪　田峰　曾德恩　张鹏　杨乐森　宋立妍　郝翰墨　陈斯　李华　吴潼潼　刘根　李籽桥　杜嘉文　代瑞轩　王仪昕　尤然　丁羽佳　冯林祎　刘佳莹　胡皖京　关采薇　李峥　王丹　王静　赵爽　周游　吴美真　芦晓蕾　贺楠　杨斌　汪滢　支纯　祁纪　韩佳乐(82 人)
国际经济与贸易(实验班)	唐潘敏　张曦元　高鸣泓　薛晗　张宗悦　牛爽欣　富嘉艺　陈文隽　张雨晴　魏微　黄新月　郑非凡　陆彬　李泽宇　梁玉　张捷　杨文婷　邢艾雪　郑炫圻　冯名晨　张依　王佐鹏　刘映晨　司雨　匡欣　孙元熙　刘佳雯　乔文远　旭阳　晁雅恬(29 人)
经济学	康健　叶子锋　鲍祺　赵倩芸　刘锡宇　李斯媛　谢毓麟　吴美琴　潘高凌子　张思远　杨铠蔓　励力　孙嫱　周琴　王磊　李悦　尚金子　王悦棋　俞悦　李翠　张勤浩　徐瑶　杨珂　闫笑　刘鑫颖　王一鸣　王奇　张宇辰　王静　吴霞　徐硕　张超　郭敬平　石磊　张妍　程星宇　赫茂松　罗琳　吕凯歌　把金丹　曲方　张淑静　杨昕恺　杨柳倩　魏雨濛　张绍冠　陈芳红　赫彤　鲍天骄　金子盛　孙琰　袁琳　郝研　熊哲　陈晓楠　高雅　李研　王珊珊　李普乔　马飞跃　李伟　雷文　孟紫薇　刘译阳　耿盈　安欣　徐冰　肖博峰　仵文捷　宋丽婷　于淏　刘睿笳　杨策　陈东侯　郭晓雨　王宇　赵影　欧阳文佳　况璐　张莉儿(76 人)
经济学(实验班)	李昂　何瑞　刘晓筱　刘瑞雪　王喆　佟晨　高若乔　曹禹　董晓明　陈羽婷　徐月茹　胡沁悠　孔帅　李兆辰　彭文祎　闫文　赵敢麟　陈泓茜　徐天炯　刘文兵　于洋　徐盼　苏奕　辛琪　李怡佳　高珊　崔时雨　高原　张燕秋　果艺　郑健　原野　刘璐(32 人)
贸易经济	张泽　王越　黎瑞学　黄宇洁　刘含章　赵彩云　杨浩然　王雪婷　郭雅男　田丹　刘英琦　白山　焦榕　杨洁　许舒婷　盘珊珊　付莉　陈雅韵　刘垚　王慧明　孟奇寰　李文杨　任飞飞　石凯名　葛明倩　尹嘉雯　杨凯茹　石志威　杨行　李臻　王梓尧　胡潇行　孙瑀濛　刘烨　班玉瑶　连宇为　李佩杰　陈宇鹏　张琦　盛淇　徐磊　韩思宇　范智超　刘心悦　黎德钰　邱泊宁　梁斯瑞　李英豪　李赫　李美扬　杨辛禾　乔冠彪　郭昕睿　周亚平　崔紫娇　王雪霏　秦盛迪　杜伦　陈嘉伦　商孟栋　陈昊　温新　廖明高　李金山　洪紫寒　王丽娟　于月娟　李雷　杨施雨　蔡拓　任璐瑶　李晋　陈国栋　孔得鸿　吴娇芮　刘青安　路凯　朱云飞　王翔　石昊　黄景彦　曹爽　康抗　施阳　马振理(81 人)
劳动关系	高雪强　鲁迪　卞超　蒋飞　陈璐　刘园欣　刘昕楠　汪凌霄　万丽菊　唐宇　孙俊伟　戚玮　李钰　赵佳朋　黑雅昭　孟璐　张霖　何佳妮　张靓　王德晓　宁泓宇　张晗聪　付桐　陈丽秀　周佩佩(24 人)

续表

专业名称	姓　名
劳动与社会保障	陈嘉旭　周思维　崔秋实　孟维治　广宁　张子妤　李楠　马小央　蔡晓涵　陈艳秋　齐声贺　方璐　沈天宏　王继林　李江兵　管一方　李欣彤　李晓琳　陈群梅　何桂森　王雪　刘婉怡　范林红　金冠勇　宋然　阿衣吐逊汗·玉素甫　阿达来提·加马力　王小伊　李苒　曹鹏　汪泓宇　戴雅儒　梁祉莹　郑轲　潘安东　孙雪迪　王丹妮(35 人)
人力资源管理	李航　黄晨　李原　杨梓程　袁海霞　陈婷　李炎芳　赵睿譞　钟瑞莹　魏槐　宋静　王雨晴　吕梦　张菲芃　吴彤　张晓曦　王艺　王宝婷　胡楠　刘彦彤　吴瑞宇　唐逢彬　徐晶晶　秦晓林　王颜　张一鸣　孟杨　宋芮　李铭萱　肖博　赵璐　王瑞　许雪辰　徐佩华　孙碧琪　马小山　丁思佳　赵骏　马鑫　高千惠　王秉胜　晋嘉豪　杨凯奇(43 人)
人力资源管理 (国际人力资源管理)	岳心辰　宋慧敏　张丹雯　韩牟静竹　孙世玉　管周　裴海涛　邓昕宜　张正宇　施涵喆　苗天杰　徐碧滢　吴佳佳　黄博文　陈赟晓曦　孙丽娜　伍子宁　郭静　刘玲　查丽华　马琳　王玉萍　项思琪　田盛楠　于冰琪　吉朴宁　刘艳如　李丛雪　陈雪芬　高祎璠　魏昕彤　张雨晴　葛鑫羽　刘晴　袁杭　代慧仪　张启帆　吴一鸣　李闯　高菲　付佳　张释嘉　叶诗劼　于康健(44 人)
人力资源管理(实验班)	高琳琳　张申　郑朝阳　陈健雄　王祎铭　狄梓豪　王子然　贾冬雪　罗金　崔昌璟　孟男　宋歌　郑文娟　张梦莹　吕坤　郭梦梦　杨红开　黄燕　陈祎平　李旭冉　解瑾　朱宝奕　王珊珊　沈左次　张迪　孙宇　朱鹏飞　孙文　李椺羽　王冉　陈晨　丁欣　韩超　王琎　李炫　杜斌　王卫　吴国锋　李雨明　康佳新　李若晨　王旭旭　张楚童　段莹东　葛蕾　朱雨朦　姜婷　付越　俞铭涵(48 人)
数学与应用数学(金融数学)	何语农　俞力恺　李哲超　梁立　周子童　黄舒玥　彭蠡雁　刘锴鑫　李玥　程卓旭　刘曦　陆海洋　李英博　李萌　黄欣　方伟煌　高寒　蔡文迪　韩美霞　耿高惠　陈相文　凌汐　郭伊娜　李重勋　田聿申　周新诚　王瀚之　郑雅桐　范金荣　张智超(29 人)
统计学	车进原　薛皓元　杨德辉　杨建峥　刘凯强　吴俊敏　陈欢　彭月　刘瑾　靳佳　马晓璐　李悦　葛莉莎　贺骋啸　张丽影　刘晓晔　赵鹏花　赵瑞轩　唐虹麟　李学志　许小雪　夏若彬　尹玉花　杨磊磊　刘宇　张帅　朱晨曦　孙茜茜　管文溥　解思思　苏洁　王蕾婷　吴琼(33 人)
统计学(经济分析)	单义彭　张森　靳彪　徐也　李永征　赵譞　朱志远　王琳茹　孙学美　李玉姣　张晓芳　张敏　陈莹　田媛媛　甄子仪　叶浩洁　赵美芳　万腾　骆弘毅　邵广哲　陈誉馨　王冲琳　赵明岳　马赞杰　张文轩　陈彦廷　张兴雅　段凡　张学颖　金添　贾田荒　郭美杉　苏煜　李元杰　董平平　樊俊杰　史依云　都成　李芳菲　李安旭　文雅娟(40 人)
英语(经贸英语)	朱慧娇(1 人)
传播学	刘晓毅　俎燚楠　刘佳逸　夏明明　张雪璟　周洁心　余娜　喻祈安　顾亚超　韩帅　杨亦林　刘佳惠　于畅　朱莉　赵宇辰　都子昱　毕铮　王梦　张其然　张默斐　庄子健　麦尔哈巴·麦合木提　迪丽阿热·艾尼(23 人)

续表

专业名称	姓　名
传播学(媒体经营与管理)	黄玠棠　孙楠　司琦　蔡悦　郭新悦　沈菁　刘丹　黄洋洋　向青青　何子为　夏天　芦珊　王文欣　刘晔　鄞思　王奕平　余庭萱　胡远蓉　戴露婷　王森晨　吕泊宁　姬俐华　李澈　刘倩婷　李铁祎萌　牟虹璇　杨宏伟　谢烨凤　罗斯琪　刘谊珊　黄浩　陈佩贤　姜雨薇　王超　李园子　王安琪　杨洋　王醍　赵博涵　李嫣　戚歌　王宇欣　田野　崔雨含　韦也娜　周天予　曹琼月　蒽建年　危薇　杜森垚　王艺澄　董斓馨(52 人)
广告学	育旭麟　姚璐　郭曼　王久爽　丛林子　齐琛　赵轩　王珂　许潇雨　孙意诣　刘颖　郭静　徐拓　苏醒　田天　刘紫嫣　孙宜雯　谢洋洋　刘卓颖　李荦涵　高思佳　孙禹泽　路辰　孙西　王洛霏　左祎琦　王俊岩　王偲行　刘卉竹　季钰瑶　王海棠　吴晶晶　池文程　陈鹏飞　崔硕　齐文旭　杨宇豪　刘森　陈怡如　王鹤鸣　胡悦琦　黄丁媛　施源　王翠　唐宇　刘思语　王想　张依依(48 人)
工程管理	赵立　佟乐乐　张楚蒙　汪晓辰　吴塞骥　易渊　贾海玉　王开朗　周子阳　韦奇锋　李湃　赵翌翔　郑集文　陈磊　温仲尼　殷思奇　张颖　孙安琪　朱岱　王琪(17 人)
计算机科学与技术	康博凯　邱思明　董莎　张一鸣　汪衍　陈旺　张雨晨　刘文轩　齐宇　李志轩　周昕蕾　严涛　齐硕　游峰　魏有金　高姗　李世纯　杨济菲　张蕾　顾则征　阳嘉毅　窦紫鑫　成冠华　梁栋　刘奕　曲笑朋　李子豪　余梦洋　王雪辰　习颖函　周启帆　白晓晗　贾闻远　成正　吴迪　焦龙　程琪惠　温小静　李梦汐　张硕　田青　田国兵　刘懿贤　姚珅珺　周帅　关紫君　高大有(46 人)
信息管理与信息系统	张治丽　马梦浓　詹伏育倩　高靖宇　杨素珍　文卉　赵丹丹　邬孟桐　刘冰清　马遨宇　于佩仟　牛子旌　陈沐燃　邢斐羽　张喆　刘铭　葛岩　叶夏青　王娜璎　曹国东　闫婷婷　刘扬　吕朝军　侯学成　何林海　张静　廖仕洁　丛心怡　刘彤鹤　余锋　薛曙郦　邹新雨　吴然　李兆松　王兴月　赵嫒　刘闰捷　马祎文　孙瑞娜　郭彦佳　叶静伊　孙雅君　卢笛　史宸曦　马佳兴　路萍　高凤娟　逄佳琦　邵将　达宗耀　高一花　张润　许柏怡　刘卓枭　谢佳丽　苏思远　孙一栋　雷雯　何思琦　吴凯丽　谷风玲　崔悦　金琳艺　李惠(61 人)
法律文秘	吕严凤(1 人)
统计学(国际统计)	胡若曦　邓昊　崔杨雪　王丽娟　宋艾闻　曲歌　郑树楠　任昕　夏晓佳　赵小漫　罗雨佳　王寻　蒋宸博　王泽宇　李丹丹　李姿林　崔琦　杨墨　陈婉宜　刘硕(21 人)
商务英语	牛斯睿　刘鑫宇　商宇晴　杨莹　李雅楠　滕芳菲　吕艺　胡慧中　刘赛　李衍辉　黄琦琪　贾予彤　刘逸伦　马晨　王斯雨　张枭然　赵云巧　张超　黄子卿　韩洁　陈超亚　骆雪云　王潇雨　尹楠　杨亚莉　赵芮　马晨　王艺丰　戴靖雯　田川　师文迪　辛雪莹　王雅娴　付丽娜　闫川　耿蕊　赵云龙　代蕊　周曦垚　王子奥　杨烁　曾子嫣　马文思　王巍　陈羽彤　范佳彬　魏娜　赵文平　任怡　常笑楠　徐嘉泽　栗久轩　陈乐　左薇　张珊　陈竞喆　肖驰　赵晓霞(58 人)

续表

专业名称	姓名
英语(经贸翻译)	王琛　魏薇　张驰　林子书　颜润　刘祎　杨婉丽　钱蔚　肖腾芳　刘爽　邱美玲　杨碧莹　生然　彭夕　秦晓默　赵云鹏　王千一　徐岩　周璇　韩佳依　王珺洋　刘鸿娇　赵航　刘强　亓洋　侯芮奇(26 人)
对外汉语	王漫琳　陈子轩　张昊强　王晓帆　赵静媛　彭帆　葛夏树　刘苗子　赵言　许文静　王武忍思　曾建　陈增元　李佳兴　刘瑞丝　杨磊　金雯旭　张颖　高翼　袁筱蕊　杨旭　张栩(22 人)

首都经济贸易大学 2015 届本科生结业名单

专业名称	姓名
工业工程	张阳　王轩(2 人)
环境工程	乐妍　陈倩　张霄龙(3 人)
公共事业管理	禹润城　特日格勒玛　叶恒　魏东　张隽雯　滕微(6 人)
行政管理(电子政务)	祝争超　许江阳　黄维　高峰(4 人)
城市管理	薛鹏　朱点　袁迪　李梓豪(4 人)
土地资源管理(房地产开发经营与管理)	刘硕阳　张帆　冯力(3 人)
电子商务	胡文韬　曹宇　马文晶(3 人)
工商管理	郭兴林　黄康(2 人)
旅游管理	王鋆毅　徐郡雅(2 人)
物流管理	刘鸿俊(1 人)
国际经济与贸易	郭婉莹　符端睿(2 人)
经济学	叶子锋　鲍祺　杨昕恺　于淏(4 人)
经济学(实验班)	董晓明(1 人)
劳动关系	高雪强(1 人)
广告学	李毛加　佟鑫(2 人)
信息管理与信息系统	吴然　达宗耀　刘卓枭(3 人)
法学	王菲　杨昊(2 人)
城市管理(区域经济管理)	李雪(1 人)
行政管理	郭倩楠　李松晨(2 人)
工商管理(管理会计)	杨帆(1 人)
信息管理与信息系统(IT 项目管理)	李雨辰　车元(2 人)
国际经济与贸易(实验班)	邢艾雪(1 人)
贸易经济	黎瑞学　石昊　曹爽　康抗(4 人)
劳动与社会保障	周思维　广宁(2 人)

续表

专业名称	姓　名
人力资源管理(实验班)	段莹东(1 人)
数学与应用数学(金融数学)	何语农(1 人)
统计学(经济分析)	靳彪(1 人)
工程管理	王开朗　李湃　孙安琪(3 人)
计算机科学与技术	高姗(1 人)

(刘娜)

首都经济贸易大学 2015 届本科生学士学位获得者名单

专业名称	姓　名
安全工程(注册安全工程师)	李贺营　贡敏维　郑昊　王瑀纯　傅思卿　郝一恒　苟济帆　万盛　王静　张振宇　李文博　黄泽洲　任悦　韩满成　何洋　韩策　陈彤彤　刘曦　任雪琪　吕方舟　齐安康　王阳　宋偲雅　陈庆国(24 人)
工业工程	刘利明　杨选选　张鹏　刘柳　王俊文　邢淼　李沛莳　卢博闻　靳伟强　王思宁　李晟晗　李泽华　葛翎杰　王鲁　庞恩泽　吕成　翁博雅　赵亭瑞　阳一坤　王楠(20 人)
环境工程	郗开遇　韩丰宇　赵硕　施雨濛　郭晨阳　王冰倩　高佳阔　王佳兴　林孟楠　李扬　赫彤　李笑云　伊米日妮萨·玉苏普　赵格格　李思成　张国栋　韩磊　陶静(18 人)
财政学	韩冰　柯皓　王露悦　郭静宜　张雪影　丁梦竹　田鲁　曹谦　张昕洋　谢平　谢晶晶　刘学山　牛洁　师晓林　王灿　梁丹妮　潘玥　张璇　昝泽宇　刘木子　张钰莹　杜湉　冯倩　李迪扬　吴雨濛　蔡睿　张文可　姜雪盟　孙梦琦　刘伊杰　白玉　王潇潇　李昂　徐晨赫　李楠　李孔佳　郝苗苗　王予嘉　(38 人)
税务	孟夏(1 人)
税务(注册税务师)	刘勇　乞琳　付航　贾民胜　王策　张喜月　陈思　李萍　赵鑫蕊　许彤　刘思琪　夏丹妮　袁紫成　邢雪　谢蕾　罗怡霏　张嘉玉　蔡亦瑄　邓智鸿　孟露　熊葳　杨悦　魏风　鲁方舟　凌皓纯　陈志强　蔡珍圣　周沛浩　宗威豪　张晶　林向荣　王国栋　刘晓彤　靳明阳　黄佳丽　杨梓　王妍弘　常志翔　陈金娜　苏怡霏　张擎　袁紫涵　吕博芸　姜冉　臧琦　程兴宁　成雨嘉　黄丹枫　吴迪　杨佩康　刘君熠　刘阳　岳杨　周泽宇　彭莹莹　孙美茜　马天姣　刘洋　闫瑞宗　王岩　王剑　欧博文(62 人)
资产评估(注册资产评估师)	傅立奇　邓理晟　简晨星　张曼青　莫荣团　孙雨欣　安磊　程捷　刘东东　孙渝平　丛博闻　郑洋　石倩　胡椿峰　赵菁　张子君　苏逸鹏　马里斌　陆静　朱琳　陈佳艺　魏肖雪　魏梦瑶　李莉　张素文　姚垚　章博　徐东　夏浩　王斯颖　高洪　银力辉　王雅男　贺雨芳　李诗瑶　高茹毅　郭新路　董力华　郑晨曦　于正阳　杨钊　张芷菡　郜影　张璐　曹菊　黄小苡　张宇彤　李享　曹晓璇　林淮平　梁辰　王然　贾垒　李佩阳　耿新　刘苗　张丹　朱梦岚　李婧　仇玥　徐方仪　黄超凡　李丛芮　郑玉仙　贾祎漪(65 人)

续表

专业名称	姓　名
城市管理	赵佳星　纪梦海　杨晶　曹建楠　何溪　谭哲頔　秦志冲　王丹蕾　杨冰洁　王然　孟炎培　张晓玲　刘维刚　马星怡　范海天　陈琦　王翼孜　夏代提·海如拉(18人)
城市管理(区域经济管理)	唐明月　张希萌　吴昕　刘思思　马亚欣　杨惠捷　王欢　沙龙　孟庆欣　许彤彤　武英喆　金晔　崔晓燕　史钰　刘夏青　杨蓉　苏敏　朱庭芳　杨湘丽　党佳惠　陆玉祥　乔晓雨　姜舒怡　张长　何英蓬(25人)
公共事业管理	赵铭非　张君蕾　王九龙　蔡萌　杨光　解倩　张海涵　郭超　于晓琳　陈妹　张文轶　印明实　岳晓彤　刘欣桐　杜婧甜　杨孟(16人)
土地资源管理(房地产开发经营与管理)	傅泽　屈凡超　荆薇　郑姜雅璇　马晨雨　张彤彤　陆欣童　吴季融　林阳　胡思颖　佟汶烨　王楚晴　杨雪　武昳譞　陈策　张强　左莹　杜建雪　李鑫　钟玉　陈昊　张一帆　闫冉　陈晓茜　田兴　王多彬　曹英娜　郑全松　何牧　沈雪静　黄圣　曹海楠　史舒豪　张春昊　穆彤　陈珏宇　鲍杰　冯心怡　祁蕊　石欣未　李富强　艾合旦木·艾合买(42人)
行政管理	谢晨　张国良　裴超　易辰唇　尹依楠　孔德洁　刘阳子　樊书颖　王雪晴　杨青　崔新悦　华天元　贺华宇　冯暖　赵雨萌　赵国旗　郝易琨　杨鋆　涂润琪　刘冬冬　李雪　杨海帆　温颖(23人)
行政管理(电子政务)	王梦露　芮倩玉　杨舒媛　陈惠迪　范海丽　佟春灵　余炎格　韩冰权　陈文韬　张蕊　韩策　张宇　杨飞航　张冬奇　郝茜子(15人)
法学	龚勋　商迪　刘祎宁　杜若菲　谢奉岐　王萱　蔡奕端　付莉　李倩楠　肖志忠　潘萍萍　张琪　牟斯璐　刘子恒　梁泽寰　梁慧　杲哲　李久烨　陈天昊　魏兴臣　赵仲璇　赵梦妍　虞冉　马弘毅　王蓦璇　冯从　陈颖　李钟文　顾鹏　李思林　李国媛　王琦　毛矛　艾康　陈南诺　华海鸥　邹蕊　马继良　胡映珂　卢京楠　李晗　沈王一　崔景华　王青尧　陈克东　郝伊一　林培全　刘珅　池硕　张雨晗　王鑫月　迪拉热姆·麦麦提江　阿依努尔·库尔班　巴丽江·阿海　高源昊　冯瑞卿　赵凡　徐菲　贾新颖　岑官钰　周思彤　丁晓　张明　李彤　董芳　姬亚锋　李赫轩　白雪　张晓然　王喆　黄楠　钟佳　刘可　王紫夏茵　黄琰　刘汝佳　隗墨岩　袁思宇　孙思洋　黄婧雅　冯佳硕　于飞　李昂　郭广英豪　刘欣　张子洋　邹青芮　蒋奕陶　李彤　邵佳　王新禹　贾凡靖　程功　孙睿　赵菲桐　唐艺　邱碧君　张续　康琪　艾拉·阿迪里(100人)
电子商务	宿浩瀚　张申　陈婕　张勐巍　王炎　张昊森　刘雪临　张启明　李然　欧丽文　王晓萌　王翔宇　张晨光　陈婷雯　张宇斌　田雨　张宇晨　史睿杰　张季坤　郑远　于垚　潘啸辰　韩子禾(23人)
工商管理	刘苨　李安琪　张晓迪　于彤彤　赵宇晴　张丽红　全玲玉　王瑾　雷婷婷　马鑫　张艳　寇君伊　黎淑妍　赵垣媛　刘宇　霍然　程晔　高梦静　张强胜　袁孜屹　李娅楠　程博立　欧礼仙　曹海月　刘畅　于秀男　彭明宇　曹祥玉　陈婉成　韩天放　孙梦雨　黄孝松　徐子尧　刘含笑　秋笛　胡思宇　李佳玉　张嘉瑄　马莉　刘子沂　苗新新　尹秀青　麦程恩　董溦　王妍　黄玥　王宾　于佳平　李玉雪　徐潍川　李晓燕　王其莘　梁丁榆　马一　朱星玉　付佳欣　孙秋霞　程航　汤焱婷　钱啸宇　托依其·沙提瓦(61人)

续表

专业名称	姓　名
工商管理(实验班)	杨雅雯　张璇　马诗琪　刘备　全欢笑　陈潇亮　王唤佳　陈齐　金恬　张斌　张敏　张东龄　章佳静　方恒　马森　贺依婷　唐钰　谭畅畅　虞岚　张嘉琪　鲁杰　刘思琦　闫盼盼　李俊英　徐煊琦　王嘉圆　韦梦菊　汪佳　胡伊豪　李彤　田蕊　宋莹　吴胜蕾　蒋亦春　况恒宇　马晓蝉(36人)
旅游管理	周勇　田蕊　郭逸雄　杜文强　刘殿桁　李雪宁　张曦　甄瑶　张小溪　周琼　王泽希(11人)
市场营销	余海龙　谢莉莉　苏雪豪　孟薇　邹宁　刘欢　李昂　孙鑫　李博　赵宇　刘璐　陈百慧　姜晶晶　张也　张猛　张智凯　叶嘉怡　俞天杰　林为豪　姚嫣　李悦　白悠悠　贾苗苗　徐鑫鑫　史笛　任丽智　颜思佳　王玄　王艳艳　李莉　周晓红　宋怡璇　陈珂　胡思雨　王萌　孙凡茹　刘丽娟　张唱晚(38人)
物流管理	王嘉琦　王湘媛　应杰　杨悦　张蕾　刘净一　刘敬怡　张婧怡　刘漪　王子初　张莹　单立云　刘哲绪　张苏真　陈梦玲　魏国权(16人)
工商管理(管理会计)	冯雨晴　郭君正　穆易　梁舒元　刘志成　陈佳莉　王昭　薛凯元　马朝颜　郭晨　陈慧莲　王为冬　刘丽萍　成星　邵琳　罗依菲　贾雨晴　韩璐　高婧丹　卜艳祺　郭念慈　赵倩玉　王晗青　邓伟　孙祯　丁琳　罗路璐　张晓筠　石慧　李琬　白雪君　郭美圻　邹知航　吴茜　张蔚萱　朱天旭　邓昀瑶　周丽婷　李思璇　翟一翟　李沫　崔怡然　黄丽蓉　陈帆　卢子晔　杨凯薇　余晓艺　杨硕　范中昱　侯屹峰　韩申慧珊　张昊楠　张墨楠　洪杉　梁宇婷　成安琪　符若然　刘婉婷　臧楠　于河清　刘昕颖　张东玮　于瀛湉　李智　徐子骜　张天依　王子畅　王心可　胡夷希　刘通　杜夷　刘逍瀚　黄瀚泊　李俊　刘安迪(75人)
信息管理与信息系统(IT项目管理)	任琳　耐日嘎　包一凡　王迪　李帅　董达然　马桐　杨丁溦　刘畅斯　关婧璇　何丹丹　张宇斯　俞丽珍　疏兴　梁颖　王屹苗　李阳　贾思旭　张天娇　史良　古宇　郑玥　侯珏　柳小华　孙濛　才源　田何辉　池斯楠　李景　张莹方　周天琪　孟辛鑫　丛薇　陈宇航　魏鑫磊　朱雪迪　王潇　杨珅　季冬丽　刘其名　张梦周　张梦蝶　黄婧　陈泽　王林　王明珅　李荣鑫　郭倩　陆翔　张久欣　王骁逸　周赫　郭埒宏　邓兆涵　沈创世　隗立芳　陈家伟　史斯达　车轩鹿　张丽萍　高晓松　周蓬宇　刘静宇　陈宗奇　邢妍　安桐　顾贤民　陈斯　王娟　丁飞赫(70人)
财务管理	李道平　张思阳　李玲　刘倩　周佳晓　金倩梅　史名洋　白明玉　刘一惟　邵帅　战涤非　杨菲菲　吴玉洁　朱国鹏　钟倩　汪一江　贾超　李懿德　蒋家玉　袁文茜　杜佳欣　左玉洁　李峥　王爽　李斯南　杨然　王梓权　王琳翼　罗成芸　李婧思　王婧　王雨晴　李想(33人)
会计学	张磊　李冉　孙文悦　刘冰　张垸瑰　郝立兴　李泽麒　刘浩　张天奇　艾亚楠　吴晶　胡天玥　张圃馨　彭越　孟倩如　胡瑾熠　柴文静　李舒　李兆榕　舒雅婷　王琪　吴瑶　郑荃　韩雪　孙心怡　陈平　单志勇　马云飞　王欣宇　黄颖　王玮琦　杨一帆　关圆圆　朱叶青　熊露　王萌　王馨悦　申玉琦　黎时微　王彤　周玥　邵应倩　罗雨欣　刘培　刘巍　王婧　孙迪文　尹丽佳　徐晓媛　刘超凡(50人)

续表

专业名称	姓名
会计学(国际会计)	杜妲　黄嘉铭　江杨　黄焘　张颂　陈雨婷　袁亦芳　刘万晟　张西达　彭宇璇　韩天杨　张春爽　俞可　吕嘉宸　严月熙　关沧海　樊宇桐　宁睿　陆畅　孙煜　孙婷　韩黛　高婧文　张增慧　孙赫阳　翟艺圆　陈嘉琳　王彦玲　张佑蝶　魏云鹤　马隽(31人)
会计学(注册会计师专门化)	张蒲云　凌力　赵磊蕾　陈雯　郑芳　高晓晴　周婷　马迪　王潘　边月　王佳敏　陈京云　王运　赵雨彤　夏狄远　付欢　王鑫慈　赵祖晨　朱梦恬　李丽丹　赖信达　王令菲　陆晓媜　彭漪琳　罗尚洁　丁建婷　夏可挺　王云云　张瑞　韩洁英　汤娜　张梦琳　殷实实　万颖　刘莹　辛悦　纪程　王君妍　陈燕　王冰　张倩　李辰璐　王孟棣　朱昀　陈冠丞　芸芸　孙东才　兰昕洁　孙克文　潘伊伊　杨璐　李昭宸　胡文韬　张溪涓　梁晓　杨奕　隗菀　蔡虹宇　李晶　刘禧晨　田媛　崔晗　张函　王骋远　吕汶潼　方叶子　乔乔　古长司　冯欣培　袁小叶　乌乌焱嘎　白珊　张旭　房文冬　乔飞　赵研　张有臣　吴婷　刘颖　张依　李帅妍　苗帅　狄昕妍　李怡明　李杨　田家乐　马哲　梅秋媛　刘桂良　蔡超君　王美玉　刘丽丽　王翔慧(93人)
保险	刘海波　吕希璇　马伶飞　骆安琪　陈克崎　李守波　钟璐　储兆钰　洪梅开　李子怡　方好平　尹星　邱驰　张忞　袁寒怡　曹玄　宋博　王海玲　孙茗　张晓萌　李彦泽　史新苗(22人)
金融工程	张亚楠　林聿静　李梓娴　臧育辰　罗文通　王佳磊　李蕾　张倖溥　刘弘扬　晁昊　薛峰　曹玉鑫　王诗语　杜若霖　李晨　李鹤然　赵涵涵　周梦　刘佳　王诗慧　白嘉怡　田振洲　刘亚璇　志桐　吴雨婧　苏文　李旭东　胡文远　高洁　杨杰　龙云飞　朱晓曦　王亚楠　马宇燕　李心愿　曹扬　姜壹萌　吕少博　崔杨(39人)
金融学	张炜悦　王文钊　沈忱　郑玮炜　郭冀初　张旭阳　陶燕　贺小倩　谭咏新　曹明　孙桥　索瑗　张悦　丁聪　张治东　徐波　王璐　李玉　黄艺伟　郎璐璟　赵夕梦　黄达威　潘思宇　冯冰悦　罗楚枫　张楠　曲敬伟　刘婉秋　高正雄　邱伊帆　杨君婷　何潇　庞天红　杨婷淇　王瑾　郑晓雪　魏欣　孙蕾　刘昀　王元卿　魏旭阳　郝亚红　孙玉　费小刚　陈振东　肖文强　潘茜　史雨辰　齐梦雪　李美玉　郭方白　吴琪　石楚琪　月阳　高艺　郭芳　蔡钰　沈岚　刘阳子　邹孟伊　董峥　李晓娟　李思冉　李烁　杨坤煦　刘文欢　梁越　刘应琦　马玥　林雷　王路　康琦　张松　张赛　王鸿嘉　聂小依　贾莹韬　陈卓　赵冰　刘岩　管三奇　卢梦焱　印想　裴洋　詹钫　廖佳鹏　汪思蕊　王皓　韦里琦　宋言云　平雨鑫　朱梦圆　张钰沅　欧阳江　古超楠　刘沓　贾其琰　刘文溪　赵鸿飞　晁元桂　温博伦　刘硕　杨莹　张晶　黄亦川　马聪生　张舜伟　王蕾　陈佳婕(109人)
金融学(国际金融)	李清璞　石昊天　王博雅　李泽楠　李琨　滕奇　朱偲玥　樊若琛　姜雪　陈传飞　孙嘉康　夏金娇　郑鑫磊　马悦星　马笑谈　肖琳川　毛梦鸥　郑一琦　张少华　杜燕　王东超　高俊楠　贲一鸣　李劭琛　姚硕　张昊　刘祎　钟齐鸣　高胜寒　吴孟　王薇　刘梦然　闫子豪　马兰　彭琪　章磊　刘嘉崙　乌日勒　王静　夏天娇　王菁青　沙茹　刘璧彤　李媛　赵云　刘润佳　马卓一　蒋熠　郑月蔚　陈欣雅　王哲然　杨诗仪　谢宇宸　夏宇　郑伟豪　董婉楠　薛晓茜　吴禹　赵佳鑫　房晓婧　冯天驰　张优优　邹佳宸(63人)

续表

专业名称	姓　名
国际经济与贸易	赵鑫　高家展　孙瑞英　李合静　代晓锋　叶子玉　张鑫　牛天玉　王燕玲　叶静　陈仰菲　张雯　熊薇　罗梦洲　刘雪　刘子佳　江琪　孙嘉琳　王燕飞　王磊　郝斯琪　陈昌昊　赵雅雯　冯雪峰　宋喆　姬钰　张强　李新远　赵晴　雍婉琳　李岩峰　陈凝　邬丹　吴文婷　张曼诗　李良辉　张帆　李静　刘璐　张昱珺　韩永亮　李召霞　李萌　刘欢　李璐伊　吴雨晴　孙玮擎　王锐　何琪　田峰　张鹏　杨乐森　宋立妍　郝翰墨　陈斯　李华　吴潼潼　刘根　李籽桥　杜嘉文　代瑞轩　王仪昕　尤然　丁羽佳　冯林祎　刘佳莹　胡皖京　关采薇　李峥　王丹　王静　赵爽　周游　吴美真　贺楠　杨斌　汪滢　支纯　祁纪　韩佳乐(80 人)
国际经济与贸易(实验班)	潘敏　张曦元　高鸣泓　薛晗　张宗悦　牛爽欣　富嘉艺　陈文隽　张雨晴　魏微　黄新月　郑非凡　陆彬　李泽宇　梁玉　张捷　杨文婷　郑炫圻　冯名晨　张依　王佐鹏　刘映晨　司雨　匡欣　孙元熙　刘佳雯　乔文远　任旭阳　晁雅恬(29 人)
经济学	康健　刘锡宇　李斯媛　谢毓麟　吴美琴　潘高凌子　张思远　杨铠蔓　励力　孙嫱　周琴　王磊　李悦　尚金子　王悦棋　俞悦　李翠　张勤浩　徐瑶　杨珂　闫笑　刘鑫颖　王一鸣　王奇　王静　吴霞　徐硕　张超　郭敬平　石磊　张妍　程星宇　赫茂松　罗琳　吕凯歌　把金丹　曲方　张淑静　杨柳倩　魏雨濛　张绍冠　陈芳红　赫彤　鲍天骄　金子盛　孙琰　袁琳　郝研　熊哲　陈晓楠　高雅　李研　王珊珊　李普乔　马飞跃　李伟　雷文　孟紫薇　刘译阳　耿盈　徐冰　肖博峰　仵文捷　宋丽婷　刘睿笳　杨策　陈东侯　郭晓雨　王宇　赵影　欧阳文佳　况璐(72 人)
经济学(实验班)	李昂　何瑞　刘晓筱　刘瑞雪　王喆　佟晨　高若乔　曹禹　陈羽婷　徐月茹　胡沁悠　孔帅　李兆辰　彭文祎　闫文　赵啟麟　陈泓茜　徐天炯　刘文兵　于洋　徐盼　苏奕　辛琪　李怡佳　高珊　崔时雨　高原　张燕秋　果艺　郑健　原野　刘璐(32 人)
贸易经济	张泽　王越　黄宇洁　刘含章　赵彩云　杨浩然　王雪婷　郭雅男　田丹　刘英琦　白山　焦榕　杨洁　许舒婷　盘珊珊　付莉　陈雅韵　刘垚　孟奇寰　李文杨　任飞飞　石凯名　葛明倩　尹嘉雯　杨凯茹　石志威　杨行　李臻　胡潇行　孙瑀濛　刘烨　班玉瑶　连宇为　李佩杰　陈宇鹏　张琦　盛淇　徐磊　韩思宇　范智超　刘心悦　黎德钰　邱泊宁　梁斯瑞　李英豪　李赫　李美扬　杨辛禾　乔冠彪　郭昕睿　周亚平　崔紫娇　王雪霏　秦盛迪　杜伦　陈嘉伦　商孟栋　陈昊　温新　廖明高　李金山　洪紫寒　王丽娟　于月娟　蔡拓　任璐瑶　李晋　陈国栋　孔得鸿　吴娇芮　朱云飞　王慧明　王梓尧　李雷　杨施雨　路凯　王翔　黄景彦　施阳(79 人)
劳动关系	鲁迪　卞超　陈璐　刘园欣　汪凌霄　万丽菊　唐宇　孙俊伟　戚玮　李钰　赵佳朋　黑雅昭　孟璐　张霖　何佳妮　张靓　王德晓　宁泓宇　张晗聪　付桐　陈丽秀　周佩佩(22 人)

续表

专业名称	姓　名
劳动与社会保障	陈嘉旭　崔秋实　孟维治　张子好　李楠　马小央　蔡晓涵　陈艳秋　齐声贺　方璐　沈天宏　王继林　李江兵　管一方　李欣彤　李晓琳　陈群梅　何桂森　刘婉怡　范林红　金冠勇　宋然　阿衣吐逊汗·玉素甫　阿达来提·加马力　王小伊　李苒　曹鹏　汪泓宇　戴雅儒　梁祉莹　郑轲　潘安东　孙雪迪　王丹妮(34 人)
人力资源管理	黄晨　李原　杨梓程　袁海霞　陈婷　李炎芳　赵睿譞　钟瑞莹　魏槐　宋静　王雨晴　吕梦　张菲芃　吴彤　张晓曦　王艺　王宝婷　胡楠　刘彦彤　吴瑞宇　唐逢彬　徐晶晶　秦晓林　王颜　张一鸣　孟杨　宋芮　李铭萱　肖博　赵璐　王瑞　许雪辰　徐佩华　孙碧琪　马小山　丁思佳　赵骏　马鑫　高千惠　王秉胜　晋嘉豪　杨凯奇(42 人)
人力资源管理(国际人力资源管理)	岳心辰　宋慧敏　张丹雯　韩牟静竹　孙世玉　管周　裴海涛　邓昕宜　张正宇　施涵喆　苗天杰　徐碧滢　吴佳佳　黄博文　陈赟晓曦　孙丽娜　伍子宁　郭静　刘玲　查丽华　马琳　王玉萍　项思琪　田盛楠　于冰琪　吉朴宁　刘艳如　李丛雪　陈雪芬　高祎璠　魏昕彤　张雨晴　葛鑫羽　刘晴　袁杭　代慧仪　张启帆　吴一鸣　李阊　高菲　付佳　张释嘉　叶诗劼　于康健(44 人)
人力资源管理(实验班)	高琳琳　张申　郑朝阳　陈健雄　王祎铭　狄梓豪　王子然　贾冬雪　罗金　崔昌璟　孟男　宋歌　俞铭涵　郑文娟　张梦莹　吕坤　郭梦梦　杨红开　黄燕　陈祎平　李旭冉　解瑾　朱宝奕　王珊珊　沈左次　张迪　孙宇　朱鹏飞　孙文　李桎羽　王冉　陈晨　丁欣　韩超　王琎　李炫　杜斌　王卫　吴国锋　李雨明　康佳新　李若晨　王旭旭　张楚童　葛蕾　朱雨朦　姜婷　付越(48 人)
数学与应用数学(金融数学)	俞力恺　梁立　周子童　黄舒玥　彭蠡雁　刘锴鑫　李玥　程卓旭　刘曦　陆海洋　李英博　李萌　黄欣　方伟煌　高寒　蔡文迪　韩美霞　耿高惠　陈相文　凌汐　郭伊娜　李重勋　田聿申　周新诚　王瀚之　郑雅桐　范金荣(27 人)
统计学	车进原　薛皓元　杨德辉　陈欢　彭月　刘瑾　靳佳　马晓璐　李悦　葛莉莎　贺骋啸　张丽影　刘晓晔　赵鹏花　赵瑞轩　唐虹麟　李学志　许小雪　夏若彬　尹玉花　杨磊磊　刘宇　张帅　朱晨曦　孙茜茜　管文溥　解思思　苏洁　王蕾婷　吴琼(30 人)
统计学(经济分析)	单义彭　张淼　徐也　李永征　赵譞　朱志远　王琳茹　孙学美　李玉姣　张晓芳　张敏　陈莹　田媛媛　甄子仪　叶浩洁　赵美芳　万腾　骆弘毅　邵广哲　陈誉馨　王冲琳　赵明岳　马赞杰　张文轩　陈彦廷　张兴雅　段凡　张学颖　金添　郭美杉　苏煜　李元杰　董平平　樊俊杰　史依云　都成　李芳菲　李安旭　文雅娟(39 人)
英语(经贸英语)	朱慧娇(1 人)
传播学	刘晓毅　俎燚楠　刘佳逸　夏明明　张雪璟　周洁心　喻祈安　顾亚超　韩帅　杨亦林　刘佳惠　于畅　朱莉　赵宇辰　都子昱　毕铮　王梦　张其然　张默斐　麦尔哈巴·麦合木提　迪丽阿热·艾尼(22 人)

续表

专业名称	姓　名
传播学(媒体经营与管理)	黄玠棠　孙楠　司琦　蔡悦　郭新悦　沈菁　刘丹　黄洋洋　向青青　何子为　芦珊　王文欣　酆思　王奕平　佘庭萱　胡远蓉　戴露婷　王森晨　吕泊宁　姬俐华　李澈　刘倩婷　李铁祎萌　牟虹璇　杨宏伟　谢烨凤　罗斯琪　刘谊珊　夏天　陈佩贤　姜雨薇　王超　李园子　王安琪　杨洋　赵博涵　李嫣　戚歌　王宇欣　田野　崔雨含　韦也娜　周天予　曹琼月　蒽建年　危薇　杜森垚　王艺澄　董斓馨(49 人)
广告学	姚璐　郭曼　王久爽　丛林子　齐琛　赵轩　王珂　许潇雨　孙意诣　刘颖　郭静　徐拓　苏醒　田天　刘紫嫣　孙宜雯　谢洋洋　刘卓颖　李荦涵　高思佳　孙禹泽　路辰　孙西　王洛霏　左祎琦　王俊岩　王偲行　刘卉竹　季钰瑶　王海棠　吴晶晶　池文程　陈鹏飞　崔硕　齐文旭　杨宇豪　刘森　陈怡如　胡悦琦　黄丁媛　施源　王翠　唐宇　刘思语　王想　张依依(46 人)
工程管理	赵立　佟乐乐　张楚蒙　汪晓辰　吴塞骥　易渊　贾海玉　周子阳　韦奇锋　赵翌翔　郑集文　陈磊　温仲尼　殷思奇　张颖　朱岱　王琪(17 人)
计算机科学与技术	邱思明　董莎　张一鸣　汪衍　陈旺　张雨晨　刘文轩　齐宇　李志轩　周昕蕾　齐硕　游峰　魏有金　李世纯　杨济菲　张蕾　顾则征　阳嘉毅　窦紫鑫　成冠华　梁栋　刘奕　曲笑朋　李子豪　余梦洋　王雪辰　刁颖函　周启帆　白晓晗　贾闻远　成正　吴迪　焦龙　程琪惠　温小静　李梦汐　张硕　田青　田国兵　刘懿贤　姚珅珺　周帅　关紫君　高大有(44 人)
信息管理与信息系统	詹伏育倩　高靖宇　杨素珍　文卉　赵丹丹　邬孟桐　刘冰清　马遨宇　于佩仟　牛子旌　陈沫燃　邢斐羽　张喆　刘铭　葛岩　叶夏青　王娜瓔　曹国东　闫婷婷　刘扬　吕朝军　何林海　张静　廖仕洁　丛心怡　刘彤鹤　余锋　薛曙郦　邹新雨　李兆松　王兴月　赵嬛　刘闰捷　马祎文　孙瑞娜　郭彦佳　叶静伊　孙雅君　卢笛　史宸曦　马佳兴　路萍　高凤娟　逄佳琦　邵将　高一花　张润　许柏怡　谢佳丽　苏思远　孙一栋　雷雯　何思琦　吴凯丽　谷凤玲　崔悦　金琳艺　李惠(58 人)
对外汉语	王漫琳　陈子轩　张昊强　王晓帆　赵静媛　彭帆　葛夏树　刘苗子　赵言　许文静　王武忍思　曾建　陈增元　李佳兴　刘瑞丝　杨磊　金雯旭　张颖　高翼　袁筱蕊　杨旭　张栩(22 人)
商务英语	牛斯睿　刘鑫宇　商宇晴　杨莹　李雅楠　滕芳菲　吕艺　胡慧中　刘赛　李衍辉　黄琦琪　贾予彤　刘逸伦　马晨　王斯雨　张臬然　赵云巧　张超　黄子卿　韩洁　陈超亚　骆雪云　王潇雨　尹楠　杨亚莉　赵芮　马晨　王艺丰　戴靖雯　田川　师文迪　辛雪莹　王雅娴　付丽娜　闫川　耿蕊　赵云龙　代蕊　周曦垚　王子奥　杨烁　曾子嫣　马文思　王巍　陈羽彤　范佳彬　魏娜　赵文平　任怡　常笑楠　徐嘉泽　栗久轩　陈乐　左薇　张珊　陈竞喆　肖驰　赵晓霞(58 人)
统计学(国际统计)	胡若曦　邓昊　崔杨雪　王丽娟　宋艾闻　曲歌　郑树楠　任听　夏晓佳　赵小漫　罗雨佳　王寻　蒋宸博　王泽宇　李丹丹　崔琦　杨墨　陈婉宜　刘硕　李姿林(20 人)
英语(经贸翻译)	王琛　魏薇　张驰　林子书　颜润　刘祎　杨婉丽　钱蔚　肖腾芳　刘爽　邱美玲　杨碧莹　生然　彭夕　秦晓默　赵云鹏　王千一　徐岩　周璇　韩佳依　王珺洋　刘鸿娇　赵航　刘强　亓洋　侯芮奇(26 人)

首都经济贸易大学2015届获得辅修专业证书名单

辅修专业名称	姓名
安全工程(注册安全工程师)	宋偲雅(1人)
公共事业管理	刘欣桐　解倩(2人)
行政管理	杨青(1人)
行政管理(电子政务)	孔德坤　厚智航(2人)
土地资源管理(房地产开发经营与管理)	张一帆　冯心怡　朱晶晶　鲍杰(4人)
法学	徐菲(1人)
工商管理(实验班)	陈齐　张敏　贺依婷　李俊英(4人)
信息管理与信息系统(IT项目管理)	李雨辰　杨丁溦　梁颖　郑玥(4人)
国际经济与贸易	芦晓蕾　孙嘉琳(2人)
经济学	徐瑶(1人)
人力资源管理	吴彤　高千惠(2人)
统计学	陈欢孙茜茜(2人)
统计学(经济分析)	甄子仪　李芳菲　张敏　张文轩(4人)
商务英语	刘逸伦　韩洁　范佳彬　赵文平　贾予彤(5人)
英语(经贸翻译)	侯芮奇　王琛(2人)
广告学	王久爽　高思佳　郭静　陈怡如　杨宇豪(5人)
计算机科学与技术	董莎　陈旺　田国兵　张一鸣　刘文轩　游峰　杨济菲　周启帆(8人)
信息管理与信息系统	文卉　叶夏青　郭彦佳(3人)
法学	程贵元　徐体慧(2人)
会计学	周雯　张萌萌　王聪　王思雨　高雅洁　于永波　王娜　金太阳　王琪　崔伊雯　杨会　殷硕(12人)
金融学	汤振晖　庞然　董笑蕊　王晓彤　贺梦潇　徐越　吴旖旎　张佳荣　梁智超　李帅　马潇　任云辉　江翊雪　苏玥　张兴华　张越　杨震　戈思祺　李璐婵　陈国戎(20人)
人力资源管理	范家旭　范玮祯　张超　王其珍　周潇潇　闫万欣(6人)

首都经济贸易大学2015届辅修学位授予名单

辅修专业名称	姓名
法学	任雪琪　贺华宇　荆薇　沈雪静　孟薇　张治东　唐逢彬　赵骏　孙世玉　吴佳佳　狄梓豪　亓洋　张颖　高一花(14人)

续表

辅修专业名称	姓　名
会计学	苟济帆　王俊文　王楠　林孟楠　张晓玲　赵国旗　芮倩玉　韩策　陆欣童　胡思颖　杨雪　闫冉　曹海楠　华海鸥　周思彤　张梦蝶　储兆钰　董峥　刘应琦　欧阳江　刘沓　杜燕　谢宇宸　雍婉琳　吕凯歌　孟紫薇　薛皓元　葛莉莎　张丽影　唐虹麟　解思思　蒋宸博　吕艺　胡慧中　骆雪云　徐嘉泽　刘祎　刘佳逸　孙楠　酆思　李铁祎萌　李嫣　刘卓颖　季钰瑶　周昕蕾　张蕾　梁栋　王雪辰　白晓晗　吴迪　程琪惠　温小静　李梦汐　关紫君　赵丹丹　邬孟桐　薛曙郦　邹新雨　王兴月(59 人)
金融学	李晟晗　庞恩泽　阳一坤　郭晨阳　赫彤　仇玥　秦志冲　杨冰洁　王然　范海天　马亚欣　孟庆欣　武英喆　金晔　党佳惠　陆玉祥　姜舒怡　蔡萌　杜婧甜　尹依楠　孔德洁　冯暖　赵雨萌　杨鋆　涂润琪　杨舒媛　陈惠迪　余炎格　王楚晴　李鑫　钟玉　史舒豪　蔡奕端　陈颖　李思林　艾康　马继良　王喆　陈婕　张宇斌　张季坤　张晓迪　张丽红　寇君伊　黎淑妍　赵垣媛　刘畅　孙梦雨　徐子尧　刘子沂　董溦　李晓燕　张璇　金恬　章佳静　宋莹　苏雪豪　刘欢　李博　姜晶晶　张也　李莉　刘漪　张苏真　王昭　余晓艺　侯珏　沈创世　朱国鹏　刘浩　彭越　柴文静　孙心怡　王彦玲　丁建婷　王冰　乌乌焱嘎　狄昕妍　马哲　蔡超君　徐磊　李赫　王宝婷　郑朝阳　陈健雄　贾冬雪　朱鹏飞　肖腾芳　杨碧莹　王奕平　王森晨　牟虹璇　王超　赵静媛　张栩　丛林子　齐琛　周子阳　汪衍　阳嘉毅　窦紫鑫　刘奕　焦龙　张硕　周帅　高靖宇　牛子旌　邢斐羽　廖仕洁　刘彤鹤　赵嫒(111 人)
人力资源管理	陈金娜　崔晓燕　杨光　崔新悦　李富强　刘祎宁　梁泽寰　王琦　张明　董芳　刘汝佳　邬丹　刘晓筱　辛琪　张枭然　辛雪莹　赵宇辰　谢烨凤　李园子　陈子轩　刘瑞丝　谢洋洋　左祎琦　陈鹏飞　胡悦琦(25 人)

(刘娜)

首都经济贸易大学 2015 届高职毕业生名单

专业名称	姓　名
财务管理	薛志丹　冯莉　段嘉楠　武蕊　鲍晓桐　李冰冷　陈小爽　马佳鑫　张雪伦　于晓晨　白玥　姜雅丽　赵梦颖　李亚彤　王彪　杜颖　苏佳　张明敏　陈思　王晨　王佳琪杜宇凡　李亭亭　郝静　包圆圆　李祎　周剑彤　李静　程浩　李妍　王戈　张娜　刘婷婷　高雅薇　王涵　陈佳维　田薇　韩艺(38 人)
国际经济与贸易	田东楠　吴杨博楠　金安　冯梦倩　同磊　郝依娜　李妍　赵润　杨雨慧　陈思微　程浩　李歆堃　苏丹　毕然　曹帅　王雨　王丽檬　赵晓朦　来涵　张挽澜　张征　刘晓雪　林珊　刘易楠　佟天昊　刘帅　马文婷　张甜　靳晓　马梦滢　路雨穆　安蕊　李燚　李海潮　李威　何玲姣　姚晓玥　吴嘉坤　赵梦雪(39 人)
旅游管理	魏璐瑶　朱颖　王彤　赵钰　张智峰　崔键　赵晓英　福文龙　段思聪　王娅　董继泉　蔡淼　鲍梦达　左宇　马艳　付嘉慧　赵丹阳　陈思媛　周文慧　张冠男　郭思雨　吴思琪　薛晨　崔瑶　于碧涵　高伟　靳桐　徐萌　孙玲芮　胡松楠　杨艺　刘岩　蔡嘉伦　孙熙　原雷　任静　史青　郑帅　高新(39 人)
法律文秘	吕严凤(1 人)

(刘娜)

首都经济贸易大学继续教育学院2015届(春季)本科生学士学位获得者名单

培养层次	专业名称	姓　名
高起本	会计学	亢果梅　陈香　闫亚杰　潘虹　刘文娟　张智全　赵丹梅　陈碧霄　郭瑞斌　褚凯　薛红莲　吴太燕　陶佳音　周文雅　杨钥　牛培荣　樊凤娇　刘英　初晓玲　姜雯霄　徐杰　张爽　唐正英　梁吉娟　张慧璇　秦伟丽　侯甜莉　张娜　邓汉秋　周晶　崔津津　胡玉东　孙莹　李姣　禹浩然　朱艾琳　沈菲　牛翠　杨艳平　王丽　张金花　闫建新　薛燕　边丽娟　李震泉　廖泅　韩聪　王玲　谭利　马玉芳　刘擎　张翔　樊国庆　叶璐璐　郑菊红　郭瑞琪　梁敏　王利国　褚晓燕　王露婵　范育绮　杨萍　吴娜娜　李静婵　许迎春　李娜　蔡术元　董娜　宋阳　欧阳冰瑶(70人)

(王勇)

首都经济贸易大学继续教育学院2015届(春季)毕业生名单

培养层次	专业名称	姓　名
高起本	会计学	张磊　亢果梅　张楠　褚凯　黄志娟　初晓玲　张晶晶　聂芳婷　贾鹏飞　张娜　沈菲　苏醒　朱镓　杨萍　叶璐璐　廖泅　陈香　付艳华　薛红莲　姜雯霄　邓汉秋　牛翠　许龄芳　吴娜娜　郑菊红　韩聪　闫亚杰　许丽红　吴太燕　徐杰　周晶　杨艳平　赵淼　李静婵　何絮梅　郭瑞琪　王玲　潘虹　陶佳音　张爽　崔津津　王丽　詹丽红　许迎春　谢宇　许青　李丹　曹金凤　梁敏　刘文娟　丁庆　周文雅　唐正英　胡玉东　张金花　李娜　于晓波　王利国　马玉芳　李美佳　张智全　刁显敏　李亚朋　杨钥　梁吉娟　郭玉　姚素云　孙莹　祁翠红　闫建新　康梦琪　蔡术元　王静　褚晓燕　刘擎　朱家骥　邵冰冰　赵丹梅　牛培荣　张楠　衡艳南　徐静　张慧璇　吴静　李姣　赵玉燕　张丽　王磊　葛艳丽　杨洪宾　马香　肖菲　薛燕　董娜　刘学力　黄雄基　张翔　陈碧霄　孙雨晴　樊凤娇　香莹　秦伟丽　禹浩然　毕雅婷　欧阳冰瑶　秦海源　周昱凤　边丽娟　宋阳　贾晓光　杨唯　范育绮　樊国庆　白肖露　郭瑞斌　杜俊达　刘英　侯甜莉　邢书瑞　朱艾琳　高钰彬　张月　俞少敏　李震泉　尤千郡　王露婵　谭利　赵驰媛　黄茜(129人)
专升本	工商管理	陈璐(1人)
专升本	国际经济与贸易	闵颖　杨爽(2人)
专升本	会计学	周璐　吕超颖　张佳丽　蔡澎涛　杨雪　金晓雪　王慧　张希　郑烨(9人)
专升本	金融学	闫晓萌　赵琪　刘晶明　吴昊(4人)
专升本	人力资源管理	王颖　刘毅　邓海欧　周健　刘璐　宋潇逸　谭晶华　曾敏慧　庞冠华　吴伟婧　徐晶晶　郑晨　刘韦唯(13人)
专升本	信息管理与信息系统	王乃杰　陈曲(2人)
高起专	会计	刘征　杨菲　秦英　王胜鹏　李梦韬　柳红伟　来欢欢　仇莉娜　宋丹　杨婧文　范洪妍　李新　孙耀慧　于丽娟　李昕琦　李晓旭　赵岩　陈晓利　张旭(19人)
高起专	计算机应用技术	王鹏(1人)
高起专	金融管理与实务	李彬　张欢　陈萌　胡震　郭爱杰(5人)
高起专	经济管理	李爽　苏丽娜　侯翔雨(3人)
高起专	市场营销	王智磊　邓小容　谢针宝　李仁杰　郝文发(5人)
高起专	物流管理	张逐卓　单雯　陈阳(3人)

(高铭)

首都经济贸易大学继续教育学院 2015 届(夏季)本科生学士学位获得者名单

培养层次	专业名称	姓　名
专升本	工商管理	杨帆　姚迪　林方健　赵言　何玮　章萌　张程哲　王宸　于志　高枫　杨静　吴京京　张蕊　李毓婧　于亮　马馨梅　曹宁　郑玉立　闫杰　宋萌　丛杉　严钰(22 人)
专升本	国际经济与贸易	于骏　闫淑霞　高岳美　李晨　靳琳菲　李利沙　李梦轩　李丽　刘海燕　赵晶晶　梁娟明　刘蕊　王捷曦　张杰　孙云涛　王慧　褚波　徐海生　董立娟(19 人)
专升本	会计学	赵旭　刘净漪　李薇　戴晓玮　赵颖　惠双　田思思　刘千儒　顾召娟　郑丽　曾荣　边茜　张月　赵鑫　江丹丹　陈卓卓　龙菲　邹然　孙维　何伟　解宙慧　张莹　孙蓓蓓　李金霞　张岩　邹瑞　姜威　陈飞　赵荣　陈香利　李奥　孙志慧　赵玥　董超　刘双　王云艳　潘攀　钱蕾　杜鹃　毛丽铮　刘琦　卜会　马向向　陈岩　朱萍　陈小霞　孙芮　许龄芳　高雪晴　王梦熙　杨苹芳　高剑英　王爽　朱宁　王晓芳　张静宜　郭宇飞　石亚雄　卢立新　肖连颖　刘楠楠　边静　杨丽娜　万秀艳　李贝(65 人)
专升本	金融学	孟繁唯　齐磊　曹冉　孙昊宇　王奉鑫　段正纲　霍彦均　高行　黄婧　吴凡　刘镇　王小青　孙小雨　赵慧明　王钊　郝琪　陶立立　杨亚夫(18 人)
专升本	人力资源管理	齐萌　刘影　杨茜　马欣欣　何晨　王莲　巨平　田秉徽　韩涛　唐丝路　王宇　米春晓　李安娜　陈竟然　薛颖梅　李丽　李伟平　师伟　李杰　王明霞　田娟　陈石　马晓倩　王静　王勍　宋扬波　白雪君　张伟　王彦宏　马洁　王铮　樊建伟　祁丽丽　何晴　邢瑶　郭云娜　陈梦雅　郭轶　李英杰　张寅　齐瑶　张许雁　陈芝薇　魏东　陈娟　贾雅丽　吕彩凤　付冬鹏　高成立　张哲　王晶　胡悦　郭小兰　张婕　贾小飞　商丹　贺燕　张静　郭明晶　杨莹莹　沈熠婧　马井平　倪晓静　张瑜　张晴　张立阳　王骏　杨伟唯　马芸瑶　郎超超　李倩　纪喆　刘雪飞　万旭　曹娜　胡雪晨　郎凌云　李思琦　苏丹丹　宋凯　李志艳　武艳萍　何佳　罗盼　李维静　吴小龙　直玉娜　王树一雄　李腾　张静　李龙　杜满力　谢凯(93 人)
专升本	信息管理与信息系统	高猛　陈舜宇　李晓刚　刘春茹(4 人)

(王勇)

首都经济贸易大学继续教育学院 2015 届(夏季)毕业生名单

培养层次	专业名称	姓　名
高起本	会计学	翟雨　杨靖　任梦　蔡倩　张艳春　王云燕　闫明明　胡新宇　李娜　江晓凤　孙秀娟　李斌　王臣晨(13 人)
专升本	工商管理	王凯　赵丹　李鑫　孟宪峰　樊志　张雁　任楠楠　郭明东　曾意　樊雅菲　徐骏翔　张晗　周帆　杨帆　丁婉　王亚馨　程鹤　朱亚蒙　徐京　刘晶　高翔　王兴玮　王莹　孙云涛　刘小雨　赵言　胡然　刘薇　张程哲　赵会来　高枫　张宁　张蕊　吴楠　杨光　杨毅　马馨梅　路伟　宋莹　张春荣　宋双杰　穆思静　王璇　封硕　马小敏　赵彦　袁蕙卿　高妍　闫杰　孙婷婷　丛杉　田甜　何金雨　黄翔鹏　朱芸芸　李辉　周沫　田龙　周聪　蒋一婧　孙博　姚迪　刘骁　何玮　李敏　谷正超　王宸　袁子程　杨静　关欣　宋莉　徐博楠　樊蔷　张帅　种欣　李毓婧　曹宁　宋萌　贾一薇　王丹　朱大林　王春雅　高宇　王玉昆　李娜　谭维停　盛伟航　高沫团　张莹　严钰　阚旭　陈霖菠　赵文晋　杜恒　林方健　章萌　谷征　史瑞　吴丹　于志　吕亚莹　方堃　杨闽波　何颖　吴京京　刘梦溪　孙静　胡玉龙　李占杰　于亮　郑玉立　田立荣　宁文秀　翟佳　刘虹宇　王深　张献慧　张卫山　王晓先　德白　次仁白珍　张启荣　仁增玉珍　孙美　普布卓玛　旦增卓嘎　强巴　多吉次仁(128 人)

续表

培养层次	专业名称	姓　名
专升本	国际经济与贸易	王昊　张静宇　刘璐　程悦　王瑞雪　李根　要刚　唐长英　于骏　李欣　武贞　林静静　沈可嘉　韩佟　李吉光　李晨　李梦轩　李奕　关嵩麟　赵娜　王雪维　高硕　赵世春　杨静　赵晶晶　李栋　李梦璐　蔚博涛　刘蕊　赵蕊　赵宝华　沈盟　高旭　张杰　李智　吴昊　李雪鹏　宋靓囡　林燕霄　赵宇　王逸群　王慧　徐海生　闫淑霞　宋琳　靳琳菲　张玉红　李新　李超　张杏佳　张珣　成希艳　邢旭　李丽　梁娟明　张浩松　范宗文　王婷婷　冀青　李明　付唯宁　王捷曦　孙云涛　褚波　刘洋　郭晨　赵轩　董立娟　郭爽　魏珈　李晨　丁晓文　吴新阳　李杨　高岳美　张曼　李利沙　彭震　杨青　刘永利　孟娜　张超雄　苗春秋　刘海(84 人)
专升本	会计学	沈超　杨新　赵旭　范林　杨荟卉　王思洋　顾召娟　张洋　龙菲　陈京来　朱蒙蒙　张岩　赵玥　马强　李砚　刘琦　高雪晴　魏春燕　张静宜　刘净漪　赵赵　郑丽　金玮　王媛　郝帅　马爽　周伟男　姜一　王秋华　王玮　徐依冬　李泊然　陈璟　胡竞　张帅　邹然　邹瑞　董超　卜会　王菲　王梦熙　周开济　周静　钟清华　郭宇飞　李薇　曾荣　王莉　李梦佳　刘莎莎　周瑞彐　孙维　姜威　刘双　冯佳瑞　闫慧芬　马向向　张晓东　杨苹芳　边静　戴晓玮　丁玮　边茜　何伟　刘红英　陈飞　史骏　杜丹娜　任亚菲　杨玉君　杨文佳　吴爽　王云艳　绳明伟　高文雅　陈建超　张玥　林洁　于爽　张鑫欣　罗雨省　陈岩　刘君君　李丽红　吴梦然　刘福霞　孙冉　赵欢　任洁　陈莹　高剑英　徐晓洁　李娅楠　孙伟　张海丽　吕敬一　徐婷婷　石亚雄　徐兴华　王欣　孙奥　翟若木　蔡宗华　赵颖　张月　管曼　解宙慧　黄玉芝　曹晓菊　邢娜　张平平　赵荣　李春雨　刘博年　王雯　潘攀　王继颖　陈靖　王彤　张婧雪　张美娜　耿烨　刘新杰　刘玉　钱志洁　朱萍　王爽　卢立新　于愔　惠双　呼瑾譞　吕青　王玛丽　赵鑫　蔡晶　倪居辉　张莹　陈香利　王鑫　段武　钱蕾　张雯雅　陈小霞　张立颖　刘佳　刁晓茹　朱宁　肖连颖　田思思　刘颖　江丹丹　孙蓓蓓　李奥　孙晨　刘蒙蒙　赵楠　佟明朝　郝雪　皮新媛　刘士千　高瑞雪　赵阳　罗冉　杜鹃　陈静颖　孙芮　牛文静　王晓芳　郑新　陆娟　齐红　吴丹　牛利静　郑鸿议　程月　马睿莹　韩灵芝　张鑫　包晓梅　刘丹　申荣娟　杨晓艳　刘慧英　陈怡君　王雪静　王俊　刘楠楠　董凌云　高双　金迪　潘硕　张越　李彩燕　刘千儒　陈卓卓　马超　刘潇　刘涵　张雪芹　赵丽琴　李金霞　田红巍　孙志慧　王万晶　陈欢　符洁　张跃　侯玉洋　侯静竹　邢月　杜秋锦　马倩倩　毛丽铮　秦征　张珠丽　金洁　张雪梅　周爱松　付春艳　曹丽　陈静　李圆　成瑛　吴红明　王慧英　王定军　蒙金环　傅金玉　廖贝玲　吴葵香　廖妮娜　赵琼　钱惠梅　凌伶　张善生　高燕娥　赵煜　阮洪清　赵立卫　米青瑶　万秀艳　李贝　赵婕　李星晨　杨丽娜　朱誉澎　胡红利　郭丽峰　林淑珍　吴丽娇(250 人)
专升本	金融学	刘庆　高奥亚　孟繁唯　景佳　孙昊宇　霍彦均　黄婧　刘镇　孙小雨　丁前坤　许春雪　王钊　陶立立　张秋会　齐磊　赵永丽　张浩　赵屾　赵莎莎　田顺泽　王奉鑫　孙少鹏　高行　吴凡　宋磊　张克淳　王小青　李霏　赵慧明　王烨　李兆娜　于博　郝琪　杨亚夫　曹冉　赖天媛　张爽　焦姗姗　马银平　谷小溪　高可硕　刘璐　段正纲(43 人)

续表

培养层次	专业名称	姓 名
专升本	人力资源管理	李天好 胡婷婷 刘娜 贾赛 王维维 王惠悦 刘璐 张杨 喜翔 塔博森 张欢 陈文枫 齐萌 侯思宇 薛颖 米春晓 刘宇晨 杜瑞清 韩硕 崔迪娜 李建兰 焦健 霍林 董清 王茜 陈飞 张雅珺 李佳莹 徐姗姗 袁特南 马晓倩 莫雨芳 程轶 杜兴弟 鲁菲 郭研 李骅晨 魏亚彬 赵梦雯 刘小敏 赵玉梅 刘佳 吴昊 朱帅 黄珊 孟潇 安琪 闫珅 王琪 干润弘 王娟 焦晓楠 叶艳 王浩原 何晴 陈娟 许湘 石雨晨 刘玙熙 商丹 张玲玲 苗丽荣 石红光 陆蕙怡 王骏 李思琦 刘影 李安娜 李芳 任文静 王静 姚改霞 邢瑶 张晶 贾雅丽 朱钰 刘雨濛 贺燕 王笛 全梦璐 杨伟唯 王艺 范洁莹 张焱 苏丹丹 杜蓉涵 杨茜 陈竟然 王勍 李雪梅 龙银玲 郭云娜 孙颖 贾红星 吕彩凤 耿彦芳 李晓微 柳连军 段勃然 张静 刘昆 赵茜 徐洋 肖楠 曹丹华 马芸瑶 宋凯 周璇 柳悦 高博 张鑫 张颖 马欣欣 薛颖梅 刘宇旋 宋扬波 刘野 王仁惠 沙艾 陈梦雅 赵蓓 李润龙 刘佳 赵佳琪 付冬鹏 杨帆 李菁 刘淑燕 郭明晶 赵冉 蔡娜娜 刘亚萍 石静 郎超超 李铎 宋丽 韩莹莹 王旭 刘广钰 李婷 宋欣 李志艳 吴宇航 甄岩 杨杰 牛静莉 杨娜 赵新禹 冯超 张琬 何晨 李丽 白雪君 郭轶 李娜 宋若菲 王宇 张楠 刘冬宇 高成立 侯丽楠 曹楠 李爽 刘爽 刘多思 郝爽 董璐 杨莹莹 李倩 武艳萍 马亮 王莲 李伟平 张伟 李英杰 张旭 张哲 沈熠婧 纪喆 何佳 于涛 孙雪娇 巨平 师伟 王彦宏 胡博雅 张寅 张腾蛟 赵京爽 刘国威 金雪 王万里 部超 刘曦 王晶 马井平 武振俊 刘雪飞 罗盼 王丽颖 李远 刘虹利 胡明杰 田秉徽 李杰 姚倩 郭立 马洁 许洁 王彬 高一㸚 王红梅 齐瑶 胡悦 倪晓静 张娜 万旭 侯浩 李维静 曹金 王雪娇 张磊 韩涛 王丹 王会 王明霞 王铮 隋立新 张许雁 郭小兰 张岭 刘文盼 范国爽 张瑜 安玉环 马红霞 安姣 曹娜 王树一雄 吴小龙 德剑峰 杨斌 刘婷婷 王玉凤 唐丝路 马鹤迪 刘丹 崔洋 田娟 樊建伟 陈芝薇 张婕 曹宁 杨东霞 张伶伶 王木子 张晴 胡雪晨 杜凯 门骏 直玉娜 王宇 郭赛 陈石 祁丽丽 张月 张赵军 牛晴 魏东 曹春燕 贾小飞 王晓川 张立阳 陈兰 郑艳 刘木 郎凌云 邓亚辉 罗斌 谢凯 何焱 唐秀丽 刘文昌 蒋浩 李华 匡慧君 李杰 李向荣 谢洁 张超 李龙 巩晓光 李腾 杜满力 郑枝梅 张婷婷 郭玉阳 贾会艳 张广路 张静 王子铠 魏慧英 梁晋 刘月丹 王阁子 王康云 赵颖 卓俊钰 周颖 戴惠霞 林鸿 周磊 高浪 王冰 李辉 贺儒林 平措 旺堆扎西 普卓玛 郭海峰 旦增尼玛 黄灿 索娜卓嘎 陈军 陈晓知 卓玛布 刘琴 包小梅 金巴罗珍 普布次仁 杨玉萍 达珍 范保杰 达娃卓玛 德吉央宗 桑追 才旺俊美 仁青扎西 田飒 索朗边巴 扎西次仁 赵艳芳(342 人)
专升本	信息管理与信息系统	李响 郑诚久 于雷 王凯元 解振禄 高猛 陈舜宇 赵腾飞 李东邻 于家昕 徐元波 杨超 商泽轩 刘鸣 平剑维 宋玉梅 宋维 包世文 刘祺 伍岳 李晓刚 谢泽 徐蒙 任亿 宋志平 贾晓伟 姚楠 李翔 刘春茹 李亦飞 宋立飞 孙晶晶 杨朝晖(33 人)
高起专	工商企业管理	韩悦 李丹丹 赵亭 付春梅 王丽萍 苏多景 金泽沂 常晓芳 李树宽 吴海维 蒋利亚 于虹 张丽 王迪 李飞鸿 佟金智 邢启超 张盼 郭树林 王彩霞 李春生 李若琳 胡加萍 赵永飞 杨文俊 冯红娜 郭英强 荣存峰 王文彩 王爽 彭丽名 李永红 张旭 林全 徐晶 薛春梅 李程程 王珏 梁芳 刘彦秀 崔灿 兰欣 李玲 李宗彦 刘松 孟邵轩 秦训辉 王丽 王丽文 王茜 魏彪 熊思 徐凌宇 张继峰 赵剑 赵曼倪 赵月 郑晓蕾 朱若宁 王晓青 廖左豪 黄燕 裴文恬 王漩 张陆军 李丕 黄小娴 刘嘉露 赵笑梅 欧铭琪 皮兴朋 田凤 赵惠娟 杨翠萍 张阳 杨庭荣 李素花 夏雪琴 孙美萍 徐家更 阮冠宏 薛英干 袁丽娇(83 人)

续表

培养层次	专业名称	姓　名
高起专	会计	郭琦　刘悦　张超　马楠　刘莹　李红卷　鄢凤珍　熊厚　曹洁　昝瑞　马晓蒙　李婉丽　陈见之　张凤萍　李兴　田华　梁蒙　李洁　李秋林　李玲玉　迟朝霞　李海忙　宛春会　刘伟　贺兰　刘鑫　门菲　金耀华　胡娜　杨保新　常青　李冰伟　李占龙　李修琼　雷艳妮　郭亚男　严斯军　杨盼　韩玉　毕宁　高涵　林春强　李彤彤　张立华　刘金打　宁喜增　智欣桐　刘盼盼　杨飞　杨晶晶　杜雪　蒋金凤　钱满娥　高莉香　柴国升　范萌萌　张海红　曲丽鹏　张利侠　刘铁　杜娟　徐繁　王新宇　王岑　翁晓健　马晓佳　屈艳梅　李杨　马恒　李宗敬　张丽　徐磊　李亚茹　杨雅萍　郑盼盼　钟瑞芹　焦慧娜　董亚　王月强　周文芳　刘艳华　谢迪　赵淑倩　陈蕊　王梦雪　嵇薇　曹鹏程　陈冲　王超群　何秀红　张丽　王小蒙　刘建春　戴月　李君君　任青岭　白英　唐松兰　龙秀丽　鄢盼　阮慧敏　李恒　彭姗　张纷纷　李成雪　邓丽萍　刘志明　袁珍　魏芝侠　王洋　温红　孟宪伟　孙振　丁沫伊　吴丽珊　廖燕丽　张巧　于珊珊　李细军　张细娟　刘萍美　陈宇　郑瑞华　周冰清　张玲敏　陈尔斯　梁泳欣　李燕　袁萍萍　陈诗敏　黄蜜　葛华雪　周春燕　李林丽　林佳成　冯丽平　李柏杏　朱丽丽　余桂平　李皖豫　张小梅　孔杰　李小凤　张慧　郭周兰　李颖慧　黄倩敏　李斯敏　刘丹丹　郑雨兰　钱志坚　龚鹏　陈静　张惠娟　李梅　赵嘉黎　王蕊　田莹莹　王娜娜　康丽君　杨华锐　景晓芳　路凯　王乐　李春花　柴立俊　窦英桃　刘芳　桑机姐　王国秀　何晶　陈凤丽　刘雨萌　张莹　胡娟霞　魏孔婷　泽让拉么　焦之欣　王密　曹艳　杨昆　曹敏芳　朱晓燕　杨霞　王彩玲　王一凡　王小青　谢静怡　柴婷　宁少华　刘婧雯　宋瑞霞　王彩红　马艳芳　熊雪莉　王静静　豆晶晶　俞敏　宋奕　杨娜娜　罗泽聪　董开雯　赵芳琪　何欢　赵鹏霞　朱宗文　丁洁　窦慧　王筱竹　张韫琦　王丽丽　张晓玉　王欣　赵振霞　达明慧　徐梅花　杜丽　郭思雨　陈彩丽　张莉　曾静静　高志强　刘向阳　刘雪梅　马秋菊　张洁　何海丽　高罗芳　赵丽　杨文梅　刘博　白红霞　李芳清　赵博青　刘书娟　石福艳　牛永涛　赵正雪　寇灵杰　马红艳　周慧林　曾军　李宝花　周亚莉　苟秀珍　陈琪琪　朱冬霞　谢锦逸　苏雪　蒋桃　丁戈　王秀娟　宋金晶　陈玉红　王雅丽　德吉卓么　张琳燕　苏耀文　巴甜甜　孙敏　徐雁群　孙瑞超　滕玲　胡岩　马宏扬　高亚男　陈潇芳　刘娜　张旭　刘晓焦　杨诗梅　谷海玲　张丽新　姜华　赵明爽　韩雪　赵艳艳　刘志丹　丁向玲　耿小露　赵红莉　朱湘玉　卜春月　徐姝娜　张莹　王小南　羊玉姣　肖慧芳　黎文娇　文妮　黄彩霞　冯成娟　王春懿　高小玉　王梦辣　孙茹　周小玲　吴丹秋(298 人)
高起专	计算机应用技术	黄文娟　聂尚锋　孙宇　高楠　陈鹏　杨振军　于洋　吕良　张豪(9 人)
高起专	金融管理与实务	宋小月　付雪霜　胡莉娜　齐悦　刘文阳　印文俊　郑爽(7 人)
高起专	经济管理	王璐　黄婷婷　覃兆静　常超　冯爽　张蓉　冯艳辉　金立红　刘振　杜超　董卫强　胡志刚　王秋菊　郑忱　王子健　马丽娜　何银翠　苏辉　张鲁静　白冬　李想　姜丽　朱涛　杨镔　马立雪　蔡文君　陈攀(27 人)
高起专	人力资源管理	彭胜林　伍金香　王小飞　王蕾　周双　谢婷　曾果　谢琳　莫子琴　钟湘　徐智敏　段作霖　贺小莲　刘艺钊　江劼　黄剑英　蒋亚军　王钜开　唐海彪　邝群颖　李波如　向文　于玲　李国凤　肖遥　王艳　陈韵　周赣平　伍媛媛　谭玉娟　任五一　杨金玲　黄伟娟　刘小燕　汪蕾　谢丽容　鲍红义　苏晓静　黄丽谊　何凤琼　郑燕　易维祥　周海玲　邢益江　黄楠　周漂漂　符恒丽　贺雪梅　吴祝哲(49 人)

续表

培养层次	专业名称	姓　名
高起专	市场营销	刘博宇　乔岩龙　丰贵玲　冯继宗　梁佳伟　姚冲　张科　张晓丽　潘宏宇　刘志洪　郭云鹏　姜娜娜　马万超　成杰　刘淑杰　杨文娟　代燕　詹惠玲　余莉　万珊　刘伟　曹瑛　张余　刘伟　陈京津　温改青　王小雪　姜晓惠　纪晓杰　党士超　王小雪　王硕　耿帅　辛小六　郭维　杜凯　徐志远　李文朋　贾林娜　蒋松　丁沫妍　李一超　于佳男　徐明明　罗浩　施裕镶　杨烨　陈晓芳　罗文其　李思怡　宫太平　江喜　王佳伟　赖昌明　向南海　王婷　王腾飞　张中宇　孙立杰　王欣　刘婷　王胜男（62 人）
高起专	商务管理	王海琳　丛桂丽　于雅男　史中华　姜英　王晓薇　董丽媛　孙辉　张薇　赵珊珊　宋志梅　都小燕　董乐　王景慧　赵皎雅　邵丽苹　迟文娟　刘照利　栾晓雪　赵小棠　李英杰　赵营营　孙丽婷　曹爽　崔雪(25 人）
高起专	物流管理	蔡琦　蒋小花　谢遗发　翟冬换　管华军　叶广坤　邹贤贵　钟能保　陈英　徐凯　张蓉霞　李晓丹　孙智渊　张旭龙　逯轩源　陈小刚　王志强　狄慧慧　杨雨林　贾志伟　宋文龙　费扬　张晓静　耿海勇　袁春风　魏兴盛　高宏伟　宋多多　彭斌　许阳　陈亮亮　冯宇彬　王英　刘蕊君　杨锐　马宏伟　费克帆　张军　唐致秀　韩宇泽　孙永斌　王绍军　杨凯宇　李功博　苏宇函　贾枭飞　朱宇　吕玉龙　杨璇　周雅迪　刘海玲　饶鹏　陈德国　王闯　张贺　桂鑫　王宁　薛智远　马也　高静（60 人）
高起专	法律事务	杨庆虎　万冲冲　陈祉晔　扎桑　达瓦　朱珠　桑珠尼玛　平措觉旦　措姆　旦增旺姆　仓琼　尼玛次仁　张晓飞　陈瑶　张芸　闫继霖　万藏川　张良波　彭军　杨红霞　张军利　次旺旦增　扎西平措　王艳娜　扎西平措(25 人）

（高铭　王树明）

第十三篇

2015 年大事记

1 月

1 月 4 日　党委理论中心组开展集体学习，重点学习习近平总书记考察北京重要讲话以及在党的群众路线教育实践活动总结大会上的重要讲话，校党委书记柯文进主持了集体学习。

1 月 2—5 日　学校赴美参加美国经济学年会（AEA）并进行海外人才招聘面试活动，这是学校第 4 次组团赴美国招聘海外人才。经过近 3 年的海外人才引进工作，学校已经建成由 30 名海外优秀博士和数名特聘教授组成的国际经济管理学院，初步建成了海外人才聚集平台。

1 月 20 日　和信公司与学校签约“诚信之星”奖学金项目。

1 月 21 日　学校举办首届辅导员职业能力大赛，校党委副书记孙善学出席大赛并担任评委，共评出大赛一等奖 1 名，二等奖 2 名，三等奖 3 名，会计学院获最佳组织奖。

2 月

2 月 6 日　经北京市教育系统推荐，学校党委被确定为北京市级建设学习型党组织工作示范点，另有其他系统的 12 个单位党委（工委）入选。

3 月

3 月 6 日　学校举办 2015 年寒假处级干部培训会，对学校处级干部进行了党的政治纪律、组织纪律、廉政纪律以及意识形态工作进行了专题培训，学习并传达了上级关于高校意识形态工作的有关精神，培训会由校党委书记柯文进主持。

3 月 10 日　2015 年北京高校宣传教育工作会议召开并颁发了北京高校社会主义核心价值观宣传教育优秀项目等奖项。学校《构建“修养一体”的社会主义核心价值观教育格局》和马克思主义学院《“大教学观”引领下社会主义核心价值观的培育和践行》均获北京高校社会主义核心价值观宣传教育优秀项目，金融学院辅导员常彪的《“五微”方案助力社会主义核心价值观入脑入心》获北京高校社会主义核心价值观宣传教育优秀案例。

3 月 12 日　学校与芝加哥大学合作的研究生联合培养项目首批学生顺利抵达芝加哥大学进行为期一学期的联合培养。芝加哥大学项目是学校研究生部启动的第一个研究生联合培养项目。

3 月 18 日　副校长徐芳会见了爱尔兰都柏林城市大学副校长特雷福·福摩斯先生，就两校在已有合作交流项目基础上拓展新的项目和合作模式进行了交流探讨。

3 月 19 日　副校长徐芳会见美国天普大学助理副校长布鲁克·沃克、中国办公室主任刘兴才一行，双方就在 2014 年签署的校际合作交流协议基础上开展教师交流和学生交换项目进行了商谈。

3 月 23 日　副校长徐芳会见了芬兰哈格－赫利尔应用科技大学副校长迪姆·玛蒂·科克，就两校在深化合作交流层次和内容、开拓创新合作模式等方面进行了交流探讨。

3 月 26 日　丰台区食品药品监督管理局副局长陈明一行莅临学校，在第二餐厅开展“服务高校：食品安全宣传日”活动。活动中，丰台区食药局与学校各餐厅负责人签订了《餐饮企业诚信经营承诺书》以及《食品安全责任书》，并颁发了《餐饮服务食品安全管理制度汇编文件》。

3 月 27 日　学校信息学院辅导员季岩砚获由中共北京市委教育工委举办的“第三届北京高校辅导员职业能力大赛”三等奖，实现了学校在市级辅导员竞赛领域奖项零的突破。

3 月 27 日　大学生中华老字号创意创新创业大赛项目说明会暨老字号企业首都经济贸易大学报告会在学校举办。学生处处长马力代表学校向大学生中华老字号创意创新创业大赛评审主任李敏、中国学企联合会秘书长王玉秋、北京市珐琅厂有限责任公司副总经理苗永生、北京天健荣源医药科技有限公司董事长袁梓云、江西修水神茶责任有限公司董事长文燕颁发了“创业导师”聘书。

3 月 31 日　中国资产评估协会秘书长张国春一行 3 人莅临学校考察指导。校党委书记柯文进会见了张国春一行，并代表学校向张国春颁发了客座教授聘书。

3 月　学校教师郎丽华、刘冠军被确定为北京市宣传文化系统第二批“四个一批”理论界别人才，杨玲同志被确定为出版界别人才。

4 月

4 月 1 日　党委理论学习中心组开展了专题学习活动，特邀全国人大常委、全国人大财经委副主任委员、学校教授郝如玉传达全国“两会”精神。郝如玉结合自己参与全国人大工作,特别是促成“税收法定”纳入修改之后的《立法法》等,对“两会”精神进行了深入解读。校党委书记柯文进主持会议。

4月3日　学校文化与传播学院2012级学生卓然书法作品《春望》摘得全国第四届大学艺术展演活动艺术作品书法篆刻普通组三等奖,填补了学校在该领域获奖的空白。此前,由市委教工委、市教委主办的第四届北京市大学生艺术展演获批艺术作品类评比中,学校选送的18份作品有15份获奖,卓然的书法作品《春望》《山行》以及胡沁悠同学的书法作品《酹江月·和有驿中言别》均获北京市一等奖,另有二等奖5名、三等奖4名、纪念奖3名,获奖层次和数量均创学校历史最佳。

4月10日　学校举行与经济日报社共建文化与传播学院(经济新闻人才培养基地)签约仪式,校长王稼琼与经济日报社总编辑张小影共同签署了共建文化与传播学院(经济新闻人才培养基地)协议。

4月12日　山东工商学院党委书记刘新生一行到学校调研。党委书记柯文进出席调研座谈会,双方就加强互相交流、共同推动两校的建设和发展进行了讨论,会议由副校长王传生主持。

4月15日　台湾会计研究发展基金会董事长王怡心携旗下会计准则委员会主委、评价委员会执委、XBRL委员会主委等一行7人和中国衡信会计研究院院长刘永泽一行2人来学校交流研讨,就会计和资产评估合作事宜进行了交流。校长王稼琼会见了来访宾客。

4月16日　由首都经济贸易大学和社会科学文献出版社共同举办的京津冀蓝皮书发布会举行,发布会介绍了《京津冀发展报告(2015)——协同创新研究》的最新研究成果和重要观点,并宣布由首都经济贸易大学北京市经济社会发展政策研究基地和龙信数据有限公司联合组建的“京津冀大数据研究中心”正式成立。

4月12—19日　副校长王文举率领学校代表团一行4人访问了波兰的华沙中央商学院、波兹南经济大学以及匈牙利的罗兰大学、中欧大学,就与上述4所学校开展教师访学、学生交换项目以及教学、科研领域的深入广泛合作进行了工作会谈,并在诸多领域达成合作共识。

4月21日　学校举行第十届研究生学术文化节开幕式,本届研究生学术文化节以“传承、融合、创新”为主题。

4月29日　学校首次在京籍考生报考的本科提前批B、C段,一批次,二批次招生计划中均投放名额,并新增“外国语言文学类”大类招生,涵盖英语(经贸翻译)、英语(英法双语)、商务英语3个专业,考生入校一年后再根据兴趣及学习情况选择专业方向。

4月29日　山东工商学院党委书记刘新生一行10人再次到学校调研。党委书记柯文进、校长王稼琼出席调研座谈会,会议由副校长王传生主持。会后,山东工商学院分成本科人才培养工作组、学科与科研工作组和人事工作组3个小组分别就人才培养,重点学科建设、科研经费管理和科研奖励、高校新型智库建设以及绩效工资、岗位聘任等问题与相关职能部门负责人进行了深入交流。

4月,学校会计学院付磊教授入选“2014年享受政府特殊津贴人员”名单,成为学校又一名享受政府特殊津贴的专家。至此,“十二五”期间,学校共新增3名享受政府特殊津贴专家,分别为张连城、杨河清、付磊。

5月

5月6日　首都精神文明建设委员会下发《关于表彰2012—2014年度首都精神文明创建工作先进单位的决定》,学校与北京邮电大学、中国石油大学(北京)、北京理工大学等共11所高校被评为“首都文明单位”。这是学校继获得2005、2007、2009、2011年度“首都文明单位”称号后,第5次获得该荣誉。

5月6日　文化与传播学院(经济新闻人才培养基地)管理委员会第一次会议举行。学校党委书记柯文进与经济日报社社长徐如俊共同为共建文化与传播学院(经济新闻人才培养基地)揭牌,并由校长王稼琼为首批特聘教授徐如俊和张小影颁发了聘书。会上还讨论通过了共建指导委员会建议名单、管理委员会建议名单和议事规则。

5月8日　市委教育工委、市教委组织召开北京市首批市属高校章程核准发布暨章程建设工作推进会,对《首都经济贸易大学章程》正式予以核准并准许发布。

5月8—9日　校党委书记柯文进、校长王稼琼率校领导班子成员赴邯郸学院考察交流,共同探讨校际合作和服务京津冀协同发展。邯郸学院领导班子全体成员出席座谈会,座谈会由邯郸学院校长马计斌主持。

5月12日　北京高校党建工作论坛暨党建研究会年会在清华大学召开,学校《现代大学制度下二级学院管理决策与运行机制研究》被评为2014年度优秀成果。

5月13日　学校召开2015年档案工作暨志鉴编纂工作会，副校长徐芳、校纪委原书记赵凤启、各单位责任领导、校志特约编辑及兼职档案员参加会议。会后，档案馆组织了由各单位兼职档案员参加的综合档案管理系统培训。

5月13日　学校揭晓第十届青年教师教学基本功比赛获奖名单，共评出一等奖2名，二等奖3名，三等奖5名，会计学院、经济学院、劳动经济学院、外语系获得“优秀组织奖”。

5月13日　第五届国家安全生产专家组建筑施工专业组成立及工作会议在学校召开，学校作为本届国家安全生产专家组建筑施工专业组依托单位负责承办本次会议。本次会议通过了《第五届国家安全生产专家组建筑施工专业组工作细则》，会议一致通过成立建筑施工专业组秘书处，秘书处设在首都经济贸易大学。校长王稼琼参加会议并致辞。

5月16日　首都经济贸易大学江苏校友会成立。江苏校友会是学校第五个、长三角地区第一个地方校友会。

5月17日　首都经济贸易大学浙江校友会成立。

5月19日　校党委副书记孙善学与马克思主义学院院长刘冠军、教师成林萍，经济学院2011级本科生盘珊珊一行4人做客人民网，就学校思想政治理论课建设接受了人民网的采访。

5月19日　美国奥本大学助理副校长库克一行访问学校，校长助理、会计学院院长崔也光主持了见面会，就两校在增进相互了解、拓展交流与合作项目等方面进行了深入沟通并达成合作交流意向。

5月26日　北京市社科联到学校调研新型智库建设情况并举行座谈会。北京市社科联党组书记、常务副主席韩凯，学校校长王稼琼等参加座谈会。会议由特大城市经济社会发展研究院常务副院长段霞主持。

5月27日　学校“三严三实”专题教育主题党课在学术报告厅举行。校党委书记柯文进以“学习践行‘三严三实’，深入推进作风建设”为主题，为参会的党员干部讲了一堂生动的党课。

5月28日　北京经济管理职业学院常务副院长周景勤一行8人来学校就大学章程制定工作进行调研，党委书记柯文进出席座谈会。

5月29日　校长王稼琼会见了美国马里兰大学公共政策学院院长、联合国秘书长气候变化特别顾问罗伯特·奥尔（Robert Orr）、公共政策学院院长助理劳拉·福梅尔（Lara Fuenmayor）一行，双方就特大城市经济社会发展研究交换了意见。随后，奥尔一行在杨全社、徐君的陪同下参观了城市运行与应急管理实验中心，表现出浓厚的兴趣并给予了高度肯定。

5月31日　学校举办第四届全国中央商务区发展研究高峰论坛。

6月

6月1日　《北京考试报》头版通讯《博纳敏行，敢为人先——行进首都经济贸易大学》，报道学校教育教学发展成果。

6月5日　学校召开第一次研究生代表大会。校党委书记柯文进，校长王稼琼，校党委副书记孙善学，校纪委书记、工会主席杨世忠，副校长王传生，校党委副书记朱玉华，副校长徐芳、孙昊哲，校长助理柴兴泉，北京市学生联合会执行主席王晓楠，学校各部（处）和各院（系）负责人出席会议。开幕式由校团委副书记、校研究生会秘书长孙明春主持。

6月8日　中国企业财务管理协会召开首届财务管理专家聘任仪式及座谈会。校长助理、会计学院教授崔也光入选中国企业财务管理协会企业财务管理领域首届专家团队，全国政协副主席李金华作为会长为入选专家颁发聘书。

6月9日　学校党委理论学习中心组开展了“三严三实”集中学习，校党委书记柯文进主持。

6月11日　学校召开2015年后备学科带头人和中青年骨干教师座谈会。会议通报了2012年、2013年后备学科带头人和中青年骨干教师的考核情况，并公布了2015年后备学科带头人和中青年骨干教师的遴选结果。副校长丁立宏为2012年资助期满和2015年新遴选的教师颁发了纪念牌和证书。

6月11日　北京市人民政府法制办公室召开“第二届北京市人民政府立法工作法律专家委员会2015年工作会议”，法学院教师张世君、沈敏荣受聘为本届北京市人民政府立法专家委员会委员。法制办主任刘振刚代表市政府向专家颁发了聘书。

6月11日　学校党委理论中心组（扩大）开展专题学习，邀请常熟理工学院校长朱士中做“以师生为本，为管理服务、为决策服务”为主题的信息化建设报告。

6月14日　首都经济贸易大学校园开放日活动举行。学校邀请了中央财经大学、对外经济贸易大学、东北财经大学、天津财经大学、外交学院、国际关系学院、北京林业大学、北京工业大学、首都师范大学、首都医科大学、北京工商大学、北京建筑大学、湖南科技大学、湘潭大学等30所高校参加开放日活动。开放日期间,各院校围绕各自的招生政策、专业设置情况为考生和家长提供咨询。

6月16日　学校召开党外代表人士座谈会,征求对《首都经济贸易大学关于全面深化综合改革的意见(征求意见稿)》的意见。

6月18日　学校召开2015年党风廉政建设大会。会议以"坚持全面从严治党,强化落实主体责任"为主题,旨在贯彻落实上级有关精神和要求,部署学校落实"两个责任"工作任务,全面推进学校党风廉政建设和反腐败工作。会上,校党委书记柯文进发表题为《坚持全面从严治党,强化落实主体责任,营造风清气正的校园政治生态》的讲话,纪委书记杨世忠传达了北京市以及全市教育系统等上级党风廉政建设工作会议精神。党政办公室、教务处、人事处、资产管理处、后勤管理处、城市经济与公共管理学院、劳动经济学院、图书馆8个单位的党政负责同志代表各二级单位签订了《落实党风廉政建设主体责任承诺书》。

6月19日　学校举行2015届本科毕业生毕业典礼暨学士学位授予仪式,共2 380名本科毕业生获得学士学位,其中,61人获工学学士学位、1 087人获管理学学士学位、776人获经济学学士学位、113人获法学学士学位、222人获文学学士学位、121人获理学学士学位。校长王稼琼做毕业致辞,党委副书记孙善学主持典礼。

6月19日　学校举行2015届研究生毕业典礼暨学位授予仪式,共授予37人博士学位,1 114人硕士学位。为加强学校和毕业生之间的联系,学校在2015届研究生中聘请了55位校友联络员,并由副校长丁立宏为2015届校友联络员代表王建豪颁发了聘书。毕业典礼由校党委副书记孙善学主持。

6月19日　副校长徐芳会见了来访学校并参加本科生毕业典礼的乍得使馆一等秘书Ousmanou Djaouro和专员Julien Cordier。国际合作交流处处长杨全社、国际学院副院长朱红、学校第一位乍得籍本科留学生毕业生母沙参加会见。

6月25日　党委书记柯文进会见了美国北伊利诺伊大学(Northern Illinois University)校长道格拉斯·贝克(Douglas Baker)、文理学院院长克里斯多·麦考德(Christopher McCord)及国际项目主管吴蓓(Pauline Wang)女士一行。双方就深化两校合作交流进行了深入会谈并签署了校际合作谅解备忘录。

6月21—26日　应法国巴黎第七大学和德国洪堡大学的邀请,校长王稼琼率首都经济贸易大学代表团对两所学校进行了访问,并顺访了联合国教科文组织。代表团此次访问拓宽了新的合作模式和交流项目,进一步推动了学校与欧洲高校以及国际组织的合作进程。

6月21—28日　应澳大利亚迪肯大学,新西兰坎特伯雷、林肯大学以及新西兰商学院的邀请,纪委书记杨世忠率领学校代表团一行4人访问了这4所高校,并顺访了澳大利亚会计师公会和墨尔本皇家理工学院(RMIT)。访问期间,杨世忠一行分别和这4所大学的校领导会晤,并与相关院系领导进行了深入交谈,就学校与上述4所学校间开展教师访学、学生交换项目以及教学科研领域的深入广泛合作进行了工作会谈,并在诸多领域达成合作共识。

6月26日　学校举行2015届MBA毕业典礼暨学位授予仪式。校党委书记柯文进、副校长丁立宏、校长助理戚聿东及2015届MBA全体毕业生参加了此次活动,并宣读了2015届MBA"北京市优秀毕业生"名单和2015届MBA校友联络员名单。毕业典礼由MBA教育中心主任徐炜主持。

6月26日　教育部公布第八届高校校园文化建设优秀成果评选结果,学校申报的《培育绿色文化,深化生态育人》获二等奖。

6月30日　学校举行劳动经济学院第一批史料移交和捐赠仪式,副校长徐芳参加活动。学校前身北京经济学院招收的第一批硕士研究生陈宇受邀参加捐赠仪式,并捐赠其所获研究生毕业证书(证书编号:研证字第0001)和硕士学位证书(证书编号:0001)。

7月

7月4日　由中国经济增长与周期研究中心、中国社会科学院经济研究所、首都经济贸易大学、中国经济实验研究院、《经济研究》杂志社、《经济学动态》杂志社、香港经济导报社等单位联合主办的第九届"中国经济增长与周期论坛"暨第五届中国城市生活质量指数发布会在学校举行。论坛的主题为"新常态、新转型——'十三五'规划展望",新华社、中国新闻社、中央电视台、人民日报、经济日报、光明日报、中国证券报、21世纪经济早报、第一财经报、经济观察报、经济参考报、香港文汇报、香港大公报、香港商报、紫荆杂志等新闻媒体对本次论坛进行了报道,中证网、新浪网、中国网对本次论坛进行了全程网络直播。

7月7日　北京开放大学党委副书记邵长生、副校长邵和平一行5人到学校调研。副校长丁立宏、校党委副书记朱玉华及相关部门负责人参加调研座谈会,双方就组织和人事管理工作进行了深入交流。调研会由丁立宏主持。

7月6—10日　学校分别就校史、制度规定、职业能力、沟通技能等内容对全体新教工进行入职培训,校党委书记柯文进、校长王稼琼在新教工培训开班仪式上分别做了讲话。

7月10日　学校举行学校与钰诚国际控股集团合作设立奖学金签约仪式,双方就学校人才培养及校企合作方向等多项内容进行了深度交流。签约仪式由学生处处长马力主持。

7月13—22日,党委书记柯文进率团首次访问非洲4所高校,开启学校与非洲高校的合作之旅。出访代表团分别于7月13日、15日、16日、17日访问了亚的斯亚贝巴大学、金山大学、约翰内斯堡大学、西开普大学,并拜访了中国驻南非约翰内斯堡总领事孙大立,就开展多方合作进行了交流。随后出访团于7月22日举行了出访成果交流会。

7月16日　校长王稼琼会见了财政部企业司原司长刘玉廷、中国企业财务管理协会会长李永延,双方就人才培养、学科建设、科学研究等方面进行了深入交流。

7月18日　首都经济贸易大学安徽校友会成立。

7月20日　学校电视台申报的10部作品分获第五届“中国高校电视奖”一、二、三等奖,其中,《学校发布2015京津冀蓝皮书并成立京津冀大数据研究中心》获一等奖1项,《远航》校歌试唱版MV等4部作品获二等奖,《2014级本科新生军训结业》等5部作品获三等奖。

7月20日　学校与上海总工程师协会就共同建设“特大城市经济社会发展协同创新中心”举行战略合作签约仪式。校长王稼琼与上海总工程师协会常务理事长、上海大学副校长汪敏代表双方签署战略合作协议书,双方在科学研究、人才培养、学术交流、研究人员互聘等领域开展实质性合作。

7月21日　学校合唱团凭借蒙古族歌曲《八骏赞》和德文歌曲《Verleih uns Frieden gnadiglich(请赐予我们和平)》摘得“相约浪漫大连,同唱中国梦”第六届中国魅力校园合唱节二等奖,指挥陈诺获优秀指挥奖。

7月27日　会计学院栾甫贵教授成功入选2015年“会计名家培养工程”人员名单。

7月28日　学校经济学院教授郎丽华、统计学院教授刘娟荣获第十一届北京市高等学校教学名师奖。

8月

8月8日　学校组织研创的京津冀蓝皮书《京津冀发展报告(2014)——城市群空间优化与质量提升》在第十六次全国皮书年会上获评全国第六届“优秀皮书奖”一等奖。学校京津冀蓝皮书主编文魁、祝尔娟和副主编叶堂林参加了会议。

9月

9月9日　学校举行2015级本、专科新生开学典礼。典礼由校党委副书记孙善学主持。

9月10日　学校召开庆祝2015年教师节表彰大会,校党委副书记孙善学宣读了北京市级获奖名单,校党委副书记朱玉华宣读了《首都经济贸易大学关于表彰2014—2015年度优秀教师、优秀教育工作者的决定》,副校长丁立宏宣读了《首都经济贸易大学关于表彰2015年从事教育工作满30年教职工的通报》,并表彰了北京市先进工作者、2014年北京市师德先进个人,北京高校第九届青年教师教学基本功比赛获奖者,2014年北京高校青年教师社会调研优秀项目获奖者,2014—2015年首都经济贸易大学优秀教师、优秀教育工作者,2015年从事教育工作30年教职工等100名教师。

9月10日　北京市教委委员王定东、市教委学校后勤处处长刘占军等一行6人到学校调研,并就学校后勤工作进行了座谈。副校长孙昊哲及相关部门负责人参加座谈。

9月11日　学校2015级本科生军训开营典礼在北京盛华学生军训基地举行。国防大学第三大学生军训教研室主任李延荃、校党委副书记孙善学、盛华学生军训基地执行主任潘洪友等出席了本次开营典礼。参加开营典礼的还有军训团全体54名带队教师及2 300余名新生。本年度本科生军训自9月11日开营,至9月25日闭营,共持续15日。

9月14日　学校获评2014年度北京市教育事业统计工作质量评估优秀集体二等奖,李琳同志荣获优秀个人二等奖。

9月15日　副校长徐芳会见了新西兰坎特伯雷大学(University of Canterbury)副校长索尼娅·梅齐和商法学院经济与金融系教授罗伯特·里德,就两校开展学生联合培养、教师科研合作等内容进行了深入交流并达成共识。

9月15日　副校长徐芳会见了澳大利亚格里菲斯大学副校长麦克·鲍威尔、旅游孔子学院副院长丁培毅、格里菲斯大学国际部大中华区主任谢尔曼·夏一行,双方就开展学生联合培养、教师科研合作等内容进行了深入交流并达成共识。

9月16日　由北京大学牵头,南开大学、清华大学、河北经济贸易大学和首都经济贸易大学联合成立的“京津冀协同发展联合创新中心”在北京大学举行揭牌仪式。该中心是京津冀科教界响应国家京津冀协同发展战略和教育部“2011协同创新计划”成立的第一个跨地区跨院校的协同创新平台。校长王稼琼作为主要协同合作单位特邀代表和创新中心理事会理事出席会议并发言。

9月17日　坦桑尼亚高校校长代表团访问学校。校长王稼琼会见代表团,并与来访的高校校长就建立校际合作交流关系,推动教师和学生交流举行会谈。副校长徐芳主持会见和座谈。

9月17日　学校召开新学期外事工作专题会。会议总结了上半年学校国际和港澳台交流工作以及留学生教育工作,并对下半年的工作做出部署。副校长徐芳主持会议。

9月18日　“人民币国际化与中国黄金战略”研讨会在学校召开。来自政府、银行、黄金矿业、黄金投资机构、珠宝公司及教育机构等单位的130余名代表参加了此次研讨会。会上,副校长王文举宣布首经贸中国黄金市场研究中心更名为“首都经济贸易大学中国黄金研究中心”。

9月20—27日　校党委副书记朱玉华率领首都经济贸易大学代表团访问了比利时荷兰语布鲁塞尔自由大学、西班牙马德里卡洛斯三世大学以及巴塞罗那自治大学,就2+2项目、2+1合作项目、本科生互换项目、证书项目、联合培养博士生项目、语言硕士合作项目、教师交换、暑期课程等进行了广泛而深入的讨论。

9月21日　校长王稼琼会见了国际货币基金组织财政事务部原主任、意大利财政部副部长维多·坦兹和夫人玛丽亚·坦兹,及北京大学海外名师陈立齐(James L. Chan)一行。

9月22日　学校召开新一届学术委员会委员聘任仪式暨第一次全体会议。本届共产生学术委员31人,其中,担任学校及职能部门党政领导职务的委员不超过委员总人数的1/4,不担任党政领导职务及院(系)主要负责人的专任教授不少于1/2,充分代表了基层学术组织和广大教师的意见。校党委书记柯文进、校长王稼琼及新一届学术委员会委员参加了会议。会议由王稼琼主持。

9月25日　第二届孔子学院总部开放日在京举行,主题为“文化交流与世界和平”。38个国家驻华使节、部分在京孔子学院中方合作院校代表等参加。学校副校长徐芳代表学校受邀出席孔子学院总部开放日开幕仪式并参加活动,国际学院院长王少国、副院长朱红陪同参加。

9月26日　北京应用统计学会、北京大数据协会第一届会员大会(成立大会)暨“应用统计与大数据高端论坛”在学校召开。校长王稼琼出席成立大会,为北京大数据协会、北京应用统计学会(简称“两会”)揭牌并致辞。会议选举产生了“两会”第一届第一次理事会和监事会,学校多名教师入选重要职务。

9月　截至9月30日,学校2015年本专科生就业率达到99.01%,研究生就业率达到97.39%,完成了2015年“本专科生就业率95%、研究生就业率90%”的就业工作目标。2015年,学校毕业生共有3 423人,其中,研究生996人,本科生2 310人,专科生117人。

10月

10月2日　副校长徐芳会见白俄罗斯教育部国际合作司司长维拉迪米·沙普洛夫一行,双方就促进学校与白俄罗斯高校的合作与交流,切实推动学校与白俄罗斯财经类大学开展教学与学术科研合作进行了会谈。

10月12日　国家发改委宏观经济研究院副院长吴晓华、科研管理部主任高国力、原副所长常修泽来学校调研,围绕特大城市研究领域的协同创新合作事宜与学校相关部门进行深入交流协商。

10月14日　学校举行中国人民大学教授杨瑞龙受聘为学校特聘教授仪式暨“国有企业分类改革理论逻辑的再探讨”学术报告会,校长王稼琼、副校长王文举出席了会议,并由王稼琼向杨瑞龙颁发聘任证书。

10月15日　北京市旅游发展委员会副主任、北京旅游学会会长安金明,政策法规处处长李尊敬、副处长呼建梅、王红彦一行来学校进行工作沟通和交流,就联合举办第八届旅游研究北京论坛进行了框架性沟通,并表示未来会将旅游研究北京论坛作为双方共同的会议品牌持续办下去。副校长王文举在博纳楼贵宾室会见了安金明一行。

10月16日　学校召开信息化专题工作会暨“综

合信息系统分析与方案设计”项目启动会。

10 月 17 日　学校与北京会计学会共同举办“第十一届全国无形资产理论与实务研讨会”。会议共有来自全国无形资产领域理论界、实务界以及媒体的 100 余人参加。

10 月 18 日　“牵手未来，助梦远航”2015 年校友值年返校活动在学校举行，600 余名毕业 30 周年、20 周年、10 周年校友齐聚首经贸，本年度共有 83 名值年返校校友受聘成为为班级联络员。

10 月 19 日　学校召开了能源管理体系认证动员大会，为完成好学校能源管理体系认证工作打下了良好基础。

10 月 21 日　校长王稼琼会见了新西兰林肯大学常务副校长杰瑞米 · 贝克一行，双方就如何在校际合作备忘录框架内开展合作项目进行了友好交流。

10 月 22 日　学校领导班子召开了“严以用权”专题交流研讨会，校党委书记柯文进代表党委对学校开展“三严三实”专题教育以来的情况进行了汇报，市委教工委副书记、市教委主任线联平作为联系学校的“三严三实”专题教育工作协调小组的两委领导参加了此次专题交流研讨。

10 月 23 日　副校长徐芳会见了加拿大约克大学负责国际合作交流的助理副校长玛里琳 · 德拉切一行，就两校间在学生联合培养、教师互派、科研合作等方面进行了友好交流并达成初步共识。

10 月 23 日　学校召开党外代表人士座谈会，征求对《首都经济贸易大学“十三五”时期发展规划（初稿）》的意见。会上，党外代表人士纷纷结合学校、学院、部门与自身的实际情况，围绕人才培养、学科建设、科研发展、保障机制、配套措施等方面为学校规划的完善建言献策。

10 月 24 日　学校举行大数据与统计科学研究院成立大会暨大数据高端论坛，校党委书记柯文进与国家统计局党组成员、国家统计局副局长、中国投入产出学会理事长许宪春，中国人民大学原常务副校长袁卫，美国普林斯顿大学统计委员会主任 Frederick L. Moore’18 冠名金融讲座教授，中组部“千人计划”学者范剑青一同为大数据与统计科学研究院揭牌。

10 月 24 日　首都经济贸易大学上海校友会成立。

10 月 26 日　李岚清同志创作的《中国部分高校校训篆刻作品选》首发式及馈赠校训篆刻作品仪式举行，学校获赠刻有“崇德尚能，经世济民”校训的篆刻印。《中国部分高校校训篆刻作品选》由高等教育出版社出版，收录了李岚清同志篆刻的 176 方中国部分高校校训，李岚清为学校篆刻的“崇德尚能，经世济民”校训收录其中。

10 月 29 日　学校党委全委扩大会审议通过了《关于全面深化综合改革的意见》及《全面深化综合改革工作任务分解表》。

10 月 31 日　学校举办 2015 高校生态文明教育论坛，研讨生态文明新时代与高等教育新使命。中国绿色时报社、中国特色镇发展论坛组织委员会、北京大学中国持续发展研究中心共同协办了本次论坛。校党委副书记孙善学主持论坛，中国绿色时报社社长柳维河揭晓第七届中国十大生态美文获奖名单。大会还发布了《大学生生态文明行动倡议书》。

11 月

11 月 1—5 日　离退休工作处在平谷教工疗养院举办离退休校领导中心组学习班。于涤、苏志平、谢子民、马博宣、张理泉、董久昌、郑海航、李致和、赵凤启 9 位离退休老领导参加学习，学习活动由组长苏志平主持。

11 月 2 日　王稼琼在博纳楼会见了美国新墨西哥大学校长罗伯特 · 弗兰克、全球教育中心主任妮可 · 塔米、安德森管理学院院长克雷格 · 怀特、工程学院院长约瑟夫 · 切奇等一行。王稼琼和罗伯特 · 弗兰克分别代表首都经济贸易大学和新墨西哥大学签订了两校合作谅解备忘录。副校长孙昊哲主持座谈会和签约仪式。

11 月 2 日　学校 2015 级贸易经济专业本科生程海花在全国大学生游泳锦标赛上荣获第 15 届全国大学生游泳锦标赛女子乙 A 组 100 米仰泳项目冠军，并打破赛会纪录；2013 级本科生刘兆辰获得男子乙 A 组 100 米自由泳冠军。这是学校首次获该赛事冠军荣誉。

11 月 3 日　学校举行兼职辅导员聘任仪式，并邀请北京交通大学教师王虹英为全体辅导员开展了“深度辅导体系构建与模式创新”专题培训。

11 月 3 日　学校法学院 2014 级宪法学与行政法学硕士研究生陈名利获得由人民网和《大学生》杂志社联合主办的“第十届中国大学生年度人物评选”入围奖。此前，陈名利还荣获 2014 年度“中国大学生自强之星”荣誉称号。两项荣誉的获得均为学校历史首次。

11 月 7 日　中国工业经济学会副会长、首都经济贸易大学校长王稼琼出席并主持中国工业经济学会2015年学术年会暨“经济新常态下的中国产业发展”研讨会。

11月8—15日　校党委副书记孙善学率团访问了东首尔大学、成均馆大学、札幌大学、流通经济大学、明治大学,就学生短期交换、科研合作、学生文化艺术交流等方面进行了会谈,并走访参观了首尔大学、北海道大学、东京大学。

11月9日　台湾总工会访问团一行16人莅临学校工会访问交流,就加强台湾岭东科技大学与首都经济贸易大学之间的交流交换了意见。

11月11日　校长王稼琼在博纳楼会见俄罗斯普列汉诺夫经济大学第一副校长列昂尼德·布拉金和经济系主任阿萨利·阿萨利耶夫,上海合作组织实业家委员会秘书长谢尔盖·卡纳夫斯基一行,就两校间开展学生交换、教师交流、科研合作等内容进行了友好交流并达成初步共识。副校长徐芳、孙昊哲参加了会见活动。

11月13—14日　首都经济贸易大学金融学院在北京发起举办首届“金融人才培养论坛”。副校长王传生为本次人才培养论坛致辞并介绍了首都经济贸易大学的历史发展、人才培养、办学特色等情况,金融学院院长尹志超在主题演讲环节从供给与需求角度介绍了人才培养现状并与国际名校进行了比较。

11月18日　学校召开宣传思想工作会议。会议总结了学校2014年以来在思想理论建设、师生思想政治教育、意识形态阵地管理、学校文化建设4个方面的工作,交流了工作经验,并对下一阶段的宣传思想工作做出了部署。会上,朱玉华宣读学校2014—2015年“宣传思想工作先进单位”“网站建设先进单位”“社会主义核心价值观教育品牌项目”“宣传思想工作先进个人”名单。

11月18日　校工会举办纪念中国人民抗日战争暨世界反法西斯战争胜利70周年合唱比赛。共有22支教职工代表队900余名教职工参加了本次比赛,最终校部机关和后勤管理处获得一等奖。

11月21日　由首都经济贸易大学主办、特大城市经济社会发展研究院和科研处承办的“2015特大城市发展高层论坛——特大城市发展模式与规划控制”在学校举行。校长王稼琼、中国城市经济学会会长晋保平、北京市哲学社会科学规划办公室主任王祥武、首经贸特大城市经济社会发展研究院首席专家文魁到会并致辞。副校长孙昊哲主持开幕式。

11月20日　学校文化与传播学院本科生李阳、罗云丰、许静雯的作品《我国农村宗教传播的主要动因:经济因素抑或非经济因素?——以张家口崇礼县为例》获第十四届“挑战杯”全国大学生课外学术科技作品竞赛终审决赛全国二等奖;劳动经济学院硕士研究生荀梦宁、吕坤的作品《在角色转换中求生存——北京地铁乞讨现象调研报告》获全国三等奖;陆彦明、张航空获优秀指导教师奖。

11月21日　“2015首都圈发展高层论坛”在学校召开。本次论坛的主题是“京津冀协同发展的新形势与新思路”。

11月21日　首都经济贸易大学四川校友会成立。

11月22日　首都经济贸易大学重庆校友会成立。

11月25日　校长王稼琼会见了普洱学院党委书记伍中华一行7人,双方就深化两校的合作进行了交流并签署了协议,在留学生教育及科研与学科建设、师资培养等方面达成了合作意向。

11月27日　学校举办京津冀高校后勤协同发展论坛,三地高校共同探讨高校后勤工作协同发展与深度融合。本次论坛由北京市高校后勤研究会、天津市高校后勤协会、河北省高校后勤分会联合主办。

11月28日　首都经济贸易大学第一届国际文化节在学校举行,学校600多名来自各国的留学生参与了世界风情展、文艺汇演等文化节活动。

11月28日　学校举办“十三五”经济发展与企业社会责任——北京新经济组织发展研究院成立大会暨高峰论坛。北京市副市长王宁出席大会。

11月28日　在首届呀诺达生态文学奖颁奖典礼上,学校教授程虹的《低吟的荒野》(译著)获得呀诺达生态文学奖。程虹教授将此次获奖奖金10万元全部捐献给首都经济贸易大学图书馆“美国生态文学书库”,用以支持学校生态文明教育和自然文学教育教学活动。

11月29日　由首都经济贸易大学、中国社会科学院金融研究所主办,首经贸金融风险研究院、金融学院、特大城市研究院承办的第三届金融风险高层论坛暨《中国金融风险报告(2015)》蓝皮书发布会在学校举行。本次会议旨在聚焦我国金融风险热点问题,深度剖析金融风险的核心难点问题,以此促进首经贸金融学科的发展,服务于国家智库建设。

12月

12月2日　学校召开了本科教学工作大会。会议总结了学校2012年以来的本科教育教学工作,交流了工作经验,并对下一阶段的本科教育教学工作进行了部署。会议发布了《首都经济贸易大学公共英语改革方案(草案)》《首都经济贸易大学本科课堂教学评价办法(试行)》《首都经济贸易大学本科教学质量奖评选与奖励办法(试行)》《首都经济贸易大学关于提升本科课堂教学质量的若干意见》《首都经济贸易大学教师教学工作规范》。会议还分别宣读了 2012—2015 年,学校教师所获得的国家级、北京市以及校级奖励及 2014—2015 学年优秀课堂教学效果奖的通报,并为获奖教师颁奖。

12 月 4 日　由首都经济贸易大学和美国克利夫兰州立大学联合主办的第二届经贸发展论坛在学校召开。克利夫兰州立大学副校长辛迪・斯科卢贝、学校副校长王文举以及克利夫兰州立大学会计系副教授马克・霍兹布拉特和学校的专家学者参加了会议。会议由科研处处长祝合良主持。

12 月 4 日　以市纪委副书记、监察局局长王海平为组长的北京市党风廉政建设责任制检查考核第四检查组一行 8 人莅临学校,展开听取集中汇报、召开座谈会、财政审计专项检查和查阅支撑资料等工作,以检查学校党风廉政建设责任制落实情况。

12 月 4—5 日　由首都经济贸易大学、国家发改委宏观经济研究院、中国空间技术研究院联合主办的第八届城市国际化论坛在北京召开。

12 月 4 日　由首都经济贸易大学与美国克利夫兰州立大学合作共建的美国克利夫兰州立大学孔子学院 2015 年理事会在学校召开。校长王稼琼、副校长徐芳,克利夫兰州立大学副校长辛迪・斯科卢贝,孔子学院美方院长周海刚,中方院长张旭红出席了会议。

12 月 6—12 日　学校副校长王传生率团访问了英国威斯敏斯特大学、南安普顿大学和格鲁斯特大学。代表团在访问期间,分别与 3 所高校的相关负责人进行了深入座谈交流,双方介绍了各自的办学理念和学科特色,传递了各自加强国际化办学的意愿,探讨了下一步深入合作的方法和途径。

12 月 8 日　首都经济贸易大学卡摩创业咖啡厅开幕仪式暨创业优秀团队路演活动在学校新建的卡摩创业咖啡厅举办,校长王稼琼、校党委副书记孙善学出席开业仪式。卡摩创业咖啡厅是学校第一个由学生独立运营管理的大学生创业实践项目。

12 月 10 日　学校举行党风廉政建设专题报告会。北京市纪委案件审理室主任张丽红应邀围绕新修订的《中国共产党廉洁自律准则》和《中国共产党纪律处分条例》做了专题辅导报告。

12 月 12 日　2015 年度全国大学生数学建模竞赛颁奖仪式在电子科技大学举行。学校代表队共获得包括全国一等奖、北京市一等奖和北京市二等奖在内的 18 个奖项,获奖人数达到 54 人。金融学院学生张肇耕、傅洋、梁雅慧组成的参赛小组获全国一等奖。

12 月 12 日　纪念中国商业史学会成立 30 周年暨商业史论坛在学校召开。本次论坛由中国商业史学会主办,首都经济贸易大学承办。

12 月 13 日　《新供给经济学》新书发布会暨供给侧改革研讨会在首都经济贸易大学举行。

12 月 15 日　学校召开第二场"十三五"规划征求意见座谈会,就《首都经济贸易大学"十三五"时期发展规划(征求意见稿)》征求各位专家学者的意见。校长王稼琼出席了座谈会,会议由副校长丁立宏主持。

12 月 17 日　学校举办第六届哈博・高校(经管)博士学术论坛,来自国内高校和科研机构的 40 余位专家学者、160 余名博士研究生参加了本次论坛。

12 月 19 日　"第十届中国雇主品牌论坛"在北京外国专家大厦隆重召开,论坛年度主题为"互联网 + 雇主品牌",首都经济贸易大学徐斌教授,人力资源管理系主任、国际人力资源管理协会副会长朱勇国分别就"中小企业的轻管理和雇主品牌顶层设计"、"老字号企业的传承密码和雇主品牌"、"教练式领导力和雇主品牌轻管理"和"2015 中国雇主品牌年度观察——现状与趋势"做了新视角下的主题演讲。

12 月 21 日　首都经济贸易大学英文网站正式改版上线,对版面结构、栏目设置、内容分类进行了全新策划,新增了学生、教工入口。

12 月 21—22 日　首都经济贸易大学工商管理学院 MBA 教育中心与北京市商业联合会联合举办"商业系统高级管理人才研修班",报名参加学习的学员涉及商联会所属市级行业协会、本市知名大型商业企业(副会长单位、常务理事单位等)、市级枢纽型社会组织等共计 45 家 50 余人。

12 月 22 日　市委组织部副部长李世新一行来学校专题调研党建工作,深入一线了解基层党建工作开展情况。调研组先后听取了校党委的汇报、观看了学校党建工作和主题党日活动宣传片,并分别实地走访了学校新闻中心、传媒实验教学中心、会计学院党员活动室、金融学院党员资料室。

12 月 22 日　由学校和八一电影制片厂主办,学生处和会计学院承办的"传承抗战精神,抒写热血青春——《胜利大阅兵》首经贸交流放映活动"在学校举办,此次活动是学校与八一电影制片厂开展学生爱国主义教育、理想信念教育的又一次深入合作。

12 月 24 日　学校举行“见证青春,相伴成长”第四届“经贸榜样”学生颁奖典礼,表彰在 2014—2015 学年荣获各类奖学金和荣誉称号的学生个人与集体。

12 月 28 日　学校举办“校歌发布会”,正式发布首都经济贸易大学校歌《远航》。

12 月 29 日　北京市社科联党组书记、常务副主席韩凯一行来学校调研,围绕“十三五”期间北京社会科学发展规划与社科联工作、首都新型高端智库建设等内容与学校相关部门进行了深入交流。

12 月 31 日　首都经济贸易大学《人口与经济》期刊获评由教育部科技发展中心主持的“中国科技论文在线优秀期刊”评比二等奖。此外,另有 21 家人文社科期刊获得一等奖,49 项人文社科期刊获得二等奖。

12 月　2015 年度首都经济贸易大学共获批国家级科研项目 46 项,省部级项目 79 项,发表国际高水平论文 21 篇,权威论文 90 篇,9 项研究报告获省部级以上领导批示,国家社科基金项目数量再创历史新高。

12 月　学校马克思主义学院院长刘冠军入选北京市高层次创新创业人才支持计划(简称“高创计划”)领军人才。

12 月　接北京市人力资源和社会保障局“关于公布北京市入选 2015 年国家百千万人才工程人选名单的通知”(京人社专家发〔2015〕250 号),学校戚聿东教授获批入选 2015 年国家百千万人才工程,并被授予“有突出贡献中青年专家”荣誉称号。

12 月　北京市公布《关于印发我市第十一批海外高层次人才入选资格名单的通知》,首都经济贸易大学张文扬教授和黄建华教授获批入选北京市第十一批“海聚工程”特聘教授。学校“十二五”期间已借助“海聚工程”这一重要平台,成功引进并推荐了 7 名专家入选北京市“海聚工程”,他们是丁成日、马双鸽、朱冀、刘玉峰、梁华、张文扬和黄建华。

第十四篇

附　录

首都经济贸易大学 2015 年党发文目录

首经贸党发〔2015〕1 号	中共首都经济贸易大学委员会关于印发《首都经济贸易大学 2015 年工作要点》的通知
首经贸党发〔2015〕2 号	关于印发《首都经济贸易大学 2015 年重点工作台账》的通知
首经贸党发〔2015〕3 号	关于印发 2015 年处级干部换届聘任工作实施方案的通知
首经贸党发〔2015〕4 号	关于印发校部机关、教学、教辅及其他单位、基层党组织设置和处级干部职数设置方案的通知
首经贸党发〔2015〕5 号	关于印发优秀教师、优秀教育工作者评选办法(试行)的通知
首经贸党发〔2015〕6 号	关于开展学习宣传贯彻《首都经济贸易大学章程》工作的通知
首经贸党发〔2015〕7 号	关于印发"三严三实"专题教育实施方案的通知
首经贸党发〔2015〕8 号	关于表彰 2014—2015 年度优秀教师、优秀教育工作者的决定
首经贸党发〔2015〕9 号	关于印发 2015 年党风廉政建设和反腐败工作主要任务分工的通知
首经贸党发〔2015〕10 号	关于修订党务公开、校务公开目录的通知
首经贸党发〔2015〕11 号	关于印发开展向李小凡同志学习活动的通知
首经贸党发〔2015〕12 号	关于全面深化综合改革的意见
首经贸党发〔2015〕13 号	关于进一步加强和改进新形势下宣传思想工作的实施意见
首经贸党发〔2015〕14 号	关于建立健全师德建设长效机制的实施意见
首经贸党发〔2015〕15 号	关于印发落实党风廉政建设党委主体责任和纪委监督责任实施办法的通知
首经贸党发〔2015〕16 号	关于印发 2015 年处级单位、处级干部年度考核工作方案的通知
首经贸党发〔2015〕17 号	关于印发 2015 年度基层党建工作述职评议考核工作方案的通知
首经贸党发〔2015〕18 号	关于印发处级领导干部"三严三实"专题民主生活会方案的通知
首经贸党发〔2015〕19 号	关于印发进一步加强新生教育工作的实施意见的通知

首都经济贸易大学 2015 年政发文目录

首经贸政发〔2015〕1 号	关于授予钟玉等 369 名同学 2013—2014 学年校级"三好学生"荣誉称号的决定
首经贸政发〔2015〕2 号	关于授予杨雪等 248 名同学 2013—2014 学年校级"优秀学生干部"荣誉称号的决定
首经贸政发〔2015〕3 号	关于授予法学院 2012 级法学 2 班等 24 个班集体 2013—2014 学年校级"先进班集体"荣誉称号的决定
首经贸政发〔2015〕4 号	关于授予法学院 2012 级法学 1 班等 23 个班集体 2013—2014 学年校级"优良学风班"荣誉称号的决定
首经贸政发〔2015〕5 号	关于成立信息安全工作领导小组的通知

首经贸政发〔2015〕6 号	关于开展"十三五"时期发展规划编制工作的通知
首经贸政发〔2015〕7 号	关于做好 2015 年毕业生就业创业工作的通知
首经贸政发〔2015〕8 号	关于印发传染病预防和控制工作方案的通知
首经贸政发〔2015〕9 号	关于印发招投标管理办法(试行)的通知
首经贸政发〔2015〕10 号	关于印发人才培养质量、科研水平提高定额经费管理办法(试行)的通知
首经贸政发〔2015〕11 号	关于表彰 2014 年毕业生就业工作先进单位和先进个人的决定
首经贸政发〔2015〕12 号	关于对廖子云作退学处理的决定
首经贸政发〔2015〕13 号	关于印发 2015—2020 年人员定编方案的通知
首经贸政发〔2015〕14 号	关于印发 2015 年党政管理、其他专业技术及工勤技能岗位设置及聘任办法的通知
首经贸政发〔2015〕15 号	关于印发 2015 年党政管理、其他专业技术及工勤技能岗位未聘上岗人员安置办法的通知
首经贸政发〔2015〕16 号	关于印发学术委员会章程的通知
首经贸政发〔2015〕17 号	关于授予 2015 届研究生硕士学位的决定
首经贸政发〔2015〕18 号	关于授予 2015 届研究生博士学位的决定
首经贸政发〔2015〕19 号	关于准予 2015 届本专科毕业生毕业的决定
首经贸政发〔2015〕20 号	关于授予 2015 届本科生学士学位的决定
首经贸政发〔2015〕21 号	关于授予杨冰洁等 167 名同学 2015 届北京市优秀毕业生荣誉称号的决定
首经贸政发〔2015〕22 号	关于表彰张璐等 54 名到农村基层任职及到西部就业学生的决定
首经贸政发〔2015〕23 号	关于任命于滨滨等同志为科级干部的通知
首经贸政发〔2015〕24 号	关于印发发文字号管理办法的通知
首经贸政发〔2015〕25 号	关于印发部分教育事业收入资金分配管理办法的通知
首经贸政发〔2015〕26 号	关表彰 2015 年从事教育工作满 30 年教职工的通报
首经贸政发〔2015〕27 号	关于调整学位评定委员会成员的通知
首经贸政发〔2015〕28 号	关于公布新一届学术委员会组成人员的通知
首经贸政发〔2015〕29 号	关于表彰 2014—2015 学年优秀课堂教学效果奖获奖教师的决定
首经贸政发〔2015〕30 号	关于印发校名、校标管理办法的通知
首经贸政发〔2015〕31 号	关于印发首都经济贸易大学 60 周年校庆筹备工作方案的通知
首经贸政发〔2015〕32 号	关于印发控烟管理办法的通知
首经贸政发〔2015〕33 号	关于印发新媒体运用管理办法(试行)的通知
首经贸政发〔2015〕34 号	关于印发校史展馆建设工作方案的通知
首经贸政发〔2015〕35 号	印发物业服务与供暖改革实施方案的通知
首经贸政发〔2015〕36 号	关于授予江璐等 372 名同学 2014—2015 学年校级"三好学生"荣誉称号的决定
首经贸政发〔2015〕37 号	关于授予谷彦雯等 251 名同学 2014—2015 学年校级"优秀学生干部"荣誉称号的决定
首经贸政发〔2015〕38 号	关于授予文化与传播学院 2013 级汉语国际教育班等 23 个班集体 2014—2015 学年校级"先进班集体"荣誉称号的决定
首经贸政发〔2015〕39 号	关于授予文化与传播学院 2013 级广告学卓越班等 24 个班集体 2014—2015 学年校级"优良学风班"荣誉称号的决定

首都经济贸易大学2015年党政办发文目录

首经贸党政办发〔2015〕1号	关于2015年放寒假的通知
首经贸党政办发〔2015〕2号	关于印发2015年宣传思想工作要点的通知
首经贸党政办发〔2015〕3号	关于印发2015年组织统战工作要点的通知
首经贸党政办发〔2015〕4号	关于2015年清明节放假通知
首经贸党政办发〔2015〕5号	转发保卫处关于开展2015年上半年影响校园安全稳定问题隐患排查整治专项行动的通知
首经贸党政办发〔2015〕6号	关于2015年劳动节放假的通知
首经贸党政办发〔2015〕7号	关于2015年端午节放假的通知
首经贸党政办发〔2015〕8号	关于2015年放暑假的通知
首经贸党政办发〔2015〕9号	转发保卫处关于认真做好2015年暑假期间校园安全稳定工作的通知
首经贸党政办发〔2015〕10号	关于2015年中秋节和国庆节放假的通知
首经贸党政办发〔2015〕11号	关于对学校2015年工作要点完成情况进行督查督办的通知
首经贸党政办发〔2015〕12号	关于印发党务公开工作领导小组等54个领导小组和委员会成员名单的通知
首经贸党政办发〔2015〕13号	关于印发信息公开网站管理维护办法(试行)的通知
首经贸党政办发〔2015〕14号	关于印发2015年至2016年度冬春季火灾防控工作方案的通知
首经贸党政办发〔2015〕15号	关于印发国内公务接待管理暂行办法的通知
首经贸党政办发〔2015〕16号	关于2016年元旦放假的通知

2015年社会媒体报道首都经济贸易大学稿件(部分)

日期	媒体	标题
2015-01-06	光明网	中国学盟8周年纪念大会在首经贸隆重召开
2015-01-08	北京参考网	首经贸百门网络通识课助力通识教育
2015-01-09	光明日报	首经贸发布“2014北京社会经济生活指数”
2015-01-09	中国新闻网	第四季度两岸四地消费者信心指数在京发布
2015-01-09	人民日报海外版	首经贸等联合发布两岸四地消费者信心指数
2015-01-12	新京报	首经贸等联合发布“消费者信心指数”
2015-03-26	人民日报	首经贸智库:为经济社会发展“当参谋”
2015-03-28	北京日报	北京2015高考招生方案出炉,首次实行“大平行”志愿
2015-03-30	光明日报	职业教育与企业发展座谈会在首经贸召开
2015-04-06	中国教育报	首经贸多方式引进、全过程培养人才——为了人才“不讲原则”

续表

日期	媒体	标题
2015-04-07	中国教育网络	首都经贸大学:无线网构架设计改善认证体验
2015-04-09	中华工商时报	首经贸联合五校发布两岸四地消费者信心指数
2015-04-09	中国网	首经贸联合五校发布2015年第一季度两岸四地消费者信心指数
2015-04-09	中国科学报	职业教育与企业发展座谈会在首经贸举行
2015-04-11	北京日报	首经贸与经济日报社共建经济新闻人才培养基地
2015-04-11	经济日报	本报和首都经济贸易大学共建文化与传播学院
2015-04-14	中国社会科学网	首经贸法学院承办亚太民法学术研讨会成功举行
2015-04-16	中国网	首经贸发布京津冀蓝皮书,指出北京应加快市郊铁路规划
2015-04-16	人民网	2015京津冀蓝皮书在首经贸发布,协同创新是突破发展瓶颈的根本引擎
2015-04-16	北京日报	京津冀蓝皮书:北京应加快市郊铁路规划
2015-04-16	中国新闻网	蓝皮书:京津冀生态环境应"共建共享"
2015-04-16	中国经济网	我国首家京津冀大数据研究中心在首经贸成立
2015-04-18	法制晚报	京津冀蓝皮书:建三地人口信息平台
2015-04-23	北京晨报	首经贸2015在京招生计划增加
2015-04-24	中国青年网	支教服务报告会在首经贸举办
2015-04-29	光明日报	由首经贸承办亚太民法学术研讨会在京举行
2015-05-04	BTV	首经贸图书馆中小学开放日,迎来首批小读者
2015-05-05	财经网	首经贸联袂国内与海外名校"双培""外培"
2015-05-08	人民网	首经贸"宪章"正式发布
2015-05-12	人民网	首经贸成功举办思想政治工作研讨会
2015-05-12	人民网	首经贸成功举办核心价值观教学展示推进会
2015-05-12	人民网	首经贸举办2014国情国史知识竞赛
2015-05-14	人民网	首经贸参与建成我国首个人才资本管理与实践平台
2015-05-14	新浪教育	首经贸支持附中附小发展项目推进
2015-05-15	新华网	大学生音乐节走进首经贸,小露才艺满校园
2015-05-15	人民网	大学生音乐节走进首经贸,原创歌曲成亮点
2015-05-18	中国青年网	第二届北京高校外语好声音在首经贸圆满落幕
2015-05-20	China Daily	Voice CUEB ends
2015-05-23	首经贸附中	首经贸讲座进校园,合作办学让学子受益
2015-05-28	政府网	首经贸联合发布《北京养老产业发展报告》蓝皮书
2015-05-30	北京考试报	首经贸2015年在京招生1 717人,新增外国语言文学类大类招生
2015-06-01	北京考试报	博纳敏行、敢为人先——行进首都经济贸易大学
2015-06-01	央视网	首经贸"校友导师"计划启动,人才培养融入创新精神
2015-06-01	新华网	首经贸主办首届普洱绿色经济发展论坛

续表

日期	媒体	标题
2015-06-02	中国高校之窗	首经贸新增外国语言文学类，取消英语口试
2015-06-02	网易教育	首都经济贸易大学：新增双培和外培计划
2015-06-02	新华网	首经贸拥有六大学科，以经济学和管理学为特色
2015-06-03	经济网	首经贸举办第四届全国中央商务区发展研究高峰论坛
2015-06-04	人民日报	首经贸招生老师谈2015高考政策"关键词"
2015-06-09	科技日报	首经贸主办的全国中央商务区高峰论坛召开
2015-06-09	新浪教育	首经贸2015年本科在京招生规模扩大
2015-06-10	现代教育报	北京首都经济贸易大学等多所大学高考后开放校园
2015-06-12	法制晚报	首经贸招生计划解读
2015-06-15	北京日报	首经贸联手清华等校"双培"89人
2015-06-15	中国青年网	首经贸举办高招开放日，经管类双培外培计划成亮点
2015-06-15	新京报	首经贸：新增"双培""外培"计划备受关注
2015-06-16	人民网	北京高校思政课系列访谈——首都经济贸易大学
2015-06-17	中国教育电视台	首都经济贸易大学：以经管为特色的财经类大学
2015-06-17	北京考试报	首经贸校园开放日，考生看分数线，家长看就业率
2015-07-01	考研网	首都经贸大学法学院打造全新研究生培养模式
2015-07-09	中国新闻网	首经贸发布2015第二季度两岸四地消费者信心指数
2015-07-10	新浪网	首经贸 Blazers 团队获大学生电子商务三创赛北京赛区三等奖金
2015-07-10	北京青年报	首经贸"外培计划"交流生可通过在校生遴选产生
2015-07-14	光明日报	柯文进：研以致用、协同创新
2015-07-16	北京青年报	首经贸双培外培计划完成录取
2015-07-20	环球网	中投国联与首经贸签署战略合作协议，为大学生提供奖助学金等
2015-07-21	京华时报	首经贸双培实际录取分数远超一批线
2015-07-23	新华网	首经贸本科二批录取启动，提档线高于一本线
2015-08-01	湛江新闻网	首经贸与钰诚集团开启校企合作新模式
2015-08-05	中国青年网	王稼琼：留学生不应该被高校"隔离"
2015-08-17	北京青年报	大学生自主创业别忘享优惠，毕业当年自主创业三年减免税
2015-09-07	新京报	首经贸辟体育场供家长停车，双胞胎兄弟考同一班级
2015-09-09	北京考试报	怀揣梦想，从首经贸起航
2015-09-14	北京考试报	首经贸选拔25名新生，组建2015级行政管理（国际班）
2015-09-16	新华网	京津冀5大高校成立"京津冀协同发展联合创新中心"
2015-09-17	搜狐网	首经贸举行"大学生互联网金融暑期体验营"结营式
2015-09-18	中国黄金网	首经贸召开人民币国际化与中国黄金战略研讨会
2015-09-22	京华时报	大学校园迎特殊新生，首经贸双胞胎兄弟读同一专业

续表

日期	媒体	标题
2015-09-23	北京考试报	首经贸等5校联合成立京津冀协同发展联合创新中心
2015-09-23	北京考试报	首经贸心理健康宣传覆盖新生及家长
2015-09-24	国家旅游局	“旅游与互联网+”研究院在首经贸成立
2015-09-24	光明日报	人民币国际化与中国黄金战略研讨会在首经贸召开
2015-09-24	国家旅游地理网	“旅游与互联网+”研究院在首经贸成立
2015-09-25	凤凰网	亚洲榜样行动校园宣讲会第三站进驻首经贸
2015-10-09	中国文明网	首经贸召开“西城好人”采访团恳谈会
2015-10-11	人民网	首经贸大学生学习传统汉服礼仪,张弓射箭弹古琴
2015-10-12	法制晚报	首经贸等校联合发布第三季度两岸四地消费者信心指数,大陆消费者生活信心饱满
2015-10-13	中国研究生招生信息网	2016年首经贸研招办访谈
2015-10-13	中国信息报	王稼琼出席北京大数据协会和应用统计学会成立仪式
2015-10-15	中国新闻网	首经贸等校联合发布2015年第三季度两岸四地消费者信心指数
2015-10-21	中国新闻网	首经贸推进“校友导师计划”,多渠道助力学生发展
2015-10-31	新华网	首届2015高校生态文明教育论坛在首经贸举办
2015-10-31	人民网	首经贸师生进社区开展普法活动
2015-11-02	新浪网	首经贸举办首届2015高校生态文明教育论坛
2015-11-02	中国绿色时报	首经贸隆重举行第七届中国十大生态美文评选颁奖典礼
2015-11-02	新京报	首经贸:大学生打太极24式锻炼体质
2015-11-06	中国教育电视台	首经贸举办2015高校生态文明教育论坛
2015-11-09	中国绿色时报	生态文明新时代赋予高等教育新使命
2015-11-11	中国教育报	进生态文明新时代,担高等教育新使命
2015-11-12	中国青年网	首经贸举办公益创业大赛颁奖典礼
2015-11-13	中华慈善新闻网	首经贸举办首届公益创业大赛颁奖典礼
2015-11-15	中国网	“国鑫杯”贵金属校园模拟赛走进首经贸
2015-11-16	北京市旅游发展委员会	“互联网+”时代下的旅游业融合创新发展论坛在京举办
2015-11-17	国家旅游局	首经贸主办第八届“旅游研究北京论坛”
2015-11-20	中国教育电视台	首经贸师生热议高校学生管理规定修订
2015-11-23	北京晨报	首经贸举办2015北京城市发展与文化创新研讨会
2015-11-24	中国经济网	2015特大城市发展高层论坛在首经贸举办
2015-11-25	北京考试报	首经贸外培生:“累”并快乐着
2015-11-25	人民网	首经贸举办2015特大城市发展高层论坛
2015-11-26	学信网	首都经济贸易大学就业情况访谈
2015-11-27	北京市安全监管局官网	首经贸与北京市安全监管局等共同举办第九届北京安全文化论坛

续表

日期	媒体	标题
2015-11-28	新华网	首经贸举办2015京津冀高校后勤协同发展论坛
2015-11-29	新华网	首经贸与市委社会工委、市社会办等共建北京新经济组织发展研究院
2015-11-29	北京日报	北京新经济组织发展研究院在首经贸成立
2015-11-30	北京日报	首经贸举办京津冀高校后勤协同发展论坛
2015-11-30	人民网	首经贸举办2015首都圈发展高层论坛
2015-11-30	财经网	首经贸发布《中国金融风险报告(2015)》
2015-12-02	光明网	首经贸举办2015特大城市发展高层论坛
2015-12-03	法制晚报	首经贸程虹教授获首届“呀诺达生态文学奖”,奖金10万元捐出
2015-12-03	人民网	首经贸程虹教授获首届呀诺达生态文学奖,奖金捐给学校图书馆
2015-12-04	千龙网	首经贸举办2015城市国际化论坛,专家呼吁京津冀环保产业发展可尝试财税共享
2015-12-04	人民网	北京首个新经济组织发展研究院在首经贸成立
2015-12-07	中国社会科学网	2015城市国际化论坛在首经贸举行
2015-12-07	北京日报	第二届首都大学生相声邀请赛颁奖典礼在首经贸举行
2015-12-10	中国经济网	首经贸主办中国商品流通论坛
2015-12-13	和讯网	首经贸主办《新供给经济学》新书发布会暨供给侧改革研讨会
2015-12-14	千龙网	首经贸召开纪念中国商业史学会成立30周年暨商业史论坛,首次颁发货殖奖
2015-12-14	中国社会科学网	纪念中国商业史学会成立30周年暨商业史论坛在首经贸举行
2015-12-14	光明网	首经贸法律专家参加“宪法日”基层公益行
2015-12-15	新京报	丰台中小学获赠首经贸志愿者录制的宪法光盘
2015-12-17	中国城市报	探索城市发展新动力
2015-12-17	中国城市报	问诊“大城市病”
2015-12-17	中国城市报	第八届城市国际化论坛召开,城市如何化解成长的烦恼?
2015-12-17	中国绿色时报	走进首经贸,徜徉自然文学殿堂
2015-12-19	人民网	哈博·高校(经管)博士学术论坛在京举行
2015-12-21	北京日报	首经贸学子数独挑战赛夺冠
2015-12-29	新京报	首经贸校歌发布,《远航》历时一年半
2015-12-29	北京青年报	首经贸发布校歌《远航》迎校庆

索　引

使用说明：

一、本索引采用内容分析索引法编制。除大事记外，年鉴中有实质意义的内容均予以标引，以供检索使用。

二、本索引按汉语拼音音序排列。具体排列方法如下：以数字开头的，排在最前面；汉字标目则按照首字的音序、音调依次排列，首字相同时，则以第二个字的音序、音调排序，依此类推。

三、索引标目后的数字，表示检索内容所在的正文页码；数字后面的英文字母 a，b，则表示正文中的栏别，合在一起即指该页码及左、右两个版面区域。

四、本索引采用两级标目。一级标目主要反映学校主体工作，二级标目主要反映各院系主体工作，二级标目采取在一级标目下缩两格的形式编排，之后再按数字、汉语拼音顺序排列。

C

D

E

F

G

H

J

K

L

T

U

W

X

Y